出土文獻與古文字研究叢書

戰國竹書論集

陳劍 著

上海古籍出版社

圖書在版編目(CIP)數據

戰國竹書論集 / 陳劍著. ——上海：上海古籍出版社，2019.8

（出土文獻與古文字研究叢書）

ISBN 978-7-5325-9284-5

Ⅰ. ①戰… Ⅱ. ①陳… Ⅲ. ①竹簡文－中國－戰國時代－文集 Ⅳ. ①K877.54-53

中國版本圖書館 CIP 數據核字(2019)第 141572 號

出土文獻與古文字研究叢書
戰國竹書論集
陳 劍 著
上海古籍出版社出版發行
（上海瑞金二路 272 號　郵政編碼 200020）
（1）網址：www.guji.com.cn
（2）E-mail: guji1@guji.com.cn
（3）易文網網址：www.ewen.co
常熟新驊印刷有限公司印刷
開本 700×970　1/16　印張 29.5　插頁 2　字數 424,000
2019 年 8 月第 1 版　2019 年 8 月第 1 次印刷
ISBN 978-7-5325-9284-5
H·210　定價：98.00 元
如有質量問題，請與承印公司聯繫

前　　言

　　本書收入我 2012 年之前所發表有關戰國竹書整理與研究的論文。書中按各文寫作時間先後排序。另有兩篇係據戰國簡校讀傳世古書者，附在書末。諸文儘量保持發表時的原貌，除改正個別明顯疏誤外，僅作了一些技術性的統一。

　　書中現有"補記"和"看校補記"皆爲舊時所加。現諸文結集，按慣例本應再詳加"編按"。但由於種種原因，特別是限於自己的時間與精力，最終只能皆付闕如。我對此深感無奈和抱歉，敬請讀者諒解。

陳　劍

2013 年 11 月 9 日

於復旦大學出土文獻與古文字研究中心

目　錄

前言　001

《孔子詩論》補釋一則　001
郭店簡《窮達以時》、《語叢四》的幾處簡序調整　004
釋《忠信之道》的"配"字　014
上博簡《子羔》、《從政》篇的竹簡拼合與編連問題
　　小議　024
上博簡《容成氏》的竹簡拼合與編連問題小議　032
上博簡《民之父母》"而得既塞於四海矣"句解釋　038
郭店簡補釋三篇　042
上博楚簡《容成氏》與古史傳說　057
上海博物館藏戰國楚竹書《從政》篇研究（三題）　080
郭店簡《六德》用爲"柔"之字考釋　097
上博竹書《仲弓》篇新編釋文　106
竹書《周易》需卦卦名之字試解　112
上博竹書《曹沫之陳》新編釋文　114
上博竹書《昭王與龔之脽》和《柬大王泊旱》讀後記　125
釋上博竹書《昭王毀室》的"幸"字　134
上博竹書《周易》異文選釋（六則）　146
談談《上博（五）》的竹簡分篇、拼合與編聯問題　168
上博竹書"葛"字小考　183

189	《上博（五）》零札兩則
193	《三德》竹簡編聯的一處補正
196	也談《競建内之》簡 7 的所謂"害"字
201	郭店簡《尊德義》和《成之聞之》的簡背數字與其簡序關係的考察
221	讀《上博（六）》短札五則
231	釋上博竹書和春秋金文的"羹"字異體
261	《上博（三）·仲弓》賸義
283	《上博（六）·孔子見季桓子》重編新釋
318	試說戰國文字中寫法特殊的"亢"和從"亢"諸字
353	楚簡"羿"字試解
385	清華簡《皇門》"䚻"字補說
404	清華簡《金縢》研讀三題
434	《上博（八）·子道餓》補說
439	《上博（八）·王居》復原
447	關於《昭王與龔之脾》的"定冬"
449	據楚簡文字說"離騷"
454	據戰國竹簡文字校讀古書兩則

《孔子詩論》補釋一則

讀《上海博物館藏戰國楚竹書(一)·孔子詩論》後,我寫了一篇《釋〈孔子詩論〉的幾條簡文》,主要是談第十六、二十四、二十這三支簡的連讀問題,還涉及別的一些簡文。後來讀到不少其他研究者的論著,我感到此文已沒有全篇發表的必要。今摘出其中部分內容略加改寫,作爲對第十六、二十四兩簡應該連讀的補充論證。

據整理者介紹,第十六簡"下端弧形完整",第二十四簡"上端弧形略殘"。如果將它們連讀,中間不存在缺字問題。兩簡簡尾和簡首相連處的文句爲"夫葛之見歌也,則以 ▨▨ 之故也;后稷之見貴也,則以文武之德也",句式整齊。

▨ 字左半已殘,其上所從當爲"艸",右下所從沒有問題是"氐",① 可隸定作"苨"。▨ 字原隸定爲"蕀",細審圖版,將左下所從隸定爲"朿",實際上是把右下方"女"字左邊一筆的一部分誤認爲了屬於左下方部分。其左下所從實當爲四斜筆中加一豎筆形。② 戰國文字中跟這種形體最接近的字是"丯",所以我們將它隸定作"菨"。字形和文意兩方

---

① 李零《上博楚簡校讀記之一——〈子羔〉篇"孔子詩論"部分》已指出此字"右下似是'氐'字"。見簡帛研究網(www.bamboosilk.org)。
② 中間兩斜筆右方起筆處頓筆較重,容易被連起來誤認爲筆畫。

面結合考慮,"䟷莈"當讀爲"絺綌"。

從讀音上看,䟷的聲符"氐"與"絺"、莈的聲符"圶"與"綌",其上古音都很接近。"氐"及大部分從"氐"得聲的字都是端母脂部字。"絺"是透母字,其韻部一般根據聲符"希"歸爲微部。端透鄰紐,脂微二部關係密切。① "絺"跟從"氐"得聲的"坻"、"泜"、"蚳"等字中古音的韻、開合口、等呼都相同,也反映出它們上古音的接近。今本《老子》第四十一章"大音希聲",郭店簡《老子》乙本"希"寫作從兩"甾"相抵形的古文"衼"字,裘錫圭先生的按語已指出"'衼''希'音近"。② 這是"氐"聲字跟"希"聲字相通更直接的例子。"圶"在戰國文字中常作"戟"字的聲符,"戟"有寫作從"各"聲的,裘錫圭先生曾指出"似'圶'聲在古代有與'各'相近的一種讀法",③ 這一點已經爲新出楚簡所證實。④ "戟"與"各"及"格"古音都在見母鐸部,"綌"古音在溪母鐸部,"綌"跟"戟"在中古還都是開口三等字。從"圶"得聲的"莈"字可以跟"綌"相通也是沒有問題的。

從文意上來講,今本毛詩《周南·葛覃》第二章云:"葛之覃兮,施于中谷,維葉莫莫。是刈是濩,爲絺爲綌,服之無斁。""葛"可以提取纖維織成葛布"絺綌"供人們服用,所以受到歌詠;后稷因爲有文王、武王這樣有"德"的後代,因而得到周人的尊崇。兩事相類。反過來講,人們由於絺綌之美和文武之有德,從而想到生出絺綌的葛和生出文武的后稷,正即簡文上文所說的"(民)見其美,必欲反其本"。

---

① 按照首先明確主張脂、微分立的王力先生的意見,除少數字外,《廣韻》"脂微齊皆灰"五韻(舉平以賅上去)上古分屬於脂、微兩部,"《齊》韻應劃入古音《脂》部;《微》《灰》兩韻應劃入古音《微》部;《脂》《皆》兩韻是古音《脂》《微》兩部雜居之地,其中的開口呼的字應劃歸古音《脂》部,合口呼的字應劃歸古音《微》部",見王力《古韻脂微質月五部的分野》,《王力語言學論文集》,商務印書館,2000年,第173~174頁;又《上古韻母系統研究》,《王力語言學論文集》,第118頁。按"絺"字中古音爲脂韻開口三等,據此標準其上古音應歸入脂部。"絺"在先秦古書中似未見用爲韻腳的材料,將其歸入微部的主要理由是根據其諧聲偏旁"希"。

② 荊門市博物館:《郭店楚墓竹簡》,文物出版社,1998年,第119頁。

③ 裘錫圭:《古文字論集》,中華書局,1992年,第417頁。

④ 簡本《緇衣》跟今本《禮記·緇衣》中從"各"聲的"格"和"略"對應的字均以"圶"爲聲符。見《郭店楚墓竹簡》圖版二○:三八、三九;又馬承源主編《上海博物館藏戰國楚竹書(一)》,上海古籍出版社,2001年,第194~195頁。

疏通以上簡文後，再回過頭考慮上文"吾以《葛覃》得氏初之詩"一句，就比較好理解了。"初"意爲"初始"，無疑跟"反其本"的"本"是一個意思。"氏"字疑讀爲"祇"，"祇"從"氏"聲，跟"氏"古音不同部。但不少古文字學者認爲，"氏"字本由"氏"字分化而來。在銅器銘文中，"軝國"之"軝"與"軧"當爲一字，因地處古泜水流域而得名。① 《説文》"視"字古文"眡"，在古文字裏既有寫作從氏聲之"眡"的，也有寫作從"氏"聲之"眡"的。② 凡此均可證簡文"氏"可以讀爲"祇"。③ "祇"字古書常訓爲"敬"，"祇初"猶言"敬始"、"敬本"，跟"反本"一樣，都是儒家文獻中常見的觀念。

整理者原將第十六簡歸入《邦風》類，將第二十四簡歸入《綜論》類，兩簡不連。這主要是由於，他們認爲第二十四簡中"后稷之見貴也，則以文武之德也"是論《大雅·生民》的，同一支簡上論《大雅》跟論《邦風》的内容並見，跟第十簡至第十七簡"單簡上篇名純粹是《邦風》"的情況不同。而按照我們的理解，"后稷之見貴也，則以文武之德也"是由論述"葛之見歌也，則以絺綌之故也"連類而及的，並不一定是針對《詩經》某篇的評述。再説"后稷因文武而貴"是周代普遍流行的觀念，古書多見，將它跟《詩經》某篇扯上關係也沒有什麽必然性。所以整理者將這兩簡分屬簡文不同類別的理由並不充分。

2002 年 1 月 15 日

原載《經學今詮三編》（《中國哲學》第二十四輯），遼寧教育出版社，2002 年；又載《上博館藏戰國楚竹書研究》（上海書店出版社，2002 年），後者所收不全。

---

① 參看李學勤《新出青銅器研究》，文物出版社，1990 年，第 65 頁。
② 參看何琳儀《戰國古文字典》，中華書局，1998 年，第 755、1210～1211 頁。
③ 廖名春《上博〈詩論〉簡的形制和編連》釋簡文爲"吾以《葛覃》得祇初之志"，是亦讀"氏"爲"祇"。見簡帛研究網(www.bamboosilk.org)。

郭店簡《窮達以時》、《語叢四》的幾處簡序調整

一 《窮達以時》

《窮達以時》篇的簡序調整之處爲：第 13 簡後改爲接第 15 簡；中間抽去的第 14 簡改排在第 9 簡前、第 8 簡後。

第 14、15 兩簡一般連讀爲：①

善鄙己也，窮達以時。德行一也，譽毀在旁。② 聖之弋母之白【14】不螫。窮達以時，幽明不再。故君子敦于反己。【15】

兩簡相連處的"聖之弋母之白不螫"句難講。故《郭店楚墓竹簡》③原將第 14、15 兩簡相次但未連讀，研究者或以爲中間有缺簡。

第 13 簡下有殘缺，從補字情況看，跟第 14 簡也不能相連。下面先鈔

---

① 以下引用簡文一般採用寬式釋文。釋文中吸取了衆多研究者的正確意見，有些是早已得到公認的，就不再詳細注明出処了。

② 此句的釋讀參看[日]池田知久《郭店楚簡〈窮達以時〉の研究》，東京大學郭店楚簡研究會編：《郭店楚簡の思想史的研究》，2000 年。中譯本見中研院歷史語言研究所編《古今論衡》第四、五期，黃秀敏譯，臺北，2000 年。池田知久文舉出下列古書文句與簡文對讀：《淮南子·繆稱》："故善否，我也。禍福，非我也。"[此句可與簡文相對照，顏世鉉先生也曾指出，見氏著《郭店楚簡散論（三）》，《江漢考古》2000 年第 1 期]《淮南子·齊俗》："故趨舍同，誹譽在俗。意行鈞，窮達在時。"《淮南子·人間》："故善鄙同，誹譽在俗。趨舍同，逆順在時。"

③ 荊門市博物館：《郭店楚墓竹簡》，文物出版社，1998 年。以下簡稱爲《郭簡》。

出釋文：

　　　　動非爲達也，故窮而不【11】[□,□非]爲名也，故莫之知而不殹（慍？）。苣（茝）[□□□□]【12】[□□□□]嗅而不芳。瓈璐瑾瑜①包②山石，不爲[□□□□]【13】善鄙己也……【14】

　　"苣"字下半大部原已殘去，所從"巳"字之"圓頭"尚有部分可見。《郭簡》裘按已指出，古書中與"苣"字下簡文相當之句，《荀子·宥坐》作"且夫芷蘭生於深林，非以無人而不芳"，《韓詩外傳》卷七作"夫蘭茝生於茂林之中，深山之間，不爲人莫見之故不芬"③。按"巳"、"止"、"臣"三字古音都很接近，以之爲聲符的字常可相通，④故"苣"應即"芷"或"茝"字異體。"苣（茝）[□□□□]【12】[□□□□]嗅而不芳"可據上舉古書有關內容補爲"苣（茝）[蘭生於深林]，【12】[不以無人]嗅而不芳"之類。從編綫位置及相鄰簡之容字情況看，第13簡"不爲"下殘去的只能有四字，但據文意則至少應補出"無人□而不□"一類內容的六個字。故《郭簡》原將第13、14兩簡相次但未連讀，研究者或以爲其間亦有缺簡。

　　第13簡改與第15簡連讀並擬補缺文爲：

　　　　瓈璐瑾瑜包山石，不爲[無人□而]【13】不釐。……【15】

"不釐"與上句"不芳"對文。"釐"應讀爲"理"，謂玉之有文理。"理"是玉的重要特徵之一，古書講玉之"德"云：

　　　　夫玉者，君子比德焉。溫潤而澤，仁也；栗而理，知也；堅剛而不屈，義也；廉而不劌，行也；折而不橈，勇也；瑕適並見，情也；扣之其聲

---

① "瓈璐瑾瑜"從劉樂賢先生讀，見氏著《郭店楚簡雜考（五則）》，《古文字研究》第二十二輯，中華書局，2000年。又"瑾瑜"的釋讀劉釗先生有相同意見，見氏著《讀郭店楚簡字詞札記》，武漢大學中國文化研究院編：《郭店楚簡國際學術研討會論文集》，湖北人民出版社，2000年。"璐瑾"的釋讀顏世鉉先生也有相同意見，見氏著《郭店楚簡散論（三）》。

② "包"從裘錫圭先生讀，見張富海《北大中國古文獻研究中心"郭店楚簡研究"項目新動態》，簡帛研究網，http://www.bamboosilk.org，2000年10月。

③ 見《郭簡》第146頁注[十五]。

④ 參看湖北省文物考古研究所、北京大學中文系編《九店楚簡》，中華書局，2000年，第105頁注[一六五]。

清揚而遠聞,其止輟然,辭也。　　　　　　　《荀子·法行》

　　夫玉溫潤以澤,仁也;鄰以理者,知也;堅而不蹙,義也;廉而不劌,行也;鮮而不垢,潔也;折而不撓,勇也;瑕適皆見,精也;茂華光澤,並通而不相陵,容也。叩之其音清搏徹遠,純而不殽,辭也。

《管子·水地》

或"栗"與"理"連稱"栗理":

　　玉有六美,君子貴之:望之溫潤,近之栗理,聲近徐而聞遠,折而不撓,闕而不荏,廉而不劌,有瑕必示之於外,是以貴之。望之溫潤者,君子比德焉,近之栗理者,君子比智焉;聲近徐而聞遠者,君子比義焉;折而不撓、闕而不荏者,君子比勇焉;廉而不劌者,君子比仁焉;有瑕必見之於外者,君子比情焉。　　　　　　《說苑·雜言》

"栗"、"鄰"音近。《禮記·聘義》說玉"縝密以栗,知也",鄭注訓"栗"爲"堅貌",王引之說"栗"、"鄰""皆清澈之貌"。① "理"指有文理則無異辭。

第 9 簡"初沽酟"句上缺跟下文"子胥"相對的主名,研究者多疑上有缺簡。今上接以第 14 簡,連讀爲:

　　善鄙已也,窮達以時。德行一也,譽毀在旁,聖之弋母之白【14】初沽酟,後名揚,非其德加。子胥前多功,後戮死,非其智【9】衰也。……【10】

趙平安先生《〈窮達以時〉第九號簡考論——兼及先秦兩漢文獻中比干故事的衍變》一文認爲,"沽酟"當釋讀爲"醢醯","醢醯""本義爲肉醬,引申爲把人剁成肉醬的酷刑";"初醢醯,後名揚,非其德加"句所說的是比干之事。② 我認爲讀"醢醯"是極好的意見,正確可從。但將此事繫於比干,一則跟絕大部分古書所講比干之事扣合不緊密,二則"比干"在簡文中實未出現,簡單地歸因於脫簡恐有問題。

我認爲,"聖之弋母之白"中"母之"二字應係誤鈔倒。細看圖版,"母

---

① 王引之:《經義述聞》卷十六"縝密以栗"條。
② 《古籍整理研究學刊》2002 年第 2 期。

之白"的"之"字右旁靠上的竹簡邊有一個小墨點,顏色較淡。它應該就是起提示此處"母之"二字係誤鈔倒作用的。《郭簡·語叢四》末一簡正面有鈔脫之文,補於背面相應位置,正面脫漏處有起提示作用的一小橫,可爲參考。

"母之"二字乙轉後,"聖之弋之母白"應斷爲"聖之弋之。母白"。"母白"應讀爲"梅伯"。"聖之弋之"句裘錫圭先生疑可讀爲"聖之賊之"。下面先説"梅伯"。

紂時諸侯梅伯受醢之事古書多見,此將一時收集到的資料羅列於下:

《楚辭·天問》:何聖人之一德,卒其異方:梅伯受醢,箕子詳狂。……受賜兹醢,西伯上告。 王逸注:兹,此也。西伯,文王也。言紂醢梅伯以賜諸侯,文王受之,以祭告語於上天也。

《楚辭·離騷》:后辛之菹醢兮,殷宗用而不長。 王逸注:言紂爲無道,殺比干,醢梅伯。武王杖黄鉞,行天罰,殷宗遂絶,不得長久也。

《楚辭·離騷》:不量鑿而正枘兮,固前脩以菹醢。 王逸注:自前世脩名之人,以獲菹醢,龍逢、梅伯是也。

《韓非子·難言》:以至智説至聖,未必至而見受,伊尹説湯是也;以智説愚必不聽,文王説紂是也。故文王説紂而紂囚之;翼侯炙;鬼侯腊;比干剖心;梅伯醢;夷吾束縛;而曹羈奔陳;伯里子道乞;傅説轉鬻……

《吕氏春秋·行論》:昔者紂爲無道,殺梅伯而醢之,殺鬼侯而脯之,以禮諸侯於廟。文王流涕而咨之。

《吕氏春秋·過理》:刑鬼侯之女而取其環,截涉者脛而視其髓,殺梅伯而遺文王其醢。

《晏子春秋·内篇問上第三》"景公問古者君民用國不危弱晏子對以文王"章:古者文王修德不以要利,滅暴不以順紂,干崇侯之暴,而禮梅伯之醢。

《韓詩外傳》卷十:昔殷王紂殘賊百姓,絶逆天道,至斮朝涉,刳孕婦,脯鬼侯,醢梅伯。然所以不亡者,以其有箕子、比干之故。

《淮南子·説林》:紂醢梅伯,文王與諸侯構之;桀辜諫者,湯使人哭之。

《楚辭·惜誓》:梅伯數諫而至醢兮,來革順志而用國。

《春秋繁露·王道》:桀紂皆聖王之後……殺聖賢而剖其心,生燔人聞其臭,剔孕婦見其化,斲朝涉之足察其拇,殺梅伯以爲醢,刑鬼侯之女取其環。

《淮南子·俶真》:逮至夏桀、殷紂,燔生人,辜諫者,爲炮烙,鑄金柱,剖賢人之心,析才士之脛,醢鬼侯之女,葅梅伯之骸。

梅伯在商紂時以罪受醢,在晚周人文章中則屢見稱道,即"初醢醢,後名揚"。梅伯可謂先辱後榮,子胥則可謂先榮後辱,二者形成對比。但究其實,他們的"德"或"智"前後並無變化,此即上文第14簡所説的"德行一也,譽毀在旁"。

"母"讀爲"梅"亦有可説。"梅"雖然古書常見,但此字本身實出現較晚。戰國楚簡文字或以"某"爲"梅",①後又加意符"木"作"楳",②即《説文》"梅"字或體;馬王堆一號墓遣策簡136,木牌36、42,鳳凰山167號漢墓遣策69,邘江王奉世墓木簽"梅"皆作"栂";真正从木从每的"梅"字到東漢校官碑才看到。③ 漢初的"栂"字很有可能就是在先借"母"爲"梅"的基礎上,再加意符"木"而成。所以楚簡文字以"母"爲"梅"實屬正常。

"聖之弋之"句承"德行一也,譽毀在旁"而言,裘錫圭先生疑可讀爲"聖之賊之",意爲旁人對同一個人譽毀不同,或以之爲聖,或以之爲賊。《吕氏春秋·贊能》篇説"得地千里,不若得一聖人。舜得皋陶而舜受之,湯得伊尹而有夏民,文王得吕望而服殷商。夫得聖人,豈有里數哉?管子束縛在魯,桓公欲相鮑叔。鮑叔曰:吾君欲霸王,則管夷吾在彼,臣弗若

---

① 見包山楚簡255、信陽楚簡二·〇二一。參看何琳儀《戰國古文字典》,中華書局,1998年,第131~132頁。
② 如長沙砂子塘西漢棺木封泥匣文字"楊楳",《文物》1963年第2期,第21頁圖九:18。參見《秦漢魏晉篆隸字形表》,四川辭書出版社,1985年,第362頁。
③ 以上參看《秦漢魏晉篆隸字形表》,第362頁;又陳松長《馬王堆簡帛文字編》,文物出版社,2001年,第235頁。

也。桓公曰：夷吾寡人之賊也，射我者也，不可。"管仲見於此處簡文的上文，《呂覽》作者之意係以之爲"聖人"，而齊桓公卻以之爲"賊"，可與簡文相印證。《呂覽》同篇又説："沈尹莖辭曰：期思之鄙人有孫叔敖者，聖人也。"以"聖人"評價簡文上文出現過的孫叔敖，亦可爲參考。

二 《語叢四》

（一）第 25 簡後改接第 3 簡、第 2 簡後改接第 4 簡

《郭簡》原將第 25 簡跟第 26 簡相連，連讀爲：

（雖勇力聞於邦不如材，金玉盈室不【24】）如謀，衆强甚多不如時。故謀爲可貴。罷（一）【25】豪（家）事乃又（有）貿，①……【26】

相連處的"罷（一）豪（家）事"很彆扭，是有問題的。我認爲第 25 簡下面應接第 3 簡，連讀爲：

……故謀爲可貴。罷（一）【25】言之善，足以終世；三世之福（富？），不足以出芒（亡）。【3】

"一言"或"壹言"古書習見，且與下文"三世"相對。《抱朴子·釋滯》云"世之謂一言之善，貴於千金然"，可與簡文參看。

從 2、3、4 三簡中間抽掉第 3 簡後，第 2 簡跟第 4 簡正好也可相連：

（言以始（?），情以久。非言不酬，非德無復。言【1】）而苟，牆有耳。往言傷人，來言傷己。【2】口不慎而户之閉，惡言復己而死無日。【4】

丁四新先生曾經提出"第 4 簡有可能當編在第 2 簡後"。② 似未引起研究者的注意。

第 25 簡與第 26 簡的連接被否定之後，第 26 簡可以單獨起讀，跟下

---

① "貿"，《郭簡》原隸定作"貨"，李零先生説"原文似從貝從石從刀"，釋文從之改隸定爲"貿"。李説見氏著《郭店楚簡校讀記》，《道家文化研究》第 17 輯（"郭店楚簡"專號），三聯書店，1999 年。

② 丁四新：《郭店楚墓竹簡思想研究》，第五章《〈語叢〉四篇探析》，東方出版社，2000 年，第 221 頁。

文自成一段：

  豪事乃又𥉥：三雄一雌，三䯚一莖，一王母【26】保三殹（嬰）兒（婗）。①……

裘錫圭先生認爲，"𥉥"如分析爲以"石"爲基本聲符，"豪事乃又𥉥"可讀爲"家事乃有度"。"三雄一雌，三䯚一莖，一王母保三嬰婗"即"家事"之"度"的具體內容。"一王母保三嬰婗"是説一個祖母可以撫養三個嬰兒；"三雄一雌"大概是説一家之子女以三男一女的比例爲度；"三䯚一莖"之義待考。

《語叢四》全篇共有四個寫作小墨塊的章號，分別位於第 3、4、7、9 簡之末。李零先生曾將本篇分爲兩類，簡 10—27 爲一類，説"其文雖亦格言摘錄，而連寫無章號，或別有所採"。② 黃人二先生進一步發揮此説，明確提出以"簡牘符號"作爲竹簡編聯可依循的"客觀存在之標準"，據此將《語叢四》分爲有四個墨釘號的上篇和由"無墨釘之簡 10—27"組成的下篇。③ 今將第 3 簡改接在第 25 簡後，而第 3 簡末正有寫作小墨塊的章號，此説就失去立論的依據了。

（二）第 14 簡後改接第 16 簡、第 5 簡後改接第 15 簡

這處簡序的調整是北京大學中文系的訪問學者趙鋒先生首先提出來的，我們完全贊同。趙鋒先生沒有爲此專門寫文章，我們徵得他的同意，在此爲這個意見作一些補充論證。

《郭簡》原將第 14、15、16 三簡相連，連讀爲：

  ……邦有巨雄，必先與之以爲朋，唯難【14】之而弗惡，必盡其故。盡之而疑，必![字]鉿鈴【15】其䉛。如將有敗，雄是爲害。……【16】

---

  ① "殹（嬰）兒（婗）"的釋讀參看劉釗《讀郭店楚簡字詞札記》、林素清《郭店竹簡〈語叢四〉箋釋》，皆載武漢大學中國文化研究院編《郭店楚簡國際學術研討會論文集》，湖北人民出版社，2000 年。又何琳儀《郭店竹簡選釋》，《文物研究》總第 12 輯，2000 年；又載《簡帛研究二〇〇一》，廣西師範大學出版社，2001 年。

  ② 李零：《郭店楚簡校讀記》。

  ③ 黃人二：《戰國郭店竹簡〈語叢四〉注釋》，簡帛研究網，http://www.bamboosilk.org，2002 年 3 月。

"鉛鉛"兩字原作"鉛＝"。第 15、16 兩簡相連處的"必岐鉛鉛其罷"很難理解，研究者有多種意見，都難以順利講通，此不具引。按照趙鋒先生的意見調整後，第 14、16 兩簡連讀爲：

　　　　邦有巨雄，必先與之以爲朋，唯難【14】其罷。如將有敗，雄是爲害。……【16】

先談所謂"罷"字。此字原作"❇"形。約在去年 11 月，聽裘錫圭師轉告了趙鋒先生關於簡序調整的意見後，我重新研讀有關簡文，認爲此字實當改釋爲"興"。理由是：第一，此字和《郭簡·窮達以時》篇第 5 簡"❇"（舊釋'罷'讀爲'遷'而爲天子師）的所謂"罷"字，跟見於《郭簡·五行》篇第 32 簡"❇（罷—遷）於兄弟"的真正的"罷"字，字形上半有明顯不同；第二，如改釋爲"興"，則兩處簡文皆可通；第三，《語叢四》此處上下文皆有韻，如改釋爲"興"，"雄"、"朋"、"興"三字正好也押韻（皆蒸部字）。另外《郭簡·性自命出》簡 18—19 云："……禮作於情，【18】或❇之也，當事因方而制之。……【19】"《郭簡》原未將兩簡連讀。第 182 頁注[一一]引裘按説："'或'下一字疑是'罷'或'興'字。"看來也應該以釋"興"的意見爲是。不久後《上海博物館藏戰國楚竹書（一）》①出版，其中《孔子詩論》第 28 簡裏的《詩經》篇名《青蠅》的"蠅"字，上半所從聲符與此處討論的《郭簡》前兩例所謂"罷"字相近。"興"與"蠅"音近可通，故簡文相當於今本《毛詩·青蠅》的"蠅"字從"興"省聲。已有研究者據此指出，上舉《郭簡》前兩例所謂"罷"字應改釋爲"興"。② 另外《上海博物館藏戰國楚竹書（一）·性情論》簡 10—11 證明了《郭簡·性自命出》簡 18—19 確實應當連讀，其

---

① 上海古籍出版社，2001 年。
② 李零：《上博楚簡校讀記（之一）——〈子羔〉篇"孔子詩論"部分》，簡帛研究網，http://www.bamboosilk.org，2002 年 1 月 4 日。何琳儀《滬簡〈詩論〉選釋》，簡帛研究網，http://www.bamboosilk.org，2002 年 1 月 17 日；又刊於《上博館藏戰國楚竹書研究》，上海書店出版社，2002 年，第 256 頁。又魏宜輝《讀上博簡文字劄記》，《上博館藏戰國楚竹書研究》，第 390～392 頁。

中與《郭簡·性自命出》☒相當之字上博簡整理者已正確地迻釋爲"興"。這種寫法的"興"字前已見於包山楚簡 159 號，作人名，舊釋爲"興"也是正確的。①

"戁"字在《郭簡》中多用爲難易之"難"，"唯戁其興"大概也應該讀爲"唯難其興"。其中"難"作動詞，就是"使其興難"之意。② 簡文是説，既要結交邦國之巨雄，又要防止、阻止其勢力坐大。因爲如果"巨雄"勢力過大，一旦事情有變，自己面臨將"有敗"的局勢時，巨雄可能反過來與己爲敵，反而會成爲禍患。

將抽出的第 15 簡插入第 5、6 兩簡中間後，連讀爲：

凡説之道，急者爲首。既得其急，言必有及。及[5]之而弗惡，必盡其故。盡之而疑，必☒鋊[15]之。鋊之而不可，必文以訛，毋令知我。……[6]

"鋊之鋊之"原作"鋊=之="。"盡之而疑，必☒鋊之"上下文皆有韻，此句亦以"疑"與"之"押韻（皆之部字）。☒可隸定作"攱"，徐在國先生分析爲從"攴""十"聲，③可從。"攱鋊"疑可讀爲"審喻"（"鋊"可讀爲"喻"是裘錫圭先生的意見）。從讀音來講，"十"古音在禪母緝部，"審"在書母侵部，聲母相近且韻部有對轉關係，兩字中古音皆爲開口三等；分別從"十"和"審"得聲的"汁"字與"瀋"字音義皆近，"針"之異體"箴"可與"審"相通。④ 與"鋊"聲旁相同的裕、浴、欲等字古音在余母屋部，"喻"古音在余母侯部，聲母相同且韻部有對轉關係，中古亦皆爲開口三等字。從意義來講，"審喻"見於《禮記·文王世子》："大傅審父子、君臣之道以示之；少

---

① 滕壬生：《楚系簡帛文字編》，湖北教育出版社，1995 年，第 213 頁。

② 另一種可能是，"戁"字不破讀。《詩經·商頌·長發》："不戁不竦，百禄是總。"毛《傳》："戁，恐；竦，懼也。""唯戁其興"即"唯恐其興"、"唯懼其興"，是説對"巨雄"之興保持恐懼、戒懼之心。這跟我們下文按"難"字理解爲"防止、阻止其勢力坐大"意思上出入不大。

③ 徐在國：《郭店楚簡文字三考》，《簡帛研究二〇〇一》，廣西師範大學出版社，2001 年。

④ 高亨、董治安：《古字通假會典》，齊魯書社，1989 年，第 231 頁。

傅奉世子,以觀大傅之德行而審喻之。"《漢語大詞典》"審喻"條解釋爲"明白地告知"。

　　簡文此段的大意是説:遊説之道,首先要明白對方之所急;如已明瞭對方之所急,則言説必有以及其急;已試探性地説到其所急之事而對方不反感厭惡,則必進一步盡言其事;盡言之而對方有所懷疑,則必須明白詳細地加以説明開導;曉喻開導而不能釋對方之疑,則必以不實之言加以掩飾,不要讓對方知道自己的真實意圖。

2002 年 6 月據舊稿改寫

　　本文有的觀點曾在北京大學中國古文獻研究中心"郭店簡研究"項目例會上討論。文中直接采用了裘錫圭師的不少意見。謹向諸位師友致以誠摯的謝意。

原載艾蘭、邢文編《新出簡帛研究》,文物出版社,2004 年。

釋《忠信之道》的"配"字

《郭店楚墓竹簡①·忠信之道》簡4~簡5：

　　大忠不兑(説)，②大信不异(期)。不兑(説)而足敓(養)者，陞(地)也；不异(期)【4】而可󰀀者，天也。󰀁天陞(地)也者，忠信之胃(謂)此。……【5】

除最後一句外，簡文的意思是清楚的。上文簡2説(釋文用寬式)"至信如時，必至而不結"，《郭簡》163頁注[四]引裘按："此句意爲四時按規律運行，而無盟約，故爲信之至。""不期而可󰀀者，天也"一句，意義當與之相近。其中󰀀字尚不能確識，我們對它的釋讀有一個把握不大的猜測，放到後面再談。

󰀁字《郭簡》隸定爲"卩"，164頁注[十一]説："卩，从'刀'聲，讀作'節'。"所引裘錫圭先生按語已經指出"此釋可疑，待考"。目前研究者主要有以下多種意見：黄德寬、徐在國隸定作"厄"，讀爲"範"。謂"義爲法。《爾雅·釋詁上》：'範，常也……法也。'玄應《一切經音義》卷二'《通俗文》："規模曰範。"'《易·繫辭上》：'(聖人)範圍天地之化而不過。'孔穎達

---

① 荆門市博物館：《郭店楚墓竹簡》，文物出版社，1998年。下文簡稱《郭簡》。
② "兑"字《郭簡》讀爲"奪"，此從《郭簡》第163頁注[七]所引"裘按"讀爲"説"。張富海《忠信之道釋文注釋(初稿)》引《莊子·知北游》："天地有大美而不言，四時有明法而不議，萬物有成理而不説。""説"、"言"同義，可與簡文參看。

疏：'範謂模範。'"。① 周鳳五釋"僎"，分析爲从"人"从"巽"，讀爲"順"。謂"本篇以忠信之道的不期不奪類比天地，從而推論忠信乃是人類順天地之道所產生的德行"。② 袁國華隸定作"卲"，釋爲"卲"字之省，讀爲"昭"，譯爲"顯明於天地（之間）的，就是忠信的意思"。③ 趙建偉釋爲"即"，通"則"，訓爲"效法"。④ 劉桓釋讀爲"即"，謂"即""猶'故'也"。⑤

以上諸說，共同的弱點是都不能很好地把簡文真正講通。就字形而言，此字右半所从的"㠯"，除去末筆爲飾筆，⑥餘下的部分上端作填實形，跟常見的"卩"旁有顯著區別。上舉諸說，除黃德寬、徐在國兩先生的意見（下文簡稱"黃說"）外，都是建立在將㠯字右半分析爲"卩"的基礎上的，這從字形看便不太可信。

黃說將此字隸定作"㠯"，在字形方面確實極爲有據。楚文字中常見的作偏旁的"巳"，跟此字右半㠯形除去末筆後餘下的部分（即所謂上端填實的"卩"形，下文用"△"代表），可以說完全相同。⑦ 將"㠯"字讀爲"範"解釋爲"法"，從聲韻訓詁上看也很直接。所以此說似乎很容易取信於人。不過，仔細推敲，也還存在兩方面的問題。

第一，此字在簡文中所表示的顯然是一個動詞，而訓爲"法"的"範"字

---

① 黃德寬、徐在國：《郭店楚簡文字考釋》，《吉林大學古籍整理研究所建所十五周年紀念論文集》，吉林大學出版社，1998年，第104～105頁。
② 周鳳五：《郭店楚簡〈忠信之道〉考釋》，《中國文字》新24期，臺北藝文印書館，1998年；又載《郭店簡與儒學研究》（《中國哲學》第21輯），遼寧教育出版社，2000年。
③ 袁國華：《郭店竹簡"卲"(卲)、"其"、"卡"(卞)諸字考釋》，《中國文字》新25期，臺北藝文印書館，1999年，第162～164頁。
④ 趙建偉：《郭店竹簡〈忠信之道〉、〈性自命出〉校釋》，《中國哲學史》1999年第2期，第35頁。
⑤ 劉桓：《讀〈郭店楚墓竹簡〉札記》，《簡帛研究二〇〇一》，廣西師範大學出版社，2001年，第63頁。
⑥ 楚簡文字中作偏旁的"倒止"形（《說文》的"夂"或"夊"字），常常寫作 夂 或 夊，在往右下方的弧筆上添加一道飾筆；《郭簡·成之聞之》簡26"節"字作 𥫣，所从"卩"旁亦加一飾筆，皆與此同例。
⑦ 滕壬生：《楚系簡帛文字編》，湖北教育出版社，1995年，第1022～1023頁。

古書多用作名詞，極少用作"效法"、"法則"一類意義的動詞；黃説所舉出的意爲"效法"、"法則"的動詞"範圍"，從它已經見於西周金文來看，大概很早就成爲結構固定的雙音詞了，①因此也很難根據其中的"範"來證明單獨的"範"字也可以用作"效法"、"法則"義的動詞。第二，即使承認"範"字可以解釋爲動詞"效法"或"法則"，施於此處簡文，跟上下文文意和行文邏輯也有矛盾。上文謂"至忠如土，化物而不伐；至信如時，必至而不結"，用兩"如"字，表現出的"忠"、"信"跟"土"、"時"的關係是平列的，不存在主從問題。而我們所討論的此處簡文，跟"忠"、"信"同時談到的"地"和"天"，正與上文的"土"和"時"對應。如果把此處簡文解釋爲"忠"、"信"效法、法則"地"和"天"，忠、信就變成了從屬於地和天的範疇，這顯然就跟上文文意和上下文行文邏輯不合了。前文所舉趙建偉解釋爲"效法"的意見，也存在同樣的問題。李零謂"從文義看，此字似爲'似'字"。② 僅就簡文"忠信"與"天地"的關係來講，倒是"似"比"範"還要合理一些。

其實，除了黃説注意到的"巴"，戰國文字中跟"△"形幾乎全同的，還有同樣常見的"肥"字的右半。略舉數例即可看出這一點：③

包山楚簡 203　　包山楚簡 250

望山 M1 楚簡 116

所以，⿰字的釋讀也完全可以跟"肥"字聯繫起來重新考慮。

《説文》分析"肥"字爲"从肉从卩"會意，徐鉉等曰"肉不可過多，故从卩"，顯然頗爲迂曲。"肥"字在戰國文字中右旁所从上端填實，跟"卩"不同，一直到馬王堆漢墓帛書仍多如此。④ 後代隸楷"肥"字及其異體"肥"的右半作"巴"形或"巳"形，也體現出跟"卩"不同的演變軌跡。將"⿰"跟

---

① 參看裘錫圭《古文字論集》，中華書局，1992 年，第 358 頁。
② 李零：《郭店楚簡校讀記》，《道家文化研究》第 17 輯（"郭店楚簡"專號），三聯書店，1999 年，第 502 頁。
③ 更多的字形可參看何琳儀《戰國古文字典——戰國文字聲系》下册，中華書局，1998 年，第 1299～1300 頁。
④ 見陳松長編著《馬王堆簡帛文字編》，文物出版社，2001 年，第 160、169 頁。

"肥"字結合起來考慮，它們所從的"人"和"肉"都是極常見的意符，剩下的"△"，按照我們對古文字結構的一般認識，分別分析爲聲符顯然是最直接的。

"⿰亻巴"跟"肥"字聲符相同，而"肥"常常通"配"。"⿰亻巴"字在簡文中，也正應當讀爲"配"。

"肥"與"配"相通，如《説文·户部》有"𡰥"字，又有"𡰻"字，段玉裁指出"𡰥"字"蓋即𡰻之或體耳。《玉篇》有𡰻無𡰥，可證"。在出土文獻中，"配"這個詞常常用"肥"字來表示。例如：馬王堆漢墓帛書《老子甲本卷後古佚書·九主》"以肥（配）天地"；①《老子乙本卷前古佚書·十大經·立命》"唯余一人□乃肥（配）天"；②今本《老子》第六十八章"是謂配天"，馬王堆帛書《老子》乙本"配"作"肥"；③《周易·豐·初九》"遇其配主"，馬王堆帛書《周易》"配"作"肥"；④《儀禮·少牢饋食禮》"以某妃配某氏"，武威漢簡《儀禮·少牢》作"以某肥肥某是"；以及後文要舉到的《周易·繫辭上》"廣大配天地"等四句中的"配"字，馬王堆帛書《周易·繫辭》四"配"字皆作"肥"，⑤等等。

簡文云"忠信""⿰亻巴天地"，古書中"配天地"一類的話習見。例如：

《周易·繫辭上》：夫乾，其静也專，其動也直，是以大生焉。夫坤，其静也翕，其動也辟，是以廣生焉。<u>廣大配天地</u>，變通配四時，陰陽之義配日月，易簡之善配至德。

《管子·形勢》：能予而無取者，<u>天地之配也</u>。又《形勢解》：天生四時，地生萬財，以養萬物，而無取焉；<u>明主配天地者也</u>，教民以時，勸之以耕織，以厚民養，而不伐其功，不私其利；故曰："能予而無取者，

---

① 國家文物局古文獻研究室編：《馬王堆漢墓帛書[壹]》，文物出版社，1980年，第29頁。
② 國家文物局古文獻研究室編：《馬王堆漢墓帛書[壹]》，第61頁。
③ 國家文物局古文獻研究室編：《馬王堆漢墓帛書[壹]》，第92頁。
④ 傅舉有、陳松長編著：《馬王堆漢墓文物》，湖南出版社，1992年，第110頁。
⑤ 傅舉有、陳松長編著：《馬王堆漢墓文物》，第120頁圖版十行上、第121頁圖版十行下。

天地之配也。"

《莊子·天道》：天不產而萬物化，地不長而萬物育，帝王無爲而天下功。故曰莫神於天，莫富於地，莫大於帝王。故曰帝王之德配天地。

《禮記·中庸》：博厚，所以載物也；高明，所以覆物也；悠久，所以成物也。博厚配地，高明配天，悠久無疆。

又前文已舉的馬王堆帛書《老子甲本卷後古佚書·九主》"以肥（配）天地"，亦其例。配，匹也，合也，乃古書常訓。《周易·文言》："夫大人者，與天地合其德，與日月合其明，與四時合其序，與鬼神合其吉凶。"所謂"與天地合其德"，亦即其德"配天地"也。簡文"配天地也者，忠信之謂此"，意謂"忠信"之爲"德"，可與"天地"之德相配相合。

下面我們對"配"、"肥"及相關的"妃"、"圮"等字作一些文字學上的分析。通過以下分析，能進一步堅定我們對將簡文 字釋讀爲"配"的信心。

"配"、"妃"、"圮"三字，在《説文》小篆中都是寫作从"己"的。它們的上古音都十分接近，"配"、"妃"相通古書習見，"圮"字《説文》或體作"䣬"，大徐本分析爲"从手，从非，配省聲"。① 它們所从的"己"形應當有一個統一的解釋。《説文》都分析爲从"己"得聲，但這幾個字的讀音跟"己"相差得實在太遠，所以段玉裁認爲"配"字中"己非聲也。當本是妃省聲，故叚爲妃字"，而"妃"字則爲"會意字，以女儷己也"，解釋得很牽強。

"妃"、"圮"不見於古文字，② "配"字在殷墟甲骨文和西周金文中，則

---

① 小徐本作"从手，配省，非聲"。從後文的分析可以看出，實際情况可能應當是"从手，配省聲，非亦聲"。

② 舊或釋金文中从女从"己"的用作女姓的"改"字爲"妃"，方濬益《綴遺齋鐘鼎彝器款識考釋》七·六"蘇甫人盤"已指出其非："蘇改姓國，經傳作'己'……得此器與蘇甫人匜證之，益信前人釋改爲妃之誤。"轉引自《金文詁林》第十三冊第 6736 頁。又甲骨文、金文俱有从女从"巳"之字，舊或釋爲"妃"亦不確。《金文編》第 795 頁卷十二 1958 號釋从女从"巳"之字爲"妃"，謂"妃匹之妃當是妃之譌"，林澐先生《新版金文編正編部分釋字商榷》已指出其無據，應隸定爲"妃"。林文係 1990 年江蘇太倉古文字學會年會論文，此轉引自陳漢平《金文編訂補》，中國社會科學出版社，1993 年，第 258 頁。吴式芬《攗古録金文》卷三之一第七頁、高田忠周《古籀篇》三七第二八頁並引許印林説"妃或即姒字"（此轉引自《金文詁林》第十三冊第 6766～6767 頁）。《甲骨文字詁林》第一冊第 470 頁 (中華書局，1996 年)"妃"字下姚孝遂先生按語也認爲當釋爲"姒"。

確定無疑是從"卩"的。但值得注意的是,在春秋晚期金文中,"配"字已有將所從的"卩"寫作上端填實形的,跟其他字中常見的"卩"旁明顯不同。例如:

 拍敦(《集成》9.4644)

 配兒鉤鑃(《集成》2.427.1)

古文字裏從"卩"的字,在隸楷中一般也是寫作從"卩"的,"卩"旁沒有多大變化。但"配"字在隸楷中寫作從"己"或從"巳",跟大多數從"卩"的字不同,所謂"己"形或"巳"形正是來源於這類"卩"形上端填實的寫法。

上舉兩形"配"字的右半,跟我們上文討論的"㔾"和"肥"字右半所從的"△"形非常接近。同時,"配"跟"肥"、"妃"等字的上古音正好也十分接近。前文所舉肥、配相通的大量例證,以及"妃"有或體作"嫐"(見於《集韻·微韻》芳微切"霏"小韻),均可證明它們的密切關係。由此看來,"㔾"和"肥"中的"△"形、"妃"和"圮"中的"己"形,都應該來源於"配"字的右半。① 進一步講,它們都有可能就是從"配"省得聲的,《說文》小篆"配"、"妃"和"圮"中的"己"都應是"△"形的譌體。至於"肥"字,《說文》小篆從"卩",似乎跟早期古文字的"配"字從"卩"正好相合。但前文已經指出,在隸楷中"肥"字及其異體"肥"的右半作"巴"形或"巳"形,跟普通從"卩"的字不同,應該也是由"△"形演變而成的。《說文》"肥"字篆形所從的"卩",實際上也應該看作"△"形的譌體,而跟早期古文字"配"字所從的"卩"並沒有直接的形體繼承關係。

"△"形《說文》小篆譌作"己",還見於"𦬼"字。《說文·非部》:"𦬼,別也。從非,己聲。"朱駿聲《說文通訓定聲》認爲"此字當隸己部。從己,非聲";段玉裁注則刪去"聲"字,認爲當分析爲"會意,非亦聲"。按《廣韻·尾韻》敷尾切"斐"小韻:"𦬼,鳥如梟也。《說文》別也。"《至韻》平祕切"備"小

---

① "妃"字跟"配"、"肥"字一樣,在隸楷中也常常寫作從"巳"形。

韻：" 𦫽，鳥如梟。"而《微韻》符非切"肥"小韻："𦫽，蠱𦫽，鳥名，如梟，人面一足。冬見夏蟄，著其毛令人不畏雷。出《山海經》。"又《集韻·至韻》必至切"畀"小韻："𦫽，別也。一曰蠱𦫽，鳥名。"可見𦫽、芭爲一字異體。楷書"芭"下半所從的"巴"形(與"巴"字無關)，跟"肥"字右半所從相同，顯然也應當就來源於"△"形。非、肥、配、芭讀音並相近，"非"聲字與"肥"聲字古多相通，可參看高亨、董治安《古字通假會典》第598頁"腓與肥"、"腓與茈"等條。又望山二號墓楚簡"翡翠"之"翡"作"𦫽"，①亦其證。"芭"應當跟"𦫽"、"𠃌"、"𠂉"等字類似，也是雙聲字。看來，"配"字省去"酉"後餘下的部分，亦即我們所討論的"△"，由於常常用作聲符，大概在當時人心目中，也就有了跟"配"相同或相近的讀音，而不必都聯繫"配"字理解爲"配省聲"了。

從文字學上看，簡文"𠆢"字當分析爲從"人"從"配"省聲，或者直接分析爲從"△"聲，它應該就是"配偶"之"配"的專字。在西周金文中，"匹配"、"配偶"等義本來都用"配"字表示，但"配"字從"酉"，其意符與意義不密合，所以在戰國文字中又新造出了從"人"的"𠆢"字。至於從"女"的"妃"字，則又是"女性配偶"這一意義的專字，其出現時間應該就更晚了。②

我們把"肥"、"妃"、"圮"等字所從的"△"分析爲"配"字之省，但"配"字本身"從酉從卩"，其字形如何解釋也還是一個難以解決的問題。裘錫圭先生告訴我，他久已懷疑，殷墟甲骨文中的"𡥐"字及其異體"卲"、"侫"，③就應當釋爲"妃"。這些字在甲骨文中的主要用例如下：

---

① 湖北省文物考古研究所、北京大學中文系編：《望山楚簡》，中華書局，1995年，第55頁。參看陳邦懷《戰國楚文字小記》，載《楚文化新探》，湖北人民出版社，1981年；又收入氏著《一得集》，齊魯書社，1989年，第122頁。

② 東周金文表示女性配偶之字皆作"配"，如春秋晚期的柏敦說"朕配平姬"、叔弓鐘、鎛說"其配襄公之妣、而成公之女"，戰國時期的陳逆簠說"厥元配季姜"等，可知其時"妃"字尚未出現。出土秦漢文字中"妃"字也很少見，《秦漢魏晉篆隸字形表》第883頁"妃"字下僅收東漢禮器碑一例。

③ 其字形參見《甲骨文編》，中華書局，1965年，第377頁。

1. 戊寅卜，又匕（妣）庚五如十牢。不用。　　（《合集》32171）
2. □貞，其□十牢又□二如匕（妣）□用牛一。（《合集》21651）
3. 丁巳卜，其尞于河牢，沉卽。　　　　　　（《合集》32161）
4. 王其又母戊一卽，此受又（佑）。
   二卽。　　　　　　　　　　　　　　　　（《合集》27040）
5. 其晋卽。　　　　　　　　　　　　　　　（《合集》32162）
6. 弜佭。　　　　　　　　　　　　　　　　（《合集》32166）
7. 甲申貞，其佭。　　　　　　　　　　　　（《合集》34095）

這些字舊多釋爲"嬖"，顯然不可信。它們都是指祭祀用的某種犧牲，裘先生認爲，從字形看，就是指一男一女"一對"人牲，"一對"義跟"妃"、"配"的"匹配"、"配偶"義有密切聯繫。相應地，"配"字本身就應該分析爲"從酉從如（妃）省聲"，我們所討論的"肥"、"圮"等字的聲符也是來源於"如（妃）"字。裘先生此説如果合於事實，則"配"字以及相關諸字的字形結構就更加清楚了。

下面談"不期而可🅐"句中的"🅐"字。《郭簡》第164頁注[十]引裘按謂此字："上部疑是'要'之變體。此字似即當讀爲'要'。要，約也。"此説的主要弱點是"期"跟"要"意義犯複。《禮記·學記》説"大信不約"，跟簡文所講天時具有"信"之美德，按自然規律運行往來、不必事先相"期"類似。孔疏云"約，謂期要也"，期、要、約意思均相近，大致就是指"約定日期"。按此理解，則"不期而可要"的説法實際上是不大通的。

我懷疑，此字所從的🅑，或者包括其下部似"虫"形的筆畫在内的🅒，也許是"夏"字的譌體。"夏"字秦公簋作🅓（《金文編》第384頁），秦公大墓石磬殘銘作🅔，①《説文》篆形作🅕，秦簡、秦印文字與《説文》篆形大體相同。簡文字形與之相比較，上部的"目"形可能即"頁"形之譌，二者中間

---

①　王輝等：《秦公大墓石磬殘銘考釋》，《中研院歷史語言研究所集刊》第六十七本第二分，1996年，第313頁拓片五。

的"⿰日日"形則十分接近。而且"⿰日日"這類形體在別的字中很難看到,也有助於説明它們爲同字。又"慶"字西周春秋金文多作[字形]類形(《金文編》第716頁),下端所从的尾形"⼃"與"虫"相近,六國文字承襲此類寫法,而戰國秦文字中"虫"形則譌變作"夂"。① 可見[字形]形下端的"⼃"也有可能就來源於"[字形]"下端的"夂"。楚簡"要"字寫作[字形],②[字形]、[字形]、[字形]三形相比較,顯然是"夏"的字形與簡文更加接近。如此分析不誤,則此字可隸定作"夐"。

"夐"疑可讀爲"迓",迎也。古書中這個詞或寫作"訝"、"御",跟"迎"和訓爲"迎"的"逆"是一組同源詞。③《禮記·月令》,《逸周書·月令解》,《吕氏春秋》十二紀中的《孟春》、《孟夏》、《孟秋》和《孟冬》諸篇以及《淮南子·時則》,都記載天子於四季之首亲率三公九卿大夫"迎春(夏、秋、冬)於東(南、西、北)郊"。"不期而可迓者,天也"意爲對天時往來事先不作期約,而可按時迎接,這自然是"信"的表現。

最後順便談談跟本文所論有關的"嫛"字。揚雄《太玄·内·初一》及其《測》兩見"謹於嫛孰",《次五》又云"君子利用取嫛",司馬光《集注》:"嫛、孰,古妃、仇字。"按《説文·女部》:"嫛,説樂也。从女,匜聲。"音"許其切",桂馥《説文解字義證》謂"通作'熙'"。"嫛"字的讀音和意義可以説都跟"妃"字毫無關係,説它又是"古'妃'字",從文字學的角度看實在奇怪。我們認爲,所謂"古'妃'字"的"嫛",實際上當爲前文已提到的"妃"字異體"娸"之譌字。一方面,在現存較早的字書、韻書如《篆隸萬象名義》、《玉篇》、《類篇》、《廣韻》、《集韻》等中,"嫛"字都没有"妃"這一讀音和意義,如果揚雄以"嫛"爲"妃"確有所據,則情況不應如此;另一方面,雖然今所見《太玄》各本多寫作"嫛",但也有本子還保留着本應作"娸"的痕跡。

---

① 參看何琳儀《戰國古文字典——戰國文字聲系》上册,第644頁。
② 見上海博物館藏楚簡《性情論》第14簡,《上海博物館藏戰國楚竹書(一)》,上海古籍出版社,2001年,第84頁。
③ 參看王力《同源字典》,商務印書館,1982年,第186~188頁。

如《四部叢刊》影印明萬玉堂本(范望注本),正文的"謹於嫛執",其字作"嫛",但後所附《釋文》則作:"嫛,字從嫛,呼基切,與妃同。善也,悅樂也。""呼基切"的讀音和"善也,悅樂也"的意義都是"嫛"字,但字頭尚作"嫛(嫛)";同本正文"謹於嫛執"下注文作"嫛"與作"嫛"並見,《次五》的"君子利用取嫛"則正文與注並作"嫛","嫛"不成字,應該正是"嫛"譌變爲"嫛"的中間字形;《說文》段注"妃"字下謂:"其字亦叚配爲之。《太玄》作嫛,其云'嫛執'者,即《左傳》之'佳耦曰妃、怨偶曰仇'也。"可見段玉裁所見本亦不作"嫛"。總之,"嫛"即"古'妃'字"的說法實不可信。

2002 年 10 月據 1999 年舊稿增訂改寫

補記(發表於復旦大學出土文獻與古文字研究中心網站時所加,2008 年 2 月 23 日,http://www.gwz.fudan.edu.cn/SrcShow.asp?Src_ID=343):

一、如上面已有先生所指出的,陳偉先生《郭店楚簡別釋》也釋讀此字爲"配",本文所論與之可謂不謀而合。

二、楚文字"配"字之例尚可補:蔦子受歌鐘 (《和尚嶺與徐家嶺楚墓》第 69 頁圖六五:11),新蔡簡零:92 。可見"配"字右半所從之"卩"旁,其上半當時確以作填實之形爲常。

三、本文說:

"配"字省去"酉"後餘下的部分,亦即我們所討論的"△",由於常常用作聲符,大概在當時人心目中,也就有了跟"配"相同或相近的讀音,而不必都聯繫"配"字理解爲"配省聲"了。

按《上博(二)·子羔》簡 1"肥礅"之"肥"字作 ,當分析爲從"心"從"△"聲,可爲以上說法之證。

原載《中國哲學》編委會、煙臺大學國際簡帛研究中心主辦《國際簡帛研究通訊》第二卷第六期,2002 年 12 月。

上博簡《子羔》、《從政》篇的竹簡拼合與編連問題小議

一 《子羔》篇

《上海博物館藏戰國楚竹書(二)》的《子羔》篇,整理者共編爲 14 號,以爲全部是殘簡,不能連讀。其實這 14 個編號的竹簡存在拼合錯誤,重新調整後,再加上香港中文大學文物館所藏的一支屬於本篇的殘簡,可以整理出至少兩個編連組。下面分別敘述。

(一) 簡 1＋簡 6＋簡 2,連讀如下(以下引用簡文皆儘量使用通行字):

□①有虞氏之樂正宫弇之子也。子羔曰:何故以得爲帝?孔子曰:昔者而弗世也,善與善相受也,故能治天下,平萬邦,使無有小大𦞠脆,使皆【1】得其社稷百姓而奉守之。堯見舜之德賢,故讓之。子羔曰:堯之得舜也,舜之德則誠善【6】與?伊(抑)堯之德則甚明與?孔子曰:鈞(均)也。舜嗇於童土之田,則【2】

簡 1 簡尾完整,簡 6 簡首完整,連讀文意通順。簡 2 開頭的"與"字左上角略有殘缺,其起筆正好尚殘存在簡 6 末端斷口處,兩簡當本係一簡之折,拼合後成爲一支首尾完具的整簡。

"子羔曰:何故以得爲帝"承上文"有虞氏樂正宫弇之子"而來,"有虞

---

① 此字原釋爲"以",從殘存字形和文意看,恐不可信。

氏樂正瞽叜之子"應即"何故以得爲帝"的主語,從下文孔子的回答來看,此人當是"舜"。原注釋斷句爲"有虞氏樂正瞽,叜之子也",理解爲判斷句,不確。伊,古音爲影母脂部開口三等,抑爲影母質部開口三等,兩字音近可通。明,原作上從"日"下從"皿"形,雖隸定後與隸楷"溫"字所從之"昷"同形,但實際上並無關係。此字或爲從日"皿"聲之字,或者就是"盟(盟)"字異體,皆以音近而讀爲"明"。"鈞"原誤釋爲"鈴","嗇"原誤釋爲從來從田。鈞,等也,古書多作"均"。此言舜德之"善"與堯德之"明"二者均等。

(二) 簡 11 上段＋簡 10＋簡 11 下段＋香港中文大學文物館藏戰國楚簡 3＋簡 12＋簡 13

這一段是講三代之始祖禹、契、后稷的誕生傳說或者説神話。在這個編連組之前有第 9 簡,是這段內容的開頭部分,它跟第 11 簡能否相連不能肯定,一並釋寫如下:

　　子羔問於孔子曰:三王者之作也,皆人子也,而其父賤而不足稱也與? 殹(抑)亦成天子也與? 孔子曰:善,而問之也。久矣,其莫□【9】[禹之母……之女]也,觀於伊而得之,窒(娠)三【11上段】念(年)而畫(?)於背而生,生而能言,是禹也。契之母,有娀氏之女【10】也,遊於央臺之上,有燕銜卵而措諸其前,取而吞之,窒(娠)三【11下段】念(年)而畫(?)於膺(膺),生乃呼曰:【中文大學藏簡】"欽(?)!"是契也。后稷之母,有邰氏之女也,遊於串(?)谷之內,冬見芺孜而薦之,乃見人武,履以祈禱曰:帝之武,尚使【12】□是后稷之母也。三王者之作也如是。子羔曰:然則三王者孰爲□【13】

從圖版可以看出,第 11 簡是由兩段殘簡拼合而成的。連接處的文句爲"觀於伊而得之窒三也",無法講通。按以上方案調整後,簡 11 上段加上簡 10 再加上簡 11 下段,正好可以拼合爲一支首尾完具的整簡。下接中文大學藏簡,此簡簡首完整。第 12 簡簡尾完整,上端拼合中文大學藏簡後,也正好成爲一支首尾完具的整簡,其長度正約與同篇其他整簡相當。第 13 簡上下皆殘,但其云"是后稷之母也",應即承簡 12 而言,同時其上端還可容納多字,它跟第12簡之間從內容看不容還有缺簡,故這兩簡也應該是相連的。另外,從圖版開頭部分的小照片可以清楚地看到,以上的調整,從竹簡的上中下相對位置來說,只有簡11的上段從原來的靠近中間提到了近於簡首,其他的則没有變化。董珊在看過本文初稿之後向我指出:結合小圖版和放大的圖版可以看出,《子羔》篇和《魯邦大旱》篇共有上中下三道編繩,其中第一道編繩約位於第8字之後。簡11的上段,編繩痕跡位於"之"字下,如按整理者的拼合,從小圖版可以看出跟其他簡的中間一道編繩位置不合;而將它提到簡首之後,編繩痕跡之上共有"也觀於伊而得之"7字,加上簡首殘去的一字,正好8字,編繩位置跟其他簡是相合的。同樣,我們綴於第12簡簡首的中文大學藏簡,第一道編繩位於"乃"字之下,從簡首開始的"三年而畫(?)於膺生乃"正好8字,編繩位置也是相合的。

　　簡文還有不少字詞有待進一步研究,我們跟整理者的理解不同之處主要有"窒(娠)"、"三忎(年)"、"雁(膺)"。先説其中較關鍵的"窒"字,"窒"即《説文》"煙"字的古文。此字原作![字形],所從的"垔"上半作尖頭、與"由"相似之形,同樣的例子見於春秋金文鄭太子之孫與兵壺銘的""字所從;①下半之形,與戰國中山王方壺銘的""字所從相同。"垔"字下半本從"土","土"繁化爲"壬",跟"呈"等字類似;又由於戰國文字裏豎筆中間常贅加小點,小點又演變爲短橫,"垔"受此類"豎筆中間小點與短橫互作"現象的影響,將"壬"旁中間的短橫寫作小點,遂成簡文及中山王方壺之形。"垔"及從"垔"聲的"煙"字等古音多在影母文部,但同樣從"垔"聲的"甄"字,上古音卻跟"娠"一樣都是章母文部開口三等,故"窒"與"娠"可相通。娠,孕也。"雁",原誤釋爲"雇"。"雁"讀爲"膺",胸膺也,跟上文之"背"相對。"三忎"的"三",簡11上段作"厽",跟中文大學藏簡遂作"三"不同。按楚簡中同一個詞在同篇甚至同簡中用不同的字表示,其例甚多。"忎"在楚簡文字裏最習見的用法是用爲"仁",此處則應

---

① 見王人聰《鄭大馬之孫與兵壺考釋》,《古文字研究》第二十四輯,中華書局,2002年,第235頁。

讀爲"年",古文字裏"年"本从"人"得聲。參考《太平御覽》卷三七一引《世本》云"陸終娶于鬼方氏之妹,謂之女嬇,生子六人。孕而不育,三年,啓其左脅,三人出焉;啓(《水經注・洧水》引《世本》作'破')其右脅,三人出焉",簡文"娠三年而畫(?)於背而生"云云其義自明。

調整後的這段簡文,從第9簡子羔問、孔子答開始,然後孔子連續敍述三代之始祖禹、契、后稷的誕生傳説或者説神話,第13簡結以"三王者之作也如是",子羔再進一步提問,文意甚爲通順。

二　《從政》篇

《從政》整理者分爲甲、乙兩篇。甲篇包含19個編號的竹簡,其中第6、7號簡整理者已經肯定係一簡之折,拼合後爲一支整簡。乙篇則包含6支竹簡。

我們分析這25支簡各方面的情況,不太明白整理者爲什麼一定要將它們分爲甲乙兩篇。本篇没有篇題、篇號,僅甲篇第19簡這一支簡的簡末文句抄完後留有空白,表明其爲一篇之末簡;甲乙兩篇在簡長、字體、編繩數目與位置等方面也看不出什麼明顯差別。整理者據以分篇的根據"兩組竹簡長度各異,編繩部位亦不相同"(《上海博物館藏戰國楚竹書(二)》第213頁),其實相當薄弱,因爲所謂乙篇中只有一支整簡,即第1簡。而此簡長42.6釐米,跟甲篇的幾支整簡5、8、11、18長度完全相同。甲篇餘下的三支整簡第1、15簡長42.5釐米,第19簡長42.8釐米,也没有多少出入。所謂編繩位置的問題,細看圖版,也很難看出兩篇有什麼不同。下文要談到,分屬甲乙兩篇的有些簡可以拼合、連讀。總之,這25支簡本應屬於同一篇,《從政》篇並無所謂甲篇乙篇的問題。

本篇整理者已經連綴起來的竹簡有:甲篇第1、2簡;第5、6、7簡;乙篇第1、2簡。除此之外,還有幾支簡應該連讀。下面分三組簡單討論。

(一) 甲17＋甲18＋甲12＋乙5＋甲11,連讀如下:

[……君子先]人則啓道之,後人則奉相之,是以曰君子難得而易事也,其使人,器之。小人先人則呈(?)敔之,[後人]【甲17】則赢(?)毀

之,是以曰小人易得而難事也,其使人,必求備焉。聞之曰:行在己而名在人,名難爭也。【甲18】敦行不倦,持善不厭,唯(雖?)世(?)不🈳,必或知之。是故【甲12】君子強行以待名之至也。君子聞善言,以改其【乙5】言;見善行,納其息(身)焉,可謂學矣。聞之曰:可言而不可行,君子不言;可行而不可言,君子不行。【甲11】

甲17簡首完整,"……君子先"是據下文補出的、屬於前一支未知簡的内容。簡尾殘去兩字,據上文可補出"後人";"先人"原作合文,整理者釋爲"先之",又在簡首補"前"字而非"先"字,均不妥。甲12與乙5分別爲上下半段殘簡,應本係一簡之折。重新拼聯後的這一大段簡文,雖然其中有些難字的準確釋讀還有待進一步研究,但其大意是很清楚的。下面分别加以解釋。

"君子先人則啓道之,後人則奉相之"與"小人先人則呈(?)敌之,後人則嬴(?)毁之"相對,謂君子處於他人之前則爲他人開路、引導他人,處於他人之後則奉承而輔助他人。小人則反是,處於他人之前則禁敵他人的前進,處於他人之後則憎毁他人。"敌"《説文》訓爲"禁也",古書多用"御"、"禦"和"圄"字,表示的都是同一個詞,前人言之已詳。

"是以曰君子難得而易事也,其使人,器之。……是以曰小人易得而難事也,其使人,必求備焉",整理者已引《論語·子路》:"子曰:'君子易事而難説也:説之不以道,不説也;及其使人也,器之。小人難事而易説也:説之雖不以道,説也;及其使人也,求備焉。'"與簡文相對照,是很正確的。

甲18、甲12、乙5、甲11:"行在己而名在人,名難爭也。敦行不倦,持善不厭,唯(雖?)世(?)不🈳,必或知之。是故君子強行以待名之至也。"文意連貫,均圍繞"行"與"名"的關係展開。"敦行不倦,持善不厭"承上"行在己","必或知之"承上"名在人",啓下"名之至",爲人所知,乃是成名、"名之至"之始。

乙5與甲11連讀後的"君子聞善言,以改其言;見善行,納其息(身)焉,可謂學矣",原釋讀、斷句有誤。"息"跟前文討論的《子羔》篇的"忐"相類,在楚簡文字裏最習見的用法也是用爲"仁",此讀爲"身",亦跟《子羔》

篇的"忎"不用爲"仁"而用爲"年"相類。"見善行,納其身焉"謂見善行則納己身於善行之中,猶言見善行即加入到、投身於這一行爲之中,亦即自己也去這麼做,這跟"聞善言,以改其言"一樣,當然就是所謂"學"了。

(二) 整理者已連綴的甲5、6、7三簡之前應加綴甲15,連讀如下:

> 毋暴、毋虐、毋賊、毋忿(貪)。不修不武〈戒〉,謂之必成,則暴;不教而殺,則虐;命無時,事必有期,則賊;爲利枉【甲15】事,則貪。聞之曰:從政敦五德、固三制、除十怨。五德:一曰緩,二曰恭,三曰惠,四曰仁,五曰敬。君子不緩則無【甲5】以容百姓,不恭則無以除辱,不惠則無以聚民,不仁【甲6】則無以行政,不敬則事無成。三制:持行視上衣食【甲7】

其中"暴"字前已見於郭店簡《性自命出》第64號簡"怒欲盈而毋暴",周鳳五先生釋爲"暴",正確可從。① "虐"字原作從"示"從"虐"之形,"虐"字楚簡文字多用作"乎",但據《說文》,它是"古文'虐'"字。郭店簡《緇衣》簡27從"疒"從"虐"之字,今本作"虐",可見《說文》之說自有其根據。此處從"示"從"虐"之字用爲"虐",跟《說文》及郭店簡《緇衣》相合。甲15與甲6相連處的"爲利枉事,則貪","貪"對應上文"毋忿(貪)"之"貪"。甲15用"忿"爲"貪",甲6則逕用"貪"字,跟前文講到的《子羔》篇"厽"與"三"情況類似。"枉事",意謂行事不直不正。

"不修不武,謂之必成,則暴;不教而殺,則虐;命無時,事必有期,則賊;爲利枉事,則貪",可與《論語·堯曰》的第二章對讀:

> 子張問於孔子曰:"何如斯可以從政矣?"子曰:"尊五美,屏四惡,斯可以從政矣。"……子張曰:"何謂四惡?"子曰:"不教而殺謂之虐;不戒視成謂之暴;慢令致期謂之賊;猶之與人也,出納之吝,謂之有司。"

由此可以證明"暴"、"虐"兩字的釋讀。同時還可以看出,簡文"不武"之

---

① 周鳳五:《郭店〈性自命出〉"怒欲盈而毋暴"說》,"新出土文獻與古代文明研究"國際學術研討會會議論文,2002年8月,上海。

"武"當爲"戒"的誤字。兩字上半俱从"戈",因形近而致誤。

《荀子·宥坐》云:"孔子爲魯司寇,有父子訟者,孔子拘之,三月不别,其父請止,孔子舍之。季孫聞之,不説……孔子慨然嘆曰:'……嫚令謹誅,賊也;今生也有時,斂也無時,暴也;不教而責成功,虐也。已此三者,然後刑可即也。'"《韓詩外傳》卷三第二十四章:"子貢曰:'……賜聞之,託法而治謂之暴,不戒致期謂之虐,不教而誅謂之賊,以身勝人謂之責。責者失身,賊者失臣,虐者失政,暴者失民。'"潘維城《論語古注集箋》據此云:"荀子所言四惡缺其一,韓嬰所言有'責'而無'有司',亦與夫子所言不同,而大致本此(指前引《論語·堯曰》文)。"① 又《韓詩外傳》卷三第二十二章云:"孔子曰:'不戒責成,害也。慢令致期,暴也。不教而誅,賊也。君子爲政,避此三者。'"亦爲所謂"四惡缺其一"者。簡文所云,亦當係本自論語,而"暴"、"虐"、"賊"三者之後是"貪",跟《論語》和《韓詩外傳》卷三第二十四章都不相同。按上引《論語》"四惡"的最末一項"猶之與人也,出納之吝,謂之有司"文意頗爲晦澀,推測起來,大概正因爲此,後來的著述遂或者去掉這一項,或者以意改之。《韓詩外傳》卷三第二十四章改爲"責",此處簡文則改爲了"貪"。

此外,乙篇簡 1 和簡 2 可以連讀,簡 1 開頭講"[九]曰犯人之務;十曰口惠而不係",整理者已經指出此兩句當與甲篇的"除十怨"攸關。我們認爲,上舉甲 15、5、6、7 這組簡已經講完了"敦五德、固三制、除十怨"中的"五德"並已提到了"三制",接下來的内容應是"三制"的具體内容和"十怨"的名目,而後者正是乙篇簡 1 開頭的内容,所以乙篇簡 1、2 應該編次於甲篇簡 7 之後。但從内容看,甲篇簡 7 與乙篇簡 1 之間有缺簡,可能所缺還不止一支。

(三) 甲 16+乙 3,連讀如下:

以犯虞犯見不訓行以出之。聞之曰:君子樂則治政,憂則[□],怒則□,懼則□,恥則】【甲16】復。小人樂則疑,憂則昏,怒則勝,懼則倍,恥則犯。聞之曰:從政不治則亂。治已至,則☒【乙3】

---

① 轉引自程樹德《論語集釋》,中華書局,1990 年,第 1373 頁。

這兩簡相連的理由是其有關部分句式相同,"君子"與"小人"正相對。甲 16 殘去下段,約可容納十餘字,我們補出的缺文"□,怒則□,懼則□,恥則"只有九字。但考慮到上文云"君子樂則治政",可見殘去部分每小句的"則"字之後不一定僅爲一字,那麼其總字數完全可能多出幾個,跟殘去部分的字數能夠相合。兩簡相連處講君子"恥則復",復,反也,謂君子如有可爲恥辱之事,則反求諸己身,跟小人恥則犯他人相對。

此外,甲篇的第 8 簡云"而不智則逢災害。聞之曰:從政有七機:獄則興,畏則民不道,洒(?)則失衆,猛則無親,罰則民逃,好□",其中"猛"原作從心從"丙"的繁体(加"口"旁)形,"丙"與"猛"音近可通。"猛"即"威而不猛"之猛,《左傳·昭公二十年》云:"大叔爲政,不忍猛而寬。……仲尼曰:'善哉! 政寬則民慢,慢則糾之以猛。猛則民殘,殘則施之以寬。寬以濟猛,猛以濟寬,政是以和。'"可與簡文講"從政"的"猛則無親"參讀。第 9 簡云"□則民作亂。凡此七者,政之所治也。聞之曰:志氣不旨,其事不□"。簡 8 首尾完具,簡 9 從中間一道編繩的位置看,上端僅殘去一字。這兩簡似也有應當連讀的可能,相連處的"好□□則民作亂"可通,簡 8 的"七機"與簡 9 的"凡此七者"相呼應。不過,如果將它們連讀,數下來卻一共只說了"六機",這是一個難以說明的問題。我們看"七機"之首的"獄則興",頗難索解,會不會是此處簡文有脫漏呢? 謹誌此存疑以待後考。

2003 年 1 月 5 日

原載《文物》2003 年第 5 期。

上博簡《容成氏》的竹簡
拼合與編連問題小議

《上海博物館藏戰國楚竹書(二)》的《容成氏》篇,內容非常重要,竹簡保存狀況也比較良好。但原書的整理在竹簡拼合與編連方面存在問題,致使不少本來文意清楚的地方變得含混不清,全文的敘事脈絡也變得很混亂。我們經過反覆的調整與排比,找到了更爲合理的、可能是最接近於竹簡原貌的編排方案。

先說竹簡的拼合問題。全篇原共編爲53號,其中第35號是由上下兩段殘簡"遙綴"而成的,即整理者認爲是一簡之折,但不能緊接,中間還有一小段殘缺。實際上,這兩段殘簡無論是從編繩位置看,還是從内容看,都不可能屬於同一簡。本篇竹簡共有上中下三道編繩,上下兩道分別位於簡首和簡尾的首字、末字的上下方。簡35上段簡首殘缺,第一道編繩痕跡已不存。中間一道編繩痕跡位於"□王天下十又六年而桀作"的"作"字下,從第12頁的小圖版可以清楚地看出,按整理者的編排,則這道編繩痕跡的位置太靠上,跟同篇其他簡完全不能相合。如果將其下移與其他簡的中間一道編繩對齊,則其下端與35簡下段將有一大段重合的部分。由此看來,簡35上段與下段決不可能屬於同一簡。它們應該分別編號重新排列,下面我們把此簡的上段和下段分別編爲"35A"和"35B"。

我們把全篇竹簡重新編連後的簡序爲:1~3,35B,4~7+43,9~11+13~14+8+12+23+15+24~30+16~21+30~32+22+33~34+35A+38~41+36~37+42+44~53。下面就按這個順序抄出釋

文,並以注釋的形式對調整的理由、調整後有關部分的大意等作簡單說明。釋文儘量使用通行字,難以隸定的字、原簡上尚殘存點畫但無法釋出的字用□代替。同時,本文主要討論簡序問題,文中對很多字詞的意見還只是初步性的。有不少字詞的理解雖然還存在問題,但一般不影響簡序的排列,對這類問題暫時不多作討論。

　　[尊]盧氏、赫胥氏、喬結氏、倉頡氏、軒轅氏、神農氏、椲丨氏、壚遲氏之有天下也,皆不授其子而授賢。其德酋清,而上愛【1】下,而一其志,而寑其兵,而官其材。於是乎瘖聾執燭,瞽工鼓瑟,跛躃守門,侏儒爲矢,長者□宅,僂者坎數,瘦【2】者煮鹽,尾亶者漁澤,□棄不□。凡民俾敝者,教而誨之,飲而食之,思役百官而月請之。故當是時也,無并【3】①

　　☑□氏之有天下,厚愛而薄斂焉,身力以勞百姓【35B】②

　　☑□於是乎不賞不罰,不刑不殺,邦無飢(?)人,道路無殤【4】死者。上下貴賤,各得其所(?)。四海之外賓,四海之内貞(廷?)。禽獸朝,魚鱉獻,有無通。匡天下之政十有九年而王天下,三十有七【5】年而歿(?)終。③ 昔堯處於丹府與藋陵之間,堯賤眺而時=賓(?),不勸而民力,不刑殺而無盜賊,甚緩而民服。於是乎方【6】百里之中,率天下之人就,奉而立之,以爲天子。於是乎方圓千里,於是乎持(?)板正立,四向訸和,懷以來天下之民。【7】其政治而不賞,官而不爵,無勵於民,而治亂不□。故曰:賢及□□【43】④

　　是以視賢,履地戴天,篤義與信。會在天地之間,而包在四海之内,畢能其事,而立爲天子。堯乃爲之教曰:"自【9】内(納?)焉,余穴窺焉,以求賢者而讓焉。"堯以天下讓於賢者,天下之賢者莫之能受也。

---

① 以上三簡原書亦連讀,係講述"堯"之前的上古帝王。

② "☑□氏之有天下","氏"前一字圖版上已看不清楚,原釋爲"湯",不可信。"☑□氏之有天下"與簡1"[尊]盧氏……壚遲氏之有天下也"相類,而與後文内容不諧,故提前至此。但它上與第3簡、下與第4簡是否緊接都不能肯定,有可能連讀,也有可能中間尚有缺簡,暫時分開釋寫。殘去的"□□氏"或是在"堯"之前的上古帝王的最後一個,其後的帝王即堯。

③ 以上講堯以前的古帝王,下面開始講堯。

④ 此簡跟下面一簡可能緊接,也可能中間尚有缺簡。

034　戰國竹書論集

萬邦之君皆以其邦讓於賢[10]☐☐☐☐賢者,而賢者莫之能受也。①於是乎天下之人,以[11]堯爲善興賢,而卒立之。②昔舜耕於歷丘,③陶於河濱,漁於雷澤,孝養父母,以善其親,乃及邦子。堯聞之[13]而美其行。堯於是乎爲車十又五乘,以三從舜於畎畝之中。舜於是乎始免執𣂪耨鎒,謁(?)而坐之子。堯南面,舜北面,舜[14]於是乎始語堯天地人民之道。④與之言政,悦簡以行;與之言樂,悦和以長;與之言禮,悦敀以不逆。堯乃悦。堯[8]☐[堯乃老,視不明,]聽不聰。⑤堯有子九人,不以其子爲後,見舜之賢也,而欲以爲後。[12][舜乃五讓以天下之賢者,不得已,然後敢受之。]舜聽政三年,⑥山陵不疏,水潦不湝(?),乃立禹以爲司工。禹既已[23]受命,⑦乃卉服笲箸,帽芙☐☐足☐☐[15]☐面☐☐☐,不生之毛,☐㴁湝流,禹親執畚(?)耜,以陂明都之澤,決九河[24]之阻,於是乎夾州、徐州始可處。禹通淮與沂,東注之海,於是乎競州、莒州始可處也。禹乃通蔞與易,東注之[25]海,

――――――
①　簡10與簡11從内容看中間不容有缺簡,故連讀。
②　上文簡6、7言"方百里之中"的人民立堯以爲天子,接下來講堯德及於天下,天下之人立之爲天子,又言堯欲讓賢而不得,於是"天下之人,以堯爲善興賢,而卒立之"。"卒立之"即最終還是立之爲天子、(在他讓位之前)始終以之爲天子。雖然簡7、簡9、簡12三次講到堯爲天子,但是意思是一層層遞進的,並不能證明以上這些竹簡不能放在一起。
③　"昔"與"舜"之間空有一個字的位置,疑此處本當有"者"字。
④　原以簡7、簡8相次,則簡8開頭的"於是乎始語堯天地人民之道",主語不明。下文云"與之言禮,悦敀以不逆",上博簡《子羔》篇第5簡正面云"堯之取舜也,從諸艸茅之中,與之言禮,悦専☐","悦専"即此處簡文的"悦敀",也可證明我們此處簡連的正確性。
⑤　"堯乃老,視不明"參照後文簡17"舜乃老,視不明,聽不聰"補。第12簡上端殘去約20字,補出"堯乃老,視不明"6字後,還有約14字的位置容納簡8末尾"堯"字下要接的簡文。因此簡8與簡12之間從内容看不大可能還有缺簡,故連讀。
⑥　"堯有子九人,不以其子爲後,見舜之賢也,而欲以爲後。舜乃五讓以天下之賢者,不得已,然後敢受之。舜聽政三年",與後文簡17、18"舜有子七人,不以其子爲後,見禹之賢也,而欲以爲後。禹乃五讓以天下之賢者,不得已,然後敢受之。禹聽政三年"類同。簡33、34"禹有子五人,不以其子爲後,見皋陶之賢也,而欲以爲後。皋陶乃五讓以天下之賢者,遂稱疾不出而死",亦可參考。此簡上半殘,補出"舜乃五讓以天下之賢者,不得已,然後敢受之"共18字,參考相鄰的整簡如第21簡,其上半適可容納18字。
⑦　"乃立禹以爲司工。禹既已受命",與後文簡28"乃立后稷以爲稷。后稷既已受命"、簡29"乃立皋陶以爲李。皋陶既已受命"、簡30"乃立質以爲樂正。質既已受命"、簡37"乃立伊尹以爲佐。伊尹既已受命"類同,從而知簡23與簡15之必連。以下講大禹受命治水之事。

於是乎蔬州始可處也。禹乃通三江五湖，東注之海，於是乎荊州、揚州始可處也。禹乃通伊、洛，并瀍、澗，東【26】注之河，於是乎豫州始可處也。禹乃通涇與渭，北注之河，於是乎虘州始可處也。禹乃從漢以南爲名谷五百，從【27】漢以北爲名谷五百。天下之民居莫，乃□食，乃立后稷以爲絰。后稷既已受命，乃食於野，宿於野，復穀桑土，五年乃【28】穰。民有餘食，無求不得，民乃賽，驕態始作，乃立皋陶以爲李。皋陶既已受命，乃辨陰陽之氣，而聽其訟獄，三【29】年而天下之人無訟獄者，天下大和均。舜乃欲會天地之氣而聽用之，乃立質以爲樂正。質既受命，作爲六律六【30】邨〈郘—呂〉，①辨爲五音，以定男女之聲。當是時也，癘疫不至，妖祥不行，禍災去亡，禽獸肥大，草木晉長。昔者天地之佐舜而【16】佑善，如是狀也。② 舜乃老，視不明，聽不聰。舜有子七人，不以其子爲後，見禹之賢也，而欲以爲後。禹乃五讓以天下之賢【17】者，不得已，然後敢受之。禹聽政三年，不製革，不刃金，不略矢，田無蔡，宅不空，關市無賦。禹乃因山陵平隰之可邦邑【18】者而繁實之，乃因迩以知遠，去苛而行簡，因民之欲，會天地之利，夫是以□者悦治（怡？），而遠者自至。四海之內及，【19】四海之外皆請貢。禹然後始爲之號旗，以辨其左右，思民毋惑。東方之旗以日，西方之旗以月，南方之旗以蛇，【20】中正之旗以熊，北方之旗以鳥。禹然後始行以儉：衣不鮮美，食不重味，朝不車逆，舂不毇米，饗（？）不折骨。製【21】孝辰，③方爲三佸，救聲之紀：東方爲三佸，西方爲三佸，南方爲三佸，北方爲三佸，以歔於溪谷，濟於廣川，高山陞，蓁林【31】入，焉以行政。④ 於是乎治爵而行禄，以裹於來（？），亦＝週＝，曰德速襄□【32】

---

① "邨"顯然是"郘"的誤字，"郘"讀爲"呂"。"六律六呂"即十二律呂，下文又言"五音"，"作爲六律六呂"與"辨爲五音"句式整齊。古書以"六律"與"五聲"或"五音"並舉習見。

② "昔者天地之佐舜而佑善，如是狀也"，類似的説法又見後文簡38、39"(桀)其驕泰如是狀"，簡49"昔者文王之佐紂也，如是狀也"。

③ "製孝辰"及下文"方爲三佸，救聲之紀：東方爲三佸，西方爲三佸，南方爲三佸，北方爲三佸"其義待考。"辰"原作"唇"，應即"辰"之繁體，與嘴唇之唇無關。此字左邊筆畫有殘缺，對比第52簡"唇(辰)"字自明，原釋"君"恐誤。"救"原誤釋爲左从"尋"。

④ "高山陞，蓁林入，焉以行政"即"陞高山，入蓁林，焉以行政"。

表皮専。禹乃建鼓於廷，以爲民之有謁①告者鼓(?)焉。撞鼓，禹必速出，冬不敢以寒辭，夏不敢以暑辭。身言【22】☒□淵所曰聖人，其生賜養也，其死賜葬，去苛慝，是以爲名。禹有子五人，不以其子爲後，見【33】皋陶之賢也，而欲以爲後。皋陶乃五讓以天下之賢者，遂稱疾不出而死。禹於是乎讓益，啓於是乎攻益自取。【34】☒[啓]王天下十又六年〈世〉而桀作。② 桀不述其先王之道，自爲[芭爲]③【35A】不量其力之不足，起師以伐岷山氏，取其兩女琰、琬，□北去其邦，□爲桐宮，築爲璿室，飾爲瑤臺，立爲玉門。其驕【38】泰如是狀。湯聞之，於是乎慎戒徵賢，德惠而不賷，祂三十仁而能之。如是而不可，然後從而攻之，陞自戎遂，入自北【39】門，立於中□。桀乃逃之鬲山氏，湯又從而攻之，降自鳴條之遂，以伐高神之門。桀乃逃之南巢氏，湯又從而攻之，【40】遂逃去，之蒼梧之野。湯於是乎徵九州之師，以亳四海之內，於是乎天下之兵大起，於是乎亡宗戮族殘羣焉服。【41】當是時，強弱不治(?)謁，衆寡不聽訟，天地四時之事不修。湯乃專爲征籍，以征關市。民乃宜怨，虐疾始生，於是【36】乎有喑、聾、跛、□、瘻、□、僂始起。湯乃謀戒求賢，乃立伊尹以爲佐。伊尹既已受命，乃執兵欽(禁)暴，④兼得于民，遂迷而【37】☒賊盜，夫是以得衆而王天下。⑤ 湯王天下三十又一世而紂作。紂不述其先王之道，自爲芭(改?)爲，於【42】是乎⑥作爲九成之臺，寘盂炭其下，加圜木於其上，思民道之，能遂者遂，不能遂者，內(墜)而死，不從命者，從而桎梏之。於是【44】乎作爲金桎三千。既爲金桎，又爲酒池，厚樂於酒，溥夜以爲淫，不聽其邦之

---

① "謁"原作从言去聲，原注釋以爲"訟"之異體字。
② 此句句首殘字可能是"啓"。"年"可能是"世"的誤字，是李銳的意見，見氏著《上博館藏楚簡(二)初札》，簡帛研究網站，http://www.bamboosilk.org/Wssf/2003/lirui01.htm。
③ "桀不述其先王之道，自爲"與後文第 42 簡"紂不述其先王之道，自爲芭(改?)爲"類同，故補"芭爲"二字。
④ "欽"下一字當釋爲从"疒"从"暴"，"欽"及此字連讀爲"禁暴"，是董珊的意見。
⑤ 從簡 40 以後至此處，大意是說湯雖然攻滅夏桀，但隨後天下大亂，且湯行政事不善，故尚未得以王天下。湯乃立賢人伊尹以爲佐，天下遂得治，湯終於得衆而王天下。
⑥ 42 和 44 相連處的"於是乎"，是它們應連讀的確證。以下從 44 到 53 簡，跟原書順序相同。

政。於是乎九邦叛之,豐、鎬、舟、□、于、鹿、[45]耆、崇、密須氏。文王聞之,曰:"雖君無道,臣敢勿事乎?雖父無道,子敢勿事乎?孰天子而可反?"紂聞之,乃出文王於[46]夏臺之下而問焉,曰:"九邦者其可來乎?"文王曰:"可。"文王於是乎素端□裳以行九邦,七邦來服,豐、鎬不服。文王乃起師以嚮[47]豐、鎬,三鼓而進之,三鼓而退之,曰:"吾所知多虜,一人爲無道,百姓其何罪?"豐、鎬之民聞之,乃降文王。文王持故時而教民[48]時,高下肥磽之利盡知之,知天之道,知地之利,思民不疾。昔者文王之佐紂也,如是狀也。文王崩,武王即位。武王[49]曰:"成德者,吾敬而代之。其次,吾伐而代之。今紂爲無道,昏者百姓,至約諸侯,天將誅焉。吾勵天威之。"武王於[50]是乎作爲革車千乘,帶甲萬人,戊午之日,涉於孟津,至於共、縢之間,三軍大犯。武王乃出革車五百乘,帶甲三千,[51]以小會諸侯之師於牧之野。紂不知其未有成政,而得失行於民之辰(朕?)也,或亦起師以逆之。武王於是乎素冠冕,以告[52]閔于天,曰:"紂爲無道,昏者百姓,至約諸侯,絕種侮姓,土玉水酒,天將誅焉,吾勵天威之。"武王素甲以陳於殷郊,而殷[53正]

容成氏[53背]

這樣重新編排之後,全文的敘事脈絡非常清晰,可以大致概括如下:堯以前古帝王政事→堯由賤而爲天子→舜賢,堯讓舜→舜時政事,包括司工禹治水、農官后稷治農事、理官皋陶治獄訟、樂正質作樂等→舜讓禹→禹時政事及製作→禹讓皋陶、益,啓攻益得帝位傳至桀→桀驕泰→湯攻桀,天下亂→伊尹爲湯之佐,天下得治,湯終王天下→湯傳至紂,紂德昏亂→九邦叛、文王佐紂之事→武王即位、伐紂。

《容成氏》裏需要深入研究的問題還非常之多,希望我們對竹簡的重新編連能爲進一步的研究提供一個比較可靠的基礎。

2003 年 1 月 7 日

本文寫作過程中,與董珊討論,獲益甚多,謹誌謝忱。

原載《上博館藏戰國楚竹書研究續編》,上海書店出版社,2004 年。

上博簡《民之父母》"而得既塞於四海矣"句解釋

《上海博物館藏戰國楚竹書(二)·民之父母》簡6～7(下引簡文均使用通行字)：

傾耳而聽之，不可得而聞也；明目而視之，不可得而見也，而得既塞於四海矣。

其中"而得既塞於四海矣"句，整理者已指出《禮記·孔子閒居》作"志氣塞乎天地"，《孔子家語·論禮》作"志氣塞於天地，行之充於四海"。簡文"得既"跟傳本"志氣"相當，很容易引致誤解，需要加以辨析。

整理者未明言"得"與傳本"志"的關係，"既"則釋讀爲"氣"。現所見論著或釋讀爲"德氣"，謂"簡文'得氣'即'德氣'，……'得氣'與'志氣'之異，乃傳本不同"；①或釋讀爲"志氣"，謂"'得'與'志'聲韵均合。典籍往往可以通假"；②或釋讀爲"得(志?)氣"。③ 雖然對"得"字的釋讀有分歧，但將簡文"既"從整理者釋讀爲"氣"則無異辭。

整理者又引《孟子·公孫丑上》："夫志，氣之帥也；氣，體之充也。夫

---

① 劉信芳：《上博藏竹書試讀》，簡帛研究網，http://www.bamboosilk.org/Wssf/2003/liuxinfang01.htm，2003年1月9日。
② 何琳儀：《滬簡二册選釋》，簡帛研究網，http://www.bamboosilk.org/Wssf/2003/helinyi01.htm，2003年1月14日。
③ 龐樸：《喜讀"五至三無"——初讀〈上博藏簡(二)〉》，簡帛研究網，http://www.bamboosilk.org/Wssf/2003/pangpu01.htm，2003年1月12日。

志至焉,氣次焉。""其爲氣也,至大至剛,以直養而無害,則塞於天地之間",跟簡文相印證。龐樸先生並進而提出:本篇簡文"談五至、三無、五起時,所孕含的志氣説,正是孟子浩然之氣説的先聲",簡文中"這些個'志'字和'氣'字,特別是它們能'塞'於四海和四方的提法,若對照着孟子談浩然之氣的話題來讀,便顯得十分清楚而明白,順理又成章;二者的源流關係,也一目了然,無所隱藏"。① 按:本篇簡文講到"氣"的有"無聲之樂,氣志不違","無聲之樂,氣志既得","無聲之樂,氣志既從";講到"塞"的有"無聲之樂,塞于四方","無體之禮,塞于四海"。除去待討論的"得既塞於四海"句,簡文並沒有其他真正講到"氣"或"志氣""塞於四海"或"塞於四方"的文句。因此,對簡文"而得既塞於四海矣"句的解釋,還直接關係到將簡文跟《孟子》所講"浩然之氣""塞於天地之間"相聯繫的説服力問題。

我們認爲,"而得既塞於四海矣"的"既"當如字讀,釋讀爲"氣"不可信。下面略加闡述。

整理者沒有提到,文首所引幾句簡文,其在全篇中的位置,跟傳本是不同的。《禮記·孔子閒居》和《孔子家語·論禮》均位於講"五至"之後,簡文則位於講"三無"之後。爲清楚起見,不妨將它們都引在下面來看:

《禮記·孔子閒居》:孔子曰:"志之所至,詩亦至焉。詩之所至,禮亦至焉。禮之所至,樂亦至焉。樂之所至,哀亦至焉。哀樂相生。是故正明目而視之,不可得而見也;傾耳而聽之,不可得而聞也;志氣塞乎天地,此之謂五至。"子夏曰:"五至既得而聞之矣,敢問何謂三無?"孔子曰:"無聲之樂,無體之禮,無服之喪,此之謂三無。"

《孔子家語·論禮》:孔子曰:"志之所至,詩亦至焉;詩之所至,禮亦至焉;禮之所至,樂亦至焉;樂之所至,哀亦至焉。詩禮相成,哀樂相生。是以正明目而視之,不可得而見,傾耳而聽之,不可得而聞,志氣塞於天地,行之充於四海,此之謂五至矣。"子貢曰:"敢問何謂三無?"孔子曰:"無聲之樂,無體之禮,無服之喪,此之謂三無。"

《民之父母》:孔子曰:"五至乎? 物之所至,志亦至焉。志之[所]

---

① 見龐樸《喜讀"五至三無"——初讀〈上博藏簡(二)〉》。

至者,禮亦至焉。禮之所至者,樂亦至焉。樂之所至者,哀亦至焉。哀樂相生,君子以正。此之謂五至。"子夏曰:"五至既聞之矣,敢問何謂三無?"孔子曰:"三無乎? 無聲之樂,無體之禮,無服之喪,君子以此橫于天下。傾耳而聽之,不可得而聞也;明目而視之,不可得而見也,而得既塞於四海矣。此之謂三無。"

這兩種不同位置,到底哪種更爲合理呢? 顯然是簡本。今本《禮記·孔子閒居》和《孔子家語·論禮》跟簡本的不同,則是由於錯簡而造成的。

簡文"而得既塞於四海矣",劉信芳先生已指出"得"應讀爲"德"。①"得"、"德"相通古書習見,就以本篇爲例,整理者已經指出,第12簡"屯得同明",傳本作"純德孔明",簡文"得"就應讀爲"德"。"既"則應訓爲"已",古書習見。本篇屢見的用來表示"氣"的字作上從"既"下從"火"之形,跟本篇同樣屢見的訓爲"已"的"既"字(如"五至既聞之矣"等)字形並不相同。

簡文"傾耳而聽之,不可得而聞也;明目而視之,不可得而見也,而得(德)既塞於四海矣"承"三無"而非"五至"而言,結合上下文看,其大意謂:君子以行"三無"而橫于天下,其行無聲之樂,不可得而聞;其行無體之禮、無服之喪,不可得而見。在他人之未聞、未見之中,而行此"三無"之君子,其德已經充塞於四海了。古書中類似用法的"既"字如:

《淮南子·原道》:是故春風至則甘雨降,生育萬物,羽者嫗伏,毛者孕育,草木榮華,鳥獸卵胎。莫見其爲者,而功既成矣。

《呂氏春秋·有始覽·論大》:昔舜欲旗古今而不成,既足以成帝矣。禹欲帝而不成,既足以正殊俗矣。湯欲繼禹而不成,既足以服四荒矣。武王欲及湯而不成,既足以王道矣。五伯欲繼三王而不成,既足以爲諸侯長矣。孔丘、墨翟欲行大道於世而不成,既足以成顯名矣。夫大義之不成,既有成矣已。 又《士容論·務大》略同。

《莊子·人間世》:吾未至乎事之情,而既有陰陽之患矣。

---

① 見劉信芳《上博藏竹書試讀》。

同樣用法的"已"字就更多了,如《韓非子·姦劫弒臣》:"夫是以人主雖不口教百官,不目索姦衺,而國已治矣。"《呂氏春秋·孟夏紀·用衆》:"楚魏之王,辭言不説,而境内已修備矣,兵士已修用矣。"不必備舉。

如依《禮記·孔子閒居》和《孔子家語·論禮》,"傾耳而聽之,不可得而聞也;明目而視之,不可得而見也,而得(德)既塞於四海矣"接於"五至"之後,則其與"五至"的關係不明,顯然不如簡本跟"三無"扣合緊密。所以我們説,簡本跟傳本的不同,乃是傳本錯簡的結果。這幾句既錯簡在"五至"之後,上下文意銜接不緊密,傳本遂删去"而得既塞於四海矣"句中表示承接關係和語氣的"而"字跟"矣"字,將"得(德)既"改爲讀音相近的"志氣",以求文意的通順。

還有,《禮記·孔子閒居》和《孔子家語·論禮》"正明目而視之"的"正"字很難講,而且"正明目"跟"傾耳而聽之"的"傾耳"也失對。按簡文講"五至"一段中有"君子以正"句,不見於傳本。得簡文以對勘,傳本"正明目而視之"中這個莫名其妙的"正"字,顯然正是來源於簡文"君子以正"的"正"。簡文"君子以正"跟"傾耳而聽之,不可得而聞也;明目而視之,不可得而見也,而得(德)既塞於四海矣"本來位於前後兩處,而傳本"正明目"相連,正是傳本將"明目而視之,不可得而見也;傾耳而聽之,不可得而聞也;志氣(本作"得[德]既")塞乎天地"錯簡於上文的結果。

2003年1月17日

原載《上博館藏戰國楚竹書研究續編》,上海書店出版社,2004年。

郭店簡補釋三篇

一　莫之知而不矣

《郭店楚墓竹簡①・窮達以時》簡 11～12：②

　　動非爲達也，故窮而不【11】[□；□非③]爲名也，故莫之知而不矣。……【12】

"莫之知而不矣"的"矣"字，《郭簡》未作進一步的解釋。河井義樹認爲它"大概是'憐'的假借字"，引《説文・心部》"憐，哀也"爲説；④顔世鉉讀爲"吝"，引《説文・心部》"吝，恨惜也"爲説；⑤以前我在一篇小文中引用此處簡文，曾在"矣"字後括注"慍"，並加問號表示不太肯定。⑥

　　現在我認爲，以上意見恐怕都是靠不住的。
　　黄人二曾經提出：

　　　　(矣)此疑讀爲"閔"，閔，愍也，憂也。《詩・邶風・柏舟》"覯閔既

---

① 荆門市博物館：《郭店楚墓竹簡》，文物出版社，1998 年。以下簡稱爲"《郭簡》"。
② 以下引用簡文，除了待討論的部分，一般使用寬式釋文，不作嚴格隸定。
③ "非"字據《郭簡》第 146 頁注[一四]所引"裘按"補。
④ [日]河井義樹：《郭店楚簡の研究(一)・窮達以時譯注》，池田知久監修，大東文化大學郭店楚簡研究班，1999 年，第 96 頁。
⑤ 顔世鉉：《郭店楚簡散論(二)》，《江漢考古》2000 年第 1 期，第 39 頁。
⑥ 陳劍：《郭店簡〈窮達以時〉、〈語叢四〉的幾處簡序調整》，《國際簡帛研究通訊》第二卷第五期，《中國哲學》編委會、煙臺大學國際簡帛研究中心主辦，2002 年，第 2 頁。當時的想法是，《論語・學而》有"人不知而不慍"之語；上海博物館藏戰國楚竹書《孔子詩論》第一簡"詩亡隱志，樂亡隱情，文亡隱意"的"隱"字，以"矣"爲基本聲符，不少研究者都認爲當讀爲"隱"(參看劉信芳《孔子詩論述學》，安徽大學出版社，2003 年，第 102～106 頁所引諸家説)。"慍"和"隱"都是影母字，"隱"通"隱"，跟"矣"通"慍"聲韻關係相類。

多,受侮不少",《楚辭·哀時命》王逸注引《詩》作"覯慗既多",《禮記·儒行》篇《釋文》"閔,本作慗",可見此字文獻作閔、慗。①

按"㪝"與"閔"字中的"文"都是聲符,兩字相通從讀音看很自然直接。"閔"或"慗"訓爲"憂",簡文解釋爲"莫之知而不憂"也很通順。但上舉黄人二先生所引《詩經》裏意爲"憂"的"閔"或"慗"是名詞,指客觀遭遇的"憂患",跟簡文"㪝"字作動詞的用法還有一定距離,不免會影響其説服力。

實際上,古書中意爲"憂"的"閔",或寫作"憫"、"惛"等,確有不少是用作動詞、意爲"感到憂愁"的,跟簡文"㪝"字用法更爲切合。下面就徵引古書有關用例對黄説略作補充。先看以下一例:

  《風俗通義·窮通》:是故君子厄窮而不<u>閔</u>,勞辱而不苟。樂天知命,無怨尤焉。

"厄窮而不閔"跟"莫之知而不㪝"的句式和意義均很接近。又《郭簡》整理者已經指出,《窮達以時》的内容跟很多古書所記載的孔子困於陳蔡之間時答子路的一段話類似。上引"厄窮而不閔"等語位於《風俗通義·窮通》全篇之首段,以下係列舉一些著名事跡來論述"窮通"的問題,所舉第一件就是孔子困於陳蔡之間的事。

"厄窮而不閔,勞辱而不苟"之語又見於《列女傳·貞順·衛寡夫人》,此外《孟子》等書"閔"或作"憫":

  《孟子·公孫丑上》:柳下惠不羞污君,不卑小官。進不隱賢,必以其道。遺佚而不怨,阨窮而不<u>憫</u>。(《孟子·萬章下》、《韓詩外傳》卷三略同)

  《韓詩外傳》卷一:孔子曰:"富而可求,雖執鞭之士吾亦爲之。"故厄窮而不<u>憫</u>,勞辱而不苟,然後能有致也。

"憫"字不見於《説文》,是"閔"的後起加旁俗字。"閔"、"憫"或作"惛",表

---

① 黄人二:《郭店竹簡〈窮達以時〉考釋》,《古文字與古文獻(試刊號)》,楚文化研究會,1999年,第132頁。

示的當是同一詞:①

《吕氏春秋·本生》:上爲天子而不驕,下爲匹夫而不惛。

按《周易·乾文言》云:"是故居上位而不驕,在下位而不憂。"可見此"惛"字當訓爲"憂"。"惛憂"或同義連用,也可證"惛"亦"憂"也。如《晏子春秋·内篇問上》"景公問欲如桓公用管仲以成霸業晏子對以不能章"云:"吴越受命,荆楚惛憂。"

上引《吕氏春秋·本生》語的高誘注云:"惛,讀'憂悶'之悶。義亦然也。"所謂"'憂悶'之悶",指的應該是以下一類用法的"悶"字:

《周易·乾文言》:子曰:龍,德而隱者也,不易乎世,不成乎名。遯世無悶,不見是而無悶。樂則行之,憂則違之。確乎其不可拔,潛龍也。

《周易·大過·大象》:君子以獨立不懼,遯世無悶。

《大戴禮記·衛將軍文子》:孔子曰:"德恭而行信,終日言,不在尤之内,在尤之外。國無道,處賤不悶,貧而能樂,蓋老萊子之行也。"

《説文·心部》云:"悶,懣也。"上舉這類"悶"字,前人多解釋爲"煩悶"、"煩懣",應該説這也不是不可以的。但如果跟前舉那些意爲"憂"的"閔"、"憫"和"惛"相比較,它們的讀音和用法都極爲接近,應該不會毫無關係。古人也確有將上舉那類"憫"、"惛"跟"悶"解釋爲同義的。如前引《孟子·公孫丑上》"阨窮而不憫"的趙岐注:"憫,懣也。"《廣雅·釋詁》亦云:"憫,懣也。"《文選》卷四十三嵇叔夜《與山巨源絶交書》:"所謂達能兼善而不渝,窮則自得而無悶。"李善注引《孟子》"柳下惠遺佚而不怨,厄窮而不憫"以説之。以上皆是將"憫"和"悶"解釋爲同義的。前引《晏子春秋》"荆楚惛憂",王念孫以《吕氏春秋·本生》高誘注爲證云:"惛者,悶之借字也……"②《後漢書·張衡傳》:"不見是而不惛,居下位

---

① "閔"與"惛"音近相通,以及從"門"聲、"文"聲之字與從"昏"聲之字音近相通,古書多見。參看高亨、董治安《古字通假會典》,齊魯書社,1989年,第150~154頁。

② (清)王念孫:《讀書雜志·晏子春秋第一》"翌州、惛憂"條,江蘇古籍出版社,2000年影印本,第534頁。

而不憂,允上德之常服焉。"李賢注:"悁猶悶也。《易》曰:'不見是而無悶,樂則行之,憂則違之。'又曰'居上位而不驕,在下位而不憂'也。"這是將"悁"解釋爲"悶"的。

高誘注說"憂悶之'悶'","憂悶"一詞亦見於《孔子家語》王肅注。《禮記·儒行》云"儒有不隕穫於貧賤,不充詘於富貴",此語亦見於《孔子家語·儒行》,王肅注云:"隕穫,憂悶不安之貌。"所謂"憂悶"顯係同義連用,可見"悶"亦"憂"也,跟"悁憂"相類。上引《大戴禮記·衛將軍文子》語亦見於《孔子家語·弟子行》,王肅注釋"處賤不悶"說"悶,憂"。可見前舉那類"悶"字,在古人那裏也是可以跟"閔"、"憫"和"悁"一樣解釋爲"憂"的。

從以上情況看,古書中這類"悶"字,跟訓爲"憂"的"閔"、"憫"和"悁",即使其所表示的不完全是同一個詞,至少也可以認爲是讀音和意義都非常接近的。文首所引《窮達以時》"莫之知而不斈"的"斈",當讀爲古書中這類用作動詞、意爲"憂"的"閔"、"憫"、"悁"或"悶",意爲"感到憂愁",應該不會有多大問題。

二 剛之柂、彊之敊

《郭簡·性自命出》簡8～9:

> 凡物無不異也者。剛之柂也,剛取之也;柔之【8】約,柔取之也。四海之内,其性一也。其用心各異,教使然也。……【9】

其中"剛之柂也,剛取之也"句,①《郭簡》182頁注[六]所引"裘按"已經指出:"《語叢三》四十六號簡:'彊(強)之敊(尌)②也,彊取之也。'語與此

---

① 此句在上海博物館所藏《性情論》簡中殘失。
② 郝士宏謂:"《說文·木部》'樹'之籀文作'尌',古文字中,从支旁和从寸旁有時可以通用,所以簡文'敊'很可能就是'樹'之籀文'尌',整理者隸釋作'尌'似不確。"見氏著《郭店楚墓竹簡考釋一則》,《古文字研究》第二十三輯,中華書局、安徽大學出版社,2002年,第143頁。按所謂"'樹'之籀文'尌'",跟"尌"其實就是一個字。"尌"字左半所从的"壴"即"查"之譌體,跟"鼓"之象形初文"壴"無關。說詳裘錫圭《釋"尌"》,《龍宇純先生七秩晉五壽慶論文集》,(臺北)學生書局,2002年,第189～194頁。

近。"後來又有研究者指出,《荀子·勸學》云"強自取柱,柔自取束",意義也與簡文"剛之桓也,剛取之也;柔之約,柔取之也"相近。① 這些意見無疑都是很正確的。但對簡文和《荀子·勸學》相關的文句究竟應該如何理解,大家卻存在很大的分歧。②

我們認爲,諸家之説中,劉昕嵐的意見是最近於事實的。但從研究現狀看,劉説似未引起足夠的重視,有必要略作補充論證。

在劉昕嵐之前,李零將"桓"字逕釋爲"樹",無説。③ 劉昕嵐從之,解釋説:

(《語叢三》的)尌,樹立也。《説文·壴部》:"尌,立也。"段注:"今

---

① 劉昕嵐:《郭店楚簡〈性自命出〉篇箋釋》,武漢大學中國文化研究院編:《郭店楚簡國際學術研討會論文集》,湖北人民出版社,2000年,第333頁;馮勝君:《讀〈郭店楚墓竹簡〉札記(四則)》,《古文字研究》第二十二輯,中華書局,2000年,第210頁。
② 例如,趙建偉讀"桓"爲"祝"、"剛",斷也,謂"此言剛之決物,乃由其剛性使然;柔之束物,乃由其柔性使然"。見氏著《郭店竹簡〈忠信之道〉、〈性自命出〉校釋》,《中國哲學史》1999年第2期,第36頁。陳偉(《郭店簡書〈人雖有性〉校釋》,《中國哲學史》2000年第4期,第7頁;又《郭店竹書別釋》,湖北教育出版社,2002年,第182～183頁)、馮勝君(《讀〈郭店楚墓竹簡〉札記(四則)》,第210頁)、郝士宏(《郭店楚墓竹簡考釋一則》,第143頁)皆讀"桓"爲"柱"訓爲"斷",陳偉訓"約"爲"彎曲",解釋爲"折斷剛強的東西,是利用剛的特性;捲曲柔軟的物體,是利用柔的特性"。郭沂(《郭店竹簡與先秦學術思想》,上海教育出版社,2001年,第236頁)謂"剛之樹也,剛取之也"的前"剛"字指"剛"這種性質,後"剛"字指"剛"類事物;"柔之約,柔取之也"同。解釋爲"有剛這種性質形成,剛類事物就會接受它;同樣,具備了柔這種性質,柔類事物也會接受它"。丁原植(《郭店楚簡儒家佚籍四種釋析》,臺灣古籍出版有限公司,2000年,第36～37頁)從本文下面要詳細引到的劉昕嵐説釋"桓"爲"豎立",謂"簡文似指物之堅硬者,可用來豎立,這是取其強硬的性質……物之柔軟者,可用來捆束,這是取其柔軟的性質"。後來又改釋爲"堅硬的東西,容易折斷,這是因其強硬的本性。柔軟的東西,容易捲曲,這是因其柔軟的本性"(丁原植:《楚簡儒家性情説研究》,臺北萬卷樓圖書公司,2002年,第73頁)。顏世鉉(《郭店楚簡散論(三)》,臺灣《大陸雜誌》第101卷第2期,2000年,第79頁)謂"桓"當讀爲"豉","約"當訓爲"弱",解釋文意爲"個性剛強者,取法乎勇;個性柔順者,取法乎弱"。李天虹(《郭店竹簡〈性自命出〉研究》,湖北教育出版社,2003年,第143頁)讀"桓"爲"樹",解釋爲"此言剛性挺立,爲剛類事物所利用;柔性屈曲,爲柔類事物所利用"。
③ 李零:《郭店楚簡校讀記》,《道家文化研究》第17輯("郭店楚簡"專號),三聯書店,1999年,第504頁。李零最初的理解是"簡文是以'樹'爲直,'約'爲曲"[據李零:《郭店楚簡校讀記(增訂本)》,北京大學出版社,2002年,第112頁],跟劉昕嵐説其實不同。後來李零又改從馮勝君説釋爲"剛物易折,是因爲其性太剛;柔物易卷,是因爲其性太柔,皆物性使然"[《郭店楚簡校讀記(增訂本)》,第11頁],跟劉説相差就更遠了。

字通用'樹'爲之,樹行而尌廢矣。《周禮》多用尌字。"《語叢三》語既與此文相近,則李零《校讀》讀桓爲"樹",實持之有故,確爲可信矣。又,《荀子·勸學》有言"強自取柱,柔自取束",其義與此段簡文亦近,當並參。楊倞注此句曰:"凡物強則以爲柱而任勞,柔則見束而約急,皆其自取也。"王先謙《荀子集解》則引王引之曰:①"楊説強自取柱之義甚迂。'柱'與'束'相對爲文,則柱非謂屋柱之柱也。柱,當讀爲祝,哀十四年公羊傳'天祝予'、十三年穀梁傳'祝髪文身',何、范注並曰:'祝,斷也。'此言物強則自取斷折,所謂太剛則折也。大戴記作'強自取折',是其明證矣。"昕嵐案:考《荀子》"強自取柱,柔自取束"之言,實與此處簡文"剛之樹也,剛取之也。柔之約,柔取之也"意近,如此則"強自取柱"之"柱",字義應與"樹"相關,故此句文義指物強則立而爲柱,楊説是而王説非矣!……("剛之桓也,剛取之也;柔之約,柔取之也"意爲)剛者以其性剛,故樹而爲柱;柔者以其性柔,故用以束物。

劉昕嵐認爲《荀子·勸學》的"強自取柱","文義指物強則立而爲柱"、"楊説是而王説非",很有見地。② 王引之讀《荀子·勸學》的"柱"爲"祝",其説深入人心,久已成爲所謂"改本字讀之則怡然理順"的佳例,③但其實是根本靠不住的。

河北大學中文系的楊寶忠先生曾論《荀子·勸學》的"強自取柱,柔自取束"説:

此兩句意謂堅硬之物用作支柱、柔軟之物用於約束,皆由自取,"柱"用作動詞,作支柱也,《論衡·幸偶篇》:"同之木也,或梁於宫,或柱於橋。"是"柱"字用作動詞之證,後起區别字作"拄"。《淮

---

① 王先謙所引王引之説見於王念孫《讀書雜志》卷八之一"強自取柱"條,其中引楊倞注"柔則見束"的"則"字王氏家刻本作"自"(江蘇古籍出版社,2000年影印,第631頁)。

② 李天虹説:"考慮到簡文的'樹'字,疑柱當讀作本字,亦直立之意。"見氏著《郭店竹簡〈性自命出〉研究》第143頁,與劉説略同。

③ 此語見(清)王引之《經義述聞》卷三十二《通説下》"經文假借"條。高亨、董治安《古字通假會典·前言》第5頁論破假借字、改讀本字,就舉了王引之讀"柱"爲"祝"之例。

南子·説林篇》:"虎豹之文來射,蝯狄之捷來乍。"又《繆稱篇》:"鐸以聲自毁,膏燭以明白〈自〉鑠;虎豹之文來射,猿狄之捷來措。"與"强自取柱,柔自取束"意同,皆謂自取也。《莊子·山木篇》:"直木先伐,甘井先竭。"亦此意。……(王引之)謂"柱"通"祝",訓爲"折斷",恐非是。①

所舉《論衡·幸偶篇》"柱"字的用法是很有説服力的。

楊倞注"凡物强則以爲柱而任勢",實際上並無不通,王引之謂其説"甚迂",恐怕是帶着先入爲主的成見的。猜想起來,王説的出發點,可能很大程度上是看到《大戴禮記·勸學》跟《荀子·勸學》相當之句作"强自取折,柔自取束",就必欲將"柱"跟"折"解釋爲同義,於是讀"柱"爲"祝"訓爲"斷折"之"斷"。其實,如果將今本《大戴禮記》中與其他古書相重出的部分,跟那些書中的相應篇章加以對照,往往可以發現今本《大戴禮記》的文字有被妄改之處,並不足爲據。例如:《大戴禮記·哀公問於孔子》篇又見於《禮記》,篇名作《哀公問》。《禮記·哀公問》中"今之君子好實無厭"一句,《大戴禮記·哀公問於孔子》作"今之君子好色無厭"。王引之指出,此句乃"對上文古之君子與民同利而言","'實'謂貨財也";而"大戴作'好色無厭',乃後人不知古義而妄改之"。② 此即其一例。《大戴禮記·勸學》"强自取折"的"折"字,也應係因爲古書習見"太剛則折"一類的説法而被人妄改。

古書中"太剛則折"一類的説法如:"太剛則折,太柔則卷"(《淮南子·氾論》,又《劉子·和性》)、"剛者折,柔者卷"(《鹽鐵論·訟賢》)、"夫太剛則折,太柔則卷"(《文子·上仁》)、③"木强則折"(《淮南子·原道》又《列子·黄帝》)、"金剛則折"(《説苑·敬慎》)、"柔而不可卷也,剛而不可折

---

① 楊寶忠:《古代漢語詞語考證》,河北大學出版社,1997年,第158~159頁。
② (清)王引之:《經義述聞》卷十六"好實"條,江蘇古籍出版社,2000年影印本,第383頁。
③ 以上四例是馮勝君首先舉出與簡文對照的,見氏著《讀〈郭店楚墓竹簡〉札記(四則)》,第210頁。

也"(《淮南子·兵略》)、"柔而不撓,剛而不折"(《説苑·至公》),①等等。又馬王堆帛書《易之義》第 19 行説:"是故柔而不犹(卷),然後文而能朕(勝)也;剛而不折,然後武而能安也。"②仔細體會,它們跟"強自取柱,柔自取束"、"剛(或'強')之桓(尌、樹)也,剛(或'強')取之也;柔之約,柔取之也",意義其實是大不一樣的。前者説的是某物自身具有的性質決定了它在遭受外力作用時容易産生的後果,太堅硬則遭受外力容易折斷,太柔軟則遭受外力容易自己卷起來;後者説的則是某物自身的性質導致人們要拿它來幹什麽,太堅硬則容易被用作柱子,或被樹立起來(承受重量),太柔軟則容易被用來捆束其他東西。"太柔則卷"的"卷"和"柔而不撓"的"撓",都是"捲曲"、"彎曲"的意思;而"柔自取束"的"束"、柔之約,柔取之也"的"約",則都是"約束"、"捆束"的意思。它們是義各有當的。同理,"太剛則折"的"折",跟"強自取柱"的"柱"和"剛(或'強')之桓(尌、樹)也,剛(或'強')取之也"的"桓(尌、樹)",也是義各有當的。《大戴禮記·勸學》把"柱"改爲"折"作"強自取折,柔自取束",就將兩類不同的意思糅合到一起了。

再從郭店簡字形來講,《性自命出》從木豆聲的"桓"字,應即樹木、樹立之"樹"的異體,③《語叢三》則直接就用"尌(尌)"字。將它們釋讀爲"尌"或"樹",文字的形義與用法統一。如果讀爲《荀子·勸學》的"柱",又再破讀爲訓爲"斷"的"祝",反而是繞了個大彎。

---

① 陳偉舉此例謂"可助於理解簡文",見氏著《郭店簡書〈人雖有性〉校釋》,第 7 頁;又《郭店竹書别釋》,第 182 頁。
② 此文"犹"字最初陳松長、廖名春《帛書〈二三子問〉、〈易之義〉、〈要〉釋文》釋爲"狂(? 柱)",見陳鼓應主編《道家文化研究》第三輯(馬王堆帛書專號),上海古籍出版社,1993 年,第 430 頁。此釋"犹"係據廖名春《帛書〈易之義〉釋文》,載朱伯崑主編《國際易學研究》第一輯,華夏出版社,1995 年,第 22 頁。犹字當分析爲從"犬"聲,與"卷"音近可通。
③ 楚簡中"桓"用作"樹"的如:包山簡 250"命攻解於漸(斬)木立(位),且徙其處而桓之,尚吉"。李學勤指出"桓"當讀爲"樹",簡文是講遷移"斬木位"之處所,重新樹立起來,見氏著《"桓"字與真山楚官璽》,北京大學中國傳統文化研究中心編:《國學研究》第八卷,北京大學出版社,2001 年,第 173 頁。李零也説"楚文字中的'樹'字多這樣寫(指寫作'桓')",見氏著《郭店楚簡校讀記(增訂本)》,第 112 頁。"桓"字另有一類用法是"木豆"之"豆"的專字,見於《説文·豆部》及楚簡遣策等(參看李學勤《"桓"字與真山楚官璽》,第 173 頁),跟作"樹"用的"桓"應該理解爲同形字關係。

通過以上辨析,有關的糾葛應該說已經清理得比較清楚了。前引楊寶忠先生解釋《荀子·勸學》"強自取柱,柔自取束"句爲"堅硬之物用作支柱、柔軟之物用於約束,皆由自取"。《性自命出》"剛之樹也,剛取之也;柔之約,柔取之也"句理應與之同解。從《性自命出》的上下文意看,此句可以解釋爲"堅硬之物自己招致被樹立(作柱子),是因其性剛;柔軟之物自己招致被用以束物,是因其性柔"。我們體會,"強自取柱"及"強(或'剛')之樹也,強(或'剛')取之也"一類的話,在當時可能是流傳很廣的熟語。《荀子·勸學》跟《性自命出》出於各自行文的需要,在采入文章時意義各有側重。二者的不同之處,在於《荀子·勸學》強調不同事物之所以被派不同的用場,在於其各自所具有的不同的本性,以此來說明上文所講的"物類之起,必有所始";《性自命出》則強調,從不同事物所被派的用場,可以看出其"性"本有不同,以此來說明簡文上文所講的"凡物無不異也者"。

三 身欲靜而毋訧

《郭簡·性自命出》簡62～63:

> 凡憂患之事欲任,樂事欲後。身欲靜而毋訧,慮欲淵而毋僞,【62】行欲勇而必至,貌欲莊而毋伐;欲柔齊而泊。……【63】

其中"訧"字原作"🖫",單從字形看確實是左從"言"右從"次"的。戰國文字中"欠"旁寫作"次"形習見,所以最初研究者多從《郭簡》所釋將此字隸定作"訧",並在此基礎上立論。

劉信芳較早指出,"訧"字與包山簡137反、139反的"潊""應是一字之異"。① 按包山簡137反"潊"字作"🖫",跟"訧"字一樣確實是從"言"形的,但出現於包山簡139反的從辭例看必爲"潊"之異體的那個形體卻

---

① 劉信芳:《郭店竹簡文字考釋拾遺》,《江漢考古》2000年第1期,第45頁。

作"▨","左上所從是"䇂"形而非"言"形。"䇂"形在曾侯乙墓鐘磬銘文中作爲偏旁屢次出現,裘錫圭、李家浩曾提出它應當分析爲上從"辛"下從"甶(即'胃'字)",即"胃"的異體。① 陳偉據此在劉信芳說的基礎上進一步指出,"訧"和"澂"字所從的實際上並非"言",而是那類上增從"辛"的所謂"胃"形之省,"訧"和"澂"均應釋讀爲"遺"。② 大西克也亦有大致相同的意見,認爲"訧""是'歆'的異體或省寫"。③ 按在包山簡 96 中,所謂"澂"字兩次出現,其中第一例(中間又增從"臼"形)的左上所從作"▨"形,可以清楚地看出"䇂"形中下半省略掉"自"形後,"臼"形又有所省略而訛變爲"口"形、從而導致"䇂"形訛省爲"言"形的軌跡。④ 這一點,史傑鵬在討論包山簡有關文字時早已經指出過了。⑤

後來,上博所藏《性情論》發表,其中簡 27 跟《性自命出》"訧"字相對應的字作"▨",⑥從"䇂"從"止"(以下將其隸定爲"䇂")。"䇂"即"䇂"形之省寫(省去下半之"自"),⑦這進一步證明了陳偉、大西克也的意見是正確的。爲了強調"訧"形所從本來並非"言"這一點,以下將它隸定爲"敆"。

所謂"䇂"形及其省體"䇂"形、"音"形(省去下半之"臼"),在曾侯乙墓鐘磬銘文、包山簡和郭店簡中作爲偏旁(而且可以肯定當是聲旁)屢次出現。討論《性自命出》和《性情論》此字的學者,多從前引裘錫圭、李家浩說

---

① 裘錫圭、李家浩:《曾侯乙墓鐘、磬銘文釋文與考釋》,《曾侯乙墓》附錄二,文物出版社,1989 年,第 553~554 頁。
② 陳偉:《郭店楚簡〈六德〉諸篇零釋》,《武漢大學學報》(哲社版)1999 年第 5 期,第 31 頁。
③ [日]大西克也:《談談郭店楚簡〈老子甲本〉"𢼸"字的讀音和訓釋問題》,《中國出土資料研究》第 4 號,中國出土資料學會,2000 年,第 77 頁。不過他在文中認爲包山簡地名字中的"胃"聲也寫成"言","屬於一種省寫。'胃''言'語音相近,這是誘發這種簡化的語音背景",跟下文所引我們所贊同的史傑鵬的看法不同。
④ 參看滕壬生《楚系簡帛文字編》,湖北教育出版社,1995 年,第 813 頁。
⑤ 史傑鵬:《關於包山楚簡中的四個地名》,《陝西歷史博物館館刊(第五輯)》,西北大學出版社,1998 年,第 132 頁。
⑥ 馬承源主編:《上海博物館藏戰國楚竹書(一)》,上海古籍出版社,2001 年。
⑦ 下文要舉到的《郭簡·語叢四》"遣"字,《郭簡》第 219 頁注[二〇]所引"裘按"已指出其所從的"䇂"是"䇂"之省寫。

將其釋爲"遣",讀爲"譴"或"愆"。① 有的研究者對郭店簡中其他從"音"形和"㱃"形之字提出了新解,但又大都沒有涉及《性自命出》和《性情論》此字。將他們的意見結合起來考慮,可以對《性自命出》和《性情論》此字得出新的認識。

《郭簡·語叢四》簡 18～21：

　　善事其上者,若齒之事舌,而終弗䜴。善[事其友]②者,若兩輪之相轉,而終不相敗。善使其民者,若四時一遹一來,而民弗害也。

又《老子》甲本簡 22：

　　大曰澨,澨曰遠,遠曰反。

孟蓬生指出：

　　從讀音來看,"䜴"字在《語叢四》中與"舌、敗、害"三字押韻,這三個字古音在月部。郭店簡《老子》之"大曰澨",今本《老子》作"大曰逝",馬王堆帛書《老子》甲、乙本並作"大曰筮","逝"和"筮"同音,古音皆在月部。所以"䜴"字及從之得聲的"澨"字,跟"逝筮"音同或音近,古音當在月部,應該是沒有問題的。③

結合《語叢四》的"䜴"和"遹"兩字的釋讀來看,其説當可信。

---

① 除陳偉、大西克也外,主張釋"遣"的又如黃錫全(《讀上博楚簡札記》,廖名春編：《新出楚簡與儒學思想國際學術研討會論文集》,2002 年 3～4 月)、劉樂賢(《讀上博簡札記》,《上博館藏戰國楚竹書研究》,上海書店出版社,2002 年,第 387 頁)、徐在國、黃德寬(《〈上海博物館藏戰國楚竹書(一)緇衣·性情論〉釋文補正》,《古籍整理研究學刊》2002 年第 2 期,第 5 頁)、白於藍[《〈上海博物館藏戰國楚竹書(一)〉釋注商榷》,《華南師範大學學報(哲學社會科學版)》2002 年第 5 期,第 103 頁]、周鳳五(《上博〈性情論〉小箋》,"新出楚簡與儒學思想國際學術研討"論文,2002 年 3～4 月,第 3～4 頁)等。陳偉謂"遣""在此讀爲'譴'或'愆','毋譴(或愆)'與《語叢四》的'弗遣(譴或愆)'一樣,是不致獲罪的意思",徐在國、黃德寬、李天虹等均從之；大西克也謂"疑當讀作'愆',意爲'過失、過錯'"。此外白於藍將全句讀爲"凡欲靖而毋詥(以'訡'從'欠'聲與'㱃'聲可通爲説)",謂"大意是説身行要謙卑但不要諂佞"；李零釋讀爲"健羡"之"羡"。

② "善"字下原簡約殘損三字,各家所補不一,此從陳偉《言有殆(語叢四)考釋》(待刊稿)補"事其友"三字。

③ 孟蓬生：《郭店楚簡字詞考釋》,《古文字研究》第二十四輯,中華書局,2002 年,第 406 頁。

《語叢四》的"善事其上者,若齒之事舌,而終弗啻",李零曾經説:

> ("啻")字與《老子》甲本簡 22 讀爲"逝"的字所從相同,疑應讀爲"噬"("噬"、"逝"都是禪母月部字)。我們理解,原文此句是説牙齒配合舌頭但不咬舌頭,故讀爲"噬"。①

這本是很好的意見,但他同時又懷疑可讀爲"啗",後來則只取釋"啗"一説,似乎放棄了原釋讀爲"噬"的意見。② 孟蓬生、王寧也都主張釋爲"噬",③"試將'噬'字代入原句……文從字順,若合符節"。④

《語叢四》的"善使其民者,若四時一適一來,而民弗害也","適"字《郭簡》原從"裘按"釋爲"遣"。按四時之往來皆爲自身的動作,説成爲他物所"遣",從意思上看並不很好。李零曾説:"(適)字與'去'、'往'等義相近,讀'逝'亦通。"⑤但後來他又放棄了此説,改爲仍釋讀作"遣"。⑥ 按古書"逝"與"來"對言多見,如《楚辭·九歌·少司命》:"荷衣兮蕙帶,儵而來兮忽而逝。"《管子·内業》:"靜則得之,躁則失之,靈氣在心,一來一逝。"又"逝"訓爲"往"乃其常訓,古書"往"與"來"相對,説四時寒暑"往來"之語習見,如《周易·繫辭下》:"寒往則暑來,暑往則寒來,寒暑相推,而歲功成焉。"所以,"四時一適一來"釋讀爲"四時一逝一來"文意更勝。古文字从"辵"與从"止"往往無别,"適"與《性情論》的"㦃"當爲一字,也許就可以看作"逝"字異體。

以"啻"形之省體"啇"形和"音"形爲聲旁的字用爲"噬"或"逝",從字形和讀音上也是可以得到合理解釋的。前引裘錫圭、李家浩在論述"啻"形時曾指出,《説文》"辛"字"讀若愆","'愆'、'遣'讀音相近,所以

---

① 李零:《郭店楚簡校讀記》,第 481 頁。
② 李零:《讀上博簡札記》,第 46、48 頁。
③ 王寧認爲"其文意實爲齒事舌而終不傷害之也。故'啻'字當是'齘(簡體作啮)'或'噬'之本字",又據《郭簡·老子》甲本中的"澨"字,認爲"'啻'當是'噬'之本字"。見氏著《釋郭店楚簡中的"噬"與"澨"》,簡帛研究網 http://www.jianbo.org/Wssf/2002/wangning02.htm,2002 年 8 月 27 日。
④ 孟蓬生:《郭店楚簡字詞考釋》,第 406 頁。
⑤ 李零:《郭店楚簡校讀記》,第 481 頁。
⑥ 李零:《讀上博簡札記》,第 46、48 頁。

'昔'字加注'辛'聲"。"愆"和"遣"跟"噬"和"逝"從古音來講,其韻部是月元陽入對轉的關係;其聲母則"愆"和"遣"是溪母,"噬"和"逝"是章組禪母,二者也有密切關係。前引孟蓬生文已曾舉過不少"刧"(溪母)聲字跟"折"聲和"制"聲字相通的例子,可爲溪母字之"遣"通從"折"聲之"逝"的佳證。此外又如"聲"(書母)從"殸(磬)"(溪母)得聲,"樞"(昌母)從"區"(溪母)得聲,同爲從"夬"得聲的"缺"是溪母字、"咉(啜字異體)"則是昌母字;古書"觭"(溪母)或與"掣"(昌母)相通;①這些都可以看作跟"辛"聲字與"噬"、"逝"相通是同類的現象。還有,我們知道,"辛"跟"丯"本爲一字,而"丯"字之音"讀如介(蘖)",②是"乂"和"刈"字的初文,③其古音在疑母月部,跟禪母月部的"噬"和"逝"也相去不遠。如"斥(庐)"從"屰"聲、"杵"從"午"聲、"燒"從"堯"聲、"勢"從"執"聲等,這些都是諧聲系統中章組字以疑母字爲聲符的例子,跟從"䏍"、"音"形之字或以"丯"爲聲符而可以表示"噬"和"逝"相類。又疑母月部的"執"字在古文字和古書中都常常用來表示書母月部的"設"字,④也是同類的現象。總之,以"䏍"形之省體"䏍"形和"音"形爲聲旁的字,跟"噬"和"逝"是有相通之理的。

　　孟蓬生、王寧都認爲"䵻"形中所從的"音"形爲"辥"字,我們不能同意。因爲只要聯繫上"䏍"、"䏍"兩形,就可以知道"音"形只能解釋爲"䏍"形之省。不過"辥"字本身也是以"丯"爲聲符的,他們在此基礎上對"䵻"跟"齧"和"噬"的關係的分析,尤其是孟蓬生所舉"刧"聲字("齧"從"刧"聲)跟"折"聲和"制"聲字相通的例證,對於説明從"音"聲之字之所以能表

---

① 參看高亨、董治安《古字通假會典》第 667 頁"觭與掣"條。
② 王國維:《釋辥》,《觀堂集林》卷六,中華書局,1959 年,第一册第 279～282 頁。
③ 裘錫圭:《釋"𥝫""𥝫"》,《古文字論集》,中華書局,1992 年,第 35 頁。
④ 參看裘錫圭《釋殷墟甲骨文裏的"遠""𢓊"(邇)及有關諸字》,《古文字論集》,第 7、9 頁;又《古文獻中讀爲"設"的"執"及其與"執"互訛之例》,香港大學亞洲研究中心:《東方文化》Volume XXXVI,1998 Numbers 1 and 2,2002 年。又,如果再進一步猜測,"設"字本身的字形還没有很好的分析辦法(《説文·言部》分析爲"从言殳",段玉裁注:"會意。言殳者,以言使人也,凡設施必使人爲之。"頗爲牽强),它所從的"言",會不會跟"歆"所從的"言"一樣,也是來源於"䏍"形的訛體、在"設"字中是用作聲符的呢?這恐怕也不是完全不可以考慮的。

示"噬"和"逝",仍然是有很大幫助的。請讀者參看。

根據上舉衆多研究者意見中的合理部分,我認爲《性自命出》、《性情論》的"歠"、"㿒"當釋讀爲"滯"。

從讀音來講,以"𠭯"形及其省體"𠭯"形、"𩁹"形爲聲旁的字既然可以用來表示"逝"和"噬",那麼用來表示跟"逝"和"噬"讀音也非常接近的"滯",當無問題。从"帶"得聲的字跟从"折"和从"筮"得聲之字相通,古書中例子頗多。① 從用字習慣來講,楚文字中尚未見到"滯"字或其他用以表示"滯"這個詞的字,讀爲"滯"跟楚文字的用字習慣也不存在衝突。

從文意來講,此處簡文下文所説的"貌欲莊而毋伐","莊"跟"伐"之間並非如"動、静"、"剛、柔"那樣係完全對立的關係。古書"矜莊"常常連用,"莊"是跟"矜"有密切聯繫的,"貌欲莊而毋伐"是説容貌要莊重,但要注意不可過於莊重而走向不好的另一方面"矜伐"。"行欲勇而必至"的"勇"和"必至"的關係,跟"莊"和"毋伐"的關係相類。行動勇猛,則往往容易半途而廢,所以要强調"必至"即一定要堅持到底。"身欲静而毋滯"同樣如此,"滯"是完全的"停滯"、"凝滯"不動,是簡文所反對的。古書"滯"多訓爲"止",而且這種"止"偏重指"(過分的、完全的)静止不動"一類義,有不好的、負面的意味。如《吕氏春秋·情欲》云"筋骨沈滯,血脈壅塞",《淮南子·俶真》云"血脈無鬱滯",又《主術》云"無爲者,非謂其凝滯而不動也",等等。東漢蔡邕《太傅胡廣碑》云:

> 僉謂公之德也,柔而不犯,威而不猛,文而不華,實而不朴,<u>静而不滯</u>,動而不躁……②

"静而不滯"可爲簡文釋讀爲"身欲静而毋滯"之佳證。又《文選》卷十八晉

---

① 參看高亨、董治安《古字通假會典》第 644 頁"撒與栥"、"遭與晢"、"遭與逝"、"滯與澨"條。

② 見(清)嚴可均校輯《全後漢文》卷七十六,《全上古三代秦漢三國六朝文》第一册,中華書局,1958 年,第 886 頁。

成公子安《嘯賦》謂"行而不流,止而不滯",亦可爲參考。

2003 年 8 月據舊稿增訂改寫

本文蒙裘錫圭師審閱指正,謹致謝忱。

原載荆門郭店楚簡研究(國際)中心編《古墓新知——紀念郭店楚簡出土十周年論文專輯》,國際炎黃文化出版社,2003 年。

上博楚簡《容成氏》與古史傳説

　　上海博物館近年從香港購回的大批戰國楚竹書中,有一種自題篇名爲《訟城氏》的,"訟城氏"没有問題當釋讀爲古書中的上古帝王名"容成氏"。此篇共存 50 多支竹簡,兩千七百餘字,包含豐富的古史傳説内容。《上海博物館藏戰國楚竹書(二)》①發表有關資料後,學界迅速掀起了研究的熱潮。

　　從簡文整理的角度講,原整理者李零先生已經在竹簡的拼合與編連、文字的釋讀、跟傳世古書有關内容的比較等方面作了很好的工作。簡文發表之後,又有衆多研究論著在上述幾個方面都不同程度地取得了進展。本文談不上是對《容成氏》的研究,僅僅是在已有成果的基礎上,重點從本篇所記載的古史傳説内容的角度,對簡文所作的一個簡單的資料性質的介紹,或可作爲對此有興趣的同好進一步研究的參考。

　　下面抄出全篇釋文,略作分段加以介紹。簡序有調整之處,主要據舊文《上博簡〈容成氏〉的竹簡拼合與編連問題小議》,②調整的理由不再贅述。釋文凡中間空一行的表示前後簡文是否連讀不能肯定,其餘則均應連讀。釋文儘量標準從寬,大量常見的、毫無疑問的通用字均直接釋寫。但凡是遇到不太常見或有疑問的通用字,以及文意不明的地方,則儘量嚴

---

　　① 馬承源主編:《上海博物館藏戰國楚竹書(二)》,上海古籍出版社,2002 年。
　　② 簡帛研究網,http://www.jianbo.org/Wssf/2003/chenjian02.htm,2003 年 1 月 9 日。【編按:已收入此書。】

格釋寫或逕出原形。

[尊]盧氏、赫胥氏、喬結氏、倉頡氏、軒轅氏、神農氏、椲(?)丨氏、墉遲氏之有天下也,皆不授其子而授賢。其德酋清,而上愛[1]下,而一其志,而寢其兵,而官其材。於是乎喑聾執燭,矉(瞽)戍(工)鼓瑟,①跛躃守門,侏儒爲矢,長者酥尾(宅?),僂者坎數,瘻[2]者煮鹽,尾䖝者漁澤,漿棄不㪍。凡民俾赦者,教而誨之,飲而食之,思役百官而月青(請?)之。故當是時也,無并[3]

☐☐氏之有天下,厚愛而薄斂焉,身力以勞百姓[35B]

☐☐於是乎不賞不罰,不刑不殺,邦無飢(?)人,道路無殤[4]死者。上下貴賤,各得其殊(所)。② 四海之外賓,四海之内貞(庭)。③ 禽獸朝,魚鼈獻,有無通。匡天下之政十又九年而王天下,三十有七[5]年而□終。

以上一段係講述堯以前的上古帝王政事。開篇衆多"某某氏"之名引人注目。原注釋已經指出,本篇篇名"容成氏""從文義推測,當是拈篇首

---

① 許全勝:《〈容成氏〉補釋》(簡帛研究網,http://www.jianbo.org/Wssf/2003/xuquansheng01.htm,2003年1月14日。下引許全勝先生說皆見此文)讀"矉戍"爲"瞽瞽"。按"矉"讀爲"瞽"可從,"戍"則應逕讀爲"樂工"之"工"。目不明曰瞽,"瞽工"猶"瞽工"。《韓非子·八說》:"上下清濁,不以耳斷而決於樂正,則瞽工輕君而重於樂正矣。"

② "殊"原釋讀爲"世",即認爲其右半所從爲"枼";不少研究者又主張釋爲從"朱",即認爲其右半所從爲"柰"之省體"朱"。我們釋爲"殊"讀爲"所",是考慮到楚文字中"枽"、"枼"、"朱"三個偏旁已經時有混淆的情況,同時"各得其所"之說古書習見。"殊"從"乍"得聲,跟"所"聲母都是齒音,韻部魚鐸陰入對轉,沒有問題可以相通。

③ "賓"多解釋爲"賓服、順從","貞"或解釋爲"定",義皆泛而不切。實則簡文"四海之外賓,四海之内廷"無非是說天下皆來朝見之意。分別言之,則"四海之外"非天子之臣,雖爲表示服從而來,但係賓客,故言"賓","賓"乃動詞"來朝"、"來賓"之意。古書"來賓"之說多見,如《韓詩外傳》卷六:"先王之所以拱揖指麾,而四海來賓者,誠德之至也,色以形於外也。詩曰:'王猷允塞,徐方既來。'"而"四海之内"則乃天子之臣,來至朝廷朝見曰"廷","廷"亦爲動詞,或作"庭"("廷"、"庭"同音,簡文"貞"與之爲端、定鄰紐,耕部疊韻,音近可通),古書"來庭"、"不庭"亦多見。前引《韓詩外傳》卷六所引《詩》見於《大雅·常武》,下文即云:"四方既平,徐方來庭。"參看王國維《與友人論詩書中成語書二》,《觀堂集林》第一册,中華書局,1959年,第82頁。

帝王中的第一個名字而題之"，"此人應即《莊子·胠篋》所述上古帝王中的第一人：容成氏。可惜本篇第一簡已脱佚"。此外集中記載這類上古帝王名的又如《六韜·大明》、《六韜·興王》和《帝王世紀》等書，有大庭氏、伯皇氏、中央氏、栗陸氏、驪畜氏、祝融氏、昊英氏、有巢氏、葛天氏、陰康氏、朱襄氏、無懷氏等諸人，首簡所殘去者大概即多在其中。① 簡文及《莊子·胠篋》敍上古帝王皆以"容成氏"爲首，《淮南子·本經》中有一大段文字敍述上古之事，云"昔容成氏之時……逮至堯之時……舜之時……晚世之時，帝有桀、紂……是以稱湯、武之賢"，跟簡文全篇結構甚爲相近，而以"昔容成氏之時"開頭，也是將容成氏置於上古帝王的首位。

　　簡文所存帝王名跟古書難以對應的有"喬結氏"、"桴(？)丨氏"、"墉運氏"三人。"喬結氏"研究者或讀爲"高辛氏"，②或疑讀爲"蟜極氏"；③"桴(？)丨氏"的"桴"字原釋爲"樟"(此字右半略有模糊，諦審圖版似是"夸"字形)，或讀爲"混沌氏"；④"墉運氏"或疑讀爲"伏羲氏"。⑤ 按從古音通假的距離來看，這些讀法都不同程度地存在困難。尤其是像"墉運氏"讀爲"伏羲氏"，恐怕根本没有成立的可能。⑥ 其實，這些在古人看來就屬縹緲難稽的上古帝王名，在流傳的過程中或湮没不顯，有幾個没有保存在現有古書裏，實屬正常，似不必一定要在古書中找到對應者。

　　"倉頡氏"古代本有"黄帝史官"和"古之王也"兩種説法，⑦但後説晚

---

① 參看廖名春《讀上博簡〈容成氏〉札記(一)》，簡帛研究網，http://www.jianbo.org/Wssf/2002/liaominchun03.htm，2002年12月27日。
② 廖名春：《讀上博簡〈容成氏〉札記(一)》。許全勝：《〈容成氏〉補釋》。
③ 黄人二：《讀上博楚簡容成氏書後》，簡帛研究網，http://www.jianbo.org/Wssf/2003/huanrener01.htm，2003年1月15日。
④ 廖名春：《讀上博簡〈容成氏〉札記(一)》。何琳儀：《滬簡二册選釋》，簡帛研究網，http://www.jianbo.org/Wssf/2003/helinyi01.htm，2003年1月14日；又載《學術界》2003年第1期，第89～90頁，題爲《第二批滬簡選釋》。另據程燕《上博楚竹書(二)研讀記》所引，徐在國先生也有此意見，簡帛研究網，http://www.jianbo.org/Wssf/2003/chengyan01.htm，2003年1月13日。
⑤ 廖名春：《讀上博簡〈容成氏〉札記(一)》。
⑥ 參看黄人二《讀上博楚簡容成氏書後》。
⑦ 參看《尚書序》"古者伏犧氏之王天下也，始畫八卦，造書契，以代結繩之政，由是文籍生焉"孔穎達《正義》。

出，而且多見於讖緯之書。故梁玉繩以爲"倉帝之説出於讖緯雜説……乃後人尊之云爾，非其本號，不足取據"。① 現在由簡文來看，以倉頡爲"古之王也"的説法也是有較早的來歷的。古書中"容成造歷，倉頡作書"之説常常同時出現，"容成"亦是兼有上古帝王和黄帝史官兩種説法，跟"倉頡"情況相類。

姜廣輝先生指出，《莊子·胠篋》和《容成氏》對這些上古帝王的記敘，"若從炎黄古史傳説體系來看"，其"次第排列是混亂無序的"，"我們或許可以認爲，這是有别於炎黄古史傳説體系的另一類古史傳説，或者可以認爲它是在炎黄古史傳説體系之前的未經整理加工的原生態的古史傳説"。②

《論衡·自然》舉"傴者抱關，侏儒俳優"爲例，謂"語稱上世使民以宜"，簡文"官其材"、"喑聾執燭，瞽工鼓瑟，跛躃守門"云云，正是這類"上世使民以宜"的"語"（即傳説）。古書類似説法多見，如《國語·晉語四》："官師之所材也，戚施植鎛，蘧除蒙璆，侏儒扶盧，矇瞍循〈脩〉聲，聾聵司火。"《禮記·王制》："喑、聾、跛、躃、斷者、侏儒、百工，各以其器食之。"注："器，能也。"《淮南子·齊俗》："伊尹之興土功也，修脛者使之蹠钁，强脊使之負土，眇者使之准，傴者使之塗，各有所宜，而人性齊矣。"但簡文從"長者酥疕"到"漿棄不飫"幾句尚難以確切解釋。

第3簡之後，從35B開始，應是講堯以前的一位古帝王，具體是誰則難以推斷。簡文説他"匡天下之政十又九年而王天下"，似乎他也是先被另一帝王舉爲輔佐以"匡天下之政"，而後再被禪讓、授以帝位而"王天下"的，跟堯、舜之事相類。

裘錫圭先生指出，顧頡剛先生認爲我國古代各部族都出自黄帝的大一統帝王世系，是戰國以來各族不斷融合、各國逐漸趨於統一的大形勢的

---

① 《漢書古今人表考》卷三，收入《史記漢書諸表訂補十種》，中華書局，1982年，第597頁。
② 姜廣輝：《上博藏簡〈容成氏〉的思想史意義——上海博物館藏戰國楚竹書（二）〈容成氏〉初讀印象札記》，簡帛研究網，http://www.jianbo.org/Wssf/2003/jiangguanghui01.htm，2003年1月9日。

產物。上引《容成氏》講堯之前歷史的部分簡文，雖然"竹簡殘損較嚴重，但可以看出並不存在《五帝德》所說的那種五帝系統"，這是對顧說有利的。①

昔堯處於丹府與藋陵之間，堯戔貤而皆=寶（賽？），②不勸而民力，不刑殺而無盜賊，甚緩而民服。於是乎方[6]百里之中率，天下之人就，③奉而立之，以爲天子。於是乎方圓千里，於是乎豎板正立，四向厭禾（和？），懷以來天下之民。[7]其政治而不賞，官而不爵，無勵於民，而治亂不共（？）。故曰：賢及□☑[43]

是以視賢，履地戴天，篤義與信。會在天地之間，而橐（包）在四海之內，邆（畢）能其事，而立爲天子。堯乃爲之教，曰："自[9]內（納）焉，余穴窺焉，以求賢者而讓焉。"堯以天下讓於賢者，天下之賢者莫之能受也。萬邦之君皆以其邦讓於賢[10]□□□□賢者，而賢者莫之能受也。於是乎天下之人，以[11]堯爲善興賢，而卒立之。④

以上講述堯由微賤而立爲天子。堯爲天子之前的事，古書本就語焉不詳，故簡文不少內容爲古書所未見。如"堯處於丹府與藋陵之間"，原注釋引《周易・繫辭下》疏引《世紀》等古書云堯生於"丹陵"，指出"丹陵"似是"丹府與藋陵"二者的合稱。簡文敘述堯成爲天子的過程，似是層層遞進的。先是"方百里之中"的人民立堯以爲天子，接下來講堯德及於天下，天下之人立之爲天子，又言堯欲"求賢者而讓"而不得（甚至"萬邦之君"亦

---

① 裘錫圭：《新出土先秦文獻與古史傳說》，盧偉編著：《李珍華紀念集》，北京大學出版社，2003年，第233～241頁。
② "寶"釋爲"賽"從劉信芳《上博楚竹書試讀》（簡帛研究網，http://www.jianbo.org/Wssf/2003/liuxinfang01.htm，2003年1月9日。又載《學術界》2003年第1期，第97頁）之說。但"堯戔貤而皆=賽"句意仍難明。
③ "率"字原屬下讀，陳偉《竹書〈容成氏〉零釋》改屬上讀，並將其解釋爲"服"。此從其說。陳文載張光裕主編《第四屆國際中國古文字學研討會論文集》，香港中文大學中國語言及文學系，2003年，第295～300頁。
④ 黃人二《讀上博楚簡容成氏書後》也指出簡11與簡13當連讀。

以此爲表率,"皆以其邦讓於賢[者]而不得),於是"天下之人,以堯爲善興賢,而卒立之"。"卒立之"即最終還是立之爲天子、(在他讓位之前)始終以之爲天子。從古書記載來看,"求賢、舉賢、讓賢,是堯享譽後世的主要功德,其中以得舜爲最大成功"。① 簡文記載跟古書相合,且將這一點大作鋪張渲染。此外,時代跟《容成氏》大概相差不遠的郭店簡《唐虞之道》篇簡14云"古者堯生於天子而有天下",②或是就傳說中堯爲帝嚳之子(見《大戴禮記·帝繫》等書)而言的,跟《容成氏》所述不同。

昔[者]舜耕於䧹(歷)丘,③陶於河濱,漁於雷澤,孝養父母,以善其親,乃及邦子。

舜耕歷山、陶河濱、漁雷澤等事迹古書多見,似不必詳引。其中"歷山"寫作"䧹丘",兩字都不相同,值得注意。"丘"字原注釋以爲"可能是'山'字之誤",蘇建洲先生則以爲"'丘'、'山'義同,此處或許是用同義字來表示"。④ 本篇後文簡40"桀乃逃之歷山氏"的"歷",和《郭店楚墓竹簡·窮達以時》簡2"舜耕於歷山"的"歷",原都寫作"𣥺"形。"𣥺"形古文字多見,即"鬲"字上加雙手形的"𦥑"而構成的繁體。"䧹"字從"𦥑"從"啻","啻"從"帝"得聲,跟"𣥺"、"歷"均音近可通,故"䧹"釋讀爲"歷山"之"歷"確實是没有問題的。⑤ 但它字形中包含"帝"字,又跟"丘"字連在一起,很自然地讓我們想起了傳説爲帝顓頊所都的"帝丘"。《左傳·僖公三十一年》:"冬,狄圍衞,衞遷于帝丘。"又《昭公十七年》:"衞,顓頊之虛也,故曰帝丘。"其地在今河南濮陽縣,古今似無異説。而傳説中舜迹所在的

---

① 陳泳超:《堯舜傳説研究》,南京師範大學出版社,2000年,第85~87頁。
② 荆門市博物館:《郭店楚墓竹簡》,文物出版社,1998年,第157頁。
③ "昔"與"舜"之間空有一個字的位置,原釋文補爲"者"字,可從。"䧹"字原釋爲下部從"鬲",許文獻指出其下實爲從"啻",其説完全正確。轉引自蘇建洲《〈容成氏〉譯釋》,載季旭昇主編《〈上海博物館藏戰國楚竹書(二)〉讀本》,萬卷樓圖書股份有限公司,2003年,第129頁。
④ 季旭昇主編:《〈上海博物館藏戰國楚竹書(二)〉讀本》,第129頁。
⑤ 戰國文字增"口"爲繁飾的情況習見,"䧹"從"啻",大概也可以直接看作就是從"帝"的。又《山海經·大荒西經》:"故成湯伐夏桀于章山,克之。""章山"即"歷山","章"字應即"帝"字之形誤。若然,這就是一個"歷山"確可寫作"帝山"的例子。

歷山、河濱、雷澤等地，有很多人主張在今河南濮陽、山東菏澤一帶。據此，則"歷山"、"帝丘"兩地不遠，甚至可能就是同一地。簡文"畱丘"的寫法，又可以說正處於"帝丘"與"鬲(歷)山"之間，跟二者都不能完全等同——"畱"固可讀爲"鬲(鬲—歷)"，但下字作"丘"不作"山"；"畱"固可讀爲"帝"釋爲"帝丘"，解釋爲簡文的張冠李戴，但"畱"字比較獨特地從"臼"，又跟"鬲(鬲)"在形體上存在難以割裂的聯繫。由此看來，簡文舜所耕的"歷山"寫作"畱丘"，似乎確實跟顓頊所都的"帝丘"是存在某種聯繫的。

　　堯聞之【13】而美其行。堯於是乎爲車十又五乘，以三從舜於畎畝之中，舜於是乎始免埶（笠）、开（肩）耨銚（銛），①伓而坐之子（兹）。②堯南面，舜北面，舜【14】於是乎始語堯天地人民之道。③與之言政，敓（率）簡以行；與之言樂，敓（率）和以長；與之言禮，敓（率）敢以不逆。④堯乃悅。堯【8】□［堯乃老，視不明，］聽不聰。堯有子九人，不以其子爲後，見舜之賢也，而欲以爲後。【12】［舜乃五讓以天下之賢者，不得已，然後敢受之。］

　　以上敍述堯舉舜於畎畝之中並禪之以天下。堯"三從舜於畎畝之中"云云一段，《上海博物館藏戰國楚竹書·子羔》第5簡正面謂"堯之取舜也，從諸艸茅之中，與之言禮，敓專□"，內容大致相同，"敓專"即此處簡文

---

① "埶"字又見於後文第15簡，應分析爲从"艸"从"埶"得聲，疑可讀爲"笠"。"埶"跟"立"上古韻部都爲緝部，中古都是開口三等字，聲母也有關係，其讀音相近可以相通。"开"讀爲"肩"，從何琳儀《滬簡二冊選釋》之說。"免笠、肩耨銛"意謂脫下斗笠、將農具耨銛扛在肩上。大概堯多次到田野中見舜，舜均未予理會，最後才（"始"）脫下斗笠、扛耨銛於肩停止耕作而見堯。

② 陳偉《竹書〈容成氏〉零釋》讀"子"爲"茲"，意爲"蓐席"，此從其說。

③ 黃人二《讀上博楚簡容成氏書後》也指出簡14與簡8當連讀。

④ "敓"字原注釋讀爲"悅"，研究者多從之。按下文云"堯乃悅（字本亦作'敓'）"，顯然是說堯聽了舜關於政、樂、禮的見解後才"悅"，可知此三個"敓"字讀爲"悅"不妥。疑皆應讀爲"率"。"率"與"帥"古音相同，兩字相通習見；而跟"敓"字同从"兑"得聲的"悅"字，《說文·巾部》以爲"帥"之或體，此可證"敓"與"率"讀音相近可以相通。率，範圍副詞，"表示'悉'、'皆'、'全都'一類意義"，古文字及古書中都很多見，《詩經》、《尚書》中這類"率"字舊多誤解。參看詹鄞鑫《釋卜辭中的範圍副詞"率"——兼論詩書中"率"字的用法》，《華東師範大學學報（哲學社會科學版）》1995年第6期，第174~180頁。

的"敚敁"。劉樂賢先生引下面兩種古書與簡文相印證：《尸子》："舜一徙成邑，再徙成都，三徙成國，其政致四方之士。堯聞其賢，征諸草茅之中。與之語禮，樂而不逆；與之語政，至簡而易行；與之語道，廣大而不窮。於是妻之以媓，媵之以娥，九子事之，而託天下焉。"又《路史》卷二十一（《四庫全書》本）："語禮，樂詳而不孛；語政，治簡而易行；論道，廣大而亡窮；語天下事，貫眤條達，咸叶於帝，而咸可底績。於是錫之絺衣、雅琴，命之姚姓。妃以盲，娅以瑩，以窺其內。九子事之，以觀其外。"並指出據此可知簡8後殘去的内容"可能是講堯以二女妻舜、以九子事舜之類的事情"。

　　舜聽政三年，山陵不尻（處），水潦不洞（通），①乃立禹以爲司工（空）。禹既已【23】受命，②乃卉服、箁箬帽、芺蘙，③□足□☒【15】☒面乾皵，脛不生（之）毛。④ □溓湝流，禹親執枌（畚）耜，⑤以陂明都之

---

① "尻"原讀爲"序"，此從白於藍《讀上博簡（二）劄記》（待刊稿）讀爲"處"，訓爲"止"，"山陵不處"指山陵崩解而壅塞川谷造成水患。"洞"字圖版有模糊之處，原釋爲"渚"，諦審字形不類，且文意難通。今改釋爲"洞"讀爲"通"，"水潦不通"正承上山陵崩解而言。

② 黃人二《讀上博楚簡容成氏書後》也指出簡23與簡15當連讀。

③ 從"夫"聲之字與從"甫"聲之字常常相通，例見高亨、董治安《古字通假會典》（齊魯書社，1989年）第916～920頁各條。疑"芺蘙"可讀爲"蒲笠"，《國語・齊語》"令夫農……時雨既至，挾其槍、刈、耨、鎛，以旦暮從事於田野。脫衣就功，首戴茅蒲（《管子・小匡》作'苧蒲'），身衣襏襫，霑體塗足，暴其髮膚，盡其四支之敏，以從事於田野。"韋昭注："茅蒲，簦笠也。襏襫，蓑薜衣也。茅，或作'萌'。萌，竹萌之皮，所以爲笠也。"

④ "乾皵"、"脛"之釋及"之"字當爲衍文，從孟蓬生《上博竹書（二）字詞劄記》之説。簡帛研究網，http://www.jianbo.org/Wssf/2003/mengpengsheng01.htm，2003年1月14日。孟文引以下古書記載與簡文相印證：《莊子・天下》："禹親自操耒耜，而九雜天下之川，腓無胈，脛無毛，沐甚風，櫛疾雨，置萬國。禹大聖也，而形勞天下也如此。"《史記・李斯列傳》："禹鑿龍門，通大夏，疏九河，曲九防，決渟水，致之海。而股無胈，脛無毛，手足胼胝，面目黎黑，遂以死於外，葬於會稽。"徐在國《上博竹書（二）文字雜考》釋"乾"、"脛"同，並引《韓非子・五蠹》："禹之王天下也，身執耒臿以爲民先，股無胈，脛不生毛。"《尸子・廣澤》："禹於是疏河決江，十年不窺其家，足無爪，脛無毛，偏枯之病，步不能過，名曰禹步。"簡帛研究網，http://www.jianbo.org/Wssf/2003/xuzaiguo02.htm，2003年1月14日。又載《學術界》2003年第1期，第100頁。

⑤ "枌（畚）耜"之釋參看劉樂賢《讀上博簡〈容成氏〉小札》。簡帛研究網，http://www.jianbo.org/Wssf/2003/liulexian02.htm#_ednref2，2003年1月13日。下所引劉樂賢先生意見皆出此文。

澤，決九河[24]之滐（阻），於是乎夾州、徐州始可處。禹通淮與沂，①東注之海，於是乎競州、莒州始可處也。禹乃通蔞與易，東注之[25]海，於是乎𦔻州始可處也。禹乃通三江五湖，東注之海，於是乎荆州、揚州始可處也。禹乃通伊、洛，并里〈廬〉、澗，東[26]注之河，於是乎豫州始可處也。禹乃通涇與渭，北注之河，於是乎虘州始可處也。禹乃從漢以南爲名谷五百，從[27]漢以北爲名谷五百。

以上一段講述大禹治水、分天下爲九州，是本篇中最爲引人注目的内容，牽涉到的問題也最爲複雜。有好幾位學者已經對此發表專文進行了探討。限於筆者的學養和本文的篇幅，下面只能簡略地介紹他們的某些主要觀點。

簡文九州之名，從文字釋讀和跟古書記載相對應的角度看，徐州、荆州、揚州、豫州應該是没有什麽問題的，研究者亦無異議。"夾州"，原注釋疑當"兖州"，陳偉先生從之，①以爲"夾"、"寅"形近易混，而"寅"、"兖"音近可通；晏昌貴先生以爲當與"冀州"對應，"'夾'意爲夾持、夾輔，夾州當得名於兩河夾持其間地"，跟古書釋冀州之意正同。② 朱淵

---

① 此"通"字下文屢見，意爲疏通。陳偉先生提出："'通'有疏通的意思，也有連接、溝通的意思⋯⋯竹書説'通'的時候，都是同時提到兩條河流。在'淮與沂'之外，還有⋯⋯其中淮水與沂水、三江與五湖、伊與洛以及涇與渭，彼此相通，有着可靠的記載。因而，竹書講河道的'通'也可能是説將兩條河道溝通。"（見下注所引陳文）我們認爲此説實無必要。《吕氏春秋·古樂》云"禹⋯⋯通大川，決壅塞，鑿龍門，降通漻水以導河，疏三江五湖，注之東海"，"通"與"決"、"疏"對文，應該就是"疏通"之意；此云"疏三江五湖"，《淮南子·本經》同，而簡文後文及《吕氏春秋·貴因》皆云"通三江五湖"，亦可見這類"通"與"疏"無別，不能解釋爲"連接、溝通"。"通三江五湖"猶言"通三江、通五湖"，正如《管子·輕重戊》云"禹疏三江，鑿五湖"。晏昌貴先生主張簡文下文"通蔞與易"之"蔞"即古書的"漊水"，"漊水"爲"虖池別流"，而"'南易'水與虖池水相合，東流入海"，正即指簡文"通蔞與易"。但他同時又注釋説："秦漢圖幅所畫虖池水、易水二水，各自單獨入海，並不相合，較之先秦已有變化，待考。"（見下文所引晏文）看來就是拘於"通蔞與易"之"通"解釋爲"連接、溝通"之故。
① 陳偉：《竹書〈容成氏〉所見的九州》，《中國史研究》2003年第3期，第41~48頁。下引關於"九州"的陳偉先生的意見均見此文。
② 晏昌貴：《上博簡〈容成氏〉九州柬釋》，簡帛研究網，http://www.jianbo.org/Wssf/2003/yanchanggui01.htm，2003年4月6日。下引關於"九州"的晏昌貴先生的意見均見此文。

清先生從之。① ❀州原注釋疑即"并州",但將❀字隸定爲"㡀",應該是不可信的。陳偉先生改釋爲"藕",以爲"藕州"之與"并州"相當是因爲"'耦'的辭義與之(并)相通。因而竹書中的'藕'恐當讀爲'耦',是用一個意義相近的詞指稱《職方》中的并州";晏昌貴先生從之。"虘州",原注釋認爲"應相當《禹貢》之雍州。其名或與沮水有關"。陳偉先生認爲"或可讀爲'阻'。阻訓險隘、障隔",跟古書中"對雍州的説法相通"。"競州"和"莒州"爲古書所載九州之名中所無,其所對應的是淮水和沂水。晏昌貴先生以爲"莒州當偏北偏東,在沂水流域;競州當偏西偏南,當淮水流域"。

綜觀簡文所記九州,"處於三方(東爲海)邊地的荆、陽、虘、藕四州與傳世文獻較爲符合,而處於黄淮平原及山東半島的夾、競、途、敘、莒五州則與傳世文獻區别較大","是一個獨立的系統"(晏昌貴);"與《禹貢》等傳世古書相比,無論州名還是州域,都存在或多或少的差異。因而應屬於自成一格的九州系統"(陳偉)。其形成時期,晏昌貴先生認爲"由莒州得名、藕州水系和九河的歸屬,似可推知《容成氏》九州形成於兩周之際或春秋前期";而朱淵清先生則將簡文九州直接跟夏禹治水、畫九州的史事相聯繫,提出"《容成氏》九州與《禹貢》九州的區别主要在黄河下游各州。《容成氏》九州和《禹貢》九州的順序差別也許也有意味其中……《容成氏》九州排列也是有序的,這個次序或許就是大禹治水的次序。若果真如此,這也就暗示着,《容成氏》九州應該出自比《禹貢》九州更爲原始的文本"。而同時陳偉先生則認爲:"在《容成氏》中,只是逐一説某州'始可居',而絲毫没有提及創設或劃分九州之事。這應可理解爲,這些州在禹治水之前即已存在,其數目則是列舉出來的九個。這與上揭二説(按指舊説'堯分十二州、禹改爲九州'與'禹創設九州')均不相同。"

---

① 朱淵清:《禹畫九州論》,簡帛研究網,http://www.jianbo.org/Wssf/2003/zhuyuanqing03.htm,2003年8月7日。下引關於"九州"的朱淵清先生的意見均見此文。

上博楚簡《容成氏》與古史傳説　067

　　天下之民居奠，乃勑（飭）食，①乃立后稷以爲絰（田）。② 后稷既已受命，乃食於野，宿於野，復毁（穀）蓁土，五年乃【28】穫。民有餘食，無求不得，民乃賽，驕態始作，乃立皋陶以爲李（理）。皋陶既已受命，乃辨陰陽之氣而聽其訟獄，三【29】年而天下之人無訟獄者，天下大和均。舜乃欲會天地之氣而聽用之，乃立質以爲樂正。質既受命，作爲六律六【30】郱〈郘—吕〉，辨爲五音，以定男女之聲。當是時也，癘疫不至，妖祥不行，禍災去亡，禽獸肥大，草木晉長。昔者天地之佐舜而【16】佑善，如是狀也。

　　以上一段主要記敍舜時分職任事，除禹之外的其他職官，包括后稷、皋陶、質三人。所謂"質"即商契，詳下文。簡文跟《孟子·滕文公上》"堯獨憂之，舉舜而敷治焉。舜使益掌火……禹疏九河……后稷教民稼穡……使契爲司徒……"一大段話很類似。《管子·法法》："舜之有天下也，禹爲司空，契爲司徒，皋陶爲李，后稷爲田。"與簡文基本相合。

　　舜臣中的"樂正""質"值得特別注意。此字原作𤲃形，可隸定爲"敪"。原注釋已指出："此字與《包山楚簡》第一百二十簡、《郭店楚墓竹簡·語叢四》第八簡'竊'字寫法相同。堯、舜樂正古書多作'夔'，唯《吕氏春秋·古樂》作'質'，從讀音考慮，此字疑讀爲'質'（'質'是端母質部字，'竊'是清母質部字，讀音相近）。"陳偉先生進一步指出，"竹書所記也許是舜的另一位大臣——契"。理由是："竊"與"契"音近可通，"竊"從"卨"聲，"契"也正或寫作"卨"；在傳世古書如《大戴禮記·五帝德》、《史記·五帝本紀》等中，契與禹、后稷、皋陶、夔等人共事，而簡文中提到的舜臣也正有禹、后稷、皋陶以及此"敪（竊）"，亦可見"敪（竊）"即"契"。至於簡文記

---

① 何琳儀《滬簡二册選釋》釋讀爲"飭食"，可從。其謂"勑"字"右上較爲模糊，右下則明確从'力'"。諦審圖版，此字上端正當竹簡開裂處，右半上端筆畫應與下部連接，就是"力"形。"勑"應即"飭"字異體，亦見於馬王堆漢墓遣策，用爲"飾"。參看陳松長編著《馬王堆簡帛文字編》，文物出版社，2001年，第208頁。

② "絰"讀爲"田"從張富海《讀楚簡札記五則》（待刊稿）所釋。張文舉下引古書爲證：《管子·法法》："舜之有天下也，禹爲司空，契爲司徒，皋陶爲李，后稷爲田。"《小匡》："弦子爲理，寧戚爲田。"《淮南子·天文》："何謂五官？東方爲田，南方爲司馬，西方爲理，北方爲司空，中央爲都。"皆稱掌農業之官爲"田"。

"契"爲"樂正",陳偉先生提出了兩種可能:或是"竹書作者或抄手將樂正夔誤寫成時代相同、地位也大致相當的契",或是"傳聞有異",簡文的任樂正的"契"和《吕氏春秋·古樂》任樂正的"質"爲一人("質"與"竊"、"契"均音近可通),就是一般所説的任司徒的商契。①

我們認爲,陳偉先生提出的後一説應該是合乎事實的。無論是從文字釋讀還是從人物對應關係的角度來講,簡文"數(竊)"都應該就是商契。"契"在《吕氏春秋·古樂》中作"質",同類的例子如:古帝少暭之名,古書多作"摯",亦作"質"(摯、質相通習見),如《逸周書·嘗麥》:"乃命少昊清司馬鳥師,以正五帝之官,故名曰質。"但也往往寫作"契"。《路史》(據《四庫全書》本)卷十六《後紀七》"小昊"條"于是興郊禪、崇五祀"注:"董氏錢譜引《世本》云:少昊,黄帝之子,名契,字青陽。黄帝殁,契立。王以金德,號曰金天氏。"又"小昊青陽氏……名質,是爲摯"注:"摯本作栔,乃契刻字。故《年代歷》云'少昊名栔,或云名契'。"陳夢家先生曾主要據此及其他證據,主張少暭帝摯與商契實本當爲一人,得到楊寬、童書業等先生的極力贊同。② 此説雖然陳夢家先生後來似乎已經放棄,③但直至今日仍在古史傳説的研究者中很有影響。現在我們看簡文,傳爲任樂正的"契",因音近而也可以寫作"質",但是由於傳聞異辭,大概後來"契"任司徒的説法逐漸佔了上風成爲主流的説法,於是,保存在《吕氏春秋·古樂》中的樂正"質"最後不但跟"契"已經毫無關係,甚至還被懷疑是習見的樂正"夔"之誤了(《吕氏春秋·古樂》高誘注)。這種情況,是不是對少昊帝"質"跟商"契"本爲一人之分化的説法,多少能夠提供一些積極的支持或起到一定的印證作用呢?

---

① 陳偉:《〈上海博物館藏戰國楚竹書(二)〉零釋》。簡帛研究網,http://www.jianbo.org/Wssf/2003/chenwei03.htm,2003年3月17日。

② 見楊寬《中國上古史導論》引,楊並有補充論證。吕思勉、童書業編著:《古史辨》第七册(上),上海古籍出版社,1982年,第257~258頁。又童書業爲顧頡剛《〈潛夫論〉中的五德系統》所作的《跋》,吕思勉、童書業編著:《古史辨》第七册(中),第312~313頁。又收入顧頡剛《中國上古史研究講義》,中華書局,1988年,第386~388頁。又郭沫若亦曾有此説,見其《中國古代社會研究》,人民出版社,1954年,第201頁。

③ 陳夢家後來所著《殷虛卜辭綜述》第340頁(中華書局,1988年)云:"今以爲須分別之,契是傳説上的人王,而摯是少暭之神。"

舜乃老,視不明,聽不聰。舜有子七人,不以其子爲後,見禹之賢也,而欲以爲後。禹乃五讓以天下之賢[17]者,不得已,然後敢受之。禹聽政三年,不製革,不刃金,不略矢。田無蔡,宅不空,關市無賦。禹乃因山陵平隰之可封邑[18]者而繁實之。乃因迻(?)以知遠,去苛而行簡。因民之欲,會天地之利。夫是以近(?)者悦綳(怡),而遠者自至。四海之内及,[19]四海之外皆請貢。禹然後始爲之號旗,以辨其左右,思民毋惑。東方之旗以日,西方之旗以月,南方之旗以蛇,[20]中正之旗以澳(熊),北方之旗以鳥。禹然後始行以儉:衣不褻(鮮)美,食不重味,朝不車逆,舂不毇米,饗(?)不折骨。製[21]

孝辰(?),方爲三佐,救聖(聽?)之紀:東方爲三佐,西方爲三佐,南方爲三佐,北方爲三佐,以甕於溪谷,濟於廣川,高山陞,蓁林[31]入,焉以行政。於是乎始爵而行禄,①以襄於來(?),亦＝週＝,曰德速衺(衰)②□[32]

表靯専。禹乃建鼓於廷,以爲民之有詁(謁)告者訐(訊)焉。③

---

① "始"原釋讀爲"治",研究者無異説。按此字原作"以"形,本篇用爲"始"之字多次出現,皆作"以"形,而用爲"治"之字則作"綳"形,如簡43"治而不賞"、"治亂"之"治"皆是。"爵"用作動詞,"始爵而行禄"謂此時才開始制定實行爵禄之制,跟前文簡43"官而不爵,無勵於民"相呼應。

② 此處簡文難以理解,但"曰德速衺(衰)"可能跟《孟子·萬章上》所謂的"萬章問曰:人有言'至於禹而德衰'"有關。萬章所敍是以"不傳於賢而傳於子"爲禹之德衰,《漢書·刑法志》則云:"禹承堯舜之後,自以德衰而制肉刑。"又《莊子·天地》:"子高曰:昔堯治天下,不賞而民勸,不罰而民畏。今子賞罰而民且不仁,德自此衰,刑自此立,後世之亂自此始矣。"簡文前文言堯之前"不賞不罰,不刑不殺",堯時"不勸而民力,不刑殺而無盜賊……其政治而不賞,官而不爵,無勵於民",而禹"始爵而行禄",禹之"德衰"或即指此而言,跟《莊子·天地》文相類。

③ "訐"原釋爲"鼓",蘇建洲《上博楚竹書〈容成氏〉、〈昔者君老〉考釋四則》指出字右半明顯從"千"。簡帛研究網,http://www.jianbo.org/Wssf/2003/sujianzhou05.htm,2003年1月15日。又參《〈上海博物館藏戰國楚竹書(二)〉讀本》,第158頁。此從其説。從下文要引到的《管子·桓公問》有關詞句來看,此字顯然就是訓爲"告"的"訊"字異體。擊鼓以告,故字從"鼓"之象形初文"豈"爲意符;"千"爲聲符,與"訊"讀音極爲相近。

毀（擊）鼓，①禹必速出，冬不敢以寒辭，夏不敢以暑辭。身言【22】

　　☐泉②所曰聖人，其生賜養也，其死賜葬，去苛慝，是以爲名。③

　　以上一段敍述舜禪天下於禹，以及禹的各種製作、行儉、建鼓以開言路等美好的政事。禹作爲"號旗"之事，古書未見。東西方之旗以日月比較容易理解，"北方之旗以鳥"、"南方之旗以蛇"和"中正之旗以熊"的含義則還有待進一步探討。④

　　禹"方爲三佔"之事，古書亦未見。此"佔"字跟"譽"的異體"佔"沒有關係，它在戰國文字中常用爲製造之"造"，其右半所從的所謂"告"跟祝告之"告"並非一字（參看後文簡52"造"字注釋）。董珊先生提出，這十二"佔"或即古書的"十二牧"，簡文是説每方設立三人以爲帝王之輔佐，深入四方民間以行政事。《尚書·堯典》云舜時有"十有二牧"（今在古文《舜典》中），此説還見於不少其他古書，並且往往以"（四方）方三人"來解釋。如《韓詩外傳》卷六第十七章："王者必立牧，方三人，使闚遠牧衆也……故牧者所以開四門，明四目，通四聰也。"《白虎通義·封公侯》謂唐虞之"牧"係"使大夫往來牧諸侯，故謂之牧。旁（方）立三人，凡十二人"。《説苑·君道》："周公踐天子之位，布德施惠，遠而逾明。十二牧，方三人，出舉遠方之民……故牧者所以辟四門，明四目，達四聰也。"董珊先生此説確實很有可能是合於事實的。古書云十二牧輔佐帝王"明通四方耳目"（《史記·

---

　　① "毀"原釋讀爲"撞"，研究者無異説。裘錫圭先生認爲，"撞鼓"實不辭，字當釋爲"毀"讀爲"擊"，此從其説。

　　② "泉"原釋爲"朋"，此從施謝捷《上海博物館藏楚竹書釋文》（未刊稿）改釋。參看吳振武《燕國銘刻中的"泉"字》，《華學》第二輯，中山大學出版社，1996年。

　　③ 舊文《上博簡〈容成氏〉的竹簡拼合與編連問題小議》原將此段簡文及下文按21—31—32—22—33—34—35A—38的簡序連讀。但其中簡21與簡31相連處的"製孝辰（？）"難以講通。白於藍《〈容成氏〉編連問題補議》將此段簡文及下文重新編連，按21—22—31—33—34—32—35A—38的順序連讀，也存在有幾處兩簡連讀難以講通的問題。見張光裕主編《第四届國際中國古文字學研討會論文集》，第301~308頁。今簡序仍暫依舊文之説，但分成幾段釋寫，表明其不一定能連讀。

　　④ 可參看《〈上海博物館藏戰國楚竹書（二）〉讀本》第154~155頁蘇建洲先生之説。

五帝本紀》)、"通(或達)四聰",似乎也可以跟簡文"救聖(聽)之紀"相聯繫。"俈"跟"牧"從讀音看難以相通,它究竟表示的是什麼詞,還有待進一步研究。

禹建鼓於廷之事,劉樂賢先生引下舉古書兩處記載跟簡文相印證:《管子‧桓公問》:"黃帝立明臺之議者,上觀於賢也;堯有衢室之問者,下聽於人也;舜有告善之旌,而主不蔽也;禹立鼓於朝,而備訊唉;湯有總街之庭,以觀人誹也;武王有靈臺之復,而賢者進也。"又《路史》卷二十二引《太公金匱》:"禹居人上,慄慄如不滿日,乃立建鼓。"此外又如于凱先生所舉:《淮南子‧氾論》:"禹之時以五音聽治,懸鐘鼓磬鐸,置鼗,以待四方之士。為號曰:'教寡人以道者擊鼓,諭寡人以義者擊鍾,告寡人以事者振鐸,語寡人以憂者擊磬,有獄訟者搖鼗。'當此之時,一饋而十起,一沐而三捉髮,以勞天下之民。"①此外又如《呂氏春秋‧自知》:"堯有欲諫之鼓,舜有誹謗之木……"《淮南子‧主術》、《鄧析子‧轉辭》略同。這類記載,各名目往往錯出,且"雜歸堯、舜、禹、湯諸聖名下,無有定說,不過是借先聖之名論說廣開言路的意思"。②

禹有子五人,不以其子為後,見【33】皋陶之賢也,③而欲以為後。皋陶乃五讓以天下之賢者,遂稱疾不出而死。禹於是乎讓益,啟於是乎攻益自取。【34】

簡文記禹讓位於皋陶,裘錫圭先生指出,《墨子‧尚賢下》說:"昔者堯有舜,舜有禹,禹有皋陶……""禹有皋陶"即簡文所記禹讓位於皋陶之事。顧頡剛先生曾經主要根據"禹有皋陶"這句話,認為《墨子‧尚賢下》晚出,"定出秦後",現在從此處簡文來看,"可見至晚在戰國中期就有這種說法

---

① 于凱:《上博楚簡〈容成氏〉疏札九則》,簡帛研究網站,http://www.jianbo.org/admin3/list.asp?id=1010,2003年9月24日。下引于凱先生說皆見此文。此段文字與《鶡子‧上禹政》文略同,見白於藍《〈容成氏〉編連問題補議》所舉。

② 陳泳超:《堯舜傳說研究》,第124頁。陳書接下來又說:"刊載此說的書籍,一般都成於戰國末或秦漢之間,故此說之起,或與秦代鉗民之口的高壓政策有關。"則現在可以根據時代更早的《容成氏》此文加以補正。

③ "皋陶"原作"咎繇",從本篇用字習慣看實相當於"咎咎"。其下字寫作"繇",當係因本篇"皋陶"既可寫作"咎秀"(本簡下文)又可寫作"咎垍"(簡29兩見)而誤寫。

了,《尚賢下》決非'定出秦後'"。①

"啓攻益自取"之事,即《古本竹書紀年》之"益干啓位,啓殺之"。又《戰國策·燕策一》云:"禹授益而以啓人爲吏,及老,而以啓爲不足任天下,傳之益也。啓與支黨攻益而奪之天下。"《韓非子·外儲説右下》略同。《楚辭·天問》"啓代益作后,卒然離蠥"一節,所述亦爲戰國時流傳的啓益交攻的傳説。② 而《孟子·萬章上》則云:"禹薦益於天,七年,禹崩。三年之喪畢,益避禹之子於箕山之陰。朝覲訟獄者不之益而之啓,曰:'吾君之子也。'謳歌者不謳歌益而謳歌啓,曰:'吾君之子也。'"(《史記·夏本記》所記相差不遠)兩説可謂截然不同。前一類傳説不見於後世史書、儒家經籍,對此李存山先生有深入分析。他認爲儒家經籍"對於一些歷史事件或古史傳説""務存褒諱"、"隱没者多";而後世史書如《史記》又深受儒家經籍的影響,啓殺益這類"不雅馴"者同樣也就被捨棄而隱没了。③

☐[啓]王天下十又六年〈世〉而桀作。④ 桀不述其先王之道,自爲[芑爲]☐【35A】不量其力之不足,起師以伐岷山氏,取其兩女琰、琬,妣(?)北去其邦,☐爲丹宫,築爲璿室,飾爲瑶臺,立爲玉門。其驕【38】泰如是狀。湯聞之,於是乎慎戒徵賢,德惠而不賋,祇三十尼而能之。如是而不可,然後從而攻之,陞自戎遂,入自北【39】門,立於中☐。桀乃逃之歷山氏,湯又從而攻之,降自鳴條之遂,以伐高神之門。桀乃逃之南巢氏,湯又從而攻之,【40】遂逃去,之蒼梧之野。湯於是乎徵九州之師,以霝(略)四海之内,⑤於是乎天下之兵大起,於是乎昇(亡)宗鹿(戮)族

---

① 裘錫圭:《新出土先秦文獻與古史傳説》,《李珍華紀念集》,第 248 頁。
② 説詳游國恩《天問古史證(二事)》,《游國恩學術論文集》,中華書局,1989 年,第 128～138 頁。
③ 李存山:《反思經史關係:從"啓攻益"説起》,簡帛研究網,http://www.jianbo.org/Wssf/2003/lichunshan01.htm,2003 年 1 月 20 日。
④ 此句句首殘字補爲"啓","年"爲"世"之誤字,從李鋭《上博藏楚簡(二)初札》之説,簡帛研究網,http://www.jianbo.org/Wssf/2003/lirui01.htm,2003 年 1 月 6 日。下引李鋭先生意見亦見此文。
⑤ "霝"字原釋爲"雩",此從何琳儀《滬簡二册選釋》、徐在國所釋(程燕《上博楚竹書(二)研讀記》引徐在國先生疑此字"从雨从瓜"。簡帛研究網,http://www.jianbo.org/Wssf/2003/chengyan01.htm,2003 年 1 月 13 日)。但此"霝"字跟見於後世字　（轉下頁注）

戔(殘)羣安(焉)備。[41]當是時，強弱不絢諹，衆寡不聽訟，天地四時之事不修。湯乃尃(溥)爲征籍，以征關市。① 民乃宜怨，虐疾始生，於是[36]乎有喑、聾、跛、眇、②瘻、窶、僂始起。湯乃惹戒求賢，乃立伊尹以爲佐。伊尹既已受命，乃執兵欽(禁)暴，③義得于民，遂迷而[37]☐賊盜，夫是以得衆而王天下。

以上一大段簡文，原書的簡序是 35A、36～42。本文的編連順序，是依舊文《上博簡〈容成氏〉的竹簡拼合與編連問題小議》的方案。當時並解釋說："從簡 40 以後至此處(按即上引簡文之末)，大意是說湯雖然攻滅夏桀，但隨後天下大亂，且湯行政事不善，故尚未得以王天下。湯乃立賢人伊尹以爲佐，天下遂得治，湯終於得衆而王天下。"後來蘇建洲、于凱二先生均主張仍依原書 35A、36～42 的簡序編排。④ 平心而論，兩種編排方案都有一些疑點和不容易解釋的地方。看來這個問題還值得進一步研究。

"啓王天下十又六世而桀作"，李銳先生指出"十六世"爲自啓至桀總共十六世，與《史記·夏本紀》合；又《太平御覽》卷八十二皇王部引《紀年》云"自禹至桀十七世"，《史記·夏本紀》集解、索隱等說法相同，是包括禹在内而言，簡文亦與之相合。

(接上頁注)書的"窊"字俗體"窊"恐無關係。"窊"的聲符"瓜"跟"略"聲母相近、韻部魚鐸陰入對轉，疑兩字可相通。《廣雅·釋詁》："略，行也。"王念孫《疏證》："略者，隱五年《左傳》'吾將略地焉'杜預注云：'略，總攝巡行之名。'宣十一年傳'略基趾'，注云：'略，行也。'《漢書·高祖紀》云：'凡言略地者，皆謂行而取之。'《方言》：'搜、略，求也。就室中搜，於道曰略。'義亦同也。"此類用法的"略"《左傳》多見，除王念孫所舉外又如：《宣公十五年》："壬午，晉侯治兵於稷，以略狄土。"《隱公五年》："公將如棠觀魚者……公曰：吾將略地焉。"《僖公十六年》："十二月，會於淮，謀鄫，且東略也。"《昭公二十二年》："六月，荀吴略東陽……"《僖公九年》："齊侯不務德而勤遠略，故北伐山戎，南伐楚，西爲此會也。東略之不知，西則否矣。"楊伯峻《春秋左傳注》(中華書局，1990年，第 327 頁)云："略，《詩·魯頌譜》'謀東略'，《疏》云：'是征伐爲略也。'勤遠略，即下文之北伐、南伐。"

① "湯乃溥爲征籍，以征關市"與前文簡18"禹……關市無賦"相對。
② "眇"字從劉釗《容成氏釋讀一則(二)》之説。簡帛研究網，http://www.jianbo.org/Wssf/2003/liuzhao02.htm，2003 年 4 月 6 日。
③ "欽"下一字當釋爲從"疒"從"暴"，"欽"及此字連讀爲"禁暴"，是董珊先生的意見。
④ 《〈上海博物館藏戰國楚竹書(二)〉讀本》，第 159～162 頁。于凱：《上博楚簡〈容成氏〉疏札九則》。

夏桀取岷山氏兩女、築璿室、飾瑶臺、立玉門等事，見於《竹書紀年》等多種古書。此外古書記載這些事情，或屬之於紂。正所謂居下流則天下之惡皆歸焉，桀、紂昏亂之事古書往往並舉、錯出，也正是這類紛紜傳説的常態。但桀所爲"丹宫"古書未見，古書多言桀或紂築"傾宫"或"頃宫"。"丹"跟"頃（傾）"讀音甚遠，難以相通。"丹宫"或是由"宫牆文畫"、"朱丹其宫"而得名。① 簡文説桀立玉門，但紂爲玉門之説似乎也有很大勢力，還衍生出了武王有"玉門之辱"、被"羈於玉門"的傳説。②

湯伐滅桀的過程，散見於多種古書記載，許全勝先生作了詳細引證並跟簡文加以對比：簡文"陞自戎遂"即《尚書·湯誓序》的"升自陑遂"，"戎"、"陑"可通；又"戎遂"亦即《史記·殷本紀》"桀敗於有娀之虚"的"有娀之虚"。"桀乃逃之歷山氏"，與《太平御覽》卷八十二《皇王部》引《尸子》"桀放於歷山"等相合（《荀子·解蔽》誤爲"亭山"，《山海經·大荒西經》誤爲"章山"）。"降自鳴條之遂"，即《吕氏春秋·簡選》的"登自鳴條"，此事也見於《尚書·湯誓序》、《淮南子·主術》、《史記·殷本紀》等。"伐高神之門"，"高神之門"或可簡稱爲"高門"，《吕氏春秋·簡選》的"巢門"、《淮南子·主術》的"焦門"並即此之訛。"桀乃逃之南巢氏"，即《尚書·仲虺之誥》的"成湯放桀于南巢"，又見於《淮南子·脩務》等。③ 桀流亡"之蒼梧之野"事則不見於史籍，古書多言"舜葬於蒼梧之野"（《禮記·檀弓上》），鳴條、蒼梧兩地相近，"簡文云桀逃之蒼梧，或因舜事而誤，亦未可知也"。總的來看，簡文所記與古書多能互相印證發明，但又不能完全密合。

☐湯王天下三十又一世而紂作。紂不述其先王之道，自爲芑（？）爲，於【42】是乎作爲九成之臺，寘盂炭其下，加圜木於其上，思民道之。能遂者遂，不能遂者内（墜）而死。不從命者，從而桎梏之，於是【44】乎

---

① 《説苑·反質》："紂爲鹿臺糟邱，酒池肉林，宫牆文畫，雕琢刻鏤……"《楚辭·九歌·河伯》："魚鱗屋兮龍堂，紫貝闕兮朱宫。"王逸注釋"朱宫"爲"朱丹其宫"。
② 詳見陳奇猷《吕氏春秋校釋》第770～771頁（學林出版社，1984年）"武王……不忘王〈玉〉門之辱"注釋引諸家説。
③ 《淮南子·本經》則云"放之夏臺"，《太平御覽》卷八十二《皇王部》引《尸子》則云"伐於南巢，收之夏宫"。

作爲金桎三千。既爲金桎，又爲酒池，厚樂於酒，尃（溥）夜以爲㹖（淫），不聽其邦之政。

以上商紂所爲荒淫之事，"九成之臺"、"盂炭"、"圉木"云云，即古書多見的所謂"炮格"之刑；爲"酒池"古書亦多見。唯紂"於是乎作爲金桎三千"之事，古書沒有完全相同的記載。或引《淮南子·俶真》："逮至夏桀殷紂，燔生人，辜諫者，爲炮烙，鑄金柱。"以爲"金柱"即簡文之"金桎"；或引《太平御覽》卷八十二引《帝王世紀》云："（帝桀）爲瓊室、瑤臺，金柱三千。始以瓦爲屋，以望雲雨。"謂簡文"金桎"爲此"金柱"之誤，"簡文作者或抄手把'柱'字誤寫成'桎'，說不定是由於上文有'桎'字的緣故"。恐皆非。① 按賈誼《新書·道術》云："紂作梏數千，睨諸侯之不諂己者，杖而梏之。""作梏數千"當即簡文之"作爲金桎三千"，桎、梏爲同類的刑具。《呂氏春秋·過理》："糟丘酒池，肉圃爲格，雕柱而桔諸侯，不適也。"前人已指出"桔"係"梏"之誤字。②

於是乎九邦叛之，豐、鎬、郍、䢵、于（邘）、鹿、【45】耆（?）、崇、密須氏。文王聞之，曰："雖君無道，臣敢勿事乎？雖父無道，子敢勿事乎？孰天子而可反？"

"九邦叛之"詳後文。文王所說的這番話，劉樂賢先生指出見於《呂氏春秋·行論》："昔者紂爲無道，殺梅伯而醢之，殺鬼侯而脯之，以禮諸侯於廟。文王流涕而咨之。紂恐其畔，欲殺文王而滅周。文王曰：'父雖無道，子敢不事父乎？君雖不惠，臣敢不事君乎？孰王而可畔也？'紂乃赦之。"但兩者的"語境截然不同"。③

---

① 前說見于凱《上博楚簡〈容成氏〉疏札九則》。按《淮南子·俶真》之"金柱"是屬於"炮格"者(高誘注："鑄金柱，然火其下，以人置其上，人墮墜火中，而對之笑也。")，跟簡文敍於炮格之後的"金桎"不同。後說見許子濱《讀〈上海博物館藏戰國楚竹書（二）小識〉》，第四屆國際中國古文字學研討會論文，香港中文大學，2003年。按此"金柱三千"當是屬於瓊室、瑤臺者，亦與簡文"金桎"無關。

② 參看陳奇猷《呂氏春秋校釋》下册第1561頁引孫詒讓、馬敍倫說。

③ 許子濱：《讀〈上海博物館藏戰國楚竹書（二）小識〉》。

紂聞之，乃出文王於【46】夏臺之下而問焉，①曰："九邦者其可來乎？"文王曰："可。"文王於是乎素端▨裳以行九邦，七邦來服，豐、鎬不服。文王乃起師以嚮【47】豐、鎬，三鼓而進之，三鼓而退之，曰："吾所知多虜（盡？），一人爲無道，百姓其何罪？"豐、鎬之民聞之，乃降文王。

九邦叛紂之事，原注釋引《禮記·文王世子》："文王謂武王曰：'女何夢矣？'武王對曰：'夢帝與我九齡。'文王曰：'女以爲何也？'武王曰：'西方有九國焉，君王其終撫諸？'文王曰：'非也。古者謂年齡，齒亦齡也。我百爾九十，吾與爾三焉。'文王九十七乃終，武王九十三而終。"謂"文中所説文王平撫的西方'九國'即簡文'九邦'"，"然九邦之名則向所未聞，漢儒不能詳其説，得此方知是豐、鎬等國"。

九邦之名中，豐、鎬、于（邗）、崇、密須氏的釋讀均應該沒有多大問題。"郍"，原注以爲即《國語·鄭語》"禿姓舟人，則周滅之矣"之"舟"，"估計在今河南新鄭一帶"。何琳儀先生指出"郍……亦見邢丘所出陶文'郍公'"。按此陶文裘錫圭先生曾作過考釋，認爲當是見於《左傳》等書的、先屬於周後屬於晉的"州"邑，故城在今沁陽縣東南。② 簡文之"郍"當亦即此地。"朱"，原釋爲"耆"，讀爲《尚書·西伯戡黎》之"黎"（《尚書大傳》、《史記·周本紀》作"耆"）。按此字原形下半略有模糊之處，諦審圖版，其爲"耆"字的可能性很小。蘇建洲先生釋爲"朱"，③應該是正確的。"朱"即"來"字異體，讀爲"黎"或"耆"從古音看有困難。頗疑"朱"當讀爲"邰"。《史記·周本紀》"封棄於邰"《集解》引徐廣曰："今斄鄉，在扶風。"《索隱》："即《詩·生民》曰：'有邰家室'是也。邰即斄，古今字異耳。"后稷始封地之"邰"古書有"台"、"駘"、"釐"、"斄"、"釐"等多種寫法，④作"斄"者尤其

---

① 原注釋已指出，古書多説桀囚湯於夏臺、紂囚文王於羑里，簡文恐誤。
② 《古文字釋讀三則》，《古文字論集》，中華書局，1992年，第396～397頁。
③ 《〈上海博物館藏戰國楚竹書（二）〉讀本》第172頁，第175頁注11。
④ 參看陳槃《春秋大事表列國爵姓及存滅表譔異（增訂本）》，《中研院歷史語言研究所專刊》之五十二，1969年，第七册第651～656頁。

多見。①

"䣙",原注釋疑即戰國時期的石邑,在今河北獲鹿東南;"鹿",原注釋疑即《逸周書·度邑》之"鹿",在今河南嵩縣東北。此兩地皆在周之東方。加上"郍"、"于(邘)"(今河南沁陽西北)、"崇"(今河南嵩縣北)三地,九邦中就有五個是在周之東方,這很容易使人對將簡文"九邦叛之"跟前引《禮記·文王世子》"西方有九國焉,君王其終撫諸"相聯繫的可靠性產生懷疑。按《左傳·襄公四年》云:"文王帥殷之叛國以事紂。"《詩經·小雅·四牡》"四牡騑騑,周道倭遲"毛傳:"文王率諸侯,撫叛國,而朝聘乎紂。"《後漢書·西羌列傳》:"(文王)乃率西戎,征殷之叛國以事紂。"簡文記文王征服叛殷的九邦,與此類傳說相近,很可能跟《禮記·文王世子》所記之事並無關係。

文王時(持)故時而教民【48】時,②高下肥毳(墝)之利盡知之。知天之道,知地之利,思民不疾。昔者文王之佐紂也,如是狀也。文王崩,武王即位。武王【49】曰:"成德者,吾敓而代之。其次,吾伐而代之。今紂爲無道,昏者百姓,至約諸侯,天將誅焉。吾勴天威之。"③武王於【50】是乎作爲革車千乘,帶甲萬人,戊午之日,涉於孟津,至於共、滕(滕)之間,三軍大犯。武王乃出革車五百乘,帶甲三千,【51】以少(宵)會諸侯之師於牧之野。④ 紂不知其未有成政,而得失

---

① 參看高亨、董治安《古字通假會典》第 395 頁"邰與釐"條。
② 原注:"指遵循老的曆法以授民時。"疑所謂"故時"、"老的曆法"即指"夏時"、"夏曆"。夏曆合於農事。《禮記·禮運》:"孔子曰:'我欲觀夏道,是故之杞,而不足徵也。吾得夏時焉。……夏時之等,吾以是觀之。'《論語·衛靈公》:"顏淵問爲邦。子曰:'行夏之時,乘殷之輅,服周之冕……'"《左傳·昭公十七年》:"火出,於夏爲三月,於商爲四月,於周爲五月。夏數得天。"
③ 勴,助也;"威"原寫作"畏",兩字相通習見。"威"即《周易·繫辭下》"弦木爲弧,剡木爲矢,弧矢之利,以威天下"之"威"。《國語·越語上》記句踐伐吳之前"乃致其衆而誓之曰:'……今夫差衣水犀之甲者三千,不患其志行之少恥也,而患其衆之不足也。今寡人將助天威之……'"(據明道本)"助天威之"顯即簡文之"勴天威之"。《吳越春秋·句踐伐吳外傳》敘此事,字亦作"威"。而《國語》公序本"威"字作"滅",顯然是由"威"因形近而誤爲"威"後再變爲"滅"。徐元誥《國語集解》第 572 頁(中華書局,2002 年)反以明道本作"威"者爲非,得簡文可正其誤。
④ "少"讀爲"宵",從陳偉《〈上海博物館藏戰國楚竹書(二)〉零釋》之説。

行於民之辰(?)也,或亦起師以逆之。武王於是乎素冠弁,①以造[52]
吂(類)于天,②曰:"紂爲無道,昏者百姓,至約諸侯,絕種侮姓,土玉
水酒,天將誅焉,吾勴天威之。"武王素甲以陳於殷郊,而殷【53正】
容成氏【53背】

　　武王伐殷,以戊午之日師渡孟津,與《史記·周本紀》、《尚書·泰誓
序》相合。"至於共、縢之間"的"縢"字原未釋出,我在《上博簡〈容成氏〉的
竹簡拼合與編連問題小議》一文中逕釋爲"縢"。當時僅是就字形而釋,後
來裘錫圭先生告訴我,《左傳·閔公二年》有"衛之遺民,男女七百有三十
人。益之以共、縢之民,爲五千人,立戴公以廬于曹","共、縢"即簡文之
"共、縢"。2003年10月在香港中文大學召開的第四屆國際中國古文字
學研討會上得知,陳偉、吳良寶先生對此皆有專文考釋,即將正式發表。

　　53簡簡背記篇名"容成氏",應已經到了篇末。原"説明"謂"推測後
面的脫簡大概祇有一至二枚",當可信。簡文已敍述至牧野之戰,估計下
文至西周建立即全篇結束。

----

①　"弁"原釋爲"冕",此從黄德寬《〈戰國楚竹書〉(二)釋文補正》説改釋。簡帛研究
　　網,http://www.jianbo.org/Wssf/2003/huandekuan01.htm,2003年1月21日。又《學術
　　界》2003年第1期,第83頁。

②　"造吂"原釋讀爲"告閔",諸家無異説。按所謂"告"字作🔲,跟簡22"謁告"之
"告"作🔲比較,其上端有明顯不同,而跟郭店簡《窮達以時》簡11"造父"之"造"作🔲相
近。《郭店楚墓竹簡》第146頁注[一三]引"裘按"云:"楚簡'告'字中的上端皆直,此'告'字
上端則向左斜折,與楚簡'告(劍按此字當是排印有誤)'、'俉'等字所从之'告'相同,故此字
無疑當讀爲'造'。有學者指出'造'字所从之'告'與祝告之'告'本非一字,是有道理的。"據
此將此字直接改釋爲"造"。"吂"疑當讀爲古書裏指軍隊出征之禮中的類祭之"類",字亦或
作"禷",《説文·示部》:"禷,以事類祭天神。""類"、"吂"兩字上古音爲來母雙聲,韻部物文
陽入對轉,中古又都是合口三等字,其可以相通從音理看没有問題。《周禮·春官·大祝》:
"掌六祈以同鬼神示,一曰類,二曰造,三曰襘,四曰禜,五曰攻,六曰説。""類"、"造"並舉。
《禮記·王制》:"天子將出征,類乎上帝,宜乎社,造乎禰。"前人多據此將"類"、"宜"、"造"三
種祭祀的對象截然分開。實則《周禮·春官·肆師》云:"凡師甸,用牲于社宗,則爲位。類
造上帝,封于大神,祭兵于山川,亦如之。"可見"造"祭亦可施於上帝。"類造上帝"即簡文此
處"造類於天",皆謂舉行祭祀將征伐之事報告上天,既以祈福佑,亦表示承天之命"恭行天
罰"(下文所告之辭歸結爲"天將誅焉,吾勴天威之",正即此意)。僞古文《尚書·泰誓上》敍
武王渡孟津後告諸侯云:"予小子夙夜祗懼,受命文考,類於上帝,宜於冢土,以爾有衆,底天
之罰。"亦可爲參考。

綜觀《容成氏》全文，從容成氏等最古的帝王講起，經唐堯、虞舜、夏禹，直至商湯、周文王和周武王，其主體部分是古書常見的所謂虞夏商周四代五王論古史系統。[①] 其主要內容，原注釋的"説明"中很好地概括爲："三代以上，皆授賢不授子，天下艾安；三代以下，啓攻益，湯伐桀，文、武圖商，則禪讓之道廢而革命之説起。前後適成對比。"可以很明顯地看出，雖然全篇以"講史"爲主，但其所記傳説或者史料是經過剪裁安排，爲其論點或説中心思想服務的。它"特别提煉和渲染其中'不授其子而授賢'的意義，則反映戰國時期思想家的一種'問題意識'，所以這部書形式上是古史傳説，實際應屬戰國百家言"，[②]它"是通過朝代更迭的輪廓，來説明某種理念的……屬於諸子類"。[③] 其所圍繞的中心，是鼓吹授賢、禪讓。據此，結合時代背景，可以推定其寫成時間跟《子羔》、《唐虞之道》一樣，都在燕王噲禪讓失敗的事件之前。[④] 此時儒家和墨家都主張授賢、禪讓，《容成氏》所屬的學派，目前也是有儒家和墨家兩説。[⑤]

2003 年 11 月 15 日草畢

本文係中研院歷史語言研究所"中國南方文明研討會"會議論文，臺北，2003 年 12 月。

---

① 參看陳泳超《堯舜傳説研究》，第 2～8 頁。
② 姜廣輝：《上博藏簡〈容成氏〉的思想史意義——上海博物館藏戰國楚竹書(二)〈容成氏〉初讀印象札記》。
③ 趙平安：《楚竹書〈容成氏〉的篇名及其性質》，饒宗頤主編：《華學》第六輯，紫禁城出版社，2003 年，第 75～78 頁。
④ 姜廣輝：《上博藏簡〈容成氏〉的思想史意義——上海博物館藏戰國楚竹書(二)〈容成氏〉初讀印象札記》。
⑤ 主張屬於儒家的如姜廣輝《上博藏簡〈容成氏〉的思想史意義——上海博物館藏戰國楚竹書(二)〈容成氏〉初讀印象札記》。趙平安《楚竹書〈容成氏〉的篇名及其性質》主張屬於墨家。

上海博物館藏戰國楚竹書
《從政》篇研究(三題)*

一　簡文補釋兩則

(一)《上海博物館藏戰國楚竹書(二)·從政》簡甲 8～甲 9：①

　　聞之曰：從政有七幾：獄則興，威則民不道，滷則失衆，悁（猛）則無親，罰則民逃，好［刑］②【甲 8】□則民作亂。凡此七者，政之所怠（殆）也。……【甲 9】

其中"滷則失衆"的"滷"字原作如下之形：

原考釋云："从水，其右旁有異於'西'，釋暫缺。"何琳儀先生釋爲"洒"，謂

---

*　本文係第三屆國際簡帛研討會(Mount Holyoke College, U.S.A., 2004.4.23—25)論文。本文受到"全國優秀博士學位論文作者專項資金資助項目"(FANEDD)資助(項目批準號：200311)。

①　張光裕：《〈從政〉甲、乙考釋》，見馬承源主編《上海博物館藏戰國楚竹書(二)》(以下簡稱爲《上博(二)》)，上海古籍出版社，2002 年。

②　"刑"從陳偉《上海博物館藏楚竹書〈從政〉校讀》說補，其所從"井"尚隱約可見。陳文見簡帛研究網，http://www.jianbo.org/Wssf/2003/chenwei01.htm，2003 年 1 月 10 日。

"洒當訓'散'或'播',亦作'灑'"。① 陳秉新先生亦釋爲"洒",訓爲"高峻"。② 按不論訓"散"或"播"或"高峻",其實都無法講通簡文。周鳳五先生釋右旁爲从"舟",謂:"此字從水,舟聲,可以讀爲輈張、譸張,訓'誑也',見《尚書·無逸》。簡文是說,爲政者如果欺誑不實,就會失去民心。"③周先生所引字形上的證據,即《包山楚簡》簡二七六"受"字所從的"舟"形,蘇建洲先生已經指出跟簡文"滷"字右半所从並不相同。④

黃錫全先生指出:"戰國文字'西'與'鹵'每每混同,不易區分。如包山楚簡的盬(鹽)、鹽等字,所從的'鹵'有的就與'西'字寫法一模一樣。"他據此釋此字右半爲"鹵",此可從。但他認爲" "就是見於《玉篇》《集韻》的"滷"字,同"鹵",訓爲"鹵莽",⑤卻不可信。其所引以爲說的《莊子·則陽》的"君爲政焉勿鹵莽,治民焉勿滅裂","鹵莽"、"滅裂"都應該是疊韻連綿詞,⑥我們在古書中,實際上是找不到"鹵"字單用就有"鹵莽"義的例子的。

我們認爲,簡文"滷"字與字書中音"郎古切"、訓爲"苦"的"滷"字其實無關,兩字僅是同形字的關係。簡文"滷"其實應是"鹽"字異體。

戰國文字中"鹽"字多作"盬"形,見於包山簡147、⑦上博竹書《容成

---

① 何琳儀:《第二批滬簡選釋》,《學術界》2003年第1期,第88頁。
② 陳秉新:《〈上海博物館藏戰國楚竹書(二)〉補釋》,《江漢考古》2004年第2期,第90頁。
③ 周鳳五:《讀上博楚竹書〈從政〉(甲篇)札記》,簡帛研究網,www.jianbo.org/Wssf/2003/zhoufengwu01.htm,2003年1月10日。後收入《上博館藏戰國楚竹書研究續編》,上海書店出版社,2004年,第181～195頁。下引周鳳五先生說皆見此文。
④ 蘇建洲:《上博楚竹書(二)考釋四則》,簡帛研究網,http://www.jianbo.org/Wssf/2003/sujianzhou05.htm,2003年1月19日。蘇文同意何琳儀先生釋"洒"之說。
⑤ 黃錫全:《讀上博楚簡(二)札記(壹)》,簡帛研究網,http://www.jianbo.org/Wssf/2003/huangxiquan01.htm,2003年2月25日。後以《讀上博楚簡(二)札記八則》爲題收入《上博館藏戰國楚竹書研究續編》,第460頁。
⑥ 朱德熙:《長沙帛書考釋(五篇)》,收入《朱德熙古文字論集》,中華書局,1995年,第206～207頁。朱先生指出,"莽字《廣韻》有'莫補切'一讀,先秦時期也常與魚部字叶韻","鹵莽的莽也讀如魚部字"。
⑦ 參看林澐《讀包山楚簡札記七則》,《江漢考古》1992年第4期;收入《林澐學術文集》,中國大百科全書出版社,1998年,第20頁。劉釗《談包山楚簡中"煮鹽於海"的重要史料》,《中國文物報》1992年10月18日,第43期第3版。

氏》簡3等。或上半增從"水"作如下之形：

可隸定作"瀘"。此字見於齊"亡瀘右"戈(《殷周金文集成》17.10975)，黃盛璋先生釋爲"鹽"，"亡鹽"即齊地"無鹽"，①其説久已得到公認。"瀘"字"從水從盧或從滷從皿，是盧的繁構"。②

衆所周知，戰國文字中省略偏旁的現象非常多見，③"瀘(鹽)"形省略"皿"旁，就成爲簡文"滷"字了。"滷"既可釋爲"鹽"，則在簡文中顯然當讀爲"嚴"。從讀音來看，兩字古音韻母相同(韻部都是談部，中古都是開口三等字)，其聲母"嚴"爲疑母，"鹽"爲余母，也有密切關係。諧聲系統中不少余母字跟舌根音有關，如"穎"、"潁"爲余母字，其聲符"頃"及同聲符的"傾"等則是溪母字；"姬"(見母)從"臣"(余母)聲，"君"(見母)從"尹(余母)"聲，"愆"(溪母)從"衍"(余母)聲，等等。見於秦文字並爲後世所延用的"鹽"字，應即在"鹵"形基礎上加注聲旁"監"而成("監"跟"盧"可以看作共用"皿"旁)，"監"字本身也就是舌根音見紐字。此外如"與"(余母)字本從"牙"(疑母)聲，其聲旁後來寫作"与"的就是"牙"之變形，④更是説明"鹽"、"嚴"相通的聲母關係之佳證。

古書中"嚴"常用爲"威嚴"義，引申爲"嚴厲"、"嚴急"(《説文·吅部》："嚴，教命急也。")，可跟"寬"相對爲言。如睡虎地秦簡《爲吏之道》："敬而起之，惠以聚之，寬以治之，有嚴不治。"《鹽鐵論·周秦》："故政寬則下親其上，政嚴則民謀其主。"而在《論語》中，"寬則得衆"之語兩次出現(《陽

---

① 黃盛璋：《燕、齊兵器研究》，《古文字研究》第十九輯，中華書局，1992年，第30頁。
② 趙平安：《戰國文字中的鹽及相關資料研究》，《華學》第六輯，紫禁城出版社，2003年，第107頁。
③ 參看何琳儀《戰國文字通論(訂補)》，第205～206頁"删簡偏旁"、"删簡形符"部分，江蘇教育出版社，2003年。
④ 裘錫圭：《讀〈戰國縱橫家書釋文注釋〉札記》，收入《古代文史研究新探》，江蘇古籍出版社，1992年，第84～85頁。

貨》、《堯曰》),正跟簡文"嚴則失衆"之語相反相成。

前引此段簡文還有兩處需要作一些補充討論。"悷"字原考釋引《説文》"怲,憂也"與《詩·小雅·頍弁》"未見君子,憂心怲怲"爲説。我們以前將它釋爲"猛",謂:"'猛'即'威而不猛'之猛,《左傳·昭公二十年》云:'大叔爲政,不忍猛而寬。……仲尼曰:"善哉!政寬則民慢,慢則糾之以猛。猛則民殘,殘則施之以寬。寬以濟猛,猛以濟寬,政是以和。"'可與簡文講'從政'的'猛則無親'參讀。"①但在讀音方面僅説"'丙'與'猛'音近可通",而未舉證,引起其他研究者的懷疑。② 今按郭店《老子》甲本簡33"攫鳥猷獸弗扣","猷"今本作"猛"。"猷"字從"丙"字增"口"形的繁體爲聲符,與"猛"同從"犬"爲義符,應即"猛"字異體。此可爲簡文"悷"讀爲"猛"之佳證。從"丙"之字跟"猛"相通,跟"陌"、"貊"之從"百"聲相類。

簡文"怡"字原讀爲"治",周鳳五先生主張讀爲"殆",云:"簡文'七機'指的是爲政者的七種不當措施以及所招致的七種不良後果……'七機'的用語與價值判斷都是負面的,則讀作'政之所治',意指七機能使政治清明,顯然是不妥的。簡文應當改讀爲'政之所殆'。殆,危也。《論語·微子》:'已而,已而,今之從政者殆而。'用語與簡文類似,可爲旁證。"其説可從。另可補充一證:《逸周書·命訓》云:"極命則民墮,民墮則曠命,曠命以誡其上,則殆於亂;……極福則民禄……;極禍則民鬼……;極醜則民叛……;極賞則民賈其上……;極罰則民多詐,多詐則不忠,不忠則無報。凡此六者,<u>政之殆也</u>。"與簡文相近。

---

① 陳劍:《上博簡〈子羔〉、〈從政〉篇的竹簡拼合與編連問題小議》,簡帛研究網,http://www.bamboosilk.org/Wssf/2003/chenjian01.htm,2003年1月8日;又載於《文物》2003年第5期,第56〜59、64頁。周鳳五主張讀爲"梗",引《方言·二》"梗,猛也"、《廣雅·釋詁》"梗,強也"爲説,謂"簡文是説,爲政如果剛猛強悍,人民就不親附"。對簡文的理解跟我們大致相近。

② 單周堯、黎廣基云"'猛'字古音明紐陽部,與'悷'字之幫紐相距較遠",主張讀爲強迫之"迫"。見單周堯、黎廣基《讀上博楚竹書〈從政〉甲篇"悷則亡新"札記》,簡帛研究網,http://www.jianbo.org/Wssf/2003/shanli01.htm,2003年1月22日。此外徐在國主張讀爲"妨"訓爲"害","意爲傷害則失去親近",見徐在國《上博竹書(二)文字雜考》,《學術界》2003年第1期,第102頁。

（二）《從政》簡乙 1：

　　……[九]曰犯人之務，十曰口惠而不係。……【乙 1】

　　原考釋已引《禮記·表記》："子曰：口惠而實不至，怨菑及其身，是故君子與其有諾責也，寧有已怨。"以及《郭店楚墓竹簡·忠信之道》第五簡："口惠而實弗從，君子弗言尔。"謂與簡文"口惠而不係""意同"。

　　"係"字原作如下之形：

　　徐在國先生認爲此字應該釋爲"繇"，讀爲"由"，訓爲"從"。① 他引曾侯乙墓竹簡"䚾"、"䚿"、"䚼"諸形爲證，這些字所從的"䚿"的象形初文訛變爲"係"形(是由"朕"形即"繇"、"䚾"中的"系"形再進一步訛變而來的)，跟簡文確很接近，因此釋爲"繇"在字形上不能說沒有根據。但問題是簡文講不通。

　　徐先生引《論語·泰伯》"民可使由之，不可使知之"鄭玄注"由，從也"爲證，表面上將簡文跟《忠信之道》的"口惠而實弗從"相對應聯繫了起來。但從意義上來講，"口惠而實弗從"的"從"意爲"跟從"，而"民可使由之"之"由"意爲"經由"，其所訓爲的"從"，實爲"由從"、"自從"之從或所從來之"從"，與跟從之"從"意義並不相同。在古書中，恐怕實際上也找不到"由，從也"之"由"用爲"跟從"義的例子。

　　"口惠而不係"跟"口惠而實弗從"、"口惠而實不至"相當，"係"所表示的詞的意義似乎跟"實從"、"實至"這樣的主謂結構相當，這是不大可能的，實際上也找不到這樣的詞。要講通此句，首先要承認"不"上脫漏了一個"實"一類的字。脫字之例竹書中並不罕見，如郭店簡《緇衣》簡 40、《語

---

① 徐在國：《上博竹書（二）文字雜考》，第 98～99 頁。

叢四》簡27都有正面鈔脫數字、補於簡背的例子。① 脫漏一字的也有，如上博竹書《子羔》簡1"昔者而弗世也"，劉信芳、孟蓬生先生都將"世"解釋爲"(父子)世襲"之意，即《禮記·禮運》"大人世及以爲禮"之"世"，是很正確的。② "昔者而弗世也"，"而"上顯然鈔脫了一個"禪"、"讓"一類的動詞。③

我們是同意張光裕先生釋爲"係"的，字形上還可補充證據，如馬王堆漢墓帛書的"係"字，"系"旁或作與"人"旁相連之形，跟簡文之形很接近。④ 簡文"係"當讀爲"繼續"之"繼"。

"係"和"繼"讀音、意義都很相近，兩字常有通用關係。《爾雅·釋詁上》："係，繼也。"古書中"係嗣"與"繼嗣"義同。玄應《一切經音義》卷一"係心"注："係，古文繫、繼二形。"《周易·坎》上六爻辭"係用徽纆"，《穀梁傳·宣公二年》注引作"繼"。"係"與"繫"常通用無別，而"繫"跟"繼"也常通，如《詩經·召南·何彼襛矣·序》"車服不繫其夫"《釋文》："繫，本或作繼。"《爾雅·釋蟲》有"密肌，繼英"，《釋鳥》又有"密肌，繫英"、"繼英"、"繫英"當同。⑤《周易·繫辭上》："一陰一陽之謂道，繼之者善也，成之者性也。""繼"字馬王堆漢墓帛書《繫辭》八行上作"係"。⑥ 帛書以"係"爲繼續之"繼"，跟簡文用字習慣相同。

---

① 荆門市博物館：《郭店楚墓竹簡》，文物出版社，1998年，第136頁注釋[一〇三]、第219頁注釋[二六]所引"裘按"。
② 劉信芳：《上博藏竹書試讀》，《學術界》2003年第1期，第96頁。孟蓬生：《上博竹書(二)字詞札記》，簡帛研究網，http://www.jianbo.org/Wssf/2003/mengpengsheng01.htm，2003年1月14日；後收入《上博館藏戰國楚竹書研究續編》，第473頁。
③ 補記：白於藍先生《讀上博簡(二)札記》已謂："筆者以爲該句中'者'與'而'字間很可能漏寫一'禪讓'之'禪'字或與'禪'字義相近的字。郭店簡《唐虞之道》簡有'禪而不傳'語，可與本簡之'[禪]而弗世'參照。"我寫作本文時已讀過白於藍之文，但因疏忽而失引。白文後來發表於《上博館藏戰國楚竹書研究續編》，第485頁。
④ 看陳松長編著《馬王堆簡帛文字編》，文物出版社，2001年，第334頁"係"字前兩形。【補記：後來出版的《上海博物館藏戰國楚竹書(三)·周易》(上海古籍出版社，2003年；按此書實際到2004年4月市面上才見到)中此類寫法的"係"字多見，字形上已無需多加論證。】
⑤ 以上參看朱祖延主編《爾雅詁林》，湖北教育出版社，1999年，第222～226頁引諸家說。
⑥ 傅舉有、陳松長編著：《馬王堆漢墓文物》，湖南出版社，1992年，第118頁。

繼續義之"繼"用作動詞，可以理解爲"以……繼續於……之後"之意。《左傳·桓公十二年》："君子曰：苟信不繼，盟無益也。《詩》云：'君子屢盟，亂是用長。'無信也。""信不繼"據下文可以補足文意變換爲"盟而信不繼"，與簡文"口惠而[實]不係(繼)"的説法很相近。

二　關於《從政》與《論語》

《上博(二)·從政》的原"説明"部分已經指出，本篇內容"可取與《論語》、《禮記》等儒家典籍及睡虎地出土秦簡《爲吏之道》比觀……"，在考釋中並隨文指出了多處簡文內容跟《論語》的聯繫。後來研究者又揭示出，本篇甲 15＋甲 5＋甲 6＋甲 7 一組簡文中的"毋暴、毋虐、毋賊、毋貪"等內容，跟《論語·堯曰》第二章"子張問從政"的"屏四惡"很接近(詳後文)。由此，《從政》與《論語》的關係問題，自然爲我們所關注。

首先，在已爲整理者和其他研究者所指出者之外，《從政》中還可以找到跟《論語》很接近的話。簡文甲 19 云：

> 聞之曰：行險至(致)命；飢寒而毋會，從事而毋訟；君子不以流言傷人。

其中的"行險至(致)命"，原考釋引《禮記·中庸》"故君子居易以俟命，小人行險以徼幸"爲説。周鳳五先生謂："……'行險'，指行於險地；'致命'猶如《論語·憲問》'見危授命'的'授命'，必要時'殺身成仁'的意思。"按《論語·子張》首章云：

> 子張曰："士見危致命，見得思義，祭思敬，喪思哀，其可已矣。"

"致命"與簡文同，較引《憲問》的"授命"爲説更加貼切。簡文"行險致命"顯然也應該理解爲"行危險之事要(準備)獻出生命"，[①]跟《子張》的"見危

[①] 陳美蘭亦引《禮記·中庸》"小人行險以徼幸"爲説，釋簡文爲"行險會導致送命"。雖然對"行險"跟"致命"的關係的理解與我們不同，但亦以"行險"爲"行危險之事"而非"行於險地"。見陳美蘭《〈從政〉譯釋》，載季旭昇主編《〈上海博物館藏戰國楚竹書(二)〉讀本》，萬卷樓圖書股份有限公司，2003年，第85頁。

致命"大致相同。請注意,這話在《論語》中是出自子張之口的,關於這一點我們在後文還會討論到。

第二,周鳳五先生曾推測説:

> 我們不妨假設,《從政》是儒家學者傳習《論語》或《論語》原始材料的紀錄……《從政》甲、乙篇可能與《論語》有關,其內容可能是"七十子之徒"或其後學闡述《論語》或相關材料的紀錄。

我們覺得,因爲《從政》篇殘損頗爲嚴重,現存簡文還有不少地方文意尚不清楚,文意大致清楚的部分,也有不少內容跟《論語》關係不大。因此是否可以將《從政》全篇都説爲"儒家學者傳習《論語》或《論語》原始材料的紀錄",我們還沒有太大把握。但如果僅就《從政》中可以確定跟《論語》有關的內容講,周先生的判斷是成立的。下面我們再通過具體分析一個例證來作一點補充。

簡文甲17～甲18的一段話,跟《論語》相關內容的關係有特別值得玩味之處。簡文云:

> [君子先]人則啓道之,後人則奉相之,是以曰君子難得而易史(使)也,其史(使)人,器之;小人先人則𡾓敵之,[後人]【甲17】則𡘽毀之,是以曰小人易得而難史(使)也,其史(使)人,必求備焉。……【甲18】

其中"是以曰君子難得而易使也,其使人,器之……是以曰小人易得而難使也,其使人,必求備焉"幾句,張光裕先生已引《論語·子路》"子曰:'君子易事而難説也:説之不以道,不説也;及其使人也,器之。小人難事而易説也:説之雖不以道,説也;及其使人也,求備焉。'"與簡文相對照,是很正確的。

進一步研究,首先可以確定的是,簡文是對《論語·子路》所記孔子之語的進一步解釋。對比《論語·子路》,簡文多出"君子先人則啓道之,後人則奉相之"、"小人先人則𡾓敵之,後人則𡘽毀之"兩句。不難看出,這兩句正是分別對其後的"君子難得而易使也"和"小人易得而難使也"的發

揮和解釋。楊澤生先生指出,上引簡文較《論語·子路》文多出的"君子先人……"兩句,可以跟《荀子·不苟篇》的以下內容對讀:

> (君子易知而難狎……君子能亦好,不能亦好;小人能亦醜,不能亦醜。)君子能則寬容易直以開道人,不能則恭敬縛絀以畏事人;小人能則倨傲僻違以驕溢人,不能則妒嫉怨誹以傾覆人……

並謂:"簡文中的'先人'、'後人'與《荀子》中的'能'和'不能'相當,'啓道之'與'開道人'相當,'奉相之'與'恭敬縛絀以畏事人'相當,'陷(引者按:楊澤生先生主張簡文此字釋讀爲"陷")毀之'與'妒嫉怨誹以傾覆人'相當。"①這些意見顯然是正確的。君子不管能或不能,不管領先於人或落後於人,都能與他人很好地相處,所以"易使"即容易使喚、容易派給他工作,小人則正好相反(下文略而只說"君子"這方面)。

簡文的兩個"是以曰"也值得注意。《荀子·大略》云:

> ……知者明於事,達於數,不可以不誠事也。故曰:君子難説,説之不以道,不説也。

"君子難説"云云顯然也來自前引《論語·子路》文所記孔子之語,用"故曰"引出,正跟簡文的"是以曰……"相類,都是對孔子之語的發揮解釋。因爲"君子"明達事理,所以難以非其道者悦之,不可不以誠心事之。

其次,簡文之意其實還有跟《子路》文很不相同之處。《子路》原文是説,君子容易事奉、容易在他手下做事,而難以討得他的歡喜。簡文卻是説,君子難以得到,而容易使喚、容易派他做事。《子路》之文和簡文分別觀之,各自都是十分通順的。可是由於它們整體上的一致性,以及簡文所表現出的闡釋發揮《子路》之文的特點,兩者的聯繫又難以否認。這個矛盾該如何解釋?

仔細對照,簡文"難得而易史(使)"、"易得而難史(使)"分別對應於

---

① 楊澤生:《〈上海博物館所藏竹書(二)〉補釋》,簡帛研究網,http://www.jianbo.org/Wssf/2003/yangzesheng02.htm,2003年2月15日;又楊澤生:《上博竹書考釋(三篇)》,張光裕主編:《第四屆國際中國古文字學研討會論文集》,香港中文大學中國語言及文學系,2003年,第283頁。

《子路》"易事而難説"和"難事而易説","得"與"説"相當,"使"與"事"相當。我們知道,雖然當時"史(使)"跟"事"兩字已經分工明確,但它們本係一字分化,字形和讀音都很接近,意義也有密切聯繫。而"得"跟"説",也是可以找到其聯繫的。

"得"字古有"(人跟人之間)親悦、投合"一類意思,就是後世常説的"與某人相得"、"相得甚歡"之"得"。《左傳·哀公二十四年》:"公如越,得太子適郢,將妻公,而多與之地。"杜預注:"得,相親説也。"又如《左傳·桓公六年》:"少師得其君。"《潛夫論·交際》:"得則譽之,怨則謗之。"《論衡·書虚》:"葵丘之會,桓公驕矜,當時諸侯畔者九國。畔皆不得,九國畔去,况負婦人淫亂之行,何以肯留?"《字彙·彳部》:"得,又合也,人相契合曰相得。"

由此我們可以設想,《論語·子路》記載的孔子所説"君子易事而難説也"等語,流傳過程中可能有過諸如"君子易事而難得也"、"君子易事之而難得之也"、"君子事之易而得之難也"一類的變化,或是最初就有這一類的説法與之並存。其中的"得"字本爲"相親説"之意。但是由於"難得"、"易得"最習見的用法是表示"難以得到"、"容易得到",流傳過程中遂產生誤解,"君子難得"等之"難得"被理解爲諸如《禮記·儒行》"(儒)難得而易禄也,易禄而難畜也"一類的"難得","事"也被改成了形音皆近的"史(使)"("易使"之説也常見,如《論語·陽貨》:"……君子學道則愛人,小人學道則易使也。"《論語·憲問》:"子曰:'上好禮,則民易使也。'")。《從政》之文,就是據已被誤解成了"難以得到卻易於使派"之意解釋發揮的,結果造成上下文意斷爲兩橛:《子路》之文本係圍繞"君子易事而難説"展開,"説之不以道,不説也"是説明"難説"的,"及其使人也,器之"是説明"易事"的(因爲君子根據各人的材器使派人,所以手下人易於事奉他),意義連貫。而《從政》之文,"君子難得而易使"是説使派君子,"其使人,器之"又是説君子使派人,文意就不如《子路》之文連貫了。

據以上分析,可以肯定《從政》此處解釋闡發《論語》之文,其所據不同於今傳《論語》。後文要引到的簡文"四毋",也是跟今傳《論語》相關之文有密切聯繫但又並不完全相同,陳偉先生據此認爲:"簡書也許屬於今傳

《論語》的祖本系統，或者是與之並行的另外一系。"①《論語》的具體成書年代雖無定論，但從近年學者據郭店簡等研究所得結論來看，在《從政》寫成的時代，《論語》應該已經成書並且流傳。② 看來，《從政》跟今傳《論語》之文有關的内容，可能是根據《論語》的原始材料或相關材料，也可能是根據當時流傳的《論語》别本。

三　關於《從政》與"子張之儒"

《韓非子·顯學》説"自孔子之死也"，"儒分爲八"，"有子張之儒，有子思之儒，有顔氏之儒，有孟氏之儒，有漆雕氏之儒，有仲良氏之儒，有孫氏之儒，有樂正氏之儒"。《從政》無疑出於儒家後學，那麽究竟應是屬於哪一派呢？下面就來討論這個問題。

楊朝明先生認爲，《從政》"本來應該是《子思子》中的一篇"。③ 對這一判斷，我們表示懷疑。

楊先生此説的理由主要有三條。首先是認爲簡文多見的"聞之曰"與"子曰"相同，"後面所引述的應該是孔子的話"，而"以'聞之曰'的方式而敍述孔子學説，非子思莫屬"。其第二條理由跟第一條密切相關，認爲簡文的結構係每一節以"聞之曰"起始，集中論説一個主題，彼此相對獨立，"跟現存在《禮記》中的《子思子》四篇（即《坊記》、《中庸》、《表記》、《緇衣》）進行對照，其結構完全一樣"。

這兩條理由的關鍵在於"聞之曰"就同於"子曰"，這個推論很成問題。簡文中確有"聞之曰"後面的話係出自孔子的，如張光裕先生已指出、也爲

---

① 陳偉：《上海博物館藏楚竹書〈從政〉校讀》。
② 參看郭沂《郭店竹簡與先秦學術思想》，上海教育出版社，2001年，第335～339頁。王博：《論〈論語〉的編纂》，收入氏著《簡帛思想文獻論集》，臺灣古籍出版有限公司，2001年，第299～337頁。楊朝明：《新出竹書與〈論語〉成書問題再認識》，《中國哲學史》2003年第3期，第32～39頁。
③ 楊朝明：《上博藏竹書〈從政〉篇"五德"略議——兼説〈從政〉應該屬於〈子思子〉佚篇》，簡帛研究網，http://www.jianbo.org/Wssf/2003/yangchaoming01.htm，2003年4月23日。又參楊朝明《新出竹書與〈論語〉成書問題再認識》。

楊先生所引用的甲11"聞之曰：可言而不可行，君子不言；可行而不可言，君子不行"，又見於《上海博物館藏戰國楚竹書（一）·緇衣》、《郭店楚墓竹簡·緇衣》以及《禮記·緇衣》，"聞之曰"皆作"子曰"。按"聞之曰"即"聽説……"，完全可以理解爲儒家後學稱述從老師處聽到的話，這類話包括一部分原本爲孔子之語而爲老師所傳述者，自然不足爲奇。我們前文已有分析，《從政》有不少内容是對《論語》類材料的闡發解釋，而皆冠以"聞之曰"，是難以都説成孔子之語的。

退一步講，即使承認"聞之曰"同於"子曰"，反而更能確定《從政》非子思所作。楊先生已經引到《孔叢子·公儀》云："穆公謂子思曰：'子之書所記夫子之言，或者以謂子之辭也。'子思曰：'臣所記臣祖之言，或親聞之者，有聞之於人者，雖非其正辭，然猶不失其意焉。'"子思之書，正是因爲要標榜其所記是可靠的孔子之語，所以言必稱"子曰"、"子云"、"子言之"、"子言之曰"或"仲尼曰"，並因此而引致當時人們的懷疑。在今存很多人認爲出自《子思子》的《禮記》之《坊記》、《中庸》、《表記》和《緇衣》四篇中，情況正是如此。《荀子·非十二子》説子思"案飾其辭而祇敬之，曰：'此真先君子之言也。'"子思之稱"先君子"，其係指孔子也是明確的。子思之書如所稱引爲孔子之語，恐不會皆冠以言説者不明的"聞之曰"。

楊先生的第三條理由是認爲《從政》篇"與郭店楚墓竹簡中的儒家著作頗多有相通之處"，而郭店簡中的儒家著作就屬於《子思子》。按這一推論的基礎遠非定論，郭店簡中的儒家著作有哪些能夠確指爲《子思子》之作，目前大家意見基本統一的恐怕只有《緇衣》、《五行》、《魯穆公問子思》三種。其他諸篇頗有異説，也有不少就被指爲屬於子張之儒的。①

我們認爲，《從政》跟"子張之儒"的關係更爲密切。周鳳五先生曾説：

……郭店《忠信之道》與這次同書公布的《從政》、《昔者君老》，凡

---

① 參看姜廣輝《郭店楚簡與原典儒學》，《郭店簡與儒學研究（《中國哲學》第二十一輯）》，遼寧教育出版社，2000年，第263～273頁。廖名春：《荆門郭店楚簡與先秦儒學》，《郭店楚簡研究（《中國哲學》第二十輯）》，遼寧教育出版社，1999年，第36～74頁。王博：《郭店竹簡與子張之儒的研究》，收入氏著《簡帛思想文獻論集》，臺灣古籍出版有限公司，2001年，第87～129頁。

涉及《論語》或其相關材料的，似乎都與子張有關。衆所周知，《荀子·非十二子》批評當時的儒家，除了前述子思、孟軻之外，還有"子張氏之賤儒"、"子夏氏之賤儒"、"子游氏之賤儒"三派。郭店與上博兩批楚簡，與《論語》相關的論述集中於子張一人，説明"子張"一派曾經流傳於楚國。這是研究先秦學術史的第一手材料，可謂彌足珍貴。

僅就《從政》而論，我們贊同周鳳五先生將它跟子張一派相聯繫的意見。

《從政》篇中與子張有關的材料，已爲研究者指出並有深入討論的，主要是以下一段：

> 毋暴，毋虐，毋賊，毋貪。不修不戒，謂之必成，則暴；不教而殺，則虐；命無時，事必有期，則賊；爲利枉【甲15】事，則貪。聞之曰：從政：敦五德，固三制，除十怨。五德：一曰寬，二曰恭，三曰惠，四曰仁，五曰敬。君子不寬則無【甲5】以容百姓，不恭則無以除辱，不惠則無以聚民，不仁【甲6】則無以行政，不敬則事無成。三折（制）：持行視上衣食☐【甲7】

研究者已指出，"毋暴、毋虐、毋賊、毋貪"等内容跟《論語·堯曰》第二章"子張問從政"的"屏四惡"很接近：①

> 子張問於孔子曰："何如斯可以從政矣？"子曰："尊五美，屏四惡，斯可以從政矣。"……子張曰："何謂四惡？"子曰："不教而殺謂之虐；不戒視成謂之暴；慢令致期謂之賊；猶之與人也，出納之吝，謂之有司。"

簡文的"敦五德"，周鳳五先生謂"也很可能是《論語》'尊五美'的另外一種傳本或闡述"。② 上引文中間略去部分即"五美"的内容：

---

① 前文注所引周鳳五《讀上博楚竹書〈從政〉（甲篇）札記》、陳劍《上博簡〈子羔〉、〈從政〉篇的竹簡拼合與編連問題小議》。

② "敦五德"近於"尊五美"，敦，厚也，與"尊"義相類。此"敦"字及簡甲5"敦行不倦"的"敦"原作"臺"，張光裕先生釋讀爲"敦"是很正確的。其下半所從"羊"形有所省變，郭店簡《成之聞之》簡4之"淳"字所從"羊"形亦有所省變，二者可相比照印證。不少研究者主張釋爲"墉（庸）"，無法講通簡文，實不可信。

子張曰："何謂五美？"子曰："君子惠而不費,勞而不怨,欲而不貪,泰而不驕,威而不猛。"子張曰："何謂惠而不費？"子曰："因民之所利而利之,斯不亦惠而不費乎？擇可勞而勞之,又誰怨？欲仁而得仁,又焉貪？君子無衆寡,無小大,無敢慢,斯不亦泰而不驕乎？君子正其衣冠,尊其瞻視,儼然人望而畏之,斯不亦威而不猛乎？"

對"五德"與"五美"的關係,楊朝明先生進一步有具體的闡發,認爲兩者實爲"相互貫通",請參看。① 總之,簡文這一大段內容都明顯跟子張有關。

關於簡文"五德",原"説明"及考釋還引用了《學而》"温、良、恭、儉、讓"及《陽貨》的"恭、寬、信、敏、惠"加以對比,云"互有同異"。按《論語·陽貨》云:

子張問仁於孔子。孔子曰："能行五者於天下,爲仁矣。""請問之。"曰："恭、寬、信、敏、惠。恭則不侮,寬則得衆,信則人任焉,敏則有功,惠則足以使人。"

"恭、寬、信、敏、惠"也正是子張聞之於孔子之語,跟簡文"寬、恭、惠、仁、敬"比較有三者相同,顯然也是很接近的。郭沫若在論"子張之儒"時曾認爲,《論語》中跟子張問有關的孔子的答辭曾經過子張氏之儒的潤色或甚至是傅益,"例如象'問仁'和'問從政'兩條,在《論語》中比較博衍,而和子張的精神卻十分合拍,可能也就是出於傅益的例子"。② 簡文跟《論語》這兩條的密切關係,恐非偶然。

除此之外,還可以補充以下幾條材料。

第一,我們在前面已經説過,簡文"行險致命"與《論語·子張》首章"子張曰:'士見危致命……'"相合。《子張》篇全記孔子弟子之語,包括子張、子夏、子游、曾子、子貢諸人。簡文稱述子張之語而云"聞之曰",可據

---

① 楊朝明:《上博藏竹書〈從政〉篇"五德"略議——兼説〈從政〉應該屬於〈子思子〉佚篇》。
② 郭沫若:《十批判書·儒家八派的批判》,收入《郭沫若全集·歷史編》第 2 册,人民出版社,1982 年,第 128 頁。

以推論作者可能係子張一派的後學。

第二,我們在前文考釋過的"嚴則失衆",跟上引《論語‧陽貨》"子張問仁於孔子"而孔子答語中的"寬則得衆"相合,也跟子張有關。①

第三,《從政》乙3云:

> 聞之曰:從政,不治則亂,治已至則☐

試對比《大戴禮記‧子張問入官》:

> 子張問入官於孔子……孔子曰:"有善勿專,……故君子南面臨官,不治則亂至,亂至則爭,爭之至又反於亂;是故寬裕以容其民……"

"南面臨官"亦即"從政",簡文雖然下已殘斷,但仍然可以看出跟《子張問入官》有關文句十分接近。《子張問入官》的"寬裕以容其民",還跟前引《從政》甲5～甲6的"君子不寬則無以容百姓"大致相同。

上舉材料已經足以反映出《從政》跟子張的密切關係。此外,《從政》的主要內容,不外乎"從政"與"修身"兩個方面,也跟《論語》等文獻所反映出的子張的興趣(或者說傾向)是相合的。《上博(二)》第213頁"説明"謂本篇"內容多次強調'從政'所應具備之道德及行爲標準",第214頁謂"內容除談及政教法治外,亦述恭遜與忠敬之道"。"恭遜與忠敬之道"與諸如甲18+甲12+乙5+甲11一組圍繞"名"與"行"的關係展開論述的簡文等,都可以用"修身"來概括。而從《論語》等文獻看,子張的興趣或傾向正偏重於政事、修身兩個方面,尤其是政事方面。《論語》中諸如"子張學干祿"(《爲政》)、"子張問政"(《顏淵》),及《堯曰》問"何如斯可以從政矣",還有《大戴禮記》的《子張問入官》篇,無不可以看出這一點。《論語》中跟"修身"有關的諸如"子張問行"(《衛靈公》)、"子張問善人之道"(《先進》)、"子張問明"(《顏淵》)、"子張問崇德辨惑"(《顏淵》)、"子張問仁於孔子"(《陽

---

① "寬則得衆"又見於《論語‧堯曰》首章之末:"寬則得衆,信則民任焉(此五字衍文),敏則有功,公則説。"翟灝《四書考異》以爲此數句即"子張問仁"章之"脱亂不盡之文"。參看程樹德《論語集釋》,中華書局,1990年,第1367～1368頁。

貨》),等等。

總之,《從政》篇內容比較明確的部分,很多跟子張直接有關,其總體傾向也與子張素所關心者相合。據此我們有理由認爲,《從政》篇可能屬於"子張之儒"的作品。不過,《從政》篇殘損頗爲嚴重,現存簡文也還有不少沒有真正讀通;同時我們對所謂"儒分八派"的真實情況以及各派之間的交流影響,其實所知甚少。考慮到以上情況,我們審慎一點可以説,在目前情況下,如果一定要按儒家八派劃定《從政》篇的派別的話,與其説《從政》出自《子思子》,我們倒寧願將它劃歸"子張之儒"。希望隨着上海博物館所藏戰國楚竹書的逐步全面公布,我們對這一問題能有越來越深入的認識。

2004 年 3 月 12 日草畢
2004 年 12 月改定

補記:

最近出版的《上海博物館藏戰國楚竹書(五)》(上海古籍出版社,2006年)中,有一些資料可對本文有所補正。

一、《季康子問於孔子》篇簡 9～簡 10:

丘聞之:臧文仲有言曰:君子強則遺,威則民不(以上文字在簡 9)道,嗇則失衆,盟則無親,好刑則不祥,好殺則作亂。

此段文字與本文所論《從政》簡甲 8～甲 9 文句大多相同(參看禤健聰《上博楚簡(五)零札(一)》,簡帛網,http://www.bsm.org.cn/show_article.php?id=226#_ftnref6,2006 年 2 月 24 日)。其中"盟則無親"與《從政》的"悟(猛)則無親"對應,"盟"字跟《上博(二)·子羔》簡 2 用爲"德明"之"明"的"盟",和《上博(四)·曹沫之陳》簡 31 用爲"明日"合文之"盟"當爲一字異體,在此顯然也應當讀爲"猛"(參看陳劍《談談〈上博(五)〉的竹簡分篇、拼合與編聯問題》,簡帛網,http://www.bsm.org.cn/show_article.php?id=2049,2006 年 2 月 19 日)。

上引簡文中"齒則失眾"句跟《從政》的"𠧗則失眾"對應，"齒"和"𠧗"表示的顯然是同一個詞。"齒"字原作：

整理者原釋讀爲"俞（逾）"，前引禤健聰先生文釋讀爲"訊"。楊澤生先生《〈上博五〉零釋十二則》（簡帛網，http://www.bsm.org.cn/show_article.php?id=296#_ftnref28，2006年3月20日）隸定作"𪉦"釋爲"鹽"字異體，讀爲"嚴"。楊澤生先生此文也將本文所論《從政》篇甲8的"𠧗則失眾"釋讀爲"鹽（嚴）則失眾"，請參看。

按此形下所從就是"鹵"字，其較爲特別之處在於比一般的"鹵"字下面多出一長橫筆。同樣寫法的"鹵"字和"鹵"旁曾侯乙墓竹簡中多見（看白於藍《曾侯乙墓竹簡中的"鹵"和"櫓"》，《中國文字》新廿九期，藝文印書館，2003年，第193～208頁）。至於其長橫筆之下又再加一短橫爲飾筆，與楚文字中常見的"至"和"室"等字情況相同。

將《從政》的"𠧗"字跟"齒"字結合起來考慮，如它們釋讀爲"鹽（嚴）"符合事實，則"齒"字似可分析爲从"宀"从"盧（鹽）"或"𠧗（鹽）"省聲。

二、《三德》篇簡16有"奪民時以土功，是謂稽……（中略）奪民時以兵事，是[謂……]"一段話，范常喜先生《〈上博五·三德〉札記三則》（簡帛網，http://www.bsm.org.cn/show_article.php?id=232，2006年2月24日）指出與之相似的文句見於《呂氏春秋·上農》，甚是。其中簡文有"喪台（以）係樂"句，《呂氏春秋·上農》作"喪以繼樂"。這可以作爲本文讀"口惠而不係"之"係"爲"繼"的一個有力補證。

2006年5月2日

原載《簡帛研究二〇〇五》，廣西師範大學出版社，2008年。

郭店簡《六德》用爲
"柔"之字考釋

郭店簡《六德》第 31～33 號簡兩次出現一個寫作"藡"的字,其形如下:①

　　A. [字形]　　　　B. [字形]

其所在簡文爲:②

　　　　仁類③ A 而速④,義類芇⑤而絕。仁 B 而㪻(?),義

---

　① 荆門市博物館:《郭店楚墓竹簡》,文物出版社,1998 年,圖版第 71 頁。
　② 荆門市博物館:《郭店楚墓竹簡》,釋文注釋第 188、190 頁。本文引用簡文釋文儘量使用通行字。
　③ 研究者或在"類"字上斷開,將"類"理解爲動詞"類似",不確。陳偉云:"類,品類。'仁類'、'義類',與《五行》'仁之方'、'義之方'類似。"見氏著《郭店竹書别釋》,湖北教育出版社,2002 年,第 127 頁。其説正確可從。
　④ "速"當讀爲何字尚無定論,諸説中以陳偉讀爲"數"和顔世鉉讀爲"屬"較爲合理。參見陳偉《郭店竹書别釋》,第 127 頁;顔世鉉:《郭店楚簡〈六德〉箋釋》,《中研院歷史語言研究所集刊》第 72 本第 2 分,2001 年,第 479 頁。
　⑤ "芇"字尚不能確識。它有可能當分析爲从"止"得聲,研究者據此有讀爲"止"(廖名春:《郭店楚簡〈六德〉篇校釋》,《清華簡帛研究》第一輯,清華大學思想文化研究所,2000 年,第 81 頁。又廖名春《郭店簡〈六德〉、〈成之聞之〉新札》,簡帛研究網,http://www.jianbo.org/Wssf/Liaominchun.htm,2000 年 11 月 28 日;又見廖名春《郭店簡〈六德〉校釋札記》,《金景芳教授百年誕辰紀念文集》,吉林大學出版社,2002 年;又收入廖名春《新出楚簡試論》第六章《郭店簡〈六德〉校釋札記》,臺灣古籍出版有限公司,2001 年)、讀爲"持"(陳偉:《關於郭店楚簡〈六德〉諸篇編連的調整》,武漢大學中國文化研究院編:《郭店楚簡國際學術研討會論文集》,湖北人民出版社,2000 年,第 67 頁;又載於《江漢考古》　（轉下頁注）

剛①而簡。 敦(?)之爲言也，猶敦(?)敦(?)也，小而㦯多也。

"蘴"字有釋讀爲"茂"、②"愍"、③"急"、④"萌"、⑤"蒙"、⑥"薔"⑦或"懞"⑧等意見，⑨皆不可信。不少研究者已經指出，上引簡文可以跟簡帛《五行》的以下一段話對讀：⑩

不簡，不行。不匿，不辯⑪於道。有大罪而大誅之，簡也。有小

（接上頁注）2000 年第 1 期。又顏世鉉《郭店楚簡〈六德〉箋釋》，第 479 頁）、讀爲"槭"（劉信芳:《郭店楚簡〈六德〉解詁一則》，《古文字研究》第二十二輯,中華書局,2000 年,第 215 頁）、讀爲"等"（陳偉:《郭店簡〈六德〉校讀》，《古文字研究》第二十四輯,中華書局,2002 年,第 397 頁）、讀爲"志(識)"（陳偉:《郭店竹書別釋》,第 127 頁)和讀爲"齒"（林素清:《重編郭店楚簡〈六德〉》,郭店楚簡研究(國際)中心編:《古墓新知——紀念郭店楚簡出土十周年論文專輯》,國際炎黃文化出版社,2003 年,第 74 頁)等説,從文意上都不是很好。"義類并而絕"的"并"跟"仁類蘴而速"的"蘴"相對,下文要談到,"蘴"當釋讀爲"柔",則"并"的意義應該跟"剛"、"強"或"堅"一類詞接近。

① 此"剛"字的釋讀從裘錫圭先生説,見張富海《北大中國古文獻研究中心"郭店楚簡研究"項目新動態》(簡帛研究網,http://www.jianbo.org/Xyxw/Beida.htm,2000 年 10 月)文中所引。

② 林素清:《重編郭店楚簡〈六德〉》,第 74 頁。

③ 顏世鉉:《郭店楚簡〈六德〉箋釋》,第 479 頁。李零較早提出此字"上半是'茂'字所從",釋讀爲"茂"或"愍"之説就是從將字形分析爲"茂省聲"出發的。但同時李零又云此字"並不从刀,釋文的隸定似不够準確",即將"蘴"字右下的"刀"形看作"茂"字中所从的"人形",恐不可信。見李零《郭店楚簡校讀記》,《道家文化研究》第十七輯("郭店楚簡"專號),生活·讀書·新知三聯書店,1999 年,第 520 頁;又李零《郭店楚簡校讀記》(增訂本),北京大學出版社,2002 年,第 133 頁(下文所引李零觀點皆出自此兩書)。

④ 涂宗流、劉祖信:《郭店楚簡先秦儒家佚書校釋》,萬卷樓圖書有限公司,2001 年,第 210 頁。

⑤ 廖名春:《郭店楚簡〈六德〉篇校釋》,第 81 頁。

⑥ 劉信芳:《郭店楚簡〈六德〉解詁一則》,第 214～215 頁。

⑦ 廖名春:《郭店簡〈六德〉、〈成之聞之〉新札》。

⑧ 陳偉:《郭店簡〈六德〉校讀》,第 397 頁。

⑨ 釋讀爲"萌"、"蒙"、"薔"或"懞"諸説是將字形分析爲从"薔"或"夢"省聲。

⑩ 李零較早指出,《六德》簡中的"義強而柬"一句,跟簡本《五行》"柬,義之方也"、"強,義之方"有關(按"強"皆當改釋爲"剛",見前注張富海文所引裘錫圭先生説)。以後不少論者對這兩段簡文的聯繫有進一步分析,如劉信芳:《郭店楚簡〈六德〉解詁一則》,第 215～217 頁;龐樸:《竹帛〈五行〉篇校注及研究》,萬卷樓圖書出版公司,2000 年,第 188 頁;顏世鉉:《郭店楚簡〈六德〉箋釋》,第 480 頁;陳偉《郭店竹書別釋》,第 127～128 頁;劉劍:《郭店楚簡校釋》,福建人民出版社,2003 年,第 117～118 頁,等等。

⑪ 關於此處和後文兩"辯"字的釋讀,參看董蓮池:《釋楚簡中的"辯"字》,《古文字研究》第二十二輯,第 204 頁。

罪而赦之，匿也。有大罪而弗大誅也，不行也。有小罪而弗赦也，不辯於道也。簡之爲言也猶練也，大而晏（罕）者也。匿之爲言也猶匿匿也，小而訪〈診（軫）〉者也。簡，義之方也。匿，仁之方也。剛，義之方。柔，仁之方也。《詩》曰："不競不求，不剛不柔。"此之謂也。（郭店《五行》第37～42號簡，馬王堆帛書《五行》略同）

對照之下，《六德》跟《五行》兩段文字中講"義"的"剛"和"簡"分別對應；則《六德》講"仁"的"薪"和"酘"，也可能是分別對應於《五行》講"仁"的"柔"和"匿"的。龐樸先生就據此直接將"薪"和"酘"分別釋爲"柔"和"匿"。① "酘"字是依《郭店楚墓竹簡》原釋文隸定，原注釋疑是《説文》作"叓"的"更"字，研究者或據此讀爲"光"或"晃"，②或讀爲"哽"；③或據其從"丙"聲而讀爲"放"、④讀爲"綿"⑤或"勉"；⑥另有釋爲從"内"（讀爲"訥"或"納"）、⑦從"容"⑧等説。以上諸説都跟"匿"讀音不能密合，文意也不能説完全妥帖，看來"酘"字的確切解釋還有待進一步研究。而"薪"釋讀爲"柔"，則可以從文字學上加以證明。

徐在國先生分析"薪"字字形爲從"苩"從"刼"，將"刼"解釋爲"以刀斷木"形，釋爲"制"。⑨ 顏世鉉先生認爲"薪"字上半爲"蔑"字所從，下半爲"制"。⑩ 將"刼"釋爲"制"在字形分析上有可取之處，但其結論也不可信。

---

① 龐樸：《竹帛〈五行〉篇校注及研究》，第187、188頁。
② 廖名春：《郭店楚簡〈六德〉篇校釋》，第81頁；又廖名春：《郭店簡〈六德〉、〈成之聞之〉新札》。
③ 涂宗流、劉祖信：《郭店楚簡先秦儒家佚書校釋》，第210、211頁。
④ 李零：《郭店楚簡校讀記》，第520頁；又李零：《郭店楚簡校讀記》（增訂本），第133頁。
⑤ 劉釗：《郭店楚簡校釋》，第117～118頁。
⑥ 林素清：《重編郭店楚簡〈六德〉》，第74頁。
⑦ 見陳偉《關於郭店楚簡〈六德〉諸篇編連的調整》，第67、74頁，釋讀爲"訥"；劉信芳：《郭店楚簡〈六德〉解詁一則》，第215～216、218頁引劉國勝先生説。顏世鉉《郭店楚簡〈六德〉箋釋》第479～480頁在字形分析上亦從劉説，釋讀爲"納"。
⑧ 陳偉：《郭店竹書別釋》，第127～128頁。
⑨ 徐在國：《郭店楚簡文字三考》，《簡帛研究二〇〇一》，廣西師範大學出版社，2001年，第181頁。
⑩ 顏世鉉：《郭店楚簡〈六德〉箋釋》，第478～479頁。

100　戰國竹書論集

"刅"形作爲偏旁在西周晚期銅器銘文中已經出現。20世紀90年代河南三門峽市上村嶺虢國墓地 M2012 出土一件"梁姬罐",其銘文如下:①

原全銘爲反書,翻轉後如此。前三字爲"汈(梁)姬乍(作)",末兩字當是器名或"器名修飾語＋器名"。倒數第二字當分析爲"从米从刅",發表者隸定爲"糊",其考釋謂"刅,象以刀斷草",②都是很準確的。由於最末一字尚不能確識,同時梁姬罐器形小巧、鑄造精美,並非常見的禮器而可能是盛放珠寶一類東西的首飾盒,③作爲銅器其自名缺乏同類材料的對比,"糊"字在此銘中的用法尚待進一步研究。④ 但據此可知,象"以刀斷艸"之形的"刅"字確是有很早的可靠來源的。

我認爲,"刅"雖不見於其他古文字和後世字書,但保存在《周禮·考工記》中的"剒"字和《墨子·雜守》中的"劜"字,皆即其訛體;"剒"和"劜"都用爲"匘(腦)"字("剒"又見於《漢印文字徵》四·十六,原隸定爲从"步"从"刀",何琳儀先生《戰國古文字典》第315頁釋爲"匘"。看校補記:承施謝捷先生見告:此漢印中的兩例可能是"步"字訛篆,與"匘"無關),當是出於假借;同時"匘"字本身,也是由"刅"形進一步訛變而來

---

① 河南省文物考古研究所、三門峽市文物工作隊:《三門峽虢國墓(第一卷)》上册第254頁,圖一八二:2拓本;下册彩版二七:4銘文照片(二七:3器形照片),文物出版社,1999年。又見劉雨、盧岩編著《近出殷周金文集錄》4.1046,中華書局,2002年。
② 河南省文物考古研究所、三門峽市文物工作隊:《三門峽虢國墓(第一卷)》上册,第312頁。
③ 參看劉社剛《梁姬罐相關問題的思考》,《中原文物》2002年第6期,第60～62頁。
④ 原考釋謂:"糊,作器名,从米,與稻、梁等同,應爲同類作物。刅,象以刀斷草,字待考。"又釋最末一字爲"賈",謂"此器形似罐,銘爲'賈',賈,可能泛指貯存器",可參考。見前引《三門峽虢國墓(第一卷)》上册,第312頁。

的。"䇂"字象"以刀斷屮"之形,就是古書多見的"芟䄺"之"䄺"的表意初文。"䄺"、"柔"、"𤇆"古音並相近。"柔"是日母幽部字,"䄺"是日母宵部字,兩字中古音都是開口三等;"𤇆"是泥母宵部字,與䄺同從"堯"聲的撓、橈、鐃、譊等字也是泥母字。其相通之例證如《周易·說卦》:"坎爲矯輮。"《釋文》:"輮,荀作橈。""藮"字以"䇂(䄺)"爲聲符,故簡文中可因讀音相近而用爲"柔"。

《周禮·考工記·弓人》:"夫角之本,蟄於剸而休於氣,是故柔。"《釋文》:"剸,本又作腦。"很多研究者已經舉例證明,古文字中"中"、"止"兩形(還有"又"形)經常相混,①將"䇂"跟"剸"説爲一字異體字形證據充分。比較切近的例子如,曾侯乙墓出土的捆君戈,"捆"字作如下之形:

其兩"中"形訛爲兩"止"。古文《尚書》多以"折"爲"誓",傳抄古文中作一類形體(《汗簡·止部》"誓"字又《斤部》"誓"字引《尚書》,《古文四聲韻》去聲祭韻"誓"字引《古尚書》),左上"中"形亦訛爲"止"。其左下"中"形訛爲"山",與《墨子·雜守》"䒒"形相合("䒒"形上所從之"艹"即"中"形之變②),亦見於後引"𤇆"字異體。形左半中間餘下的兩筆即"斳(折)"字左半中間兩小橫之訛。《古文四聲韻》去聲祭韻"誓"字下又引《籀韻》四形:,"中"形亦或訛爲"止",或訛爲"山"。而且第

---

① 關於這一點可參看張桂光《古文字中的形體訛變》,《古文字研究》第十五輯,中華書局,1986年,第159頁。劉釗:《古文字構形研究》,吉林大學博士學位論文,1991年,第591頁。王慎行:《古文字形近偏旁混用例》之七"止、中"偏旁形混例,收入《古文字與殷周文明》,陝西人民教育出版社,1992年,第48~49頁。魏宜輝:《楚系簡帛文字形體訛變分析》,南京大學博士學位論文,2003年,第17~18頁。

② 古文字中"中"與"艸(艹)"互作多見,如《説文·中部》"芬"之或體作"芬",楚簡文字"芻"或從三"中"(其下方的"中"變爲"艸",見包山楚簡第95、183號等),"藥"字、"芒"字多從"中"作等等,皆其例。

一形 ![斷] 跟"折"字異體"斯"比較,其左半上下兩"屮"形訛爲上下兩"止"形,跟"刧"和"剞"的關係也正相類。

"蕘"字古多訓爲"草薪",用爲名詞。亦多用作動詞,意爲"刈取草薪"。《詩經·大雅·板》:"先民有言:'詢于芻蕘。'"《釋文》:"《說文》云:'蕘,草薪也。'"《左傳·昭公十三年》"淫芻蕘者"《釋文》:"草薪曰蕘。"《漢書·賈山傳》"芻蕘採薪之人"顏師古注、《揚雄傳上》"麋鹿芻蕘"顏師古注、《文選·揚雄〈長楊賦〉》"踩踐芻蕘"李善注引《說文》、《玉篇·艸部》等並云:"蕘,草薪也。"《孟子·梁惠王下》:"文王之囿方七十里,芻蕘者往焉,雉兔者往焉,與民同之。"趙岐注:"芻蕘者,取芻薪之賤人也。雉兔,獵人取雉兔者。言文王聽民往取禽獸,刈其芻薪,民苦其小,是其宜也。""芻蕘"古多連用,意義相近。從字形看,"芻"字象以手斷取艸,"刧"象以刀斷取艸,也正可類比(前引梁姬罐中"㓞"字所從的"刧",其兩個"屮"形在"刀"形中的位置,跟"![芻]"形的情況更爲相似)。它們字形中的"屮"形,還有殷墟甲骨文的"艾"字中的"屮"形,都跟"折"字和"制"字中的本由"斷木"之形訛變而來的"屮"形無關。

"剞"、"斳"一般認爲係"㘏"形的訛變(詳下文)。現在看到的最早的"㘏"字見於秦漢簡帛,嚴格隸定的話作"㘏",或省作"㘏",其形體如下:

![字形] 《馬王堆漢墓帛書[肆]·養生方》66 行,圖版 59 頁,注釋 105 頁

![字形] 《馬王堆漢墓帛書[肆]·五十二病方》246 行,圖版 26 頁,注釋 54 頁

![字形] 《睡虎地秦墓竹簡·封診式》簡 57,圖版 73 頁,注釋 157 頁

![字形] 《馬王堆漢墓帛書[肆]·五十二病方》432 行,圖版 36 頁,注釋 73 頁

郭店簡《六德》用爲"柔"之字考釋　103

🔲《張家山漢墓竹簡·引書》簡99，圖版117，釋文注釋298頁

這些字形，整理者多引孫詒讓等人之說來解釋。孫詒讓《周禮正義·考工記·弓人》：①

> 莊述祖云：《說文》："𦣠，頭髓也。从匕。匕，相匕著也。巛象髮，囟象𦣠形。"《玉篇》"𦣠"或作"腦"，亦作"𦝩"。《考工記》作"剅"，於六書無所取義，但相傳以爲古文奇字，而不敢易。不知"𦣠"从"匕"从"𡿧"，"𡿧"即古文"囟"字，字作🔲，是古文"𦣠"當作🔲，故隸譌作"剅"，或作"𡿧"耳。案：莊說是也。以字形推之，蓋"巛"、"囟"變爲兩"止"，移"匕"於右，又到(倒)其形，遂變成"刀"。隸古譌變，往往如是。《墨子·襍守上篇》云："寇至，先殺牛羊雞狗烏雁，收其皮革筋角脂䘏羽，皆剥之。""䘏"亦即"𦣠"字之譌變，與此經"剅"字同。

莊述祖、孫詒讓之說將"剅"、"䘏"跟"𦣠"字相聯繫是對的，但按我們現在的看法，其說剛好把字形的訛變關係講反了。這些字形都應該是來源於"𥎦"形的。"𥎦"形中左上的"中"形訛變爲"止"，左下的"中"形訛變爲"山"，又將"刀"形移於左面反書而變爲"匕"，就成爲"𠈌"形了。

"𦣠"字中的"𡿧"形是後世文字中比較多見的偏旁，瑙、碯、惱、堖、嫋等字皆以之爲聲符。《說文》將其分析爲"巛象髮，囟象𦣠形"，跟前舉秦漢簡帛諸形都不合。又後世通行的"腦"字不見於《說文》，段注以爲"𦣠"字"俗作腦"。其字在漢簡中已經出現，作如下之形(辭例爲"肝腦塗地")：

🔲《敦煌漢簡》簡667，上册圖版陸伍，下册釋文145頁

其右旁介於"𠈌"跟"𡿧"之間，右上尚近於"止"形而非"巛"，右下則已經距離"山"或"止"形較遠而較近於"囟"形。《說文》"𡿧"之篆形作从"巛"从

---
① 中華書局點校本《周禮正義》第十四册，1987年，第3537頁。此所引標點略有改動。

"囟",可能就是在此類字形基礎上加以有意的改造而成,有使之在"㘽(腦)"字中起一定表意作用的因素。

需要補充說明的是,在以上將"藮"釋讀爲"柔"的討論中,我們始終只涉及"藮"形的下半"刓",有意迴避了其上半所從的"首"。"藮"字以"首"爲意符,其造字意圖還難以解釋。"藮"到底相當於什麼字,也還難以說清。裘錫圭先生在看過本文初稿後提示我,郭店簡的殘簡第5號有如下一字:

C. [圖]

其辭例爲"剛 C 皆□☑","C"字很可能也應該就釋讀爲"柔"。此字也包含"首"形,它跟"藮"在整體上顯然也有不可忽略的明顯聯繫,二者應該結合起來考慮。我認爲裘先生的這一意見值得重視,但"C"應該釋爲何字,它跟"藮"到底是什麼關係,我還沒有明確的認識,謹誌此存疑以待進一步的研究。【補記:也許此字和藮本來都跟"夒"字有關。】

最後附帶簡單談談前引簡文"小而[圖]多也"的"多"字。此句跟《五行》"小而軫者也"對應,已有不少研究者指出,"[圖]"跟"軫"是音近相通的關係("[圖]"字從"㚔"聲,"㚔"字在古文字中常用爲"慎";秦公簋中一個從"金"從"㚔"聲的字讀爲"鎮",皆其證),"軫"意爲"多",講"仁"的"小而多"跟講"義"的"大而罕"相對。① 那麼,"多"字的用法,也應該跟"者"字相對應。由此回過頭去看《六德》第 31～33 號簡中另外幾個用法比較怪的"多"字:②

……因而施祿焉,使之足以生,足以死,<u>謂之君</u>,以義使人多。……
危其死弗敢愛也,<u>謂之[臣]</u>,以忠事人多。忠者,臣德也。知可爲者,

---

① 如顏世鉉《郭店楚簡〈六德〉箋釋》,第 480～482 頁;魏啓鵬《簡帛〈五行〉箋釋》,萬卷樓圖書出版有限公司,2000 年,第 45、113～114 頁。

② 以往研究者對這些"多"字已有不少討論,可參看沈培《郭店楚簡札記四則》,《簡帛語言文字研究(第一輯)》,巴蜀書社,2002 年,第 11～16 頁。

> 知不可爲者,知行者,知不行者,<u>謂之夫,以智率人多</u>。智也者,夫德也。一與之齊,終身弗改之矣,是故夫死有主,終身不變,<u>謂之婦,以信從人多也</u>。信也者,婦德也。既生畜之,又從而教誨之,謂之聖。聖也者,父德也……

如果將這些"多"字都換成"者"字來讀,可以說是再通順不過了。我現在傾向於認爲,《六德》篇中這幾個"多"字,都可以就直接解釋爲指示代詞,意爲"……的(人或東西)",跟"者"字的部分用法相類。但問題在於,這類用法的"多"字古書中似乎找不到;它跟同類用法的"者"字到底是什麼關係,也難以解釋清楚。① 亦只能誌此存疑以待後考。

2004 年 4 月 15 日初稿
2004 年 12 月 15 日改定

附記:本文初稿蒙裘錫圭師審閱;修改過程中參考了沈培先生《〈六德〉集釋》和李家浩先生《〈五行〉釋文注釋》稿本。謹致謝忱。

原載《中國文字學報(第二輯)》,商務印書館,2008 年。

---

① 曾經想到的一種猜測是:"多"有沒有可能是來源於"者也"合音呢?"多"跟"也"都是歌部字。"者也"合爲"多",又或可說"多也"("……謂之婦,以信從人多也"),猶如"之乎"合爲"諸",古書中又常可說"……諸乎"。【補記:參看顧史考《郭店楚簡〈成之〉等篇雜志》,《清華大學學報(哲學社會科學版)》2006 年第 1 期,第 88 頁。】

上博竹書《仲弓》篇
新編釋文*

《上海博物館藏戰國楚竹書(三)》①的《仲弓》篇，原整理在竹簡的拼合與編連，以及個別簡文的釋讀方面，存在若干可作補充和商榷之處。下面重新作出初步的拼合編連與釋文，並以注釋的方式加以簡單說明。釋文標準寬嚴不定，凡簡文釋讀問題不大的地方從寬，反之從嚴。凡中間空一行的，表示前後簡文不連讀。

季桓子使仲弓爲宰，仲弓以告孔子，曰："季氏☐【1】

☐使雍也從於宰夫之後，雍也童【4】愚，②恐怡（貽）吾子慇（羞）③，願因吾子而治。"孔子曰："雍，汝④【26】

☐與聞之，夫季氏，河東之盛家也，亦【2】

---

* 本文受到"全國優秀博士學位論文作者專項資金資助項目"(FANEDD)資助，項目批准號：200311。

① 馬承源主編：《上海博物館藏戰國楚竹書(三)》，上海古籍出版社，2003年。
② 簡4與簡26當相連、連接處兩字當讀爲"童愚"，都是李學勤先生的意見。見李銳《清華大學簡帛講讀班第三十二次研討會綜述》，"孔子2000"網站，http://www.confucius2000.com/qhjb/032.htm，2004年4月15日。
③ "怡"與"貽"、"慇"與"羞"皆音近可通。《禮記·內則》："將爲不善，思貽父母羞辱。"《逸周書·序》："穆王思保位惟難，恐貽世羞，欲自警悟，作《史記》。"
④ "汝"原作"女"，圖版尚存右上殘劃。原未釋。

以行矣,爲之/宗愿女。"仲弓曰:"敢問爲政何先? ☐【5】①

☐老老慈幼,先有司,舉賢才,惑(宥)過赦(赦)罪②。【7】

罪,政之始也。"仲弓曰:"若夫老老慈幼,既聞命矣。夫先有司,爲之如何?"仲尼曰:"夫民安舊而重遷③【8】

☐有成,是故有司不可不先也。"仲弓曰:"雍也不敏,雖有賢才,弗知舉也。敢問舉才【9】如之何?"仲尼:"夫賢才不可掩也。舉而所知。而所不知,人其捨之諸?"仲弓曰:"惑(宥)過赦(赦)罪,則民可爻(?)【10】

☐仲尼☐【28】

山有崩,川有竭,日月星辰猶差,民無不有過。④ 賢者⑤☐【19】

早使不行,妥㞋☐【14】

☐仲弓曰:"敢【27】問民忞(務)⑥。"孔子曰:"善哉問乎!足以教

---

① 此簡由兩斷簡拼合,上段到"之"字,下段起自"宗"字。但連接處"爲之宗愿女"文意不清楚,故其拼合恐尚有疑問。今暫連寫,在斷處以"/"號標記。
② "惑(宥)過赦(赦)罪"又見於第10簡,"赦"讀爲"赦"見郭店簡《成之聞之》簡39引《康誥》"型(刑)丝(兹)亡赦(赦)"。原釋讀爲"赦過與罪"。
③ "遷"字原釋爲"睪(舉)"。其字形近於郭店簡《五行》第32簡"𨗈(遷)於兄弟"之"遷"字,只是上半訛爲"與"形,但"與"形跟"止"之間有一圓圈形,仍跟《五行》"𨗈"形相合。古書"安土重遷"多見,簡文"安舊而重遷"或與之義近。不過簡文討論的是"先有司"的問題,"遷"也可能是"變化"之意而非"遷徙(居處)"之意。
④ "民"字原屬上爲讀,恐非是。此處簡文跟上文所論"宥過赦罪"有關,係以山川日月星辰皆有過,來說明民亦必有過,故爲政者對民要"宥過赦罪"。
⑤ 此"者"字下面還多出兩筆,且有合文或重文符號,或當釋讀爲"者☐"。
⑥ 簡27+15是我們新拼合的。此"問"字及下一"問"字本作"昏",原讀爲"聞"。"忞"原讀爲"懋"。"忞"字又見於郭店簡《性自命出》簡47、上博竹書《性情論》簡38、上博竹書《容成氏》簡53等,皆用爲"侮"。同時楚簡中同樣可用作"侮"的"炙"字(如郭店簡《老子》丙本簡1"其次炙之",今本作"其次侮之")又多用爲"務",故疑此"忞"字當讀爲"務"。"民務"古書多見,謂民之所務。如《大戴禮記·文王官人》"內觀民務"兩見,《荀子·非十二子》:"故勞力而不當民務,謂之姦事。""不當民務"亦見於《晏子春秋·內篇諫上》"景公愛嬖妾隨其所欲晏子諫"章。

矣。君【15】

　　□毋自惰也。昔三代之明王，有四海之内，猶來□【18】

　　□刑政不緩，德教不倦。"仲弓曰："若此①三【17】者，既聞命矣。敢問道民興德如何？"孔子曰："迪(申)②之【11】服之，緩悠(施?)而悉(遜)③放之。唯有孝(?)德，其【13】④

　　雍，汝知諸？"仲弓答曰："雍也弗聞也。"孔子曰："夫祭，至敬之【6】本也⑤，所以立生也，不可不慎也；夫喪⑥【23B】，至愛之卒也，所以成死也，不可不慎也；夫行，巽求(?)⑦學□【23A】⑧

　　□之。一日以善立，所學皆終；一日以不善立，【24】所學皆崩⑨，可可不慎乎？"仲弓曰："今之君子，使人不盡其逍(?)□⑩【25】

----

① "此"字原釋爲"出"。
② "迪"字見於郭店楚《緇衣》簡19、39，用爲《君陳》之"陳"。原釋爲"壆"。
③ "悉(遜)"字原釋爲"悉(倦)"。釋讀爲"遜"參看沈培《上博簡〈緇衣〉篇"悉"字解》，《華學》第六輯，紫禁城出版社，2003年。"遜"與上"緩"爲對文，遜，順也。古書多作"孫"。《禮記·學記》："大學之法，不陵節而施之謂孫。"
④ 以上一段簡17＋簡11＋簡13是我們重新拼合編連的。簡17簡尾與簡11簡首連讀，簡11下半加綴簡13，剛好成爲一支整簡。
⑤ 《後漢書·蔡邕傳》："孝元皇帝策書曰：禮之至敬，莫重於祭，所以竭心親奉，以致肅祗者也。"可與簡文參讀。
⑥ "喪"指喪禮。原釋爲"晃"。
⑦ "求(?)"字原釋爲"華"，恐不可信。已有研究者表示了不同意見，見李銳《清華大學簡帛講讀班第三十二次研討會綜述》。此字單從字形看跟楚文字中"述"、"仇"所從聲旁（郭店簡《緇衣》簡19、43，又包山楚簡138反）、作偏旁的"來"字和"朮"字（上博竹書《周易》簡53）都很接近。今暫據"述"字寫爲"求(?)"。
⑧ 以上一段簡6＋簡23B＋簡23A是我們重新拼合編連的。簡23原由兩段殘簡拼合而成，我們將其拆分開，上段編爲23A，下段編爲23B。簡6＋簡23B正好拼合爲一支整簡，再與23A簡首連讀，句式整齊，文義通順。
⑨ 此字與簡19"崩"字形同。原釋爲"亞(惡)"。
⑩ "逍"字是原整理者所釋。此字所從與"兑"字形有別，待考。"逍"下一字圖版上尚存上端殘劃。原釋文未釋。

上博竹書《仲弓》篇新編釋文　109

☐其咎。"仲弓曰："今之君子，孚（愎）過攻析①，難以入諫。"孔子曰："今之君☐【20A】②

☐③定，不及其成。謫=獻（厭）人④，難爲從政。"⑤孔子【12】曰："雍，古之事君者以忠與敬，雖其難也，汝唯以☐⑥☐【21】⑦

☐上下相復（報）以忠，⑧則民歡承教，害☐者不☐【22】

☐宜道（?）之至者，教而使之，君子無所獻（厭）人。今汝相夫☐【16】仲弓【16 反】

☐子，有臣萬人道汝，思老其家，夫【3】⑨

子，所竭其情、盡其靳（質）⑩者，三害近歟⑪矣。"⑫【20B】

---

① "孚"聲字與"复"聲字常通，"孚"讀爲"愎"，"愎過"見《呂氏春秋·似順》、《誣徒》等，意爲堅持過失。《似順》云："世主之患，恥不知而矜自用，好愎過而惡聽諫，以至於危。"與簡文尤相近。"析"字從原釋文，大概是以其形爲"斤"。"攻析"如何解釋待考。
② 簡 20 原由兩段殘簡遙綴而成，連讀文意並不通順。我們將其拆開，上段編爲 20A，下段編爲 20B。簡 20B 見篇末。
③ 此字殘存最下面一部分，原釋爲"也"，恐不可信。比較同篇"也"字下半即可知。
④ "謫="疑可釋讀爲"謫（獨）蜀（主）"或"謫（獨）謫（主）"。"蜀"聲與"主"音近可通。"獻（厭）"字又見於簡 16，原皆釋讀爲"猒"。"獨主厭人"大意謂獨斷專行，不聽他人意見。
⑤ 此處簡文有韻，定（耕部）、成（耕部）、人（真部）、政（耕部）真耕合韻。
⑥ 此字圖版上尚存殘劃。原釋文未釋。
⑦ 簡 12 簡尾完整，簡 21 簡首完整，連讀文義通順。
⑧ "上下"作合文，"下"字圖版上筆畫有殘缺。原釋爲"上人"。"復"與"報"音義皆近。"上下相報"見《大戴禮記·少閒》等。
⑨ 簡 16 與簡 3 有可能當拼合、連讀。相接處孔子所說"今汝相夫子"，可以解釋爲謂仲弓作季氏宰、相季桓子。本篇附簡"夫子唯有舉，汝獨正之"之"夫子"亦指季桓子。今暫分開釋寫。
⑩ "靳"字楚簡常用爲"慎"，此與"情"對文，則當讀爲"質"。"靳"所從聲符與"質"所從聲符本爲一字(參看陳劍，《說慎》，《簡帛研究二〇〇一》，廣西師範大學出版社，2001 年)，故可相通。古書"情"與"質"對文或連言皆多見。
⑪ "歟"字待考。原釋爲"與"，恐不可信。
⑫ "三害"疑即上文簡 25 仲弓所說"今之君子使人不盡其……"、20A 所　（轉下頁注）

110　戰國竹書論集

　　附簡：☒☐①。孔子曰："唯政者，正也。夫子唯有舉，汝獨正之，豈不有悻也？"仲☒

2004 年 4 月 18 日晨

原載簡帛研究網，http://www.jianbo.org/admin3/html/chenjian01.htm，2004 年 4 月 18 日。

補記（預備給《上博館藏戰國楚竹書研究三編》發表時所加，該書後因故未出版）：

　　一、禤健聰先生指出：簡 5 所謂"宗"字當改釋爲"余"，簡文應斷讀爲"……以行矣，爲之，余誨汝"，正確可從。見禤健聰《上博簡（三）小札》，簡帛研究網，http://www.jianbo.org/admin3/html/xuejiancong01.htm，2004 年 5 月 12 日。

　　二、簡 20B 的"盡其斳"，本文讀爲"盡其質"誤。研究者多從原釋文讀爲"盡其慎"，何有祖先生並引《禮記·禮器》"君子之於禮也，有所竭情盡慎"語爲證，正確可從。見何有祖《上博三〈仲弓〉小札》，簡帛研究網，http://www.jianbo.org/admin3/html/heyouzhu03.htm，2004 年 5 月 12 日。

　　三、李鋭先生將簡 20B 與簡 6 連讀，又將簡 15 與簡 20B 拼合、連讀，皆正確可從。見李鋭《〈仲弓〉新編》，"孔子 2000"網站"清華大學簡帛研究"專欄，http://www.confucius2000.com/qhjb/zhonggongxinbian.

（接上頁注）説"今之君子……難以入諫"，還有一處"今之君子……"的説法不見於簡文，可能就在簡 12"……難爲從政"之上殘失部分當中。仲弓所説都是當時"君子"（有位者稱君子，此指君主。卿大夫對於家宰來説也是君主）的各種毛病，這些毛病對於臣下侍奉君主來説都是很不利的，故合稱之爲"三害"。孔子則在依次針對"三害"分別作了具體回答之後，最後勉勵仲弓以竭情盡質，庶幾三害可去。簡文文意至此告一段落，簡 20B 簡尾完整，當即本篇的末簡。簡 16 當即本篇倒數第 2 支簡。簡 16 背有篇題"仲弓"，按照竹書篇題的通例，排在倒數第 2 支簡也遠比排在全篇中間合理。

　　① 此字原釋爲"飪"，恐不可信。字似從"今"從"𡏛"，待考。

htm,2004年4月22日。上引褚健聰先生文亦有相同意見。黃人二、林志鵬先生亦將簡20B與簡6連讀,見黃人二、林志鵬《上博藏簡第三册仲弓試探》,簡帛研究網,http://www.jianbo.org/ADMIN3/HTML/huangrener01.htm,2004年4月23日。這幾簡連讀處文句爲:"……孔子曰:'善哉問乎!足以教矣。君子所竭其情、盡其慎者三,害(蓋)近散矣。雍,汝知諸?'仲弓答曰:……"本文對所謂"三害"的推測全誤。

2005年5月15日

竹書《周易》需卦
卦名之字試解

　　《上海博物館藏戰國楚竹書(三)·周易》第2簡需卦卦名之字作右上从"勹"、左下从"子"之形。原書考釋提出了釋爲"孺"和"包"兩種可能。研究者或分析爲从"子"聲，讀爲"俟"；[1]或疑本作"叜"，後來傳寫有訛。[2]

　　我懷疑此字是"乳"字異體。"乳"與"需"古音相近(兩字古音同部，从"需"得聲之字如"儒""濡""孺"等皆與"乳"聲母亦同)，簡文是借"乳"字爲"需"卦卦名。

　　小篆"乳"字訛變已甚。殷墟甲骨文有一字，其形可描述爲"一人跪坐伸出雙臂攬'子'於懷以就乳"，學者多釋爲"乳"字，[3]當可信。結合甲骨文此形，小篆"乳"字由其篆形逆推，當是由"一人伸出隻手攬'子'於懷(以就乳)"之形所訛變。手形與人身脫離，變爲"爫(爪)"位於"子"字上方，剩下的表人身的一筆變爲"乙"形，遂成小篆"乳"字。我們設想出的"乳"字的這類原始形體——"一人伸出隻手攬'子'於懷(以就乳)"之形——如果省去手形而保留位於"子"形右上方的"人"形，就成爲簡

---

① 廖名春：《楚簡〈周易〉校釋記（一）》，"孔子2000"網站，http://www.confucius2000.com/qhjb/cjzyjsj1.htm。

② 李銳：《讀竹書〈周易〉札記》，"孔子2000"網站，http://www.confucius2000.com/qhjb/duzhshzhouyizj.htm。

③ 于省吾主編：《甲骨文詁林》，中華書局，1996年，第436～437頁0392號。

文"右上從'勹'、左下從'子'"之字了。古文字中表示人伸出手做某事或某動作之字,手形或加以省略。典型之例如大家所熟悉的"保"字字形的演變,①可爲佳證。

2004 年 4 月 21 日

原載簡帛研究網,http://www.jianbo.org/admin3/list.asp?id=1171,2004 年 4 月 29 日。署筆名"陳爻"。

---

① 看《甲骨文字詁林》第 172～173 頁"保"字下引唐蘭先生説。

上博竹書《曹沫之陳》
新編釋文[*]

　　《上海博物館藏戰國楚竹書（四）·曹沫之陳》內容豐富，竹簡保存情況良好，有條件將其整理得較爲接近全篇原貌。本文試在整理者所作工作的基礎上，[①]將簡文加以重新拼合與編連，並寫出全篇釋文。

　　據原《説明》，本篇包括整簡 45 支，殘簡 20 支。"殘斷的簡往往從中間斷折，只有一半，給拼接造成困難"。原分爲以下 17 個拼聯組：1～3，4～11，12～14，15～16，17～26，27～29，30，31～32，33～36，37～41，42～46，47～48，49～57，58，59～61，62，63～65。

　　覆核原書圖版及考釋部分對竹簡情況的説明，本篇所謂 45 支"整簡"中，本來即爲完簡的只有 19 支（5、9、10、13、14、18、19、20、21、22、33、35、38、39、40、50、52、54、65），其他 26 支是由上下兩段拼成的（1、2、6、7、8、17、23、24、25、28、32、34、36、37、42、43、44、45、46、51、53、55、56、60、63、64）。進一步檢查這 26 支由上下兩段拼合而成之簡，可以發現其中有 6 支的拼合是有問題的（32、37、46、51、53、63）。我們將這 6 號竹簡重新拆分爲兩段，分別按"某上"、"某下"重新編號（餘 39 支整簡），加上原有的 20 支殘簡，則共得 32 支殘簡。

---

[*] 本文受到"全國優秀博士學位論文作者專項資金資助項目"（FANEDD）資助，項目批准號：200311。

[①] 李零：《曹沫之陳釋文考釋》，馬承源主編：《上海博物館藏戰國楚竹書（四）》，上海古籍出版社，2004 年。

將這 32 支殘簡重新拼合,共有 28 支可以拼合爲 14 支整簡或近似整簡(由此共得 39＋14＝53 支整簡),即:41＋4,11＋12,26＋62,38＋37下,46 上＋47,63 上＋27,29＋31,32 上＋51 下,51 上＋30,53 上＋32下,61＋53 下,57＋15,16＋46 下,48＋49。餘 4 支殘簡:3(本爲上段殘簡),37 上,59(本爲下段殘簡),63 下,即本篇至少殘去兩支簡的上段和兩支簡的下段。從最後編連的結果來看,其餘所缺整簡估計最多僅有幾支。相對於現存的全篇簡數來講,可以說殘失甚少,基本完整。

將拼合後的竹簡重新加以編連,全篇可編爲以下 5 個拼聯組:1～3,41＋(4～14)＋(17～26)＋62＋58＋37 下＋(38～40)＋(42～45)＋46上＋47＋63 上＋27＋29＋31＋32 上＋51 下＋50＋51 上＋30＋52＋53上＋32 下＋61＋53 下＋(54～57)＋(15～16)＋46 下＋(33～36)＋28＋48＋49,37 上,(59～60),(63 下～65)。其中最大一組即第 2 個拼聯組可看作全文的主體部分,其文意本來是甚爲連貫的。莊公與曹沫一問一答層層推進,其所討論内容的脈絡大致可勾勒爲:論修政、得失與天命等→論三教(問陳而先由本;爲和於邦、爲和於舍、爲和於陳)、戰之顯道勿兵以克→論成教之後各種出兵作戰之"機"(出師之機、三軍散果之機,戰之機,既戰之機)→論各種復戰之"道"(敗復戰之道、復盤戰之道、復甘戰之道、復故戰之道)→論善攻善守者如何、親率勝如何(爲親、爲和、爲義)等。

下面按新的拼合與編連結果鈔出釋文。釋文是在整理者釋讀的基礎上作的,凡從其說的文字除個別確有必要者外不再嚴格隸定,直接以通行字寫出。我們有不同意見之處則以注釋的方式簡單交待。爲了提請讀者注意及便於讀者覆核起見,凡本爲上段或下段簡的,和我們將原整簡拆分成爲上段或下段簡的,即使我們已經重加拼合,釋文中仍然保留簡首或簡尾的"☒"號。

　　魯莊公將爲大鐘,型既成矣。曹沫入見,曰:"昔周室之封魯,東西七百,南北五百,非【1】山非澤,亡有不民。今邦彌小而鐘愈大,君其圖之。昔堯之饗舜也,飯於土簋,欲〈啜〉於土鉶,【2】而撫有天下。此不貧於美而富於德歟? 昔周[室]☒【3】

☐☐境必勝,可以有治邦,周等(典)是存。"①莊公曰:"☑【41】☑今天下之君子既可知已,孰能并兼人【4】哉?"曹沫曰:"君其毋員(慎?)。臣聞之曰:鄰邦之君明,則不可以不修政而善於民。不然,忎(恐)②亡焉。【5】鄰邦之君亡道,則亦不可以不修政而善於民。不然,亡以取之。"莊公曰:"昔池胎語寡人曰:【6】'君子得之失之,天命。'今異於而言。"曹沫曰:"[☐]不同矣。臣是故不敢以古答。③然而古亦【7】有大道焉,必恭儉以得之,而驕泰以失之。君言亡以異於臣之言。君弗盡,臣聞之曰:君【8】子以賢稱而失之,天命;以亡道稱而沒身就死,亦天命。不然,君子以賢稱,曷又④弗【9】得?以亡道稱,曷又弗失?"莊公曰:"曼(晚)⑤哉,吾聞此言。"乃命毀鐘型而聽邦政。不畫【10】寢,不飲酒,不聽樂,居不褻覍(文),⑥食不貳滋(?)。⑦☑【11】☑兼愛萬民,⑧而亡有私也。還年而問於曹【12】沫曰:"吾欲與齊戰,問陳奚如?守邊城奚如?"曹沫答曰:"臣聞之:有固謀,而亡固城;【13】有克政,而亡克陳。三代之陳皆存,或以克,或以亡。

---

① "等"原讀爲"志",引《左傳·文公二年》"《周志》有之"云云爲説。按"等"字可與"典"通,如《周易·繫辭上》"而行其典禮"釋文:"典禮,京作等禮。""周典"較"《周志》"範圍寬泛,簡文講成"周典是存"似更好。

② "忎"即《説文》"恐"字古文,原誤釋爲从心"壬"聲讀爲"任"。

③ "古"原讀爲"故",恐有問題。下文"古亦有大道焉"云云當即所謂"以古答"。

④ 此及下文"曷又"之"又"原皆讀爲"有",實不必。

⑤ "曼"字原注:"或爲'勖'字之誤寫。"按今本《老子》第四十一章"大器晚成",郭店簡《老子》乙本簡12"晚"作"曼",此"曼"可讀爲"晚"之證。

⑥ 原釋讀爲"居不設席","覍"字誤釋爲"虞"。

⑦ 此字不能確識。原注釋謂:"也可能是'顯'字的異寫,相當於'沫'字,這裏讀爲'食不二味'。《左傳·哀公元年》:'昔闔廬食不二味,居不重席。'"按《上海博物館藏戰國楚竹書(二)·容成氏》簡21:"禹然後始行以儉:衣不褻美,食不重味,朝不車逆,舂不穀米,宰不折骨。"原所謂"宰"字與簡文此形當爲一字,兩字出現的文句類同,但所在位置有異。兩相對照,可以肯定此兩形上半中間當从"采"。頗疑此字以"采"爲基本聲符(《容成氏》原釋讀爲"宰"就是據此立論的),簡文此處可讀爲"滋味"之"滋"。《廣韻·之韻》:"滋,旨也。"《禮記·檀弓上》:"曾子曰:'喪有疾,食肉飲酒,必有草木之滋焉。"鄭玄注:"增以香味,爲其疾不嗜食。"《説文·口部》:"味,滋味也。"王筠《説文句讀》引《檀弓》文及鄭注後云"是滋即味也"。"滋"、"味"同義,"滋味"一詞當是同義並列式的複合詞,簡文"食不貳滋"亦與古書多見之"食不二味"意同。

⑧ 簡11與12文意相承,且其間不容尚有長達一簡(假設之簡11下段與簡12上段)之缺文,故知簡11與12必當拼合爲一支整簡。

上博竹書《曹沫之陳》新編釋文　117

且臣聞之：小邦處大邦之間，敵邦【14】交地，①不可以先作怨，疆地毋先而必取□焉，所以距邊；毋愛②貨資子女，以事【17】其③便嬖，所以距内；城郭必修，纏（繕）④甲利兵，必有戰心以守，所以爲長也。且臣之聞之：不和【18】於邦，不可以出豫（舍）。不和於豫（舍），不可以出陳。不和於陳，不可以戰。⑤是故夫陳者，三教之【19】末。⑥君必不已，則繇其本乎？"莊公曰："爲和於邦如之何？"曹沫答曰："毋獲民時，毋奪民利。【20】紳（陳）功而食，刑罰有罪而賞爵有德。凡畜羣臣，貴賤同乑（等）⑦，祿毋債（倍）。⑧《詩》於有之，曰：'豈【21】犀（弟）⑨君子，民之父母。'此所以爲和於邦。"莊公曰："爲和於豫（舍）如何？"曹沫曰："三軍出，君自率，【22】必聚羣有司而告之：'二三子勉之，過不在子在□。'期會之不難，所以爲和於豫（舍）。"莊公又問【23】："爲和於陳如何？"答曰："車間容伍，伍間容兵，貴有常。

---

①　"交地"原釋爲"兩國接壤之地"，理解作偏正式的名詞性結構。改將14簡與17簡連讀爲"敵邦交地"之後，則"交地"當理解爲動賓結構，指土地接壤。

②　"愛"字本作"㤅"，上所從"旡"形略有訛變。原釋爲上從"又"說爲"惡"字之誤，不必。

③　原注釋已指出"其"指敵方。按後文簡42、簡44之"其"字同。

④　"纏"字原已釋讀爲"繕"，但說其字爲從"庶"得聲，恐不可信。

⑤　"豫"字本篇多見，原注釋不確。楚簡文字已數見以"豫"爲"舍"，如今本《周易·頤》初九爻辭"舍爾靈龜"，《上海博物館藏戰國楚竹書（三）·周易》簡24"舍"作"豫"；《論語·子路》："(孔子)曰：舉爾所知。爾所不知，人其舍諸？"《上海博物館藏戰國楚竹書（三）·仲弓》簡10"舍"作"豫"，等等。簡文之"豫"皆顯然亦當讀爲"舍"，意爲"軍隊駐扎"（動詞）或"軍隊駐扎之所"（名詞）。《吳子·圖國》："吳子曰：'昔之圖國家者，必先教百姓而親萬民。有四不和：不和於國，不可以出軍；不和於軍，不可以出陳；不和於陳，不可以進戰；不和於戰，不可以決勝。……'"四不和"較此處簡文之"三不和"多出"不和於戰"一項，餘則與簡文相應，"軍"即簡文之"舍"。

⑥　銀雀山漢墓竹簡《孫臏兵法·五教法》："孫子曰：善教者下本，不臨軍而變，故曰五教：處國之教一，行行之教一，處軍之教一，處陣之教一，隱而不相見利戰之教一。"簡文"三教"可仿此變稱爲"處邦之教"、"處豫（舍）之教"、"處陳之教"，分別即此之"處國之教"、"處軍之教"、"處陣之教"。

⑦　"乑"原讀爲"待"。

⑧　"債"原讀爲"負"。

⑨　"犀"字即"遲(遲)"字的聲旁，與"弟"音近可通。包山簡240、243"(病)遞(與後出之'遞'字或體'逓'無關，'弟'、'遞'古音不同部)瘥"，研究者多已指出"遞"當讀爲遲速之"遲"，可與此互證。"犀"字原誤釋爲"俤"。

凡貴人思(使)①處前位一行,後則見亡。進②【24】必有二將軍,毋將軍必有數辟(嬖)③大夫,毋俾(嬖)大夫必有數大官之師、公孫公子、凡有司率長。【25】伍之間必有公孫公子,是謂軍紀。④ 五人以伍,一人▨【26】▨又(有)多,四人皆賞,所以爲斷。⑤ 毋上(尚)獲而上(尚)聞命,【62】所以爲毋退。率車以車,率徒以徒,所以同死。⑥ ▨【58】▨又戒言曰:牪,尔正社;不牪,而或興或康以【37下】會。故帥不可思(使)牪,牪則不行。戰有顯道,勿兵以克。"莊公曰:"勿兵以克奚如?"答曰:"人之兵【38】不砥礪,我兵必砥礪。人之甲不堅,我甲必堅。人使士,我使大夫。人使大夫,我使將軍。人【39】使將軍,我君

① "思"字原作"由"(即"思"字之聲符)。本篇後文及舊有其他楚簡中同類用法的"由"字和"思"字多見,不少研究者指出它有"使令"一類意思,孟蓬生先生、陳斯鵬先生主張就直接讀爲"使"。見孟蓬生《上博竹書(二)字詞劄記》(簡帛研究網,http://www.jianbo.org/Wssf/2003/mengpengsheng01.htm,2003年1月14日),陳斯鵬《論周原甲骨和楚系簡帛中的"囟"與"思"——兼論卜辭命辭之性質》(《第四屆國際中國古文字學研討會論文集》,香港中文大學中國語言及文學系,2003年,第393~413頁)。爲便於理解簡文文意,本篇釋文在"思"字後都括"使"。但從本篇簡36"使長百人"與"思帥"同時出現來看,這類用法的"思"字在當時的語言中是否就是跟"使"毫無區別的同一個詞,其實還是可以進一步研究的。它們是音義皆近的一對詞,就好像虛詞"惠"和"唯"、"于"和"於"的關係一樣的可能性,恐怕也不能完全排除。
② "進"意爲軍隊前進,此則指前進時處於行列之最前頭,即後文注所引《國語·吳語》"行頭皆官師"之"行頭"。
③ "辟"字原誤釋爲"獄"。"辟(嬖)大夫"即下文之"俾(嬖)大夫"。
④ 《國語·吳語》:"陳士卒百人,以爲徹行百行。行頭皆官師,擁鐸拱稽,建肥胡,奉文犀之渠。十行一嬖大夫……"韋昭注:"三君皆云:'官師,大夫也。'昭謂:下言'十行一嬖大夫',此一行宜爲士。《周禮》:'百人爲卒,卒長皆上士。'……十行,千人。嬖,下大夫也。子產謂子南曰:'子晳,上大夫。汝,嬖大夫。'"簡文"嬖大夫"與此同,"官師"當即此"大官之師"。
⑤ 簡62上下皆殘,簡上看不到契口。小圖版中將其作爲上段殘簡置於諸簡中上段位置,恐誤。其簡首處殘斷情況明顯與本篇中其他從中間折斷的竹簡相類,應是下段殘簡,與簡26正可拼合爲一支整簡。"一人"原作合文,右下角有合文號。原誤釋爲"万(萬)人"重文。"又"字末筆向左彎曲,此類寫法之"又"字本篇多見。"戰功曰多",舊注多見。"四人"當指一"伍"之中除有功者外之其他四人。《尉繚子·兵教上》:"伍长教其四人……"斷,決也,猶言裁定功過賞罰之標準。
⑥ 以上"……所以爲斷"、"……所以爲毋退"、"……所以同死"相呼應,是簡62與簡58必當連讀之證。相連處"毋上獲而上聞命,所以爲毋退"意爲以"毋上獲而上聞命"使兵衆臨戰不退卻,沈培先生認爲:"'上'似當讀爲'尚',句意爲以聽命爲上而不以俘獲多少爲上。"此從其説。"毋"字原釋爲"女(如)"。

身進。此戰之顯道。"莊公曰："既成教矣，①出師有幾（機）②乎？"答曰："有。臣聞之：三軍出，【40】其將卑，父兄不䔍（薦—存），由邦御之，此出師之幾（機）。"③莊公又問曰："三軍散（?）果有幾（機）乎？"答曰："有。臣聞【42】之：三軍未成陳，未豫（舍），行阪濟障，此散（?）果之幾（機）。"④莊公又問曰："戰有幾（機）乎？"答曰："有。其去之【43】不速，其就之不専（傅），⑤其啓節不疾，此戰之幾（機）。是故疑陳敗，疑戰死。"莊公又問曰："既戰有幾（機）乎？"【44】答曰："有。其賞淺且不中，其誅厚且不察，死者弗收，傷者弗問，既戰而有怠心，此既戰之幾（機）。"莊【45】公又問曰："復敗戰有道乎？"⑥答曰："有。三

---

① 以上"三教"（爲和於邦、爲和於舍、爲和於陳）和礪兵堅甲、國君身進等"勿兵以克"之"戰之顯道"，皆爲正式作戰之前之"教"。教已成，下文始轉入講出兵作戰諸事。

② "幾"下文屢見，原皆釋讀爲"忌"，不可信。此類用法之"幾"舊注多訓爲"微"、"事之微"等，古書亦多作"機"。簡文此處及下文之"幾（機）"可翻譯作"機會"、"時機"，皆就敵方之可乘之機而言，"其將卑"云云之"其"指對方、敵軍，與上文簡17～18"以事其便嬖"之"其"同。下文"三軍出"、"三軍散果"亦皆指敵方而言。燕王職壺講燕昭王自即位起即準備出兵伐齊而"乇（度）幾（機）三十（年）"[參看董珊、陳劍《郾王職壺銘文研究》，《北京大學中國古文獻研究中心集刊（第三輯）》，北京大學出版社，2002年，第35～36頁]，"幾"字用法與簡文同。《逸周書·大武》："武有七制：政、攻、侵、伐、陳、戰、鬭。……伐有七機，機有四時、三興；……四時：一春違其農，二夏食其穀，三秋取其刈，四冬凍其葆。三興：一政以和時，二伐亂以治，三伐飢以飽。凡此七者，伐之機也。""機"字用法與簡文尤近。

③ 原第37簡下注釋引《六韜·龍韜·立將》："臣聞國不可以從外治，軍不可以從中御。"謂"自古兵家最忌中御之患"，可移以説此處簡文。又銀雀山漢墓竹簡《孫臏兵法·篡（選）卒》："孫子曰：恒勝有五：得主剸（專）制，勝……孫子曰：恒不勝有五：御將，不勝……"簡文講對方之將"由邦御之"，亦即其將不得專制於軍中。

④ 原將"陳"字屬下爲讀。按《吴子·料敵》有"吴子曰：凡料敵，有不卜而與之戰者八……八曰陣而未定，舍而未畢，行阪涉險，半隱半出……""陣而未定，舍而未畢，行阪涉險"與簡文"三軍未成陳，未豫（舍），行阪濟障"甚相近。

⑤ "専"原讀爲"附"。按"専""附"古音不同部，"専"當讀爲"傅"，訓爲傅著之"著"。"附"也常訓爲"著"，漢代魚部與侯部合流，漢人及後代人注書遂多謂意爲"著"之"傅""讀曰附"。

⑥ 原注釋謂"復敗戰""指'挽救敗戰'"，"'敗'與陣形潰亂有關"。按由下文曹沫的回答"有。三軍大敗，死者收之，傷者問之……"云云，可知"復敗戰之道"指已經打了敗戰之後，要再戰鬥即"復戰"的辦法。後文"復盤戰"、"復甘戰"、"復歔戰"類同，只是"盤戰"等之具體含義不明。

軍大敗，☐【46 上】☐[死]①者收之，傷者問之，善於死者爲生者。君【47】乃自過以悦於萬民，弗瑋危地，毋火②食。☐【63 上】☐[毋]誅而賞，毋辠百姓，而改其將。③ 君如親率，【27】必約邦之貴人及邦之奇士御(?)卒，使兵毋復。④ 前☐【29】☐失車甲，命之毋行。⑤ 明日將戰，思(使)爲前行。諜人【31】來告曰：⑥'其將帥盡傷，戟(車)連(輦)皆栽(載)，日將早⑦行。'乃[☐]☐【32 上】☐乎(?)人：'吾戰敵不順於天命，反師將復。戰【51 下】則禄爵有常。'幾莫之當。"⑧莊公又問曰："復盤戰有道乎？"答曰："有。既戰復豫(舍)，號令於軍中【50】，曰：'纏(繕)甲利兵，明日將戰。'則戠(廝)毛(徒)⑨傷亡，盤就行☐【51

---

　　① "死"字乃據文意擬補，原簡上已完全不存。簡47"君"字已是此簡最後一字，其下尚有不少空白，應是簡尾(簡尾基本完整)。小圖版中簡47所放位置偏上，與簡46下段拼合需將簡47從原排列位置向下移動。如使簡47下端與其他簡下端取齊，則其上端與簡46下段相接處正可空出容納"死"字之位置。
　　② "火"字原誤釋爲"亦"。"毋火食"即君"自過"措施之一。
　　③ 簡63上與簡27相接處"弗瑋危地，毋火食。毋誅而賞，毋辠百姓"句式整齊，文意連貫。此段簡文講打了敗仗之後的種種措施，分他人率軍和國君親自率軍兩種情況，"死者收之，傷者問之，善於死者爲生者"當是通兩種情況而言，"君乃自過"至"而改其將"云云就非國君親自率軍而言。下即云"君如親率"如何如何。
　　④ "使兵毋復"之"復"即後文簡51下"(敵方)反師將復"之"復"，還師回去。此謂打了敗仗，如是國君親自率軍，則必採取某種措施，使軍隊不至於潰敗逃回。"必約邦之貴人及邦之奇士御(?)卒"句，所謂"御"字的釋讀尚不能肯定，其大意似可理解爲國君對"邦之貴人及邦之奇士御(?)卒"這些人加以約束。
　　⑤ "前"字原誤釋爲"失"。此字僅殘存頭部，跟本篇數見之"失"字頭部皆不同，而同於本篇同樣多見之"前"字。簡31"失"字、"前"字同見，對比之下自明。此句或可將"前"理解爲"前軍"、"前行"，或可將"前失車甲"理解爲"先前(打敗仗中)失去車甲之人"，皆即"命之毋行"的"之"字所指代者，亦即下文"思(使)(其)爲前行"者。
　　⑥ 此"諜人來告"云云當是出自己方之有意安排，蓋佯告以士卒敵方傷亡慘重、不順於天命而將回師敗逃，藉以鼓舞士氣。
　　⑦ 此"早"及後文簡32下"早"字皆作上從"日"下從"棗"聲("棗"形皆有所省略訛變)，是早晚之"早"之本字，戰國文字中常見。原未釋出。
　　⑧ "幾莫之當"當指採取以上諸措施之後復戰，則我軍兵衆奮勇向前，近於無能抵擋之者。對照後文有關部分可知，此句後省略了總結收束之語"此復敗戰之道"。
　　⑨ "廝徒"原未釋出。"戠"字右從"戈"，左半所從非一般的"其"字，乃"斯"之左半。此字可分析爲從"斯"省聲，同時楚簡文字"斯"字常省去"斤"只作此字左半之形，故直接説爲從此類省體之"斯"得聲亦未嘗不可。"毛"可讀爲"徒"參看董珊《中山國題銘考釋拾遺(三則)》，《北京大學中國古文獻研究中心集刊(第四輯)》，北京大學出版社，2004年，第346頁。"廝徒"見於《戰國策·魏策一》"蘇子爲趙合從説魏王"章、《韓策一》"張儀　(轉下頁注)

上博竹書《曹沫之陳》新編釋文　121

上】☐☐(立─位?)厚食①,思(使)爲前行。②'三行之後,③苟見短兵,攱(審?)【30】毋怠,毋思(使)民疑。及尔龜策,皆曰勝之。改禜(?作?)尔鼓,乃失其服,明日復陳,必過其所。'此復【52】盤戰之道。"莊公又問曰:"復甘戰有道乎?"答曰:"有。必☐【53上】☐[☐]白徒:'早食葦兵,各載尔藏,既戰將量。'爲之【32下】④賞獲☐⑤蔥,以勸其志。勇者喜之,亢者悔(誨?)之,萬民☐【61】☐贛(黔)首皆欲或之。⑥此復甘戰之道。"莊公又問【53下】曰:"復敀戰有道乎?"答曰:"有。收而聚之,束(?)而厚之。重賞薄刑,思(使)忘其死而見其生,思(使)良【54】車良士往取之餌,思(使)其志起。勇者思(使)喜,蒽者思(使)悔,然後改始。此復敀戰之道。"莊公又問曰:【55】"善攻者奚如?"答

────────

(接上頁注)爲秦連橫説韓王"章(又《史記・蘇秦列傳》、《張儀列傳》)、《淮南子・覽冥》等。《蘇秦列傳》"廝徒十萬"正義:"謂炊烹供養雜役。"

① "厚食"與"薾食"義同。"薾食"古書多見,用於戰陣指在作戰之前命士兵飽食。薾,厚也,舊注或解爲"寢薾"、"牀薾"者失之,"薾食"即"厚食",猶言多食,見王念孫《讀書雜志・漢書第八・韓彭英盧吴傳》"酒晨炊薾食"條下。

② 此復戰而使作前行者即上文之"廝徒傷亡",故將簡51上與簡30拼合爲一簡。以下幾句多言"尔",當是對這些作前行之人的命令、訓話,故標以單引號。

③ "三行"謂(前行、前軍)向敵軍三次前進,"行"當爲動詞。《左傳・定公十四年》:"吴伐越,越子勾踐禦之,陳于檇李。勾踐患吴之整也,使死士再禽焉,不動。使罪人三行,屬劍於頸,而辭曰:'二君有治,臣奸旗鼓,不敏於君之行前。不敢逃刑,敢歸死。'遂自剄也。""三行"之"行"字釋文音"户郎反",是解爲名詞。《史記・吴大伯世家》記此事云:"十九年夏,吴伐越,越王句踐迎擊之檇李。越使死士挑戰,三行造吴師,呼,自剄。"《史記・越王勾踐世家》記此事云:"元年,吴王闔廬聞允常死,乃興師伐越。越王勾踐使死士挑戰,三行至吴陳,呼而自剄。"皆謂三次前進之後而達吴軍之陣,"行"作動詞看得更爲清楚。《史記・吴大伯世家》正義音"胡郎反",是亦將"行"解爲名詞,恐皆不確。

④ 據小圖版,53上+32下拼合爲一簡並留出32下簡首缺文位置後,全簡較相鄰諸簡略長。按簡8原亦由上下兩段拼合而成,其拼合當無問題,從小圖版可以看出,如將相接處的兩殘字補足,並留出兩殘字之間的空白,則整簡也將較相鄰諸簡長出不少。

⑤ 此字左從"言",右半所從不識。

⑥ "贛"與"黔"音近可通。簡61與簡53下拼合後連讀爲"勇者喜之,亢者悔之,萬民贛(黔)首皆欲或之",句式整齊,文意通順。"黔首"之稱相承以爲始於秦代(《史記・秦始皇本紀》:"二十六年,更名民曰黔首。"),但先秦古書如《禮記・祭義》、《韓非子・忠孝》、《戰國策・魏策二》"魏惠王死"章、銀雀山漢簡《守法守令等十三篇》、馬王堆漢墓帛書《老子甲本卷前古佚書・十大經・姓争》等中已見,論者或謂此皆後人所改,恐未必。

曰:"民有保,曰城,曰固,曰阻。三者①盡用不皆(棄?),邦家以宏。善攻者必以其【56】所有,以攻人之所亡有。"莊公曰:"善守者奚如?"答曰:"☐【57】☐其食足以食之,其兵足以利之,其城固【15】足以捍之。上下和且輯,繹(因)紀於大國,②大國親之,天下☐【16】☐不勝。③卒欲少以多。少則易☐④,圪(壘?)成則易【46下】怠(治)⑤,果勝矣。親率勝。使人不親則不敢,不和則不輯,不悉(義)則不服。"莊公曰:"爲親如【33】何?"答曰:"君毋憚自勞,以觀上下之情僞;匹夫寡婦之獄訟,君必身聽之。又知不足,亡所【34】不中。則民親之。"莊公又問:"爲和如何?"答曰:"毋嬖於便嬖,毋長於父兄,賞均聽中,則民【35】和之。"莊公又問:"爲義⑥如何?"答曰:"紳(陳)功尚賢。⑦能治百人,使長百人;能治三軍,思(使)帥。受(授)【36】又(有)智,舍又(有)能,則民宜(義)之。⑧且臣聞之:卒有長,三軍有帥,邦有君,此

---

① "者"字原釋爲"善",字形絕不類。楚簡文字中"善"字寫法變化不大,"者"字則異體甚多,形體差別亦大。此當是"者"字之訛體。

② "繹"字以"因"爲基本聲符,故可讀爲"因",意爲因就、依靠。《詩經·鄘風·載馳》:"控于大邦,誰因誰極?"毛傳訓"極"爲"至",研究者或解釋爲"準則",謂《詩》言赴告於大邦,誰可爲依靠,誰可爲準則? 按紀、極音義皆近,作名詞意爲"原則"、"準則",作動詞則指"以⋯⋯爲原則、準則"。"因紀於大國"猶言依靠大國、以大國之好惡意願爲準則而行事。原釋爲"緋紀",《疑讀'絓紀',指結交援於大國"。我們對文意的理解與之相近,釋字不同。

③ "天下"指除己國和大國之外的天下之國,這種用法的"天下"《戰國策》多見,如《燕策二》"燕昭王且與天下伐齊"章之類。"天下不勝"自然爲"善守"。

④ 此字左從"車",右從楚簡用"察"、"淺"、"竊"等之字的聲符。讀爲何字待考。

⑤ 此字與簡45"怠"字形同,簡41亦以"怠"爲"治"。

⑥ "義"字下所從"我"形略有變化,原未釋出。此"爲義"之"義"即上文簡33"不悉(義)則不服"和下文簡28"則民宜(義)之"之"義"。三處簡文用以表"義"之字不同,類似情況楚簡文字中已多次見到。順便指出,《上海博物館藏戰國楚竹書(四)·柬大王泊旱》簡13:"太宰(其上所缺簡文當爲"王問"一類):'我何爲歲焉熟?'太宰答:⋯⋯""我"字寫法亦略有變化,原誤釋爲"弗"。

⑦ 《吳子·料敵》:"凡料敵,⋯⋯有不占而避之者六:⋯⋯四曰陳功居列,任賢使能。"可與簡文參讀。

⑧ 上文簡33至此講"親"、"和"、"義"問題,此28簡"則民宜(義)之"與上文"則民親之"、"則民和之"呼應,據此知36簡與28簡之必當連讀。同時簡36"使長百人"之"長"即簡28"卒有長"之"長"(百人爲一卒),簡36"能治三軍,思帥⋯⋯"之"帥"即簡28"三軍有帥"之"帥",此亦其證。36與28兩簡相連處的文句"思帥受又智舍又能",本文初稿釋讀爲"思帥受印。知舍有能",解釋說:

(轉下頁注)

上博竹書《曹沬之陳》新編釋文　123

三者所以戰。是故長【28】不可不慎。不卒(依?)則不恒,不和則不輯不兼畏□【48】□於民。"莊公曰:"此三者①足以戰乎?"答曰:"戒。勝【49】

民者毋囚爵,毋御(?)軍,毋辟罪。用都教於邦,□【37 上】②

□其志者寡矣。"莊公又問曰:"吾有所聞之:一【59】出言三軍皆懽(勸),一出言三軍皆往,有之乎?"答曰:"有。明慎以戒,如③將弗克。毋冒以陷,必過前攻。【60】

□飤。鬼神軏武,非所以教民,④唯君其知之。此【63 下】先王之

(接上頁注)　　舍,置也(原注釋已謂"有安置之義"),任命。"知舍有能"即國君懂得任命有才能之人作相應之官長。"印"字原釋爲"又",但其形與本篇多見之"又"字皆不相同,疑爲"印"之誤字。其形之顯著特徵爲末筆中間作曲折之形,當即由"印"字中之"卩"形變來。"思帥受印"有兩種可能的解釋。一是將"思帥"看作與"使長百人"對應,"帥"爲動詞,"思帥"即"思帥三軍"之省;另一種是將"帥"看作名詞,"能治三軍"與"思帥受印"之間隱括了"使帥三軍"一層意思。由於這兩種解釋都感覺有未安之處,又頗疑"帥受"兩字誤鈔倒,原當作"能治三軍,思受帥印"。

沈培先生看過後指出:"其實,第12簡的'又'正作此形。因此,此字可能還是'又'字,36+28簡似當讀爲:能治百人,使長百人;能治三軍,使帥。授有智,予有能,則民宜之。"此略從其説。我原來的考慮中對所謂"印"字的解釋實屬求之過深。

① 簡49之"此三者"當即簡28"此三者所以戰"之"此三者",即卒長、軍帥、邦(國)君。同時簡48與簡49間不容有長達一簡(假設之簡48下段與簡49上段)之缺文,以此知簡48與49之必當拼合爲一支整簡。但相連處的"不和則不輯不兼畏於民"如何斷句理解尚待考。

② 此簡找不到可與之拼合及前後可與之連讀者,據文意姑置於此。

③ "如"字原誤釋爲上從"弗",讀爲"弗"。

④ "軏"字從"勿"聲,"軏武"當讀爲聯綿詞"忽芒"等。"忽芒"一詞有多種書寫形式,如惚悦、忽悦、惚恍、忽恍、忽慌、怨悦、忽荒、芴芒、勿罔等,參看朱起鳳《辭通》卷十五第七五頁(上海古籍出版社,1982年,第1541頁)。"武"與上舉諸形的下字皆爲魚陽對轉。又王弼本《老子》第十四章"是謂忽恍","忽恍"傅、范本作"芴芒"(見朱謙之《老子校釋》),馬王堆帛書《老子》乙本作"汤望","武"與"望"及上舉"芒"、"罔"聲母亦同。《辭通》此條下朱起鳳按語云:"惚悦亦作悦惚('悦惚'亦或作恍惚、悦忽、洸忽、荒忽、慌忽、芒芴等,看《辭通》卷二十二第三七頁,上海古籍出版社,1982年,第2395頁)。言無形象,無方體,不可端倪也。"舊注多解爲"幽暗之貌"、"無形之貌"、"似有似無"等等。簡文"鬼神忽芒,非所以教民",言鬼神無形無象,其事難以憑據,非所以教民。此説跟普通的"神道設教"思想大不相同,值得注意。

至道。"莊公曰:"沫,吾言氏(寔)不,而毋惑諸小道歟?吾一欲聞三代之所。"曹沫答曰:"臣聞之:昔之明王之起【64】於天下者,各以其世,以及其身。今與古亦□①,亦唯聞夫禹、湯、桀、紂矣。【65】

　　曹沫之陳【2背】

本文初稿蒙沈培先生審閱指正,謹致謝忱。

2005 年 2 月 11 日

　　原載簡帛研究網,http://www.jianbo.org/admin3/2005/chenjian001.htm,2005 年 2 月 12 日。

　　補記(預備給《上博館藏戰國楚竹書研究三編》發表時所加,該書後因故未出版):

　　一、李鋭先生指出第 7、8 兩簡也應該拆分爲上下兩段,並將簡 7 上與簡 8 下拼合爲一完簡,正確可從。見李鋭《〈曹劌之陣〉釋文新編》,簡帛研究網,http://www.jianbo.org/admin3/2005/lirui002.htm,2005 年 2 月 25 日。

　　二、白於藍先生除從李鋭先生說將簡 7 上與簡 8 下拼合外,又將簡 65 拆分爲上下兩段,並分別將簡 65 上與簡 7 下拼合,將簡 8 上與簡 65 下拼合,拼合後的此兩完簡連讀,正確可從;白於藍先生又將簡 23 拆分爲上下兩段,並將簡 23 上與簡 51 下拼合爲一完簡,前與簡 27 連讀;又將簡 22 與簡 29 連讀,亦皆正確可從。見白於藍《上博簡〈曹沫之陳〉釋文新編》,簡帛研究網,http://www.jianbo.org/admin3/2005/baiyulan001.htm,2005 年 4 月 10 日。

　　其餘簡文的拼合與編聯尚有不少疑問,有待進一步研究。

2005 年 5 月 15 日

---

　　① 此字正當竹簡折斷處,筆畫有殘損。原釋爲"肰(然)",從所存上半筆畫看恐不可信。

上博竹書《昭王與龔之脽》和
《柬大王泊旱》讀後記*

一 《昭王與龔之脽》

《上海博物館藏戰國楚竹書(四)·昭王與龔之脽》與《昭王毁室》合鈔,從第5簡近簡末處開始,到第10簡結束。由此可知此篇至少首尾是完具的。原書第181頁"説明"部分謂:①

> 《昭王與龔之脽》敍述昭王爲珧寶之事,大尹遇見龔之脽,由其衣著疑是脽爲之,並告知昭王,於是昭王不願見龔之脽;而大尹瞭解真情後又告知昭王,昭王遂見龔之脽。此篇内容有缺失,尚不能通讀。

我們讀過之後,對文意的理解跟整理者很不一樣。同時認爲本篇並無缺簡,内容當然也無缺失。雖然還存在一些不易通解的文字障礙,但全篇大意是可以貫通的。下面鈔出釋文(儘量使用通行字)加以簡單注釋,再附上我所理解的全篇大意。

---

* 本文受到"全國優秀博士學位論文作者專項資金資助項目"(FANEDD)資助,項目批准號:200311。

① 陳佩芬:《昭王毁室·昭王與龔之脽釋文注釋》,馬承源主編:《上海博物館藏戰國楚竹書(四)》,上海古籍出版社,2004年。

昭王迡（蹠）【5】逃瑤，①龏之脽馭王。將取車，大尹遇之，被裯衣。②大尹入告王："僕遇脽將取車，被裯衣。脽介趣（驟）君王，不【6】獲瞋（？）頸之罪君王，至於定（正）冬而被裯衣！"③王訋（召）而余（舍）之衽（領）袾（袍）。④龏之脽被之，其衿視羿逃瑤，⑤王命龏之脽【7】毋見。大尹聞之，自訟於王："老臣爲君王獸（守）視之臣，罪其容於死。或昏（昧）⑥死言：僕見脽之寒⑦也，以告君王。今君王或命

————————

① 逃瑤，地名。與簡文用法相同的"迡"又見於九店楚簡和包山楚簡，睡虎地秦簡作"遮"，皆應讀爲"蹠"，訓爲"適"，之也，往也，到……去。見李家浩先生《睡虎地秦簡〈日書〉"楚除"的性質及其他》，原載《中研院歷史語言研究所集刊》第70本第4分，1999年；收入《著名中年語言學家自選集‧李家浩卷》，安徽教育出版社，2002年，第375～376頁。又《上海博物館藏戰國楚竹書（四）‧昭王毀室》簡1"將迡閭"、本文後文所引《柬大王泊旱》簡16"發馹迡四疆"之兩"迡"字亦同。

② 裯衣，複衣，夾衣也。《廣雅‧釋器》："複襂謂之裯。"王念孫《疏證》："此《說文》所謂重衣也。襂與衫同。《方言》注以衫爲襌襦。其有裏者則謂之裯。裯，猶重也。"裯衣雖有表有裏，但內無絮著，冬衣之自不足以禦寒。

③ "介"字和"瞋（？）頸之罪"待é。"趣"讀爲"驟"，指主管養馬並管駕車之人。《左傳‧成公十八年》："程鄭爲乘馬御，六驟屬焉，使訓羣驟知禮。"孔穎達疏："驟是主駕之官也。"由於"介"字意不明，此"驟"字也可能本是作動詞"駕車"義用的。"不獲瞋（？）頸之罪君王"猶言"不獲瞋（？）頸之罪於君王"，大概爲與上句"介驟君王"取得一致而省略了"於"字。否則如將"君王"屬下爲讀，則"君王至於定（正）冬而被裯衣"不通，當說成"君王至於定（正）冬而被之裯衣"或"君王至於定（正）冬而使之被裯衣"才對。大尹之言蓋對昭王意含責怪，謂脽無罪而君王使之正冬而衣不足以禦寒之衣。

④ "勺"聲字與"召"聲字音近可通（看高亨、董治安《古字通假會典》第806頁"勺與招"條、第807頁"的與招"條，齊魯書社，1989年），《昭王毀室》簡2、簡4"小人將訋（召）寇"、"僕將訋（召）寇"，"訋"字用法同。"衽"字從衣"壬"（非天干字"壬"）聲，"袾"字從衣"呆"（即"古文保"，"保"省人）聲，皆以音近而讀爲"領袍"。"領袍"謂一領袍子。《荀子‧正論》："太古薄葬，棺厚三寸，衣衾三領。"袍不但有表有裏，而且內有絮著，可以禦寒。

⑤ 此句斷句讀法不明。後文"逃瑤，王命龏之脽毋見……"云云決爲已經"至、到"逃瑤以後之事，如"羿"字屬下讀，則此字即當爲"至、到"一類義；如此字當屬上讀，"逃寶"上當脫漏一"至、到"一類義之字。

⑥ 昏、昧物文對轉，聲母也有密切關係，在"昏暗、不明"這個意義上實音義相通。此"昏"字讀爲"昧"，"昧死"猶"冒死"。

⑦ "寒"字原釋爲"倉"。楚文字已多見以"倉"或"蒼"、"滄"爲"寒"者，李零先生以爲是"形近混用"，見李零《郭店楚簡校讀記》，北京大學出版社，2002年，第23頁。又李零《古文字雜識（五則）》，《國學研究》第三卷，北京大學出版社，1995年，第269頁。馮勝君先生認爲也有可能是"義同換讀"的關係，見馮勝君《論郭店簡〈唐虞之道〉、〈忠信之道〉、〈語叢〉一～三以及上博簡〈緇衣〉爲具有齊系文字特點的抄本》之附錄〈郭店、上博以及今本〈緇衣〉對比研究〉，北京大學博士後工作報告，2004年，第236～238頁。馮先生文中對有關例證列舉分析甚爲詳盡，此不具引。

上博竹書《昭王與龔之脽》和《柬大王泊旱》讀後記　127

【8】脽毋見，此則僕之罪也。"①王曰："大尹之言脽，何訧(？)②有焉？天加禍於楚邦，快(？)君吳王身至於郢。③ 楚邦之良臣所晵(暴)【9】骨，④吾未有以憂。其子脽既與吾同車，或［舍之⑤］衣，囟(思)邦人皆見之。"三日，焉命龔之脽見。【10】

全篇大意如下：

楚昭王要到逃珪這個地方去，龔之脽負責趕馬駕車。龔之脽將去取車，大尹遇見他，見他穿着夾衣(不足以禦寒)。大尹進去告訴昭王："我遇見龔之脽將去取車，穿着夾衣。龔之脽爲君王駕車，没有什麽罪過，竟然到了在隆冬時節而只有夾衣可穿的地步！"昭王召見龔之脽，賜給他一領袍子。龔之脽把袍子穿在身上，其衣襟……到了逃珪，昭王命令龔之

---

①　此蓋太尹誤解昭王之意，以爲其告脽之事實得罪於昭王，故昭王雖先賜脽袍，而後復命之毋見也。

②　"訧"當與"罪"、"過"一類詞義近。頗疑此字就是"訛"之誤字，"訛"正可讀爲"過"。

③　"身"字原釋爲"廷"，按同樣寫法的"身"字見於九店 M56 第 37 號簡(參看李守奎：《楚文字編》，華東師範大學出版社，2003 年，第 508 頁)。"吳王身至郢"顯然是指公元前 506 年(楚昭王十年)吳王闔廬"五戰入郢"(《淮南子·泰族》)之事，是役逼使楚昭王出奔鄖邑後又奔隨，次年始復入楚國。由後文觀之，簡文所記正是昭王歸國後不久之事。所謂"快"字原釋爲上從"白"，但其形中間作從左上向右下的一斜弧筆，"白"未見如此作者。頗疑此字上半所從乃"夬"之省形。"快君"乃昭王對吳王闔廬出於敵愾之稱，如"快"字之釋可靠，"快君"或可讀爲"獪君"，謂其狡獪也。

④　"晵"字從日"戉"聲，"戉"又從戈"爻"聲，故可讀爲"暴"。"暴"字上古音或歸入宵部，或歸入藥部，與"爻"或同部或爲陰入對轉，從"駁"字從"爻"得聲可以看出其聲母也有密切關係。"戉"字在《上海博物館藏戰國楚竹書(三)·周易》簡 22 和《上海博物館藏戰國楚竹書(四)·逸詩·交交鳴烏》簡 4 中用爲"衛"，"衛"與"爻"韻部遠隔，其與簡文"晵"字所從之"戉"是否爲一字尚待研究。有研究者認爲用作"衛"的"戉"字實乃"歲"字之訛變(秦樺林：《釋"戉"、"㞢"》，簡帛研究網，http://www.bamboosilk.org/ADMIN3/HTML/qinhualin01.htm，2004 年 8 月 17 日)，如其説可信，則"晵"字的聲符"戉"跟用作"衛"的"戉"字就是本來没有關係的兩個字，因形體訛變而混同。"暴骨"古書多見，猶言捐軀抛屍，"暴"意爲"暴(曝)露"(《國語·越語上》有云"暴露百姓之骨於中原")，"晵"從意符"日"，跟"暴"和"曝"皆以"日"爲意符相同，則"晵"字就應係"暴曬"、"暴露"(此二義實亦相因)之"暴"及其後起分别字"曝"之異體。簡文此段昭王言國有吳王入郢之難，其役中爲國捐軀暴骨中野之士，王尚未有表彰其人、存恤其後等"憂之"之舉，今正好借賜龔之脽(其父當即死難暴骨者之一)以袍之事，欲令國人皆見之而知昭王存恤烈士之後之意。

⑤　"舍之"二字係據文意擬補，"舍"字尚存頭部，不過與簡 7 之"余(舍)"字頭部不完全相同。

胜不許見他。大尹聽說此事，去向昭王爲自己爭辯，說："我作爲君王的守邦視政的執政大臣，其罪或者該至於死。冒死向您陳說：我看見龔之胜很寒冷，遂將此事報告君王。現在君王命令龔之胜不許見您，這完全是我的罪過啊。"昭王說："大尹爲龔之胜說話，有什麼過錯呢？老天把災禍加於楚國，吳軍攻下郢都，連吳王自己都來到了郢都。那些楚國的忠良之臣在這場國難中捐軀，屍骨曝露於中野的，我還沒有什麼行動來表示我的關切。現在有死難者之子龔之胜既跟我同車，我賜給他衣服，想讓國人都看見，以瞭解我存恤烈士之後的心意啊。"過了三天，才命令龔之胜見王。

二　《柬大王泊旱》

《上海博物館藏戰國楚竹書(四)·柬大王泊旱》共有 23 支竹簡，保存情況特別得好，每支簡都很完整。整理者除了認爲第 16 簡與第 17 簡之間有脫簡外，其餘諸簡皆連讀。① 我們讀後認爲，按照原簡序，有不少相鄰之簡是不能連讀的，同時也有一些可以肯定當連讀的竹簡被分開置於兩處了。試重作編連，可以肯定的簡序調整之處有：簡 6 當插入簡 21 和簡 22 之間，同時簡 5 與簡 7 連讀；簡 18 當接於簡 23 之後，同時簡 17 與簡 19 連讀；簡 12 與簡 14 當連讀。這樣調整之後可以發現，全篇其實當還有不少缺簡，全文文意難以貫通。加上本篇字詞障礙也較多，故篇中實在還有很多讀不懂的地方。雖然如此，爲便於將簡序問題看得較爲清楚起見，下面也把全篇釋文都鈔出（其中可能在釋文和斷句方面都包含不少錯誤之處），並對有話可講的地方略作注釋。凡中間空一行的表示不連讀。

簡大王泊旱，命龜尹羅貞於大夏。王自臨卜。王向日而立，王滄

---

① 濮茅左：《柬大王泊旱釋文注釋》，馬承源主編：《上海博物館藏戰國楚竹書(四)》，上海古籍出版社，2004 年。

（汗）至【1】帶。① 鼄尹知王之庶（炙）②於日而病岕悉怨迖。釐尹知王之病,乘鼄尹速卜【2】

高山深溪。王以問釐尹高:"不穀瘲甚病,驟夢高山深溪。吾所得【8】③

城於膚中者,無有名山名溪。欲祭於楚邦者虐,尚訟而卜之於【3】大夏。如慶,將祭之。"釐尹許諾,訟而卜之,慶。釐尹致命於君王:"既訟【4】而卜之,慶。"王曰:"如慶,速祭之,吾瘲鼠（瘋?）病。"釐尹答曰:"楚邦有常故,【5】焉敢殺祭? 以君王之身殺祭,未嘗有。"④ 王入,以告安君與陵尹子高:"卿爲【7】

---

① 楚文字中"滄"可用爲"寒",已見上文《昭王與龔之脽》篇簡8"僕見脽之寒也"句注釋。"寒"與"汗"古音相同。其時既發生旱災,自是驕陽當空,簡王迎日而立被陽光所炙烤,故簡文謂其汗出下流至腰間之帶。古書有"汗流至踵"(《莊子·田子方》)或"汗出至踵"(《韓詩外傳》卷十)的說法。進一步推測,以前所見用"寒"的所謂"滄"字,都是將"水"旁橫寫在"倉"的下面的,而簡文此形水旁豎寫在"倉(寒)"的左旁,跟舊所見用爲"寒"的所謂"滄"字可能還並非一字。它以"水"爲意符、"倉(寒)"爲聲符,很可能本來就是"汗"字的異體。

② "庶"與"炙"音近可通,"跥"即"蹠"字異體,《吕氏春秋·本味》"獲獲之炙"王念孫云"炙"當"讀爲雞跛之跛",此義"跛"與"蹠"一字,皆可爲證。《廣雅·釋詁二》:"炙,爇也。"

③ 第8簡很可能當下與第3簡連讀。連讀後的簡文"不穀瘲甚病,驟夢高山深溪。吾所得城於膚中者,無有名山名溪。欲祭於楚邦者虐,尚訟而卜之於大夏。如慶,將祭之……"文意可以解釋爲:簡王多次夢到高山深溪,因此想要對高山深溪加以祭祀。但他"所得城於膚(宇?)中者"没有大山大溪,即没有與其所夢相合能夠作爲祭祀對象者,因此想要對楚國的"者(諸?)虐"加以祭祀,希望("尚")釐尹高就此占卜,如果占卜結果是"慶",就將對"者(諸?)虐"舉行祭祀。"慶"疑可讀爲"孚"訓爲"信"。簡4"釐尹許諾,訟而卜之"云云與此緊密相承。但因不少字詞尚不能確解,以上對文意的理解猜測的成分甚大,故暫分開釋寫,並謹誌疑於此。

④ "常故"又見於後文簡21和簡22,皆即"常事"意。故,事也,乃其常訓。"常故"猶言素常奉行之做法、恒常之做法,或可譯爲"恒常之慣例或原則"。釐尹主管楚國鬼神祭祀之事(後文簡21+6云"釐尹爲楚邦之鬼神主"),其意蓋謂楚國祭祀鬼神自有其慣例和原則,不得因是爲國君之故就可加以改變。簡文"殺祭"即改變祭祀之常的行爲,季旭昇先生《〈上博四·柬大王泊旱〉三題》(簡帛研究網,http://www.jianbo.org/admin3/2005/jixusheng001.htm,2005年2月12日)釋"殺"爲"減省",以"速祭"當"殺祭",以爲指因行之速故"減省祭祀的儀節"。其說可參。如果我們前文注釋對簡8與簡3連讀後有關文意的猜測尚距事實不遠的話,"殺祭"也可能是就簡王不祭"高山深溪"而轉而祭祀"楚邦者(諸?)虐"而言的,指降殺祭祀對象的規格。

將爲客告。"太宰起而謂之:"君皆楚邦之將軍,作色而言於廷,王事何【17】私?便人①將笑君。"陵尹、釐尹皆洽(?)其言以告太宰:"君聖人,且良長子,將正【19】於君。"太宰謂陵尹:"君入而語僕之言於君王:君王之瘧從今日以瘥。"陵尹與【20】釐尹:"有故乎?願聞之。"太宰言:"君王元君,不以其身變釐尹之常故;釐尹【21】爲楚邦之鬼神主,不敢以君王之身變亂鬼神之常故。夫上帝鬼神高明【6】甚,將必知之。君王之病將從今日以已。"②令尹子林問於太宰子芷:"爲人【22】臣者亦有靜(爭)乎?"太宰答曰:"君王元君,君善,大夫可(何)羕(用?)靜(爭)。"令尹謂太宰:"唯【23】必三軍有大事,邦家以軒(杌)輗(陧),③社稷以迩(危)④歟?邦家大旱,因資智於邦,⑤【18】

王諾,將鼓而涉之。王夢三闈未啓,王以告相徙與中余:"今夕不穀【9】夢若此,何?"相徙、中余答:"君王當以問太宰晉侯,彼聖人之子孫,將必【10】

鼓而涉之,此何?"太宰進答:"此所謂'之旱毋帝(禘),將命之攸

---

① "便人"謂君王左右便嬖之人,與上"(君皆)楚邦之將軍"相對。
② "已"字下有一較大的墨釘,而且與下字"命"的字距較一般字距爲大,應是表明一章至此結束,墨釘是章節號。
③ 杌陧,危而不安也。《尚書·秦誓》:"邦之杌陧,曰由一人。""軒"之可與"杌"通,猶"元"之與"兀"本爲一字分化。"輗(陧)"之基本聲符實爲"日"字,從"執"得聲的"摯"、"贄"和"鷙"是章母脂部字(中古音"脂利切",與"至"同音),與"日"聲韻皆近;"執"與"㚔"本爲一字,《説文·㚔部》云"㚔"讀若爾","爾"之聲符"爾"與"日"讀音更近。此皆可作爲"軒輗"之可讀爲"杌陧"之證。
④ "迩"從"坐"聲,古代之"坐"本即"跪","危"應是"跪"之初文,"危"與"坐"形音義關係皆密切,很可能本爲一語一形之分化。
⑤ 所謂"資"原形以"次"爲基本聲符,故可讀爲"資"。資,取也,古書常訓。"資智於邦"直譯爲"取智於邦",意謂(國家發生大旱災後)向國中咨詢,取衆人之智以定應對措施。以上令尹與太宰討論爲人臣者與國君相爭的問題,當由前文釐尹不聽從昭王"殺祭"的命令之事(此即爲人臣者而與國君相爭)而引起。太宰意謂君善則無用爭,令尹意謂雖說如此,但唯有在發生戰爭面臨滅國的危險時,雖君善臣亦必爭(謂出謀劃策雖與君意相左亦要堅持,要與君相爭),國家發生大旱災需要人臣出謀劃策時亦同。

上博竹書《昭王與龔之脽》和《柬大王泊旱》讀後記　131

(修)'。① 諸侯之君之不【11】能治者,而刑之以旱。夫雖毋旱,而百姓逡(徙)以去邦家。此爲君者之刑。"【12】王仰天□而泣,②謂太宰:"一人不能治政,而百姓以絶。"侯太宰遜迡進【14】

太宰:"我③何爲,歲焉熟?"太宰答:"如君王修郢高(郊),④方若然里,君王毋敢災害;【13】⑤

翆相徙、中余與五連小子及寵臣皆逗,毋敢執萚籔。"王許諾,修四郊。【15】三日,王有野(豫)色,⑥逗者有氣(?)人。三日,大雨,邦蕙(賴)⑦之。發駟⑧迊(蹠)四疆,四疆皆熟。⑨【16】

　以上簡文共有 8 個編連組,其中第 1 組簡 1～2 當在篇首,第 8 組簡 15～16 當在篇末,第 3 組當在第 4 組之前,第 7 組簡 13 當在第 8 組之前且緊密相鄰,這幾點是可以肯定的。其餘幾個編連組,其在篇中的相對位

---

① "之旱毋讁,將命之修"意謂"那旱災沒有讁告,此是上天要君王反省而修其政"。
② "泣"字之釋見前注所引季旭昇先生《〈上博四·柬大王泊旱〉三題》。"天"下之字其形前所未見,與本篇簡 23"唐"字比較可知同爲"唐"字之下半。戰國文字中常有出人意表的省略,頗疑此字即"唐"省去"虍"而成之省體,"唐"可讀爲"呼","仰天而呼"、"仰天大呼"一類説法古書多見。
③ "我"字寫法略有變化,原誤釋爲"弗"。同類寫法的"我"見於包山楚簡 101、楚帛書丙 98、丙 99 等之"義"字下半,參看李守奎《楚文字編》第 707 頁第 3 欄。
④ "高"讀爲"郊"見前注所引季旭昇先生《〈上博四·柬大王泊旱〉三題》。
⑤ 簡 13 與簡 15 的兩個"毋敢……"是將其前後相次的根據。如將其連讀,則簡 13 的"如"字沒有著落,簡 15 沒有與之相呼應之文,故分開釋寫。
⑥ "野"與"豫"古音相同。"豫"古常訓爲喜、悦、樂等。《尚書·金縢》"王有疾弗豫",僞孔傳釋"弗豫"爲"不悦豫"。此"豫"字用於説疾病者之例。《荀子·禮論》:"故説豫、娩澤、憂戚、萃惡,是吉凶憂愉之情發於顏色者也。"《孟子·公孫丑下》:"夫子若有不豫色然。"朱熹《集注》:"豫,悦也。"焦循《正義》引《易·豫卦》鄭氏注:"豫,喜豫,悦樂之貌也。"此兩例即爲"豫"與"色(顏色、面色)"有關者。
⑦ "萬"聲字與"賴"字和"賴"聲字相通之例甚多,看高亨、董治安《古字通假會典》第 631～632 頁。賴,利也,古書常訓。"邦賴之"即國以此大雨爲利。
⑧ 此字釋讀爲"駟"見李家浩《南越王墓車駟虎節銘文考釋——戰國符節銘文研究之四》,《容庚先生百年誕辰紀念文集(古文字研究專號)》,廣東人民出版社,1998 年,第 662～671 頁。
⑨ 末字下有一較大的墨釘,與簡 22"已"字下之墨釘同,亦應爲章節號。全篇亦應至此一章結束而結束。

置可能還有可調整之處。但簡文闕失既多,只能存疑了。

第4組簡17＋19～21＋6＋22～23＋18文意相對比較明確。從簡5＋7來看,當是楚簡王命令釐尹祭祀以禦除自己的疾病,被釐尹拒絕了,其理由是楚國祭祀鬼神自有"常故",不能因係爲國君祭祀就擅加改變。大概簡王亦就此作罷而未加勉強。故後文太宰判斷說君臣皆善(釐尹能堅持原則,昭王不以國君身份爲已身之故用強破壞釐尹之原則),上帝鬼神將報之以福,簡王之病將自愈。古書中類似主題的故事多有,可以概括爲:面對疾病、自然災害或祅祥等上天鬼神給予的警示,人君如果應對得當,或者不作不合適的應對,則將有好的後果。例如,《呂氏春秋·制樂》云:

　　宋景公之時,熒惑在心,公懼,召子韋而問焉,曰:"熒惑在心,何也?"子韋曰:"熒惑者,天罰也;心者,宋之分野也;禍當於君。雖然,可移於宰相。"公曰:"宰相所與治國家也,而移死焉,不祥。"子韋曰:"可移於民。"公曰:"民死,寡人將誰爲君乎?寧獨死。"子韋曰:"可移於歲。"公曰:"歲害則民饑,民饑必死。爲人君而殺其民以自活也,其誰以我爲君乎?是寡人之命固盡已,子無復言矣。"子韋還走,北面載拜曰:"臣敢賀君。天之處高而聽卑。君有至德之言三,天必三賞君。今夕熒惑其徙三舍,君延年二十一歲。"公曰:"子何以知之?"對曰:"有三善言,必有三賞。熒惑有三徙舍,舍行七星,星一徙當一年,三七二十一,臣故曰君延年二十一歲矣。臣請伏於陛下以伺候之。熒惑不徙,臣請死。"公曰:"可。"是夕熒惑果徙三舍。

此事流傳很廣,又見於《淮南子·道應》、《史記·宋微子世家》、《新序·雜事四》、《論衡·變虛》和《無形》等。又如《韓詩外傳》卷三:

　　昔者周文王之時,蒞國八年,夏六月,文王寢疾,五日而地動,東西南北不出國郊。有司皆曰:"臣聞:地之動,爲人主也。今者君王寢疾,五日而地動,四面不出國郊,羣臣皆恐,請移之。"文王曰:"奈何其移之也?"對曰:"興事動衆,以增國城,其可移之乎!"文王曰:"不可。夫天之道見妖,是以罰有罪也,我必有罪,故此罰我也。今又專興事動衆,以增國城,是重吾罪也,不可以之。昌也請改行重善移之,其可以免乎!"於是遂謹其禮節帙皮革,以交諸侯;飾其辭令幣帛,以禮俊士;頒其爵列等級田疇,以賞有功。遂與羣臣行此,無幾何而疾止。文王即位八年而地動,之後四十三年,凡蒞國五十一年而終,此文王之所以踐妖也。詩曰:"畏天之威,于時保之。"

此外又如《左傳·哀公六年》記載是年(楚昭王二十七年)楚國"有雲如衆赤鳥夾日以飛,三日",昭王弗禜,不將災禍移於令尹和司馬;又追述以前昭王有疾,"卜曰河爲祟",昭王以"三代命祀,祭不越望"爲理由不予祭祀,孔子贊爲"楚昭王知大道矣……"云云,也是對這種行爲加以正面肯定的。

2005 年 2 月 14 日晨

原載簡帛研究網,http://www.jianbo.org/admin3/2005/chenjian002.htm,2005 年 2 月 15 日。

補記(預備給《上博館藏戰國楚竹書研究三編》發表時所加,該書後因故未出版):

董珊先生認爲《柬大王泊旱》篇簡 14 與簡 13 當連讀,似可信。兩簡相連處的文句董珊先生釋讀爲:"侯大宰遜,返進大宰:'我可(何)爲歲安(焉)熟?'"見董珊《讀〈上博藏戰國楚竹書(四)〉雜記》,簡帛研究網,http://www.jianbo.org/admin3/2005/dongshan001.htm,2005 年 2 月 20 日。我疑被讀爲"返"的"辺(迡)"字實爲"退"字的誤寫(兩字僅右上所從不同),"退"與"進"相對。兩簡相連處的文句可釋讀爲:"侯大宰遜退。進大宰:'我何爲,歲焉熟?'""遜退"一語見於《上海博物館藏戰國楚竹書(二)·昔者君老》簡 1。

2005 年 5 月 15 日

釋上博竹書《昭王毀室》的"幸"字

《上海博物館藏戰國楚竹書(四)》的《昭王毀室》篇,[1]在整理者釋文和注釋的基礎上,經過孟蓬生、劉樂賢、董珊、魏宜輝和陳偉等衆多研究者的進一步探討,[2]文意已經大致清楚。下面先按我們的理解鈔出全篇釋文,儘量使用通行字,除個別疑難字詞外不嚴格隸定。釋文吸收了上舉諸家的很多合理意見,爲避免煩瑣,恕不一一注出。

昭王爲室於死沮之滸,室既成,將落之。王誡邦大夫以飲酒,既歇肴之,王入將落。有一君子,喪服曼廷,將踴閨。僱人止之,曰:【1】

---

[1] 陳佩芬:《昭王毀室·昭王與龔之脾釋文注釋》,馬承源主編:《上海博物館藏戰國楚竹書(四)》,上海古籍出版社,2004年。

[2] 諸家之說都見於下引發表於"簡帛研究"網站的文章,後文引用諸家說出處皆同,不再一一注明:

孟蓬生:《上博竹書(四)閒詁》,簡帛研究網,http://www.jianbo.org/admin3/2005/mengpengsheng001.htm,2005年2月15日。

劉樂賢:《讀上博(四)劄記》,簡帛研究網,http://www.jianbo.org/admin3/list d=1318,2005年2月15日。

董珊:《讀〈上博藏戰國楚竹書(四)〉雜記》,簡帛研究網,http://www.jianbo.org/admin3/2005/dongshan001.htm,2005年2月20日。

陳偉:《關於楚簡"視日"的新推測》,簡帛研究網,http://www.jianbo.org/admin3/list.asp?id=1344,2005年3月6日。

魏宜輝:《讀上博楚簡(四)劄記》,簡帛研究網,http://www.jianbo.org/admin3/2005/weiyihui001.htm,2005年3月10日。

"君王始入室,君之服不可以進。"不止,曰:"小人之告󰀀,將斷於今日。尔必止小人,小人將召寇。"䧹人弗敢止。至【2】閨,卜命尹陳眚爲視日,告:"僕之母(毋)辱君王,不幸僕之父之骨在於此室之階下,僕將埮亡老[□□□]【3】以僕之不得并僕之父母之骨,私自搏。"卜命尹不爲之告。"君不爲僕告,僕將召寇。"卜命尹爲之告。[王]【4】曰:"吾不知其尔墓。尔姑須,既落焉從事。"王徙處於坪澫,卒以大夫飲酒於坪澫。因命至俑毀室。【5】

第5簡末尾尚有"昭王䜉"三字,跟上文以一道粗橫杠隔開,是屬於下一篇《昭王與龔之脽》開頭的内容。以上5支竹簡中,第1、5簡本爲完簡,第2、3、4簡由上下兩段殘簡拼合而成。從文意來看,以上整理者的拼合與編連當無問題。第3簡的拼合或有不同意見,詳後文。

本篇的大致内容,整理者概括爲:

> 敍述昭王新宫建成後與大夫飲酒,有一位穿喪服的人踰廷而入,並訴説他父母的屍骨就埋葬在新宫的階前,現新宫建成,他就無法祭祀父老,昭王聞此即令毀室。

其中所謂"父母的屍骨就埋葬在新宫的階前"不太準確,簡文只説其父親的屍骨埋葬在新宫的階前,而且此人見王的目的顯然就是爲了"并(其)父母之骨",也可見其父母的屍骨本不在一處。董珊先生指出,本篇内容跟文獻中的以下三個故事可以比較:

> 1.《禮記・檀弓上》:"季武子成寢,杜氏之葬在西階之下,請合葬焉,許之。入宫而不敢哭。武子曰:'合葬,非古也。自周公以來,未之有改也。吾許其大而不許其細,何居?'命之哭。"
>
> 2.《晏子春秋》卷二内篇諫下:"景公路寢臺成逢于何願合葬晏子諫而許第二十。"
>
> 3.《晏子春秋》卷七外篇上第七:"景公臺成盆成适願合葬其母晏子諫而許第十一。"

其説甚是。上引《禮記・檀弓上》孔穎達《正義》云:"先儒皆以杜氏喪從外來,就武子之寢合葬,與孔子合葬於防同。又案《晏子春秋》景公成路寢之臺,逢於阿盆成逆後喪,並得附葬景公寢中,與此同也。"簡文第3簡末尾略有殘缺,劉樂賢先生説第3簡"'僕將埪亡老'之後可能還有文字,此句大致是説擬將父母合葬",可從。孟蓬生先生解釋第5簡"尔姑須既落,焉從事"爲"你姑且等落成典禮之後再遷葬你父親的遺骨吧",從上舉古書中的三個相類故事都是説將新喪之母就父親之墓合葬來看,將其父"遷葬"的可能性似乎不大。

第3簡我們釋爲"幸"的字原作:

整理者隸定作"㹜",釋讀斷句爲"僕之母(毋)辱君王不㹜(逆),僕之父之骨在於此室之階下",考釋説:

"㹜",從犬,屰聲,讀爲"逆"。"不逆"是君子的謙稱;"不逆之君"即有道之君,《晏子問下》:"君子懷不逆之君。"

研究者對具體文意的理解有不同看法,斷句上也存在分歧,但大都認可整理者對字形的隸定和分析。如劉樂賢先生認爲整理者讀爲"逆"可從,改將"君王不逆僕之父之骨在於此室之階下"連讀,謂"疑此處'逆'字爲動詞,是料想、預料的意思"。陳偉先生釋讀斷句作:"僕之母辱。君王不逆僕之父之骨在於此室之階下……"鄭玉姍認爲,"母"當讀爲"父母"之"母",簡文"僕之母辱君王不逆,僕之父之骨在此室之階下""當爲修辭學上的'互文足義'句法,可還原'僕之父母之骨在此室之階下,辱君王不逆'。爲君子謙稱自己的父母之骨骸現今葬於君王之宮室之下,有辱君王。"①此外,董珊先生釋讀爲"僕之母辱君王不㹜(?侒?)僕之父之骨才於此室之階下"。按"㹜"字作爲偏旁已見於古文字,其左半從"來",②與

---

① 鄭玉姍:《〈上博四·昭王毀室〉札記》,簡帛研究網,http://www.jianbo.org/admin3/2005/zhengyushan002.htm,2005年3月31日。
② 西周金文有䣄作祖辛尊(《殷周金文集成》11.5892),器主之名"䣄"字從"臼"從"㹜";楚簡文字有"憖"字,看李守奎編著《楚文字編》,華東師範大學出版社,2003年,第609~610頁。

此字左半不同。

我們認爲簡文此字左半所從並不是"屰"。由於舊有戰國文字中有不少"屰"旁與此字左半很相近，容易給人以此字從"屰"的錯覺，需要首先加以辨析。我們來看下舉戰國文字中的"屰"旁：①

逆：[圖]行氣玉銘　[圖]侯馬盟書156:2　[圖]　[圖]中山王方壺

朔：[圖]梁十九年鼎　[圖]公廚左官鼎　[圖]《古璽彙編》3092

[圖]溫縣盟書　[圖]溫縣盟書

上舉"屰"旁或在倒寫的"大"形中間加一小點作爲飾筆，小點又演變爲一橫，確與簡文此字左半很相近。但值得注意的是，上引諸形都屬於三晉系文字。而在楚系文字中，"屰"旁寫法與以上諸形有很大不同。這一點似尚未引起大家足夠的重視，所以我們不厭其煩，儘可能多地將楚系文字中從"屰"旁的字列舉如下：②

朔：[圖]《古璽彙編》3558　[圖]《古璽彙編》3185　[圖]包山簡63

[圖]包山簡63　[圖]包山簡98

逆：[圖]鄂君啓車節　[圖]鄂君啓舟節　[圖]包山簡75　[圖]包山簡71　[圖]楚帛書甲篇第7行　[圖]曾侯乙墓簡13　[圖]郭店簡《性自命出》10　[圖]郭店簡《性自命出》11　[圖]郭店簡《性自命出》17　[圖]郭店簡《成之聞之》32　[圖]上博簡《容成氏》8　[圖]上博簡《性情論》4　[圖]上博簡《性情論》5

---

① 參看湯餘惠主編《戰國文字編》，福建人民出版社，2001年，第94頁"逆"字、第470頁"朔"字。

② 參看李守奎編著《楚文字編》，第430頁"朔"字、第98頁"逆"字。

由以上諸形可以看出，楚系文字中的"屮"旁自有其獨特寫法，與"丰"和"毛"都頗爲相近，而跟前舉三晉系文字的寫法有很大差別。正由於此，上舉曾侯乙墓簡 13 的"逆"字舊被釋爲"迁"，郭店簡的"逆"字或被釋爲"迬（逢）"。①

前舉《昭王毀室》之字左半所從其實是"倒矢"形。楚系文字作"倒矢"形和從"倒矢"形的字很多，今將字形比較清晰的列舉如下：②

矢：▢ 曾侯乙墓簡 3　▢ 曾侯乙墓簡 37　▢ 上博簡《孔子詩論》22　▢ 上博簡《容成氏》2　▢ 上博簡《容成氏》18

弞（射）③：▢ 鄂君啓舟節　▢ 包山簡 38　▢ 包山簡 38　▢ 包山簡 138　▢ 郭店簡《窮達以時》8

矧：▢ 包山簡 190　▢ 包山簡 36　▢ 包山簡 60

繒：▢ 包山簡 165

由以上諸形可以清楚地看出"倒矢"形在"矢鏃"形的前端加飾筆小點，小點又演變爲小短橫或一長橫的軌跡。現在大家已經知道，楚系文字作"倒矢"形的字就是"矢"字。今本《詩經·齊風·猗嗟》"四矢反兮，以御亂兮"，《上海博物館藏戰國楚竹書（一）·孔子詩論》簡 22"矢"字正作"倒

---

① 如《郭店楚墓竹簡》（荊門市博物館編，文物出版社，1998 年）第 179 頁釋《性自命出》三形爲"迬"，簡 10、11 兩形括注"逢"並加問號表示不肯定；張光裕主編、袁國華合編《郭店楚簡研究》第一卷《文字編》（藝文印書館，1999 年）第 387 頁將《性自命出》三形皆隸定作"迬"；顏世鉉《郭店楚簡淺釋》（《張以仁先生七秩壽慶論文集》，臺北學生書局，1999 年，第 387 頁）謂《成之聞之》簡 32"逆"字"從字形看當是'迬（逢）'字"，"當隸作'迬'（逢）字，在簡文中訓爲'逆'"。

② 參看李守奎編著《楚文字編》，第 324 頁"矢"字，第 324～325 頁"弞（射）"字，第 325 頁"繒"字。

③ "弞（射）"字的考釋參看朱德熙、李家浩《鄂君啓節考釋（八篇）》，收入《朱德熙古文字論集》，中華書局，1995 年，第 195～196 頁。

矢"之形,可證。① 如果説這類"倒矢"形跟其他國家和地域文字中的"屰"旁還算相近的話,跟楚系文字中的"屰"旁則可説截然有别。

由上文的分析可知,簡文此字實爲左从"倒矢"右从"犬",仿照"圅"字中的"倒矢"形演變爲"羊"形,此字可隸定作"狄"。我們認爲"狄"就是"幸"字。"幸"字以前在古文字資料中還没有見到過,需要從《説文》和秦漢文字的"幸"字講起,在字形上多作一點討論。

《説文》卷十下《夭部》:"㚔(幸),吉而免凶也。从屰、从夭。夭,死之事,故死謂之不㚔。"②在我們看來,《説文》對"幸"字兩個偏旁的分析都跟其原始寫法不合。舊時説文學家解釋"幸"字多據"从屰、从夭"立論,參考價值不大。據秦漢文字,"幸"字上半可以肯定本爲"犬"字。其下半,據比較晚的隸書文字如漢碑、漢印、西北漢簡等,則似是"羊"字。③ 故研究者解説"幸"字或據"从犬、从羊"爲説,如季旭昇先生云:

　　據漢文字,"幸"字實从犬羊(原注:此説爲學生聞之於王北岳),犬羊味美,人所幸冀,得之爲幸也。④

但問題在於,早期隸書文字中"幸"字下半所从跟"羊"字也往往不同。秦和西漢早期文字中"幸"字極其多見,我們没有可能也不必一一列舉,只儘量以同一批文字資料來作比較。試將下舉馬王堆一號漢墓遣策和三號漢墓遣策文字中的"幸"字跟"羊"字和作偏旁的"羊"加以對比:⑤

一號墓遣策"幸"字: [圖] 簡186　[圖] 簡187　[圖] 簡192　[圖] 簡193

[圖] 簡194

---

① 參看沈培《卜辭"雉衆"補釋》,《語言學論叢》第二十六輯,商務印書館,2002年,第238～239頁。
② 小徐本"故死謂之不㚔"作"故謂死爲不㚔"。
③ 看漢語大字典字形組編《秦漢魏晉篆隸字形表》,四川辭書出版社,1985年,第727～728頁"幸"字。
④ 季旭昇:《説文新證》下册,藝文印書館,2004年,第120頁。
⑤ 湖南省博物館、中國科學院考古研究所編:《長沙馬王堆一號漢墓》,文物出版社,1973年。湖南省博物館、湖南省文物考古研究所編著:《長沙馬王堆二、三號漢墓·第一卷田野考古發掘報告》,文物出版社,2004年。

三號墓遣策"幸"字：[圖]簡247 [圖]簡248

一號墓遣策"羊"字：[圖]簡300 [圖]簡2 [圖]簡68 [圖]簡312

一號墓遣策"鮮"字：[圖]簡17 [圖]簡145

三號墓遣策"羊"字：[圖]簡5

三號墓遣策"鮮"字：[圖]簡80

"幸"字下半跟"羊"顯然不同。又馬王堆一號漢墓出土的漆器上"君幸食"和"君幸酒"的文字很多，"幸"字下半所從大致有[圖]、[圖]兩類形體。① 前一類可以認爲與"羊"相近，後一類形體，也是早期隸書中"幸"字下半的常見寫法，②則無論是在獨體的"羊"字還是作偏旁的"羊"字的寫法中都很少見到。③ 在睡虎地秦簡中，"幸"字下半也跟"羊"不同，而與"逆"、"朔"等字所從的"屰"旁相同，試對比（字形取自張世超、張玉春撰集《秦簡文字編》，原出處從略）：④

幸：[圖] 逆：[圖][圖] 朔：[圖][圖]

羊：[圖] [圖] [圖] [圖]

上引"幸"字下半從"屰"形，與"函"字中的"倒矢"形作"屰"相同。《玉篇·夭部》："㚔，今作幸。"其下半也作"屰"。從以上情況看，將"幸"字的下半分析爲"羊"，恐也跟其最初的寫法不合。我們認爲"幸"字的下半本爲"倒矢"形，這一點可以從"㱃"字形體的演變得到有力印證。

---

① 《長沙馬王堆一號漢墓》，第77頁圖六七"漆器上的文字"。
② 看陳松長編著《馬王堆簡帛文字編》，文物出版社，2001年，第417頁（此將"幸"字誤收在"㚔"字下）。駢宇騫編著《銀雀山漢簡文字編》，文物出版社，2001年，第336頁"幸"字。
③ 看《秦漢魏晉篆隸字形表》第242～244頁"羊"字及從"羊"諸字。
④ 張世超、張玉春撰集：《秦簡文字編》，[日]中文出版社，1990年，第749頁"幸"字，第100頁"逆"字，第507頁"朔"字，第285頁"羊"字，第286頁"羣"字、"羍"字。

釋上博竹書《昭王毀室》的"幸"字　141

"欨"字見於西周金文，作如下之形：

　　[圖]《殷周金文集成》5.2780 師湯父鼎　　[圖]《殷周金文集成》7.3745 欨簋

孫詒讓首先將這兩形釋爲"欨"。欨簋中"欨"字是器主之名，無義可説。師湯父鼎銘文云："王乎(呼)宰雁易(賜)□弓象弭、矢箙(至—箭)彤欨(栝)。"孫詒讓考釋師湯父鼎銘文"欨"字説：

　　欨義不可通，以聲類求之，疑當爲栝之借字。栝正字作𣒃，《説文·木部》："𣒃，矢栝築弭(弦)處，從木昏聲。"①昏從氏省聲，《氏部》氏讀若厥，是昏聲與欨聲相近，得相通借。彤栝承上矢言之，謂以彤漆飾矢栝，即《尚書》及《左傳》之彤矢也（原注：上文先云弓而後云象弭，此先云矢而後云彤栝，文例正同）。②

其説於音義皆密合無間，已得到絶大多數研究者的公認。《説文》卷七下《疒部》："瘷，屰气也。從疒，從屰，從欠。③ 欨，瘷或省疒。"孫詒讓分析金文"欨"字字形即據《説文》"從屰從欠"爲説，但此兩形左半與西周金文的"屰"顯然不同。吳其昌説"欨"字"象一矢形倒植於地，而有一人虔恭跪於其前爲祝賀詛咒之狀，是殆即發誓之儀矣"，④其對字形的解釋很牽強，但謂字之左半是倒矢之形則甚確。張世超等撰著《金文形義通解》指出，師湯父鼎以"欨"爲"栝""未必是假借，'欨'或即'栝'之本字"，"金文'欨'字從倒豎之矢，從欠，疑其從矢，欠聲。古音欠在溪母談部，欨在見母月部，屬旁紐通轉之例"。⑤ 其説很有可能是合於事實的。李家浩先生曾舉出

————————
① 按大徐本《説文》卷六上《木部》作："𣒃(栝)，櫽(小徐本作"檃")也。從木、昏聲。一曰：矢栝，築弦處。"
② 孫詒讓：《古籀拾遺·古籀餘論》之《古籀餘論》，中華書局，1989年，第24頁。
③ 小徐本作："气也。從疒、欨聲。"
④ 吳其昌：《金文名象疏證》，原載《武大文哲季刊》第六卷第一期，第206頁；此轉引自周法高主編：《金文詁林》，香港中文大學，1974年，第5447頁。
⑤ 張世超等撰著：《金文形義通解》，[日]中文出版社，1996年，第2193～2194頁卷八1610號"欨"字。

"見於異文的例子"和"見於諧聲字的例子"等證明"古代月談二部的字音有關",①"欠"確有資格作"欮"的聲符。

排比早期隸書中的"欮"字、"欮"旁和"幸"字,可以看出"欮"旁所從的"倒矢"形和"幸"字的下半最常見的寫法都可以歸納爲"羊"形、"羊"形和"干"形三類,兩者的變化是平行的。又前文曾舉出睡虎地秦簡中"幸"字下半跟"逆"、"朔"等字所從的"屰"旁相同之例,早期隸書中"屰"旁最常見的寫法也有"羊"形、"羊"形和"干"形三類,所以在《説文》篆形中,"欮"和"幸"就都變成从"屰"的了。下面列舉出一些字形來看:②

"欮"旁: [字形]秦印 [字形]秦印 [字形]秦印 [字形]馬王堆《十問》簡30

[字形]張家山《脈書》簡25 [字形]張家山《脈書》簡46

[字形]馬王堆《老子》乙本177 [字形]馬王堆《合陰陽》簡109

[字形]馬王堆《陰陽五行》乙篇3 [字形]馬王堆《十大經》115

[字形]馬王堆《天文雜占》4.4

"幸"字: [字形]睡虎地秦簡《秦律十八種·田律》9

[字形]張家山《二年律令》簡430 [字形]張家山《奏讞書》簡144

[字形]張家山《奏讞書》簡147

[字形]馬王堆一號漢墓漆器文字 [字形]馬王堆一號漢墓漆器文字

"屰"旁: [字形]馬王堆《陰陽五行》甲篇34 [字形]馬王堆《合陰陽》簡116

---

① 李家浩:《南越王墓車馹虎節銘文考釋——戰國符節銘文研究之四》,《容庚先生百年誕辰紀念文集(古文字研究專號)》,廣東人民出版社,1998年,第665頁。

② 下舉字形中,秦印文字取自許雄志主編《秦印文字彙編》,河南美術出版社,2001年,第187頁"厥"字、第229頁"闕"字。馬王堆簡帛文字多取自《馬王堆簡帛文字編》,第63頁"逆"字、第313頁"欮"字、第281頁"朔"字、第385頁"厥"字、第491頁"撅"字、第382頁"庌(斥)"字。張家山漢簡文字見張家山二四七號漢墓整理小組《張家山漢墓竹簡〔二四七號墓〕》,文物出版社,2001年。

釋上博竹書《昭王毀室》的"幸"字　143

　　　[字形] 馬王堆《相馬經》4　　[字形] 馬王堆《周易》4
　　　[字形] 馬王堆《經法》8　　[字形] 馬王堆《經法》2
　　　[字形] 秦印　[字形]《陰陽五行》甲篇 11
　　　[字形]《陰陽五行》甲篇 118

　　由此可見,秦漢文字中的"幸"字較爲原始的寫法實當分析爲上從"犬"下從"倒矢"形。古文字的偏旁作左右平列和作上下重疊没有區別是常見的現象,所以我們認爲,從字形上看《昭王毀室》的"狀"字就是"幸"字。"幸"字從"矢"從"犬",其形體結構及造字本義還有待進一步研究。

　　下面來看簡文文意。前文已經説過,簡 3 本由上下兩段殘簡拼合而成。上段簡文至"僕之母(毋)辱"的"辱"字止。劉樂賢先生認爲,這兩段殘簡不能連讀。他説:

　　　　整理者將該簡上、下兩殘簡連讀,並讀"母"爲"毋",似不可信。從形制和内容看,這兩枚殘簡似不能直接拼成一支整簡。頗疑這裏的"母"是指母親,"僕之母辱"後應有缺文。從下文講到父骨之所在及不得并父母之骨等事看,此處應是講喪母,是故事的起因。因此,這裏的"母"不必讀爲"毋"。

其説值得重視。但我們從以下兩方面的情況反覆考慮,還是覺得這兩段殘簡以拼合、連讀爲好。第一,第 3 簡上半段的"僕之母"後還有"辱"字,假如設想此處簡文是講母親死亡之類的意思,似乎没有理由出現"辱"字,"辱"字下也實在是很難補出缺文。而"辱"跟下半段的"君王……"連讀則是可以講通的,見下文;第二,後文跟本篇合鈔的《昭王與龔之脽》篇還有 5 支竹簡,其中第 6～9 爲完簡,第 10 爲兩段殘簡綴合而成,全篇文意連貫,中間没有缺簡。① 也就是説,合鈔在一起的《昭王毀室·昭王與龔之

---

① 整理者認爲《昭王與龔之脽》篇有缺簡,我們已指出其説不確。見陳劍《上博竹書〈昭王與龔之脽〉和〈柬大王泊旱〉讀後記》,簡帛研究網,http://www.jianbo.org/admin3/2005/chenjian002.htm,2005 年 2 月 15 日。

脽》兩篇,除此處外,都不存在竹簡缺失的問題。

　　第 3 簡上下兩段連讀處的"僕之母(毋)辱君王",意思就是"僕毋辱君王"、"我不侮辱君王",其特殊之處在於主語"僕"跟謂語和賓語"辱君王"之間加了一個"之"字,而且獨立成句。《馬氏文通》卷七《介字》論及這類主謂之間的"之"字時曾云:"讀無'之'字者其常,而有'之'字者,必讀也,非句也。"① 此説影響很大,通行的説法認爲主謂之間加"之"字的作用是"取消句子獨立性",因而〔主·"之"·謂〕結構是不能獨立成句的。其實這種看法並不全面,〔主·"之"·謂〕結構也可以在一定的語段中單獨成句,而且其例甚多,不是偶然或例外的現象。研究古漢語語法的學者對此已經有很多討論。② 如何樂士先生曾分析説:"〔主·'之'·謂〕結構與〔主·謂〕是有區別的。區別在於有了'之'以後給句子增加了一種形式上的標誌和内在的粘連性,使句子總是與一個比它大的語言單位緊密地聯繫起來。這個大的語言單位可以是一個語段、一個複句,也可以是一個句子。〔主·'之'·謂〕式可以是語段中的一個句子,複句中的一個分句,也可以是句子中的一個成分。"③ 我們從研究者舉出的〔主·"之"·謂〕結構單獨成句的例子中挑出一些列在下面:

　　《論語·陽貨》:宰我問:……宰我出,子曰:"予之不仁也!……"
　　《韓非子·喻老》:扁鵲見蔡桓公,立有間,扁鵲曰:"君有疾在腠理,不治將恐深。"桓侯曰:"寡人無。"扁鵲出,桓侯曰:"醫之好治不病以爲功。"
　　《韓非子·内儲説上》:由此觀之,譽之足以殺人矣。
　　《韓非子·五蠹》:楚之有直躬,其父竊羊,而謁之吏。
　　《吕氏春秋·去私》:墨者有鉅子腹䵍,居秦,其子殺人。秦惠王曰:"先生之年長矣,非有它子也,寡人已令吏弗誅矣,先生之以此聽

---

① 吕叔湘、王海棻編:《馬氏文通讀本》,上海教育出版社,2001 年,第 413 頁。
② 參看李運富《間"之"主謂結構的語法功能》,《衡陽師專學報(社會科學版)》1983 年第 3～4 期,第 127 頁。又參看下注所引何樂士先生文。
③ 何樂士:《〈左傳〉的〔主·"之"·謂〕式》,收入何樂士著《〈左傳〉虚詞研究》,商務印書館,1989 年,第 66～37 頁。下引何樂士先生説出處同。

寡人也。"

《左傳·成公二年》：是行也，晋辟楚，畏其衆也。君子曰："衆之不可以已也。大夫爲政，猶以衆克，况明君而善用其衆乎？《大誓》所謂商兆民離，周十人同者，衆也。"

《左傳·襄公二十三年》：仲尼曰："知之難也。有臧武仲之知，而不容於魯國。……"

《左傳·昭公二十八年》：昔賈大夫惡，娶妻而美，三年不言不笑。御以如皋，射雉，獲之，其妻始笑而言。賈大夫曰："才之不可以已。我不能射，女遂不言不笑夫！"

這些例句可以證明我們對簡文"僕之毋辱君王，不幸僕之父之骨在於此室之階下"的讀法在語法上是成立的。何樂士先生指出，《左傳》裏在一定的語段中單獨成句的〔主·"之"·謂〕結構"大都出現在對話中，且大都用於對人或事發表評論或表示感嘆的場合，有比較強烈的感情色彩"。簡文"僕之毋辱君王"也出現在對話中，我們體會，它有在說話的開頭首先下一個判斷的語用色彩。所謂"我不侮辱君王"，是就其穿着喪服而欲見楚昭王而言的。上文簡 2 "竉人"云"君之服不可以進"，其意即以爲穿着喪服而欲見君王是對君王的侮辱，所以此人見到卜命尹即先陳說"我不侮辱君王"，接着纔說"不幸我的父親的屍骨在這宫室的臺階之下"云云。"不幸"古今皆常用，由"不幸運"的基本義引申可用於表示不希望、不願意看到的情況存在或出現，不希望、不願意看到的事情發生等。

2005 年 5 月

原載中國文字學會、河北大學漢字研究中心編《漢字研究》第一輯，學苑出版社，2005 年。

上博竹書《周易》異文選釋（六則）[*]

上海博物館所藏的戰國楚竹書《周易》，[①]是現所見時代最早的本子（以下簡稱"竹書本"）。跟今通行的王弼注本（以下簡稱"今本"）、出土的馬王堆漢墓帛書本（以下簡稱"帛書本"）[②]和阜陽雙古堆漢簡本（以下簡稱"阜易"）[③]比較，在字句上有不少不同。研究者多已指出，以上各本從總體上看仍是同一個本子，沒有實質性的差異。竹書本跟各本間字句的不同，大多是形異字同（包括異體字、古今字等情況）、字異詞同（通假）的性質，也有一些文字訛誤、近義詞換用和個別字詞的增減等情況，其主要價值在語言文字研究方面，有個別的則可訂正傳本之誤，在校勘上有重要價值。[④] 對此研究者已經有很多論述，在解決了不少問題的同時，也還有可以補苴之處。

本文所說的"異文"含義較爲寬泛，涉及竹書本跟各本間凡字句有出

---

[*] 本文受到"全國優秀博士學位論文作者專項資金資助項目"（FANEDD）資助（項目批准號：200311），曾提交2005年12月2～3日在臺灣政治大學中文系舉辦的"出土簡帛文獻與古代學術國際研討會"。

[①] 濮茅左：《周易釋文注釋》，馬承源主編：《上海博物館藏戰國楚竹書（三）》，上海古籍出版社，2003年。

[②] 馬王堆漢墓帛書整理小組：《馬王堆帛書〈六十四卦〉釋文》，《文物》1984年第3期，第1～8頁。圖版見傅舉有、陳松長編著《馬王堆漢墓文物》，湖南出版社，1992年。

[③] 韓自強著：《阜陽漢簡〈周易〉研究》，上海古籍出版社，2004年。

[④] 參看秦俍《上博竹書〈周易〉異文的初步考察》，北京大學本科生畢業論文（指導教師：李家浩教授），2005年6月。

入的多種情況。大致可分爲三類:前兩則竹書本文字和他本文字之間是通假和異體關係,本文從文字學的角度溝通竹書本所用文字和他本文字;第三、四、五則是竹書本文字與他本文字所表示的詞不同的,據竹書本可以訂正他本的錯誤;最後一則情況比較特殊,有研究者稱之爲"缺文"。下面分別敍述。

一 "顛頤"之"顛"

今本《頤》卦六二和六四爻辭都有"顛頤",帛書本同。阜易六二作"奠頤",①"奠""顛"音近相通。在竹書本中,"顛"對應的文字作如下之形:

▨簡24 ▨簡25

原考釋隸定作"遺"。研究者似皆無異辭。"遺"與"顛"皆從"真"聲,其相通顯得很自然直接,大概因此而未引起研究者的懷疑。

簡文此字除去"辵"旁後餘下的聲旁部分,跟"真"字字形並不密合。曾侯乙墓竹簡中"真"字多見,作▨(簡140)、▨(簡124)一類形;"填"字作▨(簡10)形;包山楚簡和天星觀楚簡中"真"字大都省略作▨(包山簡265)一類形。② "真"的寫法都跟竹書此字的聲旁有較明顯的區別。"真"字從"鼎",楚文字中"鼎"旁多見,下部的鼎足部分多訛作與"火"形相近,沒有看到像簡文此兩形的聲旁那樣寫作接近"天"形或"而"形的。

簡文此字的聲旁,在楚文字中形體最爲接近的是如下一形:

▨郭店《老子》乙本簡12

此字所在文句爲"大音～聖(聲)",裘錫圭先生指出:③

---

① 見簡133,不過圖版上此字大半已難以辨識。又簡135六四"頤"上之字右半作"真",左邊偏旁殘去。
② 參看李守奎編著《楚文字編》,華東師範大學出版社,2003年,第501頁"真"字。
③ 荆門市博物館編:《郭店楚墓竹簡》,文物出版社,1998年,第119頁所引"裘按"。

"聲"上一字疑是作兩"甾"相抵形的"祗"字古文的訛形(參見《金文編》一〇頁"祗"字條所收者汈鐘及中山王器之"祗"字),今本此字作"希","祗""希"音近。

按所謂"'祗'字古文"指見於三體石經《尚書·君奭》的 ![字], 西周金文作 等形,皆用爲祗敬之"祗"。郭沫若將其字形解釋爲兩"甾"相抵,①得到研究者的公認。《金文編》第 10 頁 0016 號所收者汈鐘及中山王器字形作 、、,正是西周金文之形演變爲上舉郭店簡之形的中間環節。

我們看前舉竹書兩形的聲旁,跟郭店《老子》之形中間和下半基本相同。其上部則又有進一步訛變。這種在偏旁中不成字的部分,出現較大的訛變是不奇怪的。竹書本兩形从"古文祗"得聲,與今本和帛書本的"顛"字是音近相通的關係。"祗"是章母脂部字,"顛"是端母真部字,其聲母相近("顛"的聲符"真"也是章母字),韻部陰陽對轉。"氐"聲字與"真"聲字輾轉相通的例子如,"視"字从"示"聲(異體作"眡"亦同),古文作从"氐"聲之"䀇",而"示"字與从"真"聲之"寘"字多通(《古字通假會典》②第 568 頁【示與寘】、【示與寘】條,按"寘"與"寘"實一字之小異);"氐"聲字與"至"聲字多相通(《會典》第 568 頁【至與砥】條,第 563 頁【厎與底】條,第 564 頁【鴲與鴟】條、【桎與氏】條、【莛與柢】條),而从"至"聲的"咥"又與"真"相通,《周易·履》卦辭"履虎尾,不咥人"和六三爻辭"履虎尾,咥人",帛書本"咥"均作"真"。皆其證。

二 "有孚盈缶"之"盈"

今本《比》卦初六爻辭"有孚盈缶",帛書本略同,竹書本(簡 9)與"盈"

---

① 郭沫若:《由壽縣蔡器論到蔡墓的年代》,《考古學報》1956 年第 1 期;收入氏著《文史論集》,人民出版社,1961 年,第 299～304 頁。又參看《金文餘釋之餘》,《郭沫若全集·考古編·第五卷》,科學出版社,2002 年,第 436 頁。

② 高亨纂著、董治安整理:《古字通假會典》,齊魯書社,1989 年。以下簡稱《會典》。

上博竹書《周易》異文選釋(六則)　149

相當的字作前所未見的如下之形：

原考釋釋爲"海"，顯然跟字形不合。研究者有幾種不同意見，① 其中以何琳儀、程燕和季旭昇先生之説最值得重視。何琳儀、程燕先生説：②

按，原篆與"海"不似，疑从"水"，"企"聲。《説文》："企，舉踵也，从人，止聲。去智切。"《集韻》："企，舉踵也，或作跂。章移切。"然則"企"可能有兩種讀音，此簡的"△"疑從《集韻》的讀音，聲紐屬舌音。今本"盈"聲紐亦屬舌音。因此，"△"與"盈"聲紐相同，韻部由支耕對轉。

季旭昇先生將此字隸定作"洇"，解釋説：③

其實，簡本此字就是"水滿"義的"盈"的本字，字从水从夃。"盈"字石鼓文作""(《戰國文字編》頁318)、《睡簡·效》21作""(《睡虎地秦簡文字編》頁72)、《銀雀山》702作""(《銀雀山漢簡文字編》頁178)、《馬王堆·老甲》6作""(《馬王堆簡帛文字編》頁199)。睡虎地簡、銀雀山二形"皿"上所从，與楚簡"洇"字右旁所从極爲類似。從石鼓文來看，"洇"字似應从"人(繁化爲千)"从"夂(與止同義)"，會"人至"之義，引伸爲"至"。楚簡本"洇"字从水从夃，會水至盈滿之義，故爲"水盈"之本字("盈"可視爲从皿、洇省聲；也可視爲

---

① 如楊澤生先生認爲此字當分析爲从"水"从"歺"，讀爲"竭"，見楊澤生《竹書〈周易〉中的兩個異文》，簡帛研究網，http://www.jianbo.org/admin3/html/yangzesheng04.htm，2004年5月29日。黃錫全先生認爲此字應該隸定爲"浸"，謂"浸當爲'潓'字省作"，"'潓缶'當讀爲'罂缶'"。見黃錫全《讀〈上博戰國楚竹書(三)〉札記數則》，簡帛研究網，http://www.jianbo.org/admin3/html/huangxiquan02.htm，2004年6月22日。
② 何琳儀、程燕：《滬簡〈周易〉選釋》，簡帛研究網，http://www.jianbo.org/admin3/list.asp?id=1194，2004年5月16日。
③ 季旭昇：《上博三周易比卦"有孚盈缶""盈"字考》，簡帛研究網，http://www.jianbo.org/admin3/2005/jixusheng004.htm，2005年8月15日。

从皿及會意);"人"形繁化爲"✕"、"夂(止)"形訛爲"女"形,爲楚系文字常見的現象。據此,楚簡本"汲"當釋爲"水盈"之"盈",與今本作"盈"同字。

何琳儀、程燕先生之説,對此字右半之形何以是"企"未作論證,不易取信於人。季旭昇先生對"汲"字和"盈"字的構造以會意爲説,顯得頗爲牽强。但他將簡文字形與"盈"字相聯繫,則極富啓發性。將他們意見中的合理部分結合起來考慮,可以得到一個也許更爲接近事實的新認識。季先生説此字右半和石鼓文"盈"字上半"从'人(繁化爲"千")'从'夂(與"止"同義)'",按"从人从夂(或止)"之形,可不就是何琳儀和程燕先生所説的"企"字麽?

"企"字殷墟甲骨文作𠀤(《甲骨文編》第339~340頁),象人舉踵跂足而立之形。"企"、"跂"本爲一字。人形與横寫的止形斷裂分離,止形豎置變作普通的"止"旁即成"企"字;斷裂分離出來的止形變爲倒寫的"夂"或"夊",即前引秦漢文字中"盈"字上半所从"丮"中的"夂"或"夊"形。季先生已指出,石鼓文"盈"字上半所从的"人"形"繁化爲'千'",所謂"千"由"人"形中部添加飾筆而來。秦陶文"致"字或作如下之形:

《古陶文彙編》5.27　　《古陶文彙編》5.28

其右半也是在畫出"止"形的"人"形的中部添加了飾筆。石鼓文"盈"字上所从"企"旁的特别之處在於其"人"形故作屈曲,這當僅是出於書寫上的變化,很難説有什麽特别的用意。但這種書寫上的特點被後代文字所繼承保留,故作屈曲的"人"形再與"止"形斷裂分離後演變爲了"乃"形,"盈"字就變成上从所謂"丮"形了。[①] 同一個偏旁在不同的字裏,由於偶然的

---

① 《説文·卷五上·皿部》分析"盈"字爲"从皿、丮"會意,《説文·卷五下·夊部》:"丮,秦以市買多得爲丮。从乃、从夊。益至也。从乃(小徐本無'从乃'二字)。《詩》曰:我丮酌彼金罍。"所引《詩》見於《詩經·周南·卷耳》,今本"丮"作"姑"。單獨的"丮"字古文字中未見,《説文》對"丮"的分析解釋及其所記讀音即使有據,"盈"字上所从所謂"丮"形當亦本與之無關。

因素導致後來的演變情況不同,可以舉我們討論過的"配"、"肥"和"妃"等一系列字爲例。這些字中的"己"形或"巴"形,來源於"配"字所從的寫作上部填實的"卩"旁。① "配"字所從的"卩"旁寫作上部填實之形,"盈"字上所從"企"旁的"人"形寫作屈曲之形,最初恐怕都很難說有什麽特別的用意。但一旦被後代文字所繼承沿用,其演變結果就跟普通的"卩"旁和"人"旁有很大不同了。

前舉竹書之形右半爲所謂"及"形之變體,前引季旭昇先生説"'人'形繁化爲'ㄨ'、'夊(止)'形訛爲'女'形,爲楚系文字常見的現象",已經簡明地把問題說得很清楚了。明白了"盈"字中所謂"及"就是"企"字的變形,則"盈"當分析爲從"皿"從"及(企)聲",是從"器滿則盈"角度爲"盈"義造的字;"汲"當分析爲從"水"從"及(企)聲",則是從"水滿(器)則盈"角度爲"盈"義造的異體字。從讀音上來說,前引何琳儀、程燕先生之說已指出"企"與"盈"韻部係支耕對轉。其聲母,"盈"是余母,"企"是溪母,余母字從溪母字得聲之例如"穎"和"潁"從"頃"聲,"閻"和"焰"從"臽"聲等。從文字通假方面觀察,"企"或與"畦"相通,《龍崗秦簡》簡120:"侵食道、千(阡)、陌,及斬(塹)人疇企(畦),貲一甲。"②而從"圭"聲的跬步之"跬"字,古書常常寫作"頃",又或作"蹞"(《會典》第445頁【跬與頃】條、又第53~54頁【頃與跬】條);從"奚"聲的"謑"與間接從"圭"聲的"諽"爲一字異體,而《禮記·孔子閒居》和《孔子家語·論禮》的"傾耳而聽之",《上海博物館藏戰國楚竹書(二)·民之父母》簡6作"奚耳而聽之","奚"通"傾"。綜合以上情況看,"企"作"盈"的聲符從讀音來說是合適的。

由此,我們不但明白了"盈"在楚簡中何以寫作""形,連帶對"盈"字本身的構造也弄清楚了。

---

① 陳劍:《釋〈忠信之道〉的"配"字》,《中國哲學》編委會、煙臺大學國際簡帛研究中心主辦:《國際簡帛研究通訊》第二卷第六期,2002年。

② 中國文物研究所、湖北省文物考古研究所編:《龍崗秦簡》,中華書局,2001年。

三 "羹井"之"羹"

竹書本簡44有一個字形很怪的"羹"字，在《井》卦卦辭中：

荥（井）：改邑不改荥（井），亡（无）喪亡（无）昇（得），逞（往）杢（來）荥₌（井井）。气至，亦母（毋）羹荥（井），羸（羸）丌（其）缾（瓶），凶。

原考釋隸定作"羹"，云"待考"。徐在國先生説①：

《周易》第44簡有字作 T。馬王堆漢墓帛書本作"汲"、今本作"繘"。T作者僅作硬性隸定。按：T所從的"米"、"犬"、"月（即肉）"，疑爲"類"字異體。另外一部分是"惟"。類、律二字古通。……律、聿二字古通。……聿、繘二字古通。……T所從的"類"、"惟"都是聲符，當讀爲"繘"。"繘"、"汲"二字當屬同義關係。

按此字原形如下：

其左上角所從是"午"形而非"米"，原考釋的隸定以及由此而來的徐在國先生釋"類"之説，跟字形不合。我們改爲隸定作"羹"。

"羹"字除去右上的"惟"形和下半的"犬"形後餘下的部分，跟楚文字"達"字的一類寫法的聲旁字形相同：

《上海博物館藏戰國楚竹書（二）·民之父母》簡2"達於禮樂之源"之"達" 《古璽彙編》1592 《古璽彙編》2246 《古璽彙編》5331

---

① 徐在國：《上博竹書（三）〈周易〉釋文補正》，簡帛研究網，http://www.jianbo.org/admin3/html/xuzaiguo04.htm，2004年4月24日。

楚文字中"達"字的寫法很多，上舉一類寫法的"達"字跟常見的"達"字字形距離較遠，需要先略作解釋。楚文字中"達"字字形的來源和各類寫法之間的關係，魏宜輝先生曾有很好的分析。他指出，西周金文中"達"字作 ⟨字⟩、⟨字⟩、⟨字⟩ 等形(看《金文編》第101頁)，楚文字中或將其聲旁的下半部分用所謂"省形符號""〓"代替，作⟨字⟩(郭店《語叢一》簡60)、⟨字⟩(郭店《五行》簡43)一類形；或又在其聲旁下部贅加偏旁"口"，作⟨字⟩(郭店《老子》甲本簡8)、⟨字⟩(郭店《語叢一》簡60)一類形；"〓"形或省作一筆作⟨字⟩[《上海博物館藏戰國楚竹書(一)·孔子詩論》簡19]，又或完全省去作⟨字⟩(郭店《窮達以時》簡11、14、15等)。⟨字⟩類寫法和前舉⟨字⟩一類寫法又或再加上"月"旁作：①

⟨字⟩ 包山簡121　　⟨字⟩《古璽彙編》3528　　⟨字⟩ 郭店《性自命出》簡54

上舉三形，再省去其聲旁中部的"口"形或"〓"形，就變成前舉聲旁作上爲"午"形下爲"月"形的楚文字"達"字之形了。②

前引徐在國先生說中已提到，竹書本"爨"字"馬王堆漢墓帛書本作'汲'、今本作'繘'"；同時值得注意的還有，今本的"亦未繘井"和帛書本的"亦未汲井"，否定詞都是用"未"，而竹書本說"亦母(毋)爨汬(井)"，否定詞是用"毋"。由此看來，帛書本和今本之文，跟《周易》經文的原始面貌相比，已經有了較大的不同，或是出於流傳過程中的有意改動，或是傳鈔之誤。《井》卦卦辭古今有很多異說，帛書本出土後研究者的解說也多有不同，都有難以完全講通之處，大概就跟帛書本和今本之文已非原貌有關。

---

① 魏宜輝：《楚系簡帛文字形體訛變分析》，南京大學博士學位論文，2003年，第43～47頁。

② 李守奎先生編著的《楚文字編》第102頁將這些字形中有"月"的"達"字收在"達"字下釋爲"達"字異體，隸定作"遅"。

我們不打算一一徵引辨析舊説，下面逕來探討竹書本之意。

"嬜"字既然其最成問題的偏旁與楚文字"達"字的聲旁相同，自然可以考慮直接讀爲"達"。"達"常訓爲"通"，"達井"之説是可以成立的。《孟子·盡心上》："孟子曰：有爲者辟若掘井，掘井九軔而不及泉，猶爲棄井也。""掘井及泉"即爲"達"、爲"達井"。《抱樸子内篇·極言》：

> 井不達泉，則猶不掘也；一步未至，則猶不往也。

《左傳》哀公元年"在軍，熟食者分，而後敢食"孔穎達《正義》：

> 《孫武兵書》云：軍井未達，將不言渴；軍灶未炊，將不言飢。

託名黃石公的《黃石公三略·上略》也説：

> 《軍讖》曰：軍井未達，將不言渴；軍幕未辦，將不言倦；軍灶未炊，將不言飢。

《淮南子·兵略》和《尉繚子·戰威》有跟上引《黃石公三略·上略》相近的一段文字，有關部分如下：

> 《淮南子·兵略》：軍食孰然後敢食，軍井通然後敢飲，所以同飢渴也；合戰必立矢射之所及，以共安危也。

> 《尉繚子·戰威》：軍井成而後飲，軍食熟而後飯，軍壘成而後舍，勞佚必以身同之。

可見，簡文"母（毋）嬜（達）汬（井）"可以解釋爲"没有已經穿通的井"，亦即"没有已成的井"。

前引竹書本"亦母（毋）嬜（達）汬（井）"前的"气至"，今本作"汔至"，帛書本作"𦨶至"。今本"汔"字舊或訓爲"幾"、"近"，或訓爲"乾涸"、"水竭"等。今據"亦毋達井"之釋，則舊説皆難通。疑"汔"讀爲飢渴之"渴"（《説文》作"渇"）。"乞"聲字與"曷"聲字音近可通，如《穀梁傳》僖公九年記葵丘之會的誓辭有"毋訖糶"，《孟子·告子下》作"無遏糶"。帛書本的"𦨶"，應當就是一個"曷"、"气"皆爲聲符的雙聲字，這也有助於説明其所表之詞本爲"渴"。同時還可注意的是，意爲"幾"、"近"的"汔"字見於《未濟》卦辭"小狐汔濟"（《周易》經文只有這兩處"汔"字，且亦無"迄"和"訖"字），帛書本作"小狐气涉",所用之字爲"气"而非"訖",也可以在一定程度上説明帛書本的"訖"字不會是"幾"、"近"之意。"渴至"的説法與"飢寒至"、"飢寒至身"(《漢書·食貨志上》)相類。《説苑·雜言》:"譬之猶渴而穿井,臨難而後鑄兵,雖疾從而不及也。"《説苑·奉使》:"寡人所謂飢而求黍稷,渴而穿井者。"

"羸其瓶"的"羸",前人或釋爲"毁敗",可從。《中孚》九二爻辭"我有好爵,吾與尔靡之",帛書《周易》及帛書《繫辭》"靡"均作"羸";《大壯》九三爻辭:"羝羊觸藩,羸其角。"帛書本同。這些"羸"字所表示的當爲同一詞。研究者多讀爲《説文·卷八上·人部》訓爲"相敗也"的"儽"字。[①] 水井尚未穿通出水,則以綆繫瓶下井汲水自然容易踫到井底而摔破,此即"羸其瓶"。

綜上所述,竹書本《井》卦卦辭後半部分意爲:已經口渴,卻還沒有已經穿通出水的水井,汲水之瓶入井碰到井底被摔破,是爲凶兆。

四 "懷其次"之"次"

《旅》卦六二爻辭今本、帛書本、阜易(簡207)和竹書本(簡53)分別作:

    今　　本:六二:旅即次,懷其資,得童僕貞。
    帛書本:六二:旅既次,壞(懷)其茨,得童剝(僕)貞。
    阜　　易:六二:旅即其次☐
    竹書本:六二:遊(旅)既宎(次),裹(懷)丌(其)次,㝵(得)僮(童)僕(僕)之貞。

先説"即"與"既"的異文問題。馬王堆漢墓帛書整理小組發表的帛書《六十四卦》釋文在"既"字後括注"即",研究帛書《周易》的學者多從之,仍以"即"字來解釋經文。按"既"與"即"讀音不近,兩字不會是通假關係,而

[①] 聞一多:《周易義證類纂》,收入孫黨伯、袁謇正主編《聞一多全集10·周易編》,湖北人民出版社,1993年,第227頁。高亨:《周易古經今注》,中華書局,1957年,第164頁。

當爲形近誤字關係。"既""即"形近易誤,如《尚書·顧命》"茲既受命,還","漢石經"既"作"即";馬王堆帛書《繆和》六十行下"越王句踐(踐)即已克吳","即"顯然爲"既"之誤字。①皆其例。今竹書本亦作"既"不作"即",與帛書本同,則可肯定今本和阜易的"即"當是誤字,解釋經文之意當以"既"爲準。"旅既次"即商旅已經在客舍住下,②"次"爲動詞。阜易作"旅即其次","其"字當是在"既"字已誤爲"即"字之後添加。竹書本下九三爻辭"遞(旅)焚丌(其)宑(次)",今本同(帛書本殘缺)。此"宑(次)"字作名詞"次舍"義,上六二云商旅已經住進次舍,故此辭可以有"丌(其)"字。

原釋文在"次"字後括注"資",考釋謂:

"次",从欠、从水,亦作"涎",《説文·次部》:"次,慕欲口液也。"……意爲旅居在外,得福,有所懷慕,得童僕真誠之助。

按釋爲"次(涎)"和括注"資"是有矛盾的,兩字讀音相差很遠,不可能相通。帛書本作"茨","資"、"茨"兩字的聲旁"次"與"次"字形接近,看來"次"、"次"必有一誤。問題是,到底何者爲誤呢?我們看竹書"次"字是作如下之形:

左半从"水"旁。爲敍述方便,我們可將其隸定作"欴"。試跟楚簡"資"字所從的"次"旁比較:

《上海博物館藏戰國楚竹書(四)·曹沫之陳》簡17"毋愛貨

---

① 見陳松長編著《馬王堆簡帛文字編》,文物出版社,2001年,第205頁。又陳松長《馬王堆帛書〈繆和〉、〈昭力〉釋文》,《道家文化研究(第六輯)》,上海古籍出版社,1995年,第374頁。

② 《旅》陸德明《釋文》:"旅,羇旅也。""旅,小亨"孔穎達《正義》:"旅者,客寄之名,羇旅之稱,失其本居而寄他方謂之爲旅。"《旅》卦之"旅"可兼有"商旅"和一般的"旅人"二義,猶《井卦》之"井"兼指"水井"和捕獵之"陷阱"。

"資子女"之"資"

兩者字形相差很遠,可見當時的"欤(次)"字是很難由"次"字而誤的。隸楷中"冫"旁與"氵"旁常相亂,如馬王堆帛書中"資"字或從"次"作,本從"次"的"羡"和"盗"字漢碑文字或從"次"作,①等等。"羡"字通行的寫法作"羨",即由此而來。②但這種訛混,是要在水旁已經寫成三短橫或短斜筆的前提下纔能產生的。水旁寫成三短橫或短斜筆,在戰國文字中只見於戰國晚期的秦文字,係秦系篆文俗體,後來演變爲隸楷中俗所謂"三點水"的"氵"。如果《周易》經文本來是作"次"字,在上博竹書中是無由誤寫成"欤"的。相反,如果經文本來是作"欤"字,在秦漢文字中水旁變成"氵"形作"次"後誤爲"次"字(今本和帛書本又分別轉寫爲"資"和"茨"③),就很好理解了。

談到這裏要補充説明一點。"次(涎)"字最初的字形也是從數小點而不從"水"旁的。殷墟甲骨文"次(涎)"作 (《殷墟甲骨刻辭類纂》第142頁),④西周金文條戒鼎"用獄次"之"次"字作 ,⑤字皆從數小點。但這類寫法的"次"字西周以後即未再見到,大概很早就被從"水"的"欤"形所取代了。《説文》"籀文次"從二水作 ,西周春秋金文"盗"字作 (春

---

① 參看漢語大字典字形組編《秦漢魏晉篆隸字形表》,四川辭書出版社,1985年,第413、625頁。
② 邵瑛:《説文解字羣經正字》:"(羡)今經典往往作羨。郭忠恕《佩觿》分'羨'、'羡'爲二字,'羡'以脂翻,江夏地名;'羨'似面翻,慕也。非也。字書無從次之字,惟一字而數音耳。"(引自《説文解字詁林》第8778頁)。段注"羡"字下亦云:"若江夏郡沙羨縣,音夷,則係方語。"今《漢語大詞典》承用《佩觿》之分,爲"羨"字立兩字頭,"羨¹"同"羡¹","羨²"釋爲古縣名"沙羨",非是。
③ "懷其資"《釋文》:"本或作'懷其資斧',非。"按《旅》九四云"旅于處,得其資斧,我心不快",作"懷其資斧"者當是"次"誤爲"次"後又受九四爻辭影響而誤(《巽》上九亦有"喪其資斧")。
④ 參看于省吾《釋次、盗》,收入《甲骨文字釋林》,中華書局,1979年,第382~387頁。張政烺:《殷虚甲骨文羡字説》,收入胡厚宣等著《甲骨探史録》,生活·讀書·新知三聯書店,1982年,第32~35頁。又收入《張政烺文史論集》,中華書局,2004年,第444~446頁。
⑤ 條戒鼎此字釋爲"次"見吳振武《條戒鼎補釋》,《史學集刊》1998年第1期,第4~5頁。

秋早期秦公鐘,《殷周金文集成》1.0265 等;又見於西周晚期逨盤,字形略同,《考古與文物》2003 年第 3 期第 10 頁圖一八),其聲符即从"火"从"籀文次"(从"火"从"籀文次"之字亦見於戎生編鐘,字形略有訛變),"次"字中表示口水的數小點已變爲"水"旁。早期的"次(涎)"字从數小點,與秦漢文字"次(涎)"字之从"三點水"只是偶合,形體上並無直接的演變繼承關係。

既知經文本當作"懷其次",則"次"當讀爲"羡"。《説文‧卷八下‧次部》:"羡,貪欲也。从次、从羑省。"未説"次"是聲符,分析上半的"羊"爲"从羑省"也很牽強。朱駿聲《説文通訓定聲》已指出"次亦聲"。張政烺先生説殷墟甲骨文用爲"河水滿溢"義的"次"云:"按照周漢以來書册上的習慣當讀爲羡。羡和次古音完全相同,是一個後起的字。最早的次意爲'慕欲口液',後世分成兩個字:1. 羡是慕欲,2. 涎(或作唌)是口液。但在中古時期次、羡、涎、唌這幾個字也還常混用無別。……"①可爲簡文"次"讀爲"羡"之證。② "羡"舊注或訓爲"溢",常訓爲"餘",③由"滿溢"義引申爲有餘、剩餘、饒餘。經文"懷其羡"的"羡"用於商旅,當指商旅所得之贏利,亦即其財物跟本錢相比的"羡餘"部分。《鹽鐵論‧力耕》:

大夫曰:"……長沮、桀溺,無百金之積,跖蹻之徒,無猗頓之富,宛、周、齊、魯,商遍天下。故乃商賈之富,或累萬金,追利乘羡之所致也。富國何必用本農,足民何必井田也?"文學曰:"……天下煩擾,而有乘羡之富。……"

言商賈以"利"、"羡"對舉(後世有"羡利"一詞),此二"羡"字即明確指商賈的"贏利"。"羡"字此義略與贏利之"贏"相當,"贏"之"贏利"義本也是由"多餘"、"盈餘"一類義引申而來的("贏"、"盈"多通,"盈"由盈滿、盈溢義

---

① 前引張政烺《殷虛甲骨文羡字説》,《甲骨探史録》,第 33 頁。又《張政烺文史論集》,第 445 頁。
② 又戎生編鐘銘文"將再(稱)穆天子次霝(靈)"句,裘錫圭先生懷疑"次""也許應該讀爲'羡餘'之'羡','羡靈'可能有餘光、餘蔭的意思"。見裘錫圭《戎生編鐘銘文考釋》,《保利藏金》編輯委員會編:《保利藏金》,嶺南美術出版社,1999 年,第 368 頁。
③ 宗福邦等主編:《故訓匯纂》,商務印書館,2003 年,第 1807 頁。

引申爲盈餘），跟"羨"字的詞義演變軌跡相類。

下面來看今本"得童僕貞"的解釋。高亨先生疑"貞"下當有"吉"字，轉寫脫去。亦即本當作"得童僕"爲一讀，"貞吉"爲一讀。① 鄭萬耕先生已經指出，據竹書本"得僮僕之貞"，有一"之"字，"就明確地表示出，'貞'字只能屬上讀"。② 可從。還有，本卦九三今本作"旅焚其次，喪其童僕，貞厲"（帛書本殘缺），而竹書本作"遞（旅）焚丌（其）宍（次），喪丌（其）僮（童）儓（僕）貞＝（貞，貞）礪（厲）"，證明今本實脫一"貞"字（當係因重文號鈔漏而脫）。可見也不能以今本的"喪其童僕，貞厲"來反推六二本作"得童僕，貞吉"。同時，竹書本九三"喪其童僕貞"即"喪其童僕之貞"，正與六二"得童僕之貞"相對，也可爲證。類似的各本間作"某某貞"和"某某之貞"的出入又如：今本《歸妹》九二"眇能視，利幽人之貞"，帛書本作"利幽人貞"；今本和帛書本《同人》卦辭"利君子貞"，阜易作"囗君子之貞"；今本和帛書本《觀》六二"利女貞"，阜易作"利女子之貞"。

"得童僕貞"的"貞"字舊多釋爲"正"，程頤《伊川易傳》釋爲"貞良"，朱熹《周易本義》釋爲"貞信"。上引鄭萬耕先生文同意程頤之說，將"童僕之貞"解釋爲"童僕之貞良"。前引原考釋說"得童僕真誠之助"，其意亦相近。這些解釋恐怕都不可信。《周易》卦爻辭"貞"字多見，舊注多訓爲"正也"，近人已經論定皆當爲"貞問"、"卜問"之意。③ 所謂"貞良"義仍是由訓"正"一類解釋來的，在《周易》中除此卦外找不到別的相同用法。而且，上引釋爲"貞良"等舊說，之所以勉強還能被人接受，多少是跟下九三爻辭今本有脫誤有關聯的。今本九三脫一"貞"字已見上述，其既脫誤作"喪其童僕，貞厲"，則在解釋六二"得童僕貞"的"貞"字時，就不存在要同時考慮

---

① 高亨：《周易古經今注》，第197頁。又高亨《周易大傳今注》，齊魯書社，1998年，第342～343頁。

② 鄭萬耕：《〈周易〉釋讀八則——以楚竹書爲參照》，《周易研究》2005年第2期，第14～15頁。

③ 李鏡池：《周易筮辭考》，收入《周易探源》，中華書局，1978年，第26～32頁。參看吳辛丑《從語法角度看〈周易〉"貞"字的訓詁》，《語文月刊》1991年第9期，收入吳新楚《〈周易〉異文校證》，廣東人民出版社，2001年，第187～191頁。又張玉金《甲骨文中的"貞"和〈易經〉中的"貞"》，《古籍整理研究學刊》2000年第2期，第6～11頁；又見張玉金《論殷墟卜辭命辭語言本質及其語氣》，《中國文字》新廿六期，藝文印書館，2000年，第55～59頁。

到跟它相對的九三"喪其童僕貞"的"貞"字的解釋的問題。今據竹書本，九三"旅焚其次，喪其童僕貞"，如果解釋爲"商旅所居客舍被焚毀，喪失其童僕之貞良"，顯然也不大成話。不過也要承認，本卦"得童僕之貞"和"喪其童僕貞"的兩"貞"字用法確實較爲特別，跟《周易》其他所有意爲"貞問"、"卜問"的"貞"字所在語法結構也都不完全相同。如果要統一用"貞問"、"卜問"意來解釋的話，似乎勉強可以説爲"得童僕之貞"，意即此爲將得到童僕的貞卜；"旅焚其次，喪其童僕貞，貞厲"，厲，危也，意即商旅所居客舍被焚毀，此爲將喪失其童僕的貞卜，此貞卜有危險。跟九三"喪其童僕"相比，六二云"得童僕之貞"之時，童僕還不屬於此商旅，故不用"其"字。

綜上所述，《旅》卦六二爻辭本作："遞(旅)既帘(次)，褢(懷)丌(其)次(资)，导(得)僮(童)儹(僕)之貞。"意爲："商旅已經在客舍住下，懷藏其贏利，此爲將得到童僕的貞卜。"跟九三"貞厲"的占斷比較，此爻辭當然是指向"吉"的一面的。

五 "不畜之餘"與"不菑畬"

《无妄》卦六二爻辭今本、帛書本和竹書本(簡20)分别作：

今　本：六二：不耕穫，不菑畬，則利有攸往。
帛書本：六二：不耕穫，不菑餘，利[有攸]往。
竹書本：六二：不静(耕)而穫(穫)，不畜之☐

廖名春先生對此處異文有很詳細的解釋，其説有得有失，下面加以徵引分析(簡稱"廖文")。①

首先，竹書本首句多出"而"字，廖文指出：

---

① 下引廖説皆見廖名春《楚簡〈周易〉校釋記(二)》，"孔子2000"網站，http://www.confucius2000.com/qhjb/cjzyjsj2.htm，2004年4月16日；又簡帛研究網，http://www.jianbo.org/ADMIN3/HTML/liaominchun03.htm，2004年4月23日；刊於《周易研究》2004年第5期，第12～19頁。

帛書《昭力》引作"不耕而穛（穫）"，多"而"字，與楚簡同。《經典釋文》："或依注作'不耕而穫'。"陸德明所見的這一或本與楚簡本、帛書《昭力》引也是一致的。

廖文又據《禮記·坊記》引此文證理等資料，肯定了簡本可信，"而"字並非衍文。可從。按竹書本簡22《大畜》卦辭"不家而食"，今本、帛書本均作"不家食"，情況與此相同。① "不耕而穫"意即不耕種而有收穫。廖文並根據竹書本對歷代舊說中誤解"不耕"和"穫"之間關係者作了詳細的徵引和中肯的批評，可參看。

廖文又說：

"不畜之"後疑殘"餘"字。王弼本、《禮記·坊記》引作"不菑畬"，帛書《易經》本、阜陽漢簡本作"不菑餘"。② "餘"當爲本字。"不耕穫，不菑畬"，當作"不耕而穫，不畜之餘"。

....

肯定了楚簡"不耕而穫"的可信，就可以討論"不畜之"的問題。按照"不耕而穫"的讀法，"不菑畬"可讀作"不菑而畬"。按照《爾雅·釋地》"田一歲曰菑，三歲曰畬"說，可引申爲"不墾荒而有田"。儘管從馬融以來，主流的看法都是如此，但驗之於楚簡等出土材料，還是有一些疑點。

首先，"不菑畬"與"不耕穫"句式相同，但"菑畬"與"耕穫"並不很搭配。"耕"與"穫"是有順承關係的兩個動詞，而"菑"、"畬"雖有"一歲"、"三歲"之別，儘管可以引申，但終覺不類。

其次，"畬"字帛書本和阜陽漢簡本皆作"餘"，不能說沒有根據。

---

① 參看吳辛丑《楚簡〈周易〉"不家而食"新解》，簡帛研究網，http://www.jianbo.org/admin3/list.asp?id=1235，2004年7月18日；吳辛丑：《楚簡〈周易〉"而"字非衍文補證》，簡帛研究網，http://www.jianbo.org/admin3/list.asp?id=1240，2004年8月1日。以上兩文合爲《楚簡〈周易〉"不家而食"新解》，署名"吳新楚"刊於《周易研究》2004年第6期，第14～16頁。

② 按阜易簡127只存"不耕穫不"四字（左半皆殘去），並無"菑餘"二字。前引韓自強《阜陽漢簡〈周易〉研究》第71～84頁所收不能歸入各卦的殘簡文字中亦無"菑餘"二字。此不知何所據而言。

因此，疑"畬"非本字，乃爲借字。《說文·食部》："餘，饒也。从食，余聲。"可見"餘"的本義是豐饒。帛書本、阜陽漢簡本之"餘"，實爲本字。因此，楚簡"不畜之"後可補"餘"字。"不畜之"即"不畜而餘"。"之"、"而"義同。

以上意見，除了"'餘'的本義是豐饒"的説法有問題外（按此説明顯是爲了跟"開荒義"的"菑"拉上關係，詳下），大致是可信的。但廖文最後的結論部分卻説：

"菑"有開荒義。……疑"不菑畬"從"不菑餘"來。"菑"，楚簡作"畜"，屬於義近互用。"不菑餘"即"不畜之餘"，意爲不墾養而豐收。與"不耕而穫"義同。

由此可知，"不耕穫，不菑畬"當依楚簡作"不耕而穫，不畜之餘"。六二爻辭是説不耕種而獲得收穫，不養殖而取得豐收，"則利有攸往"，值得去幹。説明雖然是"无妄"，不可能的事，但在特殊情況下，還是有望的。

仍嫌没有把問題真正説清楚。"開荒義"的"菑"，跟"積蓄"義的"畜"，怎麽能"義近互用"呢？竹書本"不畜之[餘]"意思很清楚，顯然只能解釋爲"不積蓄而有饒餘（或富餘）"，是没有辦法解釋成"不養殖（或'墾養'）而取得豐收"的。

我認爲，竹書本的"畜"字跟今本和帛書本的"菑"字當分别作解，"菑"字實爲"畜"的誤字。要明白這一點，需要從戰國文字中"畜"字的一種特殊寫法講起。《説文·卷十三下·田部》：

畜，田畜也。《淮南子》曰：玄田爲畜。𤲸（菑），《魯郊禮》畜从田、从兹。兹，益也。

先説上引文的校勘問題。我們知道，經典通用的"兹"字在《説文》中有二，一見於《説文·卷四下·玄部》："兹，黑也。从二玄。《春秋傳》曰：何故使吾水兹。"一見於《説文·卷一下·艸部》："兹，艸木多益。从艸、兹省聲（小徐本'兹'作'絲'）。"此是"兹（滋）益"之"兹"。説文學家多據此認爲上引"畜"字説解中"兹,益也"之"兹"當改作"兹",篆形也當改作 ⌘。不過也有人認爲"兹,益也"乃後人所加,此不必改作。① 按古文字學者一般認爲《説文》的"兹"與"兹"本即一字,皆由古文字中"丝"字上端添加飾筆之形演變而來,《説文》的區分本就不甚可靠。② 同時,《説文》以"兹(滋)益"義解"蕃(畜)"字上半所从之形也不可信(詳下文)。故我們於此不必過多糾纏。

《説文》雖未明言"蕃(畜)"字爲"古文"(段注已稱此字爲古文),但據其出自《魯郊禮》可知實亦當爲戰國魯文字。《説文・卷四上・鳥部》"鶹"字下云:"魯郊以丹雞祝曰:以斯鶹音赤羽,去魯矦之咎。"説文學家多已指出此亦係引《魯郊禮》之文,《魯郊禮》漢時猶存,故《春秋繁露》、《風俗通義・祀典》、許慎《五經異義》皆得引用。③

夏竦《古文四聲韻》所録傳鈔古文中也有這類寫法的"畜"字:

⌘ 入聲屋韻"畜"字下引《籀韻》

⌘ 去聲宥韻"畜"字下引《張揖集》

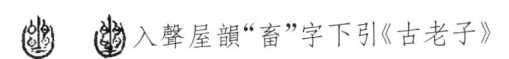

⌘　⌘ 入聲屋韻"畜"字下引《古老子》

《古老子》兩形可隸定作"畄",下半的"田"形有訛變。據學者們研究:"和其他傳鈔古文一樣,傳鈔《老子》古文亦來源於戰國文字。確切地説應是來源於戰國時代的《老子》寫本。"④此外,丁佛言《説文古籀補補》卷十三

---

① 丁福保編纂:《説文解字詁林》,中華書局,1988年,第13378～13382頁。
② 石鼓文車工石"丝"作 ⌘,上加飾筆,秦漢文字的"兹"字多由此類形發展而來,上皆非从"艸"。參看《秦漢魏晉篆隸字形表》第46頁"兹"字、第255頁"兹"字。從郭店《緇衣》簡1的"兹"字作 ⌘ 來看,戰國文字中確是有"从艸丝聲"的"兹"字的。《古璽彙編》1508的 ⌘,亦當爲"从艸丝聲"的"兹"字。但是從秦漢文字資料看,《説文》的"兹"字似當與戰國文字中"从艸丝聲"的"兹"字無關。
③ 《説文解字詁林》,第4269～4271頁"鶹"字下。又馬宗霍《説文解字引羣書考》,科學出版社,1959年,卷二第四頁。
④ 徐在國、黄德寬:《傳鈔〈老子〉古文輯説》,《中研院歷史語言研究所集刊》第七十三本第二分,2002年,第206頁。

164　戰國竹書論集

頁七"畜"字下收古璽文"徐□薔","薔"字作▨,亦即上引《古老子》的"甾(畜)"字。

　　由以上資料可以斷定,在戰國文字中"畜"字曾存在一種寫作"甾"或"薔"的異體。從文字學上看,這也很好解釋。"畜"字古文字裏上從"幺"形,"幺"形重複即成"甾";上半的"丝"形又添加飾筆即演變成"薔",與真正的"玄"字和"丝(兹)"字的演變情況正相平行。古文字裏字形重複部分偏旁的現象多見,何琳儀先生在《戰國文字通論(訂補)》中講戰國文字的"繁化"現象的"重疊偏旁"類,舉例甚多(不過其中有個別例子不甚可靠)。① 其中正有重疊"幺"形的例子:"彝"字中原來表示束縛犧牲的繩索之形從犧牲形中分離出來作"幺"形,見於中山王方壺,而在楚酓章鎛中"彝"字寫作▨(酓章鐘略同),重疊"幺"形。

　　兹聲字與甾聲字讀音非常接近,常常相通(看《會典》第418～422頁有關各條)。《禮記·緇衣》"好賢如緇衣","緇衣"郭店《緇衣》簡1作"兹衣"("兹"作从艸从丝形;《上海博物館藏戰國楚竹書(一)·紂衣》作"紂衣",才聲字跟兹聲字和甾聲字也常常相通),亦其例。可以想見,經文"不畜之餘"的"畜"字在戰國時代的傳鈔本中有寫作"甾"或"薔"的,其上半所從的"丝"或"兹"很容易被誤認爲聲符,於是被轉寫成了與"丝"和"兹"讀音極其相近的"薔"字。而"不薔餘"實不甚通,又被讀者或傳鈔者按照自己的理解改寫作"不薔畬",用跟"薔"意義有關的"畬"字代替了讀音相近的"餘"。帛書本作"不薔餘",尚保留了這一演變的中間環節。

六　《未濟》之"利"

　　竹書本所存最後一卦是《未濟》,只存一殘簡(簡58),其辭如下:

　　　　□▲。九二:漻(逸—曳)②丌(其)輪,貞吉。利涉大川。六晶

---

① 何琳儀:《戰國文字通論(訂補)》,江蘇教育出版社,2003年,第214～215頁。
② 前引何琳儀、程燕先生文指出此字即三體石經"逸"字古文,其左半"卂"形原殘。

（三）：未淒（濟），征凶，利涉大川。九四：貞吉☒

今本九二之前爲"初六：濡其尾，吝"，竹書本"九二"上殘存一字▲，原釋文釋爲"闟"，研究者似無異辭。按用"闟"表"吝"是帛書本的用字習慣，竹書本皆作"吝"。查此字原形是作：

顯然是"利"字之殘。竹書本"利"字多見，多與此形相近，如下舉兩例：

簡54"利見大人"之"利"　　簡54"利涉大川"之"利"

今本《未濟》九二之前的卦辭和初六爻辭爲（帛書本略同）：

未濟：亨。小狐汔濟，濡其尾，无攸利。
初六：濡其尾，吝。

首先容易想到的是，簡文殘字"利"可能即卦辭"无攸利"的"利"。但這樣一來就成了竹書本漏鈔了初六爻辭，而鈔漏整條爻辭的情況在竹書本和帛書本中都沒有見到過，所以這種設想不能成立，"利"仍當爲初六爻辭之末字。《周易》經文"利"字位於一辭之末的，只有"无攸利"和"无不利"兩種說法。初六"濡其尾，吝"的占斷，顯然跟"无不利"吉凶正相反，故"利"字上只能補爲"无攸利"。跟今本和帛書本相比，一種可能是竹書本原作"初六：濡其尾，无攸利"，與卦辭後半相同，"无攸利"跟今本和帛書本的"吝"相當。類似的例子如，今本《漸》卦初六"小子厲，有言，无咎"（帛書本略同），竹書本（簡50）作"少（小）子礪（厲），又（有）言，不夂（終）。""无咎"與"不夂（終）"相當。不過考慮到下面所說的情況，這種可能性也不大。

最有可能的一種情況，是竹書本初六爻辭本作"濡其尾，吝。无攸利"，多出"无攸利"三字。全面比較今本、帛書本和竹書本，各本之間類似的出入多見，兹列舉如下。

《訟》六三："食舊德，貞厲。終吉。或從王事，无成。"帛書本無"終吉"二字（竹書本簡5有）；《蠱》上九："不事王侯，高尚其事。"帛書本末多一

"兇"字;《困》初六:"臀困于株木,入于幽谷,三歲不覿。"帛書本末多一"兇"字;《艮》六四:"艮其身,无咎。"帛書本、竹書本(簡49)皆無"无咎"二字;《豐》六二:"豐其蔀,日中見斗。往得疑疾,有孚發若。吉。"帛書本末無"吉"字;《涣》初六:"用拯馬壯。吉。"帛書本、竹書本(簡54)末皆多"悔亡"二字;《涣》上九:"涣其血,去逖出。无咎。"帛書本、竹書本(簡55)末皆無"无咎"二字;《既濟》九五:"東鄰殺牛,不如西鄰之禴祭,實受其福。"帛書本、竹書本(簡57)末皆多"吉"字;《恒》卦辭:"亨,无咎,利貞。利有攸往。"竹書本(簡28)無"利有攸往"四字["利貞"與"亡(无)咎"位置亦互倒];《蹇》卦辭:"利西南,不利東北,利見大人。貞吉。"帛書本同,竹書本(簡35)無"貞吉"二字;《萃》卦辭:"亨,王假有廟,利見大人。亨,利貞。用大牲,吉。利有攸往。"帛書本、竹書本(簡42)皆無前一"亨"字,竹書本(簡42)並無"吉"字(帛書本有);《革》九三:"征凶,貞厲。革言三就,有孚。"竹書本(簡47)無"貞厲"二字(帛書本有);《涣》卦辭:"亨。王假有廟,利涉大川,利貞。"帛書本略同,竹書本(簡54)"利涉大川"前多"利見大人"四字,無"利貞"二字。

這類不同本子之間字句的出入,吳辛丑先生稱之爲"缺文",以區別於一般的衍文和脱文。① 他説:

> 這類缺文,如"亨"、"終吉"、"兇"、"无咎"、"吉",均屬《周易》中用來揭示占卜休咎的兆辭。這種異文,在別本中没有相對應的字詞,又不和句子結構相關,是比較特殊的一類。

按《漢書·藝文志》云:

> 漢興,田何傳之。訖于宣、元,有施、孟、梁丘、京氏列於學官,而民間有費、高二家之説。劉向以中古文《易經》校施、孟、梁丘經,或脱去"無咎"、"悔亡",唯費氏經與古文同。

也記載了這類不同《周易》本子之間表示吉凶休咎的占斷之辭的出入問

---

① 吴新楚:《〈周易〉異文校證》,第13~14頁。又吴辛丑:《簡帛典籍異文研究》,中山大學出版社,2002年,第18~19頁。

題。爻辭中的敍事之辭部分一般已能看出吉凶休咎，加上"無咎"、"悔亡"等占斷之辭無非是使其意更爲顯豁，因此其增删可以比較隨意。即以本卦《未濟》而言，九二"曳其輪，貞吉"，帛書本略同，竹書本（簡58）則多出"利涉大川"四字，"利涉大川"見於下六三爻辭"未濟，征凶，利涉大川"（帛書本和竹書本略同）。由此看來，《未濟》初六多出卦辭中亦出現了的"无攸利"三字，實屬正常。

2005年10月16日寫完
2006年3月改定

原載《文史》二〇〇六年第四輯（總第七十七輯）。

談談《上博（五）》的竹簡分篇、拼合與編聯問題

　　本文是初讀新近出版的《上海博物館藏戰國楚竹書（五）》後，在竹簡的分篇、拼合與編聯方面提出的一些意見。文中引用簡文釋文儘量使用通行字。釋字、括注和斷句標點跟原釋文比起來有不同之處的，多係根據自己的看法和寫作此文時已讀到的網上發表的各位先生的論文作了改動。爲避免煩瑣，不同之處恕不一一詳細列舉，僅擇要隨文注出。

一　《競建内之》和《鮑叔牙與隰朋之諫》

　　《競建内之》（以下簡稱"《競建》"）原有 10 支簡，大都爲完簡，篇題"競建内之"4 字寫在簡 1 背面。整理者編聯爲簡 1～4，簡 5～6，簡 7～10 三組，認爲各組之間有缺簡。我認爲全篇可編聯爲：簡 1，簡 5～6＋2＋7＋4＋3＋8～10。除簡 1 與簡 5 之間可能有缺簡外，其餘諸簡皆可連讀。

　　《鮑叔牙與隰朋之諫》（以下簡稱"《鮑叔牙》"）原有 9 支簡，也大都爲完簡，其中簡 9 爲篇題簡。整理者編聯爲簡 1～2，簡 3～8 兩組，認爲兩組之間有缺簡。季旭昇先生認爲："全文簡序擬調整爲：缺簡，9，4→5→6→7，3，1→2，8（→表示能連讀）。"①除了篇題簡的位置外，我們贊同季先生

---

① 季旭昇：《上博五芻議（上）》，簡帛網，http://www.bsm.org.cn/show_article.php?id=195，2006 年 2 月 18 日。

談談《上博(五)》的竹簡分篇、拼合與編聯問題　169

對竹簡先後順序的看法,同時認爲各簡之間並無缺簡,皆可連讀。而且本篇首簡簡 4 應該上與《競建内之》篇簡 10 相接,兩篇合爲一篇。

爲便於討論,下面先鈔出全篇釋文。一些字詞在注釋中略作解釋,個別不便隸定的繁難字暫以"□"代替,在注釋中説明(以下幾篇同)。

　　　[□]□㚅,隰朋與鮑叔牙從。日既,公問士大夫:①"日之食也,曷爲?"鮑叔牙答曰:"星弁子曰:爲齊【競建1】　　競建内之【競建1背】

　　　[□]□言曰多。"鮑叔牙答曰:"害將來,將有兵,有憂於公身。"公曰:"然則可敚(説)歟?"隰朋答曰:"公身【競建5】爲亡道,不遂(遷)於善而敚(説)之,②可乎才(哉)?"③公曰:"甚〈尚—當〉才(在)吾,不溓(賴)二三子。不諟忎(?〈安—焉?〉),寡人至於使日食。"鮑叔牙【競建6】與隰朋曰:④"羣臣之辠也。昔高宗祭,有雊(雄)雉於彝(彝)前。⑤詔(召)祖己而問焉,曰:'是何也?'祖己答曰:'昔先君【競建2】客(格)王,⑥天不見禹(害),地不生宵(孽),⑦則訓諸鬼神,⑧曰:"天地明弃我矣!"近臣不訐(諫),遠者不方(謗),⑨則修諸向(鄉)【競建

---

①　"士"字原釋爲"二",此從何有祖《上博五楚竹書〈競建内之〉札記三則》改釋,簡帛網,http://www.bsm.org.cn/show_article.php?id=198,2006 年 2 月 18 日。
②　"遂"字原讀爲"踐"。
③　"才(哉)"係後補寫,原釋爲"於"。
④　簡首"與"字原釋爲"兵"。此從魯家亮《讀上博楚竹書(五)札記二則》之説改正,簡帛網,http://www.bsm.org.cn/show_article.php?id=194,2006 年 2 月 18 日。
⑤　"僮"字隸定從季旭昇《上博五芻議(上)》説。楚文字"弓"旁與"人"旁常相混,此字即"彊"字異體。吳王光鑑正用"彊"爲彝器之"彝"。
⑥　《尚書·高宗肜日》:"高宗肜日,越有雊雉。祖己曰:'惟先格王,正厥事。'乃訓于王曰……"此簡 2 與簡 7 連讀爲"昔先君客(格)王"之證。《高宗肜日》的"格王"如何解釋古今異説甚多(參看顧頡剛、劉起釪著《尚書校釋譯論》第二册,中華書局,2005 年,第 1001~1003 頁),多以"王"爲祖己所訓的時王,與簡文"昔先君格王"明以"王"爲時王以前之先王不合。
⑦　"天不見禹(害),地不生宵(孽)"句的釋讀見季旭昇《上博五芻議(上)》。
⑧　"訓"字原釋爲"訴"。
⑨　"近"字原釋爲"從",此從何有祖《上博五楚竹書〈競建内之〉札記二則》改正,簡帛網,http://www.bsm.org.cn/show_article.php?id=197,2006 年 2 月 18 日。"方"讀爲"謗"見季旭昇《上博五芻議(上)》。

170　戰國竹書論集

7】里。今此，祭之得福者也。青（請）量之以嗌（？）汲（？）。① 既祭之後，爲修先王之灋。'高宗命傅説量之以【競建4】祭，既祭，爲命行先王之灋。發古箴，行古作。發（廢）作者死，弗行者死。不出三年，糴（狄）人之怀（服）者七百【競建3】邦。② 此能從善而去禍者。"公曰："吾不知其爲不善也。今内之不得百姓，外之爲諸侯笑。寡人之不【競建8】勅（肖）也，③豈不二子之憂也哉？"隰朋與鮑叔牙皆拜，起而言曰："公身爲亡道，進芊佣子，以馳於倪【競建9】廷（？）。驅逐畋繳，無期度。④ 或（又）以豎刁與易牙爲相。二人也朋黨，羣獸遷堋，取與□公。⑤ 善而燮【競建10】之，不以邦家爲事，縱公之所欲。□⑥民轍（？獵？）樂，篤□⑦怀忨，疲弊齊邦，日成（盛？）于縱，弗顧前後。百【鮑叔牙4】姓皆怨悠，鹽（奄？）然將喪，⑧公弗詰。□⑨臣雖欲訐（諫），或不得見，公沽弗察。人之生，三食色憂。今豎刁匹夫，而欲【鮑叔牙5】知萬乘之邦，而貴尹。其爲災也深矣。易牙，刀（刁）之與者，⑩而食人，其爲不仁厚矣。公弗圖，必害公身。"公曰："然則奚【鮑叔牙6】如？"鮑叔牙答曰："齊邦至惡死，而上

---

　　① "青（請）"字中間筆畫略有殘泐，原釋爲"周"。"嗌"字圖版不甚清晰，細看似是上從"宀"下從"籀文嗌"之形。"汲"字原作上從"汲"下從"舟"之形。此處"量"字及下文"高宗命傅説量之以祭"的"量"字，似當與九店 M56 所謂"告武夷簡"中簡 44"（某敢以）聶幣芳糧以謹牽（犧）某于武彊之所"之"謹"義同。
　　② "糴"字原從"糴"從"邑"，"邑"旁的頭部與"隹"旁的頭部共用筆畫。"怀"字楚簡文字多用爲"倍"、"背"，但"背叛"意與簡文此處文意正相反，疑此當讀爲"服"。
　　③ 郭店《唐虞之道》簡 28："治之至，養不梟（肖）；亂之至，滅賢。"是"梟"聲可與"肖"相通之例。
　　④ "驅逐"和"無期度"的釋讀見季旭昇《上博五芻議（上）》。又參看何有祖《上博五楚竹書〈競建内之〉札記二則》。
　　⑤ "公"上之字左從"見"或"視"形，右半所从的聲符與郭店《老子丙》簡 7"鏞"字右半之聲符當爲同字。"鏞"馬王堆帛書本《老子》作"銛"，疑簡文此字可讀爲"厭"或"饜"。
　　⑥ 此字待考。
　　⑦ 此字待考。
　　⑧ "怨"、"鹽（奄？）"的釋讀見季旭昇《上博五芻議（上）》。
　　⑨ 此字待考。
　　⑩ 此謂易牙是豎刁的黨與。"刀（刁）"字原釋爲"人"。

穆其刑；①至欲食，而上厚其斂；至惡何（苛），而上不時史（使）。"公乃身命祭。有司祭服毋紋（黼），②【鮑叔牙7】器必盈（觶）慇（潔），③毋內錢器，犧牲珪璧必全。如耆（？），加之以敬。乃命有司箸作浮，老弱不刑，□④繘緰（短），田繘長，⑤百糧筐。命【鮑叔牙3】九月除路，十月而徒梁成，一之日而車梁成。乃命百有司，曰："有夏氏觀其容以使，及其喪也，皆爲其容。殷人之所以代之，觀其容，聽其【鮑叔牙1】言，堋其所以喪，爲其容，爲其言。周人之所以代之，觀其容，聽言，迥侚者使。堋其所以衰喪，忘其迥侚也。二三子勉之，寡人將迥侚。"【鮑叔牙2】是歲也，晉人伐齊。既至齊地，晉邦有亂。師乃歸，雩（與）坪（平），地至□復。⑥ 日旆亦不爲災，公蠱亦不爲害。【鮑叔牙8】

鮑叔牙與隰朋之諫【鮑叔牙9】

篇中還有不少疑難字詞和文句，但大意是可以貫通的。全篇主旨跟我們曾討論過的《上博（四）·柬大王泊旱》相近。首先敍述齊桓公遭遇日食，桓公欲設法攘除之。鮑叔牙與隰朋引殷高宗與祖己故事指出，自然界的異象乃是上天鬼神給予的警示，古人不但不害怕，還把這看作是"得福"，看作是天地鬼神以此來促進人君聽從謗諫、施行善政。如果應對得法，則將有好的報應。鮑叔牙與隰朋進而借機進諫，數落桓公任用佞臣易牙、豎刁，給桓公和齊國造成的種種危害。桓公乃修祭祀，施行"老弱不刑"、及時修繕道路橋梁（"九月除路，十月而徒梁成，一之日而車梁成"）等善政。最終由於應對得法，得到好的報應：晉國的侵伐消弭於無形，日食和桓公的某種疾病（"蠱"）亦皆不爲害。

---

① "穆"字原釋爲"秋"，此從何有祖《上博五〈鮑叔牙與隰朋之諫〉試讀》之說改釋。簡帛網，http://www.bsm.org.cn/show_article.php?id=200，2006年2月19日。此"穆"字當是"(刑)繁"、"(刑)重"一類意思，讀爲何字待考。
② "紋"讀爲"黼"見季旭昇《上博五芻議（上）》。
③ "盈"疑即"觶"字之省體。"慇"字當以"介"爲聲符，與"潔"音近可通。
④ 此字待考。
⑤ "繘"、"緰（短）"的釋讀從何有祖《上博五〈鮑叔牙與隰朋之諫〉試讀》之說。
⑥ "復"上之字當是地名，"地至□復"謂至某地之國土由晉軍佔領而復歸於齊國。其字形待考。

從竹簡形制來説,據原《説明》,兩篇竹簡在簡長、三道契口的位置等方面完全相同。從內容來説,其前後貫通已如上述。《鮑叔牙》篇末簡8的"日族","族"字我頗疑當讀爲"差忒"之"差"。日有差忒,可以包含日食等多種異象。① 此説是否正確還可以進一步討論,但"日族"無疑是跟《競建》簡1的"日食"相呼應的。兩篇簡文相接之處,即《競建》篇簡10與《鮑叔牙》篇簡4,兩簡的內容前後連貫。兩簡文句連讀處爲"蚤而獎之",雖確切含義還不清楚,但其句子結構也是可以成立的。

此外最可注意的,是這兩篇在篇題方面的特殊情況。《鮑叔牙》之簡9將篇題單獨書寫於一簡的竹黃一面,整理者已指出其係"利用原已使用過的竹簡,將原文刮去"。這種情況在已發表的楚竹書中前所未見。《競建》篇題"競建內之"四字與正文不出於一人之手,而且正文並未出現"競建內之"。要説此四字是在殘失的簡文上,也不大可能。"競建"當爲人名,"競"即楚王族屈、昭、景三氏之"景"氏。"競(景)建"既是楚人,而此篇是記齊國之事,出現"競(景)建"的可能性既不大,以之名篇更不可能。綜合以上情況考慮,雖然當時事實真相到底如何難以完全弄清,但我想最有可能的是:此兩篇本爲一篇,篇題爲《鮑叔牙與隰朋之諫》。後來被誤題爲"競建內之"(大概因題篇題時竹簡處於收卷狀態、未覈檢正文之故),遂又另外用廢棄的有字竹簡刮去原文,單鈔上篇題,編在全篇之首或篇末。同時,誤題的篇題"競建內之"則不知什麽原因未被刮去。

從書寫風格來看,《鮑叔牙》篇大多數簡上的文字筆畫較細,與《競建》篇頗有不同。這大概是將兩篇合爲一篇的最大障礙。但可注意的是,恰好是兩篇相連處的《鮑叔牙》篇的簡4比較特別。此簡文字明顯近於《競建》篇,而跟《鮑叔牙》篇簡2等那類筆畫很細的書體也有明顯不同。如果承認《鮑叔牙》篇的簡4可以歸入《競建》篇,那麽接下來的編聯和兩篇合

---

① 楚卜筮祭禱簡文字多用以"且"爲基本聲符之字來表示疾病痊愈義的"瘥"。"且"、"乍"音近,作聲符每可通用。新蔡葛陵簡零:204、甲三:12,零:472等用來表示"瘥"之字即以"乍"爲基本聲符。又睡虎地秦簡《日書》亦屢見以"酢"字表示"瘥"之例。此爲"族"與"差"讀音可通之證。"日差"的説法檢索古書似未見,但《上博(三)·仲弓》簡19云:"山又(有)堋(崩),川又(有)澨(竭),日=(日月)星晨(辰)猷(猶)差,民亡(無)不又(有)悠(過)。"可以爲證。

爲一篇就是順理成章的事了。

二 《季康子問於孔子》

本篇共包含 23 簡,有 5 個編號的竹簡是由上下兩段拼合而成的。其中簡 10 的拼合沒有問題。簡 22 與簡 15 肯定應該拆分爲兩段,其上段可另與其他簡拼合。簡 11 和 18 上下兩段連讀文意不通,也應該拆分開,但未找到應分別跟其他的哪兩支上下段簡拼合。

由於本篇殘斷之簡以下半段居多,大多很難確定先後關係,全篇也難以復原。我們整理出以下一個較大的拼聯組:簡 8,簡 21＋22A＋13＋14＋15A＋9＋10＋19＋20＋23。其中 21 和 22A,簡 13、14 和 15A,簡 9 和 10,簡 19 和 20 四組簡,是整理者原來已經連讀的。下面鈔出釋文,略作解釋。

☐也。縈戲今語肥也以處邦家之述(術),曰:'君子不可以不強,不強則不立。【8】

☐☐☐悁悁,則民然(?)之。毋信玄曾,因邦之所賢而興之。大辠殺【21】之,臧辠刑之,小辠罰之。苟能固獸(守)【22A】而行之,民必服矣。'古子以此言爲奚如?"孔子曰:"由丘觀之,則欨【13】言也已。且夫戲今之先人,芫(世)三代之傳史,豈敢不以其先人之傳等(志)告。"康子曰:"然其主人亦曰:古之爲【14】邦者必以此。"孔子曰:"言則美矣。然【15A】異於丘之所聞。丘聞之:臧文仲有言曰:君子強則遺,威則民不【9】道,鹵(?)則失衆,盈(盟—猛)則無親,好刑則不祥,好殺則作亂。是故賢人之居邦家也,夙興夜寐,【10】降(?)尚以比。民之☐①敓,弃惡毋歸。② 慎小以合大,疋(疏)言而密守之。毋欽遠,毋詣(?)逐。③ 惡人勿𡙐,好【19】人勿貴。救民以辟,大辠則夜

---

① 此字待考。
② "歸"字原釋爲"適"。
③ "逐"字原釋爲"移"。

（赦）之以刑，臧辠則夜（赦）之以罰，小則訛（貲）之。凡欲勿棠，凡失勿危（坐？），各【20】當其曲以成之。然則邦平而民腬（擾）矣。① 此君子從事者之所商□也。"【23】

簡22A＋13拼合爲一支完簡。簡15A＋9拼合爲一支完簡，拼合處的"異"字大半存於簡9之首，其頭部還存於15A之末，拼合後正好成爲一字。"甍（世）三代之傳史"的"甍（世）"字原釋爲"喪"。"大辠則夜（赦）之以刑"的"夜"字原讀爲"處"。② 簡20與23連讀處的"各當其曲以成之"，"曲"即"委曲"之"曲"，舊注訓爲"事"、"小事"、"小小之事"等，在此指各種詳細具體的情況。

"紮戲今"當是人名，"紮"是其氏，"戲今"爲其名。此人告訴季康子的治民之術，中心思想在於用強、嚴刑罰。簡8、21、22A到簡13前段，係季康子引此人之説徵求孔子意見。孔子自然是不以爲然的，但初未反對，只説"戲今"的先人世世相繼爲三代遞傳之史官（"世"字用法參《國語·周語上》："昔我先王世后稷，以服事虞、夏。"），其言亦爲有據。後又言但跟自己所聽説的不同，然後孔子正面陳説自己的看法，中間有些字詞和文句還不能確解，但可以看出其中心思想是主張行"寬政"（與"猛"相對），減輕刑罰。針對前文季康子引"戲今"説的大辠殺、臧辠刑、小辠罰，主張皆赦免而寬降一等，變爲大辠刑、臧辠罰、小辠貲。根據以上理解去排比上引簡文和全篇其他簡文，可知以上編聯組是可靠的。

此外本篇簡5云：

☒面，事皆得；其勸而強之，則邦有犐童，百姓送之以□□【5】

在已有竹簡中找不到可以跟它拼合或連讀的，從它談到"其勸而強之"看，有可能本來應在上引簡8與簡21之間。

---

① 腬，馴也，柔服也。九店M56簡40下用"腬"字爲"六擾"之"擾"。

② "夜"讀爲"赦"前已見於《上博（二）·昔者君老》簡4，參看陳偉《〈上海博物館藏戰國楚竹書（二）〉零釋》，簡帛研究網，http://www.jianbo.org/Wssf/2003/chenwei03.htm，2003年3月17日。

三 《君子爲禮》

本篇和下一篇《弟子問》都殘缺得很厲害，全篇無法復原，下面只能舉出幾組個别竹簡間可以確定其拼合與編聯關係的。這兩篇在竹簡形制、字體和内容等方面都很接近，有個别竹簡的歸篇也有可調整之處。

（一）1～3簡當與簡9連讀。簡文如下：

　　顔淵侍於夫子。夫子曰："回！君子爲禮，以依於仁。"顔淵作而答曰："回不敏，弗能少居也。"夫子曰："坐，吾語汝。言之而不義，【1】口勿言也；視之而不義，目勿視也；聽之而不義，耳勿聽也；動而不義，身毋動焉。"顔淵退，數日不出。〔□□問〕【2】之曰："吾子何其膌（瘠）也？"曰："然。吾親聞言於夫子，欲行之不能，欲去之而不可，吾是以膌（瘠）也。"顔淵侍於夫子。夫子曰：【3】"回，獨智人所惡也，獨貴人所惡也，獨富人所惡也。貴而能讓□，斯人欲其□貴也；富而□【9】

簡2末尾據文意補出的"問"字上殘去的兩字當是"門人"或"弟子"。"膌"字原讀爲"惰"。我們改讀爲"瘠"，瘦也。《説文》作"膌"。差聲、此聲和朿聲字多可相通。如古書中表示"人和鳥獸屍體的殘骨"義之字有骴、胔、髊、漬、膌、瘠和𦙠等多種寫法，即其例。"膌"字又見於《上博（五）·季康子問於孔子》：

　　□□肥民則安，膌（瘠）民不鼓（樹）。是故賢人大於邦，而有□①心，能爲鬼【季康子問於孔子18B】

"膌"字原讀爲"邪"。此簡"膌"與"肥"相對，當讀爲"瘠"更爲明顯。

此外本篇簡4云：

　　□淵起，逾（？避？）席曰："敢問何謂也？"夫子："智而□信，斯人欲其【4】

---

① 此字待考。

可能當次於前引簡9之後。

（二）簡7與簡8可拼合。拼合處的文句爲：

……其在【7】廷（庭）則欲濟濟，其在堂則☐【8】

簡7上文講肩、身、行和足等儀容方面要注意的内容，接下來講在庭、在堂的儀容。

（三）簡11＋15＋13＋16＋14＋12可拼合、連讀，《弟子問》篇的簡22當次於其後。簡文如下：

行子人子羽問於子貢曰："仲尼與吾子產孰賢？"子貢曰："夫子治十室之邑亦樂，治萬室之邦亦樂，然則☐【11】☐壴（喜—矣）。""與禹孰賢？"子貢曰："禹治天下之川，【15】☐以爲己名。夫【13】子治詩書，【16】亦以己名，然則賢於禹也。""與舜【14】孰賢？"子貢曰："舜君天下，☐【12】

☐子聞之，曰："賜不吾知也。夙興夜寐，以求聞【弟子問22】

簡11與簡15相連處的"然則☐【11】☐壴（喜—矣）"，對比下文"然則賢於禹也"，可以補爲"然則賢於子產矣"。簡15＋13＋16＋14拼合爲一簡後共36字，上尚殘去數字（第3簡完簡存40字）。從竹簡長度看，簡15長20.3釐米，簡13長7.5釐米，簡16長6釐米，簡14長17釐米，共計50.8釐米。本篇第3簡爲完簡，長54.4釐米。簡15＋13＋16＋14拼合後尚殘的4釐米左右的位置約可容納3字，簡11下約殘去一二字，補出"賢於子產"四字，正好大致可寬鬆容納。簡16"箸"字下端略殘，簡14之首殘存一横筆，似即簡16"箸"字的末筆。

簡11之首的"行"字字形可參看簡7"行"字，原釋爲"非"。原考釋以爲"子羽"爲孔子弟子澹臺滅明（字子羽）。按簡文"子羽"上爲"行子人"三字，春秋晚期鄭國有"行人子羽"（公孫揮），與鄭子產同時共事。簡文子羽稱子產爲"吾子產"，也與鄭子羽的身份相合。"行子人"三字中的"子"字，有可能是涉下文"子羽"之"子"字而誤衍。但子羽和子產的年代皆早於孔子和子貢不少，是其不合之處。而上面所説的情況，又不像僅是出於巧合。猜想簡文確是說鄭之"行人子羽",其職官爲"行人",主管外交,有機會接觸四方賓客,所以被孔門後學編排與子貢問答,而其時代不合的問題則被忽略了。

《弟子問》簡 22 當是孔子在得知子貢與子羽的問答內容後,認爲子貢的回答不妥,子貢並不真正了解自己。《弟子問》簡 22 的保存狀況與前引本篇簡 16 相近,也有助於説明它們原本在一處。

另外,本篇簡 10 也有可能當與《弟子問》篇的簡 18 相拼合,附記於此:

☐昔者仲尼緘(?)徒三人,弟徒五人,芫贅之徒【10】者,皆可以爲諸侯相矣。東西南北,不奇☐☐【弟子問 18】

四 《弟子問》

(一) 簡 2 與簡 1 可拼合。簡文如下:

子曰:延陵季子,其天民也乎? 生而不因其浴(俗)。吳人生七☐(年?)【2】而動(鷙?)散(?)俑(?)乎其雁(膺),延陵季子僑(矯)而弗受。延陵季子,其天民也乎? 子貢☐【1】

"雁"字原釋爲"所"。從小圖版可以直觀地看得很清楚,將簡 2 往右方平移,正好可以跟簡 1 上端相拼合上。簡文有幾個字詞未能準確釋讀,據"浴(俗)"和"雁(膺)"猜想,當與吳人"斷髮文身"、"祝髮文身"之俗有關。

(二) 簡 7 與簡 8 可拼合。簡文如下:

☐☐曰:"吾聞父母之喪,【7】食肉如飯土,飲酒如淫(啜? 水),信乎?"子貢曰:"莫親乎父母,死不顧生,可言乎其信也。子【8】

《論語·陽貨》:"夫君子之居喪,食旨不甘,聞樂不樂,居處不安。"居喪而"食旨不甘",可以説明簡文云居父母之喪而"食肉如飯土,飲酒如淫(啜? 水)"之意。

（三）簡 11 與簡 24 可拼合。簡文如下：

　　　　☐☐也，此之謂仁。"宰我問君子。曰："予，汝能慎始與終，斯善矣，爲君子乎？【11】汝焉能也。"【24】

《論語·公冶長》："子貢曰：'我不欲人之加諸我也，吾亦欲無加諸人。'子曰：'賜也，非爾所及也。'"文意與上引簡文有近似之處。

（四）簡 12 與簡 15 可拼合。簡文如下：

　　　　☐也，求爲之言。有夫言也，求爲之行。言行相惩（？），然後君子。子【12】曰："回來，吾告汝。其組絕（？）乎？雖多聞而不友賢，其【15】

簡 15 簡尾完整，上端拼合上簡 12 後，簡首還殘去約七八字的位置。小圖版將簡 12 置於下方。按此簡上下皆殘，判斷竹簡位置的唯一根據是其契口的位置。契口在"相"字與"惩"字之間，整理者是以之爲最下一道契口，小圖版放置時跟其他簡的下契口取齊。試將其移到簡 15 上方拼合後，可以發現簡 12 的契口位置跟右方其他簡的中間一道契口位置也正完全相合。

（五）簡 17 與簡 20 可拼合。簡文如下：

　　　　☐弗王，善矣，夫焉能王人鯀。子過曹，[顏]【17】淵馭。至老丘，有戎（農）植其槈而歌焉。子虞（據）乎軾（軾）而☐【20】

"顏"字之頭部尚存於簡 17 末，下部存於簡 20 之首。原注釋謂簡 20"上、下端皆殘"，其契口在"老"字與"丘"字之間，小圖版將簡 20 置於上方，是以此契口爲上編繩位置。下移拼合在簡 17 下方之後，此契口即爲中部契口、第二道編繩所在。

拼合處的文句"子過曹，顏淵馭"，猶《論語·子路》之"子適衛，冉有僕"。"戎"字原形略有訛變，原釋文和注釋未釋出。農夫之"農"用"戎"字表示，見於郭店《成之聞之》簡 13、馬王堆帛書《易傳·昭力》等。"子虞（據）乎軾（軾）而"（原釋爲"子乘乎軒而"）下殘去的當是"聽之"一類話。又本篇簡 4 云：

☐☐風也,亂節而哀聲。曹之喪,其必此乎?回!"子嘆曰:"烏!莫我知也夫!"子游曰:"有地之謂也乎?"子曰:安(?)【4】

可能當次於上引簡 20 之後。"☐風也,亂節而哀聲。曹之喪,其必此乎?回!"即孔子在聽了農夫之歌後,對顏淵所作的評價,言末復呼顏淵之名"回"。原釋文斷句爲"回子嘆曰",恐不可信。"子嘆曰""莫我知"云云,"子"仍是孔子。此又是記另一事,與上文無關。

五 《三德》

本篇有 22 簡,加上香港中文大學中國文化研究所文物館所藏 1 支共 23 簡。全篇整簡佔多數,保存情況較好。關於竹簡的拼合與編聯,《上博(五)》第 287 頁原《説明》謂:

> 這組簡文,大部分可以拼聯,如第一簡至第九簡可拼,第十簡至第十六簡可拼。第十七簡和第十八簡也有可能連在一起。但第十九簡以下五簡,簡文殘缺,不能斷定其位置。

逐一覆核檢查竹簡間的連讀關係,可以發現前 9 簡實際上可以分爲以下 5 組:簡1,簡2〜3,簡 4〜5,簡 6〜7,簡 8〜9;10〜16 簡可分爲以下三組:簡 10〜12,簡 13〜14,簡 15〜16。各組簡内部當連讀是没有問題的,但各組間的連讀關係並不能肯定。作以上拆分後再考慮各簡間的連讀關係,可以重新確定以下幾組當連讀的竹簡。至於在此基礎上對全篇的復原,還有待進一步的深入研究。

(一)簡 1 當與簡 4〜5 連讀。簡 1 與簡 4 相連處的文句爲:

> ……弦望齊肅,是謂順天之常。【1】如反之,必遇凶殃。……【4】

"反之"即"反天之常"、"反天常",與"順天之常"正相對。"常"、"殃"押韻(陽部)。

(二)簡 13〜14 當與簡 19 連讀。簡 14 與簡 19 相連處的文句爲:

> ……爲善福乃來,爲不善禍乃或之。埤(卑)【14】墇(牆)勿增,廢

人勿興,皇天之所棄,而后帝之所憎。……【19】

（三）簡17當與簡15～16連讀。簡17與簡15相連處的文句爲：

不修其成,而【17】聽其縈,百事不遂,慮事不成。① ……【15】

雖然"縈"字之義尚待進一步探明,但從句子結構來看是很通的。"成"、"縈"、"成"押韻(耕部)。

（四）簡21當與簡18連讀。兩簡相連處的文句爲：

☐諒,竿之長。枸株覆車,善游者【21】死於朸（梁）下,豻狼食虎。天無不從:好昌天從之,好貢天從之,好友(?)天從之,好長天從之。順天之時,起地之☐【18】

"游"字原形作从"水"从"遊"省聲(省"辶"旁)。"朸（梁）"字原釋爲"朸（刃）","朸"用爲橋梁之"梁"見於《上博(五)·鮑叔牙與隰朋之諫》簡1等。上引兩簡釋文的斷句標點與原釋文也有不同。"長"、"諒"押韻(陽部)屬上一組。"車"、"下"、"虎"押韻,從文意看也正自成一組。"株"即"守株待兔"之株,伐木後地面所餘下的木椿。《莊子·達生》述佝僂丈人之言曰:"吾處身也,若厥株拘;吾執臂也,若槁木之枝。"《列子·黄帝》作"若橛株駒"。楊伯峻先生《列子集釋》云:②

又株駒,《莊子·達生篇》作株拘。釋文引李云,"厥,豎也。豎若株拘"。考《易林》"蒙生株瞿,棘掛我鬚",云蒙生,云棘,則亦林木之類。株駒、株拘、株瞿,皆一音相轉也。又考《山海經》中"下有九拘",注:"根槃錯也。《淮南子》曰:大本則根攫。音劬。"則駒、拘、瞿、枸、攫,皆有木本槃錯之義。

簡文"枸株"當與"株拘"等同義,指大根槃錯的樹椿。車容易顛覆於樹椿,與下引先秦流行的諺語意近:《韓非子·六反》:"故先聖有諺曰:'不躓於山,而躓於垤。'"《吕氏春秋·慎小》:"人之情不蹷於山,而蹷於垤。"《淮南

---

① "慮"字原釋讀爲"且"。改釋爲"慮"從陳偉《上博五〈三德〉初讀》之説,簡帛網,http://www.bsm.org.cn/show_article.php?id=201,2006年2月19日。

② 楊伯峻:《列子集釋》,中華書局,1979年,第65頁。

子・人閒》:"堯戒曰:戰戰栗栗,日慎一日,人莫躓於山,而躓於垤。"

"善游者死於枎(梁)下",謂善於游水的人卻死在橋梁之下。河流中橋梁所在之處,往往是水比較淺的地方。原考釋已說明,"豺貐"即"㺄貐","㺄貐"的體型比老虎小,老虎卻被它所食。簡文"枸株覆車,善游者死於枎(梁)下,豺貐食虎"三句,意在說明禍敗常出於細小之事物、易被輕忽之事物。

(五)簡22當與簡6～7連讀。簡22與簡6相連處的文句爲:

……臨民以仁,民莫弗【22】新(親)。……【6】

文意通順,"仁"與"新(親)"押韻(真部)。

此外,簡12與簡20也可能當連讀,但把握不大。兩簡相連處文句爲:

……□欲殺人,不飲不食。秉之不固,【12】□之不戠。至(致)刑㠯(以)哀,繒去以悳(謀?悔?)。民之所欲,鬼神是祐。慎守虛□☑【20】

"欲殺人"上之字原釋文疑是"出",並括注問號表示不肯定。細審此字筆意,確實與"出"不類,而更像"庚"字或"康"字的頭部。此字正當竹簡殘斷處,其下半當還有殘去的筆畫。簡20首字殘去大半,難以斷定到底是何字。

考慮上兩簡可以連讀的理由主要是,"秉之不固,□之不戠"兩句結構相同;簡20的"至(致)刑㠯(以)哀"與簡12的"□欲殺人,不飲不食"意義上似也相呼應。但由於"戠"字不能確識,此處的連讀還不能肯定。

"戠"字也見於郭店《唐虞之道》簡13:"[吳(虞)]用戠,夏用戈,正(征)不備(服)也。"《郭店楚墓竹簡》第159頁注[一八]以爲從"畏"聲而讀爲"威"。如此釋可靠,則"秉之不固,□之不戠"句無韻,以上編聯就成問題了。不過我們也要考慮,"戠"字是否也有當據此處連讀的簡文改釋爲與"固"押韻的魚、鐸部字的可能呢?《唐虞之道》"戠"與"戈"並見對舉,《尚書・顧命》云"一人冕執瞿","瞿"是戟一類的兵器,或作"戵"、"鑺"。

結合《三德》"戯"與"固"押韻看，"戯"字是否可以往釋爲"戩"的方向考慮呢？謹誌此存疑待考。

2006年2月19日

原載簡帛網，http://www.bsm.org.cn/show_article.php?id=204，2006年2月19日。

上博竹書"葛"字小考[*]

《上海博物館藏戰國楚竹書(四)·采風曲目》簡1有一個曲目名"埜(野)又(有)▲",其中用"▲"代替的字作如下之形:

整理者釋爲"茱",①與字形不合。董珊先生改隸定作"萦",謂字"從'艸'、'素(或索)',以音近可讀爲'蔬'"。② 此說分析字形是有根據的(詳後文),但"蔬"一般當爲人工種植於園圃,說"野有蔬"仍嫌不合。

三體石經《春秋》僖公人名"介葛盧"之"葛"字作如下之形:

施謝捷先生指出:③

郭店楚墓竹簡《六德》12"中邲"之"邲"作" ",從"中"作

---

[*] 本文是"全國優秀博士學位論文作者專項資金資助項目"(FANEDD)"上海博物館藏戰國楚竹書研究"(項目批准號:200311)成果之一。

① 馬承源:《采風曲目釋文考釋》,馬承源主編:《上博藏戰國楚竹書(四)》,上海古籍出版社,2004年,第165頁。

② 董珊:《讀〈上博藏戰國楚竹書(四)〉雜記》,簡帛研究網,http://www.jianbo.org/admin3/2005/dongshan001.htm,2005年2月20日。

③ 施謝捷:《魏石經古文彙編》。此係未刊稿,承施先生贈閱並惠允引用,謹致謝忱。

"☐",與石經"葛"古文从"☐"構形相同。作爲表意偏旁的"中"、"艸"往往通用,如……又"葛"古文所从"☐",從其構形看,與兩周金文裏用爲"素"的"索"字相似,如師克盨作"☐"、輔師嫠簋作"☐"、曾侯乙鐘作"☐"等,是其例。然从"索"聲字與从"葛"聲字古音分别歸鐸部與月部,韻部相隔,俟考。

"☐"形除去下面的雙手形"☐"和"中(艸)"形後作"☐",與簡文"☐"除去"艸"形作"☐"比較,其頭部相同。前者中間部分的下端有省略,與古文字常見的"糸"形與"幺"形的交替相類;前者中部筆畫斷裂、左右兩筆又引長下垂(對比《説文》卷四下受部"爵"字古文"爰":"☐")。總的來看,兩者還是很接近的。

《上海博物館藏戰國楚竹書(三)·周易》簡43與今本"葛藟"之"葛"相當之字作如下之形:

☐

原注釋釋爲見於《集韻》的"萃",又謂"或讀爲'葎'",①不確。又《古璽彙編》2263、2264(皆晉璽)有如下兩形:

☐ ☐

張富海先生指出,上引三形"都與此石經古文字形有關係","古璽之字用爲姓氏,即'葛'氏",研究者或釋作"蘿",不可信。②

---

① 濮茅左:《周易釋文考釋》,馬承源主編:《上博藏戰國楚竹書(三)》,上海古籍出版社,2003年,第195頁。
② 張富海:《漢人所謂古文研究》,北京大學中文系博士學位論文,2005年,第34頁。釋"蘿"之説見黄錫全《利用〈汗簡〉考釋古文字》,《古文字研究》第十五輯,中華書局,1986年,第138~139頁。

排比以上"葛"字諸形，不難看出其演變脈絡：《采風曲目》[圖]形下半的頭部省略、中間部分筆畫斷裂分離而略有變化（對比石經字形中的[圖]形），即成古璽[圖]、[圖]形；古璽兩形下半類似"冂"的外框再省略，即成《上博（三）·周易》簡 43 的[圖]形。

葛草蔓生，《說文》卷一下艸部訓"蔓"爲"葛屬"，字書或訓"葛"爲"蔓草"（《玉篇·艸部》），舊注或訓"葛藟"爲"蔓草"、"引蔓纏繞之草"。① 《詩經·鄭風》有《野有蔓草》篇，《采風曲目》之曲目名"野有葛"正與之相近。②

前引施謝捷先生之說，已經指出古文"葛"字除去"中（艸）"旁後的部分"與兩周金文裏用爲'素'的'索'字相似"。楚竹書"葛"字諸形下半不從雙手形"𠬞"，從字形看近於"素"。研究者多已指出，"素"、"索"本爲一字分化，③所以前引董珊先生說《采風曲目》之字從"素（或索）"。很多研究者都曾指出，古文字中"⊢⊣"形和"="形、"⊏⊐"形的交替多見，如"平"、"方"、"录"、"央"和"束"字等。就加在"糸"旁或"幺"旁中間的"⊢⊣"形而言，"鬲"字中部本多作"⊢⊣"形，《上博（四）·柬大王泊旱》簡 6"不敢以君王之身變鬲（亂）鬼神之常故"之"鬲"字作[圖]，"⊢⊣"形也變作"="類形。金文"索"字或作偏旁的"素"字上端多從"⊢⊣"形，前引師克盨"[圖]"字即其例。石經

---

① 參看宗福邦等主編《故訓匯纂》，商務印書館，2003 年，第 1951 頁。
② 順便於此指出，《采風曲目》篇中與《詩》的篇題或句子相近或可相印證的，在整理者和研究者已指出者之外還有兩處可說。簡 2 有曲目名"牆𢖍人母讹虐門"，原考釋斷讀爲"牆（將）𢖍（媺—美）人"和"母（毋）讹（過）虐（吾）門"兩個曲目名。按當連讀爲一，"將美人毋過吾門"與《詩經·鄭風·將仲子》每章首之"將仲子兮，無踰我里/牆/園"極爲接近，唯後者多一襯字"兮"。又簡 3 有曲目名"道之遠爾"，原考釋引《詩經·邶風·雄雉》"道之云遠"，謂與簡文相似。董珊《讀〈上博藏戰國楚竹書（四）〉雜記》讀爲"道之遠邇"，謂"'遠邇'似偏指'遠'"。按"爾"當爲句末語氣詞。《論語·子罕》："'唐棣之華，偏其反而。豈不爾思？室是遠而。'子曰：'未之思也，夫何遠之有？'"所引逸詩"室是遠而"之"而"與簡文"道之遠爾"之"爾"用法相同，兩句結構和意思亦相類。
③ 朱德熙：《朱德熙古文字論集》，中華書局，1995 年，第 66 頁。施謝捷：《釋"索"》，《古文字研究》第二十輯，中華書局，2000 年，第 201～211 頁。

"葛"字字形中的"ᘛ",顯然屬於"⊟"類形之變;《采風曲目》⚘形下半的中間部分,細看圖版正是作"⊟"類形的。所以,將石經和竹書諸"葛"字的下半字形看作"索"或"素",在字形上確實是極爲有據的。

但問題在於,"葛"字所從的"索"或"素",如果分析爲聲符,前引施謝捷先生之説也已經指出,其讀音不合。① 我最初曾經設想,會不會這些字形的下半部分是另外一個與"葛"音近的表意字(所以用作古文"葛"的聲符),其字形意在突出絲形中間的"⊟"形或"⊟"形,借此來表示跟"作繩索的架子"或"作繩索的某種工具"有關的意義呢?但循此思路,卻始終找不到合適的詞。而且通過上文的分析也可以看出,要在字形上徹底否定從"索"或"素"之説,也相當困難。看來這條路是走不通的。現在換一個角度想,也許這些字形並非形聲字,而是用"索"、"艸"兩字會意("索"或變作"素"),從"可爲繩索之草"的角度來表示"葛",或者説由此來"提示"人們想到"葛"。古書提到葛草用途的,多説提取其皮的纖維織成葛布("絺綌")以製作衣物,但可以看出也有糾其皮而爲繩索的,與"麻"既可織布又可爲繩索相類。如《左傳》宣公八年:"冬,葬敬嬴。旱無麻,始用葛茀。""葛茀"即用葛的皮搓成的引棺的繩索。② 不過這樣講總感到也很勉強,看來這個問題還可以進一步研究。

《上海博物館藏戰國楚竹書(五)·季康子問於孔子》簡8云:

☐也。萦戠今語肥也以處邦家之述(術),曰:君子不可以不強,不強則不立。

其中"萦"字原作如下之形:

---

① 《古文四聲韻》入聲昔韻"舃"字下引崔希裕《纂古》作"傷","舃"與"索"和"素"上古音韻地位接近,也許有人會引此爲説。按"舃"與"葛"字形極近,與"葛"也相去不遠,"舃"字古文"傷"當本來就是由從"舃"聲之字訛變而來的。
② 杜預注:"茀,所以引柩。"陸德明《釋文》:"茀,引棺索也。"孔穎達《正義》:"茀字《禮》或作'綍',或作'綍',繩之別名也。"

其上端明從"艸"而非兩"火"形，拙作《談談〈上博（五）〉的竹簡分篇、拼合與編聯問題》因成文倉促，將"縈"字誤作"縈"，①是很不應該的。簡文"縈"字跟今天"縈"的簡化字"萦"全無關係。《上博（五）》原注釋疑"縈"讀爲"縈"，"縈"有'旋'、'繞'、'紆'之意"；②牛新房先生讀爲"營"或"瞢"，訓爲"惑"。③恐皆不可信。

對比前舉"葛"字諸形，可知此"縈"字也當釋爲"葛"。它與前舉晉璽兩"葛"字之形的不同之處主要有兩點：第一，此"縈"字少"糸"旁兩邊的四小斜筆；第二，此"縈"字中間部分的筆畫作兩筆交叉與"宀"形相類，而非兩邊引長下垂的"冂"類形。試對比下引戰國文字"縈"字的不同寫法，這兩種變化都可以看到：

盛君縈簠　　曾侯乙墓漆匵　　《上博（五）·三德》簡14　《上博（五）·三德》簡15　《古璽彙編》0927　《古璽彙編》0926　《古璽彙編》4046　《古璽彙編》2338

其中《上博（五）·三德》簡15等類字形與《古璽彙編》0926等類字形的關係，跟簡文"縈"字與前舉晉璽兩"葛"字之形的關係完全相同。有區別之處只在於，"縈"字的下面本來就從"糸"，"糸"旁兩邊所加的四小斜筆是裝飾符號。④而"葛"字中"糸"旁兩邊的四小斜筆，本來

---

① 陳劍：《談談〈上博（五）〉的竹簡分篇、拼合與編聯問題》，簡帛網，http://www.bsm.org.cn/，2006年2月19日。
② 濮茅左：《季庚子問於孔子釋文考釋》，馬承源主編：《上博藏戰國楚竹書（五）》，上海古籍出版社，2005年，第214頁。
③ 牛新房：《讀上博（五）〈季康子問於孔子〉瑣議》，簡帛網，http://www.bsm.org.cn/，2006年3月9日。
④ 戰國文字裏在字形兩邊或某部分的兩邊分別加兩小斜筆爲裝飾符號的情況多見，參看何琳儀《戰國文字通論（訂補）》，江蘇教育出版社，2003年，第261頁。此書所舉例證之外，又如古陶文和古璽文的"縣"字，也有在所從"糸"旁（或作"幺"形）兩邊各加兩小斜筆或兩點的。看湯餘惠主編《戰國文字編》，福建人民出版社，2001年，第851頁"縣"字下。

就是字的筆畫的一部分。不過這也不足爲奇。我們知道,戰國文字中很多寫法相同或相近的形體或字形的一部分,雖然其來源不同,也常常互相影響而類化或逆向類化,從而産生各種平行的變化。

前引《季康子問於孔子》簡8上殘,其首字爲"也"。在斷句標點時我考慮,"也"字雖然也常用於句中,但更多的是用在句末;"𦅅"字連下讀爲"𦅅𣪠今",後文簡14云"且夫𣪠今之先人",古書行文中,同一人或連氏稱,或省氏而只稱其名,是很常見的。所以拙文《談談〈上博(五)〉的竹簡分篇、拼合與編聯問題》説"'𦅅𣪠今'當是人名,'𦅅'是其氏,'𣪠今'爲其名。"通過上文的簡單考釋可知,此人之氏就是"葛"。"葛𣪠今"其人似於史無可考。

2006年3月10日晨

原載《中國文字研究》2007年第一輯(總第八輯),大象出版社,2007年。

《上博(五)》零札兩則

一

《三德》篇簡6：

> 凡宅(託)官於人，是謂邦固；宅(託)人於官，是謂邦𦵹。

原注釋疑"𦵹"字讀爲"痼"。陳偉先生懷疑"'固'和'𦵹'的意思可能與原考釋恰好相反"，主張字釋爲"莒"，讀爲"呂"或"膂"。①

按原考釋將"𦵹"字字義往不好的方向理解是可信的，但字當讀爲"露"，或"路"、"落"。古書中這幾個字都可以用來表示"敗"、"廢"一類意思，而且常用於國家城邑等，古書舊注和訓詁學家多有論述(參看《故訓匯纂》各字下所引)。今以蔣禮鴻先生《義府續貂》所云爲例：②

> 露有敗義，落亦有敗義。《方言》三："露，敗也。"《荀子》《富國篇》："其田疇穢，都邑露。"《莊子》《漁父》篇："田荒室露。"《戰國策》《齊策》五："百姓罷而城郭露。"《莊子》《天地》篇："夫子闔行邪，无落我事。"成疏："落，廢也。"廢即敗也。露、落一聲之轉，同有敗義……

古書此義用"路"字的如，《管子·四時》"不知五穀之故，國家乃路"，《管

---

① 陳偉：《上博五〈三德〉初讀》，簡帛網，http://www.bsm.org.cn/show_article.php?id=201，2006年2月19日。
② 蔣禮鴻：《義府續貂》，中華書局，1981年，第104頁。

子·戒》"路家五十室",《孟子·滕文公上》"是率天下而路也",等等。出土文獻之例如馬王堆帛書《易傳·二三子問》第十行:"孔子曰:昔者晉厲公路其國,無(蕪)其地。"第九行:"路其國,[無(蕪)]其地。"

"蕭"與"露"或"路"、"落"等字相通,從讀音看是完全没有問題的。上引《莊子·天地》的"无落我事",《吕氏春秋·長利》記載同事作"無慮吾農事"。"蕭"从"虙"得聲,"虙"跟"慮"的聲符正同。

二

《苦成家父》篇的末兩簡,對理解簡文所記晉國"三郤之難"的真正發動到最終完成的過程很關鍵。原釋文注釋在字詞考釋和斷句標點方面存在問題,讀來文意不太清楚。季旭昇先生對此曾有討論,其説簡9末的"余之兵"非"除之兵"而是"予之兵"可信。① 今吸取季先生的可靠意見,在原釋文和考釋的基礎上按我的理解將簡文標點釋讀如下(儘量使用通行字):

己,立於廷。長魚矯典(?)自公所,敂(拘)人於百豫以内(入),繇(囚)之。苦城家父專(捕)長魚矯,梏諸廷,與其妻,與其母。公愳(慍?),②亡(無)告,告强門大夫。强門大夫曰:"女(汝)出内庫之繇(囚),╱而余(予)之兵。"【9】强門大夫率,以睪(釋)長魚矯,賊三郤。郤錡、郤至、苦城家父立死,不用其衆。三郤既亡,公家乃弱。欒書弑厲公。【10】

我的理解跟原注釋和季旭昇先生之説的不同之處主要是:"敂"讀為同从"句"聲的"拘"而不讀為"糾";兩"繇"字讀爲"囚";簡9"女(汝)出内庫之繇(囚),╱而余(予)之兵"句,"出"字原被釋爲"此","╱"字原屬上

---

① 季旭昇:《上博五芻議(下)》,簡帛網,http://www.bsm.org.cn/show_article.php?id=196,2006年2月18日。
② 郭店簡《五行》數見的"愳"字,馬王堆帛書本作"温"。

讀。其他的斷句標點也有不同之處。

此"出"字字形確實比較特別,其右上角作曲折之形,跟"此"字只爭一筆之有無。本篇簡4"雖得免而出"的"出"字亦作此類形,與此簡之形極近。"䌛"字讀爲"囚",前已見於郭店簡《窮達以時》簡6"管夷吾拘䌛(囚)束縛"。"䌛"、"由"古常通用,銀雀山漢簡"許由"(《漢書·古今人表》作"許䌛")之"由"寫作"囚",①也是兩字相通之例。"╔"字表示的當是一個動詞,在結合字形考釋時,其意義似當往"赦免寬宥"、"説服"或"組織"、"編排"一類的方向去考慮。

重新尋繹以上簡文,當時的情勢能夠看得更加清楚。簡文上文説到,因欒書進讒,厲公懼怕三郤作亂而搶先發難。百㮇是站在三郤這一邊的,厲公派長魚矯先去百㮇處拘捕人,帶回來後囚禁於厲公之所。從下文看,即囚於内庫之中。當時囚禁人多於庫中,《韓詩外傳》卷三"三年而庫無拘人"可證。苦成家父隨即將長魚矯及其妻、母收捕而梏於朝廷。苦成家父的勢力既已控制朝廷,厲公此時實際上已經被禁於宫中,無人可用,無可告愬,只能告於"强門大夫"。古書所記諸侯宫門有庫門、雉門和路門等名目,"强門"當即厲公宫中某門之名,"强門大夫"即主管此門之人。他指點厲公放出囚禁在内庫裏的先前長魚矯拘自百㮇之人,發給他們兵器(當即内庫中所儲),然後强門大夫率領這些人去朝廷解救釋放了長魚矯,隨即賊殺了三郤。從以上敘述看,這場鬥爭中雙方的力量對比其實是相當懸殊的(上文簡6亦已云三郤"强於公家"),但苦成家父一方可以説始終隱忍退讓,並未真正作亂,直至被長魚矯獨力以戈先後擊殺(《左傳》成公十七年所記)。簡文云"郤錡、郤至、苦城家父立死,不用其衆",此"不用其衆"跟《左傳》成公十七年的"長魚矯請無用衆(攻郤氏)"是兩回事,不能牽合。

可以看出,簡文敘事的立場完全是站在三郤尤其是苦成家父(郤犨)這一方的,對他的不幸充滿了同情和讚揚。原《説明》已指出"其基本立場似是同情三郤",我們通過上文的分析,對此當能有更深體會。

---

① 如第0509簡,見吳九龍《銀雀山漢簡釋文》,文物出版社,1985年,第40頁。

最後附帶對前發表在簡帛網的拙文《談談〈上博(五)〉的竹簡分篇、拼合與編聯問題》作兩點補充：

1. 文中主張《競建内之》篇簡 6"不遂於善而敆(說)之"之"遂"字讀為"遷"，可補充一佳證：馬王堆帛書《式法》："圿(仕)者，□遂(遷)。"①

2. 文中曾引《弟子問》篇簡 4：

☐□風也，亂節而哀聲。曹之喪，其必此乎？回！"子嘆曰："烏！莫我知也夫！"子游曰："有地之謂也乎？"子曰：安(?)【4】

末一字原作：

季旭昇先生已指出其右半是"安"字。左上部分字形近於"我"字的左面部分或豎寫的"爪"形，季先生認為是"亻"旁。② 今按子游即言偃，此字顯然正當以从"安"聲而讀為"偃"。"偃"係孔子回答子游問而先呼其名，與《上博(五)·君子為禮》簡 2"夫子曰：'回，……'"等相類。

2006 年 2 月 21 日晨

原載簡帛網，http://www.bsm.org.cn/show_article.php?id=216，2006 年 2 月 21 日。

---

① 馬王堆漢墓帛書整理小組：《馬王堆帛書〈式法〉釋文摘要》，《文物》2000 年第 7 期，第 91 頁。

② 季旭昇：《上博五芻議(下)》。

《三德》竹簡編聯的一處補正

　　《上博(五)·三德》篇的6、7兩簡,原整理者認爲可連讀。我前在談此篇的編聯時,説這兩簡"當連讀是没有問題的"。① 這話不對。簡6之下當與簡17連讀,簡7在本篇現存竹簡中找不到可上與之連讀的,其前當有缺簡。

　　6、7兩簡如連讀,其文如下:

　　　　……凡宅(託)官於人,是謂邦固;宅(託)人於官,是謂邦蕭(露、路);②建五官弗散(措),是謂反逆。土地乃坼(坼),民人乃【6】喪。喜樂無蕫(限)度,是謂大荒,皇天弗諒,必復之以憂喪。凡食飲無量詯(計),是謂滔皇,上帝弗諒,必復之以康。上帝弗諒,以祀不言。【7】

最初覺得其連讀没有問題的理由主要是,相連處的"土地乃坼(坼),民人乃喪"句,對比簡5云"變常易禮,土地乃坼(坼),民乃嚻(天)死",③文意顯得很通順。同時兩簡又都有幾個"……是謂……"的句式。整理者將它們連讀,大概也是出於同樣的考慮。按簡8~9也有幾個"……是謂……"的句

---

① 陳劍:《談談〈上博(五)的竹簡分篇、拼合與編聯問題》,簡帛網,http://www.bsm.org.cn,2006年2月19日。

② "蕭"字讀爲"露"或"路"見陳劍《〈上博(五)〉零札兩則》,簡帛網,http://www.bsm.org.cn,2006年2月21日。出土文獻中同樣用法的"路"字在此文所舉之外還可補充一例。馬王堆帛書老子乙本卷前古佚書《稱》:"宫室過度,上帝所亞(惡)。爲者弗居,唯(雖)居必路。"

③ "嚻死"讀爲"天死"從李天虹《〈上博(五)〉零識三則》之説,簡帛網,http://www.bsm.org.cn,2006年2月26日。

式，這兩簡倒還有可能事實上確是緊接於簡7之後的。但位於簡1和簡5之間的第4簡云"殘其親，是謂罪。君無主臣，是謂畏，邦家其壞"，也有兩個"……是謂……"的說法，它跟簡7就肯定相隔得很遠了。可見後一理由並不充分。更重要的是，上引6、7兩簡相連處的"土地乃坼，民人乃喪"句，從押韻的角度看很成問題。"坼"是鐸部字，"喪"是陽部字，鐸陽通押或說合韻在先秦韻文中極爲罕見。上文"固、露（或路）"押韻（魚部），"措、逆"押韻（鐸部），後文"荒、諒、喪、皇、諒、康、諒、亶"押韻（陽部），這些韻腳字所在韻段的文意也正分別自成一組，各韻段分別以同部字自相押韻，是很嚴整的。如果認爲"土地乃坼"的"坼"字跟上文的"措、逆"押韻，而"民人乃喪"的"喪"字係與下文的"荒、諒……"等字押韻，但其後的"喜樂無亶（限）度，是謂大荒……"等說的是另外的意思，從韻腳字所屬意羣的角度來看就又不和諧了。

簡6改爲下與簡17連讀後，其文如下：

……凡宅（託）官於人，是謂邦固；宅（託）人於官，是謂邦蕗（露、路）；建五官弗散（措），是謂反逆。土地乃堇（坼），民人乃【6】茖（落）。敬天之砭（敁），興地之歫（矩？），恒道必□。……【17】

簡17"砭"字與簡10"毋攺（改）敁，毋叀（弁—變）事"之"敁"當爲一字之繁簡體。① 將兩處文意結合起來考慮，疑"敁"當訓爲"禁"，古書或作"圉"、"圄"和"御"、"禦"等。馬王堆帛書老子乙本卷前古佚書《十大經·正亂》："上帝以禁。帝曰：毋乏（犯）吾禁……"簡17"敬天之敁"的意思跟"犯帝之禁"相對。簡10"改敁"即改變（舊有的各種）禁令，"變事"即改變（舊有的各種）政事，二者爲一組，文意也頗覺妥帖。"恒道"即"常道"，"恒道必□"是"敬天之砭（敁），興地之歫（矩？）"的結果。"□"字當是一個好字眼，但不能確識，從韻腳推測亦當爲魚部字。

簡6與簡17相連處文句爲"民人乃茖"，"茖"當讀爲"落"。"措、逆、坼、落"（鐸部）跟"敁、歫（矩？）"（魚部）分別以同部字自相押韻，從韻腳和

---

① 簡10"攺（改）"字原釋文作缺文號。從圖版看其"攴"旁尚基本完整，左半的"巳"旁尚存下半。且"改"與下文對文的"變"意義正相近。

簡文意蘊來看就變得很和諧自然了。

"落"字古書常用於指草木衰落、凋零,用於人可指人的容顏衰老,也可更加抽象地指人本身的"凋落"、"零落"。《國語·吳語》:"使吾甲兵鈍獘,民人離落,而日以憔悴,然後安受吾燼。"韋昭注:"離,叛也。落,殞也。"《管子·輕重己》:"宜穫而不穫,風雨將作,五穀以削,士民零落,不穫之害也。"馬非百《管子輕重篇新詮》:"削謂削減。零落,殞也。"《吕氏春秋·決勝》:"夫兵有本幹:必義,必智,必勇。義則敵孤獨,敵孤獨則上下虚,民解落。"《漢語大詞典》釋爲"解散,散落"。簡文"民人乃茖(落)"係對諸侯國君而言,其意義比較含混籠統,可以理解爲包括國君所統治的人民大量非正常地死亡,離散而逃奔它國,或生殖不蕃等多種國内總人口減少的情况。《國語·越語下》記范蠡之言云(相近的話又見於馬王堆帛書老子乙本卷前古佚書《十大經·觀》):"四封之内,百姓之事,時節三樂,不亂民功,不逆天時,五穀睦熟,民乃蕃滋,君臣上下,交得其志。""民人乃落"之意即"民乃蕃滋"的反面。

2006 年 4 月 1 日

原載簡帛網,http://www.bsm.org.cn/show_article.php?id=311,2006 年 4 月 1 日。

也談《競建內之》
簡 7 的所謂"害"字

《上海博物館藏戰國楚竹書(五)·競建內之》簡 2＋簡 7 云：①

……昔高宗祭，又(有)飝(雉)㠯(雊)於彝(彝)髭(前)。詔(召)祖己而昏(問)安(焉)，曰："是可(何)也？"祖己諮(答)曰："昔先君【競建2】客(格)王，天不見▲，地不生孽(孽)，②則訴(祈)者(諸)槐(鬼)神，③曰：'天坙(地)盟(明)弃我矣！'……"【競建7】

其中用"▲"代替的字原作如下之形：

整理者釋爲"禹"。季旭昇先生從之，並説"疑爲'萬'（災害的'害'的本字）省"。我在《談談〈上博(五)〉的竹簡分篇、拼合與編聯問題》文中從季先生之説，將此字釋寫作"禹(害)"。其他研究者如林志鵬、楊澤生先生，則以

---

① 下引簡文的編聯和釋讀參看拙文《談談〈上博(五)〉的竹簡分篇、拼合與編聯問題》，簡帛網，http://www.bsm.org.cn/，2006 年 2 月 19 日。【編按：已收入本書。】

② "宵(孽)"字原釋爲"龍"，此從季旭昇先生之説改釋，見季旭昇：《上博五芻議(上)》，簡帛網，http://www.bsm.org.cn/，2006 年 2 月 18 日。下引季旭昇先生之説皆見此文。

③ "訴(祈)"字的釋讀從季旭昇先生之説。我在《談談〈上博(五)〉的竹簡分篇、拼合與編聯問題》文中釋爲"訓"，誤。

"禹"爲"害"之誤字。①

我後來認識到,此字不管是將字形釋爲"禹",還是將其所表示之詞說爲"害",都是有問題的。最近高佑仁先生有文討論此字,已經指出了"禹"字下半從"内",跟此字下半所從不合,釋爲"禹"從字形上看實不可信。但他認爲此字"嚴式隸定可作'𧍙'",乃"字將"𠂉"旁寫移至"虫"旁下的特殊寫法,簡文中仍讀作"害",②恐怕同樣也有問題。故草此小文談談我後來的看法。

我認爲,將字形和文意兩方面結合起來考慮,此字實當釋爲"𥘅",讀爲"妖"或"祅",泛指自然界和人事中、社會上反常的、怪異的事物。

先說文意。原考釋引《春秋繁露·必仁且知》以下文句爲證(標點略有改動):

> 莊王曰:天不見災,地不見孽,則禱之於山川,曰:"天其將亡予耶! 不說吾過,極吾罪也。"

謂簡文句意與之相似,這是很正確的。"天不見災,地不見孽"和簡文"天不見▲"的"見",並即《周易·繫辭上》"天垂象,見吉凶"之"見",音"現",後來俗亦寫作"現"。《廣韻》去聲霰韻音"胡甸切",訓爲"露也"(下即收俗字作"現")。這類用法的"見"舊注或訓爲"顯也"(《荀子·勸學》"天見其明"楊倞注、《漢書·五行志中之上》"故復見戒也"顏師古注、《漢書·五行志下之下》"故比年再蝕以見戒"顏師古注)、"顯示也"(《漢書·元帝紀》"天見大異"顏師古注、《漢書·五行志上》"前是天不見災者"顏師古注、《漢書·五行志中之下》"皇天數見災異"顏師古注、《漢書·元后傳》"故天爲見異"、"故天見戒"顏師古注等)。③

前引《春秋繁露·必仁且知》文跟簡文從各方面看都極爲接近,但

---

① 林志鵬:《上博楚竹書〈競建内之〉重編新解》,簡帛網,http://www.bsm.org.cn/,2006年2月25日。楊澤生:《〈上博五〉劄記兩則》,簡帛網,http://www.bsm.org.cn/,2006年2月28日。

② 高佑仁:《談〈競建内之〉兩處與"害"有關的字》,簡帛網,http://www.bsm.org.cn/,2006年6月13日。

③ 參看宗福邦等主編《故訓匯纂》,商務印書館,2003年,第2086頁。

"災"字跟簡文對應的"▲"字顯然無法牽合。《春秋繁露·必仁且知》所記(楚)莊王事也見於其他古書。《後漢書·明帝紀》永平三年詔云"昔楚莊無災,以致戒懼",也用"災"字;《論衡·譴告篇》云:"天神譴告人君,猶人君責怒臣下也。故楚嚴王曰:'天不下災異,天其忘子〈予〉乎!'災異爲譴告,故嚴王懼而思之也。"①用"災異"。值得注意的是,《説苑·君道》記載此事説:

> 楚莊王見天不見妖,而地不出孽,則禱於山川,曰:"天其忘予歟?"此能求過於天,必不逆諫矣。安不忘危,故能終而成霸功焉。

也跟《春秋繁露·必仁且知》文和簡文極爲接近,而用"妖"字。古書中"妖"(或作"祅")、"孽"連文或對舉之例很多,不煩列舉。《漢書·五行志中之下》云:"故(殷高宗武丁)能攘木鳥之妖,致百年之壽。"也把高宗祭祀而有鳴鳥(雉雄)之事稱爲"妖"。古書裏説"(天)見妖"之例又如,《吕氏春秋·制樂》記周文王時"地動",羣臣"請移之","文王曰:'不可。夫天之見妖也,以罰有罪也。我必有罪,故天以此罰我也。今故興事動衆以增國城,是重吾罪也。不可。'"《韓詩外傳》卷三記載同事,文略同。《論衡·異虛篇》:"使文公不問咎犯,咎犯不明其吉,戰以大勝,世人將曰:'文公以至賢之德,破楚之無道,天雖見妖,卧有凶夢,猶滅妖消凶以獲福。'"古書裏還有不少"見妖"係就人而言,意爲人"看見妖"、"見到妖",如《吕氏春秋·制樂》記成湯云:"吾聞祥者福之先者也,見祥而爲不善則福不至;妖者禍之先者也,見妖而爲善則禍不至。"這類用法的"見妖"又見於《韓詩外傳》卷三、《論衡·異虛篇》、《潛夫論·夢列》、《風俗通義·怪神》等,不煩一一列舉。

"天不見▲"的"▲"字,既然釋爲"妖"意義很合適,古書裏也有充足的證據,下面就來看看字形是否説得通。單獨的"天"字和作偏旁的"天"三晉古璽文字和楚系簡帛文字裏皆多見,作 ![] (《古璽彙編》5621)、![]

---

① "楚嚴王"即"楚莊王",因避漢明帝諱而改。"子"當爲"予"之形近誤字。皆參看黃暉《論衡校釋》,中華書局《新編諸子集成》第一輯《論衡校釋(附劉盼遂集解)》,1990年,第634～635頁。

也談《競建內之》簡 7 的所謂"害"字　199

(子彈庫楚帛書乙五)、✦(郭店《唐虞之道》簡 11)、✦[《上博(二)·子羔》簡 12"芙"字所從]等形,其寫法變化不大。✦字跟"天"比較,其上端的"人"形、中間的"✦"跟豎筆相交之形,和下端的向右彎曲的筆畫,都是相合的。尤其是字中間的"✦"跟豎筆相交之形,可以說是"天"字的顯著特徵。其不同之處有兩點。第一,二者頭部"人"形之下與之相交處的筆畫形態不同。"天"作一豎筆形,✦作兩分叉斜筆形;第二,最下端的筆畫✦形少一向左的斜筆,而且"天"的中豎本來是跟向左的斜筆爲一筆的,✦形改爲與向右的斜筆連寫爲一筆。對此我曾考慮引其他字形中同類的變化爲證來加以說明。例如,第一點可以楚文字和其他六國文字裏都很常見的"束"形中多見的變化爲例。"束"一般中間作一直豎形,如✦(包山簡 168)、✦(《上博(一)·孔子詩論》簡 9)等等;或作✦(郭店《老子》甲本簡 14)、✦(包山簡 260)、✦(郭店《忠信之道》簡 1)等,中間上端即變作兩分叉斜筆形。第二點可以下面一些字形爲例。郭店《語叢一》簡 50"䎡(色)"字作✦,其左半所從"矣"旁下半由"大"訛變而來的"矢"形的下端本應作左右分叉形的兩筆,此形省略只作一筆;楚簡文字中的"年"字,普通之形作✦(郭店《窮達以時》簡 5)、✦(包山簡 128)等。其下端左右分叉形的兩筆也或省去向左的一斜筆作✦(郭店《緇衣》簡 12)、✦[《上博(一)·孔子詩論》簡 8"悸"字所從]。✦省去向左的斜筆後中豎與向右的斜筆連寫爲一筆,它跟✦形的關係,與✦跟✦的關係尤爲接近。這樣看來,字形上似乎也勉強解釋得通。

不過,進一步想,恐怕也不必如此求之過深。現所見戰國文字中"天"

形的寫法相當固定，除了偶見個別將中間曲筆拉直作 ![字]（《古璽彙編》1071）的寫法外，很少有其他變化。作 ![字] 這樣怪的"天"字的寫法，在當時很難説有多大的通行範圍。我覺得，在没有更多關於"天"字特殊寫法的資料以前，簡文此形，也不妨就簡單地看作書寫中偶然出現的由書手個人因素造成的訛體，不必强求每一筆都一定要能找出跟一般寫法的"天"字的演變關係。

2006 年 6 月 16 日晨

原載簡帛網，http://www.bsm.org.cn/show_article.php?id=365，2006 年 6 月 16 日。

郭店簡《尊德義》和《成之聞之》的簡背數字與其簡序關係的考察[*]

一

在 2006 年 6 月武漢大學等單位舉辦的"新出楚簡國際學術研討會"上，郭店簡的原整理者發表《郭店楚簡背面記數文字考》一文，[①]公佈了《尊德義》和《成之聞之》篇幾支背面記有數字的竹簡的資料。據此文介紹，《尊德義》篇原第 11 號、12 號、15 號和 28 號 4 支簡的背面，以及《成之聞之》篇第 13 號簡的背面，分別書寫有"百八"、"百四"、"百一"、"百"和"七十二"幾個數字。"除《成之聞之》1 支記數簡的數文距竹簡上端 17.5 釐米外，《尊德義》篇 4 支簡的記數文，上距竹簡頂端基本都是 14.5 釐米，在一個橫行高度上"，"背面有數文的 5 支簡，其書文方向均與正面文字相反。應爲翻面後順手書寫而成"，"背面有數文的 5 支簡，其書寫風格相同，極有可能是同一位抄手所爲"。關於這些簡背數字的性質，整理者説：

但是，背面的記數文到底有何作用？是簡的記數？還是簡上文

---

[*] 本文是教育部"郭店楚簡文獻研究"項目成果之一。
[①] 荆門市博物館劉祖信、鮑雲豐：《郭店楚簡背面記數文字考》，哈佛大學燕京學社、武漢大學中國傳統文化研究中心等編：《新出楚簡國際學術研討會議論文集》(郭店·其他簡卷)，2006 年，第 158～161 頁。

字的記數？尚待進一步考證。本人也曾試想將"百"、"百一"、"百四"、"百八"、"七十二"等簡，按其簡數順序編排，因考慮不成熟，尚未定論。

我們覺得，這些數字係"簡上文字的記數"的可能大概應該首先排除掉。這可以從幾方面來說。首先，在現有戰國楚簡中，還沒有看到在竹簡正面或背面記簡文字數的先例；其次，秦漢簡帛記簡文字數的，大都記於一章或一篇之尾，緊接於正文部分，是對全章或全篇字數的統計，沒有看到記在篇中某簡或某幾簡背面的；①同時，從秦漢簡帛記簡文字數的情況也可以看出，上舉郭店簡的這些數字太小，僅相當於幾支簡的字數。如果它們分別是對其前幾支簡簡文字數的統計，也看不出這樣做有什麼特別的必要性。

目前發現的楚簡資料中，簡背記有數字的除此之外只有慈利簡。據整理者介紹，慈利楚簡"少部分簡簡背標有數字，相當於我們今日書籍的頁碼編次。……上述數字或居簡背之首，或居中，或居簡末。單數有一、二、三、五、七、九，雙數有十和廿、三十合文以及它們組成的編碼。還有'X'符號兩見，明確有別於'五'字，未詳何義，是否表示五十。未見四、六、八，四千餘片簡只有幾十片背面尚留墨痕，即使以整簡八百餘計，亦十不存一"。② 慈利簡簡背數字很多是小於十的，也肯定不會是"簡上文字的記數"。

慈利楚簡的整理者很明確地認爲簡背數字"相當於我們今日書籍的頁碼編次"，這個論斷並無堅實根據。在已經發表釋文和部分圖版的這類"數字簡"中，有18支與今本《國語・吳語》大致能對應。何有祖和蕭毅曾

---

① 參看陳夢家《由實物所見漢代簡册制度》，《漢簡綴述》，中華書局，1980年，第302～303頁；銀雀山漢墓竹簡整理小組：《銀雀山漢墓竹簡》(壹)，文物出版社，1985年，第15頁、第17頁注[三一]、第30、45、58、60、61、144、146頁等；河北省文物研究所定州漢墓竹簡整理小組：《定州漢墓竹簡論語》，文物出版社，1997年，第100頁"章數簡"；國家文物局古文獻研究室編：《馬王堆漢墓帛書[壹]》，文物出版社，1980年，第58、79頁；國家文物局古文獻研究室編：《馬王堆漢墓帛書[叁]》，文物出版社，1980年，第64頁注[一四]。

② 張春龍：《慈利楚簡概述》，艾蘭、邢文編：《新出簡帛研究——新出簡帛國際學術研討會文集》，文物出版社，2004年，第5～7頁。

對這部分內容作過研究。他們將簡文與今本對應編排，再跟簡背數字結合起來考察，得到的結果是其數字序列往往是雜亂的，如依數字序列排列竹簡則其簡序跟今本《吳語》往往不能相合。何有祖的結論是"簡上數字意義尚難確定"，如果"假定簡上數字有頁碼之作用"，則"這有兩種可能，一種，即該數字與簡文所形成的上下文並無任何瓜葛，其數字也許與簡文順序無關。作爲另一種可能，慈利簡文有着比今本《吳語》更爲細致的劃分，並且每個局部的順序都是重新從'一'開始。在數字信息不足的前提下，就會形成以上局部連續的數據鏈，當然數字間的差距越小當越能説明該鏈的可靠"。① 蕭毅認爲"這些數字可能相當於頁碼，也可能是書手抄寫時的編碼"。② 從他們的研究看，慈利簡簡背記數字的資料，目前對於幫助我們判斷郭店簡簡背數字的性質還起不了多大作用。

整理者提出的另一可能，即郭店簡的這些數字可能係"簡的記數"，由此可以將這些記數簡"按其簡數順序編排"，是值得重視的。由於在《郭店楚墓竹簡》(以下簡稱《郭簡》)出版之後，已有衆多研究者在整理者所作工作的基礎上對《尊德義》和《成之聞之》兩篇的竹簡編聯提出了不少新的看法，導致從《郭簡》的原編號已經難以看出各簡的實際先後關係和距離情況，因此我們有必要綜合以前研究者從竹簡內容本身出發對簡序所作調整的意見，擇善而從，列出全篇重新編聯之後的簡序情況，再循着將簡背數字跟簡序結合起來考慮的思路加以考察，看看能得出什麽樣的結果。

二

先來看《成之聞之》篇。此篇的竹簡編聯及與之相關的全篇命名問題，先後有郭沂、周鳳五和林素清、李零、王博、陳偉、顧史考、李學勤、廖名

---

① 何有祖：《慈利竹書與今本〈吳語〉試勘》，簡帛網，2005年12月26日，http://www.bsm.org.cn/。
② 蕭毅：《慈利竹書〈國語·吳語〉初探》，簡帛網，2005年12月30日，http://www.bsm.org.cn/。

春等多位研究者發表過意見。① 廖名春詳細羅列其前諸家之説,對其得失有頗爲中肯的分析討論。其結論,除後來顧史考又作出調整的簡 21～23 和簡 29～30 的順序外,②其餘跟我們研究的結果大致相同,請讀者參看。

《郭簡》將全篇分爲以下十個編連組:一、簡 1～3;二、簡 4～6;三、簡7～20;四、簡 21～23;五、簡 24;六、簡 25～28;七、簡 29～30;八、簡 31～33;九、簡 34～36;十、簡 37～40。除第四(簡 21～23)和第七(簡29～30)兩組外,其他各編聯組内部諸簡間的連讀没有問題,研究者亦多無異議。但有的相鄰編聯組可以進一步連讀,各編聯組之間的先後關係也有可以調整之處。綜合衆多研究者重新編聯的意見,各組簡之間可以較爲肯定應該連讀的有:第二組和第三組(簡 6+7),第三組和第九組(簡20+34),第七組和第一組(簡 30+1),第一組和第五組(簡 3+24),第五組和第六組(簡 24+25),第八組和第十組(簡 33+37)(詳見下面釋文中相關部分的注釋)。又據前引顧史考的意見,原第四(簡 21～23)和第七(簡 29～30)兩組簡的順序當調整爲:簡 29+23+22+30,同時第 21

----

① 各家意見分别見以下諸文:郭沂:《郭店楚簡〈天降大常〉(〈成之聞之〉)篇疏證》,《孔子研究》1998 年第 3 期,第 65～66 頁;又郭沂《郭店楚簡〈成之聞之〉篇疏證》,《郭店楚簡研究》(《中國哲學》第 20 輯),遼寧教育出版社,1999 年;又見郭沂《郭店竹簡與先秦學術思想》,第一卷《郭店楚墓竹簡六種考釋》之"肆《大常》(原題《成之聞之》)考釋",上海教育出版社,2001 年;下引郭沂説均見此文。周鳳五、林素清《郭店竹簡編序復原研究》,《古文字與古文獻》試刊號,楚文化研究會,1999 年,第 57 頁;下引周鳳五和林素清之説均見此文。李零:《郭店楚簡校讀記》,《道家文化研究》第 17 輯("郭店楚簡"專號),三聯書店,1999 年;又李零《郭店楚簡校讀記(增訂本)》,北京大學出版社,2002 年;下引李零説均見此,分别簡稱爲《校讀記》和《校讀記(增訂本)》。王博:《關於郭店楚墓竹簡分篇與連綴的幾點想法》,《郭店簡與儒學研究》(《中國哲學》第 21 輯),遼寧教育出版社,2000 年,第 258～259 頁;收入王博《簡帛思想文獻論集》,臺灣古籍出版有限公司,2001 年;下引王博説皆見此文。陳偉:《關於郭店楚簡〈六德〉諸篇編連的調整》,《江漢考古》2000 年第 1 期;又見武漢大學中國文化研究院編《郭店楚簡國際學術研討會論文集》,湖北人民出版社,2000 年;又陳偉《郭店竹書别釋》,湖北教育出版社,2002 年。顧史考《郭店楚簡儒家逸書的排列調整芻議》,《中國典籍與文化論叢》第六輯,中華書局,2000 年;收入顧史考《郭店楚簡先秦儒書宏微觀》,臺灣學生書局,2006 年。李學勤:《試説郭店簡〈成之聞之〉兩章》,《煙臺大學學報》(哲社版)2000 年第 4 期;又《清華簡帛研究》第一輯,清華大學思想文化研究所,2000 年。廖名春:《郭店簡〈成之聞之〉的編連和命名問題》,《中國史研究》2001 年第 2 期;收入其《新出楚簡試論》,臺灣古籍出版有限公司,2001 年。顧史考:《郭店楚簡〈成之〉等篇雜志》,《清華大學學報(哲學社會科學版)》2006 年第 1 期;收入顧史考《郭店楚簡先秦儒書宏微觀》。

② 顧史考:《郭店楚簡〈成之〉等篇雜志》。

號簡改爲接在第六組簡25～28之後。據此,可以將原十個編連組合併爲三組,即:一、簡4～20+34～36;二、簡29+23+22+30+1～3+24～28+21;三、簡31～33+37～40。其中第三組因爲包含有作鉤形的篇號且其下有大段空白的第40簡,必在篇末;其餘兩組簡文,第一組末簡36號與第二組首簡29號有可能當連讀,即第一組的位置可能當在第二組之前。同時,如將第二組放在篇首,全篇開頭即説"《君奭》曰:'襄我二人,毋有合才音。'"也顯得很突兀。前引廖名春文以爲第一組簡文應放在全篇之首,較爲合理。這樣,我們最終排定的簡序即爲上舉第一組+第二組+第三組的順序。同時,從最終復原的情況也可以看出本篇應該不存在缺簡。

本篇竹簡"調整以後,以'成之聞之曰'開頭的那枚簡已非首簡,而且'成之'二字應該上屬他句,所以此篇的篇名也必須改變"。① 本篇的篇名,研究者或以爲前二十簡爲一篇,後二十簡爲一篇,前者可名爲《求己》篇,後者可名爲《天常》篇;② 或改題爲《天降大常》(前引郭沂文)、《求己》、③《成聞》、④《教》(前引李零文)、《天常》(前引周鳳五和林素清文)、《德義》(前引陳偉文)、《君子於教》、⑤《君子之於教》(前引廖名春文)、《成之》(前引顧史考文)等。我們從廖名春之説取篇首數字改題爲《君子之於教》。

下面分組抄出全篇釋文,儘量使用通行字。字詞的釋讀吸收了衆多研究者的合理意見,也包含一些我們自己的看法,限於篇幅及本文性質,就不一一注明了。爲便於讀者察看,同時又不影響正文的連貫,將簡背數

---

① 裘錫圭:《北京大學中國古文獻研究中心郭店楚墓竹簡研究項目介紹》,中國文物研究所編:《出土文獻研究(第六輯)》,上海古籍出版社,2004年,第7頁。

② 姜廣輝:《郭店楚簡與〈子思子〉》,《哲學研究》1998年第7期;又《郭店楚簡與〈子思子〉——兼談郭店楚簡的思想史意義》,《郭店楚簡研究》(《中國哲學》第20輯),第81～92頁。

③ 廖名春:《郭店楚簡儒家著作考》,《孔子研究》1998年第3期,第69～83頁。

④ 張立文:《論郭店楚墓竹簡的篇題和天人有分思想》,《傳統文化與現代化》1998年第6期;又《〈郭店楚墓竹簡〉的篇題》,《郭店楚簡研究》(《中國哲學》第20輯),第331～334頁。

⑤ 涂宗流、劉祖信:《郭店楚簡先秦儒家佚書校釋》,臺北萬卷樓圖書有限公司,2001年。下引涂宗流和劉祖信之説皆見此書。

字的釋文放在相應竹簡的簡號內。後《尊德義》篇的釋文同。

【第一組】

君子之於教也，其導民也不浸，則其淳也弗深矣。是故亡乎其身而【4】存乎其詞，雖厚其命，民弗從之矣。是故威服刑罰之屢行也，【5】由上之弗身也。昔者君子有言曰："戰與刑，人君子之墜德也。"是故【6】上苟身服之，則民必有甚焉者。① 君衮冕而立於阼，一宮之人不勝【7】其敬。君衰絰而處位，一宮之人不勝其[☒]【8】一軍之人不勝其勇。上苟倡之，則民鮮不從矣。雖然，其存也不厚，【9】其重也弗多矣。是故君子之求諸己也深。不求諸其本而攻諸其【10】末，弗得矣。是君子之於言也，非從末流者之貴，窮源反本者之貴。【11】苟不從其由，不反其本，未有可得也者。君上享成不惟本，功[☒☒☒]。【12】農夫務食不強耕，糧弗足矣。士成言不行，名弗得矣。是故君子【13|七十二】之於言也，非從末流者之貴，窮源反本者之貴。苟不從其由，【14】不反其本，雖強之弗入矣。上不以其道，民之從之也難。是以民可【15】敬導也，而不可掩也；可馭也，而不可牽也。故君子不貴徶物，而貴與【16】民有同也。智而比次，則民欲其智之遂也。富而貧賤，則民欲其【17】富之大也。貴而罷（能）讓，則民欲其貴之上也。反此道也，民必因此重也【18】以復之，可不慎乎？故君子所復之不多，所求之不遠(?)，戲（察）反者（諸）己而可以【19】知人。是故欲人之愛己也，則必先愛人；欲人之敬己也，則必先敬人。【20】君子簟席之上，讓而受幼；②朝廷之位，讓而處賤，所宅不遠(?)矣。小人【34】

---

① 郭沂、周鳳五和林素清均將6號簡和7號簡連讀，上下文意通順連貫，可從。又參看前引陳偉《關於郭店楚簡〈六德〉諸篇編連的調整》，《江漢考古》2000年第1期，第54～55頁。

② 陳偉、顧史考、王博（前引文第259頁）均將34號簡與20號簡連讀，文意銜接緊密，可信。前引陳偉《關於郭店楚簡〈六德〉諸篇編連的調整》第55頁云："'君子□席之上'數語是談在不同場合的謙讓，正應是對成20所述'欲人之愛己也，則必先愛人；欲人之敬己也，則必先敬人。'的具體闡釋"；前引顧史考《郭店楚簡儒家逸書的排列調整芻議》第215頁云："後者之禮讓，正是前者之'愛人'與'敬人'的表現；前者講的是要'先愛'、'先敬'，因而後者乃講的是'其先也不若其後也'，二者之關係極爲密切。"

不逞人於刃，君子不逞人於禮。津梁争舟，其先也不若其後也。言【35】語羣（鞠）之，其勝也不若其已也。君子曰：從允釋過，則先者豫，來者信。【36】①

【第二組】

《君奭》曰："襄我二人，毋有合才音。"蓋道不悦之詞也。君子曰：雖有其恒，而【29】行之不疾，未有能深之者也。② 俤之述（遂）也，強之功也；陛之弇也，詡之功也。【23】是故凡物在疾之。③《君奭》曰："唯冒丕單稱德。"蓋言疾也。君子曰："疾之【22】可能，終之爲難。槁

---

① 此第 36 號簡很有可能當與下第 29 號簡連讀，但缺乏確證。前引顧史考《郭店楚簡〈成之〉等篇雜志》謂："以文章形式的考慮，姑將簡 36 置於（簡 29）前（原注：但亦無必然關係）。"所謂"以文章形式的考慮"，是指將此兩簡連讀後，先引"君子曰"次引《書》，與下 29＋23＋22 一段話亦先引"君子曰"次引《書》形式相近。

② 此處及以下 29＋23＋22＋30 一組簡的重新編聯從前引顧史考《郭店楚簡〈成之〉等篇雜志》之説。《郭簡》原釋文將 29 號簡與 30 號簡連讀，相連處的文句爲"售又（有）丌（其）丕而可能，夂（終）之爲難"，"……而可能"的説法較怪。《郭簡》原釋文將 22 號簡與 23 號簡連讀，相連處的文句爲"君子曰：疾之。行之不疾，未有能深之者也"。顧史考指出"以'疾之'爲指令式的單句頗爲奇特"。他改將簡序調整爲 29＋23＋22＋30 後，"則語法變得順暢許多，且於意義層面亦未有絲毫損失，反而邏輯結構顯得更加清晰"。陳偉《郭店楚簡〈六德〉諸篇零釋》第 29～30 頁(《武漢大學學報》(哲社版)1999 年第 5 期）曾引《禮記·祭義》的一段文字説明原 29 號簡與 30 號簡連讀處的文句"售又（有）丌（其）丕而可能，夂（終）之爲難"，顧史考云：

陳氏所引《禮記·祭義》該段全文爲："教曰孝，其行曰養。養可能也，敬爲難；敬可能也，安爲難；安可能也，卒爲難。父母既没慎行其身，不遺父母惡名，可謂能終矣。"此段論行孝之道，從易行者到難行者遞增纍進，而以"A 可能也，B 爲難"的句式來表示這個過程。《成之聞之》似亦以同樣的遞增纍進過程爲文：先以"君子曰"及《君奭》的引文來泛泛地表示"恒治"的概念，再進以"君子曰"的口吻發難曰"唯（/雖）有其恒，而行之不疾，未有能深之者也"，而既以又通過《君奭》引文來闡發"疾之"的概念，則又進而以"君子曰"之口再次發難曰"疾之可能，終之爲難"，以便突顯出其"君子貴成之"之理。換句話説，乃是以一種"恒之可能，疾之爲難；疾之可能，終之爲難"的句法爲其整段的邏輯結構。"疾之可能，終之爲難"既較"雖有其恒而可能，終之爲難"更貼近《祭義》的句式，"雖有其恒，而行之不疾，未有能深之者也"又比"疾之。行之不疾，未有能深之者也"順暢，則於各句的語法上亦顯得更接近於古人的語言習慣。

其説可從。

③ 原第 23 號簡改爲放在第 22 號簡之前從上注所引顧史考之説。"是故凡物在疾之"承上文"雖有其恒，而行之不疾，未有能深之者也"而言。

木三年,不必爲邦羿。"蓋言寶(?)之也。是以君子貴【30】成之。① 聞之曰:古之用民者,求之於己爲亙(亙—亟)。行不信則命不從,【1】信不著則言不樂。民不從上之命,不信其言,而能念德者,未之【2】有也。故君子之莅民也,身服善以先之,敬慎以導之,其所在者入矣,【3】民孰弗從? 形於中,發於色,其睟(審)也固矣,民孰弗信?② 是以上之亙(亙—亟)【24】務在信於衆。③《詔(?)命》曰:"允師濟德。"此言也,言信於衆之可以【25】濟德也。聖人之性與中人之性,其生而未有非之節於而也,【26】則猶是也。唯其於善道也,亦非有譯婁以多也。及其溥長而厚【27】大也,則聖人不可由與墠之。此以民皆有性而聖人不可慕也。【28】是以智而求之不疾,其去人弗遠矣。④ 勇而行之不果,其疑也弗往矣。【21】

【第三組】

天坴大常,以理人倫。制爲君臣之義,著爲父子之親,分【31】爲夫婦之辨。是故小人亂天常以逆大道,君子治人倫以順【32】天德。《大禹》曰:"余(舍)才(兹)宅天心。"蓋此言也,言余(舍)之此而宅於天心也。是故【33】唯君子道可近求而可遠措也。昔者君子有言曰:"聖人天

---

① 《郭簡》原將 30 號簡與 1 號簡分置兩處,1 號簡開頭文字連讀爲"成之聞之曰",並據以題此篇篇名爲《成之聞之》。郭沂(前引文第 63 頁)、王博(前引文第 258~259 頁)、周鳳五和林素清(前引文第 57 頁)均將 30 號簡與 1 號簡連讀,並將"成之"屬上讀,正確可從。

② 郭沂(前引文第 63~64 頁)、周鳳五和林素清(前引文第 57 頁)、陳偉皆將 3 號簡與 24 號簡連讀,正確可從。郭沂舉出兩點理由(前引文第 64 頁):"其一,此處的'其所在(按此處脫"者"字)内矣,民孰弗從'與下文的'其睟也固矣,民孰弗信'正相對應;其二,上文的'古之用民者,求之於己爲恒'與下文的'是以上之恒務在信於衆'亦相呼應。"陳偉《關於郭店楚簡〈六德〉諸篇編連的調整》第 55 頁在前一層理由上補充説:"成 01、02 説:'行不信則命不從,信不著則言不樂。民不從上之命,不信其言,而能含德者,未之有也。'所云'行'、'信'、'民不從上之命,不信其言'適與成 24 的'民孰弗從'和'民孰弗信'前後緊扣。"

③ 《郭簡》第 170 頁注[二四]引裘按:"……此簡與上簡及再上一簡的文字很可能是相連的。"即認爲原 23 號、24 號、25 號三簡相連。按以 24 號簡跟 25 號簡相連正確可從,24 號簡則應上與 3 號簡相連。

④ 前引顧史考《郭店楚簡〈成之〉等篇雜志》將此第 21 簡跟上 28 號簡連讀,可從。此簡"其去人弗遠矣"就是承上簡"民皆有性而聖人不可慕也"而言的。

德。"蓋【37】言慎求之於己,而可以至順天常矣。① 《康誥》曰:"不還大暊(戛),文王作罰,【38】刑玆無赦。"蓋此言也,言不霏(奉)大常者,文王之刑莫重焉。是【39】故君子慎六位以巳天常。【40】

三

下面來看《尊德義》篇。此篇《郭簡》原分爲以下十一個編聯組:一、簡1;二、簡2~11;三、簡12~16;四、簡17~20;五、簡21~23;六、簡24~25;七、簡26~27;八、簡28~29;九、簡30;十、簡31~38;十一、簡39。各編聯組內部諸簡間的連讀是沒有問題的,但有的相鄰編聯組可以進一步連讀,組與組之間的先後關係也有可調整之處。綜合衆多研究者重新編聯的意見,各組簡之間可以較爲肯定應該連讀的有:第四組和第五組(簡20+21),第六組和第七組(簡25+26),第七組和第三組(簡27+12),第十一組和第四組(簡39+17)。這四處均不止一人指出。陳偉提出第16號簡下與第28號簡相接,又第29號、30號、31號三簡連讀,我們認爲均可從(以上調整皆詳見下面釋文中相關部分的注釋)。據此,本篇簡文的原十一個編聯組可以合併爲四組:一、簡1;二、簡2~11;三、簡39+17~23;四、簡24~27+12~16+28~38。這四組簡之間的先後關係問題,第一組即簡1原位於全篇之首,並取其前三字以名篇,研究者多無異議,並無堅強理由加以改變,故仍其舊。另外三組均無篇號簡,哪組在全篇之末從簡文內容本身似難以確定。下面分組抄出全篇釋文。

【第一組】

尊德義,明乎民倫,可以爲君。淮(綏?)忿繎(𤕍—戾),改惎勝,爲人上者之務也。【1】

【第二組】

賞與刑,禍福之基也,或腥(腥—延)之者矣。爵位,所以信其然

---

① 33號簡與37號簡連讀,從王博(前引文第259頁)、李學勤(前引文第459頁)之說。李學勤將原簡31~33、37~40連讀爲一章,稱爲"天常章",指出"章文始於'天降大常',終於'以巳天常',一氣呵成"。

也。正(政)欽(禁?),所以【2】攻□□。刑□,所以□墊也。殺戮,所以除匄〈害?〉也。不由其道,不行。仁爲可親【3】也,義爲可尊也,忠爲可信也,學爲可益也,教爲可類也。教非改道也,教之也。【4】學非改倫也,學己也。禹以人道治其民,桀以人道亂其民。桀不易【5】禹民而後亂之,湯不易桀民而後治之。聖人之治民,民之道也。禹【6】之行水,水之道也。造父之御馬,馬{也}之道也。后稷之藝地,地之道也。莫【7】不有道焉,人道爲近。是以君子人道之取先。察者(諸)出,所以知【8】己。知己,所以知人。知人,所以知命。知命而後知道,知道而後知行。由禮知【9】樂,由樂知哀。有知己而不知命者,無知命而不知己者。有【10】知禮而不知樂者,無知樂而不知禮者。善取,人能從之,上也。【11 百八】

【第三組】

凡動民必順民心,民心有恒,求其永。童義蓳葦,言此章也,【39】行此文也,①然後可逾也。因恒則固,察昵則無僻,不黨則無【17】怨,让思則□□。夫生而有職事者也,非教所及也。教其政,【18】不教其人,政弗行矣。故共(?)是物也而又深焉者,可學也,而不可矣(擬)也。【19】可教也,而不可迪其民,而民不可止也。尊仁、親忠、敬莊、歸禮,【20】行矣而無惟,②養心於子諒,忠信日益而自不知也。民可使道【21】之,而不可使知之。民可導也,而不可強也。桀不謂其民必

---

① 周鳳五和林素清(見前引文第57頁)、陳偉皆將原17號簡上與原39號簡相接,可從。前引陳偉《關於郭店楚簡〈六德〉諸篇編連的調整》第53頁云:"尊39原單獨置於《尊德義》篇末,很成問題。尊39'言此章也'與尊17'行此度也'句式相同,言與行、章(章程)與度(法度)的意義也兩兩相關……"後李天虹將原誤釋爲"度"的"文"釋出(但謂此例"文義不明"),陳偉又指出:"簡文'言'與'行'、'文'與'章'兩兩相對,當爲上下句。《左傳》襄公三十一年和《新書·容經》都有'動作有文,言語有章'的語句,與此略同。"分別見李天虹:《釋楚簡文字"度"》,《華學》第四輯,紫禁城出版社,2000年,第85~88頁;又收入李天虹:《郭店竹簡〈性自命出〉研究》,湖北教育出版社,2003年,第14~22頁;陳偉:《郭店簡書〈尊德義〉校釋》,《中國哲學史》2001年第3期,第119頁。

② 李零《校讀記》第521、522頁;《校讀記(增訂本)》第139、140頁)、陳偉(前引《關於郭店楚簡〈六德〉諸篇編連的調整》第53頁,又《郭店簡書〈尊德義〉校釋》第118頁)、涂宗流和劉祖信(見前引書第107、123~125頁)均將第21號簡與第20號簡連讀,文意通順,可從。

亂,而民有【22】爲亂矣。爰不若也,可從也,而不可及也。君民者,治民復禮,民除害智【23】

【第四組】

崇勞之訇也。爲邦而不以禮,猶炃(御)之無逋(策)也。非禮而民悦【24】忑(戴),此小人矣。非倫而民服殜(憚?),此亂矣。治民非還生而已也,【25】不以嗜欲害其義訇(軌?)。① 民愛,則子也;弗愛,則讎也。民五之方格,【26】十之方争,百之而後服。善者民必富,富未必和,不和不安,不安不樂。【27】善者民必衆,衆未必治,不治不順,不順不平。② 是以爲政者教道【12 百四】之取先。教以禮,則民果以巠。教以樂,則民弗(?)德清牂(莊?)。教【13】以辯説,則民褻陵長貴以妄。教以勢,則民野以争。教以技,【14】則民小以吝。教以言,則民訐以寡信。教以事,則民力嗇以面(昧?)利。【15 百一】教以權謀,則民淫惽遠禮無親仁。先之以德,則民進善安【16】爲(化?)。故率民向方者,唯德可。③ 德之流,速乎置郵而傳【28 百】命。其載

---

① 李零(《校讀記》第521頁;《校讀記(增訂本)》第140頁)、周鳳五和林素清(見前引文第57頁)、劉釗皆將原26號簡上與原25號簡連讀。可從。見劉釗《郭店楚簡校釋》,福建人民出版社,2003年,第124、132頁。

② 第27號簡與第12號簡應該連讀,主要理由是它們明顯爲對文,句式、結構對應整齊,文意連貫。有以下研究者提出過:李零(《校讀記》第521、523頁;《校讀記(增訂本)》第139、140頁)、周鳳五和林素清(見前引文第57頁)、陳來(陳來:《郭店竹簡與儒家記説續探》,《中國哲學》第21輯,第76~77頁)、陳偉(《關於郭店楚簡〈六德〉諸篇編連的調整》第52、53頁;又《郭店簡書〈尊德義〉校釋》第112頁)、顧史考(見前引《郭店楚簡儒家逸書的排列調整芻議》第214頁)、王博(見前引文第260頁)。

③ 陳偉《關於郭店楚簡〈六德〉諸篇編連的調整》第53頁説:"尊16末字'安'原讀爲'爲',尊12至尊16一組以'則民進善爲'結束。就尊16本身講,這樣處理應該是恰當的。在另一方面,尊28、29原爲一組,起首讀作'爲故率民向方者,唯德可'。'爲故'不詞,當是'爲'屬上讀,而'故率民向方者,唯德可'爲一句。然遍檢諸簡,未見適宜接於尊28之上者。於是我們懷疑尊16的'安'當按本字讀,尊28的'爲'讀爲'化'。二簡連讀,'安化'指安於教化,與'進善'義近,故可連言。《荀子·不苟》:'誠心守仁則形,形則神,神則能化矣。'楊注:'化,謂遷善矣。'已指出'化'與'善'的聯繫。又尊13至16談到教以禮、樂、辯説、藝、技、言、事、權謀的片面性,從而提出'先之以德',尊28説'故率民向方者,唯德可',正應是對尊13至16竹簡所云的總結。由此亦可見這種安排的合理性。"後來陳偉又對"爲"讀爲"化"補充理由説(前引《郭店簡書〈尊德義〉校釋》第114頁):"在郭店簡中,從 (轉下頁注)

也無重焉,交矣而弗知也。亡(明?)德者,且莫大乎禮樂。【29】故爲政者,或論之,或羕(養?)之,或由中出,或設之外,論隶(列)其類【30】焉。詩樂和态(哀),民不可或(惑)也。反之,此枉矣。① 刑不逮於君子,禮不【31】逮於小人。攻□往者復,依蕙則民財足,不時則無勸也。不【32】愛則不親,不□則弗懷,不聱則無威,不忠則不信,弗用則【33】無復。谷(?)則民惛,正則民不吝,恭則民不怨。均不足以平政,緩【34】不足以安民,勇不足以沫衆,博不足以知善,快(慧)不足以知倫,殺【35】不足以勝民。下之事上也,不從其所命,而從其所行。上好是物也,【36】下必有甚焉者。夫唯是,故德可易,而施可轉也。有是施,小【37】有利,轉而大有害者,有之。有是施,小有害,轉而大有利者,有之。【38】

(接上頁注)'化'之字讀爲'過'或'禍',而傳世古書中應該寫成'化'的字則從'爲'作。如《老子》甲組簡13'萬物將自憝',《唐虞之道》簡21'授賢則民遷教而蝎乎道'和'不禪而能蝎者',《語叢一》簡68'察天道以憝民气'。"按《淮南子・泰族》云"民化而遷善",又"日化上遷善";《中經・政理》:"夫化之以德,理之上也,則人日遷善而不知。"亦可與簡文"進善安化"參讀。不過,現所見楚簡中尚未見不從其他偏旁(如上引陳偉所舉从心、从虫者)的單獨的"爲"字用爲"化"之例。

① 此將原第29號、30號、31號三簡連讀,從陳偉説。陳偉《關於郭店楚簡〈六德〉諸篇編連的調整》第53頁云:"《禮記・樂記》云:'樂由中出,禮自外作。'依此,簡文'或由中出,或藝之外'當分別是指樂、禮而言。進而可知尊30當徑直接於尊29之後。"陳偉《郭店簡書〈尊德義〉校釋》第116頁云:"從'或由中出,或執之外'是針對簡29中的'禮樂'來看,簡30應直接與簡29相連。簡31開頭的'安(焉)'很像是'侖隶其類'的句末語氣助詞。從文意看,簡31也可以接在簡30之後。"陳來云(前引陳來文第80頁):"所謂'由中出''養之'是指'樂'的作用,而'倫之'和'設之外',則是'禮'的作用。這可從《禮記・樂記》中説'樂由中出,禮自外作'得到證明。"陳偉《郭店簡書〈尊德義〉校釋》第116頁亦謂:"《禮記・樂記》説:'樂由中出,禮自外作。'與簡文近似。同篇還寫道:'……故樂也者,動於内者也;禮也者,動於外者也……'同書《文王世子》也説:'樂,所以修内也;禮,所以修外也。'《説苑・修文》亦云:'故君子以禮正外,以樂正内。'由此可知,簡文'中'指内心,'外'指肢體或外界。"李零[《校讀記》第521、522頁;《校讀記(增訂本)》第139頁]、王博提出原第29號簡下接原第31號簡。劉釗説同,見前引《郭店楚簡校釋》第123頁。王博云(見前引文第260頁):"'德者,且莫大乎禮樂安(焉)'作爲一個完整的句子,從語氣上來看是非常順暢的。前後的内容也相呼應,前面一段講德與禮樂,後面則分別談樂與禮。"此説的問題在於,將原第30號簡抽出之後,後文第31號簡'反之,此枉矣'的'之',其所指代者似乎就不清楚了。而按照第29號、30號、31號三簡連讀之説,'反之'的'之'應是指代第30號簡的"故爲政者,或論之,或羕之……論列其類焉",文意更爲清楚連貫。

四

观察5支背面记数简在上列调整后的全篇中的相对位置跟其数字序列的关系，首先可以得到如下几点明确的认识。

第一，在几个数字序列中，最引人注目的是《尊德义》第12号简背记"百四"，15号简背记"百一"。简12～16原就编联为一组，研究者亦皆无异议。如果从15号简"百一"倒数上去至12号简，正好是"百四"，是完全相合的。由此确实可以合理地认为，这些数字跟原来的简序之间应该是存在对应关系的。

第二，"百一"与"百四"的顺序，跟竹简抄写的先后顺序是相反的。由此可以推知，这些数字既不会是先后相次的"简号"或"相当于我们今日书籍的页码编次"，也不会是"书手抄写时的编码"。最有可能的，应该是在有关竹简已经抄写好之后，出于某种目的从后往前清点数目，并随手将竹简提起倒过来翻面后记下的数目字。而且，这个清点记数的过程最可能是在还未编成册的散简状态下进行的。①

第三，按照"百四"跟"百一"的顺序关系，《尊德义》简16的数目字应该是"百"，而实际上"百"字是在简28的背面。分别标"百一"和"百"的第15号简和第28号简，是无论如何也不能连读的。可见如果将数字序列跟简序对应，既有完全相合的，又有肯定不能相合的，情况比较复杂。同时又可以看到，前引《尊德义》的第四个编联组中，按陈伟提出的简16与简28连读的方案，则记"百"的第28简正好位于记"百一"的第15简之后，中间仅隔了第16号一简。这恐怕也很难视为巧合。我们前面说这些数字记的是从后往前清点竹简的数目，可以设想，在从某个起点开始计数数到一百左右时，容易出现一两号的差错，这是完全可以理解的。"百"跟

---

① 李天虹和冯胜君都曾指出，根据简上文字或符号写在编联痕迹上的情况（亦即所谓"编绳压字"）等，可知郭店简的绝大多数篇章（包括《尊德义》和《君子之於教》在内）都是先写后编的。见李天虹《〈性自命出〉的编联及分章》，李学勤、谢桂华主编：《简帛研究二〇〇一》，广西师范大学出版社，2001年，第149～152页；又李天虹《郭店竹简〈性自命出〉研究》第6～8页；冯胜君：《二十世纪古文献新证研究》，吉林大学博士学位论文，2002年，第153页；又齐鲁书社，2006年，第204页。

"百一"和"百四"兩組,當非同一次清點所記,但計數的起點應該是相同的。由以上情況也可以反過來認爲,根據簡背記數字"百"和"百一"跟簡序的對應關係,陳偉提出的《尊德義》簡 16 與簡 28 連讀的方案可以説在一定程度上得到了印證。

總之,《尊德義》的"百四"、"百一"和"百"三個數字應該看作一組,確實跟簡序相對應,只是略有出入。但按照同樣的思路接着考察"百八"和"七十二"這兩個數字,卻總是存在難以調和的矛盾,不能得到令人完全滿意的結果。

首先考慮的,是先不管簡文内容方面的證據,而儘量想辦法將數字凑攏。假如將《尊德義》的第二組與第四組連讀,則從位於第四組中的數字"百一"和"百四"倒數上去,接第二組末的簡 11,所得數字是"百九",較簡 11 背面實際所記的"百八"只多出一號。考慮到原"百"跟"百一"之間也相差一號,這個出入還是可以接受的。

下面再將《君子之於教》的數字"七十二"結合進來考慮。整理者説"背面有數文的 5 支簡,其書寫風格相同,極有可能是同一位抄手所爲"。從另一個角度來看,位於同一篇的"百八"、"百四"、"百一"和"百"幾個數字相差不大,而差得比較多的"七十二"正好位於另一篇,也增大了它們應該有關聯的可能性。因此我們可以試將"七十二"這個數字納入"百"等中作爲一個序列來安排。① 反覆試驗所得到唯一的數字比較接近的方案是,在上文所説《尊德義》的第二組與第四組連讀、將數字"百八"跟"百四"湊攏的基礎上,再將抽出來的第三組改爲接在第四組之後放在全篇之尾

---

① 如果假設"七十二"與《尊德義》的幾個數字無關,則其起始計數簡、是順序計算還是逆序計算就都成了未知數,這樣一個孤立的數字對於我們所關心的簡序問題就毫無作用了,因此我們可以不必去考慮這種可能性。另一方面,就算跟"百八"等一組數字構成序列,"七十二"這個數字的起算點也還是難以確定的。《君子之於教》篇共 40 簡,"七十二"無疑是從另一篇起算的。它只能跟出自同一抄手的《六德》和《性自命出》兩篇結合起來考慮。"七十二"按上述編聯方案數到《君子之於教》篇末所得數目爲"四十二"。《六德》現共存 49 簡,其中第 26 號、33 號簡上分别有一個章號,簡 48 末有一作用尚不清楚的符號(其下有一字位置的空白);《性自命出》共 67 簡,其中第 35、67 兩簡有篇號,篇號下有大段空白。《君子之於教》後面不管是接《六德》(簡序有調整)還是《性自命出》篇,不管怎麽安排計算下來"七十二"的起算點都會落在篇中不含特殊符號的普通竹簡上。這也是比較奇怪的地方。

(即全篇簡序調整爲第一組＋第二組＋第四組＋第三組)，後面再接《君子之於教》第一組。這樣安排之後，則從位於《君子之於教》第一組中的背面記"七十二"的簡 13，倒數至篇首簡 4 數字爲"八十一"，再接已調整到《尊德義》篇尾的第三組共 8 簡，數字爲"八十九"，再接第四組經簡 38 倒數至簡 28 共 11 支簡，所得到的數字爲"百"，正好跟簡 28 背面的數字"百"相合。

但是，表面上將數字湊攏之後再進一步推敲，以上方案存在的問題也是很嚴重的。首先，《尊德義》第三組末簡亦即位於篇末的第 23 號簡"君民者，治民復禮，民除害智"，顯然話還没有完，其後肯定還有其他簡。① 這樣一來，從"七十二"倒數上去跟"百"數字相合這一點就又要打折扣了。而且，《尊德義》第二組與第四組連讀處的簡 11＋簡 24 簡文爲"善取，人能從之，上也惌勞之匃也"，也很難講通。如果其間還有缺簡，則從"百四"數至"百八"就至少相差了兩號，其能勉強銜接的可能性就更小了。由此看來，上述"《尊德義》第一組＋第二組＋第四組＋第三組＋《君子之於教》第一組"這樣的編排方案，從簡文内容本身來看既很勉強，雖儘量遷就幾

---

① 《六德》篇第 49 號簡文末有作鉤形的篇號，其下有大段空白，應是一篇的末簡。《郭簡》第 190 頁注[二九]引裘按："此簡不知當屬何篇，姑附於此。"前引周鳳五和林素清文第 58 頁説："……《六德》篇)位居簡尾的第四九簡'生故曰民之父母親易使民相親也難'十六字，經過細心比對仍然不能與任何一簡繫聯，只能付之闕疑了。(原注：如果不嫌牽强，任何下端殘損的竹簡都不妨編在本簡之前，或者將本簡改編入其他四篇也未嘗不可。不過，前者缺乏邏輯意義，後者雖經仔細綴連，仍無着落。)"前引王博文第 261～262 頁主張將此簡歸入《尊德義》篇，廖名春《郭店簡〈六德〉篇的綴補編連和命名問題》(見簡帛研究網，2001 年 1 月 15 日，http://www.jianbo.org；收入《新出楚簡試論》第 170～179 頁)從之。陳偉也將此簡歸入《尊德義》，而且進一步主張上與第 23 號簡連讀爲"君民者，治民復豊(體)民，除害知生，故曰民之父母。親民易，使民相親也難"，見前引《關於郭店楚簡〈六德〉諸篇編連的調整》第 53 頁，《郭店簡書〈尊德義〉校釋》第 118 頁，《郭店竹書别釋》第 168、172 頁。他將"豊"讀爲"體"解釋爲"體察、體恤"，謂："相，猶'見'。使民相親，猶言'使民感到親愛'。"其斷句和解釋都很勉强。如按照一般的斷句將兩簡連讀爲"君民者，治民復豊(禮)，民除害知生。故曰：民之父母親民易，使民相親也難"。則兩簡相連處的"民除害知生"句勉强可通，但"故曰"云云與上文《尊德義》簡 23 等的内容也看不出有什麽必然的邏輯關係，故其説恐難信從。顔世鉉解釋"民之父母親民易，使民相親也難"説："簡文之意爲：在上位的君子，要做到親愛百姓並不難，最難的是要使百姓的人倫關係和諧，達到互相親愛的境地。"可從。見顔世鉉《郭店楚簡〈六德〉箋釋》，《中研院歷史語言研究所集刊》第 72 本第 2 分，2001 年，第 491 頁。

個數字序列而將有關竹簡的先後順序納入其中安排,但數字序列也做不到完全相合,因而是難以使人相信的。

下面再立足於簡文內容本身來考慮其他的可能性。李零、黃德寬和徐在國、何琳儀、劉釗、陳偉武等研究者都主張將《尊德義》第三組的末簡即23號與第四組的首簡即24號連讀,①值得重視。連讀處的相關簡文爲:

君民者,治民復禮,民除害,智(知)【23】崇勞之匋也。爲邦而不以禮,猶焛(御)之無適(策)也。非禮而民悦【24】志(戴),此小人矣。非倫而民服殜(懾?),此亂矣。治民非還生而已也,【25】不以嗜欲害其義匋(軌?)。……【26】

其前後文意的緊密呼應確實是很難否定的。簡23提出"治民復禮",簡24"爲邦而不以禮"、"非禮而民悦戴"云云是通過反面論述來強調對"禮"的重視,簡25"治民非還生而已也"則正是對簡23"治民"的進一步申説。問題的關鍵還得看簡23和24相連處的文句能否順利講通。其中"崇"字原作如下之形:

下文用"△"代替。此字尚未得到確釋,研究者有以下意見。黃德寬和徐在國認爲:"'△'當釋爲'懼',字从心离省聲。'离'字《説文》作,睡虎地秦簡'離'所从之'离'作,此字以'离'爲聲符省其下部,當是'懼'之異體。'离'與'離'本爲一字之分化,'離'與'懼'典籍每通用無別。《書·洪範》'不懼于咎',《史記·宋微子世家》'懼'作'離',故'懼'字可以'离'爲聲符。《詩·兔爰》:'我生之初,逢此百懼。'毛傳:'懼,憂也。'此簡之

---

① 前引李零《校讀記》第521頁、《校讀記(增訂本)》第140頁;劉釗:《讀郭店楚簡字詞札記》,《郭店楚簡國際學術研討會論文集》第86～87頁;前引劉釗《郭店楚簡校釋》第124、132頁。其餘諸家意見出處分別見下文注釋。

'△勞',也即'憂勞'。①何琳儀同意釋"离勞"之說,但謂"离勞"即"離騷","'離騷'亦可作'離勞'、'離憂'等。'騷'、'憂'、'牢'、'勞'皆一音之轉"。② 陳偉武同意將△字解釋爲"憂",但將字釋爲"茁",謂"茁"亦當有"憂慮"義,"茁勞"猶言"憂勞",憂慮操勞。③ 我們認爲,此字上半所從當分析爲從"中"從"凶",楚簡文字將"艸"頭省爲"中"者常見,故此字上半實即"茵"字。"茵"字見於《古璽彙編》2126,作 ▥。"茵勞"可讀爲"劬勞"。從"凶"得聲的"茵"字通"劬",猶"酌"字有或體作"酗"。進一步說,"茵"字以"心"爲意符,就可以直接看作"劬"字異體。其間關係,猶六國文字中"勞"字亦或從"心"作(見中山王鼎、郭店《六德》簡 16 和《説文》"古文勞"等)。

"匄"及同篇第 26 號簡的"匄"字分別作如下之形:

《郭簡》釋文(第 174 頁)原隸定作"匄"。研究者多已指出此字從"皀"。前引黃德寬和徐在國文釋爲"即"讀爲"節",《郭店楚簡研究》第一卷《文字編》謂"此字從皀勹聲,當爲'飽'之古體,簡中段爲'報'"。④ 李零謂"匄"字"從勹從皀,可能是'簋'字的別體,此字又見於下文簡 26,疑皆讀'軌'("軌"、"簋"都是見母幽部字)"。⑤ 劉釗云:"'匄'字從'勹'從'皀',應隸定作'匄',釋爲'匔'。'匔'在簡文中應讀作'究'。古音'匔'、'究'皆在見紐幽部,故可相通。馬王堆帛書《稱》篇'毋失天極,匔(究)數而止'。楚文字中馬廄之'廄'或借'故'、'龕'爲之,都是'匔'可通'究'的證據。簡文'民余曷知離勞之匔(究)'的'究'即'究竟'之'究','匔民愛'之'究'意爲

---

① 黃德寬、徐在國:《郭店楚簡文字續考》,《江漢考古》1999 年第 2 期,第 76 頁。
② 何琳儀:《郭店竹簡選釋》,《文物研究》總第 12 輯,1999 年,第 202 頁;又《簡帛研究二〇〇一》,第 165~166 頁。
③ 陳偉武:《郭店楚簡識小録》,《華學》第四輯,第 77 頁。
④ 張光裕主編、袁國華合編:《郭店楚簡研究》,藝文印書館,1999 年,第一卷《文字編》緒言第 7 頁。
⑤ 前引李零《校讀記》第 524 頁、《校讀記(增訂本)》第 142 頁。

'窮盡'或'遍及'。"①我們認爲劉釗將字釋爲"敜"是正確的。西周金文"敜"字或作▨(毛公旅鼎,《集成》5.2724)、▨(晨簋,《集成》6.3367),所從的"▨"形突出腹部,與普通的"勹"不同,簡文此兩形所從尚保留了這個特徵;②"敜"从"殹"得聲,"殹"又本从"㠯"得聲,故"敜"字可省作簡文之"匂"形。劉釗將字讀爲"究"亦可信。後來劉釗又解釋簡文之意說:"簡文說君臨民衆者治理民衆復歸於禮,民衆除去不利(按此對'害'字的看法已跟上所引讀爲'曷'不同),知道遭受(按此釋讀'岜'爲'罹')勞苦之究竟。"據我們前文"苬(劬)勞"之釋,劉釗此說還可以略作補充。《詩經·小雅·鴻鴈》:"鴻鴈于飛,集于中澤。之子于垣,百堵皆作。雖則劬勞,其究安宅。"鄭箋:"此勸萬民之辭。女(汝)今雖病勞,終有安居。"朱熹《詩集傳》:"流民自言鴻鴈集于中澤,以興己之得其所止而築室以居,今雖勞苦而終獲安定也。""究"常訓爲"竟"、"終","民知劬勞之究也"可以解釋爲"人民知道勞苦的結果",暗含之意實爲"人民知道勞苦最終會獲得好的結果",還是頗爲通順的。說不定《尊德義》的作者在寫"民除害,知劬勞之究也"句時,心中就是有《鴻鴈》詩"雖則劬勞,其究安宅"或相類似的話在的。

　　由此看來,《尊德義》篇的簡序,從簡文内容本身來看,就應該是第一組+第二組+第三組+第四組,或者第一組+第三組+第四組+第二組,總之第三、四兩組應該合併爲一組。同時,這樣編聯還有一個好處,即每組簡末尾的話都是完整的,全篇就不存在缺簡了。

　　但這樣一來,簡11的數字"百八",就跟"百四"等幾個數字完全合不上了。同時,前面設想的從《君子之於教》的"七十二"往前數到《尊德義》篇尾再往前數,也就跟"百"等一組數字和"百八"無論如何也合不上了。③

　　由於"百四"、"百一"和"百"三個數字應該看作一組問題不大,我們可

---

① 前引劉釗《讀郭店楚簡字詞札記》第86~87頁。
② 李守奎《楚文字編》第546頁(華東師範大學出版社,2003年)隸定簡文此兩形爲"匂"收於"敜"字下。但按語說"勹聲化爲尤",則恐不可信。
③ 假如先不管"百八",而只考慮"七十二"與"百"兼容的問題,則數字最接近的辦法是將《尊德義》的第二組放到篇末,即簡序排爲《尊德義》第一組+第三組+第四組+第二組+《君子之於教》第一組。但就算這樣,從"七十二"數到"百"其間仍然多出兩簡。

以猜想,會不會"百八"跟"七十二"是另外自成一組的呢?假設當時對竹簡的清點計數不止一次,其起點也可以不同,是有可能形成兩組無關的數字序列的。依這樣的設想,則數字最接近的辦法,是按照上述"《尊德義》第一組＋第二組＋第三組＋第四組＋《君子之於教》第一組"的順序排列,由"七十二"倒數上去,至"百八"數字所在的《尊德義》簡 11,所得實際數字爲"百十",多出兩簡,也不能完全相合。① 同時可注意的是,這樣排列後算下來雖然"七十二"的起算點仍然不明,但"百"的起算點問題似乎就比較清楚了。《尊德義》自"百"數到篇末數目是"九十",後接《君子之於教》共 40 簡,如果後面再接出自同一抄手的《六德》共 49 簡,則數目正好相合。換言之,"百"這個數字可能是從《六德》篇的末簡倒數過去得到的。不過,《六德》全篇的實際總簡數是否正好爲 49 還存在疑問。因爲其篇中既存在有缺簡的問題,同時又存在有個別竹簡可以拼合的問題,情況比較複雜。反過來說,如果以上推測並非出於巧合或只是沒有多大意義的數字遊戲,似可進一步深入考慮根據《六德》篇實際總簡數爲 49 這一點對其全篇的復原有所幫助。

五

我們在最初着手將《尊德義》和《君子之於教》兩篇的簡背所記數字,跟其簡序結合起來考察時,曾希望能夠對個別竹簡的編聯起到某種決定性的作用。但考察的結果是頗爲令人失望的。總結本文所論,這兩篇簡背所記數字序列,通過跟研究者將其竹簡重新編聯的可靠結果的比較可以看出,跟簡序既有完全相合的,也有雖不合但只是略有出入的,還有相差很遠無法排入同一組之中的。這些數字的性質,最可能是出於某種目

---

① 假設"七十二"與"百八"兩個數字本係自成一組的話,就不能完全排除其爲按竹簡先後順序計數而非逆序計數的可能性。但依這樣的設想排列簡文,則無論《君子之於教》的第一和第二組的先後關係如何,《尊德義》的第三組＋第四組跟第一、第二組的先後關係如何,計算下來數字出入都很大,沒有進一步討論的價值。爲避繁瑣不再一一羅列,讀者可以自行試驗。

的對有關竹簡從後往前清點計數，隨手記在簡背的數目字，因此某些簡背數字跟竹簡的先後順序是存在對應關係的。但由於資料太少，其計數的起點不明，還可能存在計數起點不同、計數起點相同的也因計數不止一次而略有出入等多種複雜情況，因此它們對於有關竹簡的編聯和全篇簡序的排定雖不無參考作用，但難以完全依賴。在關鍵的編聯之處，最重要的還是要看文意是否通順無礙。因此，我們考察的結果最終還是傾向於將《尊德義》全篇的簡序編爲第一組＋第二組＋第三組＋第四組。

原載武漢大學簡帛研究中心主辦《簡帛（第二輯）》，上海古籍出版社，2007年。

讀《上博（六）》短札五則

一

《平王問鄭壽》簡7：

　　喪。溫恭淑惠①，民是󰀀望。

沈培先生已經指出，此簡從字體到內容都與《平王問鄭壽》和《平王與王子木》（兩者當合爲一篇）無關。②"喪"、"望"似乎有韻，其體例也跟《平王問鄭壽》和《平王與王子木》不同。在已發表的上博簡裏，沒有找到跟此簡有關的，不知在未發表部分裏有沒有它的位置。

"望"上之字，其右半所從與"尚"和"甚"都不完全相同。將其字形結合文意考慮，此字只能釋讀爲"瞻"，即《詩經・小雅・節南山》"赫赫師尹，民具爾瞻"之"瞻"，意爲仰視。"瞻望"古書多見。簡文意爲具有溫恭淑惠之德的君子，下民仰望依賴他。

字形分析方面有兩種可能。其一，將其右半看作"甚"之寫訛隸作

---

　　① "溫恭淑惠"從何有祖先生釋，見何有祖《讀〈上博六〉札記》，簡帛網，http://www.bsm.org.cn/show_article.php?id=596，2007年7月9日。以下引用簡文，釋文跟原釋文有實質性不同的，多係採納了網上眾多研究文章的合理意見。因本文的討論大多並不涉及這些改釋，爲避繁瑣，就不一一注明了。
　　② 沈培：《試釋戰國時代從"之"從"首（或從'頁'）"之字》，簡帛網，http://www.bsm.org.cn/show_article.php?id=611，2007年7月12日。

"戩"，甚、瞻讀音相差不遠，"戩"就是楚簡"賵(瞻)"字改換聲旁的異體。此說的好處是字形比較接近，但繞了一個彎。其二，此字就是"賵(瞻)"字之寫訛，郭店《緇衣》簡16"賵(瞻)"字作▨。此說的好處是釋字較爲直接，但字形距離稍遠。

跟此字右半完全相同的字形，見於郭店簡《忠信之道》簡3："大舊(久)而不俞(渝)，忠之至也。窑而者▨，信之至也。"所在句子字義多不明，▨字之釋讀難以進一步討論。同樣的字形又見於司馬成公權，作▨(《集成》16.10385)，董珊先生分析爲上從"关"、下從"石"，認爲或即"權衡"之"權"的本字。① 獨立的此字看樣子與此處簡文之字右半所從當無關。

二

《慎子曰恭儉》簡5：

　　彔。不纍(羸)其志，古(故)曰強。首萅(戴)茅芙(蒲)，樎(荷?)筱(篠)執櫨(鉏)，送(遵)畎備(服)畝(畮、畞)，必於

"纍"字左從"幺"即"糸"之簡體，其右半陳偉先生指出"也許是畾(雷)"，②可從，故全字可釋作"纍"。陳偉先生認爲"恐當釋爲'累'，連累、妨礙的意思"。按字當讀爲"羸"。畾聲字與"羸"相通習見，高亨、董治安先生《古字通假會典》第540～543頁收有多條例證。羸，弱也，正與"強"相對。

"畝"字原釋爲"畎"，何有祖先生已經指出此釋"頗爲可疑"。③ 陳偉

---

① 董珊：《戰國題銘與工官制度》，北京大學中文系博士學位論文，2002年5月，第50～51頁。
② 陳偉：《〈慎子曰恭儉〉校讀》，簡帛網，http://www.bsm.org.cn/show_article.php?id=637，2007年7月19日。
③ 何有祖：《〈慎子曰恭儉〉札記》，簡帛網，http://www.bsm.org.cn/show_article.php?id=590，2007年7月5日。

讀《上博（六）》短札五則　223

先生釋爲"耕"。① 其字原作如下之形：

諦審其右半當是"女"，上文又有"甽"字，故疑此字當釋爲"畮/畝"。楚簡"畮"字不從"每"而從"母"[《上博（一）·孔子詩論》簡 8"刞（甽）畕（畮、畝）"]，或從"毋"[《上博（二）·容成氏》簡 14"旬（甽）畕（畮、畝）"]，女、母、毋三字在古文字中每多混用。以楚簡文字爲例，《上博（五）·三德》簡 1"天亞（惡）女忻"之"女"當釋讀爲"母（毋）"，②《上博（六）·景公瘧》簡 7"毋薄情忍皋乎"之"毋"字當釋讀爲"女（如）"。③ 故在"畮"字中作偏旁的"母"或"毋"偶作"女"形完全可以理解。

"送"字從劉洪濤先生釋。④ 陳偉先生疑讀爲"塍"。⑤ 按當讀爲"遵"。楚文字中的"畚/酋"即"尊"字，前已見於郭店簡《尊德義》、信陽長臺關、望山楚墓遣册等，新出《上博（六）·天子建州》甲本簡 10、乙本簡 9"畚（尊）且（俎）不折（制）事"，又提供了確證。簡文此字與"畚/酋（尊）"皆從聲旁"夲"，故它可與"遵"相通。"甽"謂田間小水溝，"遵甽服畝"即沿着田間水溝到田裏去從事農作。"甽畝"古書多連言，此則分說。班固《兩都賦》之《西都賦》（《後漢書·班彪傳附班固傳》、《文選》卷一）："士食舊德之名氏，農服先疇之甽畝。"是服事之"服"跟"甽畝"搭配之例。《晏子春秋》内篇諫上"景公游公阜一日有三過言晏子諫"章：

景公出游于公阜，北面望睹齊國，曰："嗚呼！使古而無死，何如？"晏子曰："昔者上帝以人之殁爲善，仁者息焉，不仁者伏焉。若使古而無死，丁公、太公將有齊國，桓、襄、文、武將皆相之，君將戴

---

① 陳偉：《〈慎子曰恭儉〉校讀》。
② 范常喜：《〈上博五·三德〉札記六則》，簡帛網，http://www.bsm.org.cn/show_article.php?id=348，2006 年 5 月 18 日。
③ 凡國棟：《上博六〈景公瘧〉札記》，簡帛網，http://www.bsm.org.cn/show_article.php?id=634，2007 年 7 月 17 日。
④ 陳偉：《〈慎子曰恭儉〉校讀》。
⑤ 陳偉：《〈慎子曰恭儉〉校讀》。

笠衣褐,執銚耨以<u>蹲行畎畝</u>之中,孰暇患死!"

《太平御覽》卷七百六十五引無"蹲"字。此事又見於《韓詩外傳》卷十和《列子·力命》,分別作"吾君方今將被蓑笠而立乎畎畝之中"和"吾君方將被蓑笠而立乎畎畝之中",均未出現"蹲"字。蓋因此字意義乍視之下難以理解,用"蹲踞"義顯然講不通,所以多被刪去。現在結合簡文可以知道,此"蹲"字也當讀爲遵循之"遵"。

附帶一提,《慎子曰恭儉》篇的歸簡和排序頗有疑問。從內容看,簡1、3和簡5當爲一組。簡1以"慎子曰:恭儉以立身"開頭,接下來都是"某某以某某"的句式;簡3開頭是"勿(物)以坏(培)①身","勿(物)"字上面當還缺一個動詞,其句式與簡1相同;簡3後文接着説"中處而不頗,任德以竢,故曰青(静?)",與上面討論的簡5"不纍(贏)其志,古(故)曰強"句式相同。簡1整理者説是全篇唯一的完簡,但從圖版看其下端是呈殘缺狀的。進一步推測,如果在簡1末補上一字,簡1甚至有可能當直接與簡3連讀。這樣考慮還有一個好處,連讀後簡3背面的篇題變成位於第2簡簡背,更靠近全篇之首。

簡2、簡4和簡6應當排在簡1、3、5之後。而且,這3簡的內容跟前3簡不能緊密聯繫上,其字體風格(尤其是第6簡)與1、3、5簡也頗有不同,它們甚至都有根本就不屬於此篇的可能。

三

《用曰》簡14:

用曰:毋事縸縸。強君梬政,楊武於外。克轄戎事,以員四戔。折(制)瀘即(節)刑,恒民趣敗。

"外"、"戔"、"敗"月元合韻。其中"員"字原釋爲"異",讀爲"翼"。"趣"字原

---

① "坏"字何有祖先生讀爲"附",見何有祖:《〈慎子曰恭儉〉札記》。陳偉先生讀爲"丕",見陳偉《〈慎子曰恭儉〉校讀》。劉洪濤先生讀爲"背",見上陳偉先生文引。

讀《上博（六）》短札五則　225

釋爲"趩"，並括注問號表示不肯定。"員"字之形可與以下楚簡文字對比：

《用曰》簡14 、 郭店《老子》乙本簡3"員"字 、

新蔡葛陵楚簡乙二：3、4，乙三：47"損"字

"趩"可能就是西周金文中見於大盂鼎的"遭（戰）"字的異體，其形原作：

其所從的"𤰒"係"單"字繁體。楚文字中同類寫法的字形見於楚帛書甲第4行"𤰒"、郭店簡《窮達以時》簡4和會悍鼎"戰"字（看《楚文字編》第835頁、第697頁）、《上博（六）·天子建州》乙本簡9"戰"字等。尤其是《上博（四）·曹沫之陳》"戰"字二十餘見，其左半所從與此形所從基本相同。

"員"字、"趩"字在簡文中如何理解，待考。

四

《用曰》簡6：

　　絶原（源）流㴻，其古能不沽（涸）？用曰：脣亡齒寒。

其中"絶"字從董珊先生釋，①"原（源）"字從何有祖先生釋。② "㴻"字研究者有讀爲"澕"、③"洿"④和"濠"⑤等說。前兩說難以將簡文講通，甚至

---

① 董珊：《讀〈上博六〉雜記》，簡帛網，http://www.bsm.org.cn/show_article.php?id=603，2007年7月9日。
② 何有祖：《讀〈上博六〉札記》。
③ 何有祖：《讀〈上博六〉札記》。又董珊《讀〈上博六〉雜記》，簡帛網，http://www.bsm.org.cn/show_article.php?id=603，2007年7月9日。
④ 劉洪濤：《讀上博竹書〈用曰〉札記》，簡帛網，http://www.bsm.org.cn/show_article.php?id=617，2007年7月13日。
⑤ 李銳：《讀〈用曰〉札記》，簡帛網，http://www.bsm.org.cn/show_article.php?id=629，2007年7月17日。

不得不勉強改變句讀或是將"絶"字再破讀。釋"濾"引《廣雅·釋詁二》"濾,乾也"爲説,對文意的理解較勝。但此義的"濾"字過於生僻,仍難使人堅信。

　　字形和文意結合考慮,我認爲,此字所從的"虎"實當看作"虍"字之省,全字當釋爲"漉"。《上博(四)·昭王毁室》簡1用爲"澔"之字作"瀘",所從的並不是"虎"。此字與之不同,恐非偶然。從"虍"聲之字如"褫"、"遞"、"篪"、"攄"和"虢"等,後世字書皆有從"虎"作的異體,可見從"虍"之字容易被寫作從"虎"。"漉"當讀爲"漸"。虍、漉、斯和漸諸字古音相同,《左傳》襄公十年人名"狄虒彌",《漢書·古今人表》作"狄斯彌",是其相通之例。《説文·水部》:"漸,水索也。"索,盡也。斷絶源泉,所以其流竭盡。"漉"字《説文》訓爲水名,簡文此字也可能與之無關,而就是爲"水盡"之"漸"所造的。

　　"古"字原作如下之形:

原釋爲"自",顯然與字形不合。此類字形在楚簡文字中釋"由"和釋"古"均有可能,結合文意看疑當釋爲"古"讀爲"詎"。跟它相近的"古"字見於《上博(一)·緇衣》簡6和簡12,作　、　。"詎"訓爲"豈"或"何",表示反問,古書或作"巨"、"遽"等。古和詎、巨、據皆爲魚部字,聲母也相近,其聲系相通之例可見《古字通假會典》第863頁"居與渠"條、第866頁"據與據"條。"絶源流漸,其詎能不涸?"甚爲通順。

五

《用曰》簡13:

　　佳(唯)君之賈臣,非貨以購(酬)。有䨻在心,嘉德吉猷。心䨻之既權,征民乃䀜。

先説"䚾"字。何有祖先生據郭店《老子》甲本簡19"賓"字,①指出此字右半係从"賓",①可從。他將全字仍釋爲"賓"。陳偉先生釋爲"'臧'字異寫,讀爲'藏'"。② 按疑當讀爲"莊"。賓客之容主莊敬,所以此"莊"字以"賓"爲意符,可能就是爲莊敬之"莊"所造的本字。

"賈臣"凡國棟先生解釋爲"乃君王之小臣之屬"。③ 按"賈"係動詞,謀求、求取義,④由"買"義引申而來。《國語·晉語八》:"和於政而好其道,謀於衆不以賈好。"韋昭注:"賈,求也。""購"字陳偉先生讀爲"售"。⑤ 凡國棟先生讀爲"酬",可從。⑥ 但他理解爲"有應對賓客之意",仍可商。我理解,簡文意思是説,君主求取得到臣下,不是用貨財來作交換手段的。所謂"得到臣下"意義較虛較籠統,包括得到臣下的忠心、愛戴、盡力於事等多方面的内容。

"貼"字原作如下之形:

整理者釋爲"貴"。陳偉先生據之讀爲"匱"。⑦ 李鋭先生已經指出,釋爲"貴"係以郭店簡《緇衣》簡44"貴"字作 爲據,"但彼爲上下結構,而非常見之形",⑧其説有理。此字右半所从釋爲"古"和"由"均有可能,李鋭先生根據古璽文字中的"貼"(看《戰國文字編》第405頁)釋此字爲"賈",應該説字形上也是有根據的。但此字處在韻脚的位置上,據上文韻字"購

---

① 何有祖:《讀〈上博六〉札記》。
② 陳偉:《〈用曰〉校讀》,簡帛網,http://www.bsm.org.cn/show_article.php?id=623,2007年7月15日。
③ 凡國棟:《上博六〈用曰〉篇初讀》,簡帛網,http://www.bsm.org.cn/show_article.php?id=604,2007年7月10日。
④ 下引李鋭先生在釋"貼"字爲"賈"後,又謂"此疑其義爲求取。與上文'唯君之賈臣'相關"。他對此"賈"字的理解當與我們相同。
⑤ 陳偉:《〈用曰〉校讀》。
⑥ 凡國棟:《上博六〈用曰〉篇初讀》。
⑦ 陳偉:《〈用曰〉校讀》。
⑧ 李鋭:《讀〈用曰〉札記》。

(酬)"、"猷",可知此字所從的聲符也應該是"由"而不是"古"。至於古璽和陶文中的所謂"詁",也很有可能當釋爲"䛆"字。但由於缺乏文例支持,還難以完全肯定。

"心瘨之既權"的"權"字陳偉先生解釋爲"衡量、比較"。① 此字到底應該讀爲何字我還没有確定的意見,但體會上下文氣,其意義應該往"失去"、"淆亂"一類的方向考慮。"心瘨(莊)之既權"跟"有瘨(莊)在心"是兩種接近相反的情況,各自的後果或者説效果分别是"嘉德吉猷"與"征民乃䛆"。那麽"䛆"字也應該是表示"民"的一種不好的狀態。循此可以進一步考慮"䛆"字的釋讀問題。

馬王堆帛書《天文氣象雜占》第 6 列第 14 行:

　　天箭出,天下采,小人負子姚(逃)。

"采"字舊多釋爲"𣓀",其形可見《馬王堆簡帛文字編》第 245 頁,劉樂賢先生改釋爲"采",可信。他解釋説:②

　　采字在楚簡中讀音多與"由"、"䌛"相通,此處應讀爲"怞"或"愮"。《玉篇·心部》:"怞,憂恐也。"《集韻·尤韻》:"怞,憂皃。"《方言》卷十:"愮,憂也。"《廣韻·宵韻》:"愮,憂也,悸也。"

"天下憂恐"可通。但從"小人負子姚(逃)",結合以下諸例,此"采"字也可能當讀爲"摇動"之"摇"。

　　《風俗通義·怪神》:民初恐怖,頗摇動不安。

　　馬王堆帛書《刑德》甲本第二十八行、乙本第七十九行:軍氣赤而高,軍大榣(摇)。

　　《刑德》甲本第十八行:軍在野,戊寅疾西風,樓戟奪,軍大榣(摇)。

　　張家山漢簡《奏讞書》簡 131～132:義等戰死,新黔首恐,操其叚(假)兵匿山中,誘召稍來,皆榣(摇)恐畏,其大不安,有須南郡復者即

---

① 　陳偉:《〈用曰〉校讀》。
② 　劉樂賢:《馬王堆天文書考釋》,中山大學出版社,2004 年,第 132 頁。

來捕。

《睡虎地秦墓竹簡·爲吏之道》：將發令，索其政，毋發可異史（使）煩請。令數囚環，百姓摇（摇）貳乃難請。①

這類"摇"字用於指人，基本意義是"（內心）摇動"，在不同語境下有"因（內心）摇動而產生疑惑"或"憂恐"、"恐懼"一類的意思，而且多係用於指集體性的很多人，這點與"天下采"的"天下"，和簡文"征民乃蚰"的"民"扣得更緊。所以，我傾向於將《天文氣象雜占》的"采"和簡文的"蚰"都讀爲"摇"。"摇"是宵部字，簡文"賵（酬）"、"猷"和"摇"可以看作幽宵合韻。

由於種種條件限制，《用曰》全篇的編聯復原很困難，簡與簡之間的連讀很少有能夠完全肯定下來的。在上面把簡 6 和簡 13 的意思討論得稍爲清楚一點之後，可以考慮以下一組簡文的連讀：

難之，而亦弗能弃。*用曰*：寧②事赫赫。征虫飛鳥，受物于天。民之作物，唯言之有信。視前顧後，九惠是真。*用曰*：□【5】不紀於天，而紀於人。唯君之賈臣，非貨以賵（酬）。有煩（莊）在心，嘉德吉猷。心莊之既權，征民乃蚰（摇）。兇刑厲政，玟其若佢。【13】措心懷惟，各有其異圖。絶源流滬（瀘—澌），其古（詎）能不涸？*用曰*：唇亡齒寒。凡恭人，非人是恭，厥身是衛。戔其有綸紀，【6】｜其有成德，閔言自關。誇其有中墨，良人真焉。難之！少疏於穀，亦不邇於賊。*用曰*：遠君遠戾。【3】

簡 6 和簡 3 連讀的理由是："戔其有綸紀"、"｜其有成德"、"誇其有中墨"句式相同。當然"戔其有綸紀，｜其有成德"兩句後接"閔言自關"，跟"誇其有中墨，良人真焉"的格式還不完全整齊。不過再考慮到在簡 6 上

---

① 《睡虎地秦墓竹簡》第 174 頁注[十九]："囚，讀爲究。究環，追回。此句意爲命令多次追回，也就是朝令夕改。"注[二〇]："摇貳，疑惑。請，《呂氏春秋·首時》注：'問也。'此句意思是，百姓心中疑惑，事情就不好辦了。"文物出版社，1990 年。

② 此字的考釋見凡國棟《〈用曰〉篇中的"寧"字》，簡帛網，http://www.bsm.org.cn/show_article.php?id=609，2007 年 7 月 12 日。

的"紀",可以和簡3的"德"、"墨"看作之職合韻,似又非偶然。

簡13和簡6連讀,除了句子結構方面合適之外,主要是因爲,簡13之文到"征民乃䌛(搖)"是幽、宵合韻,在韻腳字"佢"換爲魚部後,下接簡16"佢"就正好跟"圖"、"涸"押韻。

簡5和簡13連讀的理由是:"不紀於天,而紀於人"跟"征虫飛鳥,受物于天。民之作物,唯言之有信"內容上似有聯繫;簡13下接簡6後,簡6"用曰"前的文字很長,簡13之首前距上一個"用曰"必不甚遠,簡5末殘去一字,連讀後"□不紀於天,而紀於人"就正是前一個"用曰"的內容。

2007 年 7 月 20 日

原載簡帛網,http://www.bsm.org.cn/show_article.php?id=643,2007 年 7 月 20 日。

補記一:

第二則所論《慎子曰恭儉》簡5的"畋"字,劉洪濤先生《上博竹書〈慎子曰恭儉〉校讀》(http://www.bsm.org.cn/show_article.php?id=591)的"補記"已經指出"諦審圖版,此字從'田'從'女',疑即'嗨'字異體"。本文寫作時因疏忽只見到劉文的正文,未讀到其後來所加"補記",特此向劉洪濤先生和讀者致歉。

2007 年 7 月 20 日

補記二:

第四則《用曰》簡6"絕原(源)流浣(滹—澌),其古能不沽(涸)"的"古"字,承施謝捷先生提示,當讀爲從"古"聲的"胡",更爲直接。本文讀爲"詎"等字,可謂失之眉睫,應放棄。

2007 年 7 月 21 日

釋上博竹書和春秋
金文的"羹"字異體[*]

一

本文要討論的是上海博物館藏戰國楚竹書和春秋金文中的如下字形：

A1. ▣《上博（二）·容成氏》簡21　A2. ▣《上博（四）·曹沫之陳》簡11

B1. ▣《上博（五）·三德》簡13　B2. ▣《上博（六）·平王與王子木》簡3

C1. ▣　▣ 庚兒鼎（《殷周金文集成》5.2715、2716）[①]

C2. ▣ 徐王糧鼎（5.2675）

下面姑且從通行的辦法將它們分別隸定作"盩"、"盂"和"鬻"，詳細的

---

[*] 本文是全國優秀博士學位論文作者專項資金資助項目（FANEDD）"上海博物館藏戰國竹書研究"（批準號200311）、國家社科基金重點項目"上博簡字詞全編"（批準號06AYY001）成果之一。

[①] 下引金文凡見於《殷周金文集成》的，均徑注其册數和編號，省略《殷周金文集成》字樣。

字形分析見後文。這些字所在的銘文和簡文分別如下(本文引用簡文和金文釋文皆從寬,與本文所論關係不大的文字不一一嚴格隸定):

A1.《上博(二)·容成氏》簡 21:禹然後始行以儉:衣不褻(襲)散(美),食不重味,朝不車逆,舂不穀米,盥不折骨。褻(製)【21】

A2.《上博(四)·曹沫之陳》簡 10—12:莊公曰:"曼(晚)哉!吾聞此言。"乃命毀鐘型而聽邦政。不畫【10】寢、不飲酒、不聽樂;居不褻(襲)冕(文),食不貳盥;【11】兼愛萬民而無有私也。……【12】

B1.《上博(五)·三德》簡 13(附帶註明押韻情況):身且有病(陽部),惡盍與食(職部);邦且亡(陽部,與上"病"字押韻),惡聖人之謀(之部);室且棄,不陸祭祀(之部),唯蔍是備(服)(職部)。凡若是者,不有大禍必大恥(之部;以上"食、謀、祀、服、恥"之職合韻)。

B2.《上博(六)·平王與子木》簡 3:盥(酪)盂不戗(酸)。(完整的上下文見後文)

C1. 庚兒鼎:唯正月初吉丁亥,徐王之子庚兒自作食𩰫。用征用行,用龢(和)用鬻,眉壽無疆。

C2. 徐王糧鼎:徐王糧用其良金,鑄其餴鼎。用鬻魚腊,①用雍(饔)賓客。子子孫孫,世世是若。

隨着上博竹書的陸續公佈和研究的深入,研究者逐漸認識到,這些字形都是一字的繁簡體。結合字形與辭例兩方面來看,無疑是可信的。C1庚兒鼎兩形略有訛變,其上半中間"釆"旁中的"爪"與"木"形體粘連(也可以看作共用部分筆畫)。對比 A2 上半中間和 B2 上半之形,可知"釆"旁是容易出現這樣的訛變的。

二

下面先對上舉諸字研究的進展作一簡單回顧。

---

① "魚"字之釋見吳振武《說徐王糧鼎銘文中的"魚"字》,《古文字研究》第二十六輯,中華書局,2006 年,第 224~229 頁。

《容成氏》"盉"字原整理者以从"采"聲而釋讀爲宰殺的"宰",《曹沫之陳》"盉"字原整理者懷疑是"顯"字的異寫,相當於"沫"字,讀爲"味"。《容成氏》之字上半不太清楚,我過去疑其可釋讀爲"饗",①係誤以爲"皿"旁上面的左右部分是"卿"和"鄉"所從的"卯",並以之爲聲符。我又曾疑《曹沫之陳》之字從"采"聲而讀爲"滋味"的"滋"。② 現在看來,我的這些看法都是錯誤的。

張新俊率先指出,《容成氏》的"盉"字顯然是源自徐王糧鼎的"鬵"字,"他們應該是同一個字"。③ 後來禤健聰也指出,《容成氏》、《曹沫之陳》的"盉"字其實已經見於春秋金文徐王糧鼎和庚兒鼎,它們"當爲同一個字的異形"。④ 他們的意見對於這些字形的研究來説是很重要的進展,也很快就得到了大家的公認。徐王糧鼎和庚兒鼎的"鬵"字,過去曾經有釋爲"鬻"、"脼"、"羹"、"煑"和"鬻"等不同説法,張新俊和禤健聰文已有較詳細的徵引與評述,此不再一一重復。

張新俊釋讀"鬵"字爲"饎",主要根據是《上博(三)·周易》簡21《无妄》九五爻辭"勿藥又(有)菜"的"菜"字,今本和馬王堆帛書本作"喜"。"饎"字或作餏、饎、糦,簡文和金文意爲"炊"、"熟"。禤健聰釋"鬵"字爲《説文·艸部》釋作"羹菜也。從艸,宰聲"的"葷"字,字亦或作"烹",意爲烹菜爲羹。並云:"《曹沫之陳》的'食不二葷',就是每餐不作兩次烹煮,也就是每餐只烹煮一次(一樣菜式),也略相當於'食無二味(肴)'。"目前看

---

① 陳劍:《上博簡〈容成氏〉的竹簡拼合與編連問題小議》,簡帛研究網,http://www.bamboosilk.org/Wssf/2003/chenjian02.htm,2003年1月9日。後刊於上海大學古代文明研究中心、清華大學思想文化研究所編《上博館藏戰國楚竹書研究續編》,上海書店出版社,2004年,第330頁。【編按:已收入本書。】

② 陳劍:《上博竹書〈曹沫之陳〉新編釋文(稿)》,簡帛研究網,http://www.jianbo.org/admin3/2005/chenjian001.htm,2005年2月12日。【編按:已收入本書。】

③ 張新俊:《説饎》,簡帛研究網,http://www.jianbo.org/admin3/html/zhangxinjun03.htm,2004年4月29日。又張新俊《上博楚簡文字研究》,吉林大學博士學位論文(指導教師:吳振武教授),2005年4月,第131~135頁。略有增補。下引張新俊説皆見此文。

④ 禤健聰:《上博楚簡釋字三則》,簡帛研究網,http://www.jianbo.org/admin3/2005/xuejiancong002.htm,2005年4月15日。按此文未引在其前的張新俊説。下引禤健聰説除另注明者外皆見此文。

來,這兩種説法影響最大,分別都有不少研究者從之。

　　《三德》的"盉"字整理者釋爲"菜",禤健聰指出"此字應即'鬻'字省體",這是很正確的。禤健聰並認爲它"與'食'並舉,知前釋不誤"。① 高佑仁在論述《曹沫之陳》"盨"字時也説:②

　　　"盨"字一直要到《上博(五)》出現後才讓我們確定該字的釋讀,原考釋者李零直接隸定作"盉"讀作"菜",字形從"采"得聲,可知禤健聰對曹沫之陣簡字形的分析是正確的。

《平王與王子木》"盉"字原整理者誤説爲"與盂同"的"盂"字,何有祖亦引《三德》之形釋爲"菜",③研究者多從之。至此,這些字形的釋讀當以從"采"聲立論,似乎已經得到大家的公認了。但仔細推敲,此說存在的問題仍然是很明顯的。首先,從前文所舉辭例看,這些字形的用例都跟"食"有關,表示的理應是同一個詞。據從"采"聲而將它們分別釋讀爲"饎"(或"莘/㶄")或"菜"兩個意義差别很大的詞,總覺有未安之處。其次,將"盉"釋爲"菜","鬻"和"盨"不管是釋爲"饎"還是釋爲甚爲生僻的"莘/㶄",其實都很難説就順利地將原文完全講通了。

　　前面提到的釋金文"鬻"字爲"羹"之説出自楊樹達。④ 我認爲此説是正確的。但楊樹達當時僅能就徐王糧鼎之字立論,未及見更多的字形與用例,對字形的分析説解也有問題(詳後文),故其説不爲人所信。下面先據後出諸例補充釋爲"羹"在讀音和文意兩方面的理由,並對有關簡文和金文文意加以疏通,再在字形方面略作補充論證。

---

　　① 禤健聰:《上博楚簡(五)零札(一)》,簡帛網,http://www.bsm.org.cn/show_article.php?id=226,2006年2月24日。
　　② 高佑仁:《〈上海博物館藏戰國楚竹書(四)·曹沫之陣〉研究》,臺灣師範大學國文研究所碩士論文(指導教師:季旭昇教授),2006年9月,第125頁。
　　③ 何有祖:《讀〈上博六〉札記(二)》,簡帛網,http://www.bsm.org.cn/show_article.php?id=601,2007年7月9日。
　　④ 楊樹達:《郤王糧鼎跋》、《郤王糧鼎再跋》,楊樹達著、中國社會科學院考古研究所編輯:《積微居金文説(增訂本)》,中華書局,1997年,第126~127頁。

三

先來看讀音方面的理由。庚兒鼎"用征用行,用和用鬻,眉壽無疆",三句末字中"鬻"處於"行"與"疆"之間。根據同類金文的通例可知"鬻"字必定當與"行"、"疆"押韻,應是一個陽部字,而"羹"字古音正在陽部。

春秋金文在講完作器時間、某人作某器等語之後,多爲表明器之功用之語以及祈福祝願之辭("嘏辭")等,一直到全銘結束,這部分內容常常是有韻的。最簡單的如銘末云"眉壽(或'萬年'、'眉壽萬年'等)無期,(子子孫孫)永寶用之"(期、之押之部韻),或如前引徐王糧鼎"昔(腊)、客、若"押韻[鐸部。同類之例如春秋晚期莒大史申鼎(5.2732):"用征以迮,以御賓客,子孫是若。"]。尤其是當最後幾句出現在句末的文字有陽部字時,幾乎都是押韻的。這類現象在西周晚期金文中已經屢見,春秋時期尤其是當時南方地區的金文最爲普遍,並一直延續到戰國時期。西周晚期之例如,豐伯車父簋(7.4107)"疆、享、尚"押韻(以下徑舉出韻腳字),姬鼎(5.2681)"嘗、享、疆",伯公父簠(9.4628)"黃、梁、王、兄、疆、享",史免簠(9.4579)"行、梁、享",叔邦父簠(9.4580)"行、王、疆",郜召簠(《近出殷周金文集錄》2.526)"匡、梁、兄、疆",等等。春秋時期之例如,侯母壺(15.9657)"行、疆",爲甫人盨(9.4406)"行、尚",吳者減鐘(1.193—197)"倉(鶬)、□(缺文)、旁(方)、尚",徐沈尹鉦鋮(4.425)"兵、疆、享、尚",冶仲考父壺"饗、滂、疆、尚",要君盂(16.10319)"疆、尚",曾子仲宣鼎(5.2737)"兄、疆、享",紀伯子㝬父盨(9.4442—4445)"陽、行、疆、臧",叔家父簠(9.4615)"梁、兄、疆、亡、光",等等。戰國時期之例如,喪史戛鈚(16.9982)"行、疆、尚",十四年陳侯午敦(9.4646、4647)、十年陳侯午敦(9.4648)"嘗、邦、忘",陳侯因齊敦(9.4649)"嘗、邦、尚",等等。

與庚兒鼎最接近、最足以説明問題的,是春秋時期的陳公子叔原父甗(3.947)、叔夜鼎(5.2646)和甚六之妻夫跂申鼎(《近出殷周金文集錄》2.354)三器。其銘如下(韻腳字下標橫綫):

陳公子叔原父瓶：……用征用行，用䰞（饎）稻粱，①用祈眉壽萬年無疆，子孫是尚。

叔夜鼎：弔（叔）夜鑄其䤨鼎。以征以行，用盥用䰞（烹），用祈眉壽無疆。

甚六之妻夫跌申鼎：甚六之妻夫跌申擇厥吉金，作鑄食鼎。余台（以）盥台（以）䰞（烹），台（以）鹿（媵、逐）四方，②台（以）從攻（句）虜（吳）王。世萬子孫，永寶用䰞（享）。

"䰞"、"盥"、"䰞"和"䰞"諸字的字形見後文。叔夜鼎"䰞"字薛尚功《歷代鐘鼎彝器款識法帖》9.86釋爲"羹"，後人多從其說，今人猶有信從者，實不可信。其字以"言"爲聲符，郭沫若釋讀爲"烹"，明言"乃烹之古文"，正確可從。③ 甚六之妻夫跌申鼎的"䰞"字顯然與之爲一字之繁簡體，而且前一"䰞"字與"䰞"應該表同一詞，同樣應據郭沫若說釋讀爲"烹"。原發掘整理者釋讀爲"饗"，④與字形不合。或釋讀爲享獻的"享"，⑤不如釋爲"烹"意義密合。或釋讀爲《說文·鬲部》訓作"煮"的"䰞"，字亦作"䰞"，⑥其聲母不密合。

叔夜鼎的"盥"字，其聲符部分所謂"兄"之形作 ，郭沫若以爲係從

---

① "䰞"字以"已"爲聲符，讀爲"饎"，見陳漢平《金文編訂補》，中國社會科學出版社，1993年，第194頁。郭沫若釋讀爲"蒸"，不如讀爲"饎"聲韻密合。見郭沫若《釋盥䰞䰞䰞》，《郭沫若全集·考古編》第五卷《金文叢考》，科學出版社，2002年，第471~474頁。

② "鹿"字舊多釋爲"伐"。釋爲"鹿"讀爲"媵"（當"隨從"講）或"逐"（當"行"講）見吳振武《說甚六鼎銘文中的"以鹿四方，以從句吳王"句》，《簡帛（第一輯）》，上海古籍出版社，2006年，第1~4頁。

③ 見郭沫若《釋盥䰞䰞䰞》，第472頁。楊樹達曾申論釋"羹"之說，但同時又謂"或讀言如今之烹字，亦通"。見楊樹達《叔夜鼎跋》，《積微居金文說（增訂本）》，第127頁。

④ 江蘇省丹徒考古隊：《江蘇丹徒北山頂春秋墓發掘報告》，《東南文化》1998年第3、4期合刊。周曉陸、張敏：《北山四器銘考》，《東南文化》1998年第3、4期合刊。

⑤ 商志𩦎、唐鈺明：《江蘇丹徒背山頂春秋墓出土鐘鼎銘文釋證》，《文物》1989年第4期，第55頁。唐鈺明：《銅器銘文釋讀二題》，《第二屆國際中國古文字學研討會論文集》，香港中文大學中國語言及文學系，1993年，第319~320頁。收入《著名中年語言學家自選集·唐鈺明卷》，安徽教育出版社，2002年，第99~100頁。下引唐鈺明說皆見此文。

⑥ 董蓮池：《金文考釋二篇》之"二、釋甚六之妻鼎銘中的'䰞'字"，吉林大學古文字研究室編：《于省吾教授百年誕辰紀念文集》，吉林大學出版社，1996年，第135~136頁。

釋上博竹書和春秋金文的"羹"字異體　237

"兄"聲而讀爲"薦"若"禍"、"鬻"，①其問題同樣是聲母不密合。楊樹達説爲從"祝"省聲或從"古文祝"，讀爲"鬻(粥)"，②從文意上看不好。唐鈺明指出所謂"兄"是"祝"的初文，讀爲"煮"。按結合下所論"盤"字看，將 [圖] 形看作"祝"應該是可信的，③但讀爲"煮"韻部不夠密合。"盤"字原作如下之形：

從"鑄"之表意初文"盤"(與同銘前文"鑄"字形同)，餘下部分拓本不太清晰，可見的筆畫近於"木"形。或以爲從"者"省聲，全字讀爲"煮"。④ 原發掘整理者逕釋爲"鑄"，無説。⑤ 此字確實很可能是以"盤(鑄)"爲聲符的。唐鈺明已經指出，叔夜鼎"用盤用鬻"與甚六之妻夫跃申鼎"以盤以鬻""語例正相吻合"。同時"祝"、"鑄"音近，常可相通。⑥ 故疑"盤"與叔夜鼎"盤"字當表同一詞，似皆可讀爲"熟"(古字作"孰")。"祝"與"孰/熟"不乏輾轉相通之例。如《上博(四)·曹沫之陳》和定州漢簡《論語·先進》"祝"通"篤"；⑦常訓爲"厚"、"大"的篤厚之"篤"，在古書和出土文獻裏除可寫

---

① 見郭沫若《釋盤鬻鬻鬻》，第473頁。
② 楊樹達：《叔夜鼎跋》，《積微居金文説(增訂本)》，第127頁。又《積微居金文説(增訂本)》卷首《新釋字之由來》之十二"古文象形會意字加聲旁"，謂"從兄者，古文兄與祝同……此字以祝古文之兄爲聲旁耳"，第13～14頁。
③ 關於古文字中的這類"祝"字，最新的全面討論可見沈培《説古文字裏的"祝"及相關之字》，《中國簡帛學國際論壇2006論文集》(2006年11月8日～11月10日，武漢)，第22～59頁。後刊於《簡帛(第二輯)》，上海古籍出版社，2007年，第1～30頁。
④ 商志䪨、唐鈺明：《江蘇丹徒背山頂春秋墓出土鐘鼎銘文釋證》，第55頁。唐鈺明：《銅器銘文釋讀二題》，《第二屆國際中國古文字學研討會論文集》，第319～320頁；《著名中年語言學家自選集·唐鈺明卷》，第99～100頁。
⑤ 江蘇省丹徒考古隊：《江蘇丹徒北山頂春秋墓發掘報告》。周曉陸、張敏：《北山四器銘考》。
⑥ 高亨纂著、董治安整理：《古字通假會典》，齊魯社，1989年，第782頁【鑄與祝】條。
⑦ 參見沈培《説古文字裏的"祝"及相關之字》。

作"祝"外,又可寫作"竺"、"毒";①而"竺"和"毒"又皆與"孰/熟"相通。②定州漢簡《論語·先進》"祝"通"篤",同時今本《論語·泰伯》的"篤信好學"定州漢簡本作"孰信好學",此即同一批竹簡中"祝"與"孰"輾轉相通之例。"孰/熟"作動詞,即"使之熟",義與"烹"(古字作"亨")相近。《禮記·禮運》"然後脩火之利"鄭玄注"孰冶萬物",孔穎達疏:"孰,謂亨煮。"《論語·鄉黨》:"君賜腥,必熟而薦之。"《穆天子傳》卷五:"丁酉,天子射獸,休於深蘁,得糜□豕鹿四百有二十,得二虎九狼,乃祭于先王,命庖人熟之。"《管子·輕重戊》:"黃帝〈燧人〉作,鑽鐩生火,以熟葷臊。"馬王堆漢墓帛書《五十二病方》第113行:"……即孰(熟)所冒雞而食之。""孰/熟"與"亨/烹"連言或對文古書亦多有其例:

《大戴禮記·曾子大孝》:故烹熟鮮香(《禮記·祭義》作"亨孰羶薌"),嘗而進之,非孝也,養也。

《禮記·樂記》:干戚之舞,非備樂也;孰亨而祀(《史記·樂書》作"亨孰而祀"),非達禮也。

《呂氏春秋·孝行》:養(父母)有五道:……熟五穀,烹六畜,龢(和)煎調,養口之道也。

據上引諸例尤其是最後一例,叔夜鼎與甚六之妻夫跂申鼎銘讀爲"用熟用烹"、"以熟以烹",頗覺妥帖。

陳公子叔原父甗和叔夜鼎兩例,與庚兒鼎"鬻"字一樣夾在"行"和"疆"之間的句末字(梁、鬻),都是入韻的。叔夜鼎和甚六之妻夫跂申鼎兩例,與庚兒鼎"用龢(和)用鬻"句一樣係表明器之功用的"用盉用鬻(烹)"、"台(以)盉台(以)鬻(烹)"句,末字皆押陽部韻。以上情況足以説明,把"鬻"字及其簡體"盉"、"盉"分析爲从"采"聲,將導致庚兒鼎"鬻"字不入韻,是説不過去的。而釋讀"鬻"字爲"羹",雖然庚兒鼎的押韻材料不能説

---

① 《古字通假會典》第743頁【毒與篤】條、第744頁【篤與竺】條。《尚書·微子》"天毒降災荒殷邦",《史記·宋微子世家》作"天篤下菑亡國矣";《墨子·非命下》引《書·泰誓》:"上帝不順,祝降其喪。""祝降"即《微子》的"毒降"。參見張悦《〈尚書〉"祝降時喪"新釋》,《中國語文》1998年第6期。

② 《古字通假會典》第743頁【毒與孰】、【毒與熟】條、第744頁【竺與熟】條。

是積極的證據,但起碼是正好相合,不成其爲反證。楊樹達在考釋徐王糧鼎的"鬻"字時,曾經以銘中"用鬻庶(按此是"魚"字誤釋)臘(按此是"腊"字誤植),用雛賓客,兩句以句中第二字鬻、雛爲韻也",來證明其前文釋"鬻"爲"羹"之正確。① 他注意到了以用韻來證明"鬻"字的音讀,是很有見地的。但所謂以句中第二字爲韻的韻例本不甚可靠,又要再說爲東陽合韻,更削弱了其説服力。楊樹達未及見庚兒鼎之例,我相信,他如見到,一定也會以押韻的證據來説明"鬻"字釋爲"羹"的合理性。

四

下面來看文意。先從《三德》"身且有病,惡盍與食"入手。此句意思是清楚的,用今天的話來説就是身體將有病,則飯菜不思,所以大家覺得釋"盍"爲"菜"一下子就講得很通了。但問題在於,將"盍"直接釋爲今天所説飯菜的"菜",其實與"菜"的古義不合。

《説文·艸部》:"菜,艸之可食者。从艸,采聲。"段玉裁注:"此舉形聲包會意,古多以采爲菜。"意即"菜"由采艸之"采"(後或作"採")得義,采集所得的野生可食草類就叫做"菜"。因此,正如有研究者所總結的:"'菜'本指野菜,爲可食野菜的總稱。……上古園圃不發達,蔬菜種類遠非今比,食菜大多取自野生。……上古富家貴族宴饗時'菜'不上席,因此,古代筵宴中有珍肴(牛羊豬肉)、百羞(多滋味的禽鮮等)、佳核(乾果)、美酒,而蔬菜至多只作爲調料搭配而用。唯下層庶民、貧困者以菜爲主要菜肴。……'菜'字大約到漢代,可兼圃蔬與野菜而言。……'菜',本爲可食野菜總稱,秦以後是蔬菜和可食野菜總稱。"因此,在先秦時代,"菜"跟今天所説的與"主食"相對的飯菜之"菜",完全不是一回事。"'菜'作爲佐食菜肴的泛稱,蓋在魏晉後。《北史·胡叟傳》:'然案其館宇卑陋,……而飯菜精潔。''菜'指菜肴。此乃口語用法"。② 作爲"肴饌的總稱"的"菜"這

---

① 楊樹達:《鄀王糧鼎再跋》,《積微居金文説(增訂本)》,第127頁。
② 黃金貴:《古代文化詞義集類辨考》,上海教育出版社,1995年,第882~883頁。

個詞,是不可能在戰國楚簡裏出現的。①

《三德》的"惡羹與食","食"與"羹"對舉。在先秦時期,跟今語與"菜"相對的"飯"或"主食"相當的詞,在"飯"出現並廣泛使用之前,正是"食"。跟今語作爲佐食菜肴泛稱的"菜"相當的詞,用得最爲廣泛普遍的,正是"羹"。

"食"可以作爲飯食菜肴等所有食物的總稱,也可以專指黍稷稻粱等穀物所作的飯食、主食。《論語·鄉黨》:"肉雖多,不使勝食氣。"朱熹注:"食以穀爲主,故不使肉勝食氣。"古書常見"羹"與"食"連言或對舉,分別即菜和飯。《禮記·内則》:"羹食,自諸侯以下至於庶人,無等。"鄭玄注:"羹食,食之主也,庶羞乃異耳。"孔穎達疏:"食,謂飯也。言羹之與飯是食之主,故諸侯以下無等差也。""言'羹食,食之主也'者,凡人所食,羹飯爲主",再助以醯醬等調料。《禮記·玉藻》:"子卯,稷食菜羹。"孔穎達疏:"以稷穀爲飯,以菜爲羹而食之。"《漢書·翟方進傳》:"壞陂誰?翟子威。飯我豆食羹芋魁。"顏師古注:"豆食者,豆爲飯也。"《禮記·内則》列舉貴族平常所吃的膳食:"蝸醢而苽食、雉羹、麥食、脯羹、雞羹、析稌、犬羹、兔羹。和糁不蓼。……凡食齊視春時,羹齊視夏時,醬齊視秋時,飲齊視冬時。"亦"食"與"羹"對舉。此外古書裏"食"或"飯"與"羹"對舉之例尚極多,例如:

　　蔬(疏,粗也)食菜羹　　《論語·鄉黨》、《孟子·萬章下》、《荀子·正名》

　　簞食豆羹　《孟子·盡心上》、《盡心下》、《鹽鐵論·毁學》

　　一簞食,一豆羹　《孟子·告子上》

　　食斗食,歠斗羹　《論衡·祀義篇》

　　糲餐之食,瓜瓠之羹　《新序·刺奢》

　　(堯)大羹不和,粢食不毇　《淮南子·主術》

　　大羹不致,粢食不鑿　《左傳》桓公二年

---

① 陳漢平釋徐王糧鼎"𩰲"字云"當即今日'飯菜'之'菜'本字",其誤相同。見《金文編訂補》,第194頁。

糲飯菜羹　　《韓非子·外儲説左下》
菽飯藿羹　　《史記·張儀列傳》
豆飯菜羹　　《新語·本行》
豆飯藿羹　　《戰國策·韓策一》"張儀爲秦連横説韓王"章
粱飯肉羹　　《漢書·王莽傳下》
豆羹白飯　　《鹽鐵論·散不足》
糟糠之食、藜藿之羹　　《説苑·立節》
(堯)粱糲之食,藜藿之羹　　《史記·李斯列傳》(《鹽鐵論·散不足》"古者庶人糲食、藜藿","藜藿"亦即"藜藿之羹")
(堯)糲粱之食,藜藿之羹　　《韓非子·五蠹》、《史記·太史公自序》
(堯)糲粱之飯,藜藿之羹　　《六韜·文韜》
(堯)糲粢之飯,藜藿之羹　　《淮南子·精神》
臣之處於齊也,糲粢之飯,藜藿之羹。　　《淮南子·人間》
麥飯、鮑魚羹、盎漿　　《吴越春秋·王僚使公子光傳》
載飯與羹以游國中　　《吴越春秋·勾踐伐吴外傳》

《曹沫之陳》簡2:"昔堯之饗舜也,飯於土塯(塯、簋),欲〈歠—啜〉於土鉶,而撫有天下。"可以與《墨子·節用中》"飯於土塯,啜於土形(鉶)"等古書對比。"塯"、"簋"與"鉶"分别指盛食(飯)與盛羹(菜)的器皿,這其實也可以看作"食(或飯)"與"羹"對舉之例。

"羹"現在人多解釋爲"帶汁的肉",並不準確。有研究者綜合古書所説"羹"各個方面的情況,總結爲:"羹是調味熬煮、用米或面調和而成濃湯或薄糊狀的食物。""羹通常是肉、菜加米、面熬煮成濃湯或薄糊狀的食物"。並指出:"羹在古代飲食中,有獨特的重要作用。唯其是菜與湯調和的綜合性菜肴,取用甚便,一羹便可配飯。……故人無差等皆喜食之。"[①]

---

① 黄金貴:《古代文化詞義集類辨考》,第865、870頁。又黄金貴:《説"羹"》,原載《語文學習》1997年第6期,收入氏著《古代文化詞語考論》,浙江大學出版社,2001年,第195～198頁。

對於普通人的日常飲食而言,一飯一羹相配是最平常的,所以"羹"其實就跟今天的"菜"相當。總結以上所論可知,《三德》"身且有病,惡盍與食"的"盍"釋爲"羹"是最合適的。另外,前文所舉"食/飯"與"羹"對舉之例,絶大多數是"食/飯"在"羹"前,就好比今天習慣説"飯菜"而不説"菜飯"。《三德》説"羹與食",當因出於"食"字入韻的需要,所以我們纔在開頭引用《三德》簡文時不厭其煩地注明了有關押韻的情況。

五

研究者多已指出,《曹沫之陳》的"居不褻(襲)旻(文),食不貳盌"與《容成氏》的"衣不褻(襲)敚(美),食不重味"同意,可信。《曹沫之陳》的"食不貳盌",亦即"食不二羹",與"食不重味"一樣都指每餐只吃一樣菜。古書類似説法多見。"食不重味"古書裏極多,不煩贅舉。此外還有"食不貳味"(《大戴禮記·哀公問於孔子》、《吕氏春秋·先己》、《説苑·權謀》;《韓非子·外儲説左下》"貳"作"二")、"食不兼味"(《韓詩外傳》卷八、《穀梁傳》襄公二十四年)、"食不重肉"(《史記·平津侯主父列傳》、《史記·管晏列傳》、《漢書·公孫弘傳》)、"食不重肴"(《漢末英雄記·劉虞》)等説法。出現"羹"字之例如:

《禮記·内則》:大夫燕食,有膾無脯,有脯無膾;<u>士不貳羹胾</u>;庶人耆老不徒食。

《墨子·節用中》:逮至其(按指堯)厚愛,黍稷不二,<u>羹胾不重</u>。飯於土塯,啜於土形(鉶)。

孫詒讓《墨子閒詁》:"《説文·肉部》云:'胾,大臠也。'《詩·魯頌·閟宫》'毛炰胾羹',毛傳云:'胾,肉也;羹,大羹、鉶羹也。'《管子·弟子職》'羹胾中别',尹注云:'胾,謂肉而細切。'案:不重,謂止一品,不多重也。"上引《墨子·節用中》"黍稷"與"羹胾"對言,也是分别指飯、菜。《韓非子·外儲説左上》:"夫嬰兒相與戲也,以塵爲飯,以途爲羹,以木爲胾。然至日晚必歸餉者,塵飯途羹可以戲而不可食也。""羹"和"胾"與"飯"相對,也都是就下飯的菜而言。"不貳羹胾"、"羹胾不重"的説法，可以作爲簡文"食不貳盥"之"盥"當釋爲"羹"的佳證。

附帶談談"衣不褻敝(美)"、"居不褻夏(文)"之"褻"字的釋讀問題。古書講"食不重味"等的同時又講到"衣"的如下舉諸例：

衣不重采，食不重味　《史記・吳太伯世家》、《列女傳》卷六"齊宿瘤女"

食不衆味，衣不雜采　《新書・春秋》

食不加肉，衣不重采　《史記・越王勾踐世家》

衣不重彩，食不兼味　《鹽鐵論・刺復》

衣不兼采，食不重味　《漢書・高祖本紀》、《漢書・游俠列傳・朱家》

食不兼味，衣無二彩　《後漢書・孝安帝紀》

據上引諸例可知，"衣不褻美"的"美"當就衣服的"文彩"而言，"居不褻文"的"文"也應就指文彩。"褻"則當與"重"、"二"、"兼"等義近。顔世鉉已經引上舉《列女傳》卷六"齊宿瘤女"之例，以及《荀子・富國篇》"重色而衣之，重味而食之"等，明確指出"褻"當釋讀爲"襲"，意爲"重"，"重"常訓爲"多"，"衣不襲美"指衣着不華美、服飾不盛美之意。① 可從。"居不褻(襲)文"的"居"所指較"衣"爲廣，包括居處所需的各個方面，"居不襲文"可能還應該指宫室的門户、牆壁、楹柱等只用一種顔色或一種文彩塗畫爲飾等内容。

但顔世鉉從廖名春之説以"褻"爲"褺"之訛，再讀爲"襲"，②則似不

---

① 顔世鉉：《上博楚竹書文字釋讀札記五則》之第(五)則，《簡帛(第一輯)》，上海古籍出版社，2006年，第196～197頁。下引顔世鉉説皆見此文。

② 顔文未引在廖名春説之前的孟蓬生之説。孟蓬生亦以爲《容成氏》"褻"字爲"褺"字之誤。雖未明言讀爲"襲"，但引段注："凡古云衣一襲者，皆一褺之假借。褺讀如重疊之疊。"又引《史記・吳太伯世家》："衣不重采，食不重味。"《漢書・高祖本紀》："衣不兼采，食不重味。"似其意當與顔世鉉略同。但他緊接着又引《梁書・周舍傳》："食不重味，身靡兼衣。"似乎又將"襲/褺"理解爲"重衣"之意。見孟蓬生《上博竹書(二)字詞劄記》，《上博館藏戰國楚竹書研究續編》，第475～476頁。

顔世鉉文也存在類似的問題。他引《吕氏春秋・去私》："黄帝言曰：'聲禁　(轉下頁注)

必。从"埶"之字與从"執"之字確實多有訛混,但這恐怕得到隸變階段才會發生。戰國文字裏"埶"旁和"執"旁的寫法差別還是頗大的,簡文兩"褻"字恐怕難以皆看作"褺"字之訛,①而似可直接讀爲"襲"。从"埶"(月部)聲的"爇"與从"内"聲的"焫"實爲一字,②内、入一字分化,"入"和"襲"都是緝部字。戰國齊金文陳侯四器的"世"(月部)作"䇂",加注"立"(緝部)聲。"襲"、"習"音同,習从"彗"聲,"彗"聲字古音學家或歸入質部或歸入月部,但與"習"同从"彗"聲的"雪"肯定當是月部字。凡此均可見"褻"與"襲"有相通之理。"襲"或與"肆"通,《風俗通義·皇霸》引《詩》"亮彼武王,襲伐大商",今毛詩《大雅·大明》作"涼彼武王,肆伐大商"。"褻"亦或與"肆"通,《禮記·表記》"安肆日偷",鄭玄注:"肆或爲褻。"是其輾轉相通之例。

六

《容成氏》"盥不折骨"之"盥"跟"舂不毇米"之"舂"對言,與春秋金

(接上頁注)重,色禁重,衣禁重,香禁重,味禁重,室禁重。'以及王利器《吕氏春秋注疏》所引《吕氏春秋·順民》:"味禁珍,衣禁襲,色禁二。"謂"'衣禁重'猶'衣禁襲'之意,指衣服不用華美多樣之文彩",實際上把兩類不同意思的説法牽合到一起了。"衣禁重"和"衣禁襲"指不置備多種衣服,"重"和"襲"指向的是衣服本身,與"衣不襲美"之"襲"指衣服的文彩等不同。"衣服不用華美多樣之文彩"實際正是簡文"衣不襲美"之意。

又陳斯鵬説與孟蓬生略同。其説謂:"'埶'、'執'形近(實際上音亦相涉),故二系列的字或相通混。如……故此處'褻'字實際上很可能用爲'褺'。'褺',經籍通作'襲',本指重衣,引申爲凡重之稱。'居不襲文'言其居處不求文飾繁複。……又上博竹書《容成氏》21言'衣不褻散(美)','褻'亦可讀'襲','襲美'與'襲文'、'重采'、'兼綵',義並近同。見陳斯鵬《戰國簡帛文學文獻考論》,中山大學博士學位論文(指導教師:曾憲通教授、陳偉武教授),2005年,第120頁。

此外邱德修亦謂"褻"爲"褺"字,義爲"重衣",也引孟蓬生文所引段注爲説。謂簡文"即'衣不褺美',亦即'衣不襲美',謂大禹的衣着,既不重衣,也不鮮美。把'褻(褺)'和'美'分開作解,恐不妥。他所謂的"衣不襲美"的'襲'其實也跟我們的看法不是一回事。見邱德修《上博楚簡(一)(二)字詞解詁(下)》,臺灣古籍出版有限公司,2005年,第2130~2131頁。

①　參看金俊秀《〈上海博物館藏戰國楚竹書(四)〉疑難字研究》,臺灣師範大學國文研究所碩士論文(指導教師:季旭昇教授),2007年6月,"第五章、曹沫之陳"之"第一節、説'褻'",第126~134頁。

②　《禮記·郊特牲》"然後焫蕭合羶薌",《詩·大雅·生民》毛傳引"焫"作"爇";《汗簡》卷一"艸部""蓺"字兩形皆作"焫";玄應《一切經音義》卷十一、慧琳《一切經音義》卷五十二"焫,古文爇同";二字中古同音,《廣韻》同在入聲薛韻如劣切爇小韻;皆可證。

文兩例"用和用鬻"(庚兒鼎)、"用鬻魚腊"(徐王糧鼎)的"鬻"字一樣,都是動詞。"羹"作動詞,意爲"作羹"、"烹煮……爲羹",古書和出土文獻中亦不乏其例。附帶一提,簡文"春不穀米"與"羹不折骨"爲一組,實際上也是前文所講"食/飯"與"羹(菜)"對舉的關係。

古書中作動詞的"羹"如,《史記·龜策列傳》"象箸而羹",《韓非子·喻老》"象箸玉杯必不羹菽藿",《史記·貨殖列傳》"楚、越之地地廣人希,飯稻羹魚"等。不過這類作動詞的"羹"是偏重於"吃羹"或"吃……所作的羹"之義,與"作羹"或"烹煮……爲羹"義尚有距離。《玉篇·鬲部》:"鬻(羹),煮也。"馬王堆帛書《五十二病方》第 188 行:"銎(齏)陽□,羹之。"又第 192 行:"有(又)銎(齏)陽□而羹之。"馬王堆帛書《養生方》第 216 行:"君何不鬻(羹)茅艾,取其湛(瀋),……"《禮記·喪大記》:"(父母停殯期間,子女)不能食粥,羹之以菜可也。"《關尹子·四符篇》:"庖人羹蟹,遺一足几上,蟹已羹,而遺足尚動。"這些"羹"字則皆可與春秋金文與《容成氏》作動詞的"羹"相印證。

但《容成氏》"盟(羹)不折骨"的"折骨",仍然有很不好理解的地方。原整理者釋爲"節解的牲肉";蘇建洲認爲相當於《左傳》宣公十六年所說的"王享有體薦,宴有折俎"的"折俎",謂"宰殺牲體時,不節解其骨、肉,所以不能食用,比喻節儉之意";①張新俊略從其說而改理解爲"炊、熟食物的時候不節、解骨肉,以示節儉";禤健聰說:"《容成氏》的'莘不折骨'就是烹煮的食物中不含節解的牲肉(這裏'折骨'或泛指一般肉類),以顯示禹的簡約。"按"折骨"與"穀米"對言,重點在"折",強調不對"骨"作"折"的加工,猶如不對"米"作"穀"(春得精細)的加工。如果簡文只是想説不吃肉以示節儉,沒有必要強調"折斷"或"節解"。"折骨"的字面意義按一般理解只能是"折斷骨頭",但爲什麼作羹時不折斷骨頭就是節儉,也難以説解。看來,"折骨"的解釋必須另辟蹊徑。

---

① 蘇建洲:《〈容成氏〉柬釋(四)》,簡帛研究網,http://www.bamboosilk.org/Wssf/2003/sujianzhou17.htm,2003 年 4 月 16 日。又蘇建洲撰寫《〈容成氏〉譯釋》,收入季旭昇主編《〈上海博物館藏戰國楚竹書(二)〉讀本》,萬卷樓圖書股份有限公司,2003 年,第 156 頁;又蘇建洲:《〈上海博物館藏戰國楚竹書(二)〉校釋》,花木蘭文化出版社,2006 年,上册第 183~184 頁。

諸家對"䀇不折骨"的解釋中，邱德修之說值得注意。他對"䀇"字從整理者之說釋讀爲"宰"，謂"'折骨'係指節解的牲肉將裏面的骨頭完全剔除乾淨"，"'宰不折骨'，謂大禹吃的牲肉完全不剔除骨頭"。① 後來又說："'折骨'者，即是已節解去骨的祭肉(按說'祭肉'不準確)……'宰不折骨'，謂宰殺牲體不節解，不去骨(形容大禹飲食麤糙，不講究美食)。"②很顯然，在他的解釋中，就詞義而言，"不節解"對應於"不折"，而"不去(骨)"、"不剔除(骨頭)"則完全是憑空多出來的。但是，拿"不去骨"、"不剔除骨頭"義去理解"羹不折骨"，以作肉羹時不剔除其中的骨頭來表現出禹的節儉，卻確實是最爲合乎情理的。我認爲，問題的關鍵就在於，"折骨"的"折"不能理解爲"折斷"、"節解"，而當與古書中一類用法較爲特殊的"折"字相同，其意義與"摘"(音"他歷切"，下文"摘"字皆同；或通作"擿")、"剔"皆近，就可以直接解釋爲"剔除"。簡文"折骨"與下引"折金"的說法最爲接近：

《墨子·耕柱》：昔者夏后開使蜚廉折金於山川，而陶鑄之於昆吾。

"折"字用法較特殊，但從上下文可推知其意近於"開採"。《文選·七命》李善注引作"採"，畢沅校本從之將"折"改爲"採"。王念孫云：③

畢改非也。折金者，擿金也(原注：擿音剔。《漢書·趙廣漢傳》"其發姦擿伏如神"，師古曰："擿，謂動發之也。")。《管子·地數篇》曰"上有丹沙者，下有黃金。上有慈石者，下有銅金。上有陵石者，下有鉛錫有銅。上有赭者，下有鐵。君謹封而祭之，……然則與折取之遠矣"。彼言折取之，此言折金，其義一也。《說文》曰："䂫，上擿山巖空青珊瑚墮之，從石折聲。"④䂫與折，亦聲近而義同。《後漢書·崔

---

① 邱德修：《上博楚簡〈容成氏〉注譯考證》，臺灣古籍出版有限公司，2003年，第380頁。
② 邱德修：《上博楚簡(一)(二)字詞解詁(下)》，第2155頁。
③ 王念孫《讀書雜志》(江蘇古籍出版社，2000年)七之四《墨子第四》"折金、山川、陶鑄之"條，第602頁。又參看王煥鑣《墨子集詁》，上海古籍出版社，2005年，下冊第993~996頁。
④ "摘"字大小徐本《說文·石部》"䂫"字下均作"摘"，兩字古常通。小徐本"巖"上多"山"字。又段玉裁《周禮漢讀考》和《說文解字注》改爲"析聲"，不可信，王念孫已駁之。見王引之《經義述聞》(江蘇古籍出版社，2000年)卷九《周禮》"䂫蔟氏"條下，第217~218頁。

駰傳》注、《藝文類聚·雜器物部》、《初學記·鱗介部》、《太平御覽·珍寶部九》、《路史·疏仡紀》、《廣川書跋》、《玉海·器用部》引此，並作"折金"。《文選》注作"採金"者，後人不曉"折"字之義而妄改之，非李善原文也。

所引《管子·地數篇》的"折取"，安井衡云："折讀爲䉳。䉳音徹，挑摘也。《說文》：'䉳，上摘山巖空青珊瑚墮之。'"尹桐陽說同。馬非百亦謂："'折'即《墨子·耕柱篇》'昔者夏后開使蜚廉折金於山而陶鑄之於昆吾'之折，開也。取者採也。"①

此外，《墨子·非樂上》云：

是故子墨子曰：爲樂非也。今王公大人，雖（唯）無造爲樂器，以爲事乎國家，非直掊潦水、折壤坦而爲之也，將必厚措（籍）斂乎萬民，以爲大鍾鳴鼓、琴瑟竽笙之聲。

孫詒讓云：②

此"折"當讀爲"摘"，《耕柱篇》云"夏后開使飛廉折金於山川"，此義與彼正同，……。壤，謂土壤；坦，讀爲"壇"，聲近假借字。《韓詩外傳》"閔子曰：出見羽蓋龍旗旄裘相隨，視之如壇土矣"，《莊子·則陽篇》"觀乎大山，木石同壇"，與此書義並同。壤坦，猶言壇土也。墨子意謂：王公大人作樂器，非掊取之於水，摘取之於地所能得，故下文即言將必厚措斂乎萬民以爲鍾鼓等也。

前引《說文》的"䉳"字，意爲摘取山巖上的礦物空青（孔雀石的一種）、珊瑚（《說文·玉部》："珊，珊瑚，色赤，生於海，或生於山。"）。《集韻》入聲麥韻陟革切摘小韻"䉳"字："取山厓上珊瑚謂之䉳。""䉳"與"折金"一類表"開採礦物"的"折"字當表同一詞，皆與"摘"、"擿"義近。宋秦觀《國論》有"至於摘山煮海，冶鑄之事"句（轉引自《漢語大詞典》"摘"字下），"摘山"、"摘山煮海"《宋史》數見。"摘山"亦即"摘金"、"折金"，好比"煮海"與"煮

---

① 諸說皆參見馬非百《管子輕重篇新詮》，中華書局，1979年，下册第408頁。
② 參看王煥鑣《墨子集詁》，下册第813～814頁。

鹽"意同。將金屬礦物從山中"挑摘"出稱爲"折金"，那麼，將骨頭從肉中"挑摘"出可以説爲"折骨"，也就是很自然的事了。

此外，"砥"字還有另一類用法，亦與"摘"、"擿"義近。《説文·石部》"砥"字説解之末有"《周禮》有砥蔟氏"一句（大徐本）。《周禮·秋官·砥蔟氏》："砥蔟氏掌覆夭（妖）鳥之巢。"《周禮·秋官·序官》"砥蔟氏"鄭玄注："鄭司農云：'砥讀爲擿，蔟讀爲爵蔟之蔟，謂巢也。'玄謂砥，古字，從石，折聲。"段玉裁《周禮漢讀考》卷五："擿，它歷反，音剔。爵蔟謂爵巢也。'砥蔟'即何休注《公羊》所謂'摘巢'也。摘音剔。鄭君謂'砥、古字'者，此因大鄭義申之，謂砥、擿古今字，非有二字也。"何休注《公羊》所謂"摘巢"見於《公羊傳》宣公元年"古者大夫已去，三年待放"句何休注"摘巢毀卵"。"摘巢"或"擿巢"還見於：《漢書·宣帝紀》："毋得以春夏摘巢探卵，彈射飛鳥。"敦煌懸泉漢簡之泥牆題記西漢元始五年《四時月令詔條》："毋擿剿（巢）。謂剿（巢）空實皆不得擿也。"《春秋繁露·五行順逆》："摘巢探鷇。""摘巢"或"擿巢"意爲挑取、剔除鳥巢。

"摘"、"擿"與"剔"皆有"他歷切"之音，意義也極爲相近。它們皆有"挑出、剔除"義，今天講的"剔牙"，古書作"摘齒"或"擿齒"。《淮南子·齊俗》："故愚者有所修，智者有所不足，柱不可以摘齒，筐不可以持屋。"晉葛洪《抱樸子·備闕》："擿齒則松檟不及一寸之筳，挑耳則棟梁不如鷦鷯之羽。"它們又皆有"挑揀"、"搜尋"、"選取"等義，意爲"搜求挑取、選擇"的"（爬羅）剔抉"、"抉剔"，其中的"剔"實與"摘要"、"文摘"的"摘"意義極近。雙音詞如"摘發"與"剔發"意義也差不多，皆爲"揭示、闡發、闡明"意（以上皆參見《漢語大詞典》有關各條之下）。

前引鄭玄注引鄭司農云"砥讀爲擿"，鄭玄謂砥、擿爲古今字，孫詒讓説《墨子·非樂上》"'折'當讀爲'擿'"，都將這類用法特殊的"折"（或"砥"）與"擿"看作表同一詞。按"折"與"摘"和"擿"古音不同部，他們的看法未必準確。但"折"和"砥"因此而有了與"摘"和"擿"相同的讀音。前引《周禮·秋官·序官》釋文："砥，音摘，它歷反，徐丈列反，沈勑徹反，李又思亦反。""丈列反"、"勑徹反"二音由从"折"聲而來，"思亦反"則係據聲旁誤爲"析"而來。"它歷反"一讀即"摘"、"擿"、"剔"之音，爲《玉篇》、《類篇》、《廣韻》、《集韻》等字典韻書相承收入。甚或以"挢"與"摘"爲同字,《集韻》入聲錫韻"他歷切"逖小韻:"摘,挑也。或作挢、挩。"

總結以上所論可知,"折"有一個意義與"摘"、"挢"、"剔"極爲相近。將礦物從山中、土中挑取、剔取出,將鳥巢自樹上挑取、剔除去,皆可稱爲"折"若"挢"("挢"應本係爲用於指挑取山石礦物所造的專字)。那麼,這類意義較特殊的"折"用於肉説"折骨"時,就應該理解爲將肉中的骨頭摘(音他歷切)去、剔除。如果"羹不折骨"即作肉羹時不剔除骨頭,當然就是節儉的表現了。

七

下面討論《平王與王子木》的"盍(羹)"字。此篇篇幅不長,大意也已經清楚。但除了"盍"字外還有幾處字詞的釋讀存在問題,有必要多説幾句。下面先綜合研究者已有的合理意見,按照我的理解將全文抄出:

　　知。① 競平王命王子木蹠城父,過申,睹(曙—舍)食於畦寬(宿)。城公乾🈯〈䚻—遇〉,②【1】🈯(趾—跪)於疇中。③王子問城

---

① "知"下有約三字位置空白。此字當上與《平王問鄭壽》篇簡 6 連讀,係彼篇末字,見沈培《〈上博六〉中〈平王問鄭壽〉和〈平王與王子木〉應是連續抄寫的兩篇》,簡帛網,http://www.bsm.org.cn/show_article.php?id=611,2007 年 7 月 12 日。

② "遇"字從陳偉釋,見陳偉《讀〈上博六〉條記》,簡帛網,http://www.bsm.org.cn/show_article.php?id=597,2007 年 7 月 9 日。陳偉釋其字爲楚簡用爲"藕"之字而讀爲"遇"。但此字與陳偉舉以爲證的包山簡簽牌 59—2 的用爲"藕"的"䒤"字,以及楚簡文字裏的其他"䒤"字(看李守奎編著《楚文字編》第 35 頁)皆並不全同,其上並不從"艸"。整理者原釋爲"䚻",字形也不完全相合。但從陳偉所舉《説苑·辨物》"與成公乾遇於疇中"(詳後文)的證據來看,此字確以與"䚻"聯繫釋讀爲"遇"最合適。疑此字可看作"䚻"字(包山簡 174 作 🈯)訛體,其上端的兩筆畫分別寫得向上和向右衝出頭。

③ "跪"字從陳偉釋。"跪"與下文"城公起"相呼應。見陳偉《讀〈上博六〉條記》。不過此字原形的右半似是从意符"止"而非如陳偉所認爲的"从爪"。"疇"從凡國棟讀,見凡國棟《〈上博六〉楚平王逸篇初讀》,簡帛網,http://www.bsm.org.cn/show_article.php?id=598,2007 年 7 月 9 日。下引凡國棟説皆見此文。

公:"此何?"城公答曰:"疇。"王子曰:"疇何以爲?"【5】曰:"以種麻。"王子曰:"何以麻爲?"答曰:"以爲衣。"城公起,曰:"臣將有告。吾先君【2】莊王朢河雍之行,①睹(曙—舍)食於䱷寬(宿),盬(酪)盔(羹)不夋(酸)。王曰:'醓(甕/瓮)不盍(蓋)。'先君【3】知醓(甕/瓮)不盍(蓋),盬(酪)不夋(酸),王子不知麻。王子不得君楚邦,或(又)不得【4】②

全篇的簡序調整,即將第5簡改爲插入到第1簡和第2簡之間,從凡國棟之説。

先説"盬(酪)盔(羹)不夋(酸)"句。"盬"字整理者誤以爲即"醢",何有祖指出:"此字當讀作'酪',指醋。《禮記・禮運》:'以亨以炙,以爲醴酪。'鄭玄注:'酪,酢酨。'"③陳偉又補充了《楚辭・大招》"酪"字及王逸注之例(見後文引),④皆可從。"夋"字整理者讀爲"夒",單育辰改讀爲"酸",亦正確可從。

馬王堆三號漢墓遣策簡103:"鮮魸、榆華、洛羹一鼎。"⑤原釋文和注釋在"洛"字後括注"酪"並加問號表示不肯定,没有詳細解説。⑥按讀"洛"爲"酪"是可信的。從用字習慣來説,馬王堆漢墓帛書《養生方》第92行有"美洛(酪)四斗",第93行有"并漬洛(酪)中",皆以"洛"爲"酪"。從文意來説,"魸"字、"華"字下分别有句讀號,可見"洛羹"可作一頓連讀,"鮮魸"和"榆華"分别是作羹的主料,即新鮮的某類魚(與"枯魚"相對)和

---

① "雍"從陳偉釋,見陳偉《讀〈上博六〉條記》。凡國棟亦已指出字當釋爲"雍",但其對"河雍"的理解不確。

② 此下當還有一支缺簡。參見單育辰《佔畢隨録》,簡帛網,http://www.bsm.org.cn/show_article.php?id=670,2007年7月27日。下引單育辰説皆見此文。

③ 何有祖:《讀〈上博六〉札記(二)》,簡帛網,http://www.bsm.org.cn/show_article.php?id=601,2007年7月9日。

④ 陳偉:《〈王子木蹠城父〉校讀》,簡帛網,http://www.bsm.org.cn/show_article.php?id=645,2007年7月20日。

⑤ "華"字原釋爲"菜",此從王貴元説改正。見王貴元《馬王堆三號漢墓竹簡遣策釋讀補正》,簡帛研究網,http://www.jianbo.org/admin3/html/wangguiyuan01.htm,2004年12月26日。

⑥ 湖南省博物館、湖南省文物考古研究所編著:《長沙馬王堆二、三號漢墓》,文物出版社,2004年,第54頁。

相當於野菜的榆樹花，"酪"則是調料。馬王堆一號漢墓遣策、三號漢墓遣策常見"酪羹"，如三號墓簡 86"牛首、笋酪羹一鼎"，簡 87"羊酪羹一鼎"，簡 94"鮮鯉襍(雜)、葵酪羹一鼎"等。朱德熙、裘錫圭讀爲"酢羹"，解釋說："《廣雅·釋器》：'酢，菹(葅)也。'《太平御覽》八五六引《倉頡解詁》：'酢，酢葅也。'……酢羹大概是以酢調味的一种羹。"①簡文"酪羹"即以酪調味的一种羹，正與"酢羹"相類。《楚辭·大招》："鼎臑盈望，和致芳只。内鶬鴿鵠，味豺羹只。魂乎歸徠！恣所嘗只。鮮蠵甘雞，和楚酪只。"王逸注："生潔爲鮮。蠵，大龜也。酪，酢酨也。言取鮮潔大龜，烹之作羹，調以飴蜜。復用肥雞之肉，和以酢酪，其味清烈也。"是楚人作"羹"和以"酪"之證。因此，馬王堆三號漢墓遣策的"洛(酪)羹"，正可爲簡文"盬(酪)盃(羹)"之釋的佳證。

"盬不盉"，陳偉釋爲"醓不淹"，謂"醓"即用鹽腌制的菜肴，"淹"義爲"腐敗"。② 按"盉"字仍應從整理者讀爲"蓋"，"盬"從"共"聲从意符"皿"，當釋讀爲"瓮"或"甕"。兩字古常通用無別，《說文》有"瓮"無"甕"。《禮記·檀弓上》："宋襄公葬其夫人，醯醢百甕。"《禮記·雜記上》"甕甒筲衡"，《釋文》："甕，盛醯醢之器。"醯醢醬醋等調料盛於小口大腹的容器瓮/甕中，平常還需加以覆蓋，以防止揮發。《莊子·田子方》："孔子(見老子後，自老子處)出，以告顏回曰：'丘之於道也，其猶醯雞與！微夫子之發吾覆也，吾不知天地之大全也。'"此即"發覆"之出典。郭象注："醯雞者，瓮中之蠛蠓。"成玄英疏："醯雞，醋瓮中之蠛蠓。每遭物蓋瓮頭，故不見二儀也。"又如著名的"覆醬瓿"的典故(《漢書·揚雄傳下》："吾恐後人用(揚雄《太玄》)覆醬瓿也。")，後世也說"蓋醬瓿"、"蓋醬"、"覆甕"(見《北史·韓麒麟傳》)。"甕/瓮不蓋，酪不酸"當指盛酪漿之甕/瓮平常沒有加以覆蓋，導致其揮發而無酸味，故以之調味的"酪羹"也不酸了。正如單育辰所說："城公認爲這是楚莊王懂得日常生活的一種表現，要比王子木強多了。"

---

① 朱德熙、裘錫圭：《馬王堆一號漢墓遣策考釋補正》，收入《朱德熙古文字論集》，中華書局，1995 年，第 121～122 頁第一則"酢羹"。

② 陳偉：《〈王子木蹠城父〉校讀》。

"寬"字原整理者誤釋讀爲"寞",此從何有祖改釋。① 原字形下半从"艸"作,係"蒐"字繁體。"魾寬",陳偉從整理者説認爲係地名,"當在申邑"。② 郝士宏讀"寬"字爲聚落的"聚",指小村落。③ 按從文字學的角度來講,"寬"與"宿"同从意符"宀","蒐"與"宿"古音又極近,因此"寬"應該就是"宿"字改換聲符的異體。1975年河南羅山縣高店村出土的春秋早期鄀季諸器中,器主之名中有一字鄀子宿車盆(16.10337)作"宿",鄀子宿車鼎(5.2603、2604)作"宿"字省體"酉/丙",而鄀季壺(15.9658)、鄀季盤(16.10109)和鄀季匜(16.10234)諸器則均作"寬"(所从"蒐"亦作从"艸"的繁體),④是其佳證。此外戰國梁十九鼎(5.2746)的人名"魔",也應該是"宿"字異體。⑤

簡文"宿"指古代官道上設立的住宿站。"魾寬(宿)"即魾地之"宿"。《周禮·地官·遺人》:"凡國野之道,十里有廬,廬有飲食。三十里有宿,宿有路室,路室有委。五十里有市,市有候館,候館有積。"鄭玄注:"宿,可止宿,若今亭有室矣。"又《周禮·秋官·野廬氏》:"比國郊及野之道路、宿息、井樹。"鄭玄注:"宿息,廬之屬,賓客所宿及晝止者也。"《周禮·秋官·司寇》"(掌訝迎接賓客,)及宿則令聚柝,及委則致積","宿"字意義皆同。

簡文"寬(宿)"字之釋還可以從以下所論得到印證。陳偉指出《平王與王子木》全篇與下引劉向《説苑·辨物》"所記內容吻合":⑥

> 王子建出守於城父,與成公乾遇於疇中,問曰:"是何也?"成公乾曰:"疇也。""疇也者何也?"曰:"所以爲麻也。""麻也者何也?"曰:"所以爲衣也。"成公乾曰:"昔者莊王伐陳,舍於有蕭氏,謂路室

---

① 何有祖:《讀〈上博六〉札記》,簡帛網,http://www.bsm.org.cn/show_article.php?id=596,2007年7月9日。
② 陳偉:《〈王子木蹠城父〉校讀》。
③ 郝士宏:《上博簡(六)補説二則》,簡帛網,http://www.bsm.org.cn/show_article.php?id=656,2007年7月23日。
④ 參見《金文編》第528頁第1208號"宿"字下。
⑤ 參看張世超、孫凌安、金國泰、馬如森撰著《金文形義通解》,中文出版社,1996年,第1858~1859頁。
⑥ 陳偉:《讀〈上博六〉條記》。又凡國棟《〈上博六〉楚平王逸篇初讀》在講簡文"菁"字讀作"疇"時也已經引及下引《説苑·辨物》的"疇也者何也? 曰:所以爲麻也"。

之人曰:'巷其不善乎!何溝之不浚也?'莊王猶知巷之不善,溝之不浚;今吾子不知疇之爲麻,麻之爲衣;吾子其不主社稷乎?"王子果不立。

其中巷不善的"巷"與簡文"甚"音近,"善"與簡文"盍"(尤其是與容易被轉寫爲"盖"的"蓋"字)形近;溝不浚的"浚"與簡文"夋(酸)"音近,"溝"與簡文"盝(酪)"則已經無法從字音或字形方面看出直接的聯繫。① 此文後半部分顯然既與簡文有密切關係,同時又經過了較大的改寫。據此,簡文有關部分也可以仿照《説苑·辨物》改寫爲"……王曰:'甕/瓮其不蓋乎!何酪之不酸也?'莊王猶知甕/瓮之不蓋,酪之不酸……",文意就更加明確了。又陳偉已經指出:"(簡文所記)楚莊王河雍之行,就是《春秋左傳》宣公十二年所記的邲之役。《説苑》記作'伐陳',與此不同。"②按簡文開頭云"競平王命王子木蹠城父,過申","申"字原作金文多見的"紳"字之繁體。《説苑·辨物》所記之"莊王伐陳"顯然又當與簡文之"過申"有關。《上博(六)·陳公臣靈王》篇説到楚國的陳公穿封戌,稱之爲"紳(陳)公子皇"、"紳(陳)公",③"陳"字亦作"紳"之繁體,是其比。

《説苑·辨物》"舍於有蕭氏,謂路室之人曰","蕭"字正好與"宿"字讀音很接近(宿、肅古音相同),也應與簡文"宽(宿)"有關。"路室"指客舍(《楚辭·東方朔〈七諫·怨世〉》:"路室女之方桑兮,孔子過之以自侍。"王逸注:"路室,客舍也。"),也正與"宿"密切相關,前引《周禮·地官·遺人》"三十里有宿,宿有路室"可證(賈公彥疏:"路室,候迎賓客之處。")。《國語·魯語上》"臧文仲請賞重館人"章、《左傳》僖公三十一年均記魯大夫臧文仲往晉,"宿於重館,重館人告曰"云云,《魯語上》韋昭注:"重,魯地。館,候館也。《周禮》'五十里有市,市有候館'也。""重館"與"鼪宿"構詞方

---

① 勉強要講的話,"酪"可以寫作"洛"(如前文所説馬王堆遺策和帛書之例),"洛"與"沟"字形相近,而"沟"與"溝"字音相近。似乎可以假設其間經過了一個"洛(酪)"誤爲"沟"再轉寫爲"溝"的過程。當然,在這個變化過程中,同時要照顧到改寫後的文意通順的因素,應該也起了很大作用。
② 陳偉:《讀〈上博六〉條記》。
③ 此從陳偉説,見陳偉《讀〈上博六〉條記》。

式相同,"重館人"與《説苑·辨物》"路室之人"也應相當。凡此均可見,簡文"戠寬(宿)"之釋確係信而有徵。

"戠寬(宿)"之釋既定,所謂"睹食"也就好理解了。"睹食"之"睹"原整理者釋爲"暑"、訓爲"熱",顯然難通。何有祖讀爲"曙",以爲"曙食"指"朝食",即在戠寬吃早飯。① 沈培在看過本文初稿後曾向我指出:"('食'前的那個字)整理者把它直接釋爲'暑',是不對的。其實這個字就是見於《説文》的'睹'字,其義爲'旦明'(段注改爲'且明')。這個詞後來用'曙'表示,因此,何有祖讀爲'曙'是可以的。"按將字釋爲"睹"可從。其字簡1作左右結構,簡3"日"旁位於"者"旁的左上角而非全字的上方,從字形看釋爲"睹"確實比釋爲"暑"要合理。另一方面,從用字習慣的角度來説,不少研究者都曾指出,楚文字中表示"暑"這個詞的字寫作從"日"、"叚"聲的"㬗"或"㬪"(郭店《緇衣》簡9、《上博(一)·緇衣》簡6、《上博(二)·容成氏》簡22),亦可見此從"日"、"者"聲的"睹"字當與暑熱之"暑"無關。但釋爲"曙食",我感到不好的地方在於,簡文前後講到王子木和楚莊王在旅途中吃飯都説"睹食",看不出爲什麼一定都要強調是"早上吃飯"或"吃早飯"。凡國棟讀爲"煮",謂"'煮食'就是烹煮食物的意思",陳偉從之而又有所申論。② 按照我對"酪羹不酸"的理解,首先,似看不出簡文有何必要強調"煮"的動作。同時,前面既強調"煮食",然後還没有説到"食用/吃"所煮的食物,就敍述"酪羹不酸",文氣顯然也頗爲不暢。按"睹(曙)"與"舍"古音極近,"睹(曙)"當讀爲"舍",正與《説苑·辨物》"舍於有蕭氏"的"舍"字相對應。古書講到旅途中"舍(於)某某"的説法,"舍"訓爲"宿",或訓爲"止",既可以指住宿過夜,也可以僅指停留休息,不一定住宿過夜。"舍食於戠宿"猶言"舍止於戠宿、食於戠宿"或者"舍止而食於戠宿"。《漢書·循吏列傳·黄霸》:"吏出,不敢舍郵亭,食於道旁,烏攫其肉。"顔師古注:"舍,止也。"《後漢書·光武帝紀上》:"於是光武趣駕南轅,晨夜不敢入城邑,舍食道傍。"皆可與簡文"舍食於戠宿"相印證。

① 何有祖:《讀〈上博六〉札記(二)》。
② 陳偉:《〈王子木蹠城父〉校讀》。

楚莊王所吃的"酪羹",是其所舍止的"駐宿"即"駐"地的客舍具辦提供的,其所用的酪就來自駐宿。駐宿之酪的存放情況,莊王當然素無所知也不可能親見。惟其如此,他從"酪羹不酸"推斷出"(駐宿之酪)甕/瓫不蓋",反映出他知道"甕/瓫不蓋,酪不酸"的生活常識,故爲城公乾所稱道。經過以上疏通之後再回過頭去讀簡文,整個故事就變得好理解多了。

八

最後討論釋"鬻"及其簡體"盇"和"盉"爲"羹"在字形上如何合理解釋。先來看《說文》的羹字:

《說文·鬻部》:■(鬻),五味盉羹也(小徐本"盉"作"和")。從鬻、從羔。《詩》曰:"亦有和鬻。"(小徐本"鬻"作"羹")■(鬻),鬻或省。■(鬻),或從美、鬻省(小徐本作"鬻或省鬲")。■(羹),小篆從羔、從美。

商周古文字中未見此類"羹"字。秦漢出土文字資料中,"羹"字只看到"鬻"和"羹"兩類形體。例如:①

■ 馬王堆帛書《養生方》216 行　■ 馬王堆帛書《胎産書》008 行

■ 睡虎地秦墓竹簡《秦律十八種·傳食律》簡 179,又簡 181、182 略同

很顯然,後一類"羹"形下方所從並不是"美",而與其上半相近,也是"羔"形。清代說文學家多已指出,《說文》"羹"和"鬻"的中間部分之篆形,諸本

---

① 參看陳松長編著,鄭曙斌、喻燕姣協編《馬王堆簡帛文字編》,文物出版社,2001年,第 111 頁。張世超、張玉春撰集:《秦簡文字編》,中文出版社,1990 年,第 187 頁。

多有作上下二"羔"形者;①《古文四聲韻》平聲庚韻"羹"字下引崔希裕《纂古》作🈳(𩰲),尚較爲近古。不少研究者已經指出,所謂"美"或"羔"形都來源於表示烹煮的容器"鼎"或"鬲"的底部筆畫加上"火"旁之形。其下方本從"火",又多少有受到上半"羔"旁之"類化"作用的因素,遂變作"羔"形,再訛爲"美"。《金文編》第 1220 頁附録下 303—306 號收有商末和西周金文如下諸形(又最末一例爲《金文編》第 339 頁第 0787 號戍甬鼎"齋"字):

[金文字形圖]

《金文編》第 1190～1191 頁附録下 136—141 號收有春秋金文如下諸形(包括本文所論徐王糧鼎和庚兒鼎之形):

[金文字形圖](樊君鬲) [金文字形圖](徐王糧鼎) [金文字形圖](叔夜鼎) [金文字形圖](叔夜鼎)
[金文字形圖](陳公子原父甗) [金文字形圖](庚兒鼎) [金文字形圖](庚兒鼎;按上兩形上半中部之形摹録都有不甚準確之處)

此外還可以補充西周晚期(下第一例)和春秋金文中的如下三例:

[金文字形圖]□仲盤(16.10134) [金文字形圖]子湯鼎(《文物研究》第 2 期第 39 頁) [金文字形圖] [金文字形圖]甚六之妻夫跌申鼎

從以上諸形,可以清楚地看出"鼎或鬲加火旁"之形的演變軌跡。《説文·鬻部》解釋"鬻"字説"古文亦鬲字。象孰飪五味氣上出也"。②

---

① 參見丁福保編纂《説文解字詁林》,中華書局,1988 年,第 3375～3377 頁引王筠《説文繫傳校録》、段玉裁《説文解字注》、邵瑛《説文解字羣經正字》之説。
② 此"孰飪"近義連用,"孰"亦爲前文講過的動詞"烹煮"義。《説文》"孰飪"又見於《丮部》"孰"字下引"《易》曰孰飪",今本《周易·鼎》彖傳作"(鼎,象也。以木巽火,)亨飪也"。許慎所據本"亨飪"作"孰飪"(參段注),亦可見"孰"與"亨(烹)"義近。

釋上博竹書和春秋金文的"羹"字異體　257

研究者也多已指出,其上半的"弜"或"弔"形,實爲寫得比較寬闊的鼎鬲類烹煮容器兩邊的筆畫,與烹飪之氣無關。① 上引叔夜鼎"鬺"字,下方變爲"皿"形,而上方左右的"弔"形仍然保留。同類的例子如西周金文賢簋(7.4105、4106)用爲"糧"之字作 ![字] (其聲符作从"羽"从"量"之字),郭沫若已經引叔夜鼎"鬺"字來説明此字與前引寫作 ![字] 一類形的"糧"之關係。② 可見"鼎或鬲加火旁"之形的下半很早就可以變爲"皿"。春秋金文的"鬻"字與《容成氏》和《曹沫之陳》的"鬺"字,其間關係相同。"鼎或鬲加火旁"之形的下方變爲从"鬲"或从"皿",皆並非字形的自然演變,而是將"火旁加鬲底筆畫之形"替换成了另一成字的意符,上半仍保留"弜"或"弔"形。我們在本文開頭説"姑且從通行的辦法"將徐王糧鼎和庚兒鼎之字隸定作"鬻",就是因爲從以上字形關係來看,上舉諸形中的大多數除去上半中間的部分之後,餘下的形體嚴格講實際上對應的是《説文》篆形"鬻"除去"羔"之後的 ![字] 類形,而不是"鬲"。

由以上所論可知,"羹"字的原始字形應係以火烹煮鼎鬲類容器中的羊羔,從"羊羹"、"肉羹"的角度來會"羹"意。弄清一般"羹"字的形體問題後,我們再來看楊樹達對徐王糧鼎"鬻"字釋爲"羹"的論證:③

　　銘文鬻字从鬻省,从羔,从采,其从鬻从羔,與《説文》鬻、鬻、鬻三文皆相合,余謂此亦羹字也。然則何以从采也? 曰:采者,菜也。夫羹有二:一曰太羹,二曰鉶羹。《詩·魯頌·閟宮》云:"毛炰胾羹。"《毛傳》云:"羹,太羹、鉶羹也。"是其説也。太羹無菜,鉶羹則有菜。……菜古謂之芼。《(儀禮·)公食大夫禮》云:"鉶芼,牛,藿;羊,苦;豕,薇。"是肉羹有菜也。《禮記·昏義》云:"牲用魚,芼之以蘋藻。"是魚羹有菜也;《内則》云"雉兔皆有芼",是雉兔羹有菜也;此皆

---

　① 參看季旭昇《説文新證(上册)》,藝文印書館,2002年,第178頁。張世超等《金文形義通解》,第591～592頁。
　② 郭沫若:《兩周金文辭大系圖録考釋》,科學出版社,1957年,第225頁下賢簋。
　③ 楊樹達:《郐王糧鼎跋》,《積微居金文説(增訂本)》,第126～127頁。又《積微居金文説》卷首《新釋字之由來》之七"據古禮俗釋字"之説略同,第9頁。

鉶羹有菜之說也。《禮記·曲禮上篇》云"羹之有菜者用梜,其無菜者不用梜",《正義》謂有菜者爲鉶羹,無菜者爲太羹,是也,此又經籍明記菜字者也。鉶羹有菜,故此羹字从采也。論其全字,从羔,示羹有肉也;从采,示有菜也;从鬻省,所以和羹也。調羹之品物,包舉無遺,視鬻鬻第从羔者爲備,視鬻羹从美者爲切也。

很顯然,楊樹達誤將我們上文所謂"火旁加鬲底筆畫之形"的部分認作了"羔"。這一點郭沫若早已經指出。而除去關鍵的所謂"羔"之後再來看"鬻"形,就與"鬻(羹)"失去了最直接的聯繫;同時,如前舉其他从所謂"鬻"旁而與"鬻(羹)"無關之字又有很多,自然釋"鬻"爲"羹"也就不爲人所信了。但楊樹達所論以"采"表"菜"義會"羹"之意之說,卻不能輕易否定。

古以"采"表"菜",前已引《說文》"菜"字段玉裁注"古多以采爲菜"。《周禮·春官·大胥》:"春入學,舍采合舞。"鄭玄注:"舍即釋也,采讀爲菜,始入學必釋菜禮先師也。菜,蘋蘩之屬。"釋文:"采音菜。"《周禮·天官·夏采》釋文云"采亦作菜"。在出土文字資料中,睡虎地秦簡《秦律十八種·傳食律》三見的"采羹",即"菜羹";馬王堆漢墓帛書《五十二病方》第28行有"麻洙采(菜)";張家山M247漢簡《引書》簡4有"多食采〈采—菜〉"。"菜"字雖已見於上博簡,但都不用其本意。《上博(三)·周易》簡21的"菜"字,前文已經提到,與今本和帛書本"喜"字相當;《上博(一)·孔子詩論》簡17"菜"字用於《詩經》篇名,與今本毛詩《王風·采葛》之"采"相當。從以上情況可以肯定,"菜"字在戰國時代雖已出現但尚未通行。見於春秋金文的"鬻"字在其造字時,"采"旁代表"菜"意合於當時的用字情況。在圖形式的表意字中,這種不以形體表意(即"形符")而以字義表意(即"義符")的情況,是不乏其例的。如"追"字、派遣的"遣"字中的"𠂤(師)",以"兩手奉玉璋"形會意表"貢獻"及"賜予"意的"𨛜(韍—贛)"字中的"章(璋)"等。①

---

① 參看陳劍《釋西周金文中的"韍"(贛)字》,《北京大學古文獻研究所集刊1》,北京燕山出版社,1999年,第380頁。收入氏著《甲骨金文考釋論集》,綫裝書局,2007年,第17~18頁。

"鬻(羹)"从"采(菜)"會意的理由,上引楊樹達以鉶羹芼以菜爲説,已經講得很清楚了。不過其立論多據禮書,故只分羹爲"有菜者爲鉶羹,無菜者爲大羹"兩類。其實,當時多爲貧者所食的純菜羹,也是"羹"類的大宗,前文所舉"糲飯菜羹"、"藜藿之羹"等已經看到很多例子。可見,從以火烹煮鼎鬲類容器中的"菜"的角度來會"羹"意,確實也是很自然的。"羹"形中的"羔"與"鬻"等字中的"采(菜)"皆爲表意偏旁,而不表示讀音,情況跟"鬻(粥)"字中的"米"類似。

最後,從文字異形和用字習慣的角度來説,目前所見資料中"羹"字最早見於秦漢簡帛文字,它應係承襲自西土秦系文字的寫法。而作"鬻"等形的"羹"字見於春秋徐國金文和戰國楚簡,應係屬於六國古文的特殊寫法,故不見於秦漢及後世文字。它們可以看作不同地域分頭使用的從不同角度來表意的異體字。山西渾源出土的魚顛(?)匕(3.0980)説"帛(薄)命入猷",于省吾考釋説:"猷即庚,通羹。《爾雅·釋草》'蘧蔬庚'釋文:'庚,本又作羹,同。'"[1]"猷"到底相當於何字研究者有不同看法,[2]但其當釋讀爲"羹"大家並無異議。魚顛(?)匕文字當"歸屬爲春秋戰國之際的晉系"。[3] 可見,在春秋戰國秦系文字以外,確實另有其他表示"羹"之字。這樣,"鬻"等字當釋爲"羹"也就一點都不奇怪了。

2007 年 10 月 13 日寫完
2007 年 12 月 26 日改定

補記(發表於復旦大學出土文獻與古文字研究中心網站時所加,http://www.gwz.fudan.edu.cn/SrcShow.asp?Src_ID=295,2008 年 4 月 28 日):

---

[1] 于省吾:《雙劍誃吉金文選》上三·三十,中華書局,1998 年,第 227 頁。
[2] 何琳儀謂"猷"字爲"猷"(《説文》訓爲"飢虛也")之異體。見何琳儀《魚顛匕補釋——兼説昆夷》,《中國史研究》2001 年第 1 期,第 34 頁。《金文形義通解》第 2197 頁在上引于省吾説的基礎上又明確説"猷"字"从欠,庚聲。猷即'羹'之異構"。按此説如合於事實,可以補充"歔羹"的"歔"字亦从"欠"的理由。
[3] 何琳儀:《魚顛匕補釋——兼説昆夷》,第 29 頁。

本文第七小節所論王子建出守於城父故事，除簡文和《說苑・辨物》外，還見於安徽阜陽汝陰侯墓出土的漢簡《春秋事語》，寫作本文時未注意到。見韓自強〈二號木牘〈春秋事語〉章題及相關竹簡釋文考證〉，收爲韓自強著《阜陽漢簡〈周易〉研究》附錄二，上海古籍出版社，2004年。

整理者發表的《春秋事語》中屬於《王子建出守於城父》章的共有以下6支殘簡：

> 楚王子建出守於城父，遇【五三】
> 也。成公乾【五四】
> 麻＝（麻。）"（麻）者何也？"【五五】
> ［莊］王伐陳，道宿【五六】
> 而食。胃（謂）路室人【五七】
> 社稷虖（乎）！【五八】

整理者已經指出，其文多與《說苑・辨物》相合。雖已殘缺過甚，但幸存的"道宿"、"而食"，對本文第七小節所論"睹（曙─舍）食於艃寵（宿）"仍有一定的印證作用。

原載《2007中國簡帛學國際論壇論文集》，臺灣大學中國文學系，2007年。

《上博(三)·仲弓》賸義[*]

《上海博物館藏戰國楚竹書(三)》的《仲弓》篇,經過眾多研究者的遞相探討,其在字詞釋讀、竹簡的拼合與編聯等方面所存在的問題,已經有不少得到了很好的解決。本文再提出四則補充意見。重點是第二、三兩則,試圖通過考釋個別竹簡連讀之處的關鍵字詞,把簡文講通,從而進一步將正確的拼合與編聯意見肯定下來。

一 簡 26 與簡 18 可能當綴合

《仲弓》篇開頭部分説:

季逗(桓)子史(使)中(仲)弓爲宰(宰),中(仲)弓呂(以)告孔=(孔子),曰:"季是(氏)☐……[1]……☐史(使)雝(雝/雍)也從於宰(宰)夫之逡(後)。雝(雝/雍)也憧[4]愚,忈(恐)怡(貽)虐(吾)子愿(羞),忎(願)因虐(吾)子而辝(辭)。"孔=(孔子)曰:"雝(雝/雍),女(汝)☐[26]☐母(毋)自䧟(惰)也。昔三弋(代)之明王,又(有)四淐(海)之内,獣(猶)坙(來)[18]

☐愚(與)昏(聞)之,夫季是(氏),河東之成(盛)家也,亦[2][可]

---

[*] 本文是全國優秀博士學位論文作者專項資金資助項目(FANEDD)"上海博物館藏戰國竹書研究"(批準號 200311)、國家社科基金重點項目"上博簡字詞全編"(批準號 06AYY001)成果之一。

吕(以)行壴(喜——矣)。爲之，余愂(誨)女(汝)。"①中(仲)弓曰："敢昏(問)爲正(政)可(何)先？"☒【5】……

其中簡 1 與簡 4 當本爲同一支簡，中間相接部分有約 6 到 7 字的殘損。② 簡 4 後接簡 26 連讀，是李學勤先生首先提出的，③已經得到公認。簡 2 及其後的簡 5 等一組簡文(詳見後文第二則)，從文意看當接在簡 26 等之後，但因簡 2 上半殘斷，其間是否還有缺簡不得而知。

簡 18 按原整理者的排序，與其前後兩簡均不能連讀。在各家所重作的拼合與編聯方案中，此簡也都在全篇中找不到合適的位置。我主張簡 18 可以綴合在簡 26 之下，兩簡連讀，主要是受了陳偉先生對"願因吾子而𧦒"之釋的啓發。"𧦒"字整理者原讀爲"治"，研究者多從之。陳偉先生指出應讀爲辭讓之"辭"：

楚簡中"詞"可借爲"辭"。上博藏竹書《容成氏》22 號簡云："冬不敢以寒詞，夏不敢以暑詞。"二"詞"字寫法與《仲弓》此字相同，均讀爲"辭"。郭店竹書《緇衣》6、7 號簡云："臣事君，言其所不能，不詞其所能，則君不勞。"裘錫圭先生按云："從文義看，似應讀爲辭讓之'辭'。今本有'臣儀行不重辭'之語，蓋以'辭'爲'言辭'，亦非。"其寫法與《仲弓》此字聲符一致，只是義符作"言"，而《仲弓》作"口"。因而，《仲弓》此字讀爲"辭"，在文字層面上當無問題。

又引《論語·雍也》爲證："季氏使閔子騫爲費宰。閔子騫曰：'善爲我辭

---

① "余"字原誤釋爲"宗"，並上與"爲之"連讀。此從禤健聰先生之說改釋和斷句。見禤健聰《上博簡(三)小札》，簡帛研究網，http://www.jianbo.org，2004 年 5 月 12 日。又禤健聰《新出楚簡零札》，《康樂集：曾憲通教授七十壽慶論文集》，中山大學出版社，2006 年，第 217~218 頁。本文所引禤健聰先生說皆見此文。我曾據釋"宗"之說懷疑簡 5"其拼合恐尚有疑問"，誤。見陳劍《上博竹書〈仲弓〉篇新編釋文(稿)》，簡帛研究網，2004 年 4 月 18 日。以下稱此文爲"舊稿"。

② 參看趙炳清《上博簡三〈仲弓〉的編聯及講釋》，簡帛研究網，2005 年 4 月 10 日。本文所引趙炳清先生說皆見此文。

③ 見李銳《清華大學簡帛講讀班第三十二次研討會綜述》所引，孔子 2000 網，http://www.confucius2000.com，2004 年 4 月 15 日。

焉。如有復我者,則吾必在汶上矣。'"皆可從。①

"願因吾子而辭",陳偉先生謂"即希望借助孔子、辭去季桓子的聘任"。我理解,在孔子看來,這就是屬於仲弓不勇於任事而"自惰"的行爲,所以孔子首先以"雍,汝毋自惰也"的回答對其意欲推辭的打算加以否定。下文簡2、簡5孔子說"亦可以行矣"、"爲之",也是針對仲弓欲"辭"而發的。後文仲弓屢云"今之君子……難爲從政"(簡25、簡12)、"今之君子……難以入諫"(簡20A),而孔子不斷溫言鼓勵,從中也可以看出,在談話中仲弓仍始終在爲打退堂鼓尋找理由,而孔子則不斷給他打氣。

孔子答語中"汝毋自惰也"以下,當是講統治者、君王卿大夫招徠賢者輔佐自己的重要。"来(來)"字後的簡文缺失,研究者多理解"来(來)"爲"招徠民衆"。按將簡26與簡18綴合後,從上下文意看更可能是講"招徠賢者"。《説苑・政理》記孔子與其弟子宓子賤就宓子賤治理單父的問答中,孔子說:"昔者堯、舜清微其身,以聽觀天下,務來賢人。……"與簡文可以相印證。在簡18所記孔子講了以"有四海之内"的"三代之明王"猶且招徠賢者輔佐自己後,接下來當是說身爲卿大夫的季桓子當然更需要賢才,因而對其欲任命仲弓爲宰的行爲(此即招徠賢才輔佐自己)加以肯定,從而肯定仲弓應該出任季氏之宰。

從竹簡的位置、長度和容字等方面的情況來看,簡26與簡18綴合後也是大致相合的。先說簡18的位置問題。此簡上下皆殘,原小圖版中置於上半位置。但此簡無簡首,其上半也沒有編痕,以其爲完簡的上半段之殘並無確據。而且其最末一字"来(來)"有被編繩壓迫而漫漶的痕跡,其情況與簡23B的末字"䘮(喪)"、簡7的末字"皐"(下端)均可以對比。如以末字"来(來)"所在爲中間一道編痕,則又將太靠下,與其他竹簡中間一道編痕的位置不合。可見小圖版中應將簡18的位置下移,"来(來)"字即簡尾末字,其下還有一小段空白簡殘去。

據原整理者所說,本篇"整簡全長四十七釐米左右,字數在三十四至

---

① 陳偉:《竹書〈仲弓〉詞句試解(三則)》,簡帛研究網,2005年8月15日;刊於《古文字研究》第二十六輯,中華書局,2006年,第280～281頁。

三十七字之間"。如簡 10 原爲兩段綴合成的完簡,上、下端完整,長 47.3
釐米,共 36 字。所謂"三十七字"係指簡 8,包含了兩個重文,如重文只計
一字則共 35 字。又簡 27＋15＋20B 拼合爲一整簡後,則全簡只有 32 字。
簡 18 下端略殘,長 22.8 釐米,存 17 字;簡 26 上端完整,長 23.4 釐米,存
16 字(包括其末僅存頭部筆畫的"女"字;合文"孔子"作一字計)。兩簡拼
合後總長 46.2 釐米,共 33 字,其字數相合首先是沒有問題的。本篇從下
端編痕到簡尾的空白距離各簡不一,大多在 1.7 釐米左右。但也有更短
的,如簡 20B 下端完整,其末字"矣"下方還有一段不短的空白,然後纔是
編繩痕跡,編繩痕跡距簡尾已經不到 1 釐米。簡 18 簡首"母(毋)"字上方
還有約與字間距離相當的空白,拼合後的相接處只需補出約半個字(簡
26"女"字下半)的位置即可。再加上其下端殘去的約 1 釐米的空白部分,
則簡 26 與簡 18 拼合後的長度跟完簡也大致是相合的。

　　竹簡長度方面還有一個比較複雜的問題。如果我們據小圖版作拼合
工作,就會發現一個很奇怪的現象。試將簡 18 移接到簡 26 的下面,則其
下端將較旁邊下端完整的竹簡長出一大截。試測量計算小圖版竹簡的長
度,簡 26 長 11.7 釐米,簡 18 長 12.5 釐米,合計 24.2 釐米,而完簡簡 10
長 23.7 釐米,確實也長出不少,何況簡 18 的下端還要補出一小段空白
簡。這是怎麼一回事呢?我們將小圖版上竹簡的長度一一加以測量,除
以其原簡長,可以發現各簡的縮放比例是不同的。按其縮放比例,小圖版
上的竹簡可以分爲簡 1～10、簡 11～19、簡 20～29 三組。第一組和第三
組縮放比例大致相同,皆在 0.5 左右,而第二組卻在 0.55 左右。簡 18 與
簡 26,正好分屬於縮放比例不同的兩組。下面在這三組中分別選取兩支
竹簡,將有關數據列表如下:

簡號	小圖版簡長 (單位:釐米)	實際簡長 (單位:釐米)	縮放比例
簡 8	23.3	46.7	0.499
簡 10	23.7	47.3	0.501
簡 16	12	21.9	0.548

續　表

簡號	小圖版簡長 (單位:釐米)	實際簡長 (單位:釐米)	縮放比例
簡 18	12.5	22.8	0.548
簡 25	13.7	27.3	0.502
簡 26	11.7	23.4	0.5

其間縮放比例 0.05 的出入,如以實際簡長 20 釐米即不到一半簡長計,在小圖版上就會出現 1 釐米左右的出入,據之拼合竹簡試圖將其左右對齊時,問題就變得非常明顯了。這給我們直接利用小圖版進行竹簡拼合造成不少困擾。以前研究者就本篇竹簡的拼合有多種不同意見,可以說凡有可能的方案都被考慮過了,但卻沒有人提出過簡 26 與簡 18 的拼合,我想大概就跟前面提到的簡 18 在小圖版上的位置問題,和這裏所說小圖版上竹簡長度的矛盾不無關係吧。

二　簡 10 與簡 19 的連讀問題

《仲弓》篇在上引開頭一段簡文之後,是如下一個大的編聯組。下面的釋文吸收了衆多研究者的合理意見,擇要在注釋中加以說明。限於本文的篇幅和性質,凡舊稿中已經指出的,或後來又有不止一位研究者指出過、已經得到公認的,或與本文所論重點關係不大的,皆不再一一詳細注出(後文第三則引用簡文亦同)。

　　　　☐ 悤(與)昏(聞)之,夫季是(氏),河東之成(盛)家也,亦【2】[可]吕(以)行壴(喜—矣)。爲之,余悬(誨)女(汝)。"中(仲)弓曰:"敢昏(問)爲正(政)可(何)先?"☐【5】☐中(仲)尼☐【28】☐[曰:]"老=(老老)慈(慈)幼,①先又(有)司,舉(舉)戝(賢)才,惑(宥)怸

---

① 簡 5、28、7 拼合爲一支整簡,並在簡 28 下補"曰"字、簡 5 頂端補一字("可"),並從李鋭先生之説。見李鋭《〈仲弓〉新編》,孔子 2000 網,2004 年 4 月 22 日。本文所引李鋭先生説除另注明者外皆見此文。

266　戰國竹書論集

（過）懸（赦）辠（罪），①[7]（辠）正（政）之冶（始）也。"中（仲）弓曰："若夫老=（老老）慈{=}（慈{慈}）幼=（幼），②既昏（聞）命壴（喜—矣）。夫先又（有）司，爲之女（如）可（何）？"中（仲）尼曰："夫民安舊而重（重）遷，[8]朂（早）史（使）不行，③妥尾☐[14]☐又（有）成，④是古（故）又（有）司不可不先也。"中（仲）弓曰："雁（離/雍）也不敏（敏），唯（雖）又（有）臥（賢）才，弗智（知）毁（舉）也。敢昏（問）毁（舉）才[9]女（如）之可（何）？"中（仲）尼："夫臥（賢）才不可穽（弇—揜/掩）也。毁（舉）而所智（知）。而所不智（知），人丌（其）繇（豫—舍）之者（諸）？"中（仲）弓曰："惑（宥）怤（過）毁（赦）辠（罪），則民可△？"[10]山又（有）㬎（崩），川又（有）涑（竭），月=（日月）星昏（辰）猷（猶）差，民亡（無）不又（有）怤（過）。臥（賢）者☐[19]☐型（刑）正（政）不緩（緩），惪（德）孝（教）不悆（倦）。"⑤中（仲）弓曰："若此三[17]者，既昏（聞）命壴（喜—矣）。敢昏（問）道民興惪（德）女（如）可（何）？"孔=（孔子）曰："迪（陳）之[11]備（服）之，繆（緩）怤（施）而悉（遜）放（敕）之。唯（雖）又（有）肆惪（德），丌（其）[13]

簡10上下端皆完整，簡19上端完整，趙炳清先生將兩簡直接連讀，應該是正確的。但因簡10末尾的"則民可△"一句文意不明，還需要進一步討論。其中用"△"代表的字原作如下之形：

---

① 舊稿已將"惑怤毁辠"釋讀爲"宥過赦罪"，研究者或不贊同。楊懷源先生亦釋讀爲"宥過赦罪"，論述比較詳細，可參看。見楊懷源《讀上博簡（三）〈中弓〉札記四則》，簡帛研究網，2004年8月7日。楊懷源：《讀上博簡（三）〈中弓〉札記四則補》，簡帛研究網，2004年9月20日；楊懷源：《讀上博簡〈仲弓〉札記三則》，《古漢語研究》2005年第2期，第86～88頁。
② "慈"字下誤衍重文號。
③ 簡14與簡8連讀，從黃人二、楊芬先生之説。見黃人二《讀上博簡仲弓書後》，收入其《上海博物館藏戰國楚竹書（三）研究》，（臺中）高文出版社，2005年，第135頁。本文所引黃人二先生説皆見此文，所引周鳳五先生説亦轉引自此文。楊芬：《上博簡〈彭祖〉、〈亙先〉、〈中弓〉集釋》，武漢大學簡帛研究中心碩士學位論文（指導教師：劉國勝教授），2006年；又楊芬：《上博簡〈中弓〉編連劄記二則》，丁四新主編：《楚地簡帛思想研究（三）》，湖北教育出版社，2007年，第237～239頁。後引楊芬先生説同。
④ 簡14與簡9拼合，從趙炳清、周鳳五先生之説。
⑤ 簡19與簡17拼合爲一支整簡，從楊芬先生之説。

《上博(三)·仲弓》賸義　267

整理者原釋爲"幼(?)",讀爲"要"。研究者有以下諸説。我舊稿曾隸定作"爰"並括注問號表示不肯定。李鋭、趙炳清先生皆釋寫爲"何爰"。楊澤生先生謂:"'爰'當即'後'之簡體。根據文義,'後'當作跟後、後從、順從講,如漢王褒《九懷·九通》:'騰蛇兮後從,飛駏兮步旁。'簡文'宥過赦罪,則民可後'的意思是説,宥過赦罪,老百姓便可順從。"①晁福林先生略從其説,又亦讀"可"爲"何",解釋爲"意即讓有司官員改正錯誤,並且要舉發其罪,那麼民衆怎麽跟從其前進呢?"②申紅義先生釋爲"則民可畜","畜"解釋爲"養育",分析字形謂"楚簡('畜'字)作等形,下從⊖,不從夂,此處寫作夂可能是誤字"。③黃人二和林志鵬先生釋寫爲"系(?)"。④黃人二先生從釋"畜"之説,但字形分析有所不同。其説謂:"似從手持幺治絲之形,手爲形,幺爲音,故可讀爲'畜'。'畜民',與《管子》之'牧民'同義……"

我們看本篇"逡(後)"字及楚簡文字中標準的"逡(後)"字作如下之形:

本篇簡4　《上博(三)·恒先》簡10　《上博(一)·孔子詩論》簡2

其所從與上舉"△"字確實可以説完全相同。但據此釋△爲"爰",也有兩個明顯的問題。其一,楚簡文字用爲"後"之字從不省而只寫作"爰";

---

① 楊澤生:《上博竹書第三册零釋》,簡帛研究網,2004年4月29日。
② 晁福林:《上博簡〈仲弓〉疏證》,《孔子研究》2005年第2期,第12頁。後引晁福林先生説亦見此文。
③ 申紅義:《〈上海博物館藏戰國楚竹書〉(三)〈仲弓〉雜記》,簡帛研究網,2004年6月30日。
④ 黃人二、林志鵬:《上博藏簡第三册仲弓試探》,簡帛研究網,2004年4月23日;又題爲《上海博物館藏楚簡〈仲弓〉試探》,《文物》2006年第1期,第82~86頁。後引黃人二和林志鵬先生説均見此文。

其二，釋爲"夋"簡文文意也完全講不通。字形與文意兩方面結合考慮，我認爲"△"字實當釋爲"㞢"讀爲"懲"。

楚簡文字"逡(後)"所從的"夋"，其上端筆畫常常因書寫草率變得不作完全封閉的圓圈形，而作近於三道斜筆之形。這類寫法有的再草率一點，就跟"㞢"字非常接近了。如下舉諸例：

A. [圖]《上博（四）·曹沫之陳》簡 30 [圖]《上博（二）·從政》甲簡 17 [圖]《上博（三）·周易》簡 18 [圖]、[圖]《上博（二）·容成氏》簡 12、簡 33（《容成氏》此類寫法的"逡(後)"字多見） [圖]《上博（五）·季康子問於孔子》簡 22B

B. [圖]《上博（五）·季康子問於孔子》簡 1 [圖]包山簡 2 [圖]包山簡 4 [圖]《上博（三）·周易》簡 7

試將上引 B 類之形與楚系文字中的"㞢"和作偏旁的"㞢"加以對比：①

[圖]曾侯乙鐘 [圖]曾侯乙鐘 [圖]曾侯乙鐘掛件 [圖]曾侯乙磬 [圖]曾侯乙磬 [圖]、[圖]《上博（四）·采風曲目》簡 3"㱰（徵）" [圖]包山簡 138 正（138 反作[圖]，包山簡"譄（徵）"字多作此類形；郭店《性自命出》簡 22 作[圖]，也是同類形）

《説文》古文"徵"作[圖]，其左半所從即上舉"㱰（徵）"形。"㱰"即"㞢"加繁飾"口"旁，古文字中从"口"不从"口"常無別，獨立的不从"口"的"㞢"字在當時楚文字中應該也是存在的。"㞢"字受"逡(後)"字中"夋"旁"頭

---

① 參見李守奎編著《楚文字編》，華東師範大學出版社，2003 年，第 505 頁"徵"字。

《上博(三)·仲弓》膡義　269

部'幺形'與'三斜筆形'互作"之變化的影響,其上方所從的向右曲頭的三斜筆之形"逆向類化"作"幺"形,就變成前舉《仲弓》簡10末的△形了。

我們還可以通過楚簡文字中其他字形的同類變化,來進一步說明這一點。先來看"豈"旁。《上博(四)·内禮》簡8"劏"字作󰀀,左上變從"幺"形。《上博(四)·逸詩》"戱"字多見,如簡2作󰀀。魏宜輝、孟蓬生先生均指出"戱"字當爲"㡭"字省體,①可從。《説文·豈部》:"㡭,戲也。從事之樂也。从豈,幾聲。"魏宜輝、孟蓬生先生又均指出"㡭"當是一個雙聲符字,亦可信。在具體的字形分析上兩家略有不同,魏宜輝先生謂"戱"字"兩個聲旁都有所省簡("豈"省去了上部的"󰀀","幾"省去了下部的"人"旁),以求形體的平衡"。孟蓬生先生則謂:

　　楚簡中"幾"字作"󰀀",左上部之"󰀀"與"豈"(小篆作"󰀀")字的上部"󰀀"相近。本書《内豐》簡八:"劏必又(有)益,君子吕(以)成其孝道(劍按此"道"字係誤衍)。"(226頁)李朝遠先生以爲"'劏'即'劏'"(227頁),其説可從。由此可見,楚簡的"豈"字確實可從"幺"作"豈"。這樣,"幺"字就可以看作"豈"和"幾"字的共用部分,而"戱"字的結構就可以分析爲:從豈,從幾省聲。"豈"和"幾"古音相同或十分相近,所以戱(㡭)字實際上是個雙聲字。《説文》對該字字義的説解未必可信,但其字形確實淵源有自。

孟説似更爲合理。《上博(二)·魯邦大旱》簡21"劏"字作󰀀,"豈"旁上半筆畫向左曲頭。但"豈"字《説文》篆形、睡虎地秦簡(《爲吏之道》簡10作󰀀)、西周金文(見曶鼎一個右半從"豈"的人名用字)上半筆畫都是

---

① 魏宜輝:《讀上博楚簡(四)札記》,簡帛研究網,2005年3月10日;又孔子2000網,2005年3月5日。孟蓬生:《上博竹書(四)閒詁(續)》,簡帛研究網,2005年3月6日;又孟蓬生《上博竹書(四)閒詁》,卜憲群、楊振紅主編:《簡帛研究二〇〇四》,廣西師範大學出版社,2006年,第69頁。

向右曲頭的。可以推測，楚文字中"豈"旁上半筆畫當也有寫作向右曲頭的"ϵ"一類形的(《上博(二)·容成氏》簡41"諅(徵)"字作 ，可見楚簡文字中"豈"旁也是上半筆畫向右曲頭與向左曲頭兩種寫法並見)，經歷了跟上面所說"豈"字相似的"逆向類化"過程後，向右曲頭的三斜筆形就變爲"幺"形了。

再來看"屶"及"屶"旁。楚簡文字中"屶"和從"屶"的字或作如下之形：

 包山簡140正　　 包山簡140反　　 包山簡184　　

《上博(四)·采風曲目》簡2　　 《上博(五)·三德》簡8

上舉包山簡184號之字從"羽"從"屶"，係人名用字。《采風曲目》簡2爲曲目名"牀屶人母迡虖門"，整理者原斷讀爲"牀(將)屶(媸—美)人"和"母(毋)迡(過)虖(吾)門"兩個曲目名。我曾指出當連讀爲一。① 《三德》簡8云"衣備(服)迡(過)折(制)，遊(失)於娎(媸—美)"，其字當釋讀爲"娎"也沒有問題。包山簡140號正、反的"屶"字需要多說幾句。此簡正、反是關於"歸鄧人之金"一案結案的公文，② 其文如下(後半段暫依通行的斷句法)：

東周之客許緹歸作(胙)於蔵郢之歲，十月辛巳之日，畢盬尹栖糙與剔君之司馬奉爲皆告成。言胃(謂)："小人各政(征)於小人之地。"無諯(訕)。登(鄧)人所漸(斬)木四百，屶於鄓君之地襄溪之中；其百又八十，屶於畢地鄻(卷)中。

"屶"字原整理者釋爲"先"，注釋云："疑爲失字之誤。"研究者多從之。白於藍先生改釋爲"長"，謂簡文"大意是說：登人所砍伐的樹木，有四百棵

---

① 陳劍：《上博竹書"葛"字小考》，《中國文字研究》2007年第一輯(總第八輯)，大象出版社，2007年，第69頁注3。

② 包山簡與此案有關的簡文還有簡43、44。不少學者曾對此案作過探討，最近的研究可參看下引李家浩先生文。

是生長在屬於鄝君之地的襄溪之中,另有一百八十棵是生長在畢地的䢼中"。① 李家浩先生云其字"原文作似'先'非'先'、似'失'非'失'、似'屰'非'屰'、似'長'非'長'之形",將其改釋爲"屰"(前舉《采風曲目》、包山簡184之字亦釋爲"屰"和从"屰"),讀爲訓爲"徵求"、"索取"之"徵",解釋簡文大意說:"十月辛巳這一天,畢之賠尹和鄝君之司馬向司法機構報告說,他們是各自在自己轄區內徵收鄧人的黃金。經過調查,他們的話沒有誣妄不實。鄧人所伐的四百株木材,取自鄝君封地的襄溪之中;另外一百八十株木材,取自畢地的卷之中。"② 按其字之形與"先"、"失"和"長"皆接近而又有區別這一點,確如李家浩先生所言。但說它"似'屰'非'屰'",大概主要是因爲它跟常見的"屰"上端筆畫曲頭的方向不同。楚簡文字一般的"屰"如 ![字] (《上博(一)·孔子詩論》簡21)、![字] (郭店《老子》乙本簡4)等,其上端皆向左曲頭。但西周金文(看《金文編》第564頁)、石鼓文《馬薦》和小篆"敚"字所从的"屰"旁皆向右曲頭,據前引《三德》簡8"婼"字之形,可見楚簡文字中"屰"確實也可寫作上端向右曲頭之形。包山簡140號正、反之形釋爲"屰"當無問題。

字既改釋爲"屰",則如依通行的斷句和理解將其看作動詞,實難講通簡文。包山簡140正、反當重新釋讀斷句如下:

　　登(鄧)人所漸(斬)木:四百屰(枚)於鄝君之地襄溪之中;其百又八十屰(枚)於畢地䢼(卷)中。

包山簡154號:"王所舍新大廄以啻苴之田:南與郙君執(迾)疆,東與菱君執(迾)疆……"又包山簡中"所屬(或"告")於某某:……"云云,下記有關人員,非常多見。這些"所"字結構的末尾均當斷開,其後的簡文是對"所"字結構內容的具體說明。當然,"所"字結構後的冒號改爲逗號也是可以的。"四百屰(枚)……"、"其百又八十屰(枚)……"云云,均是對"鄧

---

　　① 白於藍:《包山楚簡補釋》,《中國文字》新二十七期,藝文印書館,2001年,第155~156頁。
　　② 李家浩:《談包山楚簡"歸鄧人之金"一案及其相關問題》,《出土文獻與古文字研究(第一輯)》,復旦大學出版社,2006年,第16~23頁。

人所斬木"所自出的具體説明。前者在句子結構上緊接於"鄧人所斬木"之後,故不用"其"字;後者則因距離"鄧人所斬木"已較遠,故其前加一用以指代的"其"字。此"其"字不必解釋爲"又"。"枚"與"微"古音皆爲明母微部,關係密切。《説文·木部》:"枚,榦也,可爲杖。"段注:"(《詩經·周南·汝墳》'遵彼汝墳,伐其條枚')毛傳曰:'榦曰枚。'引申爲銜枚之枚,爲枚數之枚。《豳風》(《東山》'勿士行枚')傳曰:'枚,微也。'《魯頌》(《閟宮》'閟宮有侐,實實枚枚')傳曰:'枚枚,礱密也。'皆謂枚爲微之假借也。""枚"作名詞,可指枝幹、行軍時士兵銜在嘴中用以禁止喧嘩的小木條、算籌、馬鞭、鐘乳等,都具有"小而細長"的特點,最初是用於具有細長特點的物品的天然單位詞,逐步擴展到廣泛用於其他物品,即《説文·木部》"梃,一枚也"段玉裁注所云:"一莖謂之一枚,因而凡物皆以枚數。"① 進一步可以説,"枚"可能就得義於細微之"微",所以楚簡文字以"微"之古字"岂"爲之,是很自然的。先秦時期單位詞"枚"已經出現,《墨子》城守諸篇(全書最後《備城門》以下的二十篇)中出現近 10 次,用於計槍、石、弩等。包山簡中有"枚"這個詞,也是完全没有問題的。據學者們研究,《墨子》城守諸篇,係戰國後期秦國墨家的作品。② 包山簡之字用"岂"而不用"枚",可能也是六國文字與秦文字不同的體現。"枚"常可用於計量樹木,即《説文·員部》"員"字段玉裁注所云"數木曰枚,曰梃",《史記·貨殖列傳》"竹竿萬箇"索隱引《釋名》所云"竹曰箇,木曰枚"。《漢書·趙充國傳》:"臣前部士入山,伐材木大小六萬餘枚,皆在水次。"可見簡文以"岂(枚)"計樹木,也是不存在任何問題的。

　　《上博(四)·逸詩》幾次出現一個"敄"字,文云"豈敄是好?唯心是與",作如下之形:

《上博(四)·逸詩》簡 3

---

　　① 參看陳絨《從"枚"與"个"看漢語泛指性量詞的演變》,《語文研究》2002 年第 1 期(總第 82 期),第 33～35 頁。
　　② 參看李學勤《秦簡與〈墨子〉城守各篇》,收入氏著《簡帛佚籍與學術史》,江西教育出版社,2001 年,第 119～133 頁。

《上博(三)·仲弓》滕義　273

　　董珊先生釋讀"敫"字爲"嬊/美",正確可從。其説如下:①

　　　整理者以爲从"糸"、"女"聲,並將該句釋讀爲"愷豫是好"。今按此釋誤。該字實當分析爲从"女"、"凯"聲,隸定爲"婋",②即"嬊"字之省,讀爲"美"。"凯"字上半寫法跟常見"散"所从小異,而近似"豈"字上半。《説文》分析"散"字爲"从人、从支,豈省聲",微、豈聲相近。據此,這可能是聲化的結果。

　　按《説文》謂"散"字爲"豈省聲"之説本不確,"敫"形中亦並無"豈"旁,故説爲"聲化"嫌牽強。據前文所論,此"敫(婋)"形中的"凯"旁頭部變爲"幺"形,當亦由前舉包山簡 140 正、反等那類楚簡文字中上端作"向右曲頭"形的"凯""逆向類化"而成,正跟"豈"旁之變作"釜"形、"㞢"之變爲"夊"形完全平行。

　　總結以上所論,作所謂"夊"形的"△"字釋爲"㞢"信而有徵。至於到底它是偶見的錯字,還是當時"㞢"字就可以這樣寫(即雖其形與"夊"形訛混但係通行被普遍接受的寫法),似乎兩種可能性都有,還需要更多的材料纔能斷定。

　　簡文"可"讀爲"何","㞢"讀爲"懲",意爲"儆戒"、"鑒戒"。《説文》"懲"、"忎"互訓,"忎"古書通作"艾"。《詩經·周頌·小毖》:"予其懲而毖後患。"鄭玄箋:"懲,艾也。"《尚書·呂刑》:"王曰:嗟!四方司政典獄,非爾惟作天牧,今爾何監?非時伯夷播刑之迪,其今爾何懲?"與簡文"則民何懲"的説法很接近。仲弓的問話"宥過赦罪,則民何懲?"意爲寬宥過失,寬赦、赦減罪行,則人民還有拿什麼作爲儆戒的呢?所謂"赦"並非完全赦免不加以追究,而是對其罪行所應施加的刑罰加以寬赦、赦減之意。《尚書·呂刑》"墨辟疑赦,其罰百鍰"云云,寬赦之後仍要處以罰金;西周晚期的訓匜(《集成》16.10285)云"今我赦(赦)女(汝)"、"今大赦(赦)女(汝)",從其下文看,寬赦之後仍要處以鞭刑和罰金;《上博

----

① 董珊:《讀〈上博藏戰國楚竹書(四)〉雜記》,簡帛研究網,2005 年 2 月 20 日。
② 劍按:其原形"女"在右旁,楚簡文字中"婋"所从"女"旁在右邊者亦多見,如郭店《老子》甲本簡 15 ，又郭店《老子》丙本簡 17、《上博(二)·容成氏》簡 20 等。

（五）·季康子問於孔子》簡 21～22A 季康子問孔子的話中説"大辠（罪）殺之，臧辠（罪）刑之，小辠（罪）罰之"，而簡 20 孔子回答説"大辠（罪）則夜（赦）之以刑，臧辠（罪）則夜（赦）之以罰，小則訛（貲）之"，亦可見對各種罪行赦免而寬降一等之後，仍要分別處以刑、罰和貲。① 有研究者以"不是大小罪都可以赦免"、"如果執政者把'過'與'罪'都赦免了，那麼善良百姓的安危就有問題了"爲理由，從而懷疑簡文"懇辠"或"毄辠"之"懇"或"毄"讀爲"赦"字之釋，而將其改讀爲"舉"，是没有道理的。

簡 19＋簡 17 的話，就是孔子針對"則民何懲"而發的。孔子没有直接回答"人民拿什麽作爲儆戒"的問題，而是用山川日月星辰來打比方，説明人民難以避免有過失，賢能的執政者應該刑政、德教"兩手都要抓，兩手都要硬"，其重點當是落在"德教不倦"上面的。《韓非子·難二》："不誅過，則民不懲而易爲非，此亂之本也。"法家强調嚴刑峻法，與簡文孔子所説儒家的看法不同。

簡 19 開頭没有"孔子曰"或"仲尼曰"一類的話。黄人二先生在簡 10 與簡 19 之間插入存"仲尼"二字的簡 28，並於其後擬補一"曰"字，下與簡 19 連讀。按簡 10 下端、簡 19 上端皆完整，其間不容插入另一殘簡。李鋭先生將簡 10 與 19 兩簡前後相次，在兩簡中間插入了擬補之"……[仲尼曰]……"。其實，類似兩人對答省去中間一"曰"或"某某曰"之例，古書中頗爲多見。② 這樣，簡 10 與簡 19 的直接連讀就可以完全肯定下來了。

三　簡 23A 與簡 24 的拼合與通讀問題

《仲弓》篇在上一則開頭所引那個大的編聯組之後，可能當爲第 22 簡（其上下端皆殘）。其後是如下一個大的編聯組：

---

① 此段簡文的重新編聯和解釋參看陳劍《談談〈上博（五）〉的竹簡分篇、拼合與編聯問題》，簡帛網，http://www.bsm.org.cn，2006 年 2 月 19 日。
② 參見俞樾《古書疑義舉例》，卷二第二十"兩人之辭而省曰字例"，收入氏著《古書疑義舉例五種》，中華書局，2005 年，第 30～32 頁。

中(仲)弓曰:"敢【27】昏(問)民悉(務)。"孔=(孔子)曰:"善才(哉)昏(問)虗(乎)!足吕(以)孝(教)壴(喜—矣)。君【15】子所渫(竭)亓(其)青(情)、惪(盡)亓(其)斳(慎)者三,①害(蓋)近敳(?)矣。【20B】雎(離/雍),女(汝)智(知)者(諸)?"②中(仲)弓貪(答)曰:"雎(離/雍)也弗昏(聞)也。"孔=(孔子)曰:"夫祭,至(致)敬之【6】杳(本)也,所吕(以)立生也,不可不斳(慎)也;夫䘮(喪)【23B】,至(致)忢(愛)之衾(卒—卒)也,所吕(以)成死也,不可不斳(慎)也;夫行,巽△旱(學)□【23A】□之,旦=(一日)吕(以)善立,所旱(學)皆絡(終);旦=(一日)吕(以)不善立,【24】所旱(學)皆堋(崩),可不斳(慎)虗(乎)?"中(仲)弓曰:"舍(今)之君子,史(使)人不耒(盡)亓(其)逑(?)□□【25】

整理者解釋簡6"至敬"說:"'至',通'致'。'至敬'即致敬,極盡誠敬之心。《孟子·盡心上》:'故王公不致敬盡禮,則不得亟見之。'"這基本是正確的。但解釋簡23"至愛"之"至"爲"極點",又不讀爲"致",則不確。我舊稿曾引《後漢書·蔡邕傳》:"孝元皇帝策書曰:禮之至敬,莫重於祭,所以竭心親奉,以致肅祗者也。"來與簡文的"至敬"與"祭"相印證,也是錯誤的。有研究者把"至敬"解釋爲"特別恭敬",③或將"喪,至愛之卒也"翻譯作"(喪葬),最愛的人死了",④"喪,是達到極愛的最終表現",⑤均不確。李鋭先生引《大戴禮記·盛德》"致愛故能致喪祭"等語指出"至愛"之

---

① 簡15與簡20B拼合、連讀從李鋭先生之說,禤健聰先生說同。原書小圖版中簡15放置位置太靠下。"惪亓斳"舊稿讀爲"盡其質",誤。研究者多從原釋文讀爲"盡其慎",何有祖、許子濱先生並引《禮記·禮器》"君子之於禮也,有所竭情盡慎"語爲證,正確可從。見何有祖《上博三〈仲弓〉小札》,簡帛研究網,2004年5月12日。許子濱:《上博簡〈仲弓〉"害近敳矣"解》,簡帛研究網,2005年6月21日。又舊稿將"三"與"害"字連讀、對所謂"三害"的推測全誤,應作廢。
② 簡20B與簡6連讀,從李鋭、黄人二和林志鵬先生之說,禤健聰先生說同。
③ 晁福林:《上博簡〈仲弓〉疏證》,第11頁。
④ 趙炳清:《上博簡三〈仲弓〉的編聯及講釋》。
⑤ 連德榮撰寫、季旭昇訂改:《〈仲弓〉譯釋》,收入季旭昇主編《〈上海博物館藏戰國楚竹書(三)〉讀本》,萬卷樓圖書股份有限公司,2005年,第181頁。又季旭昇《上博三·仲弓〉編聯語譯》,政治大學中國文學系、中研院文哲研究所、簡帛資料文哲研讀會主辦"出土簡帛文獻與古代學術"國際研討會論文,2005年12月2—3日,臺北。後引連德榮和季旭昇先生說亦皆見此。

"至"亦當讀爲"致",可從。所謂"至(致)愛"即表達、致送對父母親戚君長等的愛,其手段、方式或途徑包括生時的奉養等,一直到人死去後完成喪禮,纔是表達、致送愛的終結,所以説喪禮是"致愛之卒",是用以使死亡之事得以完成的,不可以不謹愼。同理,所謂"至(致)敬"即表達、致送誠敬,祭祀是其最根本、最重要的手段、方式或途徑,是用以使生者得以成立的,不可以不謹愼。

禤健聰先生將簡23A與簡24拼合爲一支整簡,趙炳清先生説同,我認爲是正確的。但兩簡相接處的"異△學之"云云,其釋讀問題仍未解決,故其説或不爲人所信。

簡23A"異"字下用"△"代表之字原作如下之形:

整理者釋爲"華",恐不可信。我舊稿曾説:"此字單從字形看跟楚文字中'逑'、'仇'所從聲旁(郭店簡《緇衣》簡19、43又包山楚簡138反)、作偏旁的'來'字和'朿'字(上博竹書《周易》簡53)都很接近。今暫據'逑'字釋寫爲'求(?)'。"按此形其頭部斜筆的方向、此筆與中間豎筆的交接形態,其實都還是跟我所説的那些字形有明顯差別的。其他研究者又提出如下諸説。李鋭先生起初釋讀爲"夫行異(踐)年(仁)學(孝),本也",①後改爲釋讀作"夫行,異(遵)年(仁)學"。②禤健聰先生釋爲"求"讀爲"柔",斷句作"夫行異柔,學之,一日……",謂"行異柔,即行異順柔克之政。異,順也;柔,亦順也"。晁福林先生略從其説,解釋爲"説到孝的行爲,那就是要時刻不懈地順柔地對於父母,這樣纔能一刻不懈地立於善,所學習的纔會有好的結果……"。趙炳清先生謂"從字形來看,或爲'年'的訛變,可定爲'年'","指代'人成年'",釋爲"異(選)年學(教)之",意爲"行事,應選擇成年時進行教導"。連德榮和季旭昇先生釋寫爲"異求(?)",疑其意爲"恭順地追求、學習"。黄人二和林志鵬先生釋

---

① 李鋭:《〈仲弓〉補釋》,孔子2000網,2004年4月18日。
② 李鋭:《〈仲弓〉新編》。

寫爲"夫行,巽(循)華教(效)[不可不慎也。](簡23上)(上殘)之。一日以善立……"。周鳳五先生讀"巽華"爲"巽危",解釋説"人的行爲或成德的修養是由順境與危境而來的"。黃人二先生略從其説,疑可讀爲"夫行,巽(循)華【危】學(效?)□"或"夫行,巽(踐)華【危】學(效?)□",解釋爲"表示人之德行,是在循着或踩在危境的逆流中,顯現其根本良能的"。我贊同釋"年"之説,但其字不應解釋爲"人成年",也不應破讀爲"仁"。

簡23A與簡24拼合後,從文意、句子結構來看,"巽△"跟"一日"相對,將"△"字釋爲"年",意義與下文"日"爲一類,是很合適的。其字形較爲特別,跟一般的"年"字的差別主要有兩點。第一,其下方作一右向豎筆加一橫筆之形,不從"人"或"千";第二,其上端左右斜筆旁邊分別較"年"字所從的"禾"旁多出一垂筆。先來解釋第一點。李鋭先生曾説"據《緇衣》簡12,當爲'年'字",①下面就將其形和更多的同類字形引出來看:

郭店《緇衣》簡12"禹立三年"之"年"(試對比《上博(一)·緇衣》簡7"禹立叁(三)年"之"年":) 郭店《唐虞之道》簡18"年"字 《上博(一)·孔子詩論》簡8:"《小鳧(鸞—宛)》兀(其)言不亞(惡),少又(有)悁(佞?)安(焉)。" 、 春秋宋君夫人鼎"萬年眉壽"之"年"② 戰國魏器二十九年高都令劍(《集成》18.11653,11652同;《集成》17.11302、11303二十九年高都令戈作一般的"年"字形) 十一年公廚左官鼎(《集成》5.2701.2)

楚簡文字中"年"字多見,其下所從"千"形(實爲其聲旁"人"字的豎筆

---

① 李鋭:《〈仲弓〉補釋》。
② 見張光裕《新見宋君夫人鼎銘"爲民父母"與經典詮釋》,《第四屆國際中國古文字學研討會論文集》,香港中文大學中國語言及文學系發行,2003年,第116頁。

或斜筆上加一飾筆小點或小橫之形)的末筆多向右斜出,其例不勝枚舉。如【圖】(郭店《窮達以時》簡5)、【圖】(《上博(二)·容成氏》簡6)、【圖】(《上博(三)·周易》簡24)、【圖】(《上博(四)·曹沫之陳》簡12)、【圖】(《上博(五)·競建内之》簡3)等等。前舉諸形的末一豎筆多明顯地向右斜出,其上有小點或短橫,顯然即從"千"形的"年"字省去了"千"形左面或上面的一筆而成。當然,省略之後,像有的學者那樣將其看作"借筆的簡體",即"'禾'旁和'千'旁共用斜筆和垂筆",①也是可以的。戰國文字"禾"字跟"禾"旁一般不在豎筆上加裝飾性的小點或小橫,上舉郭店《唐虞之道》簡18、十一年公廚左官鼎的"年"字,其下作一豎筆而不往右斜出,但豎筆上有飾筆小點或小橫,仍與一般的"禾"字不同。② 據此,《古璽彙編》5537齊國官璽"禾信君鈢(璽)",其所謂"禾"字原作【圖】,很可能也應當釋爲"年"。前引簡23A"△"形,其下半與上舉二十九年高都令劍"年"字之形,最爲接近。

第二點,關於其上方所從"禾"旁的左右斜筆旁分別多出下垂筆畫的問題,可以從本篇"季"字的寫法跟楚簡文字一般的"季"字的對比得到解決:

【圖】、【圖】本篇簡1　【圖】本篇簡2　【圖】《上博(五)·弟子問》簡2

【圖】《上博(五)·季康子問於孔子》簡1　【圖】包山簡127　【圖】郭店

---

① 田煒:《上博五〈弟子問〉"登年"小考》,簡帛研究網,2006年3月22日。
② 古文字中還有寫得跟"禾"看不出什麽區別的"年"字,除了殷墟甲骨文,時代靠前的如西周早中期北子䵼的【圖】(12.6507)、春秋晚期喬君鉦的【圖】(《集成》2.0423),《金文編》第505頁説北子䵼(稱"卣")之形謂"省作禾";林澐先生則説爲殷墟甲骨文字"一形兩用"、"禾"可以"轉注"爲"年"之現象的遺留,"不是漏寫人傍或省體,而是年字的古體"。見林澐《古文字轉注舉例》,《林澐學術文集》,中國大百科全書出版社,1998年,第40頁。又林澐《王、士同源及相關問題》,《林澐學術文集》,第28頁。時代靠後的如《古璽彙編》4699"百年"之"年"作【圖】,漢瓦當文字也有個別"年"字作"禾"的(參見李家浩《戰國官印考釋三篇》,中國文物研究所編:《出土文物研究(第六輯)》,上海古籍出版社,2004年,第16頁、第22頁注20),這類現象恐怕還是看作偶然的誤字爲好。總之上述現象都跟此處所論"年"字省寫而與"禾"相近但仍有區别的情況不同。

《老子》甲本簡 1

　　楚簡文字作偏旁的"季"(見於郭店《性自命出》簡 25"誖"字、《上博(一)·性情論》簡 15 和《上博(三)·周易》簡 48"悸"字等),所從"禾"旁也都是作一般寫法的。可見《仲弓》篇的抄手,習慣於將"禾"旁上方寫得跟"來"字頭等形相近,左右斜筆旁多出兩垂筆。將以上兩方面的分析結合起來看,"△"形當釋爲"年"字就完全不存在問題了。

　　簡文"異年"與"一日"相對,"異年"強調其時間之長,"一日"強調其時間之短。循此考慮,"異"疑當讀爲"旬"。① "異"與"勹(旬)"讀音相近,从之得聲的字常可相通,如筍虡之"筍"古書或作"簨",《周禮·春官·典庸器》"而設筍虡"鄭玄注引杜子春云"筍讀爲博選之選"等。② 郭店《成之聞之》簡 7～8:"君墹(袀)禩(冕)而立於复(阼),一宮之人不勅(勝)丌(其)敬。""墹"字原作 ,整理者釋爲"均",注釋引裘錫圭先生按語指出它"也許不是'均',但確是一個從'勻'聲的字",讀爲"袀冕"。李零先生謂"似從今從異"。③ 周鳳五先生謂"其上半從'勻'不誤。下半……當是'異'字省形,二字俱爲聲符",④其說可從。此亦爲楚簡文字中"異"聲與"勹(旬)"聲相通之證。

　　"旬"古常訓爲"徧",強調"周徧"。⑤ 滿一个月稱爲"旬月",《漢書·匈奴傳下》:"黃門郎揚雄上書諫曰:'……近不過旬月之役,遠不離二時之勞。'"滿一年稱爲"旬年"、"旬歲"。《後漢書·何敞傳》:"(臣)復以愚陋,旬年之間,歷顯位,備機近,每念厚德,忽然忘生。"《漢書·孔光傳》:"王嘉復爲丞相,數諫爭忤指,旬歲間閱三相。"《漢書·翟方進傳》:"方進旬歲間免兩司隸,朝廷由是憚之。"顏師古注:"旬,徧也,滿也。旬歲猶言滿歲也,

---

① 秦桦也曾向我提出過此説。
② 參見高亨纂著、董治安整理《古字通假會典》,齊魯書社,1989 年,第 81 頁【筍與簨】、【筍與選】條。
③ 李零:《郭店楚簡校讀記》,《道家文化研究》第 17 輯("郭店楚簡"專號),三聯書店,1999 年,第 514 頁。
④ 周鳳五:《讀郭店楚簡〈成之聞之〉札記》,《古文字與古文獻》試刊號,楚文化研究會,1999 年,第 45 頁。
⑤ 參看宗福邦等主編《故訓匯纂》,商務印書館,2003 年,第 1008 頁。

若十日之一周。"如果說古書"旬年"、"旬歲"的用例與簡文還略有不同的話，就是上引"旬年"、"旬歲"往往強調的是時間不長。不過這也不成其爲太大的問題。古書又有"周年"，謂滿一年，"周"與訓爲"徧"之"旬"極爲接近。《淮南子·道應》："墨者有田鳩者，欲見秦惠王，約車申轅留於秦，周年不得見。"此"周年"即強調時間之長，《呂氏春秋·首時》作"墨者有田鳩欲見秦惠王，留秦三年而弗得見。"

簡文"夫行，異（旬）年學之，一日以善立，所學皆終"云云，意謂："對於行爲來說，整年學習，只要有一天立身行事是善的，所學的東西就都落到實處了、在這一天就可以算學的過程最終完成了；而只要有一天立身行事不善，所學的東西就都崩壞了、學的過程也就半途而廢了。所以，行爲可以不謹慎嗎？"簡文強調以行爲實踐所學的東西對於"學"的重要性，是儒家典籍中所習見的。所謂"學而不行，可無憂與！"（《韓詩外傳》卷一）"學而不能行之謂病"（原憲之語，見《韓詩外傳》卷一等）、"君子強學而力行"（《法言·修身》）、"學至於行之而至矣"（《荀子·儒效》），等等。

簡文上文所論"君子所竭其情、盡其慎者三"，即祭、喪、行三者。不過以下在分別論述時，對"祭"和"喪"是直接正面闡述其重要性，以"不可不慎也"的雙重否定語氣作結。而在闡述"行"時，是將其跟"學"的關係結合起來論述，以"可不慎乎"的反詰語氣作結。於是就容易使人覺得其句子結構不對應，從而懷疑簡23A與簡24的拼合連讀了。如前引黄人二和林志鵬先生在"夫行，異（循）華教（效）"後擬補"不可不慎也"，就是機械地套用上文句子結構的結果。

四　附簡的"雔"字

《仲弓》篇附簡釋文如下：

　　☐ 。"孔=（孔子）曰："雔（雕/雍），正（政）者，正也。夫子唯又（有）與（舉），女（汝）屬（獨）正之，幾（豈）不又（有）悻也？"中（仲）☐

其中"雔（雕/雍）"字原整理者釋爲"唯"，研究者無異詞。整理者原將

《上博（三）·仲弓》賸義　281

所謂"唯"字與下文連讀，研究者亦多從之。但"唯正(政)者，正也"的説法實在是彆扭。古書"政者，正也"之語多見，前面也都沒有"唯"字，只有《孔子家語·大婚解》中跟《禮記·哀公問》和《大戴禮記·哀公問於孔子》中"政者，正也"相應之語説"夫政者，正也"。周鳳五先生將簡文斷讀爲："孔子曰：唯，政者，正也。……"黃人二先生從之，已經注意到了不能將所謂"唯"字下與"政"連讀。但此"唯"字如單作一字讀，只能理解爲表示應答的"唯"，又恐不能出自與學生對話的孔子之口。

試將此字原形跟同簡"唯"字、本篇它簡"唯"字，以及本篇"雍"字和其他一些从"圈形"的字對比如下：

附簡"雖（雝/雍）"字　附簡"唯"字、　　、　　簡21、簡13、簡9"唯"字、　　、　　、　　簡4、簡26、簡9"雖（雝/雍）"字　簡11"興"字　簡10"宵"字　簡8"遷"字（郭店《五行》簡32"遷"字从"圈形"作　　）

可以看出，此字下方所從並不是"口"旁而是一個"圈形"，其圈形筆畫的頂端係一弧筆尚頗爲明顯。從兩個"圈形"之字常可省而只寫一個，如上引本篇簡11的"興"字（可對比《上博（二）·從政乙》簡1作　　的"興"字），本篇簡10作　　的"豫"字等；金文从"宫"从"九"的"㝬"字，或只从一個"圈形"作"㝬"（看《金文編》第532頁）；"雝/雍"字本身，其省而只从一個圈形的寫法，在西周春秋金文中也已經頗爲多見（看《金文編》第257～258頁）。將此字改釋爲"雖（雝/雍）"，係孔子答話時首先呼仲弓之名，本篇中多見，就不存在任何問題了。

補記：

何有祖先生於2007年1月14日發表在簡帛網的《新蔡楚簡釋讀札記》一文，其第一則認爲新蔡楚簡甲三：143的一個一般隸釋爲"諆（諓）"

的姓氏用字"□","可分析爲從言從备,即從言從微的字"。其説雖恐不可信(參看宋華强《新蔡楚簡的初步研究》,北京大學博士學位論文,2007年5月,第222頁腳注812的論述),但其思路、所引資料和論證過程,與本文第二則之釋"□"爲"堂(懲)"多有可以合觀之處,請讀者參看。何文我應該早已讀過,本文寫作時失於徵引,是不應有的疏忽。

原載武漢大學簡帛研究中心主辦《簡帛(第三輯)》,上海古籍出版社,2008年。

《上博(六)·孔子見季桓子》重編新釋*

一　説　明

　　《上海博物館藏戰國楚竹書(六)》的《孔子見季桓子》篇,記載季桓子與孔子的對答,是一篇頗爲重要的儒家佚籍。但此篇不易通讀,雖已經過不少研究者的反覆探討(詳文末所附參考文獻),解決了一些字詞釋讀和竹簡拼合編聯的問題,但從最近發表的研究成果來看,全篇大意仍然不能説已經大致通曉。

　　本篇現存共 27 個編號的竹簡,五百餘字。竹簡均有殘斷,原釋文考釋皆未連讀。其中簡 5 和簡 15 接近完簡,僅殘去末尾兩字左右;簡 27 爲全篇末簡,簡首完整,其下半段雖殘,但殘失部分已在篇號之後,故此簡也可以視爲完簡;其餘竹簡大多殘斷的位置很整齊,在上半段距離中間契口約三四字的位置;其中上半段簡共有 9 支,下半段簡共有 8 支,其簡首或簡尾大都是完整的。從上述情況來看,比起已公佈的上博竹書中殘損很厲害的那些篇章,本篇竹簡的保存情況其實還算不上特別差,是具有較好的拼合連讀條件的。之所以全文難以通讀,很大程度上還是因爲本篇書體特別,其底本"可能比較偏向齊魯一系"(蘇建州 2007b;又 2008,第 250 頁),文字有不少獨

---

* 本文是全國優秀博士學位論文作者專項資金資助項目(FANEDD)"上海博物館藏戰國竹書研究"(批準號 200311)、國家社科基金重點項目"上博簡字詞全編"(批準號 06AYY001)成果之一。

特的寫法。加上其書寫頗顯草率,訛變之形較多,甚至還存在個別誤字和衍文,有的關鍵字形又漫漶不清,因而大大影響了簡文釋讀,導致有不少對其拼合編聯具有提示意義的關鍵詞句未能被正確釋讀出來。

本文試圖全面吸收已有的研究成果,重作全篇的竹簡編排和釋文,並對一些問題集中加以考釋。

先來看已有的拼合編聯情況。李鋭(2007a、2007c)先後兩次對全篇竹簡作了重新編排,其間福田哲之(2007)對篇首幾支簡的拼合作過討論,最晚出的梁静(2008)也提供了一個全篇編聯方案。下面列出各家拼合編聯的方案,其中爲我們所採用的以外加方框的形式突出表示。

李鋭2007a("+"表示拼合,"、"表示不同的兩支簡連讀,","表示前後相次但不連讀。下李鋭2007c同):1+ 3、24 + 4、20 + 6、10 ,8,9, 2+7 、5、16+ 22、19 +12、11+17、13、 26+14 、25、15、21,剩餘18、23、27諸簡則有待研究;

福田哲之(2007): 1+4 ;

李鋭(2007c):1、 3、24 、 6、10、8 , 2+7 、5、23、 4、20 、9、16+ 22、19 +12、11+17、13、 26+14 、25、15、21、18、27;

梁静(2008): 1+4 、 3、24 、 6、10 、5、23、21、15、8、9、 2+7 、17、13、20、 11+22+19 、 26+14 、12、16、18、25、27。

可以看出,李鋭取得的拼合編聯成果最多[但他最終未採用福田哲之(2007)的正確意見]。梁静(2008)在吸收前兩家成果的基礎上,又新提出簡11+22的拼合,我認爲也是正確的。以下是我們最終形成的方案,除了吸收上引諸家説的可靠部分外,其餘已經跟他們有了很大的不同(括號表示拼合爲整簡或近似整簡,"+"表示兩簡連讀;"、"表示有可能連讀):

第一組: (1+4)+(20) + 3 +24;

第二組:(16+ 6)+(10+8);

第三組:12+(2+7)+(26+14)+(11+22)+(19+17)+(18+13);
第四組:15、5、27;
其他零簡:9,21,23,25。

其中第一組必在篇首,第二組很可能當接於其後;第三組是最大一個編聯組,包括5支整簡和1支斷簡,共兩百多字,據之可以了解本篇的主要内容。第四組包含末簡即第27號,但此組3支簡的連讀不太能肯定。其他零簡則是無法編入或甚至可能本來不屬於此篇的。

比較之下,我們新拼合的有簡(20+3)、(16+6)(遙綴)、(19+17)、(18+13)四組,各自使之成爲整簡或接近整簡;不同竹簡之間新連讀上的有簡12與2、簡7與26、簡14與11、簡17與18共四組。最終全篇共得12支完簡和近似完簡(上面以括號表示的拼合所得的9支,加簡5、15,再加末簡27),剩下的6支半段和接近半段的殘簡,簡12爲下半段;簡9和簡21上下皆頗殘;簡23和簡25亦上下皆頗殘,且有可能不屬於此篇。從以上情況來看,限於本篇現有竹簡的保存狀況,可以說已經最大可能地復原,難以有進一步拼合的空間了。

下面先抄出重新整理後的全篇釋文。釋文在照顧到一般釋寫習慣的前提下從嚴;根據文例等補出的文字外加方括號;對圖版上尚可見殘畫,但難以隸釋的字用缺文號"□"代替,擇要在注釋中略作説明;對處於已殘去的竹簡上、但可據竹簡長度擬補出的字,用缺文號外加方括號作"[□]"表示;本篇拼合的竹簡大多是上下兩段成爲一支整簡或接近整簡,有關竹簡長度、契口和字數等方面是否相合的問題,我們都曾一一覆核,大多是不存在任何疑問的,爲避繁瑣,有關數據等就不一一交代了;但爲提請讀者注意,即使已經被密接拼合的斷簡,也仍然保留其竹簡殘斷符號"╱";凡簡文行文前後呼應、對竹簡拼合編聯有提示參考作用的詞句,用方框標出,以便省覽;整理者原誤釋而已爲學者所糾正的,隨文在注釋中略作交代;我們的釋文略有新見但較爲瑣碎的,以及我們新作拼合編聯的理由和有必要加以説明的簡長情況等,也隨文在注釋中交代。在列出全篇釋文之後,再集中討論一些疑難字詞的釋讀和有關文意的疏通問題。

二　新編釋文

第一組：

子見(見)季起(桓)子。① [起(桓)子]曰："䢅(斯)䎽(聞)之，害(蓋)臤(賢)者是能皋〈皋—親〉☒【1】☒㥯(仁)，[皋〈皋—親〉]㥯(仁)者是能行耴(聖)人之道。② 女(如)子〈夫〉皋〈皋—親〉㥯(仁)、行耴(聖)人之道，則䢅(斯)【4】不足，訇〈剴—豈〉敢訨(望)之？③

---

① 首一"子"字詳本文"考釋"部分之(一)。"見"字原作下從"立人"之形，此類字形楚簡文字多用爲"視"字，但偶爾也有用爲"見"的例子。本篇沒有下作"跪人"形的"見"字，"見"到底應該釋爲"視"還是"見"需據文意而定。整理者原皆釋爲"見"，完全不考慮楚簡文字中"見"與"視"的區別，固然不妥。但後來研究者將本篇此例之外的"見"皆釋爲"視"，也是有問題的。下文簡20"見人不厭"之"見"、後文簡13"見於君子"之"見"，皆應據文意釋爲"見"。

② 簡1"能"字從何有祖(2007a)釋。此及下簡4的"皋"係"皋(親)"之誤字，從陳偉(2007a)說。"㥯"字下有兩短橫，應釋爲重文而非合文，從陳偉(2007a)說。"害"讀爲"蓋"，從梁靜(2008)釋。簡4"是"字之釋，從陳偉(2007a)、何有祖(2007a)說。"臤(賢)"字從福田哲之(2007)說。但福田哲之(2007)以此字可能與簡3中陳偉(2007a)釋爲"臤"之字相同爲說則不確，簡3中所謂"臤"實係"專"字。不過，此形在圖版上雖左半殘去，但其"又"旁還很清楚，將全字形態與文意結合考慮，應只能是"臤(賢)"字。

簡1末的"皋"字大半已殘失，釋爲"皋"從福田哲之(2007a)說。按此"皋(皋—親)"字下當和其後的"㥯"字下一樣本亦有重文號，已跟"皋"字大半一起殘去。補出下一"皋(皋—親)"字後，"親仁"和"行聖人之道"就都是"賢者"所有之事，文意纔能通順。否則"行聖人之道"就變成了"仁人"之事，其與下句"如夫親仁、行聖人之道"云云的關係就講不清楚了。餘詳本文"考釋"部分之(一)。

③ "不"字僅右上稍殘，與本篇多見的"不"字相較並無特異之處。整理者原誤釋爲"未"，李銳(2007a、2007c)、梁靜(2008)皆沿其誤。"訇"當爲"剴"之訛字(參看本文"考釋"部分之四)，讀爲"豈"。整理者原以爲從"勻"聲而讀爲"孰"，李銳(2007a、2007c)、梁靜(2008)皆從之，其音、義皆不合。"訨(望)"字整理者原讀爲"撫"、"謨"，李銳(2007a、2007c)、梁靜(2008)讀爲"謨"。按"望"即冀望、企望之"望"。

簡4"女子"福田哲之(2007)疑讀爲"吾子"。按簡4+20的"則斯不足"與簡20+3的"則斯中心樂之"呼應，簡文此處的"如子親仁"云云應與下文的"如夫見人不厭"云云相呼應，以此知簡4"子"字之必爲"夫"字之誤。如"子"字讀之，"親仁、行聖人之道"的主語變爲孔子，文意實難通。

簡20(20.1釐米)+簡3(33.2釐米)＝53.3釐米，成爲一支近似整簡。簡3簡尾完整，簡20簡首稍殘。但從全簡長度和字數推測，簡20殘去的應只是第一道契口以上的簡首空白部分。小圖版上將簡20放置得靠下了約兩字位置。將其提與旁邊簡19、18、16諸上半段殘簡的首字對齊之後，可以看到其折斷處也正大致都在同一位置，同時簡20的下半正可與簡3密接。

女(如)夫貝(見)人不猒(猒─厭),龤(問)豊(禮)不券(倦),則☐【20】☐晕(斯)中心樂之。"①夫子曰:"上不睪〈睪─親〉怠(仁),而粲{尃}(敷、布)龤(聞)亓(其)旨(詞/辭)於辥(逸)人虖(乎)?② 夫士,品勿(物)【3】不窀(窮),君子流亓(其)觀女(焉)。品勿(物)備矣,③而亡(無)成惪(德)☐【24】

第二組:

者也。女(如)此者,女(焉)异(與)之居(凥─處)而眘(察)龤(問)亓(其)所學。④ 先☐【16】[☐☐☐☐☐☐]☐繇(由)怠(仁)异(與─歟)? 寎(蓋)君子耴(聽)之。"⑤起(桓)子曰:"女(如)夫怠(仁)人之未眘(察),亓(其)行【6】居(凥─處)可名而智(知)与(與─歟)?"⑥夫子曰:"虗(吾)龤(聞)之,唯(?)怠(仁)人

---

① "中心"二字原作"忠"字下有合文號,也可能當釋寫爲"忠(中)心"。"猒(猒─厭)"字從陳偉(2007a)釋,其右旁寫得近似"女"形(參看蘇建洲2007a;又2008,第111頁),陳偉(2007a)謂"疑是'犬'形之訛",可從。

"見"既可用於下對上的謁見、觀見或會見,也可用於上對下的"接見"。如《史記·廉頗藺相如列傳》:"秦王坐章臺,見相如。"桓子説自己"見人不厭",説這話時就是在接見孔子,正可爲其注腳。

② "虖(乎)"字從陳偉(2007b)釋。此句詳本文"考釋"部分之(三)。

③ 簡24的"品物"之"品"字從凡國棟、何有祖(2007)釋。

④ 上一組簡文末説"夫士,品物不窮,君子流其觀焉"云云,似是講君子觀察士人而加以選擇培養;此簡"焉與之處而察問其所學"的"之"、"其"可能就是指上文的"士","處"和"察問"的動作的發出者則可能就是上文的"君子",故將第二組簡文接於第一組之後。兩組中間當有缺簡,或第四組中的簡15、簡5,以及最後所附4支零簡中的簡9、簡21,其中有當插入此兩組之間者。

⑤ 簡16及後文簡10"處"字,並從李鋭(2007a、2007c)釋。簡16及後文簡18、17的"眘(察)"字,並從陳偉(2007b)釋。簡16、簡18的兩"學"字,原釋文並缺釋,陳偉(2007b)皆釋爲"教"。"寎(蓋)"字隸定從蘇建洲(2008,第209~210頁)説,讀爲"蓋"從李鋭(2007a、2007c)説。

簡16的"察問"與簡6的"聽之"相呼應,是將其遥綴、連讀之證(其間難有一簡以上的缺文,故不分別視爲殘去下段與上段的兩簡)。簡16(21.5釐米)+6(24.1釐米)=45.6釐米,中間有約7字的缺文。整理者原將簡6上端殘斷視爲中間一道契口,小圖版按此位置放置後,下端距簡末約還有兩字缺文。按從竹簡殘斷形態觀察,也完全可能末端殘斷處即最下一道契口,其後只殘去竹簡空白部分,並無缺文。

⑥ "名"字整理者原釋爲"明",此從何有祖(2007b)改正。何有祖引《論語·泰伯》:"大哉,堯之爲君也!巍巍乎,唯天爲大,唯堯則之! 蕩蕩乎,民無能名焉!"朱熹(轉下頁注)

288　戰國竹書論集

　　　□□☒……【10】……☒也。□又(有)此佫(貌)也,而亡(無)吕(以)
言(?合?)者(諸)此矣(矣)。①唯非悬(仁)人也,乃☒【8】

　　第三組:

　　☒亓(其)勿(物)。與(邪)蜗(僞)之民,亦吕(以)亓(其)勿(物)。②

――――――

(接上頁注)《集注》:"言物之高大,莫有過於天者,而獨堯之德能與之準。故其德之廣遠,亦如天之不可以言語形容也。"解釋"名"爲"形容",可從。

李鋭(2007a、2007c)標點斷句作"桓子曰:女(若)夫悬(仁),人之未察亓(其)行(?)尻(處),可明而智(知)与(歟)?"梁静(2008)僅簡6、簡10連讀,標點斷句作"桓子曰:'若夫仁人之未察其行處,可名而知歟?'"按"仁人之未察"下當逗開,意爲仁人之未被他人所認識到。其下接着問"那麼其行爲舉止,可以形容出來而使人知道嗎?""行處"大概與"行止"相近,當本指"行動與停留",又可籠統指"行爲動作舉止"。

① 此及後文簡2、簡15"矣(矣)"字整理者原皆直接釋作"矣",此從蘇建洲(2007c;又2008,第111~112頁)説改釋爲"矣"讀爲"矣"。"又"上用缺文號代替之字圖版不清楚,整理者原隸釋爲"敔(親)",陳偉(2007a)據郭店《語叢四》簡8中的兩個用爲"竊"之字釋爲"竊"。待考。

簡10所謂"唯"字與本篇其他"唯"字之形對比如下:

☒簡10　☒簡8　☒簡5　☒簡12

其筆畫實難以比照其他幾形復原爲"唯"形。而且其下面所從的所謂"口"旁,更可能應將其上方的一横算進去,實爲"曰"旁(右上角筆畫交接處略殘)。但循此似也很難改釋爲在字形和文意兩方面都要合適的別的字。

簡8整理者原釋爲"言"之字,其下所從爲"甘"形(即"口"形中多一筆)而非"曰"形,與"言"字之形不盡合。疑當釋爲"合"。待考。

簡10與簡8"仁人"跟"非仁人"相對,其間似亦難容有一簡以上的缺文,故將其遥綴,而不分別視爲殘去下段與上段的兩簡。遥綴後中間缺文難以準確估計,茲用省略號表示。

② 前一"亓(其)勿(物)"上殘去之字當是"吕(以)",其主語當爲"悬(仁)人",觀下文自明。仁人"以其物"和邪僞之民("邪僞之民"的釋讀詳本文"考釋"部分之四)"亦以其物"正相對言。前一"勿"字整理者原釋爲"易"讀爲"賜",斷句作"亓(其)易(賜)與罠(覴)之民,亦吕(以)亓(其)勿審二逃者吕(以)觀於民",梁静(2008)略同。李鋭(2007a)釋讀斷句作"亓(其)易與罠(?)之民,亦吕(以)亓(其)勿(物)審(密)二逃(道)者吕(以)觀於民",李鋭(2007c)釋讀斷句作"亓(其)易。與罠之民,亦吕(以)亓(其)勿(物)審(密)二逃(道)者吕(以)觀於民"。均未看出前一"亓(其)勿(物)"跟後文"亦吕(以)亓(其)勿(物)"的關係,故影響了對前一"勿"字的正確釋讀。此兩"勿"字原形如下:

☒☒

前一形與"易"相去頗遠,跟後一形也只是略有不同。楚簡"則"字、"利"字右半所從多與一般的"勿"字同,也有不少變得跟上引第一形相同的。如《上博(四)·曹沫之陳》"則"字、"利"字多見,其右半多作此類形,如☒(簡28)、☒(簡48)、☒(簡20;又《上博(三)·周易》"利"字亦多作此類形)等。

《上博（六）·孔子見季桓子》重編新釋   289

審 二逃（道）者 吕（以）觀於民，唯（雖）又（有）□（過？）弗﨤（遠）
【12】矣。"起（桓）子曰："二道者，可尋（得）餌（聞）异（與一歟）？"①
夫子曰："言即至矣（矣），唯（雖）□【2】□虗（吾）子勿聃（問），古
（固）牂（將）吕（以）告。悥（仁）人之道，卒（衣）備（服）朮（必）中，
覾（頌—容）佲（貌）不求異於人，②不□【7】也。③ 孞（好）畏（畏—？）
隹（？）聚，卬（卬—仰）天而歎（歎），④曰：⿰ 不弄（奉）⿰，不杳（味）

---

① "二逃者"之"逃"讀爲"道"從李鋭(2007a、2007c)説。簡12與簡2的"二道者"相呼應，一爲孔子的陳述，一爲季桓子緊接着的發問，是將這兩簡連讀之證。
　　簡文"雖有□弗遠矣"，其意猶《禮記·大學》之"雖不中不遠矣"。缺字應當爲"失"、"過"一類的意思。此字原作：

⿰

整理者隸定作左半從"言"，右半殘缺。何有祖(2007b)釋爲"信"，恐不可信。細審其右半下方殘存筆畫似是"肉"形，頗疑此字右半所從聲符本是"骨"字，全字讀爲"過"。
② "異於"從何有祖(2007b)釋。"容貌"從何有祖(2007a)釋。"頌（容）"字右半的"頁"訛爲"見"旁，左半似係將"公"旁重複書寫而成。此簡"佲"字與前文簡8"佲"字比較，其下還多出部分筆畫。何有祖(2007a)以爲下從"心"，劉信芳(2007)疑"從'毛'而筆畫有省減"。
③ 簡7"不"字下用缺文號代替之字和後文簡17"筆戏"前用缺文號代替之字分別作如下之形：

⿰ 簡7　⿰ 簡17

前者整理者原釋爲"增(?)"，後者原釋爲"墥(閑)"。梁静(2008)指出兩形當爲一字，可信。此處説"仁人""不□也"，後文簡17説"邪僞之民""□筆戏(衛一?)"，二者應正相對而言。其形左從"土"，右下從"甘"形（"口"旁中多一筆），右上所從不明。待考。
　　以下簡26之文"好畏隹聚"云云意多不明，本來難以決定其位置。但簡26與簡14必當拼合，拼合後成爲一支近似完簡。而簡14的"抑邪民之行也"，"抑"表轉接，正上與簡7的"仁人之道"相呼應，由此可以斷定簡7與簡26的連讀關係。
④　所謂"隹"字原作：

⿰

本篇虛詞"唯"皆作"唯"字不作"隹"，其"隹"旁寫法（参看前注所舉字形）以及簡9兩"進"字、簡14"難"字所從"隹"旁寫法都跟此形不同。此形左上所從疑是多寫一筆的"尸"旁或"人"旁，参看本文"考釋"部分之(二)。包山簡5、67等有"伓"字，此形不知是否與"伓"有關。
　　"卬"字原作⿰，與詛楚文"卬"字作⿰（大沈厥湫石）同，跟"印／色"字形混同。

290　戰國竹書論集

酉（酒）肉，①▨【26】▨不飤（食）五穀（穀），睪（？擇？）尻（處）呑（？）杆，剴（豈）不難唐（乎）？ 戝（殹—抑）异（與—邪）民之行 也，②孖（好）刐㾜（媺/美）吕（以）爲苄［囗］，【14】 此与（與）息（仁）人述 （弎/貳/二）者也 。③ 夫 與（邪）蜾（僞）之民 ，元（其）述（術）多方。④女▨【11】▨迷〈悉〉言之，則忈（恐）舊（久？）虐（吾）子。"⑤起（桓）子曰："暈（斯）不迋（逶/连—侒），虐（吾）子迷〈悉〉言之，猷（猶）忈（恐）弗智（知），皇（況）元（其）女（如）【22】㾜（微）言之唐（乎）？"⑥夫子曰：" 與（邪）蜾（僞）之民 ，卒（衣）備（服）孖（好）▨，⑦▨▨▨【19】

————————

①　"肉"字從侯乃峰（2007）釋。"杳（味）"字多被釋爲"昧"。按此字也見於《上博（二）·容成氏》簡21，作 ▨，下從"甘"形，與下從"日"的"昧"（如《上博（四）·内禮》簡8"昧"字 ▨）不同。郭店《老子丙》簡5"味"字將"口"旁寫在"未"旁之下作 ▨，"杳"即在其"口"旁中再加一飾筆而來。"味"意爲"吃"、"進食"，古書多見。

②　"處"上之字釋讀爲"擇"是何有祖（2007b）的意見。"呑（？）"字整理者原釋爲"危"。"杆"字從何有祖（2007a）釋。"剴（豈）"字從何有祖（2007c）釋。
　　"豈不難乎"覆上文"仁人之道"而言。"抑……"則表轉接引出下文。"戝（殹—抑）"字之釋詳本文"考釋"部分之（六）。

③　"此與仁人二者也"承上收束總結"邪民之行"。此處對"邪民之行"不可能有很多論述，因爲下文孔子說"邪僞之民，其術多方"，因而難以"悉言之"，經過季桓子請求後纔加以詳細列舉，故知此處"抑邪民之行也"與"此與仁人二者也"之間當僅爲對"邪民之行"的籠統敍述，不可能有長達一簡的文字。以此知簡11之必當緊接在簡14之後連讀。"述（弎/貳/二）"字之釋詳本文"考釋"部分之（七）。

④　"與"、"民"二字從何有祖（2007b）釋。

⑤　"虐（吾）"及本簡下一"虐（吾）"字從陳偉（2007a）釋。"悉言之"詳本文"考釋"部分之（九）。
　　簡11與22密合拼接爲一支完簡。簡11末字整理者原釋爲"安"，研究者一般直接釋寫爲"焉"與上連讀。圖版上此字的右下方完全看不到筆畫，其實應改釋爲"女（如）"屬下讀。

⑥　"皇"讀爲"況"從李銳（2007a、2007c）說。"唐（乎）"字從陳偉（2007a）釋。"迋（逶/连—侒）"詳本文"考釋"部分之（十）。

⑦　用缺文號代替之字原作如下之形：

▨

整理者原釋爲"豊"讀爲"禮"。何有祖（2007b）釋爲"圖"，謂即"從者從心"的楚簡常見的圖字寫法。似皆難信。此字下從"心"旁、"心"旁之上爲"口"旁均可定，再上面部分圖版上可辨者似爲兩橫筆和兩豎筆交叉的"井"字形。待考。

《上博(六)·孔子見季桓子》重編新釋　291

☑□皆求異於人；①□蘁戔(衛—?)，興道學(學)呈(淫)；言不豊(當)亓(其)所，膚(皆)同亓(其)□；此与(與—邪)民也。②【17】行年民(彌?)舊(久)，餌(聞)學(教)不訾(察)不依(依?)；③亓(其)行板(?)恭(?)④哀(?)與(？豊?)☑【18】☑兼(?)；此與(邪)民也。⑤邑(色)不僕(樸)，出言不忌(忌)；兄(見)於君子，大爲毋栗(懍?攝?)；⑥此與(邪)民[也。]□□【13】

① 簡19與簡17拼合成爲一支完簡。簡19以"邪僞之民"引起下文，以下簡17、簡13分別有三個"此邪民也"，皆分別爲對其前所敍述"邪僞之民"之表現的總結。
② 簡首"皆"字從何有祖(2007a)釋。"豊(當)"字從何有祖(2007d)釋。"膚(皆)"字從陳偉(2007a)釋。"與"字從何有祖(2007c)釋。
③ 此句多斷讀爲"行年，民久聞教，……"。如此則"行年"上當有缺文，那麼簡18與17的連讀似就成問題了。但古書"行年"多見，絕大多數説"行年若干"，從來不見"……行年"即"行年"下可讀逗開的説法。再考慮到後文歸結爲"此邪民也"，此處再説"民久聞教"，"民"字也嫌語涉重複(另外兩個"此邪民也"其前皆無"民"字)。故此"民"字恐不能如字讀。由此可知"行年"與下"民久"連讀是完全可以成立的，亦即其上没有缺文，可緊接在簡17之後。"彌"與"民"古音聲紐相同，韻部脂、真陰陽對轉，兩聲系輾轉相通不乏其例(參看高亨、董治安1989，第152頁【覞與迷】條，第549～550頁【彌與眛】、【彌與敉】、【彌與迷】條，第398～399頁【弭與彌】、【弭與敉】、【洣與泯】條)，因此考慮"民"可讀爲"彌"。"彌"常訓爲"長"，"彌久"近義連用意爲"長久"，古書多見。漢人筆下多見"歷載彌久"的説法，"歷載"與"行年"都是"經歷的年歲"之意，可相印證。又疑此可能當斷讀爲"行年民，久聞教"，"民"字如何解釋待考。
④ 所謂"恭"字原缺釋，釋爲"恭"是何有祖(2007a)的意見。圖版上僅可辨"心"與"廾"旁，其上是否還有筆畫則難以斷定。
⑤ 簡18(21.5釐米)＋簡13(27.3釐米)＝48.8釐米，簡13末有兩字殘缺(及簡末空白)，拼合後近似完簡。
所謂"兼"字原釋文未釋。何有祖(2007b)指出即後文簡15兩見的整理者原釋爲"拜"之字，可從。但"拜"字之釋恐不可信，此隸作"兼(?)"也只是權宜的辦法。待考。
⑥ "邑(色)"、"僕"讀爲"樸"從李鋭(2007a、2007c)釋。"忌"字之釋從陳偉(2007b)説，讀爲"忌"從李鋭(2007a、2007c)説(陳偉2007b讀爲"欺")。
"見於君子"之"見"意爲謁見、拜見。"栗"李鋭(2007c)疑爲"懍"。按《論語·季氏》："孔子曰：君子有三畏：畏天命，畏大人，畏聖人之言。小人不知天命而不畏也，狎大人，侮聖人之言。"小人"狎大人"與君子"畏大人"相對，即"不畏大人"。讀爲"懍"的好處是可與此引"畏"相印證，但感覺"懍"之常訓"懼也"之"恐懼"、"懍服"義似嫌程度過重。又疑"栗"可讀爲"攝"。"攝"常訓爲"整"，亦訓爲"收"、"斂"，有自我整飭、收斂、約束一類意思。《左傳》襄公十四年："不書，惰也。……書于伐秦，攝也。"杜預注："能自攝整。"

第四组：①

君子丞（亙—恒？亟？）㠯（以）衆福，句拜（?）②四方之立（位）㠯（以）童（動）。君子㒸之㠯（以）亓（其）所㒸，䂓（窺—?）之㠯（以）亓（其）所谷（欲），智（知）不行㑂（矣）。③ 不僵（?）兼（?）④，㡭（絶）㠯（以）爲㠯（己）兼（?），此民□[□□]，【15】

爲信（？詒？）⑤㠯（以）事亓（其）上，㤅（仁）亓（其）女（如）此也。上唯逃，智（知）亡（無）不𤔔（𤔔—亂）矣。是古（故）魚道之君子，行，㒳（冠）弗𥃩（見？視？）也；⑥吾（語），會（僉—?）弗𥃩（見？視？）也；魚，□⑦弗𥃩（見？視？）也。[□□]【5】

是訔（察），求之於中。此㠯（以）不惑，而民道之。▨【27】

其他零簡：

▨㤅（仁）爰（援）㤅（仁）而進之，不㤅（仁）人弗㝵（得）進矣。詒（始？）㝵（得）不可人而𢍏（與）⑧▨【9】

---

① 本組的3支簡，簡27即全篇末簡，簡5和簡15均接近完簡，僅末端殘去兩字左右。3支簡有可能皆應連讀。簡15的"知不行矣"與簡5的"知無不亂矣"似結構相同，前後呼應；簡15與簡5相連處的文句"此（與'此以'義近）民□□□，爲信（?）以事其上"，簡5與簡27連讀處的文句"□□是察，求之於中"，似皆可能爲能夠成立的句子。但由於簡5和簡15句意多不明，又存在缺字，以上推測實難以肯定。今暫分開釋寫不連讀。

② 此字右半从"手"可以肯定，左半所从不甚清晰，似與"捧（拜）"或"拜（拜）"所从皆不類。

③ "君子"下至此的簡文原釋文斷句有誤，此從陳偉（2007a）説改正。

④ 所謂"兼"字原未釋，何有祖（2007a）指出應與本簡下文原釋爲"拜"之字同，可從。

⑤ 此字整理者原釋爲"信"，但其右半與"信"所从"人"旁或"千"旁皆不類，似爲从"今"。待考。

⑥ "㒳（冠）"字從何有祖（2007a）釋。

⑦ 此字原形見本文"考釋"部分之（二）。何有祖（2007b）釋讀爲"迅"，係由誤認其右下所从之"尾"旁爲"西"而來。待考。

⑧ 末字"𢍏"之下半已殘，也可能就是"与"字，不一定還从"廾"。

"爰"字原考釋如字讀，實講不通。"爰"當讀爲援引之"援"，簡文意謂，仁人在上，所援引（舉薦、提拔）的也是仁人，不仁之人也就無由進仕了。"爰"字原作如下之形：

同類寫法的"爰"如（包山簡110"愋"）、（《上博（二）·從政甲》簡5"愋"）、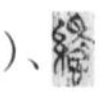（《上博（三）·仲弓》簡13用爲"緩"之字）。楚文字標準的"爰"中間多作四筆，如 （轉下頁注）

《上博(六)·孔子見季桓子》重編新釋　293

　　□者,君子悤吕而立帀(師)保,訫(慎)亓(其)豊(禮)樂,逃(道)亓(其)①□【21】

　　□君子又(有)道,生(?)民之蝸(?—化?)②□【23】

　　□民䍐(泯)不可悔(侮)。衆之所植,莫之能瀗(廢)也;衆之□③□【25】

　　　　　　　三　考　　釋

　(一) 簡1"子見(見)季起(桓)子。[起(桓)子]曰:量(斯)聝(聞)之,……"
　此簡首字整理者原釋爲"孔(孔子)",並謂"原書似漏合文符"。但圖版所見只作"子"形:

　　[圖]

　上博竹書中的"孔"字,其彎曲形筆畫(或變爲"卜"形)大多位於"子"字的上方或右上方,個別位於右下方。略舉數例如下:

　　[圖]《上博(四)·相邦之道》簡4　[圖]《顔淵》(見《上博(一)》第

―――――

(接上頁注) (鄂君啓舟節)、[圖](包山簡174);或省而少一筆,如[圖](《上博(三)·周易》簡54、55 用爲"渙"之字);再省一筆,即成以上最簡形的"爰"。李鋭(2007a、2007c)改釋爲"孚"讀爲"勵",梁静(2008)從之,恐不可信。戰國文字確定的"孚"字和"孚"旁中間都只作一斜筆形(參看黄德寬2007,第2466~2469頁),與"爰"尚區别明顯。
　① "帀(師)"從何有祖(2007a)釋。
　② "君"字從李鋭(2007a、2007c)補。"蝸"字整理者原釋爲"賜"。
　蘇建洲(2007b)指出:"簡23的字形與其他簡頗有差異,看縮小圖版更加明顯,而且如整理者所説此簡'上下端皆殘'(第221頁),目前看不出有證據證明簡23屬於《孔子見季桓子》的一部分。"其説可從。今將此簡附於篇末。
　③ "民䍐"之"䍐"從陳偉(2007b)讀。末字李鋭(2007a、2007c)、梁静(2008)皆補爲"所"。按此字尚殘存頭部筆畫,其形與"所"不類。餘詳本文"考釋"部分之(十二)。
　此簡"民"字、"所"字的寫法皆與本篇多見的寫法不同,其文意也跟本篇討論的重點看不出有多大關聯。此簡當亦未必屬於此篇,今將其附於篇末。

125頁引）　▨《上博（三）・仲弓》簡12　▨《上博（五）・季康子問於孔子》簡11　▨《上博（二）・子羔》簡2　▨《上博（二）・民之父母》簡8（附同篇簡1▨）

而前舉簡文之形"子"字的上方或右上方都很清楚並沒有其他筆畫。其右下似有墨痕，但也跟上引《民之父母》之形的筆畫不類，恐只是墨色漫滲的痕跡而並非筆畫。再加上其下並無合文號（上引《民之父母》簡1"孔"字無合文號，正好係"孔子"兩字分書），可以斷定其當釋爲"子"字無疑。此篇首稱"子見季桓子"，後文屢稱"夫子曰"，皆未出現"孔子"。這種僅稱"子"或"夫子"就是指孔子的情況，在儒家文獻中是習見的。

本篇原無篇題，整理者"取用全文首句命題"。所謂"孔子"改釋爲"子"之後，篇題本應改稱《子見季桓子》，猶我們稱説《論語・雍也》之倒數第三章爲"子見南子"章。不過考慮到約定俗成的問題，本篇篇名似亦不必改作，以免給研究者稱引帶來不必要的麻煩。

簡1"曰"字圖版上作：

▨

其筆畫尚相當完整明顯。圖版上"桓子"兩字已全不可見，但從"曰"字所在位置看其上正有兩字的空白。整理者原漏釋"曰"字（或誤以其形當"子"字？），遂致李鋭（2007a、2007c）、福田哲之（2007，從李鋭2007a説）等有"孔子見季桓子，斯問之"之誤讀。梁静（2008）釋讀爲"孔子見季桓子。'斯聞之，……'"謂簡文"直接引用季桓子説的話，向孔子請教'親仁'、'行聖人之道'"。其以"斯聞之"云云爲季桓子的話，比釋讀爲"斯問之"要合理（但季桓子亦非"向孔子請教'親仁'、'行聖人之道'"，詳後文）。但其前無"曰"字，仍然顯得很突兀。釋出"曰"字後，還可以知道，磨滅的"桓子"兩字之下應該本來是有重文號的。如我們這樣釋讀之後，文從字順，就不存在任何問題了。明白這一點，對於正確理解下文孔子的話很有幫助。

《上博(六)・孔子見季桓子》重編新釋　295

(二)"屖(斯)"字

"屖"字本篇中數見,分別作如下之形(簡1很不清楚,從略):

　　　[圖] 簡2　　[圖] 簡4　　[圖] 簡22

整理者原隸定作"膚",解釋其用法多誤。陳偉(2007a)指出,此字在本篇中皆用爲季桓子之名,"季桓子名斯,見於《春秋》定公十一年",此説正確可從。其解釋字形謂"此字上部或是'虎',是從虎得聲的字","虎"聲字與"斯"音近可通。研究者多從其説。李鋭(2007a、2007c)隸定作"膚"。高佑仁(2007)並謂此"虎"旁的寫法"是在'虍'上添加'[圖]'旁(劍按:即簡4之字左上角之形),與一般寫法的'虍'字不同";又舉出本篇簡5如下一形:

　　　　[圖]

謂其"下半所從實即'虎'字"。按本篇文字的"人"旁常寫作"尸"形,又往往在其頭部兩筆的中間多加一筆,甚至個別只是字形中包含"尸"、但本非從"人"或"尸"的字也作同類變化。如下舉諸形:

　　　[圖]簡13"僕"　　[圖]簡19"備"　　[圖]簡18"依"　　[圖]簡8"矣(矣)"〔對比簡2"矣(矣)"字[圖]〕

前引簡22之形與上舉諸形比較,可知其左上所從應是"尸"形。楚文字中從"尾"之字或作如下諸形:

　　　[圖]包山簡157　　[圖]包山簡61　　[圖]《古璽彙編》3599　　[圖]《古文字研究》第二十二輯第176頁

《古璽彙編》3599係楚姓名私璽的姓氏用字,劉釗(2005,第197頁;又2006,第292頁)指出其上所從係"尾"的變體,全字當釋爲"屈"。據此上引最末一形當分析爲上從"石"下從"尾",可釋爲"砠"。此字見於安徽阜陽臨泉縣博物館藏當地出土的楚國官璽(韓自強、韓朝2000,第179頁圖一；又韓自強 2004，第 2 頁第 4 號），文作"郼硍行宮（序）大夫鉨（璽）"。"硍"字又見於《中國璽印集粹》卷二第 150 號"硍夲"（菅原石廬 1997），作姓氏，其形從普通的"尾"形從"石"，所不同者"尾"旁在"石"旁的上方。上引諸"尾"形的變化，在於其右下方中間豎筆或斜筆兩旁向左右的斜筆，書寫時其交接位置跟中間的豎筆或斜筆錯開。前引簡 2、簡 4 的"𢓸"字，其上所從"尾"形的變化正與之相同。前引高佑仁（2007）所舉本篇簡 5 之字，其下所從也是同類變化的"尾"旁。本篇簡 7 "求"字作 ，同樣是由作 （郭店《成之聞之》簡 38）、 （《成之聞之》簡 37）一類形的"求"經歷了同類的變化而來的。此形整理者原釋爲"求"本是正確的，何有祖（2007a）改釋爲"隶"反誤（劉信芳 2007 已指出"原簡字形將本應寫在下部豎畫兩邊的筆畫寫成了偏于左側，整理者隸定爲'求'，'不求異於人'文從字順，不會有問題"）。"求"字又常將中間豎筆兩旁的四斜筆拉直寫作兩橫筆，本篇簡 17 "求"字作 、簡 27 "求"字作 ，皆即其例。前舉簡 22 "𢓸"字之形所從的"尾"，也正是作同類變化之形。

"𢓸"字雖然表面看來從"尾"，但實應分析爲從"屖（徙）"省，"屖（徙）"即全字的聲符。有關問題，李家浩（2000，第 70 頁）在注釋九店 M56 楚簡 15 號下的"遲（徙）"字時曾有過很清楚的論述：

　　此字原作"遲"，字亦見於長沙楚帛書（《長沙楚帛書文字編》六八頁）和古璽文字（《古璽文編》三七頁，原書誤釋爲"述"）。下一七號簡下欄有"屖豕室"之語。"遲"與"屖"用法相同，當是同一個詞的不同寫法。本墓九〇號、九一號簡有一個從"屖"的"遲"字。"屖"、"遲"二字都見於包山楚墓竹簡等。許多學者指出，"屖"即《說文》"徙"字古文 ，"遲"即《古文四聲韻》卷三紙韻"徙"字所引《古老子》 。"遲"當是"遲"的省寫，《長沙楚帛書文字編》六八頁於"遲"字下注說"或以爲徙字"，十分正確。

又《上博（四）·昭王與龔之脽、昭王毀室》簡 5 的"遲（徙）"字，也省寫只作

"遟"。又新蔡簡中同類情況亦多見。

"徙"與"斯"古音極近,其可以相通没有問題。古代表示"韜髮之繒帛"的"縰"字,又常寫作"纚"。《禮記·問喪》:"親始死,雞斯徒跣。"鄭玄注:"'雞斯'當爲'笄纚',聲之誤也。"是其音近可通之證。

(三) 簡3"上不辠〈辠—親〉悬(仁),而桼{專}(敷、布)酥(聞)亓(其)𠯑(詞/辭)於㢟(逸)人虖(乎)?"

整理者原釋讀"桼專"爲"桼(溥)專(佈)",解釋爲"明德普施"、"博施廣濟";斷句作"上不辠(罪)悬(仁)而桼(溥)專,酥(聞)亓(其)司於㢟(失)人"。陳偉(2007b)改讀"㢟"爲"逸",指出"逸人"即"孔子自謂",此可從。但其釋讀爲"上不辠〈親〉仁而附賢,問其方於逸人乎",釋字有誤。何有祖(2007b)釋讀爲"上不親仁而附傅,問其治於逸人"。凡國棟、何有祖(2007)釋讀爲"上不親仁而附專(富),聞其辭於逸人虖(乎)!"將"聞其辭"云云理解爲孔子聽説過的話。張崇禮(2007)釋讀"桼專"爲"榜(旁)專(敷)","旁"訓爲"廣","敷"訓爲"布"、"施","榜專"與"普施"、"博施"義同。

以上諸説共同的問題都是將"而桼專"三字屬上爲讀。下面我們將上文季桓子所説的話再用通行字重新抄出來看:

> 桓子曰:"斯聞之,蓋賢者是能親仁,親仁者是能行聖人之道。如夫親仁、行聖人之道,則斯不足,豈敢望之?如夫見人不厭,問禮不倦,則斯中心樂之。"

這段簡文記季桓子以自己能力或德行不足、不敢企望爲理由或者説藉口,表明自己不願意"親仁"的態度。其中心意思歸結起來,就是孔子之語中的"上不親仁"。由此可見,"上不親仁"一句應該單獨斷開爲讀,就是對季桓子之語的歸納。而"而桼專"則應屬下爲讀。這樣斷讀之後,"不……,而……"相呼應,讀來也很自然。同時,孔子見季桓子後,桓子就説這番話,實爲直接叙述表明自己的想法,並非向孔子提出要請教的問題。簡文中既没有出現"問"字,季桓子的話也不是問句,同時也並没有涉及"治"的問題。由此可見,將"酥"讀爲"問"、"𠯑"讀爲"治",也都是有問題的。前引凡國棟、何有祖(2007)讀爲"聞其辭",其讀法雖跟我們相同,但對簡文的理解其實是很不一樣的。

"槑"字上所從的當是其聲符,這部分應即"紋"字異體。"紋"字見於《上博(五)·鮑叔牙與隰朋之諫》簡7"有司祭服毋紋",讀爲繡黻之"繡"(參看季旭昇2006)。"槑專舒其旨"中,"其旨"應是動詞的賓語。而其前的三個字,不管是將"槑專舒"三字連讀看作三個動詞連用,還是斷讀作"槑專/舒"(即將"舒"看作動詞,"槑專"作副詞修飾它)、"槑/專舒"(即將"專舒"看作兩個動詞連用,"槑"作副詞修飾它們),其節奏都是很彆扭的。同時,"槑"、"專"又皆以"父"爲基本聲符,其讀音極爲接近甚至相同。據此完全可以斷定,"槑"、"專"兩字中必有一字係衍文。

同類情況在上博竹書中還可以舉出一例。《上博(六)·景公瘧》簡10(除待討論者外,其餘釋文用寬式):

　　之臣,出矯於里。自姑尤以西,聊攝以東,其人數多已。是皆貧肒(苦)約狦(疴)疾,夫婦皆詛,一丈夫執尋之幣、三布之玉,唯是夫

整理者原釋"狦"爲字書訓爲"狂"或"狂病"的"瘑",解釋"約疾瘑"爲"身纏'狂症'"。簡文"約狦疾"或"貧苦約狦疾"的説法不符合古漢語複音詞或多音節短語一般爲二字或四字的節奏,讀起來也是非常彆扭的。

整理者已經指出,《景公瘧》篇的內容多見於《左傳》昭公二十年和《晏子春秋·外篇上》"景公有疾梁丘據裔款請誅祝史晏子諫"章。在注釋"是皆貧肒(苦)約狦(疴)疾"句時,又已謂與《晏子春秋·內篇諫上》"景公信用讒佞賞罰失中晏子諫"章的"民愁苦約病"意近。但整理者未明確論及此章跟簡文全篇的關係。董珊(2007b)指出,除了此句外,《景公瘧》篇還有不少簡文也正跟《晏子春秋·內篇諫上》此章大致能對應。今將此章有關內容詳引如下:

　　景公信用讒佞,賞無功,罰不辜。晏子諫曰:"臣聞明君望聖人而信其教,不聞聽讒佞以誅賞。今與左右相說頌也,曰:比死者勉爲樂乎!吾安能爲仁而愈黥民耳矣!'故內寵之妾,迫奪於國,外寵之臣,矯奪於鄙,執法之吏,並荷百姓。民愁苦約病,而奸驅尤佚,隱情奄

惡,蔽諂其上。……"

前引簡文的"之臣,出矯於里",顯然與此"外寵之臣,矯奪於鄙"對應。董珊(2007b)指出,上引"今與左右相説頌也,曰:比死者勉爲樂乎!"與《景公瘧》簡11的内容對應,"隱情奄惡"又與《景公瘧》簡7"順言弇惡"對應,由以上情況可知簡本《景公瘧》應該是糅合了"景公信用讒佞"這個故事的部分内容。據此,簡文的"貧朒(苦)約疥(疢)疾"句,無疑是跟"愁苦約病"相對應的,其間有文獻流傳變易的關係,不僅僅是意近的問題。《左傳》昭公二十年和《晏子春秋·外篇上》"景公有疾梁丘據裔款請誅祝史晏子諫"章跟簡文"是皆貧朒(苦)約疥(疢)疾"對應之語皆作"民人苦病","苦病"則是"愁苦約病"的緊縮説法。

"約"、"疥"二字同樣皆从"勺"聲,讀音極近甚至相同。據以上所論,也可知其必有一字係衍文。吴則虞(1962,第31頁)注釋《晏子春秋》"民愁苦約病"説:"約者,猶言貧困也。《論語》'不可以久處約',皇疏:'貧困也。'是其證。"其説可從。看來其中係衍文的當爲"疥"字。推測有的本子"約"字受下文"疾"字的類化影響而變作"疥(疢)",此簡本則又係誤合"貧朒(苦)約疾"與"貧朒(苦)疥(疢)疾"二本而成。

本篇"枲專"的情況跟上引"約疥(疢)"極爲相似。"枲"字較爲生僻,疑係原以小字將更通行的"專"字注在"枲"字之下,傳抄中"專"字又闌入正文。也可能"專"字本係注在簡背,就如郭店《五行》簡36"敬而不卻(懈)",用爲"懈"的"卻"字較爲古怪生僻,抄手遂又在簡背此字的相應位置寫了一個"解"字,來表示正面位置的"卻"即"解"字(參看谷中信一2000,第6~7頁)。楚竹書中脱漏之文往往也補寫在簡背相應位置,見於郭店《緇衣》簡40、《語叢四》簡27、《上博(五)·鬼神之明、融師有成氏》簡2等。假如抄手將背面注解文字"專"誤解爲補上的脱文,改爲抄入正面相應的"枲"字之下,也會形成現在的面貌。如以上推測,則"專"字應視爲衍文。我們的釋文就是這樣處理的。當然,本是一本作"枲"、另一本作"專",此亦係誤合二本而成的可能,也不能完全排除。

"枲"或"專"應讀爲"敷"、"布"等字。《尚書·文侯之命》:"丕顯文武,克慎明德。昭升于上,敷聞在下。"《史記·晉世家》作"布聞在下"。或作

"傅聞在下",見《後漢書·東平憲王傳》。或作"鋪聞",班固《典引篇》[《後漢書·班彪(附班固)傳》、《文選》卷四十八]:"故夫顯定三才昭登之績,匪堯不興;鋪聞遺策在下之訓,匪漢不弘厥道。"在"鋪聞"後加賓語"遺策",與簡文"敷聞其辭"結構更近。敷、布、鋪、傅等字音義皆近,並訓爲"陳","聞"即"使人聽到"。"敷聞"、"布聞"即敷陳、布陳而使人聽聞。所謂"上不親仁,而敷聞其辭於逸人乎","上不親仁"就上文季桓子所云而言,"敷聞其辭於逸人"即指季桓子將自己"不親仁"的這番話陳述給自稱"逸人"的孔子聽,對此孔子持不以爲然的態度,故以反詰語氣出之。

(四)"與(邪)民"和"與(邪)蝸(僞)之民"

本篇簡文數見的"與蝸之民"和"與民",二者應是一事。它們的正確理解對於第三組簡文的釋讀和編聯很關鍵,但整理者和研究者多如字讀,僅李鋭(2007c)曾説"'與罡之民'當爲專門名詞,疑讀爲'誇虚之民'"。按"與民"跟"仁人"相對,顯然應讀爲"邪民"。"與"字本從"牙"得聲,"与"就是"牙"的變形(參看裘錫圭 1992,第 84~85 頁),古書"與"跟"邪"相通之例習見(參看高亨、董治安 1989,第846~847 頁)。"邪民"指姦邪的百姓。《國語·晉語八》:"今吾子嗣位,於朝無姦行,於國無邪民,於是無四方之患。"《荀子·宥坐》(又《孔子家語·始誅》略同):"邪民不從,然後俟之以刑,則民知罪矣。"

我們隸定作"蝸"之字原作如下之形:

簡19　簡11　簡12

簡 19、11 之字整理者原釋爲"虐",簡 12 之字原隸定作"罡"釋爲"覰"字。李鋭(2007a)指出此三形皆爲一字,隸定作"罡",研究者多從之。蘇建洲(2007b;又 2008,第 108~110 頁)認爲"簡文字形應該釋爲'虘',讀爲'間'"。按此三形中並不存在一個標準的"虍"旁[它們被分析爲从"虍"之所以被普遍接受,恐怕還跟所謂"量(斯)"字的誤釋有關,詳前"考釋"之二]。此三形當以簡 19 之形較爲近真,其下面的 形即"虫"旁,其最下一斜筆在簡 12 之形中還保存着; 即"爲"旁之變。楚

《上博(六)·孔子見季桓子》重編新釋　301

簡中一些極常用之字如"爲"、"者"、"於"等,其寫法往往變化多端。試將簡 19 之形與郭店《唐虞之道》簡 21 的"蠅"字對比:

其大致結構、整體形態還是非常接近的。進一步分析其訛變軌跡,也並非完全無蹤可尋。上引第二形,其右上部分比起前一形來,已經出現了筆畫分解、重新組合書寫的變化。再進一步分解,就容易變作下引"爲"字的右上部分之形:

本篇簡 14 "爲"字

此形右上代表"象"之長鼻和頭部的筆畫已變爲簡單的四直筆書寫。這四筆中的下兩橫筆交接形態再略爲變化,就很容易變成前舉簡 19 "蠅"字右上之形了。

簡 12 之形上所從的"目"形,則又是出於筆畫的粘連、重新組合,將豎寫的"爪"形跟其右半的筆畫合起來書寫爲成字的偏旁而成。同類的例子,就以本篇爲例,試比較簡 20 的所謂"匐"字之形跟上博竹書的其他"剴"字之形:

簡 20　《上博(二)·魯邦大旱》簡 21　《上博(四)·內禮》簡 8

末一形"剴"字左上變從"幺"形,但其右半"刀"變作"刃"對此處說明字形變化也有參考價值。試將上第二形右半的"刀"換作如第三形右半的"刃"形,其"刃"形最上一筆延伸與左上角三橫筆的中間一筆相連,就很容易再進一步變成第一形那樣,被分解書寫爲"勺"和"豆"兩個成字的偏旁了。

"邪僞"近義連用,"邪"意義重點在"(立身行事)不正","僞"意義重點在"人爲修飾、誇飾"。"邪僞"一詞古書多見,用以修飾人的如《論衡·累害篇》:"邪僞之人,治身以巧俗,脩詐以偶衆。"

（五）"二道"

简文的"二道"，整理者引《孟子·離婁上》孔子語"道二：仁與不仁而已矣"，謂"二道"爲"仁與不仁"。李鋭（2007a）進一步認爲，"從簡文上下文來看，所指爲仁人之道與不仁人之道"。陳偉（2007a）則認爲"'二道'當指'聖人之道'與'仁人之道'"。

從重新拼合編聯後的簡文，已經可以清楚地看出，"二道"即"仁人之道"與"邪民之行"，"道"與"行"義本相通。"邪民"也就是"不仁人"、"非仁人"，所以整理者與李鋭（2007a）之説也不能説完全不對。我們想要强調的一點是，簡文的"二道"不是像"治國之道"那樣的統治者應該去"行"的道，而是要"審之"以"觀於民"的，即憑藉對這兩種道的準確認識去考察分辨人民中的"仁人"與"邪民"。"二道"本身，只是仁人與邪民的不同表現而已。

（六）簡14"戜（毀—抑）"字

"戜"字原作如下之形：

整理者原釋爲"戜"，引包山簡、《上博（五）·季康子問於孔子》簡8"戜"字及《上博（三）·周易》簡45用爲"井洌"之"洌"之字等爲説，謂"疑'剡'字異文"、"字或爲'烈'之或體"。陳偉（2007b）略從其説，改讀爲"厲"，又將此字之後的"與"字改屬上讀爲"則不難乎烈（厲）與"，解釋説"乎，連詞，同'而'"。

按"戜"字作（包山簡3）一類形，從"炎"。整理者説簡文此形爲"戜"之簡體，即其左半省而只從一個"火"旁，但簡文此形所從其實跟楚簡文字"火"旁的寫法也並不相同。《上博（二）·魯邦大旱》簡3"戜"字作：

同篇簡6作"敓"。"攴"旁、"殳"旁與"戈"旁常可通作，"戜"、"敓"無疑並即"毀"字異體。戰國文字中"矢"形、"大"形常互作，"大"又往往斷爲兩截書寫。如"厌(侯)"字或作█(《集成》15.9616春成侯壺,三晉兵器、記容銅器銘文中"侯"字作此類形者多見),"因"字作█(郭店《成之聞之》簡18)或█(郭店《六德》簡14;楚簡文字"因"从"矢"形者多見),皆可爲釋簡文此字爲"㢋"之證。

"殹"讀爲"抑"表轉接,前已見於《上博(二)·子羔》簡9(陳劍 2003,第56頁);上引《魯邦大旱》簡3的"㢋"字,俞志慧(2004,第512頁)也已提出當讀爲"抑",但説用爲"語首助詞"、"意義相當於或者"則不確。裘錫圭(2006)指出,《魯邦大旱》讀爲"抑"的兩"殹"字皆應用爲"轉接連詞"。又《上博(六)·莊王既成、申公問靈王》簡3—4(釋文用寬式):"載之專(?)車以上乎?歐(殹)四舿(?)以逾乎?""歐(殹)"字亦應讀爲表轉接的"抑"(凡國棟 2007)。

(七) 簡11"迉(弎/貳/二)"字

"迉"字原作如下之形:

█

整理者原摹而未釋。其除去"辵"旁後的部分从"戈"形很明顯,梁静(2008)將這部分釋爲"或"。其"戈"旁的長横筆上多出一飾筆,梁静(2008)已舉出《上博(二)·民之父母》簡13"或"字作█爲證,甚確。但其"戈"旁下方、"止"旁上方是一長横筆,跟"或"形的區別還是頗爲明顯的。此字除去"辵"旁後的部分就是"戈(弎)"字。"弎"字《説文》古文从"弋"形,但古文字中本多从"戈"作"戈"。簡文"此与(與)怎(仁)人迉(弎/貳/二)者也","二"意爲"兩樣"、"不同"、"相反"。《荀子·儒效》(又《王制》有略同之語):"言道德之求,不二後王。道過三代謂之蕩,法二後王謂之不雅。"

(八) 幾個"此"字及相關之字

本篇有幾個"此"字寫法較爲特殊,往往被誤釋爲"易"。在整理者原釋爲"此"的字中,又包含有其他字的誤釋。這也大大影響了對有關文意的理解和竹簡的拼合編聯,因此於此集中討論。下面先來看被整理者釋爲"此"的字：

[圖] 簡5　[圖] 簡27　[圖] 簡17　[圖] 簡16　[圖] 簡13　[圖] 簡6

其中前4形的釋讀沒有問題。倒數第2形即簡13之字，李鋭(2007a、2007c)讀爲"訾"。其文云"～言不忎(忌)"，顯然當釋爲"出"。其右上角的曲筆旁邊並沒有一斜筆，跟"出"字之作[圖][《上博(五)·姑城家父》簡4]對比，只左半中間多出一筆。最末一形即簡6之字，李鋭(2007a、2007c)等釋文已括注問號對釋爲"此"表示懷疑。其形實爲常見的"北(必)"字訛體，其筆畫分解、重新組合，分成上下兩截書寫，跟前文談過的"剴"字訛體"𠃬"情況頗爲相類。但其整體輪廓與"北"還是極爲接近的。

下面來看被誤釋的幾個"此"字：

[圖] 簡13　[圖] 簡13　[圖] 簡11　[圖] 簡15　[圖] 簡8
[圖] 簡8

簡13前一"此"字和簡11、15的"此"字，原皆釋爲"易"讀爲"賜"。簡13後一"此"字原釋爲"易"，謂"形有異，似還當讀爲'賜'"，李鋭(2007a、2007c)已將其改釋爲"此"。簡8前一"此"字，原釋爲"易"；簡8後一"此"字，原隸定作"㥺"，分析爲"從勿，㕚聲"，讀爲"狡"；梁静(2008)讀爲"郊"。按楚簡文字的"易"，確有個別寫得跟上舉一些字形相近的，如《上博(二)·從政甲》簡18"惕"字[圖]，又信陽簡1—02[圖]、簡1—07[圖]等。但絕大多數的"易"，其"勿"形的右上角所從的筆畫要複雜得多。以上諸字雖然字形略有變化，但從文意、句子結構各方面來看，都應該釋爲"此"。上引最末一形即簡8後一"此"字，顯然就是將簡13後一"此"字中的"㕚"形挪到上方、同時其左下部分還保留"此"字的兩筆而成的。

以上所考，"與(邪)民"和"與(邪)蠆(僞)之民"之未被讀出，影響了文意的正確理解；"此"字多被誤釋爲"易"，"戭(抑)"、"辻(二)"之被誤釋或未釋出，失去了在句子結構、文意層次方面對竹簡編聯的重要綫索。這些均是導致有關竹簡未被正確拼合編聯起來的重要原因。

（九）簡 22"迷〈悉〉言之"

簡 22"如迷言之"的上文，孔子説"邪僞之民，其術多方"，大意謂邪僞之民的表現形式多種多樣，故孔子覺得難以言之。"迷言之"應該是"具言之"、"詳言之"、"悉言之"一類意思；"迷"跟"多"相呼應，應是"詳盡"、"全部"一類的意思。這是不難體會的。但在跟"迷"音近的字中，卻始終找不到很合適的詞來把簡文真正講通。李鋭(2007a、2007b)讀爲"類言之"，梁静(2008)從之。楊澤生(2007)讀爲"邇言"，謂"就是淺近、直白之言"。意義都不合適。

陳偉(2007c)解釋説：

> 今按：此字被看作"米"形的部分也可能是"采"，應釋爲從"采"得聲的"審"字，詳明的意思。《書・顧命》："病日臻。既彌留，恐不獲誓言嗣，兹予審訓命汝。"孫星衍疏："《説文》云：'詳，審議也。'審亦爲詳。"

此説能突破"迷"字字形的限制，思路頗有啓發性。但從意義上來講，表面看來雖然"審言"也有"詳盡地説"的意思，但用"審"則其意義偏重於"準確真實"、細節均没有出入，或是偏重於"審慎"，施於簡文此處，也總感覺還不妥帖。

我認爲"迷言之"當釋讀爲"悉言之"，"悉"訓爲"盡"、"全"或"詳細"，承上文"多方"而言，意義上自然是再合適不過了。《韓非子・初見秦》云"臣願悉言所聞"，《史記・龜策列傳》記衛平對宋元王云"大王聽臣，臣請悉言之"，皆其例。

《説文》分析"悉"爲从"采"，其字形結構還不清楚。而在目前所見秦漢文字資料中，"悉"字大多是寫作上从"米"的"悉"形的，見於睡虎地秦簡《爲吏之道》簡 4、馬王堆帛書(參看陳松長 2001，第 41 頁)、漢代碑刻、銅鏡銘文(漢語大字典字形組 1985，第 74 頁)等。又張家山 M247 漢簡《奏讞書》簡 210、222 的"悉"字亦皆作"悉"。

有意思的是，在漢初文字資料中，"悉"形同時又可用爲"迷"字。馬王堆漢墓帛書《老子》乙本第 194 行下"[人]之悉也，其日固久矣"（甲本殘去），今本《老子》第五十八章作"人之迷，其日固久"，"悉"爲"迷"之異文。馬王堆帛書《刑德》甲、乙本講到以月暈占候軍事，均有如下一段（釋文用寬式）："正月暈，兵備載而遂行。兩暈及三暈，兵遂行。三暈壹悉，五暈再悉，六暈三悉。其法出入，三歲乃已。""悉"字多被研究者釋爲"悉"（參看陳松長 2001，第 41 頁），原文實難講通。"壹/再/三悉"的主語是"兵"，承前省。"悉"跟"遂行"相對，顯然也當是用爲"迷"的，即迷路、失道，行軍不遂。"迷"字以"辵"爲意符，是從"迷路"的角度造的。中山王鼎和《上博（六）·用曰》簡 17"迷惑"之"迷"作"䙕"，可以看作從"看"、"觀察"的角度爲"迷"造的（猶如《上博（五）·弟子問》簡 16 迷惑之"惑"字之作"䙕"）。"悉"字則以"心"爲意符，應該也是爲"迷惑"之"迷"所造的本字，跟"悉"之作"悉"當爲同形字關係。

在後世字典韻書中，"悉"形往往被收爲"悉"字異體，同時又另有一個"怵"字。《玉篇·心部》"怵"訓爲"安"，或作"佅"；《集韻》上聲紙韻"母婢切"弭小韻以"怵"爲訓"撫"之"牧"和"佅"的或體；而《集韻》平聲齊韻"綿批切"迷小韻、《類篇·心部》則皆訓"怵"爲"心惑也"，或體作"愞"。可見"迷惑"之"迷"從"心"作，後代字典韻書尚有保存。

從上述情況我們可以推想，在戰國文字中，可能已有"迷"字異體"悉"的存在。《古璽彙編》2290 所收一方楚璽有"悉"字，一般釋爲"悉"。其實它係"迷"字異體的可能，是難以完全排除的。那麼，在當時人筆下，"悉"形既可以表示"悉"，又可以表示"迷"，就很容易發生誤解了。簡文"迷言之"之"迷"字，當本是作"悉"表示"悉"的，但在傳抄中被誤認爲表示"迷"的"悉"字，其字也隨之被改爲更通行的"迷"字了。

"則恐舊吾子"的"舊"容易使人覺得應該是"煩"、"擾"、"勞"或者籠統的"病"一類的意思，但循此思路同樣也找不到很合適的詞。整理者原讀爲"尤"，李銳（2007a，2007）讀爲"憂"，陳偉（2007c）、楊澤生（2007）皆讀爲"咎"。這些詞放回簡文中連上下文讀起來，均感意義不妥帖。"舊"最直接的讀法是依其常見用法讀爲"久"，《禮記·儒行》："哀公曰：'敢問儒

《上博（六）·孔子見季桓子》重編新釋　307

行。'孔子對曰：'遽數之不能終其物，悉數之乃留，更僕未可終也。"鄭玄注："留，久也。"似頗可與簡文"悉言之則恐久"相印證。但"久吾子"實在講不通，會否"吾子"文字有誤，或其下有脫文，疑莫能定。

（十）簡 22"晕（斯）不迁（迮/迮—佞）"
所謂"迁"字原作如下之形：

整理者原釋爲"赴"，陳偉(2007c)改釋作"迁"，研究者多從之。此字除去"辵"旁後所從的" "形跟楚簡文字一般寫法的"乇"頗有不同之處，但陳偉(2007c)舉出以下兩個字形爲證：

郭店《老子甲》簡 23"囸（橐）"　《上博（五）·姑成家父》簡 7"乇"

另外中山王墓兆域圖銅版多見的用爲"尺"之字作 ，不少研究者也已指出字當釋爲"乇"而讀爲"尺"，其形也跟上舉諸形相近，可見陳偉(2007c)的意見在字形上不是没有根據的。但問題是，循此以求，實在没有辦法將簡文講通。陳偉(2007c)解釋説：

（迁）疑當讀爲"宅"。宅訓居，引申爲"存心"。《論語·雍也》："居敬而行簡，以臨其民，不亦可乎？"上博竹書《君子爲禮》1 號簡："回不敏，弗能少居也。"可參看。

"斯不宅"恐甚爲不辭。李鋭(2007b)讀"不迁"爲"不敏"，按"乇"與"敏"古音懸隔，其説亦牽强難信。簡文這種某人表示自謙的説法，古書中除了"不敏"外，還有"不肖"、"無似"、"不佞"等。將字形跟文意結合考慮，此字當分析爲從"年"省聲，讀爲"佞"。"不佞"本指没有口才，又用於謙稱，泛指没有才能、没有才智。古書中"寡人不佞"、"臣不佞"一類的説法極爲多見，不煩舉證。

我們知道，"年/季"字下半本從"人"聲，"人"字豎筆上常加一裝飾性的小點，又變爲短横，《説文》遂分析爲從"千聲"。楚簡中有不少"年"字的下半寫得獨具特色，其"人"旁末筆故作曲折，例如：

[圖]九店 M56 簡 26　[圖]《上博(三)·周易》簡 24　[圖]《上博(五)·鬼神之明、融師有成氏》簡 2　[圖]《上博(二)·容成氏》簡 28（同篇中此類"年"字多見）[圖]《上博(四)·曹沫之陳》簡 12　[圖]

上引最末一形見於本篇簡 18，其右下部分的上方應也本是一折筆，其墨跡有漫漶。上舉諸形除去上半"禾"旁（保留其與"千"形共用的中豎）後，餘下之形顯然與簡文"[圖]"形極近。雖然"年/季"字下半所從的就是"千"形，但古文字中獨立的"千"字，和在其他字中作偏旁的"千"字（或者說"人"字末筆上加裝飾筆畫之形），似皆沒有看到寫作[圖]形的。所以此字所從的所謂"千"，只能跟"年"字聯繫起來看作其省體。我們將其隸定作從"千"，也是沒有辦法的辦法。戰國文字省略變化的種種匪夷所思，我們算是由此字又再次領教了。

睡虎地秦簡《日書》乙種"楚除"二二壹："生子，年。不可遠行，遠行不返。"李家浩(1999，第 899～900 頁；2002，第 385 頁)指出"年"當讀爲"佞"，指"巧言善辯"，對這兩字相通有集中的舉證，今具引如下：

"年"、"佞"二字古音相近，可以通用。《左傳》襄公三十年《經》"天王殺其弟佞夫"，《公羊傳》經文"佞夫"作"年夫"。《論語·憲問》"非敢爲佞也"和《季氏》"友便佞"二句中的"佞"字，定州漢墓竹簡本皆作"年"。馬王堆漢墓帛書《老子》乙本卷前古佚書《十六經·成法》"年辯用知(智)"，"年辯乃止"，帛書整理小組在此二句的"年"下皆括注"佞"，即整理者認爲"年"讀爲"佞"。

此外又如《大戴禮記·公符〈冠〉》："使王近於民，遠於年。"《說苑·修文》"年"作"佞"，亦其例。從上舉諸例還可以看出，大概"佞"字的通行是比較晚的事情，所以秦漢出土文獻中用來表示"佞"這個詞的字都是"年"。簡文用從"年省聲"之字表示"佞"，正與此相合，並非偶然。

楚簡文字中還有以下兩個曾被釋爲"迁"的字：

[圖]包山簡265　[圖]《楚系簡帛文字編》第147頁江陵范家坡27號墓竹簡2

前者見於包山簡的遣策部分，辭例爲"一～缶"，研究者多將其釋爲"辻"或"赴"。但其字與"辻"實有別而跟此所討論的所謂"迁"字相近，李鋭（2007b）引此形後説："黄錫全先生改隸爲从壬。不過相近的遣策簡中，信陽簡和望山簡都有若干'赴缶'的文例，包山簡尚不能排除字誤的嫌疑。"其説有理。後者辭例爲"隻以爲惪～惪迸"，則似乎有可能與此處的"迁（迻/連）"爲一字。是否確實如此，只能等到有關材料正式全部公佈以後再討論了。

（十一）簡17"㾗（淫）"字

"㾗"字原作如下之形：

[圖]

整理者原釋爲"再"讀爲"稱"。何有祖（2007d）釋爲"禁"，舉《古文四聲韻》引《古老子》"禁"字作[圖]爲證，解釋爲"牽制、約束"。其所引來對比的字形極是，但其字本身顯然並非"禁"。徐在國、黄德寬（2002/2007，第436～437頁）指出，《古老子》的[圖]"即'㾗'字"，以音近假借爲"禁"，十分正確。楚文字"㾗"字作[圖]（《古璽彙編》0252），"淫"字作[圖]（《上博（一）·緇衣》簡4）。簡文此字與之相較，其中豎上方的右邊多出一斜筆，此猶古璽"㾗"旁之或作[圖]"（《古璽彙編》1979～1981、1983～1984等）。有不少學者已經指出，戰國文字"淫"、"涇"兩字形近，多有互訛之例。其上述變化，也正相平行。又如"重"字本作[圖]（郭店《唐虞之道》簡19），楚簡多變作[圖]（郭店《成之聞之》簡10）類形，也是逆向的同類變化的例子。《上博（五）·三德》簡17有一個[圖]字，據以上所述頗疑當

310 戰國竹書論集

釋爲"呈"。俟另考。
（十二）簡 25"思（侮）"和"瀘（廢）"字
"瀘"字原作如下之形：

整理者原釋爲"玕"讀爲"升"，指穀物成熟。陳偉（2007b）釋爲"阩"讀爲"懲"，意爲"制止"。李鋭（2007a）從之，釋讀爲"衆之所植（直），莫之能阩（懲）也。衆之所【廢，莫之能□也】"，其將簡末"所"下缺文補爲"廢"，已經意識到跟"植"相對之字最常見的就是"廢"。此字正當釋爲"瀘"讀爲"廢"。其左半所謂"立"形實由"瀘"字的"去"旁中將其"口"簡寫爲一實筆而來。"瀘"字常可省去"水"旁，如《六德》簡 2"瀘"字作（又簡4、簡44略同）。上引字形跟"瀘"的另一點不同之處、容易引起懷疑的，是"瀘"所從"廌"旁中間的斜筆多由右上往左下彎曲，其筆意跟簡文此字右半中間部分不同。但如《上博（五）·鬼神之明、融師有成氏》簡1之、郭店《老子甲》簡31之，尤其是後一例，其相關部分筆意與簡文此字亦甚近。總之，此字字形當確有訛誤的成分，但我們應結合文意考慮來決定其本來所寫之字和所表之詞。

"思"整理者原釋讀爲"悔"，梁静（2008）讀爲"誨"，文意均不合適。"思"字有用爲"侮"之例，如馬王堆漢墓帛書《春秋事語·十五·魯莊公有疾章》"思德詐（詐）惌（怨）"之"思"，裘錫圭（2004，第93頁注12）已指出當讀爲"侮"。周波（2007）指出，"秦、西漢前期的'侮'字本寫作從'毋'"，"'侮'字本以'侯'部的'炱'、'毋'爲聲符，上古當屬侯部。……'侮'并不以之部的'每'、'母'爲聲符"。簡文此字上所從正作"毋"形而非"母"形，當非偶然。

李鋭（2007a）引《左傳》定公元年："天之所壞，不可支也；衆之所爲，不可奸也。"與簡文相印證，可參考。此簡大意是説，民衆不可輕侮（因爲其力量可以"衆志成城"）。衆人所樹立、所支持的，没有人能使之廢敗；衆人……,没有人能……。

四 結　語

　　經過以上的重新整理工作之後,我感到自己對本篇行文脈絡和全文大意的理解把握,比起初讀時來已經好了不少。但由我們的釋文和考釋也可以看到,全篇中仍然存在很多問題。竹簡的拼合編聯關係還有難以肯定或可調整的地方;有不少對理解文意很關鍵的疑難字詞還需要進一步考釋;就是文字差不多都認識的句子,也還有一些意思仍不清楚。凡此皆有待繼續研究。正如陳偉(2007c)曾說的,本篇"頗不易通讀,需要反復研習、多方探討"。又如最近梁靜(2008)所云:"本篇竹書的研究其實剛剛開始,還有很多問題沒有解決。"我們希望通過本文的工作,引起大家整理研究此篇時對其中訛字、誤字等問題的重視,對真正將簡文文意講通的重視,大家共同努力,把本篇的研究推向深入。

2008 年 3 月 21 日寫完

看校補記:

　　一、葛亮根據本文的拼合與編聯,在《上博(六)》所附小圖版的基礎上重新作了《孔子見季桓子》全篇竹簡排列的示意圖。今徵得他的同意,將此圖附在本文之後,以供參考。

　　二、本中心研究生讀書會的研究成果《攻研雜志(三)——讀〈上博(六)·孔子見季桓子〉札記》(將發表於我中心網站),有的意見可以糾正本文之誤,略記於下。

　　(一)在前已發表於我中心網站的李銳先生《讀〈孔子見季桓子〉札記》一文的基礎上,指出簡 1 開頭的"子貝(見)"和"曰"之間確實只有"季趄(桓)"兩字。"趄"字所從的"止"旁在圖版上尚略可辨。按本文謂"圖版上'桓子'兩字已全不可見,但從'曰'字所在位置看其上正有兩字的空白"云云,係因未辨認出"趄(桓)"字而致誤。簡 1 開頭當改從其說釋寫爲"子貝(見)季趄(桓)[子],曰:'……'","趄(桓)"字之下應係漏寫了"子"字。

至於如本文所說"赾(桓)"字及漏寫的"子"字皆本應作重文的可能,似仍難以完全排除。仔細觀察圖版上"赾"字之"止"旁右下方的痕跡,跟其上"止"旁末筆的痕跡相對比,似仍大致能分辨出作兩短筆形的重文符號。

(二)引《左傳》昭公二十四年"寡君以爲盟主之故,是以久子"爲證,說明簡 22 開頭確當釋讀爲"則恐久吾子",正確可從。由此可以祛除本文"'久吾子'實在講不通,會否'吾子'文字有誤,或其下有脫文"云云之疑。

謹向葛亮和包括他在内的認真審讀本文並提出意見的本中心研究生們致以謝意。

2008 年 5 月 19 日

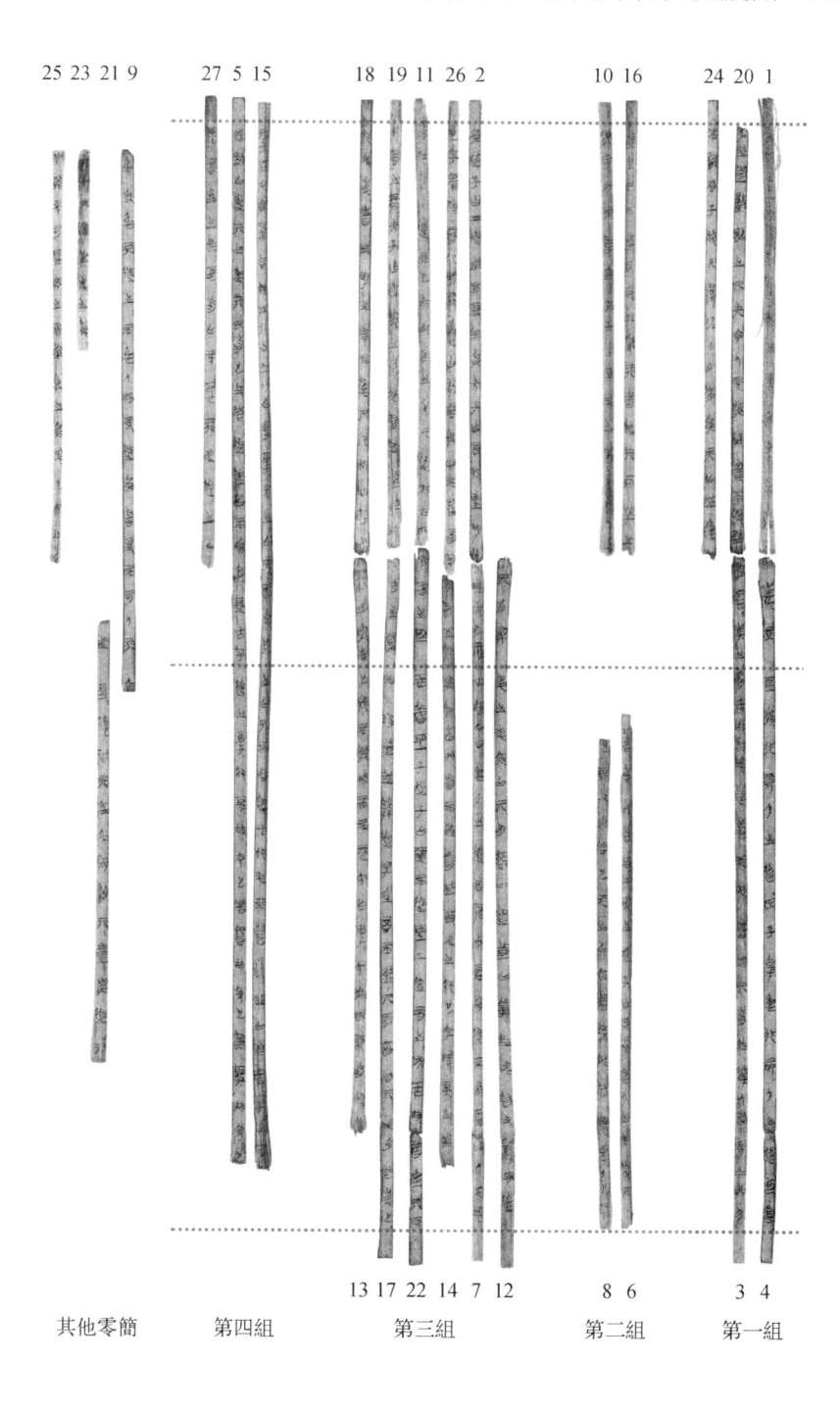

《上博(六)·孔子見季桓子》重編新釋   313

25 23 21 9　　27 5 15　　18 19 11 26 2　　10 16　　24 20 1

13 17 22 14 7 12　　8 6　　3 4

其他零簡　　第四組　　　　第三組　　　　第二組　　第一組

參考文獻:

一、關於《孔子見季桓子》(以發表時間先後爲序)

陳偉(2007a):《讀〈上博六〉條記》,簡帛網,2007 年 7 月 9 日,http://www.bsm.org.cn/show_article.php?id=597。

何有祖(2007a):《讀〈上博六〉札記》,簡帛網,2007 年 7 月 9 日,http://www.bsm.org.cn/show_article.php?id=596。

陳偉(2007b):《讀〈上博六〉條記之二》,簡帛網,2007 年 7 月 10 日,http://www.bsm.org.cn/show_article.php?id=602。

董珊(2007a):《讀〈上博六〉雜記》,簡帛網,2007 年 7 月 10 日,http://www.bsm.org.cn/show_article.php?id=603。

李鋭(2007a):《〈孔子見季桓子〉新編(稿)》,簡帛網,2007 年 7 月 11 日,http://www.bsm.org.cn/show_article.php?id=606。

何有祖(2007b):《上博六札記(三)》,簡帛網,2007 年 7 月 13 日,http://www.bsm.org.cn/show_article.php?id=613。

何有祖(2007c):《讀〈上博六〉札記(四)》,簡帛網,2007 年 7 月 14 日,http://www.bsm.org.cn/show_article.php?id=621。

凡國棟、何有祖(2007):《〈孔子見季桓子〉札記一則》,簡帛網,2007 年 7 月 15 日,http://www.bsm.org.cn/show_article.php?id=622。

何有祖(2007d):《讀〈上博六〉札記三則》,簡帛網,2007 年 7 月 17 日,http://www.bsm.org.cn/show_article.php?id=633。

蘇建洲(2007a):《〈上博六·孔子見季桓子〉小札二則》,簡帛網,2007 年 7 月 23 日,http://www.bsm.org.cn/show_article.php?id=653。

陳偉(2007c):《〈孔子見季桓子〉22 號簡試讀》,簡帛網,2007 年 7 月 24 日,http://www.bsm.org.cn/show_article.php?id=657。

程燕(2007):《讀上博六札記》,簡帛網,2007 年 7 月 24 日,http://www.bsm.org.cn/show_article.php?id=663。

李鋭(2007b):《上博六札記二則》,簡帛網,2007 年 7 月 24 日,http://www.bsm.org.cn/show_article.php?id=661。

蘇建洲(2007b):《讀〈上博六·孔子見季桓子〉筆記》,簡帛網,2007

年7月24日,http://www.bsm.org.cn/show_article.php?id=659。

楊澤生(2007):《讀〈上博六〉札記(三則)》,簡帛網,2007年7月24日,http://www.bsm.org.cn/show_article.php?id=658。

范常喜(2007):《讀〈上博六〉札記六則》,簡帛網,2007年7月25日,http://www.bsm.org.cn/show_article.php?id=667。

張崇禮(2007):《釋〈孔子見季桓子〉中的"榜尃"》,簡帛研究網2007年7月31日,http://jianbo.sdu.edu.cn/admin3/2007/zhangchongli006.htm。

福田哲之(2007):《〈孔子見季桓子〉1號簡的釋讀與綴合》,簡帛網,2007年8月6日,http://www.bsm.org.cn/show_article.php?id=689。

劉信芳(2007):《〈上博藏六〉試解之三》,簡帛網,2007年8月9日,http://www.bsm.org.cn/show_article.php?id=694。

李鋭(2007c):《〈孔子見季桓子〉重編》,簡帛網,2007年8月22日,http://www.bsm.org.cn/show_article.php?id=703。

高佑仁(2007):《〈孔子見季桓子〉札記(一)》,簡帛網,2007年8月28日,http://www.bsm.org.cn/show_article.php?id=715。

蘇建洲(2007c):《讀〈上博(六)·孔子見季桓子〉筆記之二》,簡帛網,2007年8月28日,http://www.bsm.org.cn/show_article.php?id=706。

侯乃峰(2007):《上博六賸義贅言》,簡帛網,2007年10月30日,http://www.bsm.org.cn/show_article.php?id=742。

蘇建洲(2008):《〈上博楚竹書〉文字及相關問題研究》,[臺北]萬卷樓圖書股份有限公司,2008年1月。

梁静(2008):《〈孔子見季桓子〉校讀》,簡帛網,2008年3月4日,http://www.bsm.org.cn/show_article.php?id=798。

二、其他(依作者、編著者首字音序)

陳劍(2003):《上博簡〈子羔〉、〈從政〉篇的竹簡拼合與編連問題小議》,《文物》2003年第5期。

陳松長(2001):《馬王堆簡帛文字編》,文物出版社,2001年。

董珊(2007b):《讀〈上博六〉雜記(續二)》,簡帛網,2007年7月11日,http://www.bsm.org.cn/show_article.php?id=608。

凡國棟(2007):《讀〈上博楚竹書六〉記》,簡帛網,2007年7月9日,http://www.bsm.org.cn/show_article.php?id=599。

高亨、董治安(1989):《古字通假會典》,齊魯書社,1989年。

谷中信一(2000):《關於〈郭店楚簡·五行篇〉第36號簡背面所寫的"⿰弓刂"字》,國際簡帛研究中心主辦:《國際簡帛研究通訊》第3期,2000年。

漢語大字典字形組(1985):《秦漢魏晉篆隸字形表》,四川辭書出版社,1985年。

韓自強、韓朝(2000):《安徽阜陽出土的楚國官璽》,《古文字研究》第二十二輯,中華書局,2000年,第176頁,第179頁圖一。

韓自強(2004):《阜陽·亳州出土文物文字篇》,作者自印本,2004年。

黃德寬(2007):《古文字譜系疏證》,商務印書館,2007年。

季旭昇(2006):《上博五芻議(上)》,簡帛網,2006年2月18日,http://www.bsm.org.cn/show_article.php?id=195。

菅原石廬(1997):《中國璽印集粹》(十六卷),[東京]二玄社影印發行,1997年。

李家浩(1999/2002):《睡虎地秦簡〈日書〉"楚除"的性質及其他》,《中研院歷史語言研究所集刊》第七十本第四分,1999年;收入《著名中年語言學家自選集·李家浩卷》,安徽教育出版社,2002年。

李家浩(2000):《九店五六號墓竹簡釋文與考釋》,湖北省文物考古研究所、北京大學中文系:《九店楚簡》,中華書局,2000年。

劉釗(2005):《楚璽考釋(六篇)》,收入氏著《古文字考釋叢稿》,嶽麓書社,2005年。

劉釗(2006):《古文字構形學》,福建人民出版社,2006年。

裘錫圭(1992):《讀〈戰國縱橫家書釋文注釋〉札記》,收入氏著《古代文史研究新探》,江蘇古籍出版社,1992年。

裘錫圭(2004):《帛書〈春秋事語〉校讀》,《湖南省博物館館刊》第一期,《船山學刊》雜志社,2004年。

裘錫圭(2006):《〈上博(二)·魯邦大旱〉釋文注釋》,未刊稿,2006年。

吳則虞(1962):《晏子春秋集釋》,中華書局,1962年。

徐在國、黃德寬(2002/2007):《傳鈔〈老子〉古文輯說》,《中研院歷史語言研究所集刊》第七十三本第二分,2002年;收入《古老子文字編·附錄一》,安徽大學出版社,2007年。

俞志慧(2004):《〈上博館藏戰國楚竹書〉(二)二題》,《上博館藏戰國楚竹書研究續編》,上海書店出版社,2004年。

周波(2007):《"侮"字歸部及其相關問題考論》,簡帛網,2007年9月5日,http://www.bsm.org.cn/show_article.php?id=714。

原載復旦大學出土文獻與古文字研究中心編《出土文獻與古文字研究(第二輯)》,復旦大學出版社,2008年。

試說戰國文字中寫法特殊的"亢"和从"亢"諸字*

目　次

一、有關字形及舊説的簡略檢討
二、據押韻資料定"夲"當爲陽部字
三、據異文資料進一步推定"夲"當爲牙喉音陽部字
四、從文字系統看"夲"跟"亢"特別的密切聯繫
　　（一）鄂君啓舟節和《莊王既成》之"舫"
　　（二）《三德》之"陸（阬）"
　　（三）《語叢四》之"瓨（瓨）"
五、"夲"跟"亢"字形關係的解釋
六、其餘辭例的解釋
　　（一）《性情論》"杭"字
　　（二）《彭祖》、左塚楚墓漆梮"統"字
　　（三）子彈庫楚帛書"亢"字
　　（四）梁橋形布"亢"字
　　（五）其他
七、結語

＊ 本文是國家社科基金重點項目"上博簡字詞全編"（批準號 06AYY001）、教育部哲學社會科學研究重大課題攻關項目"戰國文字及其文化意義研究"（批準號 06JZD0022）成果之一。

一 有關字形及舊説的簡略檢討

本文要討論的字形學者們已有很多研究,最近李守奎先生著文又作了較爲全面的探討。① 李文將有關字形的共同部分隸定作"夲",頗便指稱,本文先沿用這個處理辦法。

下面將"夲"和以之爲聲旁諸字的字形列舉出來。其中貨幣文字和陶文字形較多,僅擇要列出。②

1. 獨體的"夲"字: (《長沙楚帛書文字編》第28頁摹本) 子彈庫楚帛書 《中國歷代貨幣大系1·先秦貨幣》(以下簡稱《貨系》)1341 反 《貨系》1342 反 《貨系》1280 反 《貨系》1282 反 《貨系》1344 《貨系》1346 《貨系》1343 《貨系》1337 《貨系》1341 正 《貨系》1342 正 《貨系》1345 《貨系》1340 正 《貨系》1336 《貨系》1347 《貨系》1348 、、、皆《東亞錢志》4.64 、、、、皆《先秦貨幣文編》130 、、《古陶文彙編》3.1285～1287 、、、皆《古陶字彙》第419～420頁"夸"

---

① 李守奎:《楚文字考釋獻疑》之"一、釋從'夲'諸字",張光裕、黃德寬主編:《古文字學論稿》,安徽大學出版社,2008年,第344～348頁。下引李守奎先生説皆見此文。
② 參見張頷編著《古幣文編》,中華書局,1986年,第263頁。吳良寶編纂:《先秦貨幣文字編》,福建人民出版社,2006年,第165頁。徐谷甫、王延林合著:《古陶字彙》,上海書店出版社,1994年,第419～420頁"夸"字下。王恩田編著:《陶文字典》,齊魯書社,2007年,第270頁。

字下 〇《陶文字典》第 556 頁附錄 0961 號①

2. 从"舟"从"夲"之字：〇、〇、〇、〇 鄂君啓舟節 〇《上博(六)·莊王既成》簡 3 〇《上博(六)·莊王既成》簡 4

3. 从"木"从"夲"之字：〇（〇）望山 M2 簡 15（附同簡下文"柱昜(陽)馬"之"柱"〇）〇《上博(五)·三德》簡 14 〇《上博(二)·容成氏》簡 1

4. 从"缶"从"夲"之字：〇、〇 包山簡 85 〇 郭店《語叢四》簡 26

5. 从"阜"从"夲"或再增从"土"之字：〇 包山簡 86 〇《上博(五)·三德》簡 10

6. 从"力"从"夲"之字：〇 包山簡 180 〇 包山簡 163 〇《古璽彙編》2552 〇《古璽彙編》1331

7. 从"糸"从"夲"之字：〇、〇 荆門左塚楚墓"漆梮"〇《上博(三)·彭祖》簡 8

8. 从"言"从"夲"之字：〇《上博(六)·用曰》簡 3

9. 从"卜"从"夲"之字：〇《陶文字典》第 473 頁附錄 0508 號（《陶文圖錄》3.22.5）

對"夲"的考釋，舊有説法中影響最大的是釋爲"夸"和"豪"或"坴"（按

---

① 李先登：《河南登封陽城遺址出土陶文簡釋》，《古文字研究》第七輯，中華書局，1982 年，第 230 頁叁伍：4。

後二者没有實質性差别)兩種。① 釋"夸"從字形上看絶不可信,吳振武、李守奎二先生論之已詳,此不贅述。本文第五小節有補充説明,請參看。

"夲"的下半之形,確如李守奎先生所分析的,釋爲"主"或"丂"在字形上是最有根據的。另外,釋爲"开"形的一半,字形上也説得過去。這幾個形體在楚簡中往往都寫得差不多。當然,釋爲从"丂"或从"开"的一半,對於"夲"的釋讀完全没有什麽建設性,可以不必考慮。那麽,剩下的从"主"之説似乎就確實是唯一合理的選擇了。但我們要注意到的是,先抛開釋"夲"爲从"主"之説對有關用例解説的優劣這一點不談,單從文字系統的表現來説,也有很奇怪的地方。楚簡文字中从"主"之字現已非常多見。如用爲"主"的从"宀"从"主"之"宔"字,用爲"重"的从"石"(實爲从"厚"省)或"金"或"貝"从"主"之字,用爲"冢"的从"豕"从"主"之字,用爲

---

① 釋"夸"之説可參見何琳儀《句吳王劍補釋——兼釋冢、主、开、丂》,香港中文大學中文系編:《第二屆國際中國古文字學研討會論文集》,問學社,1993年,第249～263頁。釋"冢"之説見吳振武《説梁重鈳布》,《中國錢幣》1991年第2期,第21～26頁;又吳振武《鄂君啓節"舿"字解》,香港中文大學中文系編:《第二屆國際中國古文字學研討會論文集》,第273～292頁。釋"夲"之説可參見前引李守奎先生文。吳振武先生將所謂"梁重鈳布"和鄂君啓舟節之字右所从皆説爲从"大"从"冢"省聲。李守奎先生在釋鄂君啓舟節之字所从爲"夲"的同時,仍將所謂"梁重鈳布"之字説爲从"大"从"冢"省聲,並進而認爲它們有兩個不同的來源。我們覺得,似没有理由也没有必要作此特别的假設。隨着楚簡中以"主"爲聲旁的字的不斷增多,研究者們對戰國文字中"冢"和"主"的形體關係的認識已經逐漸清楚了。"冢"字始見於西周金文,其結構不明,但最初並不从"主"。在楚簡文字中"冢"多寫作"从豕主聲"之形,應爲"變形音化"的結果[參看上引何琳儀先生文;又白於藍《包山楚簡考釋(三篇)·釋冢》,吉林大學古籍整理研究所編:《吉林大學古籍整理研究所建所十五周年紀念文集》,吉林大學出版社,1998年,第68～76頁]。楚文字中表示"重"這個詞的字多以"主"爲聲旁(參看下文),没有必要視爲"冢省聲";魏二十八年平安君鼎蓋(《集成》5.2793)"之主(重)"合文作⿱之⿱亠王,又三十二年平安君鼎蓋(《集成》5.2764)略同,其下半(與其上的"之"共用一横筆)過去多視爲"冢"之省簡,其實恐就應直接看作"主"字讀爲"重";近年西安新出現的"伞(半)鈳之⿱王⿱王(主—重)"陰刻模鑄圜錢權,也是"主"字用爲"重"。見黃錫全《新見布權試析》,《揖芬集——張政烺先生九十華誕紀念文集》,社會科學文獻出版社,2002年,第349～353頁;收入氏著《先秦貨幣研究》,中華書局,2001年,第162～167頁。據第167頁注12,釋讀爲"半鈳之重"係黃德寬先生之説。又參見其《先秦貨幣通論》,紫禁城出版社,2001年,第76頁。另外,雖然此圜錢權的時代、國别不易確定,但據其字體風格和"鈳"來看,總不出戰國三晉地區的範圍。其表示"重"之字只寫作"主",跟前引魏器"之主(重)"合文一樣,符合我們現有的一般認識,從用字習慣的角度來説,也是不利於將同爲三晉貨幣文字之"夲"釋讀爲"重"之説的。

"動"的从"辵"从"主"之字(郭店《老子甲》簡10),用爲"斗"的从"斗"从"主"之字[《上博(三)·周易》簡51,"主"係加注的聲符],用爲"濁"的从"厂"从"主"之字[《上博(三)·恒先》簡4],等等。面對這種情況,我們不禁要問,爲什麽从"主"聲的字其釋讀大多不存在問題,而以"主"爲基本聲符的从"夲"諸字,其釋讀就多成問題了呢?从"夲"諸字既然以"主"爲基本聲符,爲什麽從未看到跟一般的从"主"聲之字發生關係的例子呢?這種情況,是不是正暗示出了"夲"其實跟"主聲字"無關呢?

由以上所論可見,將"夲"形拆分爲从大从"于"釋作"夸",或拆分出"主"旁(全字也仍然不認識)來確定其讀音並據而考釋,恐怕都是没有出路的。以"夲"爲聲旁之字已經如此之多,它應該是作爲一個整體參與構字的。我們在考慮"夲"形時可以先將其視爲一個音讀未明的獨立聲符,徹底抛開"于"聲或"主"聲的成見,而根據其讀音和文意綫索等確定其釋讀方向,再回過頭來考慮整個字形的解釋問題。

我們根據上博楚竹書中可以幫助確定"夲"的讀音的押韻、異文資料,從董珊先生將鄂君啓舟節从"舟"从"夲"之字釋讀爲"航"得到啓發,將"夲"跟"亢"聯繫起來,最終達成了一個新的認識。

二　據押韻資料定"夲"當爲陽部字

前引字形出現的資料中,《彭祖》有部分文句爲韻文,《三德》則全篇大部分文句都是韻文,由此可以幫助我們確定有關文字的韻部。這兩篇中从"夲"之字共見於以下三個韻段(下引簡文釋文用通行字,不嚴格隸定;待考釋的字用"△+數字"的方式代替,後同)。

《彭祖》:……彭祖曰:"一命一俯,①是謂益愈;一命三俯,是謂自

---

① "俯"字之釋從陳斯鵬、史傑鵬先生説。見陳斯鵬《上海博物館藏楚簡〈彭祖〉新釋》,《華學》第七輯,中山大學出版社,2007年,第161~162頁。又見於其《簡帛文獻與文學考論》,第九章戰國竹簡散文文本校理舉例之一——〈彭祖〉通釋及韻讀,中山大學出版社,2007年,第89~90頁。史傑鵬:《上博竹簡(三)注釋補正》,《古文字論集(三)》,《考古與文物》2005年增刊,第180~182頁。後引史傑鵬先生説皆見此文。

厚；三命四俯，是謂百姓之主。一命一䑽（仰？襄？），①是謂遭殃；一命三［䑽（仰？襄？）］，【7】是謂不長；三命四䑽（仰？襄？），是謂絕△1。……【8】

"俯、愈、俯、厚、俯、主"押韻（侯部），"䑽、殃、䑽、長、䑽"押韻（陽部），其韻例極嚴，最末處於韻腳位置的"△1"字不容不入韻。整理者原隸定"△1"爲"縩"，讀爲"輟"。研究者或讀爲"綴"、"殺"、"世"和"祭"等，②皆失韻。史傑鵬先生在《上博（六）・莊王既成》發表之前就已經指出，"'△1'也許是誤字，因爲它所在的位置應該是個陽部字"。所謂"誤字"之說，是因爲"簡文中'△1'字的右旁，和包山簡中的習見的'蔡'字偏旁的寫法實際上還是有距離的，……所以這個字很可能不是'縩'字"。在《莊王既成》公佈之後，已有研究者據前舉其中從"舟"從"夲"之字指出，《彭祖》此字右所從亦與"夲"爲一字，其跟用爲地名"蔡"之形無關已經可以肯定。③《彭祖》此字字形中確有寫訛的因素。研究者或釋爲從"尨"，跟鄂

---

① "䑽"讀爲"襄"見上引史傑鵬文，又見孟蓬生《〈彭祖〉字義疏證》，簡帛研究網，http://www.jianbo.org/admin3/2005/mengpengsheng004.htm，2005年6月21日。讀爲"仰"見上引陳斯鵬文。按兩說各有優劣。史傑鵬先生已經指出，"䑽"讀爲"仰"從文意和跟上文"俯"的對舉來看很好，但其聲母不很密合。而"襄"有"揚起"、"舉"意，"如果'襄'字本身能讀通簡文，就似乎用不着破讀"。但"䑽"讀爲"襄"雖聲音密合，卻意義上也還有問題。訓"舉"、"揚首"的"襄"，後亦作"驤"，多用於指馬、龍，偶可用於指鳥。如《詩經・鄭風・大叔于田》"兩服上襄"，《史記・司馬相如列傳》司馬貞《索隱》引"襄"作"驤"。又如孟蓬生和史傑鵬先生文已引以爲證的《漢書・敘傳》："雲起龍襄，化爲侯王。"《漢書・鄒陽傳》"交龍襄首奮翼"，《文選》卷三十九鄒陽《上吳王書》作"蛟龍驤首奮翼"。用於指鳥的如路喬如《鶴賦》（費振剛、胡雙寶、宗明華輯校：《全漢賦》，北京大學出版社，1993年，第41頁）："方騰驤而鳴舞，憑朱檻而爲歡。"後代"驤首"用於指人也是比喻用法。"舉首"義的"襄"能否在楚簡中用於指人還有待證明。另外，"襄"跟"俯"對舉，搭配上也不如"仰"之常見自然。

② 讀爲"綴"見黄人二、林志鵬《上博藏簡第三册彭祖試探》，簡帛研究網，http://www.jianbo.org/admin3/html/huangrener02.htm，2004年4月29日。又黄人二《上海博物館藏戰國楚竹書（三）研究》，（臺中）高文出版社，2005年，第164頁。讀爲"殺"見前引陳斯鵬《上海博物館藏楚簡〈彭祖〉新釋》。讀爲"世"見周鳳五《上海博物館楚竹書〈彭祖〉重探》，《南山論學集——錢存訓先生九五生日紀念》。原文未見，轉引自林志鵬《戰國楚竹書〈彭祖〉考論——兼論〈漢志〉"小說家"之成立（一）》，簡帛網，http://www.bsm.org.cn/show_article.php?id=698，2007年8月18日。讀爲"祭"見魏啟鵬《楚簡〈彭祖〉箋釋》，《新出楚簡國際學術研討會會議論文集（上博簡卷）》，武漢大學，2006年，第291～292頁。

③ 參看簡帛網"簡帛論壇"2007年7月18日網友"海天遊踪"、"一上示三王"等的發言，http://www.bsm.org.cn/forum/viewtopic.php?t=1234。

君啓舟節的所謂"舿"看作兩個不同的字,①恐不可信。

《三德》:皇后曰:立毋爲角,言毋爲人倡。② 毋作大事,毋殘常。毋壅川,毋斷△2。毋滅宗,毋虛牀。……【10】

"倡、常、△2、牀"押韻,"△2"外的三字皆爲陽部。

《三德》:天之所敗凡其賕,③而【13】寡其憂。興而起之,思(使)迎而勿救。方縈勿伐,將興勿殺,將齊勿△3,是逢凶孽。天災混混,弗滅不隕。④ 爲善福乃來,爲不善禍乃或之。卑【14】牆勿增,廢人勿興,皇天之所棄,而后帝之所憎。……【19】

"△3"整理者釋讀爲"劋"。季旭昇先生説:"本句'伐'、'殺'、'孽'上古音都在月部,'劋'在魚部,與'伐'、'殺'、'孽'爲旁對轉,可以押韻。"李守奎先生以"一字兩讀"來解釋,以爲此字所從的"夲(㚄)"旁中的聲符實爲"大"而非"主",字讀爲"撻",以求與上下叶韻。按"一字兩讀"畢竟是比較少見的特例,除非另有強證,以此作解殊乏必然性。我們看"△3"所在

---

① 劉洪濤:《釋上博竹書〈莊王既成〉的"舿"字》,簡帛網,http://www.bsm.org.cn/show_article.php?id=641,2007年7月20日。周鳳五:《上博六〈莊王既成〉、〈申公臣靈王〉、〈平王問鄭壽〉、〈平王與王子木〉新訂釋文注解語譯》,"2007中國簡帛學國際論壇"論文,臺灣大學,2007年11月10~11日。後以《上博六〈莊王既成〉、〈申公臣靈王〉、〈平王問鄭壽〉、〈平王與王子木〉新探》爲名,刊於上海社會科學院《傳統中國研究集刊》編輯委員會編:《傳統中國研究集刊》第三輯,上海人民出版社,2007年,第59~60頁。

② "言"字下有句讀號,故整理者和研究者皆在"言"字下斷句。"立"字或單作一字讀,或與下連讀爲"立毋爲角言",皆難通。按誤標句讀號在上博竹書中不乏其例,故我們改爲如此標點,"立"與"言"二者相對。曹峰先生已經指出"'角'在這裏意爲'冠角',是突出之意"(見後引其《上博楚簡思想研究》一書第204頁),可從(但他仍將"角言"連讀説爲"是一種先於他人之'言'",則不確)。古書有"角立"的説法,即"如角一樣卓然特立"之意,《後漢書·徐穉傳》:"至於穉者,爰自江南卑薄之域,而角立傑出,宜當爲先。"李賢注:"如角之特立也。"《顔氏家訓·勉學》:"身死名滅者如牛毛,角立傑出者如芝草。"簡文此句意謂立身不要特立獨出,説話不要先人而發。

③ "凡"字(即"異"之聲符)原釋爲"多",釋"凡"見何有祖《上博五〈三德〉試讀》,簡帛網,http://www.bsm.org.cn/show_article.php?id=213,2006年2月19日。"賕"及後文"孽"字之釋見季旭昇《上博五劄議(下)》,簡帛網,http://www.bsm.org.cn/show_article.php?id=196,2006年2月18日。下引季旭昇先生説亦見此文。

④ "混混"之釋見范常喜《〈上博五·三德〉札記三則》,簡帛網,http://www.bsm.org.cn/show_article.php?id=232,2006年2月24日。"混"、"隕"押韻(文部)。

韻段,其前面韻段四個位於句末的字爲"賕、憂、之、救",第三字"之"不入韻,餘三字押幽部韻;其後面不遠處(間隔四句)的韻段四個位於句末的字爲"增、興、棄、憎",第三字"棄"不入韻,餘三字押蒸部韻;又本篇簡17+15"不修其成,而聽其縈,百事不遂,慮事不成",第三個位於句末的字"遂"亦不入韻(餘三字押耕部韻),其韻例皆同。可見"△3"本可不入韻,它在這裏仍可念陽部的讀音,没有必要以旁對轉合韻或"一字兩讀"來勉强解釋。這也並不難理解。上舉數例皆爲四個短句組成,第三句末字不入韻,①其韻腳距離尚不算遠,讀來還是很和諧的。而前引"昌、常、△2、牀"韻段由四組共八個短句組成,"△2"如果不入韻,其韻腳就太稀疏了。總之,分析上舉從"夲"之字所在三個韻段的情況,其爲陽部字是完全可以肯定下來的。

三 據異文資料進一步推定"夲"當爲牙喉音陽部字

《上博(一)·性情論》簡28~29:

君子執志必有夫△4△4(原作"△4"一字重文)之心,出言必有夫柬柬【28】[之信]……【29】

郭店《性自命出》簡65~66跟它相對應之文作"君子執志必有夫生生之心,出言必有夫柬柬之信……"。"△4"原作如下之形:

整理者隸定作"栓"讀爲"注注",解釋爲"集中心意、專注、專心"。我們知道,《性自命出》跟《性情論》兩本,其語句没有出入而只是文字有不同的地方,對應字形之間大多爲一字異體或音近字通的關係。釋爲"栓"無法解釋其跟"生"的異文關係。李零先生釋作"柱",謂"疑郭店本是,

---

① 顧炎武《日知録》卷二十二"作詩之旨"條:"古詩用韻之法大約有三:首句次句連用韻,隔第三句而於第四句用韻者,《關雎》之首章是也。凡漢以下詩,及唐人之律詩首句用韻者,源於此。……"

而此本誤"。① 研究者或從之進一步説爲"桂(桂)"之誤。② 按"桂(桂)"字見於《性情論》簡31,"△4"跟其形體不近。

我認爲"△4"就是前舉从"木"从"夳"之字,其特異之處在於右半上方斷成兩截的"大"形少寫了一重。當然,"△4"的這種變化畢竟較爲少見,也可能確有訛誤的成分。③ 本篇中同類之例如,簡6"忐於己者之謂悦",《性自命出》簡12"忐"作"恚(快)"。裘錫圭先生已經指出:"'右'、'夬'皆从'又',其另一組成部分形亦相近,疑'忐'即'恚'之誤字。"④"忐"錯得不成字,跟本篇簡19"而"誤寫爲形近的"亓"字,情況還不完全相同。"从木从宝"這樣的偏旁組合没有在其他地方看到過,"桂"形很可能也不成字。結合前文所説"夳"當爲陽部字這一點,將其右半看作"夳"之訛,全字就是已經出現過的了。

"生(往)"是匣母陽部字,从之得聲之字的聲母或爲溪母(如"匡")、羣母(如"狂")、影母(如"枉"、"汪")等,不出牙喉音的範圍。"夳"的讀音當然也應該首先在這個範圍内考慮。

四　從文字系統看"夳"跟"亢"
　　特别的密切聯繫

據"夳"當爲牙喉音陽部字這一綫索,有關辭例大多可以找到合適的

---

① 李零:《上博楚簡三篇校讀記》,中國人民大學出版社,2007年,第65頁。

② 陳慶霖撰寫、季旭昇改訂:《〈性情論〉譯釋》,收入季旭昇主編《〈上海博物館藏戰國楚竹書(一)〉讀本》,[臺北]萬卷樓圖書股份有限公司,2004年,第200～201頁。

③ 李鋭先生向我指出,《性情論》"△4"字"也許不必看作大字省,木字右邊一點,其右有一濃墨點,或許是'大'字有殘損,可以看作'主'形少上面一横"。楊澤生先生也認爲,"此字所在竹簡有變形,其筆畫有移位和褪色","△4"字也可能"右上角本作'大',但左下撇筆也已褪掉"、"又由於'大'字形右邊斜筆寫得比較平,跟着'亢'普遍有的短横飾筆也省去了(當然包山簡从'力'从'亢'之字也没有此飾筆)"。其説似皆更有道理,謹記此備參。

④ 裘錫圭:《談談上博簡和郭店簡中的錯别字》,饒宗頤主編:《華學》第六輯,紫禁城出版社,2003年,第53頁;收入其《中國出土古文獻十講》,復旦大學出版社,2004年,第314頁。黄德寬和徐在國先生亦謂"頗疑'忐'乃'快'字之誤",見徐在國、黄德寬《〈上海博物館藏戰國楚竹書(一)緇衣·性情論〉釋文補正》,《古籍整理研究學刊》2002年第2期,第4頁;收入黄德寬、何琳儀、徐在國著《新出楚簡文字考》,安徽大學出版社,2007年,第111頁。

詞來將其講通。而對於真正認識這些字、解釋其字形尤爲重要的,則是其中所反映出來的"夲"在構字時往往功能跟"亢"相當這一點。下面就來看三組例子。

(一) 鄂君啓舟節和《莊王既成》之"舫"

鄂君啓舟節:屯三舟爲一△5,五十△5歲一返。

《莊王既成》:莊王既成無射,以問沈尹子莖,曰:"吾既果成無射,以供春秋之嘗,以待四鄰之賓客。① 後之人幾何保之?"沈尹固辭。王固問之。沈尹子莖答曰:"四與五之間乎?"王曰:"如四與五之間,載之專車以上乎? 抑四△5以逾乎?"沈尹子莖曰:"四△5以逾。"

鄂君啓舟節的"△5"舊有很多異説,此不具引。它應該是一個集合名詞,可以當"船隊"講,而並非某種船的名稱,吳振武先生已經在前人意見的基礎上分析得很清楚了。從吳振武先生文中還可以看出,在傳世文獻中,既从"舟"作、又能當"船隊"講或是跟"船隊"義很接近的字,其可供選擇的範圍是極其有限的。② 而最近董珊先生指出的"舫"字,正好也符合這兩個條件。

董珊先生認爲:③

鄂君啓舟節(《集成》12113、《中國青銅器全集》第 10 卷 98 頁左):"屯三舟爲一舿,五十舿歲一返。"此"舿"應當讀爲"舫"。《説文》:"舫,方舟也。从方、亢聲。《禮》:天子造舟,諸侯維舟,大夫方舟,士特舟(小徐本"大夫方舟"作"大夫舫舟"。)(臣鉉等曰:今俗别作

---

① "賓"字之釋見蘇建洲《初讀〈上博(六)〉》,簡帛網,http://www. bsm. org. cn/show_article. php?id=636,2007 年 7 月 19 日。又蘇建洲《〈上博楚竹書〉文字及相關問題研究》,[臺北] 萬卷樓圖書股份有限公司,2008 年,第 88~90 頁。"客"字之釋見沈培《〈上博(六)〉字詞淺釋(七則)》,簡帛網,http://www. bsm. org. cn/show_article. php?id=642,2007 年 7 月 20 日。後刊於中國文字學會《中國文字學報》編輯部編《中國文字學報(第二輯)》,商務印書館,2008 年,第 54 頁。
② 吳振武:《鄂君啓節"舿"字解》,第 285 頁。
③ 董珊:《讀〈上博六〉雜記》,簡帛網,http://www. bsm. org. cn/show_article. php?id=603,2007 年 7 月 10 日。

航，非是。）"其所謂"《禮》"，見《春秋公羊傳》宣公十二年何休《解詁》引以及《爾雅·釋水》，李巡注："並兩船曰方舟也。"又《說文》"方，併船也。象兩舟省總頭形。"《方言》卷九："舟，自關而西謂之舟，自關而東或謂之舟，或謂之航。"郭璞《音義》："航，行伍。"可見，"航"既爲兩船相併之稱，再轉爲量詞，指三舟爲一組，是容易理解的詞義引申。冉鉦鋮銘（00428）："自作鉦鋮，以□其船其航，□□□大川，以□其陰其陽。"其"航"字原作：

從"亢"聲。冉鉦鋮銘文有韻，主要是魚、陽合韻，"航"字押韻的情況也可以證明釋讀不誤。可見"航"字也是早已有之，並非俗別字。

裘錫圭先生在爲施謝捷先生《吳越文字彙編》所作的《序》中，已曾指出上舉冉鉦鋮"這個字也許是'航'字"。①

釋鄂君啓舟節從"舟"從"亢"之字爲"航"，是很精辟的意見，已經得到了不止一位研究者的贊同。② 也就是說，在從"舟"從"亢"之字中，偏旁"亢"就跟"亢"相當。

"航"除指兩船相併而成的方舟，又可指將船連接而成的浮橋，兩者顯然在意義上是有密切聯繫的，後者應即由前者引申發展而來。《淮南子·氾論》："古者大川名谷，衝絕道路，不通往來也，乃爲窬木方版，以爲舟航。"高誘注："舟相連爲航也。"《資治通鑒·梁紀二十二》"陳霸先兗冶城立航"，胡三省注："航，連舟爲橋也。"《方言》卷九"舟，……自關而東……或謂之航"，錢繹《箋疏》："《晉書·五行志》：'海西公太和六年六月京師大水，朱雀大航纜斷，三艘流入大江。'是航即今之浮橋，不止並兩船也。"字或作"杭"，《水經注·漸江水》："浙江又北逕歙縣東，與一小溪合……溪廣二百步，上立杭以相通。"又或作"桁"，《晉書音義上·帝紀第七》、《資治通鑒·晉紀十五》"燒朱雀桁以挫其鋒"胡三省注、《資治通鑒·宋紀十五》"直至朱雀桁南"胡三省注並云："桁，

---

① 施謝捷：《吳越文字彙編·序》，江蘇教育出版社，1998年，第2頁。
② 見前引劉洪濤、周鳳五文。

與航同。"①由用例出現較多、時代稍晚的"浮橋"一義的"航"、"杭"和"桁"字,"航"在較早時候的"連兩舟或三舟而成一組"之義也不難體會。

《莊王既成》之"△5"字整理者據鄂君啓舟節之字隸作"舿",讀爲"舸"。陳偉先生據吳振武先生之説改釋作"舿",解釋爲"船隊",又謂"四舿似指用四舟組成的船的集合"。② 按此説似不合語法,"四舿"恐只能解釋爲四支船隊。陳偉先生已經指出:"無射是周景王所鑄鐘名,見載于《左傳》昭公二十一年和《國語·周語下》。據《國語》所記單穆公的批評,是一種大鐘。"結合其解釋"專車"時説"無射之鐘重而大,所以要用專車裝載",推測他大概是將"無射"理解爲一件大鐘。這樣理解,一件鐘何以要用"四支船隊"裝載就很難講通,所以要勉強解釋作"四舟組成的船的集合"。按《國語·周語下》:"周景王將鑄無射,而爲之大林。"李學勤先生更引西周南宮乎鐘"作大林協鐘,兹鐘名曰無射"爲説,③可從。《周語下》的"爲之大林"舊有不同理解,馬承源先生曾根據南宮乎鐘銘,指出《周語下》的"大林"鐘就是編鐘,④其説可信。按《左傳》昭公二十一年"天王將鑄無射"孔穎達《正義》:"此無射之鐘在王城鑄之,敬王居洛陽,蓋移就之也。秦滅周,其鐘徙於長安,歷漢、魏、晉,常在長安。及劉裕滅姚泓,又移於江東,歷宋、齊、梁、陳時鐘猶在。東魏使魏收聘梁,收作《聘遊賦》,云'珍是淫器,無射高縣'是也。及開皇九年平陳,又遷於西京,置大常寺,時人悉共見之。至十五年敕毀之。"《隋書·律曆志上》引梁武帝蕭衍《鍾律緯》:"山謙之《記》云:'殿前三

---

① 參看宗福邦等主編《故訓匯纂》,商務印書館,2003年,第1900頁"航"字下、1100頁"桁"字下。
② 陳偉:《讀〈上博六〉條記》,簡帛網,http://www.bsm.org.cn/show_article.php?id=597,2007年7月9日。最近陳偉認爲,對"夸"形釋讀的幾種意見(包括本文初稿)中,"仍然以釋'夸'的可能性最大","遵循這個思路,對於《鄂君啓節》和《莊王既成》從舟之字,應該可以堅持于省吾先生的意見讀爲'舸'"。同時他還對其他從"夸"形之字,也都據從"夸"提出了釋讀意見,不具引。見陳偉《〈鄂君啓節〉——延綿30年的研讀》,"中國簡帛學國際論壇2009"論文,簡帛網,http://www.bsm.org.cn/show_article.php?id=1136,2009年8月25日。
③ 李學勤:《讀上博簡〈莊王既成〉兩章筆記》,孔子2000網,http://www.confucius2000.com/admin/list.asp?id=3212,2007年7月16日。
④ 馬承源:《商周青銅雙音鐘》,《考古學報》1981年第1期,第131頁;收入氏著《中國青銅器研究》,上海古籍出版社,2002年,第530～531頁。

鍾,悉是周景王所鑄無射也。'遣樂官以今無射新笛飲,不相中。以夷則笛飲,則聲韻合和。"雖然此説周景王所鑄無射鐘的流傳和山謙之所説是否符合事實難以質言,但也可以從中看出古人就認爲"無射"並非只是一件鐘。周景王和楚莊王所鑄的"無射鐘",皆當爲以十二律中的無射作爲宮音以定不同音高而構成音階的一套編鐘。《國語·周語下》單穆公稱無射爲"大鐘",跟其爲一套編鐘、其中有的鐘特大或整套編鐘整體較大並非截然對立。

鄂君啓舟節"屯三舟爲一航"是對組成"一航"之船的數量的特別規定。在單説"航"不加特別限定時,可能就是指兩船相併、相連。陳偉和李學勤先生都已指出,《莊王既成》的"載之專車以上"當指裝滿一車沿陸路而上運往晉國;"四△5以逾"承前省略了"載之",即將此套無射鐘裝載於"四△5"順水而下運往吳國。當時一輛車的運力,可據鄂君啓車節大致估定。鄂君啓車節銘文云:"車五十乘,歲一返。毋載金革黽〈黿〉箭。如馬、如牛、如德,屯十以當一車;如擔徒,屯二十以當一車。以毀於五十乘之中。"用以運送輜重物資的車可當十頭牛馬或二十名挑夫,其載重量約今重一噸左右。如此則一套編鐘約今重一噸左右,需"四航"即八艘小船運送,並不算太離譜。退一步講,此處的"航"也可能就用籠統的"舟船"之義,"四航"即四艘船。這類意義的"航"字古書亦多見,字或作"杭",如《楚辭·九章·惜誦》:"昔余夢登天兮,魂中道而無杭。"王逸注:"杭,一作航。"並不强調"併船"或"一組船"。總之,無射鐘載之"四航以逾",明白了其並非一件,就好理解了。

(二)《三德》之"陸(沆)"

《三德》簡文"毋壅川,毋斷△2",已見於前引。整理者原釋"△2"爲"陓"讀爲"洿",引《廣雅·釋詁三》"洿,聚也"爲説,謂"指水流所積聚"。"陓"字不見於《説文》,僅用於古澤藪名"陽陓"[亦作"楊(或'陽')紆"、"陽盱"等]。本篇簡12有"宮室汙池,各慎其度"。"汙"與"洿"音義皆近常可通用,在"汙(污)濁"、"洿池"這兩個意義上,表示的實爲同詞。故據簡12"汙"字也可知釋讀"△2"爲"陓(洿)"是有問題的。白於藍先生以字從"主"聲而讀爲意爲"溝洫"之"隧"或"瀆"。[1] 李守奎先生認爲,字从"主"

---

① 白於藍:《簡牘帛書通假字字典》,福建人民出版社,2008年,第75頁。

聲可讀爲"藪",也可能應從"大"聲而讀爲"泄"。諸説均因前一句"毋壅川"而將"△2"的釋讀也往"水"方面考慮。

分析字形和文意,首先可以肯定的一點是,"△2"當是就"山"而言的。從字形上看,"△2"當由只以"阜"爲意符的前舉包山簡 86 之字又添加"土"旁而來,跟上博竹書文字"陵(陵)"、"陸(陸)"[《上博(三)·周易》簡 50]、"陂(阪)"[《上博(三)·周易》簡 50]、"障(障)"[《上博(四)·曹沫之陳》簡 43 "行阪濟障"]、"隰(隰)"[《上博(一)·孔子詩論》簡 26]等相類,其本義當跟山阜有關。"△2"最直接的解釋當然就是用其本義,跟上文的"川"相對。從文意看,古書中講到各種當禁止之事時,跟"壅川"、"壅水"相並提對舉、常常同時出現的,正是"山"或亦指"山"的"高"字,如下引諸例。

《國語·周語下》"太子晉諫靈王壅穀水"章:"靈王二十二年,穀、洛鬭,將毀王宮。王欲壅之,太子晉諫曰:'不可。晉聞古之長民者,不墮山,不崇藪,不防川,不竇澤。……昔共工棄此道也,虞于湛樂,淫失其身,欲壅防百川,墮高堙庳,以害天下。……共之從孫四嶽佐之,高高下下,疏川導滯,鍾水豐物,封崇九山,決汨九川,……'"韋昭注:"墮,毀也。崇,高也。澤無水曰藪。防,障也。流曰川。澤,居水也。竇,決也。不爲此四者,爲反其天性也。""堙,塞也。高,謂山陵。庳,謂池澤。"

馬王堆帛書《十六經·三禁》:"行非恒者,天禁之。爽事,地禁之。失令者,君禁之。三者既脩,國家幾矣。地之禁,不[墮]高,不曾(增)下,毋服川,毋逆土毋逆土(按此三字係衍文)功,毋壅民明。"

曹峰先生已引《十六經·三禁》與《三德》"△2"所在前後文句對比。① 馬王堆帛書《稱》篇敍述諸"禁"時也說:"聚□□,隋(墮)高增下,禁也,大水至而可也。"

《管子·輕重己》:以春日至始,……發號出令曰:"毋聚大衆,毋

---

① 曹峰:《〈三德〉與〈黄帝四經〉對比研究》,原刊於《江漢論壇》2006 年第 11 期;收入氏著《上博楚簡思想研究》,萬卷樓圖書股份有限公司,2006 年,第 256 頁。

行大火,毋斷大木,誅大臣,毋斬大山,毋戮大衍。滅三大而國有害也。"天子之夏禁也。……以秋日至始,……發號出令曰:"毋行大火,毋斬大山,毋塞大水,毋犯天之隆。"天子之冬禁也。

《管子·七主七臣》:四禁者何也? 春無殺伐,無割大陵,保大衍,伐大木,斬大山,行大火,誅大臣,收穀賦。夏無遏水,達名川,塞大谷,動土功,射鳥獸。

俞樾謂:"'斬大山'之'斬',當讀爲'塹',與《形勢解》'斬高'同。"①《管子·形勢解》:"禹身決瀆,斬高橋下,以致民利。""斬高"、"塹高"與後文所引"鑿山"相近。顧史考先生已引《管子·輕重己》和《七臣七主》,並指出:"所謂'毋斬大山'、'毋戮大衍'、'毋塞大水'等,似又與《三德》篇'毋壅川,毋斷洿,毋滅崇,毋虛牀'等同謂。"②

《六韜》佚文:③《動應》(《羣書治要》卷三十一所錄《文韜》、敦煌寫本伯三四五四號等;篇題據後者):"人主好破壞名山,壅塞大川,決通名水,則歲多大水傷民,五穀不滋。"又《距諫》(敦煌寫本伯三四五四號等):"武王問太公曰:'天時水旱,五穀不熟,草木不番(蕃),萬物不遂,是何以然?'太公曰:'此大禁,逆天機、動地樞也。人主塞大川名山水,鑿穿山陵,則水旱不時,五穀不收,人民流亡。……桀當十月鑿山陵,通之於河。民有諫者曰:"冬鑿地穿山,是發天之陰,泄地之氣,天子失道,後必有敗。"桀以爲妖言而殺之。……'"

據此循音以求,"△2"當讀爲山岡之"岡"(後起加旁字作"崗")。《水經注·汚水中》引闕林山碑:"君國者不躋高埋下,先時或斷山岡,以通平道,民多病。守長冠軍張仲瑜乃與邦人築斷故山道,作此銘。"仔細體會,簡文跟上引古書還微有不同。上引古書之文談到諸"禁",其出發點或是

---

① 參看馬非百《管子輕重篇新詮》,中華書局,1979年,第735頁。
② 顧史考:《上博五〈三德〉篇與諸子對讀》,武漢大學簡帛研究中心主辦:《簡帛(第二輯)》,上海古籍出版社,2007年,第317頁。
③ 參見盛冬鈴《六韜譯注》附錄《六韜佚文》,河北人民出版社,1992年,第204~205、229~230頁。

"不反其天性"，或是不使地氣洩漏等，立論根據不盡相同。簡文"毋壅川，毋斷岡"的出發點也是"不反其天性"，但所謂"墮高埋庳"、"墮高增下"，其反面是"高高下下"，即使高者更高而低者更低，其所"順"的天性是"高"和"下"。而簡文所說的河流與山岡都是綿延長遠之物，只是前者流動而後者靜止。如壅塞前者、斬斷後者，皆即破壞其綿延長遠之天性。簡文"毋壅川，毋斷岡"是字字都能妥帖地講落實的。

"阬"的常用義是阬壑、阬陷，但從下引資料看，古書中有些"阬"字就是山岡之"岡"的古字。

"亢"聲與"岡"聲音近可通。《周禮·夏官·馬質》"綱惡馬"，鄭玄注："鄭司農云：綱讀爲'以亢其雔'之亢。書亦或爲亢。"《説文》卷十一下魚部"魧"字"讀若岡"。《釋名·釋山》："山脊曰岡。岡，亢也，在上之言也。"《集韻》平聲唐韻"居郎切"岡小韻"岡"字下謂"通作阬"。《管子·兵法》："進無所疑，退無所匱，敵乃爲用。凌山阬，不待鉤梯；歷水谷，不須舟楫。""山阬"顯然即"山岡"。楊雄《甘泉賦》(《漢書·揚雄傳上》、《文選》卷七)："陳衆車於東阬兮，肆玉釱而下馳。"顏師古注："阬，大阜也，讀與岡同。"《文選》卷八楊雄《羽獵賦》："跇巒阬，超唐陂。"注："如淳曰：跇，超踰也。音義曰：巒，山小而鋭。阬，大坂也。"劉良注："阬，山也。"張衡《西京賦》、《孔叢子·連叢子上》所載《諫格虎賦》等有"岡巒"一詞，與"巒阬"只是語序不同。此義的"阬"又或變作阬壑義之"阬"的俗字"坑"。《楚辭·大司命》："吾與君兮齋速，導帝之兮九坑。"王逸注："坑，一作阬。《文苑》作岡。"洪興祖《補注》："之，適也。坑，音岡，山脊也。"

據此可以進一步說，"△2"及前舉包山簡86从"阜"从"夲"之字，皆即對應於這個"岡"之古字"阬"。"△2"嚴格講其字形對應於"陸"。"陸"字見於曾侯乙墓漆箱(字形見後文)，亦應即"阬"字繁體，用爲二十八星宿名之"亢"。

(三)《語叢四》之"魧(瓨)"

家事乃有賏：三雄一雌，三△6 一莫，一王母【26】保三嬰婗。① ……【27】

---

① "嬰婗"之釋陳偉、林素清、劉釗、何琳儀等先生都指出過，此不具引。

"三△6一莁",整理者疑讀作"三壺一提",研究者有讀爲"三呱一媞"或"三弧一媞"、"三華一柢"、"三瓠一柢"、"三荂一實"等異説,此不具引。張崇禮先生引以下《淮南子》有關文句爲説:①

  《淮南子·泰族》:蓼菜成行,甂甌有堤,稱薪而爨,數米而炊,可以治小,而未可以治大也。

  《淮南子·詮言》:蓼菜成行,瓶甌有堤,量粟而舂,數米而炊,可以治家,而不可以治國。

並指出:"很明顯,簡文'三跨一莁'與《淮南子》的'甂甌有堤'、'瓶甌有堤'關係非常密切。"在舊有解釋《淮南子》的諸種異説中,以高誘注(按當爲許慎注)、馬宗霍和于省吾先生解釋爲"指瓶類的底座"最爲合理,"正確理解應該是多個陶器一起放在几案一類的底座上。'蓼菜成行,甂甌有堤'是説小小的蓼菜都有行列,小的盆盆罐罐都在底座上排列整齊。這和'稱薪而爨,數米而炊'或者'量粟而舂,數米而炊'一樣,都是專在小事上下功夫",其説可從。

《説文》卷一上艸部:"莁,艸也。从艸,是聲。"此字前後皆爲與草有關的名物詞,其中顯然有問題。張涌泉先生引敦煌寫本斯 2055 號《切韻箋注·支韻》是支反:"莁,草桉也。出《説文》。"其中"桉"字故宮舊藏裴務齊正字本《刊謬補缺切韻》作"安",指出今本《説文》釋義"艸"字下疑脱"桉"或"安"字,其説極是。他還引《四部叢刊》景印清道光間劉泖生影寫北宋本《淮南子·詮言》"瓶甌有堤"下許慎注:"莁,瓶甌下安也。"謂"《説文》'莁'字很有可能即據《淮南子》收載","'莁'釋'草桉',大約就是承槃(有足)之屬,與《説文》上下條目的類屬正合"。②

  把上引兩位張先生的意見合起來看,"莁"字之釋應已無疑義。《語叢四》此處文例對"△6"釋讀的限定性不强,只要解釋爲某種器物都是可以

---

  ① 張崇禮:《郭店楚簡〈語叢四〉解詁一則》,簡帛網,http://www.bsm.org.cn/show_article.php?id=544,2007 年 4 月 7 日。

  ② 張涌泉:《讀〈説文〉段注札記五則》,《中國文字學會第四屆學術年會論文集》下册,2007 年 8 月,西安,第 752~753 頁;後刊於《中國文字學報(第二輯)》,第 110~111 頁。

的,所以如有研究者以爲從"夸"聲而讀爲"壺",或如吳振武先生對包山簡85從"缶"從"夸"之字(此二例均用於地名)的看法而釋爲"鍾",單從文意是無法判斷其正誤的。我們在這裏要強調的,是如將"△6"中的"夸"換爲"亢",其字正好可以跟楚地多見的器物名"瓨"對應上。

馬王堆一號漢墓遣册簡 98～102 和三號漢墓遣册簡 110～121 都有"某物若干坑","坑"顯然是器物名。唐蘭先生正確地釋出"坑"字,並指出"坑即瓨字",其説略謂:①

> 坑即瓨字,《方言》五:"瓨、甖也,霝桂之間謂之瓨。"郭璞注:"今江東通呼大瓮爲瓨。"《廣雅·釋器》"瓨,瓶也"。字亦作塂或甌。《新撰字鏡》瓨字下注"塂同"。《玉篇》"塂、器也,亦作甌"。《廣韻》:"塂、甕也。""甌,上同。"……

《廣雅·釋器》"瓨,瓶也",王念孫《疏證補證》:"《晉書·五行志》:'旬如白坑破,合集持作甌。'坑與瓨同。"《史記·貨殖傳》:"通邑大都,酤一歲千釀,醯醬千瓨〈坑(瓨)〉……"②此類"坑"字皆與見於《玉篇》、《廣韻》等的"阬"字俗體(《説文》大徐本"阬"字下説"今俗作坑")無關,而是着眼於"(陶)土製"器物角度爲"瓨"所造的異體字。馬王堆帛書和遣册中"缶"字或從"土"作"垢",遣册中"盂"字從"土"作"圩",③皆即同類之例。所以唐蘭先生説"坑即瓨字",是非常準確的。

據以上所論,"△6"可釋爲"航",即"瓨"之異體。意符"缶"和"瓦"在表示"陶製器物"之字中也可通用,猶《説文》卷五下缶部"缾"字或體從瓦作"瓶",又

---

① 唐蘭:《長沙馬王堆漢軑侯妻辛追墓出土隨葬遣策考釋》,《文史》第十輯,中華書局,1980年,第25頁。
② 《漢書·貨殖傳》"瓨"作"瓨",裘錫圭先生引上舉馬王堆遣册簡及唐蘭先生説指出"'瓨'顯然是'坑'(瓨)的誤字而不是'瓨'的誤字"。見裘錫圭《考古發現的秦漢文字資料對於校讀古籍的重要性》,收入其《古代文史研究新探》,江蘇古籍出版社,1992年,第25頁;又《裘錫圭自選集》,河南教育出版社,1994年,第155頁。
③ 參見陳松長編著,鄭曙斌、喻燕姣協編《馬王堆簡帛文字編》,文物出版社,2001年,第551～552頁"圩"字,第552頁"垢"字,第554頁"培"字。所謂"培"字見於三號墓遣册簡127～132,裘錫圭先生指出當釋"垢"讀爲"缶",正確可從。見裘錫圭《釋古文字中的有些"恩"字和從"恩"、從"兇"之字》,復旦大學出土文獻與古文字研究中心編:《出土文獻與古文字研究(第二輯)》,復旦大學出版社,2008年,第7頁注50。

《周易·井》卦辭"羸其瓶"之"瓶"字《上博(三)·周易》簡44作"缾"。

見於《淮南子》的"莚"和見於馬王堆遺冊的"坑(瓨)",看來皆是帶有楚地方言詞性質之字。《語叢四》跟郭店簡中其文字帶有齊魯特色的《語叢》一、二、三雖然竹簡長度相當,但在字體、內容、編繩和每簡字數等方面都有很大不同,其思想風格也跟郭店簡中原產於齊魯的儒學文獻有別,應該最可能就是楚地本土創作的。從這個角度看,説"三△6一莚"之"△6"即"瓨(瓨)"字,也自有其合理之處。

五 "夲"跟"亢"字形關係的解釋

根據我們已有的對戰國文字中同類常見變化的認識,首先可以推知,"夲"下半的所謂"主"形,其原始形體應該就作一橫筆下加一豎筆或斜筆之形。其橫筆上方加短橫,以及豎筆中間加點(或用勾廓方式寫出)、點再變作短橫等,都係出自後來的變化。本文開頭所舉字形中那些没有在橫筆上方添加短橫的,有不少還將長橫筆寫在"大"形下半的中間,同時其兩側跟"大"形中表示兩腿形的筆畫相接。如據以上分析,將文首所舉字形中的一部分加以處理,可以拆分出如下諸形:

這部分形體顯然正是"亢"字。其個別的中間一筆還作一斜筆形,仍然保留着"亢"字較原始的特徵。也就是説,在"夲"較原始的字形中,實際上就包含有"亢"字。這個成問題而形體又並不複雜的"夲"旁,字形上除了一般的分析爲"大"跟"于"或"主"兩部分,還能另外再找到拆分辦法,恐怕不是偶然的。這也大大堅定了我們的信心。當然,"夲"後來的變化,則反映出在書寫者心目中確實已經被拆分爲"大"和"主"上下兩個部分了,"亢"形已經遭到破壞。

"夲"與"亢"的字形關係問題,一種可能想到的辦法,是借鑒吳振武先生最初考釋梁釿布時將"夲"分析爲從"立(士)"從"家省聲"、兩者共用中間一橫筆的"借筆"的思路,將字形解釋爲從"主"或"丂"從"亢聲",二者共用一橫筆。這樣想的好處是，避開了"亢"形何以會出現比較罕見的變化（見下文）的麻煩。但其弱點也是極爲明顯的。首先，从"主"或"丂"从"亢聲"之字到底是什麽字、它是爲哪個詞所造的這個問題無法回答；其次，如果確實應該這樣分析，則何以其分開書寫而不借筆的字形從未出現過呢？因此，這個設想大概不會有成立的可能。

另一種辦法，是認爲"夯"就是"亢"的寫法特殊的異體、繁體。古文字中已經確認的"亢"形體變化不大，我們在考慮由"亢"變爲"夯"時，也曾設想過多種複雜的可能，也許不是完全沒有道理，但終究缺乏字形演變的中間環節，近於無謂的懸想猜測，此不必贅述。我們看"夯"一類字形，較"亢"只多出一筆，最直接的辦法還是就應該看作"亢"形下面憑空多加了一筆。古文字中在橫筆下方加一長斜筆或豎筆作飾筆的情況較爲罕見，一時還難以找到完全相同、可以跟"夯"相印證的例子。但我們可以推想，這種飾筆跟古文字中可在豎筆中間加點（或又變作短横）、或其左右兩邊加小斜筆、或長橫筆上下加短橫之類較爲普遍的裝飾性筆畫不同，最初應該是比較偶然的變化。但這類變化如被繼承下來，或又有演變，就讓人覺得難以解釋了。同類的例子可以舉出"直"字和"兵"字。"直"本从"目"上一直筆形，西周金文中已經開始出現在"目"形左邊添加一曲筆的寫法（《説文》分析爲"从L"），春秋戰國文字中"直"以及从"直"的"悳"字、"植"字等，从"L"和不从"L"的寫法都同樣多見。秦文字"兵"字常在所从的"斤"旁下面多加一長橫筆（《説文》籀文同），這種寫法並爲後代隸楷所繼承。齊系文字如庚壺、叔弓鎛等還在長橫下又加一短橫。① 這類憑空多出來的筆畫，同樣並非習見的添加飾筆的類型；添加筆畫之形跟原字也完全是一字異體，用法沒有分別，所加筆畫看不出有什麽表意的意圖。以上所説"橫筆下偶加一長斜筆或豎筆作爲飾筆"跟"添加飾筆的形體流行"兩方面的情況集中到一個字上的，就會造成由"亢"到"夯"的變化了。

東周文字中秦系文字以外的普通的"亢"及从之之例較少看到，除前

---

① 以上所談"兵"與"㫐/直"、"悳/惪"的變化參看趙平安《〈説文〉小篆研究》，廣西教育出版社，1999年，第3~4頁。

已引的冉鉦鋮"舩"字外，①我只找到以下一些：

☐尖首刀(《先秦貨幣文字編》第 165 頁) ☐ ☐ (☐《楚文字編》第 825 頁)曾侯乙墓漆匫 ☐《古璽彙編》2823"韓生肮" ☐、☐《古陶文彙編》3.847、848"肮"(用爲單字人名)

從文字構形的系統性來說，將"夲"釋爲"亢"，在六國文字裏就出現了一大批"亢"及從"亢"之字，正好填補了缺環和空位。②

講到這裏，也許有人會說，楚文字中也同樣沒有"夸"，將"夲"釋爲"亢"後，從文字構形的系統性來說，不也同樣就把從"夸"之字抽空了麼？會不會"夲"還是楚文字的"夸"呢？只是出於未知因素其"于"旁的寫法較爲特殊而已？如何琳儀先生曾舉出從"夲"諸字，說："然而奇怪的是，除秦文字'夸'作☐(《陶彙》5.33)從'于'外，六國文字'夸'均不從'于'，而從'丂'。"③對此，我們的解釋是，一方面，楚文字之外的六國文字中已經看到了普通形的"夸"字，見於三孔布面文"王夸"，作☐(《中國錢幣》1994年第 2 期第 77 頁圖一)，下正從"于"。另一方面，現所見數量最大的楚簡文字中沒有看到"夸"，可以解釋爲，"夸"及部分從"夸"之字的職務當時可能大多就是由從"于"之字所分擔的。"夸"本從"于"聲，"于"聲、"夸"聲之字多具有核心義素"大"，有不少是音近義通的。如前文已經提到的"汙"之與"洿"。又如，《說文》"芌"字或體作"荂"，研究者多已指出，楚文字中的"芌(華)"字皆作"芋"。由此可見，楚文字既已有"汙"和"芋"字，則沒有"洿"和"荂"也就不奇怪了。馬王堆帛書《周易》的《繫辭》"枵木爲周(舟)"

---

① 冉鉦鋮《集成》定其時代爲戰國早期，也有不少研究者認爲當屬春秋時期。參看董楚平《吳越徐舒金文集釋》，浙江古籍出版社，1992 年，第 365～372 頁。

② 《古璽彙編》3915 有☐字，作人名("公孫～")。據文首所舉《先秦貨幣文字編》130"亢"字之前三形☐、☐、☐，此形上所從可能也是"亢"之異體，全字也應該釋爲上舉古璽、陶文的人名用字"肮"。

③ 何琳儀：《句吳王劍補釋——兼釋冢、主、开、丂》，第 259 頁。

句,以"杅"爲"刳"。楚文字中"刳"這個詞尚未見到,很可能也是以"于"聲字來表示的。再來看"訏"與"夸/誇"("誇"可以看作着重於"言語誇大"這個角度爲"夸"所造的分別字)。郭店《尊德義》簡15:"教以言,則民詁(訏)以寡信。""詁"字應即"訏"加繁飾"口"形的異體。陳偉先生曾讀爲"夸",云:"《說文》:'夸,誠也。'《逸周書·諡法解》:'華言無實曰夸。'"①我們認爲此例不需破讀本通,《說文》卷三上言部:"訏,詭僞也。"此義古書字或作"迂"、"諤"、"宇"[參看王引之《經義述聞》卷二十《國語》(《周語下》)"其語迂"條],多用於指言語,適與簡文上文"教以言"相應。但荆門左塚楚墓漆梮附屬於由外向内數第一層方框的文字有"訏溢",看不出其跟言語有關,此"訏"字很可能就應讀爲"夸/誇","誇溢"即"矜誇驕溢"之意。由此看來,當時"誇"字的職務很可能就是由"訏"字兼任的,楚文字中的"訏"兼有古書"訏"和"誇"兩字的表義功能,則其不見"誇"字也就可以理解了。總結以上情況,楚簡文字中目前不見"夸"及"夸"聲字,並不是很奇怪不可接受的。② 再從讀音來說,前舉押韻和異文的材料,以及研究者已經提出的"舡"、"綱"(見後文)之釋,雖然可以釋爲從"夸"聲而以魚陽通押或魚陽對轉來勉強解釋,但終覺不如釋爲"亢"之自然直接。

綜上所論,我們認爲"夲"在構字時其功能跟"亢"相當這一點是可以肯定的。在其字形解釋上則傾向於認爲"夲"就是六國文字中添加飾筆而形成的特殊寫法的"亢"字。下文在涉及"夲"和從"夲"諸字時,就直接釋寫作"亢"和從"亢"之字了。

六 其餘辭例的解釋

(一)《性情論》"杭"字

《性自命出》的"君子執志必有夫生生之心",李零先生讀爲"廣廣",

---

① 陳偉:《郭店簡書〈尊德義〉校釋》,《中國哲學史》2001年第3期,第114頁。

② 郭店《六德》簡24、36的 、 字,研究者多以《古文四聲韻》下平聲麻韻"夸"字下引崔希裕《纂古》作""爲證釋爲"夸"。也有研究者釋爲"詹(諺)"。如釋"夸"之說可信,則又爲楚文字何以不見"夸"字增加了一種解釋。

謂:"按'廣廣'是遠大之義,見《莊子·天運》(按當爲《天道》)、《荀子·解蔽》等。"①研究者多從其説。陳偉先生讀爲"皇皇"。②

這類重言形況詞意義較虛,我們很難舉證説明哪種讀法一定不對。但根據我們對《性情論》"杭"字之釋,將"㝎"和"杭"都讀爲意爲"高"的"宂"、"伉"或"抗"(幾字常通用),似更爲切合。

《詩經·大雅·緜》:"迺立皋門,皋門有伉。迺立應門,應門將將。"毛傳:"伉,高貌。""有伉"即"伉伉"。③古書常見"抗"與"志"搭配,謂高尚其志。《荀子·脩身》(《韓詩外傳》卷二略同):"治氣養心之術……卑濕重遲貪利,則抗之以高志。"《孔叢子》有《抗志》篇,其首章云:"曾申謂子思曰:'屈己以伸道乎?抗志以貧賤乎?'子思曰:'道伸,吾所願也。今天下王侯其孰能哉?與屈己以富貴,不若抗志以貧賤。屈己則制於人,抗志則不愧於道。'"《六韜·文韜·上賢》:"士有抗志高節以爲氣勢,外交諸侯,不重其主者,傷王之威。"班固《答賓戲》(《漢書·敍傳上》、《文選》卷四十五):"是故仲尼抗浮雲之志,孟軻養浩然之氣。"④

---

① 李零:《郭店楚簡校讀記(增訂本)》,中國人民大學出版社,2007年,第143頁。按《莊子·天道》:"夫道,於大不終,於小不遺,故萬物備。廣廣乎其無不容也,淵乎其不可測也。"成玄英疏謂"廣廣歎其寬博",郭慶藩注云:"案廣廣,猶言曠曠也。曠曠者,虛無人之貌。(《漢書》)《五行志》'師出過時,兹謂廣',李奇曰:'廣,音曠。'曠與廣,古字義通。(《漢書》)《武五子傳》'横術(薛瓚曰:'術,道路也。')何廣廣兮',蘇林曰:'廣,音曠。'"王先謙《漢書補注》引王念孫説以爲《莊子》及下引《荀子》之"廣廣"皆與"曠曠"同,空也。《荀子·解蔽》:"恢恢廣廣,孰知其極?罕罕廣廣,孰知其德?涫涫紛紛,孰知其形?明參日月,大滿八極,夫是之謂大人。"《荀子·非十二子》:"士君子之容:其冠進,其衣逢,其容良。儼然,壯然,祺然,蕼然,恢恢然,廣廣然,昭昭然,蕩蕩然——是父兄之容也。"楊倞注:"恢恢、廣廣,皆容衆之貌。"可見將古書的"廣廣"説爲"遠大之義"恐也有問題。

② 陳偉:《郭店竹書別釋》,湖北教育出版社,2003年,第201頁。

③ 參見王顯《〈詩經〉中跟重言作用相當的有字式、其字式、斯字式和思字式》,《語言研究》1959年第4期。

④ 《吕氏春秋·慎人》:"孔子烈然返瑟而弦,子路抗然執干而舞。"陳奇猷《吕氏春秋校釋》:"抗,讀'高抗'之抗。'抗然',形容子路之志氣……此'抗然'係謂子路之志氣高抗也。"《漢語大詞典》"抗然"條下引此釋爲"志气高亢貌"。按《莊子·讓王》作"子路扢然執干而舞",成玄英疏:"扢然,奮勇貌也。"王念孫謂"扢"當讀爲"仡",《説文》:"仡,勇壯也。""抗然"之"抗"當爲"扢"之形近訛字,故此不用。參看王利器《吕氏春秋注疏》,巴蜀書社,2002年,第1540~1541頁。

(二)《彭祖》、左塚楚墓漆梮"統"字

史傑鵬先生在解釋《彭祖》"三命四䏻(仰?襄?),是謂絶統"時,曾根據所謂"繏"當爲陽部字說了如下一段話:

> 古書中有"綱絶"的說法,就是形容國家滅亡的。比如《史記·淮陰侯列傳》:"秦之綱絶而維弛,山東大擾。""綱絶"和"絶綱"只是語序和構詞方式不同,前者是主謂式,後者是動賓式,而意思完全一樣,不知道和這段簡文是否意思相關。

顯然即懷疑"統"字當讀爲"綱"。董珊先生也曾告訴我,他據字釋"綺"之說而認爲當讀爲"綱"。按讀爲"綱"可從。"亢"聲與"岡"聲相通之證前文已經舉出。《史記·龜策列傳》:"列星奔亂,皆絶紀綱。"《白虎通義·嫁娶》:"悖逆人倫,殺妻父母,廢絶綱紀,亂之大者也。"《焦氏易林·升之第四十六》有"絶其紀綱"之語。"綱"意爲綱常、法度。

荊門左塚楚墓"漆梮"附屬於由内向外數第三層方框的文字有16個詞,可整理爲四組。其中有兩組分别作"經、逆、啓(?)、統"和"統、訓(順)、忞(閉)、紀"。"統"整理者原釋爲"綺"。① 董珊先生指出後者跟"紀"爲一組,兩者詞義相近,當讀爲"綱",②顯然是很正確的。

"統"字見於《漢書·枚乘傳》(《上書諫吳王》):"泰山之霤穿石,單極之統斷幹。"顏師古注引晉灼曰:"統,古綆字也。"《文選》卷三十九枚乘《上書諫吳王》舊校:"五臣本統作綆。"楚文字中的"統",從上引兩處用法來看,很可能本來就是爲"綱"所造的,跟古書中"古綆字"的"統"不一定有關。

"漆梮"中跟"經"爲一組的另一個"統"字,從詞義看最合適的當然是"緯"或"維",但其讀音相差很遠,不可能相通。按所謂東西或左右曰"橫"曰"緯",上下或南北曰"縱"曰"經",這個"統"字也許可以考慮讀爲"衡"或"橫"。當然,其同樣用爲"綱"的可能性也是難以完全排除的。

---

① 黃鳳春、劉國勝:《記荊門左塚楚墓漆梮》,《第四屆國際中國古文字學研討會論文集》,香港中文大學中國語言及文學系,2003年,第496~497頁。黃鳳春、劉國勝:《左塚三號楚墓出土的漆梮文字及用途初考》,收入湖北省文物考古研究所、荊門市博物館、襄荊高速公路考古隊編著《荊門左塚楚墓》附錄六,文物出版社,2006年,第230頁,又彩版四三。

② 董珊:《荊門左冢楚栻漆書初考》,未刊稿。

（三）子彈庫楚帛書"亢"字

子彈庫楚帛書中間的八行文字，即李學勤先生定名爲《四時》篇的，① 主要講述四時從形成到被破壞又重新得到恢復的過程。全篇共分三章，每章末尾有扁方框號爲標誌。第二章末尾和第三章開頭一句一般釋爲："帝夋（俊）乃爲日月之行。共工夸步，十日四時□。"吳振武先生改釋讀爲"共工踵步"。② 我們將所謂"夸"字改釋爲"亢"之後，首先想到的辦法，是沿着吳先生的思路，讀爲"共工更步"或"共工賡步"。③ "步"作動詞，"更"訓爲"更代"、"更替"或"接續"、"賡續"（此二義實本相因，有時難以強分），字亦作"庚"、"康"或"賡"。④ "共工更步"或"共工賡步"即共工"更替"、"代替"或"接續"、"賡續"上文所說的"爲日月之行"者而進行"步"的工作。但仔細推敲上下文意，問題實在太多，此說殊未可必。帛書此字的解釋，恐怕還只能存疑。

下面吸取衆說之長，按我們的理解把帛書此篇有關文字多引一些，略作分析，以爲參考（三章每章提行書寫）。

……未又（有）日月，四神相弋（代），乃止（止）呂（以）爲哉（歲），是隹（惟）四寺（時）。

---

① 李學勤：《楚帛書中的古史與宇宙論》，收入其《簡帛佚籍與學術史》，江西教育出版社，2001年，第47～55頁。下引李學勤先生說皆見此文。
② 吳振武：《楚帛書"夸步"解》，中國社會科學院簡帛研究中心編輯：《簡帛研究（第二輯）》，法律出版社，1996年，第56～58頁。
③ "亢"聲字與"更"聲字關係密切，常常相通。參見高亨纂著、董治安整理《古字通假會典》（齊魯書社，1989年），第288頁【亢與梗】條、【伉與更】條、【統與綆】條，第289頁【杭與梗】條。餘又如《說文·辵部》"迒"字或體作"䟪"，馬王堆帛書《式法》星宿名"亢"多作"埂"，等等。
④ 西周册命金文中此類用法的"更"字多見。《說文》段注"更"字下："更訓改，亦訓繼。"《尚書·益稷》（《皋陶謨》後半）："（皋陶）乃賡載歌曰：'元首明哉，股肱良哉，庶事康哉！'"《史記·夏本紀》首句作"乃更爲歌曰"。段玉裁《尚書古文撰異》謂"古庚、更通用。……更有轉移、相續二訓，相反而相成也。'賡'之訓與音亦同。《詩經·周頌·天作》："天作高山，大王荒之。彼作矣，文王康之。"楊樹達先生讀"康"爲訓爲"續"之"庚"（《小雅·大東》"西有長庚"毛傳："庚，續也。"）。見楊樹達《詩周頌天作篇釋》，收入其《積微居小學述林全編》，上海古籍出版社，2007年，第345～346頁。從用字習慣來說，古書極爲多見的"更"字，目前在楚文字中還沒有出現過（郭店《六德》簡32、33的"䢖"字或釋爲"更"，並被一些工具書所收錄。其實此字釋"更"之說恐不可靠）。將帛書的"亢"讀爲"更"，跟當時的用字習慣應該是並不衝突的。

試說戰國文字中寫法特殊的"亢"和从"亢"諸字　343

......千又百歲(歲)，日月𦥑(允)生。九州不坪(平)，山陵(陵)備[圖]。四神乃乍(作)，......炎帝乃命祝螎(融)㠯(以)四神降，奠三天□㒼，思(使)叙奠四亟(極)。① 曰："非九天則大[圖]，則母(毋)□敓天靁。"②帝𦥑(允)，乃爲日月之行。③

共攻(工)亢步十日，四寺(時)□□。□神則閏四□，母(毋)思(使)百(?)神、風雨、晨(辰)褘(緯?)𩃉(亂)乍(作)。乃逆日月，㠯(以)𨒌(轉)相□，④思(使)又(有)宵又(有)朝，又(有)晝又(有)夕。

────────

①　楚文字中"思"字讀爲"使"現已多見，研究者有很多論述。帛書之例最初由劉信芳先生指出，見劉信芳：《楚帛書論綱》，饒宗頤主編：《華學》第二輯，中山大學出版社，1996年，第54頁。又劉信芳《子彈庫楚墓出土文獻研究》，藝文印書館，2002年，第35、43頁。
②　"母(毋)"下之字一般釋爲"敢"，李零先生目驗帛書原物，認爲"非'敢'字"。見李零《〈長沙子彈庫戰國楚帛書研究〉補正》，《古文字研究》第二十輯，中華書局，2000年，第172頁。
③　"𦥑"即"允"之繁體，係將下半的"人"寫作"身"而成，楚簡多見。《山海經·大荒南經》："羲和者，帝俊之妻，生十日。"《山海經·大荒西經》："帝俊妻常羲，生月十有二。"研究者多據此釋此字及上文"日月𦥑(允)生"之"𦥑"爲"夋(俊)"。李學勤先生已經指出，"細察照片，'夋'字下部不顯足形，釋讀實有問題"。帛書"𦥑"字前後兩形分別作[圖]、[圖]，後一形下半微有特異之處。有研究者試圖在形體上加以區分，認爲前一形確爲"允"，而此處(即後一形)"是個帶足形的允字，也就是夋字"，恐怕是不行的。《上博(一)·緇衣》簡3"惟尹𦥑(允)及湯"之"𦥑"字作[圖](與此後一形同)，而郭店《緇衣》簡5作一般的"𦥑(允)"形[圖]；又新近發表的清華簡《保訓》簡7"𦥑(允)"字作[圖](《文物》2009年第6期封二)，皆可證。不過，"夋"本自"允"字分化，將其字釋爲"允"字繁體，也並不能完全排除當讀爲"夋"或"俊"的可能性。這裏的關鍵問題是對其前一"曰"字句的主語和其意義尚不能確解。前文的"非......則毋......"似爲條件或假設複句，意爲"若非......就不要"。所以李學勤先生以爲這話是祝融説的，"帝允"即"炎帝表示允可"，炎帝針對這個假設的話而答應祝融。如此説，"乃爲日月之行"的主語似係祝融或係炎帝均有可能。而前引李零先生《〈長沙子彈庫戰國楚帛書研究〉補正》第172頁則説："但從文意看，'曰'字的主語還是以解釋爲炎帝更好，(帝𦥑)這裏仍作帝夋解。"此姑從李學勤先生説斷句標點。
④　"𨒌"字多讀爲"傳"。讀爲"轉"見李零《長沙子彈庫戰國楚帛書研究》，中華書局，1985年，第72～73頁。郭店《語叢四》簡20"𨒌"字亦用爲"轉"。"乃逆日月，以轉相□"應爲迎送日月，使之轉相出入、從而形成晝夜變化(即下文的宵、朝、晝、夕)之意。"相"下之字原殘缺頗甚，李零先生目驗帛書原物後説"現可見是一'土'字"(李零：《楚帛書目驗記》，《文物天地》1990年第6期)，其意或謂"土"字之外還有其他筆畫或偏旁。劉信芳先生據此釋爲"以傳相土"，解釋爲共工傳曆數於商人的先公相土，研究者或從之，恐不可信。見劉信芳《楚帛書考釋二則》，考古與文物編輯部編輯：《古文字論集(二)》，考古與文物叢刊第四號，2001年，第166～167頁。又前引劉信芳《子彈庫楚墓出土文獻研究》，第53頁。

先說其中的"步"字。此字本來不成問題,但近年楊澤生先生在將楚帛書中另兩個舊誤釋爲"步"之字(皆見於本篇)正確地改釋爲"㞢"的同時,又將此處之形也改釋爲"㞢",①則恐不確。這幾個字形如下:

[圖]("兂步"之"步")　　[圖]("四神相代,乃㞢以爲歲")

[圖]("以司堵壤,咎而㞢達")

"兂步"之"步"上下所從皆爲"止"形,顯然跟後兩形不同。李守奎先生"兂"字從吳振武先生説釋讀爲"踵",而"步"字則已改從楊説釋爲"㞢(之)"。陳斯鵬先生另兩"㞢"字略從楊説,此字仍釋"步",②並曾引以爲證釋《上博(四)·柬大王泊旱》簡22"太宰子[圖]"之[圖]字爲"步",③可從。楚文字"涉"的上下兩方向相反的"止"形也多已類化爲兩個普通的"止"形,如《柬大王泊旱》同篇簡9[圖]、簡11[圖]、帛書此篇上文[圖]等。可見此"步"字之釋是沒有問題的。

再看"十日"的説解。研究者或將"十日"連下讀,將"十日"和"四時"都理解爲共工所生,以爲"四時"非四季而是指後文的宵、朝、晝、夕,兹不取。"□神則閏四□,毋使……"句,研究者多認爲是講"置閏"(帛書中間十三行篇有"是謂失月,閏之勿行"),則其前的"四時"仍應是四季,"四時□□"應是講置閏產生的原因,跟四季不正有關。饒宗頤先生認爲"十日"是"指自甲至癸的十干",④曾憲通先生進而認爲即曆法上的一旬,代表記

---

① 楊澤生:《〈太一生水〉"成歲而止"和楚帛書"止以爲歲"》,荆門郭店楚簡研究(國際)中心編:《古墓新知——紀念郭店楚簡出土十周年論文專輯》,國際炎黄文化出版社,2003年,第237~244頁。又《楚帛書從"之"從"止"之字考釋》,謝維揚、朱淵清主編:《新出土文獻與古代文明研究》,上海大學出版社,2004年,第388~390頁。
② 陳斯鵬:《簡帛文獻與文學考論》,第4~5、13~14頁。
③ 陳斯鵬:《〈柬大王泊旱〉編聯補議》,簡帛研究網,http://www.jianbo.org/admin3/2005/chensipeng002.htm,2005年3月10日;又孔子2000網,http://www.confucius2000.com/admin/list.asp?id=1651,2005年3月9日。
④ 饒宗頤:《楚帛書新證》,收入饒宗頤、曾憲通《楚地出土文獻三種研究》,中華書局,1993年,第247頁。

日法的誕生。① 此兩說影響最大。如果合於事實,則"共工亢步十日,四時□□。□神則閏四□,毋使……"最好改標點爲:"共工亢步十日。四時□□,□神則閏四□,毋使……""共工亢步十日"講共工使十干或一旬產生,"四時□□"句則係引出下文講置閏的原因。如此說,則"亢步"的"亢"仍有可能當聯繫上文往讀爲"更"的方向考慮。

但此說的疑問是,這樣講則"共工亢步十日"一句跟後文講"置閏"的部分聯繫不明。從前後文意貫通的角度來看,我們認爲馮時先生的意見是最值得重視的。馮時先生解"夸"爲"奢"、"大","步"爲"步算之意",與前兩個所謂"步"字同。又說:②

> 帛書"夸步十日"當言共工步日過大而成歲餘,從而導致陽曆長於陰曆十日,故十日即指陽曆長於陰曆之餘。四寺即四時,其後所殘二字當屬對四時失序的描述。……四時失序既是共工步曆過大的結果,同時又是帛書下文明言閏的原因。中國傳統古曆爲陰陽合曆,陰曆太陰年與陽曆回歸年並不等長,平朔長度約 29.5306 日,故太陰年約長 355 日,與回歸年長度 365 日適差十日,這是陽曆長於陰曆的部分,也即《白虎通》所云之"陽之餘"。帛書以爲"陽之餘"本由共工步日過大所致,因稱"夸步十日"。《淮南子》明言"歲有餘十日",與之密合。……帛書"神"上一字殘,蓋指四神。

其說有兩方面的顯著優長。首先是跟後文聯繫緊密。如我們前引之標點、斷句,可以較好地照顧到整個第三章幾句話的文意層次問題。其次,從帛書全篇來看,第三章如此開頭也很合理。帛書第一、二兩章的末尾,均講到宇宙秩序得到暫時穩定,文意均告一段落;而這兩章之後的下一章,則重點分別都是講這種穩定遭到某種因素的破壞。第一章末講到由四神相代而不是靠日月的運動形成四季,以"是惟四時"作結;第二章開

---

① 曾憲通:《楚帛書神話系統試說》,收入《曾憲通學術文集》,汕頭大學出版社,2002年,第212頁。
② 馮時:《中國天文考古學》,社會科學文獻出版社,2001年,第28~29頁;又中國社會科學出版社,2007年,第40~41頁。

頭除去注釋"四神"之名(可以看作上文不便插入,而在敍事完之後的補述),主要是講"日月夋生"而後"九州不平",四神又去作重定天地的工作了。可以想見,此時四時的劃分已經消失、四季遭到破壞。在天地重定之後,炎帝(或帝俊?祝融?)又使日月重新運轉,確立了通過日月運轉造成的四時。第二章末以"乃爲日月之行"作結,意義亦已告一段落。則第三章開頭"共工"云云,完全更可能並非緊承上文末的"乃爲日月之行"而言,而是説日月正常運行後又發生的新的變化情況,也就是後文所説要置閏的由來,即由於共工步日過大而形成十天的歲餘。

所謂"步日過大",如何準確理解也還成問題。帛書的"步"字研究者多解釋爲"推步"。按將舊釋"步"的兩"㞢"字改釋之後,此説已經失去了帛書内部證據的支持。"步"即"行"義,應即指共工本身行走,跟所謂"推步"恐無關。所謂"推步"之"步",是由人模仿、還原日月星辰在天上的"步"即"行"而來的。《左傳》文公元年"先王之正時也,履端於始",杜預注:"步曆之始以爲術之端首。"孔穎達《正義》:"日月轉運於天,猶如人之行步,故推曆謂之步曆。"王引之《經義述聞》卷三十《太歲考・論説文誤解歲字》引此謂"是推日月之行亦謂之步"。楚帛書屬於神話性質,《四時》篇本是講由神靈創造出包括年歲、四季、日月、時分在内的宇宙秩序,初無關於人之推步而確定曆法。第三章末尾所説宵、朝、晝、夕的產生,也是天神通過控制日月的運行來實現的。由此看來,"共工夃步十日",似乎是説"日"即每一天的產生跟共工的行走有關,而由於共工過度的行走,導致一年多出了十天,所以四時不正,要置閏加以調節。"夃"常訓爲"高",在"夃極"、"夃陽"等詞中有"過高"之意,此處不知是否就用此義。

(四)梁橋形布"夃"字

梁橋形布"夃"字主要見於"梁夃釿五十尚(當)孚(鋝)"、"梁夃釿百尚(當)孚(鋝)"兩種面文。有部分"安邑一釿"、"安邑二釿"橋形布的背面以及上述兩種"梁夃釿"布的背面也加刻"夃"字。

"梁夃釿五十當鋝"即五十個這樣的"夃釿"布幣的質量(重量)與一鋝相當,這是對每個這種梁夃釿的標準質量(重量)的規定。跟"梁夃釿"相類的還有"梁正帀(幣)百尚(當)孚(鋝)"、"梁夲(半)帀(幣)二百尚(當)孚(鋝)"兩種。研究者多已指出,"亢鈖"與"正幣"、"半幣"以及齊幣的"大刀"等對比,可知"鈖"是貨幣的名稱,代表一個價值標度,已經跟質量單位"鋝"脱離。① "亢"跟"正"、"半"、"大"一類詞語法地位相當,意義應該爲同一類。同時,稱"亢鈖"的布幣包括二鈖布和一鈖布兩種,又可知"亢鈖"之"亢"應該没有"正"跟"半"這種相對待的詞義特點。

釋"重鈖"的意見對以上情况來説確實都是很合適的。吳良寶先生進而通過分析四種梁布鑄造、流通的時代和背景,跟同時同地流通的其他"一鈖"之重較輕的方足小布相對比,進一步肯定推闡了釋"重鈖"之説。② 我們將字改釋爲"亢"之後,循着類似的思路考慮,覺得似乎可以讀爲"衡"。

"亢"跟"衡"可以相通是没有問題的。前文已經説到了"航"之或作"桁","衡"亦從"行"聲,跟"桁"也常通。後文會講到金文的"亢"和"黄"即古書的"衡"、"珩"之例。"衡"常訓爲"平"或"正",作名詞意爲"可爲平正者",亦即準則、標準。《荀子·王制》:"公平者,職之衡也,中和者,聽之繩也。""衡"也可作形容詞。如"衡儀"即公平、公正的法規,《管子·君臣上》:"朝有定度衡儀,以尊主位。"唐尹知章注:"衡,正。""衡言"即平正之言,《大戴禮記·曾子制言下》:"天下有道,則君子訢然以交同;天下無道,則衡言不革。"北周盧辯注:"衡,平也。言不苟合也。""衡鈖"即其質量(重量)平正、可以作爲衡量標準的鈖布。

"安邑"是魏國徙都大梁之前的國都,"安邑"布的鑄造要比"亢

---

① 參看吳良寶《中國東周時期金屬貨幣研究》,社會科學文獻出版社,2005 年,第 154 頁。
② 上引吳良寶《中國東周時期金屬貨幣研究》,第 152~158 頁。又吳良寶《續説"梁冢鈖"橋形布》,中國文字編輯委員會編:《中國文字》新三十一期,藝文印書館,2006 年,第 166~169 頁。後來吳先生的看法有變化,他在看過本文初稿後回覆我的郵件中説:"我以前對梁布幣面文'重鈖'及背面加刻'重'的解釋是有問題的。根據實測結果換算出來的梁'鈖布'中一'鈖'爲 12~16 克,而方足小布的僅爲 6 克左右,乍看起來前者確實屬'重鈖'。但是,既然二者面文中的'鈖'都是貨幣價值標度而非實際重量,作爲貨幣來説就無所謂'重鈖'、'輕鈖'(只是交易時的購買力有區别而已),説梁布的'重鈖'是相對於方足小布的'鈖'而言,在邏輯上是有問題的。"

釿"布早。① 吳良寶先生説："'安邑二釿'三等制橋形布的鑄造時間下限是在公元前286年,與'梁夸釿'類布幣相比,已屬於舊幣。從實測數據看,'安邑'三種橋形布中的一釿之值與'梁夸釿'類布幣相仿,與同時流通的方足小布相比都屬於'重釿',故需加刻'夸'字。"② 後來吳先生在看過本文初稿後回覆我的郵件中又説："現在看來,魏國在鑄行所謂的梁'重釿'布之後,大概就不再鑄造方足小布了;儘管那些'安邑二、一、半釿'等舊幣還可以繼續使用,但已與現行的貨幣二等制不協調,故'安邑半釿'背面没有加刻所謂'重'字的情況;'安邑二、一釿'背面加刻所謂'重'字,大概表示已經有關機構衡估,可分别與'五十、百當锊'的布幣對應着使用。"我認爲,解釋爲加刻"亢(衡)"字,標明其雖爲舊幣,但質量(重量)與後來所鑄"梁亢(衡)釿"相同,也是很通的。當然,聯繫後文所講時代更早的"黃(衡)釿"布,"安邑"布背面的"亢(衡)"字也完全可能係鑄造後不久就加刻,以補充標明其爲"衡釿",而不一定在"梁亢(衡)釿"鑄造之後纔加刻。另外,部分"梁亢釿"布的背面又加刻"亢"字,顯得比較奇怪。推測可能是在後來又鑄行"梁正/半幣百/二百當锊"一組貨幣、並將"釿當锊"進制改換爲直接的"當锊"進制之後,③再在"梁亢釿"布背面加刻"亢(衡)"字,同樣係用以補充標明其雖係舊幣,但經有關機構衡估後仍爲"衡釿"。

　　時代不出春秋晚期到戰國初期的聳肩尖足空首布有"□□□黃釿"(《貨系》709、710)和"□□黃釿","黃釿"前之字難以確釋,研究者多以爲地名。④ 時代大致相當的空首布中已經數見自稱爲"釿"的,如平肩弧足空首布"邽釿"(《貨系》557～563)、斜肩弧足空首布"厸(三)川釿"、平肩弧足空首布"公(或釋'沇')釿"(《貨系》554)等。與之相較,"黃釿"顯然當視

---

　　① 參看黄錫全《先秦貨幣通論》,第118～119頁。又吳良寶《中國東周時期金屬貨幣研究》,第156～157頁。
　　② 吳良寶:《中國東周時期金屬貨幣研究》,第155頁。又前引吳良寶《續説"梁夸釿"橋形布》,第169頁。
　　③ 參看吳良寶《中國東周時期金屬貨幣研究》,第158頁。又前引吳良寶《續説"梁夸釿"橋形布》,第165、170頁。
　　④ 吳良寶:《中國東周時期金屬貨幣研究》,第78頁所引朱活、何琳儀和黄錫全先生説。

爲貨幣名稱,"黃"是"釿"的修飾語。研究者亦多讀"黃"爲"衡",但解釋説"新莽有'大布黃千'幣,'黃千'即衡千、當千的意思,即一個大布當一千。'□□黃釿'亦即此布當一釿的意思",① 則恐怕是有問題的。"大布黃千"的"千"指小泉,講的是貨幣之間的兌換關係。而"黃釿"的"釿"本身就是釿布,讀爲"衡"不能再解釋爲兌換一個釿布或與一個釿布相當。"釿"也並非質量(重量)規定,而是貨幣價值標度,"黃(衡)釿"也不能説爲與一釿之質量(重量)相當。

"亢"與"黃"古音極近。西周金文賞賜命服物品中常與"巿"對舉、跟古書之"衡"或"珩"對應之字多作"黃",唐蘭先生指出,"黃"和古書之"衡"、"珩"皆當解釋爲"大帶"或"腰帶"。② 這種用法的"黃"字,金文中也常可寫作"亢"或从"金""亢"聲之字(弭伯簋)。這是"亢"與"黃"、"衡"相通之確證。我們知道,金屬鑄幣單位"釿"雖然最初來源於質量(重量)單位"釿",指一釿之重的青銅,但從它一成爲貨幣價值尺度開始,就已經與原重量單位脱離,不斷經歷減重、或又調整增加重量而後又減重的過程。"黃釿"空首布雖然時代更早一些,但聯繫"釿布"當時可能已有減重情況的背景,讀爲"衡釿"解釋爲"質量(重量)平正、符合標準的釿布",也是合適的。

"亢釿"如果確與"黃釿"爲一事,不管是否如我們所解釋的當讀爲"衡",只要承認二者當統一解釋,"黃"與我們所釋的"亢"所表示的爲同一詞,就已經可以看作將所謂"重釿布"之"彖"字改釋爲"亢"字的極好證據。

(五) 其他

其餘開頭所舉字形,大多無法進一步討論。齊魯或鄭韓單字陶文"亢",用爲人名。陶文从"卜"从"亢"之字不見於字書。从"力"的"劢",其字見於《廣韻》等,用於意爲"有力"的連綿詞"劢勱"。从"言"的"訧",其字

---

① 汪慶正主編、馬承源審校:《中國歷代貨幣大系 1·先秦貨幣·總論》,上海人民出版社,1988 年,第 16 頁。
② 參看唐蘭《毛公鼎"朱韍、蔥衡、玉環、玉瑹"新解——駁漢人"蔥珩佩玉"説》,收入《唐蘭先生金文論集》,紫禁城出版社,1995 年,第 86~93 頁。

見於《改併四聲篇海·言部》引《搜真玉鏡》："訷，胡浪切。"有音無義。戰國文字中之形皆應與之並無關係。古璽中"劯"字用爲人名(皆爲楚璽)。《用曰》簡3："丨亓(其)又(有)成惪(德)，閟言自闗(關)。訷亓(其)又(有)审(中)墨，良人真女(焉)。"意義不明，待考。

"杭"字見於以下三例。望山M2簡15係名物詞："一杭，一䯄："研究者多據緊接其後的"紫(？)①幎、紡屋"認爲當是指某種車。② 待考。

《容成氏》簡1"杭"字見於上古帝王名"杭丨是(氏)"，研究者或讀爲"混沌氏"，不可信。在其所列舉的諸位上古帝王名中，"喬結氏"、"塽遅氏"均於古書無考。在釋出"杭"字後，我們仍然沒有在古書中找到對應者。近見有研究者釋讀"杭丨是(氏)"爲"栓(祝)丨(融？)氏"、③"栓(朱)明氏"("朱明"即"祝融")，④或"樟(伏)乁(羲)氏"，⑤恐亦皆難信。⑥

前已引出的《三德》簡14"方縈勿伐，將興勿殺，將齊勿杭，是逢凶孽"，整理者釋"杭"爲"栲"，疑當讀爲"刳"，謂"亦除、滅之義"。白於藍先生以爲从"主"聲而讀爲訓"擊"之"椓"。⑦ 按"縈"疑當讀爲"榮"，由植物的"開花"而引申指事物的"繁榮"、"昌盛"。【看校補記：《古文字研究》第二十七輯陳偉武先生《上博簡考釋掇瑣》已謂"疑'縈'可讀爲'榮'，指繁盛"。】"齊"字如以其常用義"齊一"、"齊同"、"整齊"、"平均"、"平等"等解之，均難講落實。疑"將齊勿杭"當讀爲"將濟毋抗"。"濟"常訓爲"成"，字

---

① "紫"字簡文不很清楚，整理者原釋爲"約"。改釋爲"紫"見劉國勝《楚喪葬簡牘集釋》，武漢大學博士學位論文(指導教師：陳偉教授)，2003年5月(2005年3月修改)，第104頁。

② 參看田河《出土戰國遣册所記名物分類彙釋》，吉林大學古籍研究所博士學位論文(指導教師：吳振武教授)，2007年4月，第86頁。

③ 單育辰：《〈容成氏〉新編聯及釋文》，復旦大學出土文獻與古文字研究中心網站，http://www.guwenzi.com/SrcShow.asp?Src_ID=438，2008年5月21日。

④ 葉曉鋒：《關於楚簡中的"丨"字》，復旦大學出土文獻與古文字研究中心網站，http://www.guwenzi.com/SrcShow.asp?Src_ID=446，2008年5月29日。

⑤ 張金良：《釋乁》，復旦大學出土文獻與古文字研究中心網站，http://www.guwenzi.com/SrcShow.asp?Src_ID=685，2009年2月3日。

⑥ 後李鋭先生又根據本文初稿釋"杭"之説，提出讀爲見於羅泌《路史》的"皇覃氏"或"狂神氏"。見李鋭《〈凡物流形〉釋讀札記》，孔子2000網，http://www.confucius2000.com/qhjb/fwlx2.htm，2008年12月31日。

⑦ 白於藍：《簡牘帛書通假字字典》，第75頁。

也常只作"齊",如《商君書·弱民》:"法有,民安其次。主變,事能得齊。"高亨注:"齊當讀爲濟。《爾雅·釋言》:'濟,成也。'""濟"跟"將興勿殺"的"興"以終始相對爲言,也頗順暢。"將濟毋抗"意謂,事物將要發展到成功、成熟的時候,不要抵抗、抗拒,也應順其自然。

七 結 語

本文新結論的得出,是建立在諸多前人研究的基礎上的,並受惠於新材料之賜。郭店簡和上博簡這類出土古書,其上下文意對字詞考釋的限制性較強,還有押韻、異文(包括郭店、上博簡對讀的,和它們跟傳世或以前出土的古書對讀的)等對確定有關字詞的讀音具有特殊重要性的材料。我們在考釋疑難字詞時,必須對方方面面的情況和綫索都給予充分的重視,以期最大程度地發揮出其功用。在本文所論問題的研究過程和本文的寫作過程中,我們再一次深切地體會到了這一點。

從本文也可以看到,我們所論諸字在舊有用例中那些辭例的限制性不強的,或是限於殘缺、有其他疑難字詞等不利條件的,如楚帛書和梁橋形布等,即使我們對其字形和讀音已經比較有把握,但對其所表示的"詞",其準確意義仍然不能說已經真正弄懂,有的還仍然沒有辦法解釋。本文立足於正面論述自己的看法,對舊有諸說的得失長短、其當時所面臨的資料條件、各自的貢獻與認識不足之處及其原因等等,尚未及詳細徵引剖析。不止一位學者已經指出,從上述這些角度對類似的古文字考釋的歷史作仔細的全面梳理,還值得我們努力去做。①

2008 年 5 月 31 日寫完

---

① 參看李零《文字破譯方法的歷史思考》,收入《李零自選集》,廣西師範大學出版社,1998 年,第 263~272 頁。又李守奎、曲冰、孫偉龍編著《上海博物館藏戰國楚竹書(一一五)文字編》吳振武先生的《序》,作家出版社,2007 年;又刊於《中國文字研究》2008 年第 1 輯(總第十輯),大象出版社,2008 年,第 121~122 頁。

補記：

2008年12月出版的《上博（七）》中《吳命》篇的簡2云："……孤居纘△之中……"，"纘"下之"△"字原作：

[字形圖]

復旦大學出土文獻與古文字研究中心研究生讀書會引本文初稿爲説，釋讀爲"纘（襚）統（裕）"〔見復旦大學出土文獻與古文字研究中心研究生讀書會（程少軒執筆）：《〈上博七·吳命〉校讀》，復旦大學出土文獻與古文字研究中心網站，http://www.gwz.fudan.edu.cn/SrcShow.asp?Src_ID=577，2008年12月30日〕，顯然是正確的。此例可稱是本文主要結論的一個極好的證據。但此例依初稿的行文脈絡似很難自然地補入正文之中，故現改定本文時以此"補記"的形式説明。

另網上新見一件戰國楚國銅戈，銘中有人名字作[字形]（[字形]），也應即本文所説的"統"字。

2009年9月18日改定並補記

附記：本文寫作中曾與劉釗、施謝捷、陳斯鵬、郭永秉諸先生討論，文成後分送師友徵求意見，又先後蒙裘錫圭師和吳振武、吳良寶、白於藍、馮勝君、張富海、魏宜輝、蘇建洲、宋華強、李鋭、楊澤生等諸位先生審閲指正，使本文避免了一些錯誤，謹致謝忱。

原載復旦大學出土文獻與古文字研究中心編《出土文獻與古文字研究（第三輯）》，復旦大學出版社，2010年。

楚簡"羿"字試解[*]

一 有關字形、用例與各家之説

戰國楚簡中有一個上從"网"下從"収(廾)"的字,目前已經出現了四次。下面按資料公佈時間的先後將其原形和辭例列出。

▨包山簡130反 ▨天星觀楚簡 ▨《上博(二)·容成氏》簡41 ▨《上博(四)·昭王毁室、昭王與龔之脾》簡7

(1)包山簡130反:須右(左)司馬之羿行瓶(將)吕(以)餬(問)之。

(2)天星觀楚簡:羿莒享禂(薦)秋一璜=(佩玉)環。①

(3)《上博(二)·容成氏》簡41:湯於是唇(乎)譁(徵)九州之帀(師),吕(以)霖(略?)四沺(海—海)之内。於是唇(乎)天下之兵大迟(起),於是唇(乎)羿宗鹿(麗—離)族戔(殘)羣女(安—焉)備。

---

* 本文是全國優秀博士學位論文作者專項資金資助項目(FANEDD)"上海博物館藏戰國竹書研究"(批準號 200311)、國家社科基金重點項目"上博簡字詞全編"(批準號 06AYY001)、教育部哲學社會科學研究重大課題攻關項目"戰國文字及其文化意義研究"(批準號 06JZD0022)成果之一。

① 見滕王生《楚系簡帛文字編》(湖北教育出版社,1995 年)第 29、43、58、268 頁各字下引,其釋文互有出入。此釋文參考了晏昌貴《天星觀"卜筮祭禱"簡釋文輯校(修訂稿)》,簡帛研究網,http://www.bsm.org.cn,2005 年 11 月 2 日。原載丁四新主編《楚地簡帛思想研究(二)》,湖北教育出版社,2005 年,第 286~287 頁。

354　戰國竹書論集

(4)《上博(四)·昭王毀室、昭王與龔之脾》：卲(昭)王迬(遬)【5】逃琎，龏(龔)之脾駇(馭)王。牁(將)取車，大尹遇之，被(披)襜=(襜衣)。① 大尹内(入)告王："僅(僕)遇脾牁(將)取車，被(披)襜=(襜衣)。脾介(?)趣君王，不【6】隻(獲)瞋(?)頸之辠(罪)君王，至於定(正)各(冬)而被(披)襜=(襜衣)！"王韵(召)而余(舍、予)之衼(?)袶?)祿(袍)。龏(龔)之脾被(披)之，兀(其)袷(衿)貝(視—?)。② 罙逃琎，王命龏(龔)之脾【7】母(毋)見。大尹昏(聞)之，自訟於王：……【8】

范常喜先生曾對此字作過詳細的探討，"在文中提供了關於此字的豐富材料，對於考察'罙'字的源流及用法提供了很大的幫助"(後引張崇禮先生文之語)。他在文中列舉了當時所見研究者對於"罙"字的多種異説：滕壬生先生釋爲"敷"；何琳儀先生釋爲"搰"，將包山簡之例訓爲"舉"，《容成氏》之例讀爲"亢"；李零先生謂包山簡的"罙行""疑讀爲'枉行'或'妄行'，指左司馬拒受王金這件事"；李運富先生釋爲"羅"，謂包山簡之例"'罙行'猶今之巡邏"，此句意爲"等左司馬來巡邏的時候將把這件事情報告他"；《容成氏》之例整理者讀爲"亡宗"；黄錫全先生釋讀爲"网宗鹿(羅、絡)族"，解釋爲"即网羅宗族"。③ 爲避煩瑣，本文不再過多重複，諸説的出處亦從略。范常喜先生自己的結論是分析"罙"字爲从"网"聲，讀爲"往"。其後諸家的看法如，周鳳五先生説"此字从网，从廾，會雙手舉網掩捕禽獸之意，即'掩'或'捲'之表意字"，又爲包山簡 255 用爲器物名之字

---

① "襜衣"原整理者釋讀爲"裀衣"，我舊曾從此説而解釋爲"複衣、夾衣"。後來有多位研究者指出當釋爲"襜衣"，"襜"字右下所从應釋爲"角"而非"因"，"襜"之聲符"甝"楚簡遣册多見(還見於《古璽彙編》3123，作姓氏)，可從。但"襜衣"到底應該如何解釋尚無定論，現有"穀衣"、"襌衣"、"苴(粗、齇)衣"等多種讀法，最近的討論可參見單育辰《佔畢隨録之六》，簡帛研究網，2008 年 8 月 5 日。按諸説均不同程度地存在問題，還有待進一步研究。從上下文意來看，"襜衣"解釋爲"單(襌)衣"是最合適的。據此循音以求，曾疑"襜"可讀爲字書和舊注訓爲"襌衣"的"襘"。但"襘"字用例較晚，加上"甝"字本身尚無定釋，其中的"角"是否表音這一點本就難以肯定，故終覺未安，謹誌此待考。

② 簡文"兀(其)袷(衿)貝(視—?)"仍然難以確解。"貝"字研究者多釋讀爲"見(現)"，最近的討論可參見單育辰《〈佔畢隨録之六〉補記》，簡帛研究網，2008 年 9 月 2 日。

③ 范常喜：《〈上博(四)·昭王與龔之脾〉簡 8 補釋》，簡帛研究網，http://www.jianbo.org/，2005 年 5 月 9 日。

(詳見後文)及包山簡多見的用爲地名或姓氏的从"网"从"畢"从"収(廾)"之"羄"字的聲符;天星觀簡之例讀作"畢",係姓氏;包山簡之例讀爲"考","指考績,亦指述職","簡文記左尹批示:'等待左司馬來述職時,當面詢問。'"《容成氏》之例讀作"夷"訓爲"滅";《昭王與龔之脽》之例讀爲"考","指落成之祭",簡文"考兆寶""指舉行兆寶墓地的落成典禮"。① 張繼凌、季旭昇先生均同意字形分析爲从"网"聲,《昭王與龔之脽》之例張繼凌先生主張讀爲"赴",季旭昇先生則主張讀爲"望"訓爲"至"。② 張崇禮先生仍從李運富先生之説釋讀爲"羅"而解釋爲"行"。③ 又李守奎先生等"疑爲'网'字異體"。④ 總之,"羿"字之釋可謂衆説紛紜迄無定論,仍需進一步探討。

二 字形分析的一個假設

我以前在解釋《昭王與龔之脽》的"靠(龔)之脽被(披)之,丌(其)袷(衿)見羿逃珤"句時,曾經説過下面的一段話:

> 此句斷句讀法不明。後文"逃珤,王命龔之脽毋見……"云云決爲已經"至、到"逃珤以後之事,如"羿"字屬下讀,則此字即當爲"至、到"一類義;如此字當屬上讀,則"逃寶"上當脱漏一"至、到"一類義之字。⑤

如果對"羿"字的釋讀不帶先入爲主的成見,我們僅從校讀出土文獻的原

---

① 周鳳五:《上博四〈昭王與龔之脽〉新探(初稿)》,"中國古文字:理論與實踐國際研討會"論文,美國芝加哥大學東亞語言與文明系 2005 年。此據作者在"中國簡帛學國際論壇 2008"(美國芝加哥大學東亞語言與文明系 2008 年)提交的新定稿。
② 張繼凌撰寫、季旭昇改訂:《〈昭王毀室、昭王與龔之脽〉譯釋》,季旭昇主編、袁國華協編、陳思婷、張繼凌、高佑仁、朱賜麟合撰:《〈上海博物館藏戰國楚竹書(四)〉讀本》,臺北萬卷樓圖書股份有限公司,2007 年,第 68 頁。
③ 張崇禮:《讀上博四〈昭王與龔之脽〉劄記》,簡帛研究網,2007 年 5 月 1 日。
④ 李守奎、曲冰、孫偉龍編著:《上海博物館藏戰國楚竹書(一——五)文字編》,作家出版社,2007 年,第 131、381 頁。
⑤ 陳劍:《上博竹書〈昭王與龔之脽〉和〈柬大王泊旱〉讀後記》,簡帛研究網,2005 年 2 月 15 日。

則的角度來看,要說簡文有"脫漏",除非另有強證,否則應該放在次優地位,而應該首先考慮上面所說的前一種可能性。從後來研究者的討論來看,也大都同意我的前一種意見,將"羿逃琉"連讀,認爲"逃琉"係地名,把"羿"字理解爲"到"、"往"、"行"一類意思。由此看來,此例就是在現有"羿"字的四個用例中意義最爲明確、對文字的考釋限制性最強的了,我們可以考慮從它入手突破。我說的所謂"'至、到'一類義之字",除去最常見的"至"字,首先應該優先考慮的當然就是"到"字了。並且,"到"這個字和"到"這個詞在楚文字中都還沒有出現過,"羿"完全可以是一個表示"到"這個詞的假借字。據釋此例爲"到"進一步考慮其他幾例的釋讀,也都有辦法講通,詳後文。

另一方面,諸家多據"羿"從"网"得聲這一點出發立論,解釋辭例難以貫通,看樣子是沒有出路的。① 李運富先生釋"羿"爲"羅"之說,從表意的角度考慮,是可取的,與"羅"聯繫也富有啓發性。但其釋"羅"別無其他文字學上的證據,又將楚簡"罩"字也改釋爲所謂"羅",則恐皆不可信。② 按"羿"分析爲"雙手持网"表意,除了理解爲"網羅",還可以理解爲"罩"、"籠罩"。從古文字看,"羅"之表意初文作"瞿"。《上博(六)·天子建州》甲本、乙本簡4"瞿"字用爲與"羅"讀音極近的"麗";"羅"、"䍦"均從"瞿"得聲(《說文》分析"羅"爲"從网、從維"不確),楚文字中作國名、氏名之"羅"字多見,從"邑"從"瞿"聲作"䣏"。皆可證。而在《說文》中,"瞿"字卻另有不同音義。《說文·隹部》:"瞿(瞿),覆鳥令不得("得"字據段注依《廣韻》補)飛走也。從网、隹,讀若到。"此音義的"瞿(瞿)"實與通行的"罩"爲同字。《說文·网部》:"罩,捕魚器也。從网、卓聲。"《爾雅·釋器》"籗謂之

---

① 如范常喜先生將《昭王與龔之脾》之例讀爲"往"。一方面他說"'网、往'古音同屬明母陽部,存在相通的可能"有問題,"往"是云母(或稱"喻三")字,上古音一般歸入匣母。云母字與明母字極少相通之例。另一方面他說"'往'正有'至、到'一類義,當屬於下讀,後接地名'逃琉'",按"往逃琉"其實意義也並不相合。單育辰先生已針對其說指出"此處的'羿'似有'到'之意,而非強調動作進行的'往',此字如何考釋,還有待進一步斟酌"。見單育辰《佔畢隨録之六》。

② 李運富:《楚國簡帛文字叢考(一)》,《古漢語研究》1996年第3期,第6~7頁。又李運富《楚系簡帛文字構形系統研究》,嶽麓書社,1997年,第101頁。後文所引李運富說皆同。

罩",《説文·竹部》:"籗,罩魚者也。从竹、靃聲。篧,籗或省。"徐鍇《繫傳》:"翟猶罩也。"桂馥《義證》:"捕魚爲罩,覆鳥爲罩,皆同意。"段注:"今則罩行而翟廢矣。"後世字典韻書多徑以"罩、翟"爲一字,其異體又或作"䍝"、"䈇"、"篧"等。

按照《説文》、《爾雅》等的解釋,"罩"、"翟"均爲竹器。但其字从"网",最初應該也可以包括用以籠罩的網類而言。《孔子家語·王言》:"田獵罩弋,非以盈宫室也。"王肅注:"罩,掩网。"《後漢書·文苑傳下》趙壹《窮鳥賦》:"有一窮鳥,戢翼原野。罩網加上,機阱在下,前見蒼隼,後見驅者,……"可證。古漢語名動相因,所謂"凡自上籠下謂之罩"(《廣雅·釋器》"篧,箄(罩)也"王念孫《疏證》之語),"羿"字之形分析説解爲"雙手持网而罩",即"罩/翟"字的表意初文,也是很自然的。那麽,根據以上所説"罩"字與"翟"的關係,"翟""讀若到"的讀音,不就正好跟《昭王與龔之脾》用"羿"爲"到"合上了麽?

很顯然,我們必須認識到,以上所説很大程度上還只能算是尚能自圓其説的"假設",而缺乏真正的"證據"。但循此思路進一步探索,卻可以在西周春秋金文、殷墟甲骨文中找到不少能夠證明"羿"的讀音的證據。下面就分别敍述。

三　朋戈所見楚康王名

1978年發掘的淅川下寺二號春秋楚國大墓中,出土一件編號爲M2：82的"朋戈",其位於胡的一面和内的兩面都有銘文,共二十四字。銘文前半部分云:"新命楚王▲,雁(膺)受天命。朋用燮不廷(庭)……"其中用▲代替之字原作如下之形:①

---

① 河南省文物研究所、河南省丹江庫區考古發掘隊、淅川縣博物館:《淅川下寺春秋楚墓》,文物出版社,1991年,第187頁圖一四〇：3,第188頁圖一四一：3、4、5。

原整理者趙世綱先生指出其字"从林从网从共（按準確講應爲从"収"或"廾"）从食从欠"，引裘錫圭和李家浩二先生的意見認爲，"當从樊飲，或从飲樊聲，或从樊飲聲。當爲楚王名"。① 後文要引到的李零和李家浩先生説也都以从"樊"爲説。按釋爲从"樊"的根據大概是春秋樊季氏孫仲鼎"樊"字作▨（《集成》5.2624.1）、▨（5.2624.2）之形。但"樊"字春秋金文頗爲多見，其中間所从接近"网"形的乃個別字形（我僅找到上舉兩例），而絶大部分是作"▨"形（《説文》分析爲"爻"）或"乂"形的；而且大部分字形下面所从是兩手相背形的所謂"反収"之"▨（廾）"而非"収（廾）"（看《金文編》第164頁0413號"樊"字）。上舉樊季氏孫仲鼎兩例"樊"形雖然中間所从接近"网"形，但其下方所从也是"▨（廾）"而並非"収（廾）"。凡此均可見釋上舉▲字之形的左半爲"樊"是很勉强的。我們認爲，上引趙世綱先生"从网"的分析應該是正確的。"网"寫作這樣的簡化之形西周晚期金文已見，如兮甲盤"䚘"字作▨（《集成》16.10174）、散氏盤"剛"字作▨（《集成》16.10176）等。春秋金文中則更爲普遍，如右買戈"買"字作▨（《集成》11.11075）、吴買鼎"買"字作▨（《集成》4.2452）等。據此，▲字左半下方所从，就是我們要討論的"罘"字。

此戈的主人"朋"在同墓出土的銅器銘文中或作"伽子朋"。"伽子朋"即《左傳》襄公十八年等的蔦（薳）子馮。② 李零先生指出，朋戈銘文中提到的楚王只能是楚康王（公元前559—前545年在位）而不會是其他楚王，因爲第一，楚康王的前一任楚王即其父楚共王之名，已經見於美國大都會博物館近年入藏的楚王畲審盂，作"畲審"，與《楚世家》相合；第二，"子馮卒於康王十二年（前548年），先康王卒，他不可能見到年代更晚的

---

① 趙世綱：《淅川下寺春秋楚墓青銅器銘文考索》，前注所引《淅川下寺春秋楚墓》之"附録一"，第375頁。

② 李零：《"楚叔之孫倗"究竟是誰》，《中原文物》1981年第4期，第36～37頁。

楚王"。① 其説顯然是正確的。李家浩先生進一步指出,"新命楚王""當是楚康王即位後第一次受到周天子的錫命";"據《左傳》記載,蒍子馮在楚康王二年(公元前555年)任大司馬,十二年(公元前548年)秋天七月去世。大司馬是楚國高級軍事將領,其職責與戈銘'用燮不庭'相合……疑此戈即作於楚康王二年或稍後"。②

楚康王之名,《春秋》襄公二十八年作"昭",《史記·楚世家》作"招",均爲從"召"得聲之字。《史記·十二諸侯年表》則作"略","略"顯然應該是"昭"的形近誤字。▲字跟古書的"昭"、"招"等字的關係,研究者有"誤字説"和"一名一字説"兩種解釋。李零先生説:

……古文字形旁没有樊旁或飲旁,我們懷疑這個字也許是以食爲形旁,欻爲聲旁,疑即飯字的異體(樊爲並母元部字,飯爲幫母元部字,古音相近)。古書"昭"、"略"則有可能是"昄"字之誤。③

李家浩先生則認爲:④

"飲樊"原文佔一個字位置,作左右並列結構,疑是"飲樊"的合文。楚國國君的名字多叫"熊某"或"熊某某"。在楚國文字中,"熊某"或"熊某某"之"熊"作"酓"。《説文》"飲"字正篆作從"欠"、"酓"聲。頗疑"飲樊"應該讀爲"熊樊"。楚康王的名字《左傳》襄公二十八年作"昭",《史記·楚世家》作"招"。"招"、"昭"二字都從"召"得聲,故可通用。"昭"、"招"與"樊"的讀音相隔甚遠,不可通用。古人習慣,卑者稱尊者稱字,自稱稱名。朋稱其國君,當然只能稱字。因此,"昭"或"招"與"樊"的關係當是一名一字。

按所謂"樊"的問題已見前述。古文字中所謂"飲旁"有作意符的。春

---

① 李零:《再論淅川下寺楚墓——讀〈淅川下寺楚墓〉》,《文物》1996年第1期,第52~53頁;收入氏著《入山與出塞》,文物出版社,2004年,第232~233頁。
② 李家浩:《攻敔王姑義雖劍銘文及其所反映的歷史》,陳昭容主編:《古文字與古代史》第一輯,中研院歷史語言研究所,2007年,第304~305頁。
③ 同前注所引李零《再論淅川下寺楚墓——讀〈淅川下寺楚墓〉》。"昄"字《文物》1996年第1期第53頁誤植爲"飯"。
④ 同前注所引李家浩《攻敔王姑義雖劍銘文及其所反映的歷史》,第304~305頁。

秋曾孟嬭諫盆(《集成》16.10332.1、10332.2)："曾孟嬭(芈)諫作△盆,其眉壽用之。""盆"上用"△"代替之字原形如下:

器:［圖］　蓋:［圖］

《金文編》第 623、645 頁將其拆分爲"飲"跟"鄝"兩字,大概是看作合文,不確。《殷周金文集成釋文》釋爲"饗",《商周青銅器銘文選(三)》釋爲"饕",雖釋字有問題,但均看作一字則可從。《銘文選(三)》以爲其右側从"飮",左半所从則已與何尊(《集成》11.6014)的第四字相聯繫,《金文形義通解》第 1638—1639 頁從其説。何尊之字唐蘭先生釋讀爲"遷"是可信的,①張亞初先生《殷周金文集成引得》第 159、1054 頁等釋此銘爲"飲鄝盆",雖拆分爲兩字不確,但其釋左半爲"鄝"則非常正確。"鄝(鄴)"見於《説文·邑部》,係地名用字,从邑、睪(睪)聲。金文鄝簋中作器主之名(《集成》8.4296、4297),唯其左下不从"呂"或"卩"形。又上兩形"睪"的上半中間已經由从"囟"形變爲从"角"形,楚簡文字中"睪"从"角"形者頗爲多見。②新蔡葛陵楚墓竹簡甲三 11、24"睪(遷)"字作［圖］,簡乙四 31 作［圖］,與上兩形所从尤爲接近。總之,△字當釋爲以所謂"飲旁"爲意符、"鄝(鄴)"聲。其字既以"睪"爲基本聲符,疑應讀爲"饌"或"饔"。"饌/饔盆"與鄔子行盆"飤(食)盆"(《集成》16.10330)相近。

　　古文字中不加合文號而徑將兩字寫作一字的情況當然是不少的,但前引朋戈與此曾孟嬭諫盆之字,均从所謂"飲旁"而全字頗爲繁複,二者均没有合文號,結合起來看,與其都看作所謂"飲"跟另外一字的合文,當然還是寧願都看作一個單字爲好。楚金文所記楚王有"楚王領",見於楚王領鐘(《集成》1.053)和楚王領瓶(網上所見),雖然他到底是哪位楚王尚無定論,但由此可見楚王的稱呼也可以不連"酓/熊"稱而只稱其一字之名。

---

① 唐蘭:《西周青銅器銘文分代史徵》,中華書局,1986 年,第 74～75 頁。
② 參看李守奎編著《楚文字編》,華東師範大學出版社,2003 年,第 356 頁"櫃"字下所收望山簡和包山簡之形。又三體石經的古文"䙷(遷)"字上半中間所从亦訛爲"角"形。

朋戈的"新命楚王▲"也是這種情況。

出土楚文字資料中，楚王名"熊某"或"熊某某"之"熊"皆寫作"酓"，没有看到有寫作"飲"字的，其用字習慣相當固定。而且，進一步講，▲字中的"食"加"欠"部分"飤"，能不能看作"飲"字，恐怕也是要打上很大問號的。我們知道，古文字中的"飲"字本皆从"酉"，从"食"是很晚起的寫法，"飲"形《説文》中尚不見。《古璽彙編》0808、5317、5318 有从"食"从"欠"被釋爲"飲"之字（《古璽文編》第 223 頁），其辭例也無從證明必爲"飲"字。《説文》"飲"字古文作"㱃"，"从今、食"，雖从"食"旁而仍有聲符"今"。曾孟媵諫盆的△字，不管我們釋讀爲"饌"或"簀"是否正確，總之其字是作食器"盆"的修飾語，其所从的"飤"部分更可能分别爲兩個義符，"食"和"欠"都表示其義與飲食、吃飯有關。① 此外，近年新出現的西周晚期銅器叔駒父簋，其銘文原發表者釋爲："弔（叔）駒父乍（作）遣姬饗殷（簋），其蔓（萬）年用。"按所謂"饗"字原作如下之形：②

釋爲"饗"顯然於形不合。對比前舉朋戈▲字和曾孟媵諫盆△字所从的"飤"旁部分，可知此字也應該分析爲从"食"从"欠"，只是"欠"旁的"口"形部分被挪到了"食"旁的上方並換了一個方向（可能係澆鑄時被銅液衝移位所致）。根據前文的分析，此"飲"形也應該釋讀爲"食"，銅器簋自稱"食簋"或只稱"飤（食）"的如牧弁作父丁簋（《集成》6.3651）、繻作寶飤簋（《集成》6.3374）等。

對於"一名一字"的看法，我們認爲也很難説一定只能如此。首先，對於楚王的名、字問題，其具體情況我們尚很不清楚。古書所見楚王的名號，似没有明確提到在"名"之外還另有"字"的。古書中記載楚王之

---

① 金國泰《〈金文編〉讀校瑣記》已對《金文編》釋曾孟媵諫盆右半之形爲"飲"提出質疑，認爲此字"雖从'欠'與'飲'同，但从食不从酉，與'飲'異，且在盆銘，非飲器，所以……似乎釋'飤'勝於釋'飲'"。見《古文字研究》第二十二輯，中華書局，2000 年，第 103 頁。

② 吳鎮烽：《近年新出現的銅器銘文》，《文博》2008 年第 2 期，第 7 頁釋文、第 8 頁圖 9。

名其文字不同的,大多是音近相通的關係,個別是錯字、字形訛誤的問題。楚王或一人有二名,有的可以確定係即位後改名,如楚平王棄疾即位改名"熊居"(《左傳》昭公十三年、《史記·楚世家》),有的則關係不很清楚,如楚悼王名多作"疑",《史記·六國年表》作"類";楚昭王名"壬",或作"任",又名"軫",或作"珍"。①諸字形、音皆不近,其關係不明。出土文獻所見的楚王名已經相當多,也大都可以跟古書所記之名對應,還没有在名之外可以肯定係某楚王之"字"的。因此,我們在解讀出土文獻所記楚王名號時,恐怕還是應該首先認定其字就是古書所記之"名",再考慮如何從形、音上對應溝通的問題。至於所謂"卑者稱尊者稱字"、不能稱其名這一點,當然是一個無法迴避的問題和可能。但我覺得恐怕也不能看死。對於當時在中原地區文化圈之外的楚、吴越等南方諸國來講,其與中原地區文化、習俗不同,"卑者稱尊者稱字"這一點是否那麼嚴格,是很難説的。朋稱其國君,恐怕本來就不一定不能稱名而一定得稱字。拿楚文字資料來説,包山簡246直稱楚先王之名"酓(熊)鹿(麗)";包山簡人名的姓氏有"酓(熊)鹿(麗)"、"酓(熊)相(霜)"等,皆徑以楚先王之"名"爲氏而不以所謂"字"爲氏。另外,春秋徐王糧(糧)鼎(《集成》5.2675)乃徐王自作器,自稱其名;宜桐盂(《集成》16.10320)説"徐王季糧之孫宜桐作鑄飤(食)盂","徐王季糧"即"徐王糧(糧)"。郭沫若《兩周金文辭大系》已指出徐王糧與徐王季糧爲同一人,但誤認"糧"爲"粟"字,而説爲與"糧"係一名一字;李學勤先生改釋其字爲"糧"。義楚鍴(《集成》12.6462)、徐王義楚鍴(《集成》12.6513)和徐王義楚盤(《集成》16.10099)乃義楚自作器,"義楚"即見於《左傳》昭公六年"徐儀楚聘于楚,楚子執之"的"儀楚",諸器自稱其名;而徐王義楚之子劍(《集成》18.11668)説:"徐王義楚之元子□擇其吉金,自作用劍。"以上皆爲徐王之孫、子直呼其祖、父之名之例;又僕兒鐘(《集成》1.0183—0185 余購速兒

---

① 參見梁玉繩《人表考》卷七第155號,《史記漢書諸表訂補十種》下册,中華書局,1982年,第844頁。

楚簡"羿"字試解　363

鐘)説"余義楚之良臣,而速之字(慈)父",①則係徐王之臣直呼徐王名之例;此皆可爲朋戈中蒍(薳)子馮直呼楚康王名之證。

總之,前文所舉那個繁複的表楚康王名之字,當分析爲从"食"从"欠"皆爲義符,从"弊"爲聲符;"弊"則又从"林"爲義符而从"羿"得聲。古書所記楚康王之名"招"、"昭"以"刀"爲基本聲符,跟前文所説"羿"釋讀爲从"刀"聲之"到"正好相合。朋戈與楚簡國別相同,時代接近,這是對説明關於"羿"字形音義的假設的最直接有力的證據。

四　殷墟甲骨文的"羿"和"舁"字

黄錫全先生在考釋《容成氏》的"羿"字時已經指出,"此字見於甲骨文,郭沫若認爲'象投网之形,殆即网之異文'"。② 前引范常喜先生文謂:"姚孝遂先生説卜辭("羿"字)皆用爲動詞,其義未詳,不足以證明其爲'网'"。(原注:參見于省吾《甲骨文字詁林》頁 2841,2837 號字,中華書局 1996 年。)如果從楚簡的情況來看,郭沫若先生的説法可能有其合理的成分。"下面我們就來看殷墟甲骨文中"羿"字的情況。其形如下:

　　　　《合集》10759　　　《合集》10760(《甲骨續存》下 349 摹本
）　　　《合集》10848(《乙編》2904)

其所从"网(網)"形的變化,猶甲骨文 　 字又寫作 　 (《合集》10756—10758)。上舉《合集》10759 和 10760 均殘甚,前者僅存"貞羿"兩字,後者僅存"癸酉"和"羿"三字。《合集》10848 之辭則較爲完整:

(5)《合集》10848:☒王曰子羿,其隻(獲)。○☒王曰子羿,不其

---

①　關於以上幾件徐器參看董楚平《吴越徐舒金文集釋》,浙江古籍出版社,1992 年,第 257、275、300 頁。
②　黄錫全:《讀上博簡(二)劄記(肆)》,簡帛研究網,2003 年 5 月 16 日。又《讀上博簡(二)劄記五則》,《第四届國際中國古文字學研討會論文集》,香港中文大學中國語言及文學系,2003 年,第 240 頁。

364　戰國竹書論集

隻（獲）。

"罙"與"隻（獲）"相呼應，顯然係用爲田獵動詞，結合其字形而釋讀爲"罩"，是很直接通順的。"曰"訓爲"謂"，與"命令"義近。此兩辭係貞卜王命令"子"去"罩"，即用"以網籠罩"的手段田獵，是否會有獵獲。

值得注意的是，在黃組田獵卜辭中，有一個同樣用爲田獵動詞的"羇"字。其所在之辭如下（參見文末附圖一、附圖二）：

(6)《合集》37468（前 2.23.1）：癸酉卜，貞：牢犬辟祝医（?）麓覰豕，翌日戊寅王其[屌（求），口（曰）]羇，[王弗每（悔），]禽（擒）。○丁丑卜，貞：牢羍（逐〈犬〉）辟祝医（?）麓覰豕，翌日戊寅王其屌（求），①口（曰）羇，王弗每（悔），禽（擒）。

(7)《合集》36661（續 3.20.6）：其于己卯王廼各（?）羇，王弗每（悔），禽（擒）。

裘錫圭先生指出，《合集》37468 的兩"祝"字其義近於"告"，②同類的用"告"字、記某地犬官（管理某地田獵事務的官員）來報告某地發現獵物，貞卜王是否去田獵的卜辭多見。兩"口"字皆用爲"曰"，③"（王）曰羇"跟前引"王曰子罙"相近，《合集》37468 兩辭係貞卜王去求"医（?）麓"所見之豕，命令用"羇"的手段捕獵，是否會有擒獲。上引《合集》36661（續 3.20.6）拓本很不清楚，其中所謂"各"字疑也應當釋爲"口"用爲"曰"，"口"上多出的部分（即所謂"各"字中的"夂"形）應係泐痕而非筆畫。

《合集》36661（續 3.20.6）拓本上"羇"字也很不清晰，此略去不錄。《合集》37468（前 2.23.1）兩"羇"字分別作如下之形：

---

① "屌（求）"字的釋讀見陳劍《金文字詞零釋（四則）》之"四、史牆盤的'屌'字"，張光裕、黃德寬主編：《古文字學論稿》，安徽大學出版社，2008 年，第 143～146 頁。
② 裘錫圭：《商銅黿銘補釋》，《中國歷史文物》2005 年第 6 期，第 5 頁。
③ 關於商代晚期卜辭和銅器銘文中以"口"爲"曰"的現象，參看裘錫圭《關於殷墟卜辭中的所謂"廿祀"和"廿司"》，《文物》1999 年第 12 期，第 40～43 頁。

前者下端的"収(廾)"形較後者清楚，兩形互相補足，可知當隸定作"舉"。葉玉森《殷虛書契前編集釋》謂"疑从召省从廾，即古文招字"。郭沫若在《卜辭通纂》615片(即《合集》37468)考釋中引大盂鼎"䚅"从"収"爲據釋爲"䚅"，又謂"唯字在此似非地名，故作此繇文以別於地名之䚅也"。按作地名的"䚅"字黃組卜辭中極爲多見，上引《合集》37468同版也出現四次，其較爲完整清楚的兩形如 [字形]、[字形]，其下方之形跟"舉"所从的"网"形顯然不同。《甲骨文編》第695頁附錄上三〇3444號將前2.23.1之形摹作 [字形]；《綜類》359.2字頭摹作 [字形]，排在"召"字繁體"䚅"之後；《新編甲骨文字形總表》第123頁2796號將《合集》37468之形摹作 [字形]，與"䚅"收爲一號字頭，隸定作"𢍰"視爲"䚅"的一種特殊寫法。① 三者所摹"収(廾)"和"召"之間的部分顯然皆不準確，且明顯有爲了往"皿"形靠攏的意圖。按所謂"䚅"字下端所从部分本象器物的底座之形而並非"皿"，隸定作从"皿"本就只是權宜的辦法。殷墟甲骨文中僅有極個別的"䚅"字變爲从"皿"，如《合集》36735的 [字形] 等，其形跟上舉兩形顯然仍有較大的區別。

"舉"字字形中包含"罙"，又跟"罙"字用法相同，二者應該係表同一詞，"舉"也應該釋讀爲"罩/𦋺"。"舉"形顯然當分析爲在"罙"上加注"䚅"聲而成，"䚅"即"䚅"之省體。由於"䚅"形極少看到獨立成字的，② "舉"形的形成似也可以分析作在"罙"字上加注"䚅"聲、同時又因"罙"佔據"䚅"下半的位置而擠掉了其"䚅"形部分而成。總之，由卜辭"舉"字的字形與用法，也可推知"罙"當與"召"讀音相同或極爲接近，與前文所論相合。

---

① 曹錦炎、沈建華編著，香港中文大學出版社，2001年。
② 現所見似僅有《合集》36729(前2.23.4) [字形] 一形，《甲骨文編》第41頁已將其收在0092號"召"字(及其繁體)下。

五 西周金文的"虤"字和"勴(勵)"字

何琳儀先生在考釋《容成氏》的"罼"字時曾說它"是殷周文字中的習見偏旁",①在另文中對此有更詳細的論述,②主要是就西周中晚期金文中多見的"虤"字而言。今先將"虤"字的寫法分類舉列如下:

A. [圖] 虢姜簋蓋(《集成》8.4182)

B. [圖] 頌鼎(《集成》5.2829) [圖] 頌壺(《集成》15.9732) [圖] 頌壺(《集成》15.9731.1) [圖] 頌簋(《集成》8.4333.1) [圖] 辛鼎(《集成》5.2660)

C. [圖] 梁其鐘(《集成》1.190) [圖] 太師小子逨簋(《新收》732③)

D. [圖]、[圖] 四十二年逨鼎甲、乙(《新收》745、746)

E. [圖] 昊生鐘(《集成》1.105)

F. [圖] 四十三年逨鼎(《新收》747) [圖] 四十三年逨鼎 [圖] 四十三年逨鼎

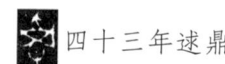

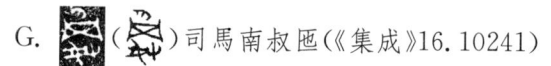

G. [圖]([圖])司馬南叔匜(《集成》16.10241)

A 是最完整的形體,從上下兩手中間有一"网"形的"㝃"、從"虎",一般解

---

① 何琳儀:《滬簡二冊選釋》,簡帛研究網,2003年1月14日。又題爲《第二批滬簡選釋》,上海大學古代文明研究中心、清華大學思想文化研究所編:《上博館藏戰國楚竹書研究續編》,上海書店出版社,2004年,第454頁。又收入黃德寬、何琳儀、徐在國著《新出楚簡文字考》,安徽大學出版社,2007年,第176頁。
② 何琳儀:《莒縣出土東周銅器銘文彙釋》,《文史》二〇〇〇第一輯(總第五十輯),第29~30頁。
③ "《新收》"是《新收殷周青銅器銘文暨器影彙編》的簡稱,後同。鍾柏生、陳昭容、黃銘崇、袁國華編,藝文印書館,2006年。

釋爲"象兩手張網捕虎之形"。其餘諸形皆爲在 A 類形基礎上的省變。①其中 B 類形最爲多見(參看《金文編》第 1206 頁附錄下 225 號),下面我們就以它的隸定形"虤"爲代表,不再一一區分各類字形。G 司馬南叔匜用於人名"虤姬",其左下到底是从"虍"還是从"女"難以斷定,研究者或直接分析爲从"女"。辛鼎的文例較爲特別,連其斷句都很成問題,其中的"虤"字用法待考。除這兩例之外,"虤"字一般的辭例都是説"康虤",詳後文。"虤"字舊有釋爲"夔"、"虖"、"禠"、"漁(娱)"、"諧"或"齲"等説,②現在看來均難信。

　　蘇建洲先生針對何琳儀先生提出的"羿"即金文"虤"字偏旁的看法,質疑説:"(金文諸形)除吴生鐘省成上面一手,四十二年遼鼎省作下面一手,其餘字形从上下二手,相當於'叜'。……('叜')與簡文从'廾'象左右兩手,是否能完全等同,不無疑問。"③"叜"與"廾"作意符意義不同,古文字中確實很少有通用之例。也就是説,要將戰國楚簡文字的"羿",直接跟西周金文中"虤"所从的"叜"加以溝通,在文字學上確實是有困難的。但是,如果我們聯繫殷墟甲骨文的"叜"、"鰻"等字加以分析,從由甲骨文發展到西周金文的角度觀察其間關係,情況就又不一樣了。

　　後文要引到,高鴻縉先生已將"虤"與甲骨文的"鰻"字相聯繫;陳佩芬先生已將"虤"與甲骨文的"羿"字相聯繫;何琳儀先生也曾説:"(金文"虤"字)其所从'叜'旁則見于甲骨文(屯南 4281),又見于'鰻'(合集 28430)所从偏旁。"④下面就列出這些字的原形和部分用例,再加以分析。

---

① 其中 F 形可隸定作"叜",不从"虎"或"虍"。後文會講到"虤"形中的"叜"跟殷墟甲骨文中的"叜"的淵源關係,但考慮到 F 形只是四十三年逑鼎中偶爾一見,跟殷墟甲骨文的時代也相差頗遠,則恐怕它還是看作"虤"之省作爲妥,而跟殷墟甲骨文的"叜"字未必有直接的形體繼承關係。
② 李孝定、周法高、張日昇編著:《金文詁林附錄》,香港中文大學,1977 年,第 1723~1732 頁。釋"諧"或"齲"見後文要引到的陳漢平説。又參看後文所引陳英傑《西周青銅器器用銘辭研究》,第 68~69 頁。
③ 蘇建洲:《〈上海博物館藏戰國楚竹書(二)〉校釋》,臺北花木蘭文化出版社,2006 年,第 233~234 頁。
④ 何琳儀:《莒縣出土東周銅器銘文彙釋》,第 29 頁。

368　戰國竹書論集

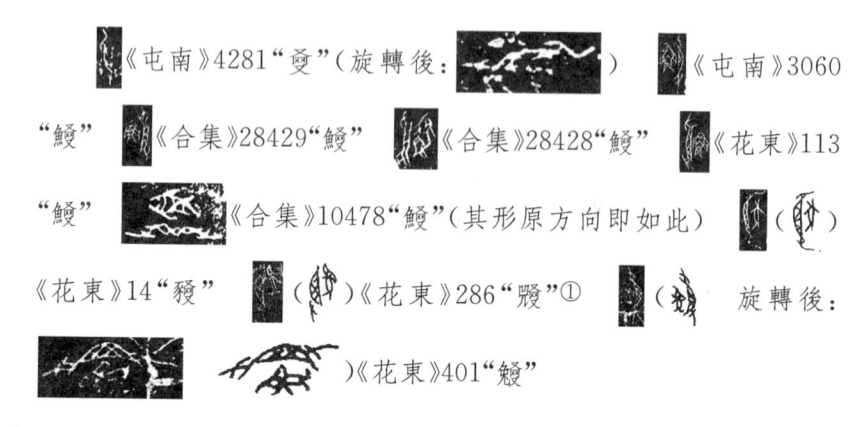

《屯南》4281"叀"（旋轉後：　　）　《屯南》3060
"鰻"　　《合集》28429"鰻"　　《合集》28428"鰻"　　《花東》113
"鰻"　　《合集》10478"鰻"（其形原方向即如此）　（　　）
《花東》14"叕"　（　　）《花東》286"叕"①　（　　）旋轉後：
　　　　　　）《花東》401"鰻"

除《花東》113用爲地名外［其辭云"其乍（作）官鰻東"］，其餘諸形用例如下：②

(8)《屯南》4281：其叀于啻，王弗每（悔）。○☐叀☐
(9)《合集》28430：壬弜鰻，其獸（狩）。
(10)《合集》10478：丙戌［卜］，王，余☐聖鰻。

又《合集》28426"叀（惠）滴鰻"，《合集》28427、28428"其鰻"，《合集》28429、《屯南》3060"弜鰻"等（《類纂》677頁）。

(11)《花東》14：乙酉卜：子又（有？）之阞南小丘，其叕，隻（獲）。○乙酉卜：弗其隻（獲）。○乙酉卜：子于暨丙求阞南丘豕，冓（遘）。○呂（以）人，冓（遘）豕。
(12)《花東》286：壬卜：子又（有）求，曰：☐叕。
(13)《花東》401：丙卜：子其圭（往）鰻。［曰］：又（有）［求（咎）］，非樷（虞）。

上引諸例，很顯然都用爲田獵動詞，跟"羅"相類。《屯南》4281的"啻"是卜辭常見的田獵地名。其"叀"形一般隸定作"受"，其他字形也

---

①　此形原釋文隸定作從"皀"，按其形似更近於"兕"；又原書摹本左半只下從一手，其左上方不太清楚，也可能本來是有"又"形的。
②　下引花園莊東地甲骨卜辭的釋文多據姚萱《殷墟花園莊東地甲骨卜辭的初步研究》之"附錄一"，綫裝書局，2006年。

多被隸定爲从"爰"作,如"鰀"作"鱫"等,其實是不太準確的。真正从上下兩手形的"爰",有的表示授受關係(如"受"字),有的表示兩手之間處理某些事物(如"舀"字),其方向、意義都跟"爰"形所从的兩手形並不相同。"爰"形也象"雙手張網",實際上就是"罘"形變換了一個方向的寫法,這一點在前引《合集》10478 的"鰀"字之形和旋轉後的"鰀"形等中,看得非常清楚。由此看來,"爰"跟"罘"應當就是一字異體,或至少是音義都極爲接近的。這一點還可以聯繫裘錫圭先生所論"鑄"之與"注"的關係以及"袁"字的形音義作爲參考。裘錫圭先生指出,卜辭"鑄"字作 ■(《合集》29687,上方所从 ■ 與《合集》6057 正 ■ 當爲一字),又作 ■(《英藏》2567,金文作"盥"形的"鑄"字多見,此形中間所从偏旁看不清楚,難以判斷是否亦爲"火"),其除去中間所从偏旁後所餘的"盥"形部分,即將前者下方所从之 ■ 的偏旁的位置和方向加以改變而成。 ■ 實即"注"字異體,卜辭或作 ■、■、■ 等形(《類纂》第 1027 頁 2159 號字頭"益")。其字象雙手持一器皿向另一器皿中注水之形,就是"注"的表意初文。"注"與"鑄"在語源上也有密切關係。二者古音相近,"鑄器時的主要工作就是把熔化的金屬注入器範,'鑄'應該就是由'注'孳生的一個詞"。① "袁"字本象雙手持衣,應該是意爲"穿(衣)"的"攓"字的表意初文。其上所从的"止"形係由"又"訛變而來,其原始形體可隸定作"叜",或省作"叜"。《合集》38243、38244 的"毓"字繁體 ■ 形,其右半所从的"袁"亦本應作"叜"形,象兩手持衣以待,"表示要給嬰兒穿衣服"。② ■ 跟"象兩手張網以罩獸"的"■"等字,以及其右半的"叜"形跟"爰"形,正皆可相

---

① 裘錫圭:《殷墟甲骨文字考釋(七篇)》第"7、釋'注'",《湖北大學學報》1990 年第 1 期,第 55～57 頁。又參見陳夢家《中國文字學》,中華書局,2006 年,第 101 頁。
② 裘錫圭:《釋殷墟甲骨文裏的"遠""狝"(邇)及有關諸字》,以及文中所引胡厚宣先生之說,《古文字論集》,中華書局,1992 年,第 4 頁。

印證。《懷特》1648的"遠"字作■，裘錫圭先生指出其右半所從之"臭"也即"夋"、"夋"之異構。① 古文字中从"廾(廾)"與从"臼"通作則是頗爲多見的,由"臭"之與"夋"爲一字異構的關係,也可以幫助我們反推"羿"之與"夐"爲一字異構。

"鰋"字象兩手張網以"罩魚"之形,前引《説文》"籗(籗),罩魚者也","籗(籗)"係竹器,此卜辭則以網"罩魚"。《淮南子·説林》:"釣者靜之,罛者扣舟;罩者抑之,罾者舉之;爲之異,得魚一也。"前引《花東》分別作从"夐"从"豕"、从"兕"、从"兔"的"貜"、"貜"、"貜"數形,皆象"雙手張網以罩獸"之形,皆應與"鰋"爲一字異體,但它們最初應該分別是各自爲"夐/羿(罩)魚"、"夐/羿(罩)豕"、"夐/羿(罩)兕"和"夐/羿(罩)兔"所造的。殷墟卜辭中同類情況多見,裘錫圭先生曾多次指出。② 如卜辭"逐"字有"壬"、"兔"、"麈"等多種寫法,應該本是分別爲"逐豕"、"逐兔"和"逐鹿"所造的,原來也應該分別可以用來表示"逐豕"、"逐兔"和"逐鹿"。③ 裘先生説,"在甲骨文裏,有些象形字往往隨語言環境而改變字形,有時字形改變以後一個字可以讀成兩個字",這"是甲骨文跟原始文字還比較接近的反映",比如"象埋牲於坎的'曲'字,當所埋犧牲是牛羊的時候寫作'曲',當所埋犧牲是犬豕的時候就寫作'凼'"。④ 裘先生又曾説:

> 甲骨文曲、凼等字从凵(坎),象埋牲於坎之形,應即"坎血"、"坎其牲"之"坎"的專字。最初曲大概就可以代表"坎牛"兩個詞,凼大概就可以代表"坎犬"兩個詞,隨着一字一音節原則的嚴格化,它們就成

---

① 裘錫圭:《釋殷墟甲骨文裏的"遠""犾"(邇)及有關諸字》,《古文字論集》,第10頁"編校追記"。
② 除下引諸例外,又參見裘錫圭《説卜辭的焚巫尪與作土龍》,《古文字論集》,第223～224頁。
③ 裘錫圭:《從文字學角度看殷墟甲骨文的複雜性》,韓國淑明女子大學校中國學研究所《中國學研究》第10輯,1996年,第143～145頁。
④ 裘錫圭:《漢字形成問題的初步探索》,《古代文史研究新探》,江蘇古籍出版社,1992年,第262～263頁。

爲坎字用於坎牲一義的異體字了。……卜辭裏後面不跟獸名的凿、齒、囟諸字,大概多數應該分別讀爲"陷麋"、"陷鹿"、"陷毘(麎)"。卜辭裏個別凶字後面不跟犧牲名,可能也應該讀爲"坎犬"。①

前引諸辭,其後都不再跟"魚"、"豖"、"兕"和"兔"等動物名,應該也就是分別代表"叜/罙(罩)魚"、"叜/罙(罩)豖"、"叜/罙(罩)兕"和"叜/罙(罩)兔"兩個詞的。在念一個音節時,應該就音"叜/罙(罩)"。相類的情況又如,卜辭或貞卜"网雉"(《合集》10514)、"网鹿"(《合集》10976正、28329)等;《合集》10752"□戌卜,□网,隻(獲)□","网"與"隻"相連,其後也沒有賓語,跟前引"叜"、"罙"和"罙"諸辭相類。《合集》20708說"□其罞,執","罞"後沒有賓語,大概就表示"网虎";《合集》20710則説"甲□寮于□曾罞虎"。《合集》20772"丁丑卜:今日令匚罞,不𤴓(遘)晚("鬼日"合文)。允不。兔十□"。"罞"後也沒有賓語。由以上所論可見"罞"、"罞"應該分別即"网虎"、"网兔"的合文或專字。在念一個音節時,它們可以說應該就是"网"的繁體,其關係跟"叜"之與"鰻"等字極爲接近。總之,通過以上論述可知,"鰻"、"獿"、"𠅘"、"鰻"等字皆爲一字異體,其讀音當與"罙"字相同,或至少極爲接近。

高鴻縉先生《頌器考釋》釋"覭"字説:

　　即甲文字之變,原从二手舉網捕魚,魚亦聲,乃漁字之初形。此从二手舉網,虎省聲。魚聲、虎聲古同,故知爲漁字之變。此處通叚爲"娱",《説文》"娱,樂也",《詩》"聊可與娛"傳"娛,樂也"是也。②

陳佩芬先生也已經將金文"覭"字所从的"又"或"𠬞"加"网"之形跟甲骨文"罙"字相聯繫,説其形皆象(兩)手張網狀,二者都是"网"字;"覭"字中"虍"是聲符。通轉假借爲娱。……《廣雅·釋詁》:'娛,樂也。'《楚辭·離騷》:'日康娱而自忘兮。''日康娱以淫遊'。康娱與康樂涵義相似,都是安樂、

---

① 裘錫圭:《釋"坎"》,《古文字論集》,第48頁。
② 李孝定、周法高、張日昇編著:《金文詁林附錄》,第1728～1729頁。

康樂的意思"。① 應該説,單看"鱻"和"虤"字,其所從的"虍"和"魚"如看作聲符正好讀音接近,頗爲巧合;其讀爲"娱"從音韻上看很直接,"康娛"之語又有古書辭例支持,頗爲可通;因此此説影響最大,得到很多人的信從,自有其道理。我自己以前對此説也是頗爲相信的。但在花東卜辭"𢦏"、"𢦏"和"𢦏"諸形出現之後,將它們跟"鱻"與"虤"聯繫起來統一考慮,我們就很難相信"鱻"與"虤"中所從的"虍"與"魚"會表音了。根據這些字形我們可以自然合理地推斷,卜辭"鱻"諸形應該有從"虎"作"虤"的異體,係"爰/罙(罩)虎"的專字,金文"虤"字當由之演變而來。現有卜辭中未見"虤"字,但我們可以想見,由於老虎是很兇猛的動物,大概當時就較少用"以網罩之"的辦法來捕獵,所以卜辭中出現"罩虎"即"虤"的機會本就不多,那麽在現有卜辭中未見保存也就並不算多麽奇怪了。

從字形演變的角度看,本從"爰"形的"虤",演變爲從上下兩手形之"受"的"虤",也是很自然的。同類的例子如,卜辭 [字形](《合集》13362正)字或作[字形](《合集》13361)、[字形](《合集》13363)之形,兩手形的位置已發生變化。進一步再略爲演變,就很容易成爲從"受"形了。又殷墟甲骨文"𢪙(將)"字多見,多作"𢪙"類形,象雙手持將一物,所持將之物寫作"爿",兼起表音作用。"𢪙"又作"𢪙"類形,如[字形](《合集》32731)、[字形](《合集》32767)、[字形](《合集》32768)等,也是同類變化的例子。《集成》12.7305著録的一件西周早期的觚,器主之名《金文編》第1294頁附録下740號摹作[字形]。其字在拓本上正好右上部分看不清楚,如《金文編》所摹之形可靠,則由卜辭之"𢪙"變爲此形所從,就完全跟"虤"之變爲"虤"是同類變化的例子了。前引"鱻"字在殷墟甲骨文中已經有個別這類變形,如《合集》52作如下之形:

---

① 陳佩芬:《繁卣、趞鼎及梁其鐘銘文詮釋》,《上海博物館集刊——建館三十周年特輯(總第二期)》,上海古籍出版社,1983年,第20~21頁。

《綜類》240.4字頭作▯,《類纂》677頁字頭作▯,《新編甲骨文字形總表》第93頁1957號"鰻"字字頭作▯,甚至已經均以這類變體作爲"鰻"字的代表字形了。

總結以上所論,可知"鼉"字實即卜辭"羿"字異體"弭"的繁形"鼉"之變體,則"羿"之讀音應當也與"鼉"相同或極爲接近。以上費了很大功夫要將金文"鼉"字跟我們所討論的"羿"字加以聯繫認同,是因爲,在西周金文中正好有可以幫助確定"鼉"之音讀的資料。

"康鼉"常見於西周中晚期金文中向先祖乞丐福禄保佑的部分,近年對金文此類用語作過全面總結的陳英傑先生曾説,"'康勵'晚期始見,似乎看不出它跟'康鼉'意義上的區别"。① 以前陳漢平先生曾指出,"金文中有一類文例虩、勵二字用法相同,若以虩、勵二字互相參照比較,則其破譯綫索可尋"。他列出頌鼎、頌簋、頌壺的"虩"字用例,與禁伯簋(按此疑僞器)、善夫克鼎(即後文所引小克鼎)、微繺鼎銘的"勵"字用例加以比較。② 下面將現所見有關辭例全面地列舉出來看。

　　昊生鐘:用祈康鼉、屯(純)魯
　　梁其鐘:用祈匄康鼉、屯(純)右(祐)、綽綰通彔(禄)
　　四十二年、四十三年逨鼎:降康鼉、屯(純)右(祐)、通彔(禄)、永令(命)
　　虢姜簋蓋:用……祈匄康鼉、屯(純)右(祐)、通彔(禄)、永令(命)
　　頌器:祈匄康鼉、屯(純)右(祐)、通彔(禄)、永令(命)
　　通彔鐘(《集成》1.064):受(授)余通彔(禄)、庚(康)鼉、屯(純)右(祐)
　　逨鐘(《新收》772—774):降余多福、康鼉、屯(純)右(祐)、永令(命)

---

① 陳英傑:《西周青銅器器用銘辭研究》,中山大學博士學位論文,2004年,第68頁。
② 陳漢平:《金文編訂補》,中國社會科學出版社,1993年,第300～303頁。

逑盤(《新收》757):受(授)余康𤔲、屯(純)右(祐)、通录(禄)、永令(命)、霝(令)冬(終)

太師小子逆簋:用匄眉壽、康𤔲、屯(純)右(祐)

南申太宰厥司仲爯父簋(《集成》8.4188、4189):用易(錫)眉壽、屯(純)右(祐)、康勭(勱)

小克鼎(《集成》5.2796—2802):用匄康勭(勱)、屯(純)右(佑)、眉壽、永令(命)、霝(令)冬(終)

微絲鼎(《集成》5.2790):用易(錫)康勭(勱)、魯休、屯(純)右(佑)、眉壽、永令(命)、霝(令)冬(終)

另外,新出《首陽吉金》第41號著録的西周晚期的柞鐘,原釋文中有"康𤔲屯(純)魯永命"之語。但此器鏽蝕得很厲害,仔細觀察原書第120頁所收拓本與照片,"康"下之字其形跟"𤔲"之諸體都相差頗遠。① 對照友人參觀上海博物館"首陽吉金——胡盈瑩、范季融藏中國古代青銅器展"時所拍攝的此器的照片,基本可以斷定"康"下之字應該還是"勭(勱)"字。其右上的"力"形、下方的兩"口"形均甚爲明顯,左上部分則應該係"册"形在澆鑄時被銅液衝移位了(可能也跟其正靠近鉦間位置有關)。此銘"康勭(勱)、屯(純)魯、永命",跟上舉昊生鐘"康𤔲、屯(純)魯"可相對照。

陳漢平先生説:"'康𤔲'、'康勭'二辭辭例相同,'𤔲'、'勭'二字用法相同,字義相同,故疑'𤔲'、'勭'二字字音或亦相同。"全面比較上引金文文例,可知其説是很有道理的。但他釋"勭"爲"劼"或"䵃",釋"𤔲"爲"諧"或"䵃",則其證據和論證都存在很多問題,皆顯然不可信。另外不能不補充説明的是,"𤔲"跟"勭"字有見於同一篇銘文的,如通录鐘:"受(授)余通录(禄)、庚(康)𤔲、屯(純)右(祐),廣啓朕身,勭(勱—擢)于永令(命),……"梁其鐘:"用祈匄康𤔲、屯(純)右(祐)、綽綰通禄。皇祖考……用□光梁其身,勭(勱—擢)于永令(命)。"這就好比金文"老"、"考"、"孝"

---

① 見首陽齋、上海博物館、香港中文大學文物館編《首陽吉金——胡盈瑩、范季融藏中國古代青銅器》,上海古籍出版社,2008年。

幾字常可通用,也常出現於同一篇銘文,並不奇怪。這也並不構成在"康 覒"和"康勴(勱)"這種用法中"覒"跟"勴"二者表同詞的致命反證。

"勴"所从的"䀠"當爲其聲符,即"龠"字的異體。上已引到兩"勴 (勴—擢)于永令(命)"之例,又士父鐘(《集成》1.0145—0148)"(皇考叔 氏)用廣啓士父身,勴(勴—擢)于永命";瘋鐘(《集成》1.0246)"(皇祖考) 廣啓瘋身,勴(勴—擢)于永令(命)";叔向父禹簋(《集成》8.4242)"(皇祖 幽大叔)廣啓禹身,勴(勴—擢)于永令(命)";番生簋蓋(《集成》8.4326) "(皇祖考)廣啓氒(厥)孫子于下,勴(勴—擢)于大服"。"大服"與"永命" 意義相近。郭沫若在《兩周金文辭大系》下册第122頁考釋大克鼎銘"勴 克王服"云:"勴即《廣雅》'躏,拔也'之躏,《方言·三十》作躏。字當从力, 方有扐拔之意……'勴克王服'者謂擢克于王官,擢又即勴之後起字矣。" 其説可從。"勴(勴—擢)于永命"、"勴(勴—擢)于大服"皆爲器主向祖先 的請求,意爲"(希望祖先使之被)擢拔于永命"、"(希望祖先使之被)擢拔 于大服"。西周中期的班簋(《集成》8.4341)銘末説毛公自身"隌(陞—登) 于大服,廣成氒(厥)工(功)",與"擢于大服"可相印證。總之,西周中晚期 金文中"勴"字的這類用法釋讀爲"擢",從讀音、意義上看都是很合適的。 至於"康勴(勱)"一類辭例,郭沫若《兩周金文辭大系》下册第123頁讀爲 "康樂",雖讀音、意義均合,但"樂"字金文本多見,其説與用字習慣相衝 突,則恐還有問題,有待進一步研究。

龠聲、翟聲、卓聲、勺聲和刀聲字常常相通,其關係是非常密切的。①如訓"煮"的"瀹"字亦作"汋",宗廟時祭之名"礿"、"禴"同字,而《上博 (四)·昭王毀室、昭王與龔之脽》簡2、4、7皆用从"勺"聲之"韵"字爲 "召"。因此,説"罩/翟"的表意初文、或用爲"到"的"羿",其繁體的變體 "覒"在金文中跟用爲"擢"的"勴(勱)"相通,從諸字的音韻地位、發生關係

---

① 參看高亨纂著、董治安整理《古字通假會典》,齊魯書社,1989年,第803頁【禴與 躍】、【禴與礿】、【禴與瀹】、【瀹與灈】條;第805頁【擢與掉】、【櫂與棹】條;第806頁【勺(杓) 與招】條;第807頁【灼與焯】、【的與招】、【汋與綽】條;第809頁【召與卓】條;第810頁【綍與 卓】條;第811頁【昭與卓】、【邵與卓】、【邵與淖】、【菿與倬】、【箌與倬】條等。又"濯"古常訓 爲"大",當與同訓爲"大"的"倬"、"菿"、"箌"等表同詞,亦其相通之例。

的親疏情況來觀察，也是很自然的。

六　楚簡用例解釋

總結以上所論，春秋金文所記楚康王名，以"羿"爲基本聲符之字跟古書的"昭"字或"招"字相當；殷墟甲骨文"羿"字或加注本身以"召"爲聲符的"𡆥"聲；"羿"字繁體"𦎫"之變體"覒"在西周金文中與"龠"聲字和"擢"字相通。以上幾條材料，單獨看起來似乎各自都有一些不無疑問之處，但合而觀之，就使人感覺不像是偶然的了。這證明本文開頭提出的"羿"爲"罩/𦎫"之表意初文、讀音與"到"相近的設想，應該是合乎事實的。下面就據此進一步來看，"羿"字除了《昭王與龔之脾》用爲"到"之外的其他楚簡用例如何講通。

先説天星觀簡的"羿蔐享薦袚一佩玉環"。范常喜先生據包山簡 150 的地名"徒蔐"認爲天星觀簡的"蔐"字也是地名，謂"天星觀簡中的此字似乎也可理解爲'往'"，①可從。新蔡葛陵楚簡卜筮類簡中三次出現所謂"逾取蔐"之貞(簡甲三 240＋甲二 16＋甲三 229、乙一 16＋甲一 12、乙一 26，2＋零 169)，何琳儀和陳偉先生都將"蔐"看作地名。② 此例"羿"字也應讀爲"到"。"到"字除了最常見的"(已經)到達(某地)"之意，又意爲"(到某地)去"、"往"。《戰國策·楚策四》"虞卿謂春申君"章"臣請到魏，而使所以信之"，劉向《新序》佚文"齊遣淳于髡到楚"，《東觀漢記·吴祐

---

　① 范常喜：《〈上博(四)·昭王與龔之脾〉簡 8 補釋》。"徒蔐"原引作"辻蔐"。"蔐"字釋爲"蔐"見何琳儀《包山竹簡選釋》，《江漢考古》1993 年第 4 期，第 61 頁。劉釗：《包山楚簡文字考釋》，"中國古文字研究會第九届學術研討會"論文，南京，1992 年；收入氏著《出土簡帛文字叢考》，臺灣古籍出版有限公司，2004 年，第 22 頁。不過，據新發表的《上博(七)·君人者何必安哉》甲乙本簡 9"云蔐(爾)"之"蔐"字來看，這些地名字也有可能確實當釋爲"蔐"。

　② 何琳儀：《新蔡竹簡選釋》，簡帛研究網，2003 年 12 月 7 日；《安徽大學學報(哲學社會科學版)》2004 年第 3 期，第 9 頁。又收入黃德寬、何琳儀、徐在國著《新出楚簡文字考》，第 241～242 頁。陳偉：《葛陵楚簡所見的卜筮與禱祠》，中國文物研究所編：《出土文獻研究》第六輯，上海古籍出版社，2004 年，第 36 頁。但研究者對此或有不同看法，詳見宋華強《新蔡葛陵楚簡的初步研究》第二章之二"内容分類介紹"的"逾取廩貞"部分，北京大學博士學位論文，2007 年，第 50～53 頁。

傳》:"民有相爭訴者……或身到閭里,重相和解。"皆其例。

前引包山簡130反"須左司馬之𠴫行將以餬(問)之"係對簡129、130號所記案件的批示,史傑鵬先生對此兩簡的内容有很好的解釋,今具引如下:

> 包山129、130號簡記的是恒思縣予葉縣金案,在130號簡反面有11個字……(指出李運富先生解釋"餬"爲"報告"——即讀爲"聞"——不確,應讀爲"問")129號和130號簡涉及的整個案件内容是:左司馬以王命叫恒思縣給葉縣一筆錢,葉縣官員不接受。第二年重新給時,葉縣官員纔接受了。這份文書也許是恒思縣上呈給中央的,中央主管部門在130號簡的反面做了批示。因爲當初給恒思縣傳達命令的是左司馬,所以中央準備等左司馬下去巡視時查問這件事。①

其說基本是正確的。② 此"𠴫行"之"𠴫"本文初稿也讀爲"到",後反覆思之,終覺未安。我最初曾經考慮過讀爲"徼",裘錫圭先生在看過本文初稿後也向我指出應讀爲"徼"。今改用此説。"徼"意爲巡視、巡邏。《荀子·富國》:"其候徼支繚,其竟關之政盡察,是亂國已。"楊倞注:"徼,巡也。"漢代人筆下"徼巡"、"徼循"之語常見,也説"行徼",皆係近義連文。如《漢

---

① 史傑鵬:《讀包山司法文書簡札記三則》,李學勤、謝桂華主編:《簡帛研究二〇〇一》上册,廣西師範大學出版社,2001年,第23頁。
② 按所謂"葉縣"之"葉"當釋爲"柊",參看白於藍《包山楚簡零拾》,中國社會科學院簡帛研究中心編輯:《簡帛研究(第二輯)》,法律出版社,1996年,第41~42頁。又,所謂"第二年重新給時,葉縣官員纔接受了"之説係通行的看法,但恐怕也是有問題的。簡130說,在前一年"恒(期)思少司馬屈𦬒曰(以)足金六勻(鈞)睈(聽)命於柊,柊䆠(序一舍)大夫右(左)司馬越䚏弗受";第二年"恒(期)思少司馬郍勝或(又)曰(以)足金六勻(鈞)舍柊,柊䆠(序一舍)大夫集昜(陽)公蔡逸 受","受"上之字整理者原釋爲"唐",研究者或釋爲"虎",皆與上"蔡逸"連讀、一起看作"集陽公"之名。按其形與"唐"或"虎"字皆不合;而且,如果確實是集陽公接受了其金,則"受"後面應該帶賓語説成"……受之"纔對。頗疑此字係"弗"之訛體("弗受"略相當於"不之受",隱含有"受"之賓語),事實很可能是第二年柊縣官員仍然沒有接受其金,所以纔會有期思官員作爲案件(糾紛)上報、中央要批示等左司馬下去巡視之時向兩次拒不受金的柊縣官員查問此事。又,在提交本文初稿的"中國簡帛學國際論壇2008"(美國芝加哥大學東亞語言與文明系2008年)的討論中得知,陳偉先生也曾指出此處"受"上之字應釋爲"弗",其説未正式發表。

書・趙敬肅王劉彭祖傳》:"(劉彭祖)常夜從走卒行徼邯鄲中。"顏師古注:"徼,謂巡察也。音工釣反。""行徼"與簡文"羿(徼)行"可相印證。從讀音來看,"羿"與"徼"韻部都是宵部,聲母則"徼"爲牙音見母,而前所論跟"羿"有關諸字都是舌音聲母("到"、"召"、"罩"爲端母,"擢"爲定母),二者似有距離。但我們知道,跟"徼"同以"敫"爲聲符的"繳"字,古義爲"生絲縷"、"繒繳",其音"之若切",上古音其聲母就是舌音章母,可見"敫"的諧聲系列與舌音有關,並非單純的牙喉音。新發表的《上博(七)・吳命》簡4云:"孤吏(使)一介吏(使)悐(親)於桃(郊)逆,褮(勞)丌(其)大夫,戚(且)青(請)丌(其)行。"①用舌音定母字"桃"表示見母字"郊"(二者韻部也都是宵部)。按"敫"聲字與"交"聲字關係極爲密切,二者常常相通,例多不煩贅舉。② 上博楚簡"郊"之用"桃"來表示,也可爲包山楚簡"徼"之用"羿"表示之旁證。"徼"之聲符"敫"音以灼切,《説文》謂"讀若龠",而前文已論"羿"之繁體的變體"覞"在西周金文中也與"龠"聲字"勵(勱)"相通;另外,"敫"和跟"桃"同從"兆"(定母)聲之"姚"都是余母(即喻四,或稱以母)字,我們知道,有余母字出現的諧聲系列,有不少是其聲母同時跟牙喉音和舌音有關的。如與"繳"同音"之若切"的"禚"和"穘"字,其聲符"羔"也是見母字,而同樣從"羔"得聲的"窯"字則是余母字。凡此均可見,"羿"跟"徼"確實是有其相通之理的。

《容成氏》"羿宗鹿族戔(殘)羣"的"鹿"字多讀爲"戮",不可信。何琳儀、李家浩先生曾分別指出,包山簡所見的楚先祖名"酓鹿"即古書中的楚王"熊麗",③早已得到研究者的公認。他們都舉出不少例子證明,"鹿"與"麗"在形、音、義三方面均有關涉,因此兩字有時混用不分,在古書和出土文獻中皆有其例。這一點後來不斷被新發現的古文字資料所證實。《上

---

① 此簡文的釋讀參見復旦大學出土文獻與古文字研究中心研究生讀書會(程少軒執筆)《〈上博七・吳命〉校讀》,復旦大學出土文獻與古文字研究中心網,http://www.gwz.fudan.edu.cn/,2008年12月30日。

② 參見《古字通假會典》第793頁【交與徼】、【交與邀】條,第794頁【絞與徼】、【皎與皦】、【皎與曒】條,第795頁【茭與激】條。

③ 何琳儀:《楚國熊麗考》,《中國史研究》2000年第4期,第13~16頁。李家浩:《包山楚簡所見楚先祖名及其相關問題》,《文史》第四十二輯,中華書局,1997年,第10~11頁。

博(六)·天子建州》甲本簡 10—11、乙本簡 9—10:"聚衆不詘(語)悆(逸),男女不詘(語)鹿(麗、儷),聖(聘—朋)眥(咎—友)不詘(語)分。"陳偉先生讀"鹿"爲"麗",訓爲"偶",①可從。又《上博(五)·融師有成氏》簡 6:"……蔑市見![字],毁折鹿戔(殘)……","鹿戔(殘)"應跟"毁折"同爲近義連文,應與《容成氏》"羿宗鹿族戔(殘)羣"中處於對文的"鹿"和"戔(殘)"相類,"鹿"顯然也用作"麗"讀爲"離"。近來安徽鳳陽縣卞莊一號墓出土的鎛鐘銘文的"童麗公",當讀爲"鐘離公",其中編號爲 9—3 的"童"下之字作"鹿頭"之形,應釋爲"鹿"而用爲"麗";②安徽舒城九里墩古墓出土的圓形鼓座,其銘文中的"童鹿公"亦即"鐘離公","鹿"亦用爲"麗"。③范常喜先生根據上舉諸例中的一部分,和習見的"麗"跟"離"相通的情況,指出《容成氏》"簡文中的'鹿'當讀作'離',即離散之義",④正確可從。

根據"離"、"殘"之義循音以求,疑"羿"當讀爲"勦",意爲"滅絶"。字或作"勤"、"樔"、"剿"。《説文·刀部》:"剿,絶也。……《周書》曰:'天用剿絶其命。'"段玉裁注:"周者夏之誤。"今本《尚書·甘誓》作"勦"。《漢書·外戚傳上·孝武李夫人》:"美連娟以脩嫮兮,命樔絶而不長,飾新宫以延貯兮,泯不歸乎故鄉。"顔師古注:"樔,截也。音子小反。"王先謙補注引沈欽韓曰:"《甘誓》作'勦絶'。""枭"聲字與"巢"聲字常相通,《古字通假會典》第 816 頁收有多例。又如,《上博(一)·性情論》簡 35"凡甬(用)心之趮(躁)者,思爲甚",《上博(二)·容成氏》簡 40"傑(桀)乃逃,之南巢(巢)是(氏)"。范常喜先生曾引《春秋繁露·家教》"殘類、滅宗、亡國"的説法跟簡文相印證,⑤我們釋讀爲"勦宗、離族、殘羣","勦"與"滅"正相對

---

① 陳偉:《讀〈上博六〉條記》,簡帛研究網,2007 年 7 月 9 日。
② 劉信芳:《安徽鳳陽縣卞莊一號墓出土鎛鐘銘文初探》,中國古文字研究會、吉林大學古籍研究所:《紀念中國古文字研究會成立三十周年國際學術研討會會議論文集》,長春吉林大學,2008 年,第 39、40、42 頁。
③ "童鹿"字形的考釋見何琳儀《九里墩鼓座銘文新釋》,中國文物研究所編:《出土文獻研究》第三輯,中華書局,1998 年,第 67~68 頁。"童鹿公"讀爲"鐘離公"見上注所引劉信芳文。
④ 范常喜:《上博簡〈容成氏〉和〈天子建州〉中"鹿"字合證》,簡帛研究網,2007 年 8 月 10 日。
⑤ 范常喜:《上博簡〈容成氏〉和〈天子建州〉中"鹿"字合證》。

應。"枭"聲字與"刀"聲字不乏輾轉相通之例。郭店《唐虞之道》簡28:"治之至,養不枭(肖);亂之至,滅賢。"《上博(五)·競建内之、鮑叔牙與隰朋之諫》簡8—9:"寡人之不勑(肖)也,豈不二子之憂也哉?"是"枭"聲可與"肖"相通之例。古文字和出土文獻中趙國、趙氏之"趙"多作"勺"、"肖",而前文已經引到从"勺"聲之"訋"用爲"召"之例。可見與"刀"聲、"召"聲相通之"罙"字讀爲"剿",在讀音上應該也是没有問題的。

七 餘 論

最後,還有兩個被有的研究者跟"罙"聯繫起來的字,有必要附帶略作交代。

齊國官璽和封泥有職官名"坒罨",見於《古璽彙編》265、273、312、334、336等和《鄭庵所藏封泥》24下。後一字不少研究者認爲下从"豕",其形如《古璽彙編》336作 等,裘錫圭和李家浩先生都隸定作"罨",①正確可從。徐在國先生分析"罨"爲从"又""网"聲,"坒罨"讀爲見於《左傳》昭公二十年等古書的齊國官名"祈望",係主管海産品的職官。李家浩先生也有此説。②此説從各方面看都很有道理,很可能是符合事實的。蘇建洲先生認爲:"古文字中作爲偏旁的'廾'可以省作'又',則璽文(按即'罨'字)與簡文'△'(按即'罙'字)應可視爲同一字。"③如此一來,是否會構成對本文所論"罙"的觀點的致命反證呢?我們認爲也不能這麼説。因爲僅有从"又"與从"収(廾)"之别之形,並非必然爲一字異體。這就好比金文中上从"貝"下从"収(廾)"之字多釋爲"具",而上从"貝"下从"又"之字則是"䙷/䙷(得)"字,二者肯定不同字。東周文字中"具"字多作上从"目"形下从"収(廾)"之形,"䙷/䙷(得)"字則作上从"目"形下从"又"之形,二者雖僅爲从"収(廾)"與从"又"之

---

① 裘錫圭:《釋"弘"、"強"》,《古文字論集》,第58頁"編校追記"。李家浩先生説見下注所引徐在國先生文第567頁引。
② 徐在國:《釋齊官"祈望"》,《第四屆國際中國古文字學研討會論文集》,香港中文大學中國語言及文學系,2003年,第565~572頁。
③ 蘇建洲:《〈上海博物館藏戰國楚竹書(二)〉校釋》,第233~234頁。

別,但也並非一字。"羿"跟"叟"分屬不同國別,用法也不相同,它們完全可以是來源、結構方式不同的無關的兩個字。

包山楚墓遣策簡 255、256 中凡五見的"罜"字,寫作 ▨、▨,上從"网"中間從"日"形下從"収(廾)",是主要用以盛"酪(醢)"、某種魚肉、"醳(腬?)"的器物名。其字有釋爲"㚟"讀爲"籃"、釋爲"罨"讀爲"籃"、釋爲"買"讀爲"杲"、釋爲"冥"讀爲"皿"、釋爲"尊"、釋爲"掩/捲"讀爲"罌"等諸說,此不必詳引。① "罜"字中包含有"羿"形,容易使人覺得二者似有關係。如李運富和周鳳五先生都將"罜"字跟"羿"聯繫起來考慮,李運富先生認爲"罜"可能應分析爲從"日"形從"羿"聲,讀爲籠筐之"籠"。按邶陵君王子申豆(《集成》9.4694.1)有"罒"字作 ▨,在銘文中是一個重量單位。李家浩先生已經指出其字"似從'网'從'日'"。② "罒"既然是可獨立成字的,則"罜"就當分析爲從"収"從"罒"得聲。袁國華先生已經注意到此二者的關係,曾説"'罜'應爲計量單位,疑字同'邶夌君三器'銅豆之一盤外底銘的 ▨ 字,確實意義待考"。③

據有學者研究,包山簡遣册的器物"罜"對應於包山二號楚墓中出土的 5 件磨光黑陶罐。④ 包山遣册簡 255、256 所記"缶"和"罜"以及所盛之物,與馬王堆漢墓遣册所記名物和計量器物單位多可對讀。⑤ 馬王堆一

---

① 末一説見周鳳五《上博四〈昭王與龔之脽〉新探》新定稿,其前諸説可參看羅小華《釋尊》,簡帛研究網,2007 年 12 月 11 日。
② 李家浩:《關於邶陵君銅器銘文的幾點意見》,《江漢考古》1986 年第 4 期,第 85 頁。又,李家浩先生以此形與《古璽彙編》0489 號"▨"形爲一字,本文初稿亦從其説。後承施謝捷先生向我指出,《古璽彙編》0489 號之字舊譜本作"▨"(《鐵雲藏印》、《讀雪齋印譜》),即"岡"字。作所謂"罒"者實係出《古璽彙編》之誤描,即將下半略有殘泐的"山"旁誤連其筆畫而成"日"旁。
③ 袁國華:《〈包山楚簡〉文字考釋》,《第二屆國際中國古文字學研討會論文集》,香港中文大學中國語言及文學系,1993 年,第 442～443 頁。
④ 李天智:《包山二號墓陶罐試析》,《江漢考古》2003 年第 4 期,第 75～83 頁。
⑤ 此承周波兄提示。又參見周波《戰國時代各系文字間的用字差異現象研究》,復旦大學博士學位論文(指導教師:裘錫圭教授),2008 年,第 260～261 頁。

號漢墓遣册簡 98—102 和三號漢墓遣册簡 110—121 都有“某物若干坑”，“坑”顯然是器物名。唐蘭先生正確地釋出“坑”字，並指出“坑即瓬字”。①馬王堆漢墓遣册中“坑(瓬)”用以盛“醢”(三號墓遣册 116)、“醬”(三號墓遣册 118)、“肉醬”(三號墓遣册 119)、“爵”(馬王堆三號墓遣册 110)、“肉魭(醢)”(三號墓遣册 111)、“魚魭(醢)”(112)，也用以盛魚[三號墓遣册 113、一號墓遣册 100“鰸一坑(瓬)”、一號墓遣册 99、三號墓遣册 114“魴一坑(瓬)”]等，也跟包山簡的“㔩”大致相合。“㔩”所从的幾個偏旁都看不出跟器物義的聯繫，它表示器物名應該是一個假借字。頗疑“㔩”就應讀爲“瓬”。“㔩”之聲符“冐”可分析爲“从日网聲”，“瓬”字亦作“堈”或“甌”，其聲符“岡”本从“网”得聲；“亢”聲字與“岡”聲字多音近可通。楚文字中雖已有“瓬”字，如郭店簡《語叢四》簡 26 的“缿”即其異體，但其字从義符“缶”，乃“瓬”之本字。② 而“㔩”用爲“瓬”則係假借字，二者並不衝突。無論如何，“㔩”雖然字形中包含有本文所論的“畀”，但實際上二者並無關係。

本文蒙裘錫圭師和施謝捷、郭永秉、蘇建洲諸先生審閲指正，謹致謝忱。

原載武漢大學簡帛研究中心主辦《簡帛(第四輯)》，上海古籍出版社，2009 年。

---

① 唐蘭:《長沙馬王堆漢軑侯妻辛追墓出土隨葬遣策考釋》，《文史》第十輯，中華書局，1980 年，第 25 頁。

② 關於楚文字中的“缿(瓬)”詳見另文《試説戰國文字中寫法特殊的“亢”和从“亢”諸字》，刊於復旦大學出土文獻與古文字研究中心編《出土文獻與古文字研究(第三輯)》，復旦大學出版社，2010 年。

楚簡"罙"字試解　383

附圖一　《合集》37468

384　戰國竹書論集

附圖二　續 3.20.6(《合集》36661)嚴一萍先生
　　　《殷虛書契續編研究》第 20 頁摹本

清華簡《皇門》"囂"字補説

《清華大學藏戰國竹簡（壹）》的《皇門》篇中，三次出現一個整理者隸定作"囂"的字，①其釋讀尚未定論。該篇發表以後，衆多學者迅即在我中心網站往復討論、即時互動，揭示出了越來越多的證據和綫索，終於使得此問題的答案迅速趨於明朗。從下文所説可以看到，我們將據以立論的最重要的根據，其實都已經早就被研究者提出來了。本文僅是在大家研究的基礎上綜合權衡考慮，談一點補充意見。

一

下面先把所謂"囂"字（下暫以"▲"代表）的原形、辭例，以及跟今本《逸周書·皇門》相應部分文句的對比等基本資料列舉出來。

簡3、簡13

簡文：我聞（聞）昔才（在）二又（有）或（國）之折（哲）王，……廼方（旁）救（求）巽（選）睪（擇）元武聖夫，臆（羞）于王所。自釐（釐）臣至于又（有）貧（分）厶（私）子，句（苟）克又（有）㱃（諒），亡（罔）不▲達，獻言【3】才（在）王所。

---

① 清華大學出土文獻研究與保護中心編、李學勤主編：《清華大學藏戰國竹簡（壹）》，中西書局，2010年。

今本：我聞在昔有國誓王……乃方求論擇元聖武夫，羞于王所。自其善臣以至有分私子，苟克有常，罔不允通，咸獻言在于王所。

簡文：於（嗚）虖（呼）！ 哉（敬）才（哉）！ 監于茲。朕迓（遺）父兄眔朕律（儘—盡）臣，夫明尔（爾）惪（德），以蘮（惠）余一人惡（憂）。母（毋）[12]隹（惟）尔（爾）身之▲，皆卹尔（爾）邦，叚（假）余憲。既告女（汝）悥（元）惪（德）之行，卑（譬）女（如）舟舟，輔余于險，▲余于淒（濟）。母（毋）复（作）俎（祖）考胹（羞）才（哉）！[13]

今本：嗚呼！敬哉！監于茲。朕維其及朕蓋臣，大明爾德，以助予一人憂。無維乃身之暴，皆恤爾，假予德憲。資告予元，譬若衆畎，常扶予險，乃而予于濟，汝無作。

二

原整理者據"䁖"下半之"㐭"為聲符立論，將前兩處讀為訓"敬"之"懔"，末處讀為監臨之"臨"。① 復旦大學出土文獻與古文字研究中心研究生讀書會以為"字當從'賏'得聲，疑首處可改讀為聲音相近的"榮"，後兩處可讀為"營"。② 沈培先生亦據上半之"賏"為聲符立論，主張三處皆讀為"儆"或"敬"（"儆"本為"敬"之分化字，二者關係密切）。③ 唐洪志先生認為末一例"似可讀為'攖'"，④劉雲先生主張三處皆讀為"進"，亦皆為

---

① 《清華大學藏戰國竹簡（壹）》，上冊第167頁注[十八]，第171頁注[六十七]、注[七十二]。
② 復旦大學出土文獻與古文字研究中心研究生讀書會（以下簡稱"復旦讀書會"）：《清華簡〈皇門〉研讀札記》（劉嬌、張傳官執筆），復旦大學出土文獻與古文字研究中心網站（以下簡稱"復旦中心網"），http://www.gwz.fudan.edu.cn/SrcShow.asp?Src_ID=1345，2011年1月5日。
③ 沈培：《清華簡字詞考釋二則》，復旦中心網，http://www.gwz.fudan.edu.cn/SrcShow.asp?Src_ID=1367，2011年1月9日。
④ 唐洪志：《清華簡〈皇門〉"舟舟"試釋》，復旦中心網，http://www.gwz.fudan.edu.cn/SrcShow.asp?Src_ID=1371，2011年1月10日。

據上半之"賏"爲聲符立論。① 宋華强先生主張末一例讀爲"楣",係據此字下半之"亩"爲聲符立論。②

應該説,單就"䜌"形而論,其上下兩部分均有作聲符的資格,諸家之説在此點上的不同選擇實難分優劣,關鍵還是要看由某聲出發所選擇之"詞"對文意的解釋力。由此觀之,諸説共同的弱點在於都不能説將三處文意很好地講通了。試將諸家所提出之字放回原文反覆細讀體會,總感覺嫌"隔"、話説得不夠"到位",跟《書》類文獻行文用語的風格習慣感到不密合。我們看現在異説紛起、誰也不能説服誰的情況,恐怕也正反映出,不管是以"賏"還是"亩"爲聲符去考慮此字的釋讀,可能都是没有出路的。

三

在該篇發表之後的討論中,我認爲最重要的進展是劉洪濤先生先後指出幾個字形並對其間關係作了很好的分析,從而最終將此字跟郭店《老子》甲本簡 27 的"頷"字聯繫了起來。下面先把後文討論將涉及的字形集中列舉出來,以便對比。

郭店《老子》甲本簡 27"頷"字　　/　四年皋奴戈(《集成》11341A、11341B)　　、《上博(七)·君人者何必安哉》甲本簡 9、乙本簡 9"繭"字　　郭店《老子》甲本簡 30"爾(彌)"字　　、《古璽彙編》5357、5358(皆單字璽)　　《清華簡(壹)·金縢》簡 2"壇"字

---

① 劉雲:《説清華簡〈皇門〉中的"賏"聲字》,復旦中心網,http://www.gwz.fudan.edu.cn/SrcShow.asp?Src_ID=1386,2011 年 1 月 23 日。
② 宋華强:《清華簡〈皇門〉札記一則》,簡帛網,http://www.bsm.org.cn/show_article.php?id=1397,2011 年 2 月 2 日。

劉洪濤先生首先指出："古文字的'爾'和'冏'有相混的現象，因此這個字很可能不是从'冏'而是从'爾'的。我記得好像有一個字从'貝'从'尒'（一時檢不出，或許是記憶有誤），和此字很可能是一字的異體。"劉雲先生隨即補充指出，所謂"从'貝'从'尒'"之字即上舉郭店簡《老子》甲 27 號簡之"䫈"字。此字跟今本《老子》第四章"挫其銳"的"銳"字對應。蘇建洲先生又提出上舉四年皋奴戈之形（作人名）與《皇門》▲字對比，認爲其下半都是从"冏"的。① 從此後的情況來看，好像除了劉洪濤先生自己，大多數研究者或是不承認▲與"䫈"爲一字，或是即使承認也都將其看作从"冏"和从"冏"省。例如，劉雲先生針對懷疑▲與"䫈"爲一字者指出："這一演變的主要環節可以與古文字中'爾'省簡爲'尒'的演變進行類比，而且清華簡《金縢》中'壇'字（劍按字形見前舉）偏旁'亶'所从的'冏'省簡爲'尒'，與這一演變的主要環節完全相同。"這對於說明相關字形的關係也是很好的意見。但他仍將有關諸字認爲从"冏"或从"冏"省。②

有關"爾"與"冏"相混的問題，蘇建洲先生曾有詳細討論，宋華強先生又有所補充，③皆請讀者參看。前舉《君人者何必安哉》的兩個"繭"字，其下半所从完全寫作"冏"形，不少研究者釋爲"薔"。其所在簡文云：

傑（桀）、受（紂）、幽、萬（厲），殘（戮）死於人手，先君需（靈）王𨊷〈𨋀（乾）〉浨（溪）云繭（爾）。君人者可（何）必女（安）才（哉）！

"云繭"之釋有不少異說，我們信從復旦讀書會和季旭昇先生的意見釋讀

---

① 以上均見前引沈培《清華簡字詞考釋二則》一文之後的評論，又前引劉雲《説清華簡〈皇門〉中的"貝"聲字》一文。

② 見前引劉雲《説清華簡〈皇門〉中的"貝"聲字》一文。又劉雲先生在復旦讀書會（蔡偉執筆）《清華簡〈金縢〉研讀札記》（復旦中心網站，http://www.gwz.fudan.edu.cn/SrcShow.asp?Src_ID=1344，2011 年 1 月 5 日）一文之後的評論。

③ 蘇建洲：《也說〈君人者何必安哉〉"先君需王乾溪云薔"》，簡帛網，http://www.bsm.org.cn/show_article.php?id=965，2009 年 1 月 10 日。又前引宋華強文。但他們均主張將有關諸字釋爲从"冏"，我的看法跟他們不同。

爲"云爾",並上與"乾溪"連讀。① 季先生説:②

> 疑"云藹"當讀爲"云爾",全句謂:"桀、紂、幽、厲死於人手,先君靈王(死於)乾谿云藹(爾),君人者何必安(然)哉!"因爲靈王是先君,所以稍爲避諱,上面的桀、紂、幽、厲已經明白地説了"死於"人手,接着的先君靈王承上省略"死於"二字,使口氣稍爲和緩些。

我覺得季先生此説是很平實通達的見解。惟似不必坐實説爲"先君靈王"下"承上省略'死於'二字"。我體會,"云爾"雖大多已凝固爲一個複音虛詞,但在此"乾溪云爾"中,"云"在意思上跟上文的"乾溪"結合得更緊密一些,"乾溪云"猶言"乾溪那事","爾"則表"罷了"、"而已"類語氣。蓋正如季先生所説,因有所避諱而不想、實也不必具體説出靈王"餓死於乾溪"之類語,反正只要點出"乾溪"即可,含糊而言對方即楚王也瞭解其所指。

根據《君人者何必安哉》兩例下半所從完全寫作"亩"形的"藹"字,加上前舉郭店《老子》甲本簡30寫作"亩"形的"爾(彌)"字,我們已經可以比較有把握地説,楚簡文字中確實存在"爾"已經完全訛變得跟"亩"形混同的情況。如果據此推測"嬰"下半的"亩"本來也是"爾",當然是很合理的。但讓人感到不放心的是,上從"䝱"下從"爾"的字還沒有看到過,當時文字系統中是否確實有這樣一個字,是不無疑問的。分析至此就可以看到,前舉也是由劉洪濤先生所指出的古璽兩形(原所説出處有誤,蘇建洲先生補充糾正)③在論證字形環節上的重要性了。劉洪濤先生指出,此"從雙'目'從'尔'字形下'又'字形的字"也應該與▲同字,"是清華簡《皇門》之字與郭店《老子》之字演變的中間環節。秦簡、璽印'璽'字下部或作'冈'字形,作'又'字形當是省略左右各一豎的結果"。我們排比有關字形,據蘇建洲先生指出的 [圖] 形與 [圖] 的對應,可知此字"䝱"形可以簡化爲"䀠"

---

① 復旦讀書會(程少軒執筆):《〈上博七·君人者何必安哉〉校讀》,復旦中心網,http://www.gwz.fudan.edu.cn/SrcShow.asp?Src_ID=580,2008年12月31日。季旭昇先生説見下注所引文。

② 季旭昇:《上博七芻議》,復旦中心網,http://www.gwz.fudan.edu.cn/SrcShow.asp?Src_ID=588,2009年1月1日。

③ 皆見前引劉雲《説清華簡〈皇門〉中的"䝱"聲字》一文之後的評論。

形，由此同樣上作"眀"形的古璽 [字] 形跟 [字] 的認同就得到了保證； [字] 與 [字] 的關係可由前舉劉雲先生所指出的"囟"形（注意不一定就是"囟字"或"囟旁"）簡化爲"尔"形的情況説明；而正如劉洪濤先生所指出的，[字] 形又是介於 [字] 與 [字] 之間的中間環節，其下半是只能分析爲"爾"而難以看作"囟"的。這樣，[字] 下所從本爲"爾"、[字] 即其簡體這一點，在字形上的證據鏈就已經完整地建立起來了。

劉洪濤先生還指出，"把（▲形下半）所謂'囟'看作'爾'"的好處在於可以將▲"跟郭店簡的（'頯'）字聯繫起來（很難想像有兩個不同的字，一個字从頁从爾，一個从頁从囟）。另外，今本對應之字作'允'，郭店簡對應今本之字作'鋭'，二字音近古通（《書·顧命》"一人冕執鋭"，《説文》引'鋭'作'鈗'），也可證它們所記録的是一個字（詞）"。① 這也都是很精彩的意見。下面我們就從其説直接將▲隸定爲"䫌"了。

四

"頯"對應於"鋭"僅郭店《老子》甲這一例，而簡本古書與傳本古書的異文關係，除了讀音近同之外還存在形近訛字、義近換用字等複雜情況，"頯"與"鋭"完全也可能在讀音上是並無關係的。對此我們可以看兩點。首先，"頯"之讀音與"鋭"近同這一點能否在文字學上找到合理的解釋；其次，根據"頯"之讀音與"鋭"近同這一"假設"加以推闡，能否圓滿地解釋所推廣到的相關材料？這二者也可以説是互相支持和證明的關係。如果根據"頯"之讀音與"鋭"近同的假設，別的材料也能很好地解釋，又可以反過來説明這一假設確實是可靠的。

---

① 亦見前引沈培《清華簡字詞考釋二則》一文之後的評論。他所説另一個好處在於可以把"䫌"看作"兩聲字"，即影母耕部的"賏"和日母支部的"爾"皆爲聲符。此則恐有問題，兹不取。

趙彤先生分析郭店《老子》甲的"𩖻"字認爲：①

"𩖻"字所從的"尔"應當是聲旁。"尔"字古音一般歸脂部，但是從一些古文字材料來看可能本屬月部。甲骨文"迩"作"徹"，郭店簡《緇衣》簡43"迩者不惑"，"迩"亦作"徹"，从"埶"聲。克鼎"柔遠能迩"，"迩"作"埶"。"埶"爲疑母月部字。"銳"爲以母月部字。以母和疑母一般很少諧聲。但是，《説文》"銳"之籀文作"剡"，"剡"聲"劂"字爲見母月部，可見"銳"字與牙喉音有關。

其説是很有道理的。黃德寬和徐在國先生認爲：②

《古文四聲韻·薛韻》引《古老子》"閲"⟨字形⟩，从心䝨聲。古音閲屬余紐月部，貝屬幫紐月部，二字音近。疑𩖻字應分析爲从尔䝨聲，讀爲"銳"。

趙彤先生後來也有大致相同的看法，又指出《古文四聲韻·薛韻》引《義雲章》"閲"字作⟨字形⟩，當分析爲从山䝨聲，並對"貝"聲與"銳"聲相通有更詳細的説明。③ 關於"貝"聲與"銳"相通的説法是否可信，還有待研究。但我們由更像普通形聲字的傳抄古文兩形與"𩖻"的比較來看，最直接的分析當然應該就是將其共同部分"䝨"都看作聲符。"閲"與"銳"古多通用，《老子》此處"挫其銳"的"銳"字，馬王堆帛書《老子》甲本第38行就正是寫作"閲"的。傳抄古文兩例"閲"字之形，對於説明"𩖻"與"銳"音近相通是很重要的材料。

黃德寬、徐在國二先生和趙彤先生，都不以爲上舉幾個字形所從的"䝨"跟《説文》訓爲"頸飾"的"䝨"爲一字，這也是很有道理的。我們知道，

---

① 趙彤：《釋"𩖻"》，簡帛研究網，http://www.jianbo.org/admin3/html/zhaotong01.htm，2004年2月6日。後來其觀點有變，改認爲"𩖻""所從的所謂'尔'很可能是'矛'的變形"，按此説反大不如前。見其《再釋"𩖻"》，簡帛網，http://www.bsm.org.cn/show_article.php?id=403，2006年8月2日。

② 黃德寬、徐在國：《郭店楚簡文字考釋》，《吉林大學古籍整理研究所建所十五周年紀念文集》，吉林大學出版社，1998年，第100頁。

③ 見前引趙彤《再釋"𩖻"》。

在目前所見古文字資料中,其實極少看到脫離開"女"旁或"妟"旁("癭"字的表意初文,詳見下引馮勝君先生文)而獨立存在的"賏"字或與它字結合的"賏"旁確鑿無疑地表"嬰"聲的例子。馮勝君先生指出,香港中文大學藏戰國楚簡7晏嬰之"嬰"字寫作從三個"貝"形,"可見'嬰'字所從'貝'旁的數量往往是不固定的",這部分最初應爲意符。現所見時代最早的"嬰"字見於春秋晚期的王子嬰次鑪(《集成》10386)和王子嬰次鐘(《集成》52),分別作[字形]、[字形],前者只從一個"貝"旁;馮先生又在裘錫圭和李家浩先生說的基礎上指出,[字形]形以及三晉、燕系古璽中的"瓔"字,也是以"妟(癭)"爲基本聲符而不是從"女"的,[字形]形應該分析爲從貝從"妟(癭)"聲。① 由其說進一步推闡,"嬰"最原始的形體應該就是從"貝"從"妟(癭)"聲的一個普通的形聲字,其形既非從"女"亦非從"賏";其後其意符"貝"旁可以多寡不拘、單複無别,增繁作兩個或三個;在比較多地寫作從兩個"貝"旁後,有了整體字形的制約,其字形中較特殊的"妟(癭)"旁遂"類化"爲一般的"女"形,才形成了後來通行的"嬰"字。由此可見,根據上述"嬰"字的演變源流,"賏"字本來是沒有一定跟"嬰"讀音相同的道理的。《説文》及後世字書中跟"嬰"讀音相同、意義也有密切聯繫的"賏"字,應該本來就是從"嬰"字中"割取"出獨立成字而來的,在戰國楚簡文字中,它顯然還未很通行開或形成很强的造字能力。由此看來,上舉"䫇"等那些字形中的"賏"旁,完全更可能是有更早的獨立來源的,其讀音可能既跟"貝"無關,更跟"賏"無關,而就是與"尔/爾"和"鋭"近同。這樣,大多數研究者認爲"嚻"

---

① 馮勝君:《試説東周文字中部分"嬰"及从"嬰"之字的聲符——兼釋甲骨文中的"癭"和"頸"》,復旦中心網,http://www.gwz.fudan.edu.cn/srcshow.asp?src_id=860,2009年7月30日。後刊於復旦大學出土文獻與古文字研究中心編《出土文獻與傳世典籍的詮釋——紀念譚樸森先生逝世兩周年國際學術研討會論文集》,上海古籍出版社,2010年。中文大學藏簡之例原形作[字形],細審其下半應該還是從上引馮文所説"癭"字的表意初文"妟"而非"女"的。又字書中音"平祕切"的"鼊"係《説文》"巽/巺"字之變,與此處所説和戰國文字中的"鼊"形無關。

即我們所說的"𩳤"是一個雙聲字的看法,去除了"貯(嬰)"跟"爾/尒"、"銳"讀音相差頗遠這層障礙,也就可以跟我們的分析相容了。同時還可以看出,根據與"嬰"讀音相同的"貯"去尋找"𩳤"所表示之詞諸說,其出發點本身就是讓人很不放心的。

前引劉洪濤先生已經指出,"銳"與"允"音近可通,①而《皇門》首處之"𩳤"正對應於今本之"允",可知由"𩳤"之讀音與"銳"近同這一假設出發考慮《皇門》諸字的釋讀,所邁出的第一步還是很順利的、有根據的。我們總算爲"𩳤"的釋讀找到了一個比較像樣的"定點",關鍵是據此如何繼續下去把幾處簡文都講通。我的基本看法是,《皇門》中"𩳤"字首尾兩處當讀爲"遂",中間一處當讀爲"衛"。

五

下面談簡文首尾兩處"𩳤"讀爲"遂"的問題。先來看讀音方面。"兌"聲字與"㒸"聲字相通,其例極多。《詩經·衛風·碩人》"說于農郊"鄭玄箋:"說當爲禭。"《左傳》文公九年"秦人來歸僖公成風之禭"《釋文》:"禭,《說文》作䘆。"《史記·陸賈傳》:"乃奉百金往稅〈祱〉。"《集解》引韋昭云:"衣服曰稅〈祱〉。稅〈祱〉當爲禭。"②《說文》卷八上衣部:"禭,衣死人也。从衣、遂聲。《春秋傳》曰:楚使公親禭。"又:"祱,贈終者衣被曰祱。从衣、兌聲。"段注云:"(祱)蓋禭之或字。"

《左傳》襄公二十三年"齊莊公襲於且于之隧",《晏子春秋·內篇問上》"莊公問伐晉晏子對以不可若不濟國之福"章"且于之隧"作"茲于兌";

---

① 劉洪濤所舉出的"銳"與"鈗"之例,前人尚多說爲形近訛字("銳"爲"鈗"形近而誤)。按王弼本《老子》第九章"揣而銳之,不可長保",馬王堆漢墓帛書《老子》乙本 224 行上作"㨉(揣)而允之,不可長葆也"(甲本 107 行與乙本"允"、今本"銳"對應之字左半殘缺,其右半原注爲"𠑴")。郭店《老子》甲本簡 38 作"湍而羣之,不可長保也")。結合此例考慮,起碼可以認爲"允"與"兌"因形、音俱近而致異,不是單純的字形訛誤問題。

② 以上參見高亨纂著、董治安整理《古字通假會典》(以下簡稱《會典》),齊魯書社,1989 年,第 555～556 頁。末一例中諸"稅"字係"祱"之訛見李家浩《貴將軍虎節與辟大夫虎節——戰國符節銘文研究之一》,《中國歷史博物館館刊》1993 年第 2 期,第 55 頁注 27。

《禮記·檀弓下》"隧"作"奪"(參見《會典》第 557 頁【隧與奪】、【隧與兌】條),按"奪"、"敓"古多同用,據鄭玄注"奪"本亦"或爲'兌'"。王弼本《老子》第七十五章:"民之飢,以其上食稅之多,是以飢。"馬王堆帛書《老子》甲本 82—83 行作:"人之飢也,以其取食逯之多也,是以飢。"乙本 213 行作:"人之飢也,以其取食䠣之多,是以飢。"裘錫圭先生指出,帛書"逯"和"䠣"都是"隧"或"遂"字的異體,意爲"道路"、"途徑";帛書本且無"上"字,其意與今本大不相同。① 又"術"、"遂"相通習見,出土文獻資料多以"述"爲"遂",而《尚書》的《兌命》篇,"兌"或作"説",《墨子·尚同中》則寫作"術"(參見《會典》第 558 頁【術與兌】條、【術與説】條)。

以上材料足以説明,將曾用爲"鋭"的"飤"字的異體"𩛥"讀爲"遂",在讀音方面是毫無問題的。

再來看意義方面。先説第一處的"自釐臣至于有分私子,苟克有諒,罔不𩛥達,獻言在王所"。此文"𩛥"與"達"(今本作意義相近的"通","通"、"達"異文多見)連言,而在古書中,"遂"與"達"義近連言、對文和"遂"訓爲"達"之例極多。② 下面擇要列舉出部分。

《漢書·敍傳下》:張湯遂達,用事任職。媚兹一人,日旰忘食。

《漢書·敍傳》絶大部分爲四言詩,在語言上有明顯的仿古成分。此例也是,如其中"媚兹一人"即用《詩經·大雅·下武》句。其"遂達"一語對於説明時代較早的屬於《書》類文獻的《皇門》之"𩛥(遂)達"是很有力的。

《呂氏春秋·知分》:天固有衰嗛廢伏,有盛盈坌息;人亦有<u>困窮</u>屈匱,有充實達遂;此皆天之容、物理也,而不得不然之數也。

"困窮"與"達遂"、"屈('盡也')匱"與"充實"分别爲反義對文。程少軒先生向我指出,此文"伏"、"息"爲韻(職部),"匱"、"遂"爲韻(物部),"達遂"也可能是"遂達"一詞因押韻需要而易位。

---

① 裘錫圭:《考古發現的秦漢文字資料對於校讀古籍的重要性》,收入氏著《古代文史研究新探》,江蘇古籍出版社,1992 年,第 12~13 頁。
② 參看宗福邦等主編《故訓匯纂》,商務印書館,2003 年,第 2302 頁"遂"字下。

《詩經·商頌·長發》：苞有三蘖，莫遂莫達。

《莊子·天運》：聖也者，達於情而遂於命也。

《逸周書·官人》：事變而能治，效窮而能達，措身立方而能遂，曰有知者也。

《戰國策·齊策四》"齊宣王見顏斶"章：士生乎鄙野，推選則祿焉，非不得尊遂也，然而形神不全。　鮑彪本注："遂，猶達。"

《漢書·主父偃傳》（《史記·主父傳》略同）：偃曰："臣結髮遊學四十餘年，身不得遂，……" 顏師古注："遂猶達也。"

《漢書·張釋之傳》：張釋之……與兄仲同居，以貲爲騎郎，事文帝，十年不得調，亡所知名。釋之曰："久宦減仲之產，不遂。"欲免歸。顏師古注："遂，猶達。"

《漢書·司馬相如傳上》：會梁孝王薨，相如歸，而家貧無以自業。素與臨邛令王吉相善，吉曰："長卿久宦遊，不遂而困，來過我。" 顏師古注："遂，達也。"

"罔不䛐(遂)達，獻言在王所"可與後文聯繫理解："悉(媚)夫又(有)埶(邇)亡(無)遠，乃穿(弇)盇(蓋)善=夫=（善夫，善夫）莫達才(在)王所。"（今本作"媚夫有邇無遠，乃食〈弇〉蓋善夫，俾莫通在于王所"）"善夫莫達在王所"的情況，亦即古人或說的"令讒夫得遂"（見《漢書·諸葛豐傳》），其反面即"善夫罔不遂達在王所"。

"䛐(遂)"今本作"允"，可以看作與"遂"音近致異。"允"與"遂"亦音近可通，清華簡即有其例。《尹至》篇簡2"民沇曰：余及(及)女(汝)皆(偕)㞷(亡)"的"沇"字，前引沈培先生文指出當讀爲"遂"，並對"允"聲字與㐬聲字相通有集中舉證，其文之後蔡偉先生的評論又有所補充，請讀者參看。

前文已經說到，"銳"與"允"也音近可通，既然如此，我們爲什麼不將此可用爲"銳"之字直接讀爲今本之"允"？這有兩層理由。首先，從意義上來看讀爲"允"不如讀爲"遂"好。"允"雖可訓爲"進"，但罕見用於指賢材進身的場合；從古書用字情況觀察，"允"跟"達"的關係也很疏遠，遠不如"遂"跟"達"密切。另外一層理由是，我們還要考慮到另兩處的讀法最好能儘量統一的問題。最末一例讀爲"允"實難通,而同樣讀爲"遂"則很好,詳後文。

　　前引劉雲先生釋讀爲"進達"之説,對簡文詞義的理解跟我們的看法是差不多的。他所引的《韓非子·説疑》"是以賢良遂進而奸邪並退,故一舉而能服諸侯"、《禮記·儒行》"推賢而進達之"等語,説明"進"放回原文確實也是很通順的。按我們前舉常訓爲"達"的那類"遂"字,舊注也或訓爲"進"。如《禮記·月令》"遂賢良"鄭玄注:"遂,猶進也。"而《吕氏春秋·孟夏紀》同句"遂賢良"高誘注即云:"遂,達也。"《管子·君臣下》"選賢遂材","遂"字用法同,尹知章注亦云:"遂,達也。"(以上參見《故訓匯纂》第2302頁)僞古文《尚書·仲虺之誥》:"佑賢輔德,顯忠遂良。"僞孔傳:"忠則顯之,良則進之。"這類"遂"字其實就是由其基本義"成就"而來的,對於賢材良士來説,所謂"成就(其材)",就是在仕進上"得遂"、"得達";從他人推選賢材良士、"使之得遂、得達"的角度來説,也就可以訓爲"進"。前引《管子·君臣下》"選賢遂材"兩見,《君臣上》又兩見"賢材遂",諸"遂"字意義並無不同,只是有自動詞與他動詞之别。可見此處我們的解釋跟劉雲先生説並不矛盾。但是,將另外兩處的"鼺"同樣讀爲"進"卻難通,所以我們也不取此説。

六

　　簡文末尾一例云"譬如舼舟,輔余于險,鼺余于濟"。"舼"字的釋讀尚未定論,但其字既从"舟",下又跟"舟"字連文,則"輔余于險,鼺余于濟"兩句所講的都是渡河之事,這應該是没有問題的。我們後文將末一例"鼺"字讀爲"衛",按"衛"與此處的"輔"意義也很相近,爲什麽不把此處"鼺"字也讀爲"衛"呢?關鍵在於對"濟"字的理解上。研究者不管是將"濟"字理解爲一般的動詞"渡水"("于濟"即"渡水時"、"渡水過程中"),還是理解爲名詞"渡口",多是將"輔余于險,鼺余于濟"二者完全視爲平列關係,讀來都使人感到語意未足。按"濟"字常訓爲"渡/度",但其意義特點在於不僅僅指"渡水/河"這一動作或過程本身,而且還往往同時含有"將要或想要

'渡過'"之意。"濟"字又常訓爲"成",此一常用義即其基本義"渡過河流"之稍加引申而來。傳本《皇門》此處文本大不同,其"濟"字上文已無"舟"字,而孔晁注云:"濟,遂也。"也是跟"濟"之這一詞義特點有關的。《尚書·大誥》:"予惟小子,若涉淵水,予惟往求朕攸濟。"又《君奭》:"今在予小子旦,若游大川,予往暨汝奭其濟。"《大戴禮記·曾子制言》:"是故人之相與也,譬如舟車然,相濟達也,己先則援之,彼先則推之。是故人非人不濟……"亦均爲以涉水或渡水爲喻,強調的都是最終要"渡過",而非僅僅指渡水這一動作、過程本身。①

"嚚(遂)余于濟"猶言"使余遂于濟",意即"使我最終達到、完成渡過河流"。《詩經·小雅·小旻》:"哀哉爲猶(猷),匪先民是程,匪大猶(猷)是經。維邇言是聽,維邇言是爭。如彼築室、于道謀,是用不潰于成。"毛傳:"潰,遂也。"《詩經·大雅·召旻》:"如彼歲旱,草不潰茂。"毛傳:"潰,遂也。"《説文》"潰"字下段注:"《小雅》、《大雅》毛傳皆曰:'潰,遂也。'此皆謂假潰爲遂。"馬瑞辰、朱駿聲亦皆以《小旻》之"潰"爲"遂"之假借。②"潰(遂)于成"的説法,正可與簡文"遂于濟"相印證。《史記·李斯傳》載李斯獄中上書秦王自數其罪:"緩刑罰,薄賦斂,以遂主得衆之心。萬民戴主,死而不忘。罪七矣。""遂主得衆之心"即"使君主想要得衆的心意得遂",是臣下對君主可言"遂(之)"之例。《詩經·小雅·祈父》三見"胡轉予于恤",鄭玄箋釋爲"何移我於憂"。仿此,"遂余于濟"猶"成我于渡過"。僞古文《尚書·微子之命》的"庸建爾于上公"、《墨子·耕柱》的"設我于卿",《左傳》的"納君於善"(莊公十九年)、"陷君於敗"(僖公十五年)、"棄君於惡"(成公二年)、"陷君於難"(昭公二十五年)等,句式並相類。末例"陷君於難"可與清華簡《祭公》簡19的"我亦不以我辟歔(陷)于懃(難)"(今本

---

① 看校補記:劉國忠先生從釋"嚚"爲"臨"之説,但解釋"臨余于濟"句作"使我可以安全抵達目的地",其對簡文大意的理解可與本文此段的分析相印證。見劉國忠《走近清華簡》,高等教育出版社,2011年,第143頁。

② 參看《故訓匯纂》第1321頁"潰"字下。《召旻》鄭箋與毛傳不同:"潰茂之潰當作夤。夤,茂貌。"按"遂茂"一詞見於賈誼《新書·數寧》:"大數既得,則天下順治,海内之氣,清和咸理,則萬生遂茂。"又古書言草木、穀物等"遂長"之語習見,可見段説確是。"貴"聲字與"㒸"聲字亦多相通,參見《會典》第490頁【遺與隧】條、491頁【膸與旞】條。

《逸周書·祭公》作"我亦維丕以我辟險於難")、西周金文毛公鼎和師詢簋的"欲汝弗以乃辟函(陷)于艱"等對比,"遂余于濟"仿之也可以變換理解爲"以余遂于濟"。總之,"遂余于濟"的説法是結構可以成立、意義也很好理解的。

附帶討論一處古書中"遂於某"之例。《潛夫論·思賢》:

> 何以知人之且病也？以其不嗜食也。① 何以知國之將亂也？以其不嗜賢也。是故病家之廚,非無嘉饌也,乃其人弗之能食,故<u>遂於死</u>也。亂國之官,非無賢人也,其君弗之能任,故<u>遂於亡</u>也。

汪繼培箋指出"兩'於'字《治要》無",又舉古書多"'遂亡'連文"爲證,意即此處兩"於"字係衍文。對此彭鐸先生云:②

> 箋所引諸書"遂"字,或爲語詞,或與"墜"同,而皆不足以説此。"於"猶"以"也。《韓非子·解老篇》:"慈,於戰則勝,以守則固。"老子"於"作"以"。"於死"、"於亡"猶言"以之死"、"以之亡"耳。《治要》無兩"於"字,蓋不得其義而妄刪,不足據也。

按其以"於"非衍文確是,但説"'於'猶'以'"也亦不確。此兩"於"字與前述"潰(遂)于成"、"設我于卿"等之"于"用法相同,就是普通的引進動作所及對象或處所的介詞。《國語·晉語二》:"民疾君之侈也,是以遂於逆命。"韋昭注:"逆命,拒違君命也。"亦爲其例。"遂於某某"略近於"最終達到某某"、"最終成就某某"、"最終及於某某"等。

按我們對"𨓣(遂)余于濟"的理解,再回過頭來看"舼"字的問題。該字釋讀有多種異説,此不具引,請參看前引宋華强先生文。宋文已經針對將"舼舟"解釋爲名詞諸説提出了很好的批評:

> 從句法來看,如果"舼舟"是名詞,恐怕就只好看作是"輔余于險,

---

① 此句與《上博(五)·三德》簡13"身叙(且)有痍(病),亞(惡)孟(羹)與飤(食)"意近。楊澤生先生《釋怒》[《中山大學學報(社會科學版)》2010年第6期第47頁]已指出此點。

② 汪繼培箋、彭鐸校正:《潛夫論箋校正》,中華書局,1985年,第77頁。

䰻余于濟"的主語,如《論語·爲政》"譬如北辰,居其所而衆星共之",《左傳》昭公元年"譬如農夫,是穮是蔉,雖有饑饉,必有豐年",而周公此言雖是比喻,仍然是針對他和羣臣的關係來説的,"余"既然仍是指周公,"輔余"、䰻余"的主語就仍應是指周公所誥的羣臣,把"𦨶舟"看作某種舟船顯然是説不通的。"𦨶舟"應是和"輔余于險,䰻余于濟"密切相關的一種行爲,如……

以此權衡諸説,我覺得還是以沈培先生釋讀"𦨶"爲"同"之説,是最有道理、各方面最爲有據的,應可信從。他解釋文意時引《孔叢子·論勢》謂:

　　吳越之人,同舟濟江。中流遇風波,其相救如左右手者,所患同也。

吳越是一對仇敵,但是在"同舟"的時候,仍然會互相救助。這種情況常被古人稱作"同舟之譬"或"同舟之喻"。由此可以推知,如果是君臣之間的關係,那自然更需要互相幫助了。只不過我們現在看到的簡文的話出自君主之口,因爲是從君主的立場來敍述的,所以並非強調互相幫助,而是傾向於要求臣子要多多幫助君主。

他對簡文意義特點的分析、"傾向於要求臣子要多多幫助君主"的結論,都是很準確的。這樣來看,我們對簡文説"䰻(遂)余于濟"而不説"(君臣)共濟",也就不會有什麽疑問了。同時,按我們的理解,"輔余于險"跟"䰻(遂)余于濟"二者在意思上是有遞進關係的,同舟渡河,有危險時臣子要輔助君主,使君主最終達到"渡過",也就不存在前文所説的"語意未足"的問題了。

此處"䰻(遂)"字今本對應之處爲"乃而"兩字,其間關係難以圓滿解釋。據上文今本"無維乃身之暴"的"乃"字簡本作"尔",可以推測今本"乃而予于濟"之"乃"字可能也是本作"尔"的。由此容易想到,此"尔"字的來源會不會跟 類形的上半有關?但如此設想,其下的"而"字仍無善解。同時,與簡本相校可知本篇今本脱文之處甚多,此處"乃而"兩字正好皆爲虛詞,是否其下與"䰻(遂)"相當的實義動詞已脱去,實殊難斷定。兹不多作強解。

七

下面來看中間一處讀爲“衛”的。仍然先説讀音方面。從“衛”得聲之字較少,只能輾轉觀察。《説文》卷九下豚部:“䘙,豚屬。从豚、衛聲。讀若罽。”而“罽”所从聲符“㓹”是“籒文鋭”字,見於《説文》卷十四上金部“鋭”字、卷七下网部“罽”字、卷一下艸部“蔮”字下(“蔮”字説解中“籒文”原作“古文”,段注已經指出“古”字當改爲“籒”)。桂馥《説文解字義證》“蔮”字下以爲“蔮”、“莌”一字,引《方言》卷二:“莌,小也,凡草生而初達謂之莌。”銀雀山漢簡《六韜·守土》(簡 664)“日中必衛”,今本作“彗”。“彗”聲字與“惠”聲字相通之例習見,而“税”或與“繐”通,《左傳》襄公二十七年:“公喪之,如税服終身。”杜預注:“税即繐也。”《釋文》:“税,徐云‘讀曰繐’。”此亦“衛”聲與“兑”聲字輾轉相通之例。

簡文云“毋惟爾身之䜌(衛)”,復旦讀書會已經指出:“古籍中常見‘衛身’之語。又有‘營衛其身’,如《論衡·書解篇》:‘材能以其文爲功于人,何嫌不能營衛其身。’”①《國語·魯語下》:“梁其踁謂穆子曰:‘有貨,以衛身也。出貨而可以免,子何愛焉?’”韋昭注:“衛,營也。”“衛身”的説法西周金文已見,西周中期銅器班簋銘文云“以乃族從父征,造(?)城衛父身”。古書之例又如:

> 《大戴禮記·用兵》:蜂蠆挾螫而生,見害而校,以衛厥身者也。
>
> 《論衡·累害篇》:古賢美極,無以衛身,故循性行以俟累害者,果賢潔之人也!極累害之謗,而賢潔之實見焉。
>
> 《潛夫論·賢難》:夫二子之於君也,可謂見知深而寵愛殊矣,然京房冤死而上曾不知,晁錯既斬而帝乃悔。此材明未足衛身故及難邪?
>
> 曹植《寶刀銘》:造兹寶刀,既礱既礪。匪以尚武,予身是衛。麟角匪觸,鸞距匪蹶。

① 前引復旦讀書會《清華簡〈皇門〉研讀札記》。

末一例雖時代較晚,但也是賓語"身"前置,亦可與簡文"毋惟爾身之鬬(衛)"相印證。

前引沈培先生文釋讀"鬬"爲"敬"或"儆",解釋説:"本來'儆爾身'並非壞事,簡文中王對臣下説'毋惟爾身之儆',意乃不要只'儆爾身',而且要'卹爾邦',二者義正相承。"前引劉雲先生文指出:"這段簡文可以與本篇竹書簡7—8中的'以家相厥室,弗卹王邦王家'合觀,它們的大意正好相反。"他們對簡文意義特點的把握都是很準確的,移以説我們"毋惟爾身之鬬(衛)"的讀法也很合適。"家相厥室"而"弗卹王邦王家"、"各家相而室"而"莫卹其外"(見清華簡《祭公》簡17),亦即"惟厥/爾身之衛"。有意思的是,前引《潛夫論·賢難》之例,汪繼培箋引《詩經·大雅·烝民》"既明且哲,以保其身"爲説。我們知道,由此語凝固而成的成語"明哲保身",在後代已經多用爲帶有貶義。從這一轉變也可以看出,在從不同的角度要求時,對同一行爲可以有不同的判斷。簡文之意也可以説是强調不能僅僅"明哲保身"(用今義),而且還要"卹爾邦"。

按理説,此處所論第二形的讀法,要能與其他兩形統一,才是最好的。我們將其讀爲"衛",與另兩處讀爲"遂"不同,還有更爲重要的另一層考慮,就是試圖解釋它跟今本"暴"形成異文的原因,或者説今本"暴"字是怎麼來的。我們可以通過楚簡文字"衛"與"暴"的特殊關係,將二者巧妙地聯繫起來。

我們知道,楚簡文字中"衛"常常是用寫作如《上博(三)·周易》簡22的![字形]一類形的"戍"字來表示的,其例還見於《上博(五)·交交鳴烏》簡4、《上博(六)·用曰》簡6等。對其結構的分析,我比較傾向於秦樺林先生的看法,即認爲其字係由本"從'戍'省,從二'止'"的"歲"簡化訛變之體分化而來。① 同時,《上博(四)·昭王與龔之脽》簡9中又有一個寫作![字形]

---

① 秦樺林:《釋"戍"、"![字形]"》,簡帛研究網,http://www.bamboosilk.org/ADMIN3/HTML/qinhualin01.htm,2004年8月17日。

形的字，其所在辭例云"楚邦之良臣所昰骨，吾未有以憂"。我曾經將其釋讀爲"暴"，分析説：①

"昰"字从日"叕"聲，"叕"又从戈"爻"聲，故可讀爲"暴"。"暴"字上古音或歸入宵部，或歸入藥部，與"爻"或同部或爲陰入對轉，從"駁"字从"爻"得聲可以看出其聲母也有密切關係。……（中引上舉秦樺林先生説）如其説可信，則"昰"字的聲符"叕"跟用爲"衛"的"叕"字就是本來没有關係的兩個字，因形體訛變而混同。"暴骨"古書多見，猶言捐軀抛屍，"暴"意爲"暴（曝）露"（《國語·越語上》有云"暴露百姓之骨於中原"），"昰"从意符"日"，跟"暴"和"曝"皆以"日"爲意符相同，則"昰"字就應係"暴曬"、"暴露"（此二義實亦相因）之"暴"及其後起分别字"曝"之異體。

此説雖然在後來發表的楚簡資料中始終還未得到積極證據的支持，但由於其辭例的限制性極强，大概還是可信的。後來秦樺林先生又進一步認爲，"昰（暴）"所從之"叕"係"由'教'的古文'𤕝'演變而來"，跟用爲"衛"的"叕""的確是由於訛變而造成的同形字"，其來源和結構皆不同。②

由此我們可以合理地推測，簡文此處"衛"這個詞除了寫作 "𤕝" 一類形外，還曾經被寫作 叕 一類形；傳抄中 叕 被誤認爲 昰（暴）所從之聲符，因而被轉寫爲了"暴"。也不排除，"昰（暴）"最初本來就經歷過可以只寫作 叕 一類形，後來才添加意符"日"旁的階段，這樣，"{衛}"與"{暴}"兩詞的書寫形式就曾經完全相同，二者混淆的可能性就更大了。

---

① 陳劍：《上博竹書〈昭王與龔之脽〉和〈柬大王泊旱〉讀後記》，簡帛研究網，http://www.bamboosilk.org/admin3/2005/chenjian002.htm，2005年2月15日。
② 秦樺林：《"昰"字所從聲旁"叕"試説》，"孔子2000"網站，http://www.confucius2000.com/admin/list.asp?id=1946，2005年9月2日。

八

我們從"嚻/頷"與"銳"讀音近同這一點出發,雖然可以大致對有關釋讀問題提出自己的結論,但全字仍然不能説已經真正認識。"嚻/頷"字的本義是什麽?它原本是爲什麽詞所造的?其中的"賏"形能否在古文字中找到更早的來源?凡此均有待進一步研究。

2011 年 2 月 3 日寫完

補記:本文所引劉洪濤先生的意見,詳見其後來發表的《清華簡補釋四則》之"四、釋'嚻'",復旦中心網,http://www.gwz.fudan.edu.cn/SrcShow.asp?Src_ID=1479,2011 年 4 月 27 日。所引劉雲先生關於"壇"字的意見,詳見其後來發表的《清華簡文字考釋四則》之二,復旦中心網,http://www.gwz.fudan.edu.cn/SrcShow.asp?Src_ID=1534,2011 年 6 月 10 日。

原載復旦大學出土文獻與古文字研究中心編:《出土文獻與古文字研究(第四輯)》,上海古籍出版社,2011 年。

清華簡《金縢》研讀三題

最新發表的清華大學藏戰國竹簡中，有自題爲《周武王又(有)疾周公所自吕(以)弋(代)王之志》的一篇，①大致與今本《尚書·金縢》相當，也有不少重要的出入。本篇竹書的出土，證明了今本《尚書·金縢》的可靠，②並有不少地方可據以校正今本的字句訛誤，或是舊有一些尚頗有影響的誤説由之不攻自破。對此原整理者和研究者已多有論述，此不必贅述。③

---

① 清華大學出土文獻研究與保護中心編、李學勤主編：《清華大學藏戰國竹簡(壹)》，中西書局，2010年。
② 詳見劉國忠《從清華簡〈金縢〉看傳世本〈金縢〉的文本問題》，《清華大學學報(哲學社會科學版)》2011年第4期。
③ 參看李學勤《清華簡九篇綜述》，《文物》2010年第5期。廖名春：《清華簡與〈尚書〉研究》，《文史哲》2010年第6期。劉國忠：《〈清華簡·金縢〉與周公居東的真相》，清華大學出土文獻研究與保護中心編：《出土文獻》第一輯，中西書局，2010年，第31～42頁。除了已爲大家所指出的之外，其他對於糾正今本之誤、正確理解文意有意義的異文又如以下兩處。簡10"吕(以)攷(啓)金縢(縢)之匱"，今本作"以啓金縢之書"，《周禮·春官·卜師》鄭玄注引作"開籥見書"，《史記·魯周公世家》作"以開金縢書"，由簡本可知"書"字皆誤。今本上文之"啓籥見書"(簡本無)、《魯周公世家》之"開籥乃見書"，本不難理解，但因有上述"以啓金縢之書"之誤，遂導致王引之、王國維將"籥"字解釋爲"簡屬"之誤説，《尚書校釋譯論》(顧頡剛、劉起釪著，中華書局，2005年)第1232頁引此説而不置可否，今可知其誤。又今本篇末"凡大木所偃，盡起而築之"，《魯周公世家》同。馬融、鄭玄、王肅等皆解"築"爲"拾"，《尚書校釋譯論》第1244頁從之，解釋爲"把大木所倒壓的禾扶起來拾取其穗"。按簡本14"偃"字作"臧(拔)"，與上文"禾斯㫃(偃)，大木斯臧(拔)"一致，據此可知僞孔傳和孔疏以爲"築"是築大木之根——這本來也是最平實的看法——還是正確的。今本"拔"作"偃"當係涉上文"禾盡偃，大木斯拔"而誤。

此外簡本還有不少值得深入探討的地方,本文擬在原整理者和其他學者研究的基礎上,試從三個方面加以補充論述。

一　幾處字詞釋讀問題

(一) 簡 5"𢗓"字

1. 有關辭例、字形等問題

簡 5:尔(爾)之䛁(許)我=(我我—我,我)則𢗓(⿰石晉)璧與珪。尔(爾)不我䛁(許),我乃㠯(以)璧與珪遠(歸)。

關於"𢗓"字原注釋說:

𢗓,从石,晉聲,讀為"晉"或"進"。"晉"為"𢗓"之《說文》籀文:"晉即奇字晉(晉)。"

按《說文》卷十四下𠃍部"𢗓"字籀文作⿰石晉(晉),又云:"一曰晉即奇字晉(晉)。"原注所引略有問題。

研究者對於"𢗓"字的音讀,其實已經據舊有楚簡有著較為清楚的認識,其字應與《說文》的所謂籀文、奇字"晉(晉)"字無關。據"晉(晉)"字考慮其釋讀,或再讀為"薦",①其基礎都是不可靠的。復旦大學出土文獻與古文字研究中心研究生讀書會(以下簡稱"復旦讀書會")已經指出:②

"𢗓"字屢見於新蔡簡,徐在國先生讀為"厭",甚是(原注:徐在國《新蔡葛陵楚簡札記(二)》,簡帛研究網首發,2003 年 12 月 17 日;又參宋華強《新蔡葛陵楚簡初探》,武漢大學出版社,2010 年,422 頁)。今本《尚書·金滕》與之對應的語句作:"爾之許我,我其以璧與圭歸,

---

① 黃人二、趙思木:《讀〈清華大學藏戰國竹簡〉書後(一)》,簡帛網,http://www.bsm.org.cn/show_article.php?id=1368,2011 年 1 月 7 日。

② 復旦讀書會:《清華簡〈金滕〉研讀札記》,復旦大學出土文獻與古文字研究中心網站(以下簡稱"復旦中心網"),http://www.gwz.fudan.edu.cn/SrcShow.asp?Src_ID=1344,2011 年 1 月 5 日。下引復旦讀書會之說皆見此文。

侯爾命,爾不許我,我乃屏璧與圭"(《史記·魯周公世家》同),順序與清華簡不同。

新蔡簡中既有"王孫厃"又有"王孫厭"(下引新蔡簡釋文多據宋華強先生《新蔡葛陵楚簡初探》;又引楚簡釋文皆用寬式):

☐祭王孫厃( )☐【乙三24】

☐飤。是日祭王孫厭一豢,酒食。【乙三42】

古文字"石"旁常省去"口"形,"䨔"與"厃"無疑係一字異體。新蔡簡原整理者已經指出"王孫厃"就是"王孫厭",但未説明"厃"與"厭"之相通的理由。前引徐在國先生《新蔡葛陵楚簡札記(二)》認爲其"所從的'厂'當是'广',是聲符"。對此李家浩先生指出:①

"厭"字從"厂"、"猒"聲,"厃"字的結構與"厭"相似,也應該分析爲從"厂"、"䨔"聲,把上部所從的"厂"看作聲符不太合理。"厃"所從之"䨔"即《説文》籀文"香"。中古音"厭"和"香"分別有於琰切、於葉切和魚紀切、羊入切兩讀。值得注意的是,"厭"的於葉切一讀屬影母葉韻開口四等入聲,"香"的羊入切一讀屬喻母緝韻開口四等入聲,它們的等呼聲調相同;上古音分別屬影母葉部和余母緝部。古代緝、葉二部的字音關係密切。例如"習"、"及"屬緝部,而從"習"聲的"慴""摺"、從"及"聲的"扱""极"屬葉部。余、影二母偶爾也有通用的情況。例如《上博(一)·性情論》簡14以"要"爲歌謡之"謡","要"屬影母,"謡"屬余母,是其證。

其説對於"厃"與"厭"相通之理解釋得很詳細清楚。宋華強先生對新蔡簡有專門研究,其對"厃"字的音讀也贊同徐在國先生説,據之解釋本篇"䨔"字謂:②

----

① 見宋華強《新蔡葛陵楚簡初探》引,第114~115頁。【看校補記:參看李家浩《關於〈詛楚文〉"韕䡅"的釋讀》,《中國語言學》工作委員會編:《中國語言學(第一輯)》,山東教育出版社,2008年,第185頁。】

② 宋華強:《清華簡〈金縢〉校讀》,簡帛網,http://www.bsm.org.cn/show_article.php?id=1370,2011年1月8日。下引宋華強先生説除另注明者外亦見此文。

清華簡《金縢》研讀三題　407

簡本《金縢》的"昏"更有可能表示一個既是喉牙音又是閉口韵的詞……"昏"疑當讀爲"贛","厭"屬影母談部,"贛"屬見母侵部,聲母都是喉牙音,韵部都是閉口音,讀音相近,簡帛資料中多有影、見二母以及侵、談二部相通之例。……包山簡244號"贛之衣裳各三爯(稱)",就是對神靈貢獻祭品而用"贛",辭例可與簡本《金縢》對照。

宋華強先生未引及包山簡中同樣用法的"厬/厭"字之例(見後)。蘇建洲先生已經指出,據宋華強先生所引包山簡244號已有"贛"字,其實正可見同一批簡中的"厬/厭""是不能讀爲贛的"。①

包山簡有"扅"字,應即"厬"之簡體,其用法也跟"厭"相同:

扅(󰀀)於野地主一豭,宮地主一豭;【207】賽於行一白犬、酒食。……【208】

厭一豭於地主;賽禱行一白犬,歸冠帶於二天子。……【219】

以下所舉新蔡簡的"厬"字也都是同一用法,跟包山簡219"厭"字表示的是一個詞:

☐公北、地主各一青犧;司命、司禍各一㺸(羚),舉禱,厬(󰀀)之。或☐【乙一15】

☐之日薦犬一㺸,纓之以兆玉,祈之。既成社,逾而厬(󰀀)之。② 是日或☐【甲三111】

☐厬(󰀀)禱一㺸(羚)。歸佩玉於二天子各二璧。歸☐【甲一4】

----

① 見簡帛網"簡帛研讀"論壇2011年1月8日蘇建洲(網名"海天遊蹤")的發言,http://www.bsm.org.cn/bbs/read.php?tid=2567&fpage=2。
② 新蔡簡零58殘存"既成,逾"三字,宋華強先生《新蔡葛陵楚簡初探》第438頁指出"逾"下或亦當據此甲三111簡補"而厬之"。

408　戰國竹書論集

包山簡 219 的"厭"字原整理者注釋説:"厭,《禮記·曾子問》'攝主不厭祭',注:'厭,飫神也。'"對此李家浩先生指出:①

> 按《禮記》所説的厭祭,指祭祖時無尸,僅以食供神。簡文的厭祭是祭地祇,與《禮記》所説的厭祭是人鬼有所不同。"厭"即"饜"的初文,是飽的意思。簡文的厭祭大概是用"厭"的本義,指以食物饜飫神。

現在據簡本《金縢》篇所"昏(厭)"之物是玉器來看,讀爲"饜"也是不合適的。

2. "厃/厭"字性質與"饋"、"犒"相近

楚卜筮祭禱簡中多有"舉禱(或'罷禱'、'賽禱'等)某某若干犧牲(或再加'酒食'),饋(或'蒿(犒)')之"的説法,包山楚簡中尤爲習見。下面從望山、天星觀和包山簡中各舉出一二例來看:

> 望山一號墓竹簡:☐哲王各特牛,饋之。罷禱先君東邱公特牛,饋☐☐【112】
>
> ☐聲王、悼王、東邱公各特牛,饋祭之。……☐【110】
>
> 天星觀簡:舉禱番先特牛,饋之。
>
> 擇良日冬夕至(致)嘗于社特牛,饋之。
>
> 包山簡:舉禱卲王特牛,饋之;舉禱東陵連敖冢豕、酒食,蒿(犒)之。【243】贛(貢)之衣裳各三稱;舉禱巫一全豬,戲(且)桓(樹)保(葆),逾之。觀綳占之曰:吉。②【244】
>
> 罷禱於卲王特牛,饋之。【200】
>
> ……爲子左尹佗舉禱於殤東陵連敖子發肥冢,蒿(犒)祭之。……【225】

---

① 李家浩:《包山卜筮簡 218—219 號研究》,長沙市文物考古研究所編:《長沙三國吳簡暨百年來簡帛發現與研究國際學術研討會論文集》,中華書局,2005 年,第 184 頁。

② 此釋文多據前引李家浩先生《包山卜筮簡 218—219 號研究》一文。其中"逾之"之"逾"字的用法,顯然應與前舉新蔡簡甲三 111"既成祀,逾而厃之"、零 58"既成,逾[而厃之]"之兩"逾"字相同,是與"厃"相聯繫的跟祭祀有關的動詞,如何確切理解尚待研究。研究者多讀包山簡 244 之"逾"字爲指病愈之"瘉"或"愈",恐不確。

新蔡簡：☐之，祈福，舉禱文君大牢，饋之☐【甲三 419】
又新蔡簡單言"饋"者多見。
　　"饋"、"饋祭"是"進獻食物"之義。"蒿"字舊讀爲"郊"，李家浩先生改讀爲"犒"，謂"古代以酒食饋鬼神亦可曰犒"。① 其説可信。前引新蔡簡乙一 15 的"舉禱，厭之"，甲三 111 的"既成社，逾而厭之"，"厭（厭）"字跟上舉諸例中"饋"和"犒"的語法地位和性質都極爲相類，也應該是一個表示"在祭祀的最後將祭品奉獻給神靈"的動詞。包山簡的"厭於野地主一豭"和"厭一豭於地主"，則與新蔡簡甲二 38、39 的"饋祭子西君䎖[牢]"也很接近。

3. "厭/厭"讀爲"瘞"

　　"厭"與"瘞"古音相近。其聲母皆爲影母，"瘞"是葉部字，而"從'厭'得聲的字，葉、談兩部都有。'厭'本身又有兩個讀音：'於葉切'（葉）；'於琰切'（鹽）。反映了葉、談對轉的情況，"②故古音學家將"厭"字歸於葉、談兩部的都有，其跟"瘞"或爲同部，或係陽入對轉。【看校補記：《上博（六）·競公瘧》簡 10 有"晉"字，即"厭"之聲符，簡文中用爲地名，與《左傳》昭公二十年、《晏子春秋·外篇上》"景公有疾梁丘據裔款請誅祝史晏子諫"章之"攝"字相當。"攝"亦爲葉部字。又，陳民鎮、胡凱集釋、陳民鎮按語《清華簡〈金縢〉集釋》亦指出簡文"'厭'當指瘞埋"。見復旦中心網，http://www.gwz.fudan.edu.cn/SrcShow.asp?Src_ID=1658，2011 年 9 月 20 日。】
　　跟"厭/厭"有關的祭祀對象，包山簡 207 是"野地主"和"宫地主"，219 是"地主"，這一點非常值得注意（前引李家浩先生説已經指出"簡文的厭祭是祭地祇"）。新蔡簡乙一 15"厭"的對象爲"公北、地主、司命、司禍"（"地主"與"司命"同祭還見於新蔡簡乙四 97），甲三 111 是"犬"，甲一 4

---

① 李家浩：《包山祭禱簡研究》，李學勤、謝桂華主編：《簡帛研究二○○一》，廣西師範大學出版社，2001 年，第 30～31 頁。又參見湖北省文物考古研究所、北京大學中文系編《望山楚簡》，中華書局，1995 年，第 105 頁"補正"之五。
② 陳復華、何九盈：《古韻通曉》，中國社會科學出版社，1987 年，第 364 頁。第 257 頁歸字總表將"厭"歸入葉部。

"厭"的對象已殘失,但同簡有"二天子"(甲一 4 因殘而不明)。"司命"、"司禍"、"亢"和"二天子"在楚卜筮祭禱簡中都常與"侯(后)土"同祭,見於望山一號墓簡 54、包山簡 213—214、215、237 和 243 等。① 而古書所見祭祀地祇之禮,其最後處置祭品的辦法,最常見的正是"瘞",即《禮記·祭法》所謂"瘞埋於泰折,祭地也"、《爾雅·釋天》之"祭地曰瘞薶"(郭璞注:"既祭,埋藏之。")。又如:

《史記·封禪書》:有司與太史公、祠官寬舒議:"天地牲角繭栗。今陛下親祠后土,后土宜於澤中圜丘爲五壇,壇一黄犢、太牢具,已祠盡瘞,而從祠衣上黄。"(《史記·孝武本紀》略同,作"祠官寬舒等議")

《山海經》中記祭祀山神用"瘞"者極爲多見,常爲犧牲、玉、米同瘞,例如:

《山海經·南山經》:凡䧿山之首,……其神狀皆鳥身而龍首,其祠之禮:毛〈屯〉②用一璋玉瘞,糈用稌米,一璧,稻米,白菅爲席。

《山海經·北山經》:凡北山經之首,……其神皆人面蛇身。其祠之,毛〈屯〉用一雄雞彘瘞,吉玉用一珪,瘞而不糈。(郭璞注:"言祭不用米,皆薶其所用牲玉。")

《山海經·中山經》:凡夫夫之山、即公之山、堯山、陽帝之山皆冢也,其祠:皆肆瘞(郭璞注:"肆,陳之也;陳牲玉而後薶藏之。"),祈用酒,毛〈屯〉用少牢,嬰毛〈屯〉一吉玉。洞庭、榮余山神也,其祠:皆肆瘞(郭璞注:"肆竟然後依前薶之也。")祈酒太牢祠,嬰用圭璧十五,五采惠之。

前引新蔡簡甲一 4"厭(瘞)禱一䍽(犈)",可以理解爲"以瘞埋一䍽的用牲法禱",亦即"瘞(一䍽)而禱"之意。新蔡簡有"薦且禱"的説法,乙三 60、乙二 13:"☐巳之昏鳫(薦)且禱之地主。"甲三 401:"☐[擇]日於九月

---

① 參見前引李家浩《包山卜筮簡 218—219 號研究》,第 188 頁。
② 此及下引文諸"毛"字爲"屯"字之形誤係李家浩先生説,見朱德熙《説"屯(純)、鎮、衡"——爲〈唐蘭先生紀念論文集〉作》引,《朱德熙古文字論集》,中華書局,1995 年,第 176～177 頁。

鳶(薦)且禱之。"可爲參考。

《金縢》"昏(瘞)璧與珪"也是禱畢瘞埋珪璧之意。瘞埋牲玉雖多爲施用於對地祇之祭法，但特殊情況下也有用於人鬼的。考古發現所得瘞埋祭祀遺跡，以山西侯馬與河南溫縣盟書最爲顯著。侯馬盟書《委質類》云"某某自質于君所"、"既質之後，而敢不巫覡祝史薦説繹之皇君之所"、"遇之行道弗殺，君其視之"，其所召喚來監督盟質的鬼神"君"、"皇君"，應指晉國先君。《左傳》襄公十一年記諸侯亳之盟，其載書曰"司慎司盟、名山名川、羣神羣祀、先王先公、七姓十二國之祖，明神殛之，……"，其所召喚的監盟之神也包括各國諸侯先祖之人鬼。自質者或參盟人盟質完畢，即瘞埋其牲、玉於坎中，獻給所召喚來之先君、先祖。與此相類，周公之禱係於野外設壇、召喚先王，非宗廟常祀之比，故亦以瘞埋其玉的方式向先王獻上祭品。

（二）簡9"逆"字

簡8—9：周公石(宅)東三年，禍(禍)人乃斯旻(得)。於遂(後)，周公乃逑(遺)王志(詩)【8】曰《周(鴟)鴞》。王亦未逆公。……【9】

"王亦未逆公"句原注釋僅出異文："今本作'王亦未敢誚公'，《魯世家》'誚'作'訓'（劍按作'王亦未敢訓周公'）。"蕭旭先生引諸家注後斷語云："'誚'訓讓，與此簡作'逆'義合。"①是以"逆"爲拂逆、悖逆之"逆"。按簡本"逆"上無"敢"字甚可注意。此"逆"字就應按其常見之訓爲"迎"之義理解，即後文簡12"惟余沖人其親逆公"、"王乃出逆公"之"逆"。《魯世家》"今天動威以彰周公之德，惟朕小子其迎，我國家禮亦宜之"句《正義》引孔安國云："周公以成王未寤，故留東未還。成王改過自新，遣使者逆之，亦國家禮有德之宜。"孔説合於簡本（《正義》以孔説爲非）。所謂"於後周公乃遺王詩曰《鴟鴞》，王亦未逆公"，蓋其時周公尚在東國、遺王詩以微喻之而王未悟、未有逆周公之念也，而必待天動之以威、見周公自代之説始知悔而悟當逆公。此"王亦未逆公"當理

---

① 蕭旭：《清華竹簡〈金縢〉校補》，復旦中心網，http://www.gwz.fudan.edu.cn/SrcShow.asp?Src_ID=1365，2011年1月8日。下引蕭旭先生説亦見此文。

解爲"成王也未主动迎回周公"。① 【看校補記:劉國忠先生也已釋"逆"爲"迎接",解釋此句爲"周成王也没有去迎接周公"。見劉國忠:《走近清華簡》,高等教育出版社,2011年,第137頁。】

簡本文脈清晰,遠勝於今本,"誚"必爲誤字。但"逆"、"誚"形音懸隔,其何以致誤頗難質言。下面姑且提出一個大膽的推測。按古"逆"、"御"、"迎"三字音義皆近,本有同源關係。"御"有"迎"義如《詩經‧召南‧鵲巢》:"之子于歸,百兩御之。"鄭玄箋:"御,迎也。"簡文此"逆"字或有作"御"之本,而"御"又寫作 ▨(訶)形。"訶"在前舉本篇簡5即兩見,皆用爲"許",其字應即"許"之繁體。但其聲符部分實爲"御"字簡體,而且清華簡《祭公之顧命》簡16有" ▨ (設)"字,②應即"許"字之繁構而用爲"嬖御"之"御",可見當時"許"、"御"多通,二者關係密切。"御"字曾在有的本子中寫作 ▨(訶),是完全可能的。 ▨ 形即與"誚"形極近而易致誤。至於"訓"字,或如蕭旭先生所引錢大昕説曰"誚從肖,古書或省從小,轉寫譌爲川爾",或逕視作以義近字代换,似皆可。"逆/御"字既誤,復加"敢"字於其上,文意遂與原貌大有不同。

(三) 簡10"綵"字

簡10:【王□】弁,大夫 ▨ ,㠯(以)叡(啓)金䇡(縢)之匱。

▨ 字原釋文隸定爲右半從"兖/乘"(所附《字形表》第225頁"乘"字下又隸定作"綵"),注釋以"乘縵"説之:"《左傳》成公五年云國有災異,'君爲之不舉,降服,乘縵,徹樂,出次,祝幣,史辭以禮焉'。……大夫綵疑即

---

① 黃懷信先生也釋"逆"爲"迎",解釋説"未逆公,謂未從東方迎回周公"。但他認爲簡本較今本晚出,故謂"今本作'誚'當是,簡書乃合後文而言之",與我們的看法不同。見黃懷信《清華簡〈金縢〉校讀》,簡帛網,http://www.bsm.org.cn/show_article.php?id=1420,2011年3月21日。下引黃懷信先生説皆見此文。

② 此字原釋文將右下部分誤隸定爲"卩"。參看復旦讀書會《清華簡〈祭公之顧命〉研讀札記》文下郭永秉先生的評論,復旦中心網,http://www.gwz.fudan.edu.cn/SrcShow.asp?Src_ID=1354,2011年1月5日。

《左傳》之'乘縵',杜注:'車無文。'"

復旦讀書會將其改隸定作"緤",顯然更爲準確。此字右上部分之形確與楚簡文字"乘(乘)"字上半相同,但其右下明顯是"示"旁,跟"乘"所從的"几"旁有明顯區別。郭店簡《五行》簡10"惙"字作 ,可見"叕"旁也可寫作此字右上部分之形。

"緤"字可以分析爲從"糸"、"祭(祱)"聲,應即"綴"字之繁體。此句今本《金縢》作"王與大夫盡弁",《魯世家》作"成王與大夫朝服",其字雖無對應之文,但其義不難推知。黃懷信先生已謂"緤,疑當是服飾名"。按其字當讀爲"端冕"、"玄端"、"端委"、"端章甫"等之"端",正與"弁"皆爲"朝服"。"綴"與"端"聲母相近、韻部月元對轉,兩字音近可通。《周禮・春官・司服》:"其齊服,有玄端素端。"鄭玄注:"鄭司農云:'衣有襦裳者爲端。'玄謂:端者,取其正也。"《論語・先進》:"宗廟之事,如會同,端章甫,願爲小相焉。"何晏注:"端,玄端也。衣玄端、冠章甫,諸侯日視朝之服。"此例"端"字也單用,而且用法跟簡文幾乎完全一致。

二　申論周公之禱實係一種
　　　轉移疾病於己身的巫術

很多研究者已經指出,《金縢》篇所記故事是周公試圖將武王的疾病轉移到自己身上的一種巫術。"在早期思想中,疾病、罪愆、禍患,都是具體的東西。猶如一塊石頭可以從山頭挪到山腳,猶如姓張頭上的帽子可以取下來改戴在姓李的頭上,一個或一羣人的疾病罪愆禍患也可以設法移到另一個或一羣人身上去"。① 先秦時期的轉移疾病、災禍之事,大家常舉春秋晚期的楚昭王和春秋戰國間的宋景公拒絕將其災禍轉移給臣下爲例。② 楚昭王之事見下引:

---

① 江紹原著,王文寶、江小蕙編:《古俗今説》之"四十、移過;移病(Transference of Evil)",上海文藝出版社,1997年,第76～77頁。
② 又參看裘錫圭《説"𠙵同有疾"》,《故宫博物院院刊》2000年第1期,第5頁。

《左傳》哀公六年：秋七月，楚子在城父……將戰，王有疾。庚寅，昭王攻大冥，卒于城父。……是歲也，有雲如衆赤鳥夾日以飛，三日。楚子使問諸周大史。周大史曰："其當王身乎！若禜之，可移于令尹、司馬。"（《史記·楚世家》"令尹、司馬"作"將相"，此下多出"將相聞是言，乃請自以身禱於神"句）王曰："除腹心之疾，而寘諸股肱，何益？不穀不有大過，天其夭諸？有罪受罰，又焉移之！"遂弗禜。

宋景公之事見於《呂氏春秋·制樂》、《淮南子·道應》、《史記·宋微子世家》、《新序·雜事四》等。此從略。

具體到《金縢》篇，如詹鄞鑫先生曾簡略提到："轉嫁疾病的巫術在中國古代十分普遍。如西周初周公曾向祖神請願，願以身替武王生病（《尚書·金縢》）。"① 劉起釪先生曾詳細論述，《金縢》所記實際上是統治者用親臣爲己代罪的故事，"古代典籍中不乏關於這類事情的記載……古代的統治者把災禍移給左右的人是經常的和正常的做法"。② 他們並皆舉上引《左傳》哀公六年楚昭王之事爲例。我們現在由清華簡《金縢》篇，可以將此儀式的細節看得更加清楚。同時，從將周公之祝禱看作"轉移疾病於己身之巫術"的角度，也可以將簡文理解得更爲準確透徹。

（一）關於"自吕（以）爲礿/功"與"自以爲質"的解釋

簡5—6：周公乃内（納）亓（其）【5】所爲礿自吕（以）弋（代）王之敓（説）于金縢之匱。

簡10：王旻（得）周公之所自吕（以）爲礿吕（以）弋（代）武王之敓（説）。

今本《金縢》：公乃自以爲功，爲三壇同墠，……乃得周公所自以爲功代武王之説。

―――――――
① 詹鄞鑫：《心智的誤區——巫術與中國巫術文化》，上海教育出版社，2001年，第284頁。
② 劉起釪：《〈金縢〉故事的真實性》，收入氏著《古史續辨》，中國社會科學出版社，1991年，第370~372頁。主要內容又見於顧頡剛、劉起釪著《尚書校釋譯論》第三册第1250~1253頁。此所引語見《古史續辨》第370頁、《尚書校釋譯論》第三册第1251頁。

《魯周公世家》：周公於是乃自以爲質，設三壇，……王乃得周公所自以爲功代武王之説。

原注釋謂：

> 社，今本作"功"，《魯世家》易爲"質"，江聲讀如"周鄭交質"之質，謂以己身爲質。或解功爲《周禮·大祝》"以辭責之"之攻，殆非。①

今本的"功"字，以前楊筠如、吳國泰、朱廷獻等都曾提出過當讀爲"貢"之説。② 清華簡發表後，米雁先生又有專文對此加以闡述。③ 其説謂：

> 我們認爲"社"與"功"都是"貢"字的假借，在《金縢》中應該訓爲向先王獻祭的貢品。……上博二《容成氏》簡二十"青[字]"即"請貢"。……《金縢》的"貢"即是人牲。周公旦代替武王以身爲貢，獻祭於先王。
> ……先秦文獻中習見以人爲貢獻犧牲的記載。這樣的人牲不僅限於奴隸也包括統治者自身，商湯桑林求雨的故事典籍常見……周公在這裏和商湯一樣，也是願爲人牲，並且是代替武王爲人牲。

我們認爲此説是可信的。不過米雁先生將簡文斷句標點作"周公乃内(納)亓(其)所爲社(貢)自，以弋(代)王之敓(説)於金縢(縢)之匱"，解釋

---

① 末句之意更詳細的論述又參看李學勤《〈尚書·金縢〉與楚簡禱祠》，原載彭林主編《中國經學》第 1 輯，廣西師範大學出版社，2005 年，第 91～96 頁。收入其《文物中的古文明》，商務印書館，2008 年，第 408～412 頁。

② 楊筠如：《尚書覈詁》，陝西人民出版社，2005 年，第 225 頁。吳國泰：《史記解詁》之《魯世家解詁》，1933 年成都居易簃叢著本，第 2 册第 34 頁（此出處據蕭旭先生提供）。朱廷獻：《尚書研究》，臺灣商務印書館，1987 年，第 243 頁。以上由沈培、蕭旭等先生陸續揭出，見下引米雁先生文下諸家評論。

③ 米雁：《清華簡〈金縢〉"社"字試詁》，復旦中心網，http://www.gwz.fudan.edu.cn/SrcShow.asp?Src_ID=1377，2011 年 1 月 12 日。另外簡帛網"簡帛研讀"論壇 2011 年 1 月 5 日網友"魚遊春水"的發言也簡略提及"社"似可讀爲"貢"，http://www.bsm.org.cn/bbs/read.php?tid=2553。

説"礻(貢)自'即'自以爲礻(貢)',意爲'(周公)以身爲貢'",此點則誤。對此評論者也多已指出。

"質"字江聲、王鳴盛、段玉裁等皆謂作抵押的人質解。試對比：

> 《淮南子·脩務》：是故禹之爲水，以身解於陽旴之河；湯旱，以身禱於桑山之林。 高誘注："爲治水解禱，<u>以身爲質</u>。解讀解除之解。"

"以身爲質"可與後文第(二)小節之"2. 商湯自以爲犧牲救旱之事"所引商湯"以身爲犧牲"等説法合觀，可見將"質"字也解爲"犧牲"是很合理的。① 從後文所引還可以看到，商湯"以身爲犧牲"又有不少作"自以爲牲"、"自以爲犧"、"自以爲犧牲"的不同説法，跟簡10"自己(以)爲礻(貢)"、今本《金縢》"自以爲功"、《魯周公世家》"自以爲質"扣合得更爲緊密，也可見"礻/功"字是難以如一些研究者那樣講成"攻説"一類意義的。

同意"質""讀如'周鄭交質'之'質'"這種説法的研究者，一般將"質"注解、翻譯爲"抵押"，跟一般的語言習慣略有不合——所謂"抵押"，一般應該是跟事後可以取回聯繫在一起的；而周公請求代武王而死，係將自己的性命交給三王，卻談不上事後可以取回的問題——因此也導致一些人並不相信此説。按"質"之常訓、基本意義爲"信"，可作動詞，即"盟質"、"自質"(侯馬盟書)等之"質"，或爲一方向另一方取信，或爲雙方結信，或爲雙方向第三方求信、求正；其作名詞，既可以指盟質本身，也可以指"用以取得相信/信任的人或物"。後者用於指人的，最常見者就是"質子"、"人質"之"質"。盟質所用之物，常爲玉器、犧牲，如下舉諸例：

> 《白虎通義·文質》：五玉者各何施？蓋以爲璜以徵召，璧以聘問，璋以發兵，<u>珪以質信</u>，琮以起土功之事也。

---

① 陳夢家先生曾謂："《金縢》曰'公乃自以爲功'，《魯世家》及《周本紀》作'自以爲質'，猶《湯説》'以身爲犧牲'。"見陳夢家《尚書通論》，第四部"尚書補述"之四"論尚書體例"，河北教育出版社，2000年，第356頁。

《左傳》襄公三年：八月甲子，(游吉)奔晉。駟帶追之，及酸棗。與子上盟，用兩珪質于河。

《國語·魯語上》：昔者成王命我先君周公及齊先君太公曰："女股肱周室，以夾輔先王。賜女土地，質之以犧牲，世世子孫無相害也。" 韋昭注："質，信也，謂使之盟，以信其約也。"

《國語·晉語四》：十月，惠公卒。十二月，秦伯納公子。及河，子犯授公子載璧，曰：……沈璧以質。

上引後三例之"珪"、"犧牲"和"璧"，皆爲雙方向第三方即鬼神奉獻的"用以取信之物"，與雙方用於取信的"質子"、"人質"之"質"實爲同一用法。只是皆係奉獻於鬼神，也就談不上事後取回的"抵押"問題了。這種用於取信的牲玉本身，應該也是可以被稱爲"質"的。又如：

《管子·山權數》：還四年，(齊桓公)伐孤竹。刃氏之家粟，可食三軍之師。行五月，召刃氏而命之曰："吾有無貲之寶於此，吾今將有大事，請以寶爲質於子，以假子之邑粟。"刃氏北鄉再拜入粟，不敢受寶質。桓公命刃氏曰："寡人老矣，爲子者不知此數，終受吾質。"

此例之"質"字譯作"抵押"很合適，與"質子"、"人質"之"質"相類。但究其實，仍不過是"用以取信(以交換所求之粟)之物"而已。

周公向三王祝禱，其用以取信之物，除了璧與珪，更主要的是他自己，所以也稱爲"質"。前引《淮南子·脩務》禹向陽盱之河神解禱，也是用自身爲"質"以取信。仿"質之以犧牲"之例，"以身爲質"(《淮南子·脩務》高誘注)、"自以爲質(《魯周公世家》)"猶言"質之以己身"，只是此時沒有第三方，所質的對象就是河神以及三王。這類"質"字，與其解爲"抵押"，不如說爲"祝禱所用之信物"，其實也就是犧牲。

(二) 從另兩事看周公之禱係以身爲牲

前人討論周公祝禱以己身代武王，多已與周公揃蚤沈河代成王、商湯自以爲犧牲救旱兩事相聯繫。下面將這些材料詳細舉出加以進一步的分析。

1. 周公揃蚤沈河代成王之事

《史記·魯周公世家》：

> 初，成王少時病，周公乃自揃其蚤沈之河，以祝於神曰："王少，未有識，奸神命者乃旦也。"亦藏其策於府。成王病有瘳。及成王用事，人或譖周公，周公奔楚。成王發府，見周公禱書，乃泣，反周公。

《史記·蒙恬傳》：

> 昔周成王初立，未離繈褓，周公旦負王以朝，卒定天下。及成王有病甚殆，公旦自揃其爪以沈於河，曰："王未有識，是旦執事。有罪殃，旦受其不祥。"乃書而藏之記府，可謂信矣。

前人已經論定，周公之翦蚤（爪）沈河，係以指甲代替自己的全身、將自己作爲犧牲，向鬼神奉祭。江紹原曾對"髮鬚爪被用爲本人的替代品"這一點有詳細論述。① 詹鄞鑫先生指出："按照原始思維的邏輯，凡是從人體分離出來的東西，不僅胞衣和牙齒，還有頭髮、指甲、血液等，都被認爲寓含着其人之'靈'，從而產生種種有關的巫術。"又謂"在上古時代，毛髮和指甲被看成跟本人的生命具有相等的意義"。② 易白沙《帝王春秋》引《史記》按曰："周公翦爪以沈於河，亦湯自爲犧牲之意。爪所以代身也。"③江紹原論此事謂"（周公）應死而又死不得，故權以翦爪沈河的辦法代替一死"、"以'揃蚤沈河'代替自己的真死"。④

上引《魯周公世家》司馬貞《索隱》：

> （周公揃蚤沈河代成王之事）經典無文，其事或別有所出。而譙周云："秦既燔書，時人欲言《金縢》之事，失其本末，乃云'成王少時病，周公禱河欲代王死，藏祝策於府。成王用事，人讒周公，周公奔楚。成王發府見策，乃迎周公。'"又與《蒙恬傳》同，事或然也。

---

① 江紹原：《髮鬚爪——關於它們的迷信》，上海文藝出版社（據開明書店1928年初版本影印，"民俗、民間文學影印資料之十"），1987年，第73～101頁。
② 詹鄞鑫：《心智的誤區》，第242、245頁。
③ 江紹原：《髮鬚爪》，"自序"第17頁引。
④ 江紹原：《髮鬚爪》，第92～93頁。

即譙周認爲此係《金縢》之事的另一傳聞,司馬貞則疑此或確有其事,與周公代武王之事非一。歷來研究者大多認爲此與《金縢》係一事之不同版本,亦有贊同司馬貞説者。① 我更傾向於前一説。即使確實另爲一事,其事也應極爲相類。焦贛《易林·需之無妄》云:

　　戴璧秉圭,請命于河,周公克敏,沖人瘳愈。

《同人之晉》、《離之否》同。"沖人"即成王,而"戴璧秉圭"又是爲武王禱事之語,是其雖已將之説爲兩事,但又有雜糅、牽合。這也正反映出二者之相類。由此可以證明,《金縢》所記周公以身代武王之禱,跟"翦蚤沈河"一樣係"自以爲牲",是可以肯定的。

2. 商湯自以爲犧牲救旱之事

商湯救旱之事較詳細的記載見於《呂氏春秋》、《論衡》等書。其中《呂氏春秋》頗有異文。具引如下:

　　《呂氏春秋·順民》:昔者湯克夏而正天下,天大旱,五年不收,湯乃以身禱於桑林,曰:"余一人有罪,無及萬夫。萬夫有罪,在余一人。無以一人之不敏,使上帝鬼神傷民之命。"於是翦其髮,鄌〈酈〉其手,以身爲犧牲,用祈福於上帝,民乃甚説,雨乃大至。

　　《文選》卷五十四劉孝標(峻)《辯命論》"殷帝自翦,千里來雲"李善注引《呂氏春秋》:……於是翦其髮,磨〈厤〉其手,自以爲犧,用祈福於上帝,雨乃大至。

　　《文選》卷四十二應休璉(璩)《與廣川長岑文瑜書》:昔夏禹之解陽旴,殷湯之禱桑林,言未發而水旋流,辭未卒而澤滂沛。今者雲重

---

① 今人兩派之説較詳細者可參見楊朝明《也説〈金縢〉》,收爲其《周公事跡研究》之"附篇三",中州古籍出版社,2002年,第226～243頁。又易寧《〈史記·魯周公世家〉引〈尚書·金縢〉經説考論——兼論司馬遷"厥協六經異傳,整齊百家雜語"》,《中國史研究》1998年第3期,第3～13頁。楊朝明先生對周公爲成王祝禱藏策於府之説持否定態度,認爲係司馬遷誤讀《金縢》、又以前人對蒙恬附會之説的記載,遂將《金縢》誤分爲二,致使一事兩出。易寧先生則認爲"譙周、崔述等認定司馬遷所記周公爲成王療疾是對《金縢》故事之誤傳,史公緣誤説而兩録之,並無多少根據。他們只注意到兩事情節上的某些相似之處,卻無視兩者內容上的不同","蒙恬乃戰國後期至秦時人,其説代表了戰國後期的一種説法則是無疑的",認爲周公代成王之事戰國後期至西漢一直有流傳,是可信的。

積而復散,雨垂落而復收,得無賢聖殊品,優劣異姿,割髮宜及膚,翦爪宜侵肌乎? 李善注:"《呂氏春秋》曰:昔殷湯克夏,而大旱五年,湯乃身禱于桑林。於是翦其髮,磿其手,自以爲犧,用祈福於上帝。民乃甚悅,雨乃大至。磿音歷。"

《太平御覽》卷五百二十九:《呂氏春秋》曰:"……於是剪其髮,麗其手,自以爲牲,用祈福於上帝。民悅,雨乃大至。"

《論衡·感虛篇》:傳書言"……於是剪其髮,麗其手,自以爲牲,用祈福於上帝。上帝甚說,時雨乃至。"言湯以身禱于桑林自責,若言剪髮麗手,自以爲牲,用祈福於帝者,實也。言雨至爲湯自責以身禱之故,殆虛言也。

《太平御覽》卷三百七十三:《呂氏春秋》曰:"殷湯尅夏而大旱,湯乃以身禱於桑林,剪其髮,自以爲犧牲,祈福於上帝。"

《三國志·蜀書·郤正傳》:陽旰請而洪災息,桑林禱而甘澤滋。

裴松之注:"《呂氏春秋》曰:……湯於是剪其髮,攦其爪,自以爲犧牲,用祈福於上帝。民乃甚悅,雨乃大至。"

《藝文類聚》卷十七:《呂氏春秋》曰:昔者殷旱五年,湯乃以身禱,剪髮自以爲犧,用祈福於上帝。

《藝文類聚》卷十二曹植《畫贊·湯禱桑林》:惟殷之世,炎旱七年。湯禱桑林,祈福於天。翦髮離爪,自以爲牲。皇靈感應,時雨以零。

干寶《搜神記》卷八:湯既克夏,大旱七年,洛川竭。湯乃以身禱於桑林,翦其爪、髮,自以爲犧牲,祈福於上帝。於是大雨即至,洽于四海。

以上將包括不少本係源出一本的諸文不厭其煩地一一引出,因其異文頗有意義。"以身爲犧牲"變爲"自以爲牲"、"自以爲犧"或"自以爲犧牲",對於說明簡文"自㠯(以)爲礼(貢)"、今本"自以爲功(貢)"、《魯周公世家》"自以爲質"頗爲有用,前文已經指出。此外,還有"磿"字或作"麗、攦、離"等多種異文、"手"字或多作"爪"的問題,需要加以辨析。

《呂氏春秋·順民》之文,畢沅已經指出"鄘"、"磨"係"酈"與"磿"之訛字,其音始與"麗、攦、離"等各種異文相近可通。此說正確可從。俞樾、孫詒讓、馬敍倫等皆謂"鄙"、"磨"、"麗"等字皆爲"櫪"之假字,此係被普遍接受的一般看法,①卻是有問題的。《說文》卷六上木部:"櫪,櫪㯕,椑〈柙〉指也。"《說文解字繫傳》謂"以木椑〈柙〉十指而縛之也",亦即《莊子·天地》篇"罪人交臂歷指"之"歷"。《莊子·胠篋》:"攦亂六律、鑠絕竽瑟,塞瞽曠之耳,而天下始人含其聰矣;滅文章、散五采,膠離朱之目,而天下始人含其明矣;毁絶鉤繩、而〈面〉棄規矩,②攦工倕之指,而天下始人有其巧矣。"陸德明《釋文》:"攦,李云:折也;崔云:撕之也。"成玄英疏:"攦,折也,割也。"前引孫詒讓說讀此"攦"字爲"櫪"。按此"攦指"與前文"塞耳"、"膠目"對言,讀"攦"爲"櫪"確實勝於解爲"折斷"。但此說推廣於說商湯之事所用"鄙"、"磨"和"麗"諸字,卻大有疑問:人牲言縛其手即可,何以一定要說夾其十指?"櫪手"係施用於罪人之刑,與祭祀之犧牲何干?更何況,此說對於"手"字作"爪"之文來說,更是完全無法講通。

前引《與廣川長岑文瑜書》用商湯之事而其文云"割髮"、"翦爪",《搜神記》云"翦其爪、髮"。商湯救旱之事還見於《尚書大傳》和《帝王世紀》,皆云"剪髮斷爪":

> 《左傳》襄公七年正義引《尚書大傳》:湯伐桀之後,大旱七年。史卜曰:"當以人爲禱。"湯乃<u>翦髮斷爪</u>,自以爲牲而禱於桑林之社,而雨大至,方數千里。

> 《太平御覽》卷八十三:《帝王世紀》曰:"……湯自伐桀後,大旱七年。洛川竭,使人持三足鼎祝於山川,曰:……殷史卜曰:'當以人禱。'湯曰:'吾所爲請雨者,民也。若必以人禱,吾請自當。'<u>遂齋戒,剪髮斷爪,以己爲牲</u>,禱於桑林之社。曰:……言未已,而大雨至,方

---

① 皆見陳奇猷《呂氏春秋校釋》,學林出版社,1984年,第482頁。王利器:《呂氏春秋注疏》第二册,巴蜀書社,2002年,第878~879頁。孫詒讓說詳見其《札迻》(雪克、陳野校點)卷五《〈莊子〉郭象注》,齊魯書社,1989年,第157頁。

② "而"係"面"之訛字,意爲"背棄"(字亦作"偭",《楚辭·離騷》"偭規矩而改錯"),從董志翹先生之說。見董志翹《"而棄規矩"臆解》,《學術研究》1989年第1期,收入氏著《訓詁類稿》,四川大學出版社,1999年,第239頁。

數千里。"

《藝文類聚》卷十二引《帝王世紀》較此簡略，但"遂齋戒，剪髮斷爪，以己爲牲"句全同。《太平御覽》卷三百七十引、《後漢書·鍾離意傳》"昔成湯遭旱，以六事自責曰……"李賢注引"以己爲牲"句皆作"以己爲犧牲"，"剪髮斷爪"句則皆同無異文。結合前文所論周公"自揃其蚤/爪"之文，可以斷定，"手"和"爪"之異文應以作"爪"者較古，"鄜"、"曆"和"麗"等諸字則本來也應該是"割"、"翦"、"斷"一類義。循音以求，疑諸字皆應讀爲"劙"。"劙"字又作"劇"，見於《類篇·刀部》、《廣韻·霽韻》等。《荀子·彊國篇》："剥脱之，砥厲之，則劙盤盂、刎牛馬，忽然耳。"楊倞注："劙，割也。"《方言》卷六："參、蠡，分也。齊曰參，楚曰蠡，秦、晉曰離。"郭璞注："謂分割也。"《方言》卷十三、《廣雅·釋詁一》："劙，解也。"王念孫《廣雅疏證》謂"離、蠡、劙，亦聲近義同"。前引曹植《畫贊·湯禱桑林》其字正作"離"。"離"字本身亦有"割"、"分割"義，即由"使離開"義引申而來。《儀禮·士冠禮》："離肺，實於鼎。"鄭玄注："離，割也。"《莊子·外物》："任公子得若魚，離而腊之。"成玄英疏："若魚，海神也。海神肉多，分爲脯腊。"指甲本連於手指，用刀割下、使之與手指分離即曰"離、劙"。

前文已經論及，"蚤/爪"及"髮"可以作爲全身的替代品。前人已經指出，商湯之禱本爲"一面表示替萬方受報（移萬方之過於其身），一面又翦髮爪以代本人的一死"、① "割下頭髮剪下指甲作爲自己的替身來禱雨"。② 因此説，商湯"自以爲犧牲"以救旱的傳説，本來是説以其髮、爪代替本人，而並非在"剪其髮、劙其爪"、"割髮翦爪"（表示清潔身體）之後再於祝禱儀式中將其本人作爲犧牲奉祭。"手"字可能正是在已經不瞭解"爪"本用作全身之替代品這一點之後被誤改而成的。"爪"字既被改爲"手"，則同時"鄜"、"曆"、"麗"等諸字可能就又皆被理解爲"縛繫"一類義了。"麗"字本有"繫"義，顯係由其常訓"附"引申而來，即"使相附"之意。

---

① 江紹原：《髮鬚爪》，第182頁。又參看第91~92頁。
② 詹鄞鑫：《心智的誤區》，第246頁。又參看鄭振鐸《湯禱篇》，收入《鄭振鐸全集·第三卷·湯禱篇》，花山文藝出版社，1998年，第587~588頁。

《禮記·祭義》:"祭之日,君牽牲……既入廟門,麗于碑。"鄭玄注:"麗,猶繫也。"《漢語大字典》、《漢語大詞典》"麗"字下正皆以前引《論衡·感虛》之"麗其手"作爲"繫;纏縛"這一義項之書證。在變作"鄜/歷/麗其手"一類說法後,其事應該就已經被誤解爲繫縛商湯之手而以其爲犧牲了。

與此相類的是,江紹原也已經指出,前引《帝王世紀》和《尚書大傳》皆將"剪髮斷爪,以己爲牲"語置於"禱於桑林之社"語之前,而跟《吕氏春秋》等將"翦其髮,鄜〈鄜〉其手,以身爲犧牲"語置於"湯乃以身禱於桑林"語及禱辭之後不同;《帝王世紀》"剪髮斷爪,以己爲牲"語前且尚有"齋戒"一語,其間消息也值得注意。《吕氏春秋》等文記載祝禱之後始言翦髮與爪獻祭,其以髮爪代本人爲牲很清楚。而《帝王世紀》和《尚書大傳》的變化,則可看出已被誤解爲剪髮斷爪以"自潔"、"自觸體"充作犧牲之意了。① 由此其事又有進一步的演化:

《文選》卷十五張平子(衡)《思玄賦》:湯蠲體以禱祈兮,蒙厖褫以拯民。 李善注:"《淮南子》曰:湯時大旱七年,卜用人祀天。湯曰:我本卜祭爲民,豈乎自當之。乃使人積薪,翦髮及爪,自潔,居柴上,將自焚以祭天。火將然,即降大雨。《吕氏春秋》曰:湯克夏,大旱七年,乃以身禱于桑林,自以爲犧牲,用祈於上帝,民乃甚悦,雨乃大至。"

《後漢書·獨行傳·戴封》:其年大旱,(戴)封禱請無獲,乃積薪坐其上以自焚。火起而大雨暴至,於是遠近嘆服。

上舉李善注引《淮南子》之文不見於今本《淮南子》,俞正燮《癸巳類稿》卷九"求雨"條曾引此爲說,江紹原引其說後謂:②

讀此,知後來的確有人另舉出居柴上自焚爲"以身爲犧牲"之本事,而將翦髮與爪釋爲舉行本事前之一種預備。這比本書頁八十九所引《吕氏春秋》與《帝王世紀》之說,實在多了一節。而且所多出的

---

① 江紹原:《髮鬚爪》,第94~95頁。
② 江紹原:《髮鬚爪》,"自序"第15~16頁。

一節，與其説是後二書裹面本來含有的意思，決不如説是後人添上的。因這一添，翦髮及爪的本意，便更加隱晦了。①

由此可以看出，由於時代的變遷、風俗觀念的改變，翦髮爪以代本人的巫術越來越不被人瞭解，於是衍生出種種誤解和重新解釋。明於此，也就無怪乎"劉爪"之演變爲當"繫縛雙手"講的"麗手"了。

(三) 周公"秉璧戴珪"正係模擬犧牲之象

1. 關於"戴"字

簡 2：周公乃爲三坦（壇）同堃（壇—墠），爲一坦（壇）於南方，周公立女（安—焉），秉璧眚（戴）珪。

原釋文將"眚"字讀爲"植"，注釋謂：

> 秉璧植珪，今本作"植璧秉珪"，故孔傳、鄭注皆訓植爲置。《魯世家》"植"作"戴"，段玉裁云《魯世家》、《王莽傳》、《太玄》作"戴"，《易林》作"載"，戴、載通用，陳喬樅釋載璧爲加玉璧於幣上。按珪形窄長，故可云植，簡本璧云秉，珪云植，不一定轉訓爲"置"。

復旦讀書會已經指出：

> "眚"字，楚簡多讀爲"戴"，沈培先生有文章專門討論過（原注：沈培：《試釋戰國時代从"之"从"首（或从'頁'）"之字》，"簡帛"網 2007 年 7 月 17 日，http：//www.bsm.org.cn/show_article.php?id=630。）。清華簡的"眚"字也當讀爲"戴"。《史記·魯周公世家》即作"戴璧秉圭"。

宋華强先生則云：

> "戴璧"語義難通，疑不可從。今本"植璧秉珪"，學者多把"植"解釋爲和"秉"不同的詞義，或讀爲"載"，或讀爲"置"，似求之過深。我們認爲既然今本"植璧秉珪"在簡本作"秉璧眚珪"，"璧"、"珪"的謂語"植"、"秉"可以互换，説明"植"、"秉"義同。《顧命》又有"秉璋"，是

---

① 前引鄭振鐸《湯禱篇》第 584 頁謂"自潔居柴上"之説"也許更古"，恐不可信。

璧、珪、璋皆可稱"秉"。"秉"有"持"義,……"植"與"蒔"、"志"相通,"蒔"、"志"、"持"的基本聲符都是"之",所以"植"可讀爲"持"。《魯周公世家》"戴璧"亦當讀爲"持璧"。傳世本作"持璧秉珪",竹書本作"秉璧持珪",意思都是手持璧和珪。

蕭旭先生則謂"'戴'、'載'並讀爲植,訓爲置"。

按如復旦讀書會所引,沈培先生已經論定,楚簡"眷"字及其異體從"之"聲,以"首"或"頁"爲意符,就是"戴"之本字,楚簡也大多就用爲"戴",結合今所見諸作"戴"之本,此字的解釋無疑應該優先考慮就以"戴"字作解。

陳喬樅《今文尚書經説考》云:"古者以玉禮神,皆有幣以薦之。璧加於幣之上,故曰'戴璧'。亦作'載璧',讀如'束牲載書'之'載',今文家説當如是。"此説有其合理之處[《尚書校釋譯論》第1227頁從之解爲"以璧置於幣(帛)上"],但此"戴璧"的主語只能是周公,説成將璧加在"幣(帛)"上,即係"幣(帛)戴璧",於句法實不合(況且前後文也並未提及尚另有"幣")。黃人二、趙思木先生謂:"陳(喬樅)説甚是,此即《禮記·郊特牲》'束帛加璧'也。"①也很有啓發性。按古書"束帛加璧"多見,本指具體的將璧放置在帛的上面,後演變爲籠統地指帛再加上璧這兩樣東西。"加璧"的説法又如《韓非子·十過》:"(豎負覊)盛黄金於壺,充之以餐,加璧其上,夜令人遺公子(重耳)。"《左傳》成公二年:"韓厥執縶馬前,再拜稽首,奉觴加璧以進。""加"還都是很具體的"放置在上面"之意。新蔡卜筮祭禱簡中兩見"束綈(錦)珈(加)璧"(甲三137、零409+零727)。又:

☐一勶(羒)。北方祝禱乘良馬,珈(加)璧☐【乙四139】

此簡下殘,最可能就是將璧加於犧牲"乘良馬"的身上之意。"束帛/錦加璧"、"束牲載書"一類説法係就饋贈者、祭祀者的角度而言,是主動的"加"、"載"、"放置在其上";而如就幣帛、犧牲的角度而言,則就是"戴璧"、

---

① 黄人二、趙思木:《讀〈清華大學藏戰國竹簡(壹)〉書後(二)》,簡帛網,http://www.bsm.org.cn/show_article.php?id=1369,2011年1月8日。

"戴書"了。周公"戴璧",就是將玉璧頂戴在頭上,模仿犧牲之象。"戴璧"並非"語義難通"。

簡文"秉璧戴珪",傳本及諸引文雖有"戴"字作"載"、"植"等之不同,但其後皆爲"璧",而圭則皆言"秉"。聯繫習見的"加璧",頗疑《金縢》之文很可能本來就是作"戴璧秉珪"的。不過作"秉璧戴珪"於文意亦影響不大,故簡文"秉"、"戴"二字位置互易。同時,不管是本作"戴璧"還是"戴珪",對於我們所論將玉器戴在頭上係模擬犧牲來説,也並無影響。

2. 與"嬰之以兆玉"等聯繫

新蔡卜筮祭禱簡中"纓之兆玉"或"纓之以兆玉"(前引甲三 111)一類説法多見(亦見於天星觀楚簡)。如:

夏祭之月,己丑之日,以君不懌之故,就禱三楚先屯一牂,瓔(纓)之兆玉,壬辰之日禱之。【乙一 17】

類似説法《山海經》中多見。裘錫圭、李家浩先生曾謂:①

《山海經·北山經》:"其祠泰室、熏池、武羅,皆一牡羊副,嬰用吉玉。"《西山經》"䰠山神也,祠之用燭,齋百日以百犧,……嬰以百圭百璧",郭璞注:"嬰,謂陳之以環祭也。"天星觀簡"瓔"字用法與此"嬰"字用法相同。

新蔡簡的"瓔/纓"字整理者原不識,徐在國先生引裘、李説釋出,並謂"葛陵簡中'瓔'、'纓'字的用法也應該與《山海經》中'嬰'字用法相同"。②羅新慧先生認爲:③

晉郭璞注解《山海經·西山經》曰:"嬰謂陳之以環祭也。"認爲是陳列玉飾成環狀以祭神。但若陳以百珪百璧(如上舉《西山經》所記)尚可以"環祭",但《山海經》中多處記載爲"嬰一吉玉",即以一塊玉行

---

① 湖北省博物館編:《曾侯乙墓》,文物出版社,1989 年,上册第 517 頁注釋 127。

② 徐在國:《新蔡葛陵楚簡札記》,華東師範大學中國文字研究與應用中心編:《中國文字研究》第五輯,廣西教育出版社,2004 年。收入黃德寬、何琳儀、徐在國《新出楚簡文字考》,安徽大學出版社,2007 年,第 259~260 頁。

③ 羅新慧:《説新蔡楚簡"嬰之以兆玉"及其相關問題》,《文物》2005 年第 3 期。

祭祀,這種情況顯然不能陳列成環,表明郭注有未妥之處。……我們認爲,楚簡"嬰之以兆玉"和《山海經》"嬰用吉玉"的"嬰"皆非名詞,而是用如動詞,爲系繞之意。《説文》女部:"嬰,繞也。"朋部(劍按當爲貝部):"賏,頸飾也。""嬰"的本意即是以飾品(如貝、玉等)繞於頸上。新蔡楚簡所記"嬰之以兆玉"所表達的含義就是以玉懸繞於某物之上,具體而言,即是懸系於祭牲之上以祭神。……"嬰之以兆玉"不是向神靈徑直進獻玉器,而是將玉系繞於祭牲之上以祭神。

其説可從。祭祀時將玉器系繞於犧牲身上,可以跟周公"秉璧戴珪"以充犧牲合觀。牛羊等犧牲在活着獻祭時,不易僅僅"加"、"載"玉器於其身,故需嬰系之加以固定;而周公自己模仿犧牲,自然僅需端立而手中執持、頭上頂戴玉器即可。

3. 商湯"身嬰白茅"

商湯救旱的傳説,其以身爲牲,除了以髮爪代本人之外,還有另一版本:

《太平御覽》卷八十三引《尸子》:湯之救旱,素車白馬,布衣,身嬰白茅,以身爲牲。當此時也,弦歌鼓舞者,禁之。

《初學記》卷九,《藝文類聚》卷八十二引《尸子》,《太平御覽》卷八百七十九引《試縈》、卷九百九十六引《尹子》略同,卷三十五引《尸子》作"身嬰白茅爲牲"。

古代常用白茅以包裹或藉墊祭品。《周易·大過》初六爻辭:"藉用白茅。"《莊子·達生》:"祝宗人玄端以臨牢筴,説彘曰:'汝奚惡死!吾將三月豢汝,十日戒,三日齊,藉白茅,加汝肩尻乎雕俎之上,則汝爲之乎?'"前引《山海經·南山經》記祭山神有"白菅爲席",郭璞注:"菅,茅屬也。"又《山海經·西山經》:"凡西次二經之首……是爲飛獸之神。其祠之,毛〈屯〉用少牢,白菅爲席。"商湯用白茅纏繞自己或者在身上系繞白茅的做法,也是模仿犧牲,跟周公"秉璧戴珪"相類。

(四)祝畢瘞埋珪璧,完成轉移巫術

從上文的分析可以看出,以己身爲犧牲的祝禱,其奉獻的方式可以有兩種。一是剪下頭髮、指甲作爲祭品處理,以代替自己全身;二是直接將自己模擬爲犧牲獻祭。對於後一類來說,在完成祭禱儀式之後,即象徵着自己已被奉獻。《金縢》所記周公之禱正屬此類。

由此理解去重新體會周公祝禱之事的整個過程,可以看出,周公之禱係直接認定武王之病的原因就在於三王作祟,因此請求以己身爲代。其祝辭雖提出了"爾之許我,我則瘞璧與珪;爾不我許,我乃以璧與珪歸"的兩種選擇,其實是默認先王將"許"的,正如其一開始就認定武王之病的原因在於三王作祟。只是話都説得較爲委婉,亦正如其説三王作祟而言"爾毋乃有備子之責在上",以不確定的疑問語氣出之。簡本在記祝辭之後,没有言及其是否"瘞璧與珪"。但從下文在祝辭之後直接僅説"周公乃納其所爲貢自以代王之説于金縢之匵,乃命執事人曰:'勿敢言'",而再没有什麼進一步的舉動這一點來看,我們完全可以斷定,禱畢必定是瘞埋了珪璧的,否則周公之禱就失去了意義。簡文未記禱畢瘞埋珪璧,應視爲記事簡略之故。

前引商湯"身嬰白茅,以身爲牲",其將自己作爲犧牲奉祭,當然不會是真的殺死,而也應該是向上天表示自己願"替萬方受報(移萬方之過於其身)"之意。禹"以身爲質"爲治水解禱亦同。至於移過之成功與否、其後果如何,將皆於完成祝禱、解禱儀式之後才能知道。周公之禱與之相類(與蔡蚤沈河、以代己身之死不同),既禱瘞埋珪璧,完成轉移武王之疾於己身的儀式,即歸而俟武王之病移於己身、待三王之召可也,亦無須再卜。當然,我們知道,周公並未因此而死去,也未有因此而生病的記載,武王也於不久之後就病死,故最初本未有周公在武王有疾之事上有何功績的看法(參看文末所論)。

前人懷疑《金縢》的可靠,有一個很重要的理由是覺得周公的禱辭頗有不合情理之處。如明代王廉《迂論》云:"夫人子有事於先王,而可以珪璧要之乎?使周公而然,非達孝者也。"清代袁枚《金縢辨(上)》謂:"若曰許我則以璧與珪,不許我則屏璧與珪,如握果餌以劫嬰兒,既驕且吝,慢神蔑祖。"①顧頡剛先生

---

① 皆轉引自蔣善國《尚書綜述》第五編"尚書的真僞"之第十四章"金縢的作者和錯簡問題",上海古籍出版社,1988年,第233頁。

遂發揮説：①

  用我們的頭腦來看這篇記載，真要發笑起來。……（因誤解"負子之責"而誤説，此略）他們又是貪着玉器，只要周公把珪和璧獻與他們，就可騙得他們回心轉意；而周公遂可借此威嚇他們，説，"你們若不聽我話，我就要不給你們了！"彷彿用了糖果來哄小孩似的。這是何等的有趣呵！

根據簡本，按照我們的理解，"爾之許我，我則瘞璧與珪"云云，並非僅僅奉獻上璧和珪就能打動三王，而是同時也完成了轉移武王之疾於己身的巫術，將自己也奉獻給了三王，周公將回去等候生病、死去。而"爾不我許，我乃以璧與珪歸"，恐怕更多地是表示一種無可奈何的意味，而不是"威嚇"。今本《金縢》"爾不許我，我乃屏璧與圭"句(此還有簡本與今本有關文句順序不同的問題，詳見後文)，有的譯文作"你們不允許我，我就收藏璧和圭，不敢再請了"，②其加上"不敢再請了"的意味，頗爲合理。這樣理解，周公之禱就很合於情理而不是那麼可笑了。③

三　論簡本較今本更爲原始

  關於簡本跟今本的關係，研究者有以下一些看法。李學勤先生認爲：④

  簡文還有一個很特殊的地方，就是没有傳世《尚書·金縢》中涉及占卜的文句，而《史記·魯世家》所引該篇是有那些内容的。由此看來，<u>清華簡與傳世本《金縢》應分屬不同的傳流系統。</u>

---

 ①　顧頡剛：《〈金縢篇〉今譯》，顧頡剛編著：《古史辨》第二册，上海古籍出版社，1982年，第72頁。
 ②　周秉鈞注譯：《尚書》，嶽麓書社，2001年，第134頁。又江灏、錢宗武譯注、周秉鈞審校《今古文尚書全譯》，貴州人民出版社，1990年，第255頁略同。
 ③　我舊在前引復旦讀書會《清華簡〈金縢〉研讀札記》一文下的評論對此點的理解亦有誤，當正。
 ④　前引李學勤《清華簡九篇綜述》。

廖名春先生認爲"竹書本《金縢》從整體上要晚於今本,要劣於今本",其説謂:①

　　竹書本《金縢》與今本首尾一致,但中間行文卻有詳略之異。可以説是今本詳盡而竹書本簡易。這種詳略到底是前後關係還是共時關係,值得探討。

　　比如説周公的祝告,今本説周公自己代武王去死的理由先是"予仁若考,能多材多藝,能事鬼神";後又説武王不如自己,"不若旦多材多藝,不能事鬼神",而且"命于帝庭,敷佑四方,用能定爾子孫于下地。四方之民,罔不祗畏",責任重大。一正一反,對比鮮明,理由闡發得非常清楚。而竹書本多有省略,將"予仁若考,能多材多藝,能事鬼神"與"命于帝庭,敷佑四方,用能定爾子孫于下地"連在一起,以致邏輯混亂,實在是不如今本。

　　今本涉及占卜的文句,也見於《史記·魯世家》,而竹書本除"穆卜"一詞外,其他皆不見。李學勤先生認爲兩者"應分屬不同的傳流系統"。其實,竹書本的記載是有問題的。周公的祝告提出了一個兩難的選擇:"爾之許我,我其以璧與珪,歸俟爾命;爾不許我,我乃屏璧與珪。"依前者,武王活而周公得死;依後者,武王死而周公得活。二者必居其一。而事實上周公的兩難選擇被打破了,武王活而周公也沒有死。其原因今本《金縢》作了交代:"卜三龜,一習吉。啓籥見書,乃并是吉。"而竹書本則沒有這些交代,事情的發展就出現了斷環,顯然有欠嚴密。這只能是後人刪節的疏忽造成的。因此,從上述兩點來看,竹書本《金縢》從整體上要晚於今本,要劣於今本。

黃懷信先生也認爲:"簡書《金縢》總體上較今本晚出,簡書對原作有節略、壓縮與改寫;今本則更多地保留了原始面貌。"

關於廖名春先生所説的第一點理由,我們認爲,簡本"惟爾元孫發也,

---

① 前引廖名春《清華簡與〈尚書〉研究》。

不若旦也,戛佞若巧,能多才多藝,能事鬼神;命于帝庭,尃有四方,以奠爾子孫于下地"兩句,實係"爾元孫發也"作共同的主語,貫下"命于帝庭"云云而言,或者説"命于帝庭"云云係承上省略主語"爾元孫發"。前一句可緊縮簡略爲"發不若旦佞若巧,能多才多藝,能事鬼神","旦"在其中作兼語,雖下面跟"命于帝庭"云云連在一起,但並不會被誤解爲"旦"係"命于帝庭"云云的主語,因此也就談不上什麼"邏輯混亂"。簡本用一句話將今本"予仁若考,能多材多藝,能事鬼神。乃元孫不若旦多材多藝,不能事鬼神"表達得清清楚楚,顯得更爲質簡古樸。今本將其分作兩句,應視爲增繁改寫。

　　關於廖名春先生所説的第二點理由,從我們前文的論述已經可以看出,簡本中周公之禱本不存在所謂"兩難"的問題,本不需要再通過占卜來判斷。今本多出的"即命于元龜"部分的内容,反應出於後人對此點已不瞭解而添加。對於證明這一點來説更爲直接重要的理由是,今本的"爾之許我,我其以璧與珪歸,俟爾命;爾不許我,我乃屏璧與珪",露出了很明顯的改寫自簡本"爾許我,我則瘞璧與珪。爾不我許,我乃以璧與珪歸"的痕跡。較之簡本"我其以璧與珪歸",今本多出"俟爾命"三字;同時,在"許"與"不許"二者各自的應對上,今本與簡本文句位置正倒。按照今本,三王許之,則周公帶着璧與珪回去了;三王不許,則摒除璧與珪。我們不禁要問,既然如此,那麼祝禱時出現璧和珪還有什麼意義呢?祝禱時特意記敘有璧有珪,但不管其結果如何,璧與珪最後都用不上,這顯然是很不合情理的。

　　今本"爾之許我,我其以璧與圭歸,俟爾命"之"歸"字很淺顯,前人大多不注。如今各種譯本則繞不開,從他們的翻譯,也正可看出其爲難之處。如顧頡剛先生譯作:"你們如果許我,我就把璧和珪獻與你們,回去等候你們的命令。"[1]按此實與原文意不合,"以璧與圭"絶没有"把璧

---

[1] 前引《〈金縢篇〉今譯》,第69頁。《尚書校釋譯論》第1245頁譯文大致相同。又陳鐵民等譯注《傳世藏書文白對照十三經》(上册,三秦出版社,2004年1月第二版,第119頁)作"假若你們答應我的請求,我就把璧和珪這兩種珍貴的玉器獻給你們,然後回去等待你們的命令",亦屬此類。

和珪獻與你們"之意。王世舜先生譯作:"假若你們答應了我的要求,我就拿着璧和圭死去,等待你們命令。"注釋説:"歸,回,指回到三王身邊,意即死掉。"①周秉鈞先生譯作:"你們允許我,我就拿着璧和圭歸向你們,等待你們的命令。"注釋謂:"歸,歸於三王之所。"②此兩説略同,皆顯係曲解"歸"字。《魯周公世家》的譯本更多,或譯作"你們如果能答應我的要求,我將圭璧獻上,恭候您的吩咐",似將"歸"字理解作"饋"義(黄懷信先生解釋説"歸,猶送",亦屬此類),還有人就直接將"歸"注爲通"饋",當然就更不可信了。

　　此句或譯作:"假若你們允許我的請求,我就拿着璧和珪回去等待你們的命令。"③"你們如準許我的祈求,我就帶回璧和珪等候你們的命令"。④ 這本是最直接普通的理解。但如前文所説,如此解將導致祝禱時的璧與珪最後都用不上,又很不合理。所以上舉各種曲解的翻譯可以説也是出於無奈,想方設法要彌合這個矛盾。其實由此正可看出,今本係脱胎於簡本,應係後人已經不明白周公之禱係試圖直接移武王之病於己身,故添加了關於占卜的内容、對有關文句加以顛倒改寫,卻又未能照顧到此處之不通的問題。⑤【看校補記:裘錫圭先生向我指出,今本較簡本有關文句位置互倒的原因值得進一步考慮。他認爲,本文第一部分之"(一)"所引包山簡中的"𣦼"("厇"之簡體)那類寫法,正好與"屏"形體較爲接近,今本的"屏"字有可能就是由"𣦼"類寫法之誤而來的;本文上段所引對今本的各種理解,按"我其以璧與圭,歸俟爾命"的讀法,"以"訓爲"用";或按"我其以璧與圭歸,俟爾命"的讀法,"歸"講爲"送"、"獻上"一類義,都並非

---

① 王世舜:《尚書譯注》,四川人民出版社,1982年,第132、133頁。
② 周秉鈞注譯:《尚書》,第134、133頁。
③ 江灝、錢宗武譯注,周秉鈞審校:《今古文尚書全譯》,第255頁。
④ 顧寶田注譯:《尚書譯注》,吉林文史出版社,1995年,第104頁。
⑤ 此外,今本的"爾之許我,我其以璧與圭歸,俟爾命",也有不少人斷句標點作"爾之許我,我其以璧與圭,歸俟爾命",節奏上也都略嫌彆扭。《魯周公世家》在"俟"前又多出一"以"字,作"爾之許我,我以其璧與圭歸,以俟爾命"。《尚書》別本或同,如日本島田本作(見顧頡剛、顧廷龍輯《尚書文字合編》,上海古籍出版社,1996年,第1617頁)"尔㞢許我=(我,我)亓(其)㠯(以)璧與珪婦(歸),㠯(以)俟尔命",讀來更爲通順。從中似也可以體會出,"俟爾命"三字以及其上的"以"字,皆係在"我其以璧與圭歸"的基礎上添加,而不是相反。

絶對不可;本文上段對此所作批評有失公允;以上兩點結合起來考慮,似可推測,今本面貌的形成,蓋因"屛/厬(瘳)"字誤爲"屛"、致使原文不可通,有人遂將"屛璧與珪"句改爲接在"爾不我許"之下,使之看起來更合於情理;"以璧與珪歸"句相應地改爲接在"爾許我"之下後,改寫者又按如上引諸家説那樣覺得可通之理解,作出添加文字等改動。】

　　此外還甚可注意的是,後文講到成王啓匱得周公之説後的反應,簡本和今本皆爲泣言"昔公勤勞王家",只是肯定周公昔日憂念武王之疾、想方設法爲其祛疾的"苦勞",卻並没有説到周公曾有過致武王病愈之"功勞"。今本在記祝禱占卜諸事之後有"王翼日乃瘳",《魯周公世家》有"明日,武王有瘳",簡本則一字未及此。《史記·周本紀》説:"武王已克殷,後二年……武王病。天下未集,羣公懼,穆卜。周公乃祓齋,自爲質,欲代武王。武王有瘳,後而崩。"《史記·封禪書》:"武王克殷二年,天下未寧而崩。"武王之死應該就是由《金縢》篇首所説之疾所致("二年"簡本作"三年"),其間最多有過短暫的"間",而很難説是已"瘳"。簡本未提周公之禱後武王之疾是否痊愈或者曾短暫地減輕的問題,説明最初本不認爲周公曾對武王疾病的好轉或痊愈起過什麽作用,這跟成王的反應一致,是很合理的,也正反映出簡本的面貌更爲原始。今本多出"王翼日乃瘳",應係後人出於神化周公而添加。

　　討論至此,我們完全可以肯定地説,"今本《金縢》從整體上要晚於竹書本,要劣於竹書本"。

2011年3月爲日本"中國出土資料學會"演講作
2011年5月3日改定

附記:本文蒙裘錫圭師審閲指正,謹誌謝忱。

原載復旦大學出土文獻與古文字研究中心編《出土文獻與古文字研究(第四輯)》,上海古籍出版社,2011年。

《上博(八)·子道餓》補説

　　《上海博物館藏戰國楚竹書(八)》的第一篇，原無篇題，整理者題爲《子道餓》實誤，①此暫沿用。該篇由復旦吉大古文字專業研究生聯合讀書會(以下簡稱"讀書會")重加拼聯校讀後，其面貌已經有了很大不同；復經其他研究者往復討論補充，篇中文意難解處之癥結所在亦漸趨清楚。②本文擬主要就首句的斷讀理解、篇中"罩攻"之釋讀等問題談一些補充意見。下面先抄出讀書會所新作的全篇釋文，除了待討論的部分，個別地方略有改動。

　　　　魯司寇(寇)奇詹(言)遊於逡楚，曰："荼(除)唇(乎)！司寇(寇)【4】牀(將)見我。"門人既荼(除)，而司寇(寇)不至。詹(言)遊去。司【5】[寇(寇)]☐"☐牀(將)女(安—焉)迻(往)？"詹(言)遊曰："飤(食)而弗與爲豊(禮)，是罩(戰)攻畜【3】之也。妝(偃)也攸(修)丌(其)惠(德)行，吕(以)受罩(戰)攻之飤(食)於子，於妝(偃)偶，於子員(損)，於是唇(乎)可(何)侍(待)？"述(遂)行，至宋衛(衛)之外(閒—間)，丌(其)一【2】子道餓而死焉。門人柬(諫)曰："虐(吾)子齒

---
　　① 馬承源主編：《上海博物館藏戰國楚竹書(八)》，上海古籍出版社，2011年。
　　② 復旦吉大古文字專業研究生聯合讀書會：《上博八〈子道餓〉校讀》，以及該文下評論，復旦大學出土文獻與古文字研究中心網站(以下簡稱"復旦中心網")，http://www.gwz.fudan.edu.cn/SrcShow.asp?Src_ID=1591，2011年7月17日。下文所引諸家說除另注明者外皆見此文下評論。

《上博（八）·子道餓》補説　435

年長壴（喜—矣），豙（家）告甚級（急），①生未又（有）所莫，②元（願）虐（吾）子之惹（圖）之也。"詹（言）遊【1】▢

首句讀書會作一氣讀，疑"迻楚"爲地名；將"奇"理解爲動詞，"魯司寇奇言遊於迻楚"是主謂賓和補語齊全的一個句子。劉洪濤先生已經發覺了其中的不合理之處。他説：

> 簡4和簡5拼在一起看起來確實很好，但是我發現，若要按照現在的標點，説"荼乎"的應該是魯司寇才對。即使在"楚"下施"句"號，也不能解決這一問題。看來這一段文字不是没有再思考的必要。

劉洪濤先生主張"奇"讀爲"寄食、寄政"之"寄"，"迻楚"爲人名或地名。蘇建洲先生一方面覺得此説"成立的可能性非常大"，一方面又指出了其疑問之處："與底下一段……的對應關係是什麽？感覺起來，寄食、寄政是一事，司寇要來是一事，找不到對應關係。"

我們先抛開具體字詞的講落實問題，如果單從句法上考慮，解決上述矛盾的最好辦法是將首句斷作："魯司寇奇，言遊於迻楚，曰"，同時將"楚"也看作動詞。這樣前兩句分别是主謂結構的句子，"曰"字承上句主語而言，説話人也正是言遊。這樣考慮，首先可以肯定的是，"楚"字應該讀爲義爲"等待"的"胥"（兩字俱從"疋"聲，西周金文數見相通之例）。言遊等待的對象就是魯司寇，故下文有"司寇不至"。至於"魯司寇奇"的"奇"字，則需先將後文"飤而弗與爲禮"講清楚。

讀書會解此句意爲"先生供養我，卻不以禮待之"，其他研究者似乎一般也是如此理解的。如網友shdtchxj先生説（加下劃綫部分原係標爲紅色）：

> 感覺言偃此處的意思和表達頗類《孟子·盡心上》："食而弗愛，豕交之也；愛而不敬，獸畜之也。恭敬者，幣之未將者也。恭敬而無

---

① 讀書會讀"告"爲"子姓"之"姓"。按"家姓"與"甚急"實難以搭配。張崇禮先生謂："'告'或可如字讀，訓爲'疾苦'。"可從。"甚急"之"家告（'病也'）"即言遊喪子之事，蓋門人斥此事以委婉語出之以避免刺激老師。

② "莫"字讀書會釋文原括注"定"。按"莫"、"定"音近，"莫"字亦自有"定"義，古書多見，楚簡亦不乏其例，故此不括注。

實,君子不可虛拘。

《萬章下》:繆公之於子思也,亟問,亟饋鼎肉。子思不悅。于卒也,摽使者出諸大門之外,北面稽首再拜而不受,曰:今而後知君之犬馬畜伋。

李銳先生說:①

《論語·爲政》載:"子遊問孝。子曰:'今之孝者,是謂能養。至於犬馬,皆能有養;不敬,何以別乎?'"這或許是本篇子遊思想的來源。

按他們舉古書所針對簡文的要點,可以概括爲"食而不以禮",跟簡文"飤而弗與爲禮"其實是並不完全相同的。"飤"即動詞"飼"的前身,"食之"之意,讀書會解作"供養我"很準確。"弗與爲禮"則實係"不與之一起做'禮'事"之意,也可以說就是"不使之參與到做'禮'事中",這跟"不以禮待之"顯然還是頗有距離的。由此可以斷定,"奇"所代表的,應該是"禮"之一種。言遊得知魯司寇將要舉行此禮,即等待司寇來至己處,此可與禮書所記主人爲禮而親自"速賓"相聯繫:

《儀禮·鄉飲酒禮》:"主人速賓,賓拜辱,主人答拜,還,賓拜辱。"注:"速,召也。"疏:"論主人往賓門召之使來之事"。

《禮記·鄉飲酒義》:"主人親速賓及介。"

《儀禮·公食大夫禮》:"大夫相食,親戒速。"注:"記異於君者也。速,召也。先就告之,歸具,既具,復自召之。"

《儀禮·鄉射禮》:"主人朝服,乃速賓。"

言遊認爲,魯司寇行"奇"禮,按禮應當親自來邀請自己,故等待其至。結果司寇竟未至,言遊遂以自己不與於禮事而去。相類之事可參:

《孟子·告子下》:"孔子爲魯司寇,不用。從而祭,燔肉不至,不稅冕而行。不知者以爲爲肉也,其知者以爲爲無禮也。"

《正義》節引《孔子世家》爲說,今引《史記》原文如下:

---

① 李銳:《讀上博八札記(一)》,"孔子2000"網站,http://www.confucius2000.com/admin/list.asp?id=4989,2011年7月18日。

《上博（八）·子道餓》補說　437

……（魯君定公）怠於政事。子路曰："夫子可以行矣。"孔子曰："魯今且郊，如致膰乎大夫，則吾猶可以止。"桓子卒受齊女樂，三日不聽政。郊，又不致膰俎於大夫。孔子遂行，宿乎屯。

"嘼攻"讀書會讀爲"戰攻"或"戰功"，從文意看不好。或疑讀爲"守攻"，不足辨。聯繫前引"豖交之"、"獸畜之"、"犬馬畜伇"以及它書"俳優畜之"、"倡優畜之"一類說法，"嘼攻"應爲一個名詞性結構，而且最可能是並列/聯合式的。楚文字"攻"及其異體"戉"字常用作"工"，據此可以斷定，其上"嘼"字應係"商"字之誤。試對比：

《上博（二）·民之父母》簡 8 "商"字（用作子夏之名）

簡 3　　本篇簡 2

上舉《民之父母》"商"字之形研究者已有不少討論，大家的認識是清楚的。今以劉洪濤先生所論爲例：

"商"，原作"　　"，徐在國（安徽大學古文字研究室 2003）認爲"中間的口可能是星的訛變"。何有祖 2008 釋爲"嘼"。按《汗簡》卷上之一向部引《說文》"商"字古文作"　　"，"　　"與之形近，釋爲"商"應無可疑。三體石經"商"字古文作"　　"，張富海 2005：58 指出，"　　"中間的"口"係由"　　"所從"辛"旁上部變來，可從。①

《民之父母》"商"字之形與本篇兩個"嘼"字形體極爲接近，顯然是很容易發生訛誤的。

"商工"即商賈百工，古書多見，又多作"工商"。《左傳》襄公九年："其卿讓於善，其大夫不失守，其士競於教，其庶人力於農穡，商工皂隸，不知

---

①　劉洪濤：《上博竹書〈民之父母〉研究》，北京大學碩士學位論文（指導教師：李家浩教授），2008 年。

遷業。"《國語·晉語四》："公食貢,大夫食邑,士食田,庶人食力,工商食官,皂隸食職,官宰食加。"不煩多舉。所謂"禮不下庶人","商工"更下於庶人一等,故不得與於禮。言游以爲,魯司寇爲禮而己不得與,是以商工畜己;於己實非商工而受商工之食,是爲僞;己爲修德行之儒,不能如司寇所畜之商生利、工生器,故於司寇爲損。

　　以上所論,是較爲肯定者。以下則只能説是把握不大的猜測。前引主人親自速賓之例,涉及鄉飲酒禮、公食大夫禮和鄉射禮。魯司寇所行,應與射禮無關。鄉飲酒禮和公食大夫禮皆與宴飲有關,據此頗疑"奇"字就應讀爲燕飲之"燕",字亦作"宴"。"奇"與"燕/宴"韻部係歌元對轉(與"奇"同從"可"聲之"笴"字即有歌部、元部兩讀),聲母亦近(同從"奇"聲之"猗"、"倚"、"輢"等字,跟"燕/宴"一樣皆係影母字)。退一步説,"奇"也可以看作"燕/宴"之音近誤字。《儀禮》固有《燕禮》,未記速賓之節;它書所記宴飲之禮,似亦未見明言主人親自速賓者。不過古禮細節難言,簡文所記亦未必可當真,此亦不必強説。

　　進一步考慮,"言游於逡楚(胥)"的"逡"字,如將其看作地名,當然是最簡單省事的辦法。但此處出現一個具體地名,既覺突兀,又覺於文意實泛而不切。此處最好是一個諸如"館"、"廷"、"門外"之類表示具體地點的詞。據此循音以求,疑"逡"可讀爲"術",即所謂"邑中道也";字亦常作"遂",古書皆習見。此字原形是作从楚文字"允"字繁形"身"聲的,其與"術/遂"音近可通,前討論清華簡時大家已有集中舉證。① 孔門既痛心於"禮壞",又多不見禮於諸侯名卿,故言游聞魯司寇將爲燕飲之禮,竟至不能於家/館中安坐待速而至於出於路中企望等待,其急切之情可見。

2011 年 7 月 19 日急就

原載復旦大學出土文獻與古文字研究中心網站,http://www.gwz.fudan.edu.cn/SrcShow.asp?Src_ID=1603,2011 年 7 月 19 日。

---

① 沈培:《清華簡字詞考釋二則》,又參看其下蔡偉先生的評論,復旦中心網,http://www.gwz.fudan.edu.cn/SrcShow.asp?Src_ID=1367,2011 年 1 月 9 日。

《上博(八)·王居》復原

《上海博物館藏戰國楚竹書(八)》中自題爲"王居"的一篇,係拈篇首二字爲名,寫於簡 1 背面。另有一篇原無篇題、整理者取其所編排之該篇簡 1 首四字題爲《志書乃言》的。① 復旦吉大古文字專業研究生聯合讀書會(以下簡稱"讀書會")已經指出,"《王居》、《志書乃言》可能當合併爲一篇"。② 同時,《王居》簡 3、4 應不屬於此篇,程少軒先生已經指出。③《志書乃言》簡 8 應改接於《上博(六)·平王與王子木》簡 4 之後,係彼全篇之末,也已爲沈培先生等研究者所指出。④

經復原研究可以發現,上述《王居》中除去簡 3、4 後所餘下的竹簡,加上《志書乃言》除去簡 8 後的全篇,和《命》中被剔出的 4、5 兩簡,⑤實即構成《王居》全篇。《志書乃言》篇已不存在,這個篇名應予以取消。復原後可見《王居》篇竹簡尚可説全存,一共爲 14 簡,僅其末簡、原編爲《王居》簡

---

① 馬承源主編:《上海博物館藏戰國楚竹書(八)》,上海古籍出版社,2011 年。
② 復旦吉大古文字專業研究生聯合讀書會:《上博八〈王居〉、〈志書乃言〉校讀》,復旦大學出土文獻與古文字研究中心網站(以下簡稱"復旦中心網"),http://www.gwz.fudan.edu.cn/SrcShow.asp?Src_ID=1595,2011 年 7 月 17 日。下引讀書會意見皆不再另出注。
③ 見上引《上博八〈王居〉、〈志書乃言〉校讀》下評論。後文所引意見凡未另注者皆見此文下評論。
④ 沈培:《〈上博(六)〉與〈上博(八)〉竹簡相互編聯之一例》,復旦中心網,http://www.gwz.fudan.edu.cn/SrcShow.asp?Src_ID=1590,2011 年 7 月 17 日。
⑤ 復旦吉大古文字專業研究生聯合讀書會:《〈上博(八)·命〉校讀》,復旦中心網,http://www.gwz.fudan.edu.cn/SrcShow.asp?Src_ID=1594,2011 年 7 月 17 日。

7者上端殘去部分(約8字左右)。

《王居》與《志書乃言》、《命》這三篇中的有關竹簡,其編聯順序大家已經做了很好的研究。讀書會暫定其簡序爲:"居1+乃言1+乃言2+乃言3//乃言4+乃言6+乃言7+居5+居6+居7",並謂:"剩餘的居2、居3、居4、乃言5這四支簡,以及《命》4、5兩支簡應該如何編排,此篇另外是否存在缺簡,有待於大家進一步研究。"網友"Ljltom"先生提出開頭部分作"居1+乃言1+乃言2+命4+命5",並疑其後可再接"乃言3";①單育辰先生參考讀書會及ljltom先生的研究,暫將簡序編排作"王居1+乃言1+乃言2+命4+命5+乃言5+……+乃言3+……+王居2+……+乃言4+乃言6+乃言7+王居5+王居6+……+王居3+……+王居4+……+王居7└"。

我復原研究的結果,全篇簡序是作:"王居1+乃言1+乃言2+乃言3+命4+命5+乃言5+乃言4+乃言6+乃言7+王居5+王居6+王居2+王居7",並認爲中間並無缺簡。跟上述諸家方案對比可知,其開頭部分,即承認原整理者和讀書會仍接受的"乃言2+乃言3"的編聯,同時又等於就是在"Ljltom"先生的順序中,將"乃言3"改爲插入到了"命4"之前。其後文,在讀書會意見之外又接受單育辰先生"命5+乃言5"的編聯。因此,篇中真正兩簡相接的新見其實唯有兩處而已,即"乃言3+命4"、"王居6+王居2"。但由此考慮,卻可以重新安排如上,將全篇簡文大意貫通。

下面抄出全篇簡文的寬式釋文,凡係用讀書會之說者即不復出注。

王居【1背】

王居蘇漷之室。彭徒䎽諯(?—鄢?)關致命,郎昌爲之告。王未答之。觀無畏【王居1】持書乃言:"是楚邦之強梁人,反側其口舌,以敥諤王、大夫之言。縱【乃言1】不獲罪,又猶走趣事王,邦人其謂之何?"王作色曰:"無畏,此是【乃言2】謂死罪。吾安爾而設爾,爾無以慮匡正我,

---

① Ljltom:《關於〈王居〉的編排》,簡帛網"簡帛論壇",http://www.bsm.org.cn/bbs/read.php?tid=2767,2011年7月18日。

抑忌韋(回/違)讒訑(媚)，①以垐(墮/隳?)惡吾【乃言3】外臣。② 而居吾左右，不稱賢進可以屏輔我，③則戠(職)爲民竆(窮—仇?)窩(讎?)。④ 吾聞古【命4】之善臣，不以私惠私怨入于王門。⑤ 非而所以復，我不能貫壁而視聽，【命5】吾以爾爲遠目耳。⑥ 而縱不爲吾稱睪(擇)，⑦吾父兄甥舅之有所善，【乃言5】蟲(掄)材以爲獻，又不能節處，所以罪人，然以讒言相謗。爾使我【乃言4】得尤於邦多已。吾欲致爾於罪，邦人其謂我不能稱人，朝起而【乃言6】夕廢之。是則盡不穀之罪也。後余勿然。雖我愛爾，吾無如社【乃言7】稷何！而必良慎之。"其明日，令尹子春獣(? 厭?)。王就之，曰："夫彭徒一勞，爲【王居5】吾詉(蔽?)之。"令尹答，命須其伇(儘—?)。王謂："吾欲速。"乃許諾，命須後詉(蔽?)。王邊(愿/楚/蹴)【王居6】令尹："少進於此。吾一恥於告大夫。述日，徒自關致命，昌爲之告。吾未【王居2】☐言之瀆。"令尹許諾，乃命彭徒爲洛卜尹。【王居7】

———————

① "韋"字整理者原讀爲"諱"，此改讀爲"僻回"之"回"(字亦常作"違")、又"訑"字讀爲"媚"，皆從黃杰先生說，見黃杰《初讀〈上海博物館藏戰國楚竹書(八)〉筆記》，簡帛網，http://www.bsm.org.cn/show_article.php?id=1512，2011年7月19日。

② "垐"字原作 ，其釋讀有多種異說，此不具引。整理者原隸定作"垐"，是很準確的。原注並引《上博(三)·周易》隨卦之"隨"作陵爲說，亦可信。但其解釋爲"隨從"義則不確。"垐"或是一個從"夆"得聲之字，或許其左半的"土"旁也是由"夆"中的"土"旁之一變來的，不管怎樣分析，疑皆可將其讀爲從"夆"得聲之"隓/墮"。"隓/墮"常訓爲"毀"，被剔除出本篇的"王居3"有"毀惡之"之語。

③ "不稱賢進可"作一頓讀，"可"猶言可用之人、適合之人。原整理者和讀書會皆將"進可"(讀書會又將"可"字讀爲"何")與上斷開、連下讀，致使此處文意不明。

④ 職，適也，古書常訓，即《詩·小雅·巧言》"無拳無勇，職爲亂階"之類"職"字。"民"下兩字疑應讀爲"仇讎"。"窩"從"周"聲，讀爲"讎"是密合的。其上之字原作 ，網友"鄭公渡"先生指出它"也見於郭店《成之聞之》11'窮'所作(按原形作)，可分析爲從穴從臣從身"(見前引《〈上博(八)·命〉校讀》文下評論)，其說可從。"窮"與"仇"聲母相同(皆爲羣母)，韻部幽冬對轉，故可相通。

⑤ 楚王此語之意，即暗指前觀無畏謗毀彭徒帶有私怨。

⑥ 復，報也。楚王居於深宮，故謂自己(耳目)不能貫穿牆壁而視而聽，須靠觀無畏之類臣子報告情況以視聽，故以觀無畏爲自己在更遠處之耳目。"耳"字原誤釋作"爲"，此從單育辰先生釋。

⑦ "睪"字整理者原讀爲"澤"、屬下句讀。"稱睪(擇)"謂稱舉、選擇賢人。

全篇所記事情的起因,是觀無畏對楚王説彭徒的壞話;文章的主體部分,是楚王對觀無畏的教訓。全篇絶大部分文意是已經弄清楚的,下面僅對幾處關涉編聯者略作解釋。

"乃言2+乃言3"相連處楚王之答語"此是謂死罪"實含雙關。表面看來是直接就觀無畏之問、順着觀無畏之問回答説,彭徒之罪是死罪,實際上是説觀無畏你如此讒毁外臣之罪是死罪(此有極言之之意味)。觀下文自明。

"乃言3+命4"相接處的"以垑(墮/隳?)惡吾【乃言3】外臣","吾外臣"即彭徒,下云"而(指觀無畏)居吾左右","左右"即與"外臣"相對而言。本篇第二人稱代詞作"而"、"尔(爾)"者並見,後文"命5""非而所以復"、"王居5""而必良慎之"之"而",皆與此"而居吾左右"之"而"同。

"乃言5+乃言4"相連之文:"而縱不爲吾稱䍌(擇),吾父兄甥舅之有所善,【乃言5】蟲(掄)材以爲獻,又不能節處,所以罪人,然以讒言相謗。"其大意謂,觀無畏就算不能主動爲君王稱賢擇能,而對於王之親族所認爲好而選擇進獻的人才,卻又不能與之善處,反以之爲罪而謗之——前文所述觀無畏謗毀彭徒即其例。楚文字獨立的"蟲"字和作偏旁的"蟲"都有"蚰(昆)"音(猶楚文字"㞢/卉"之用爲"艸"),如郭店簡《老子》甲本21之"蟲",對應今本之"混";《上博(五)·三德》簡14之"繩",用爲"混"或"渾"。前研究者論之已詳。① "蚰(昆)"與掄材之"掄"没有問題音近可通。"乃言5""有所善"之"所"字有殘泐,原未釋出,讀書會已提出"'善'上一字或疑爲'所'",可信。或釋爲"亡",恐不確。"乃言5+乃言4"之未被正確編聯起來,大概也與此有關。

"王居6+王居2"相接處之"王遝【王居6】令尹:'少進於此。……'"因偶省"曰"字,遂令其關係不顯。按前文楚王與令尹兩次對答,其語中皆不出現呼"令尹"者,故"王居2"亦不必連讀爲"令尹少進於此";"少進於此"係楚王之語,聯繫前文"爲【王居5】吾詖(蔽)之"、"吾欲速",其風格相類。"遝"

---

① 參看范常喜《〈上博五·三德〉札記三則》,簡帛網,http://www.bsm.org.cn/show_article.php?id=232,2006年2月24日。

《上博(八)·王居》復原　443

讀爲"蹙/蹴/蹴"讀音密合。蹙,促也,迫也,用作他動詞接賓語,即"催促"義。此文必係因楚王"欲速"而令尹之反應仍不能令楚王滿意,故又催促他"少進於此"——再快一點。其後楚王大概有解釋自己爲何如此着急之意,遂再略微詳細地解釋前事,結果説完後即"令尹許諾,乃命彭徒爲洛卜尹",全篇即結束。在"王居 2"與"王居 7"之間,楚王之語恐難容還有一整簡缺文,故現在逕接讀,其間有約 8 字缺文。

2011 年 7 月 19 日急就

補正:

單育辰、陳偉(《上博楚竹書〈王居〉新編校釋》,簡帛網,http://www.bsm.org.cn/show_article.php?id=1516,2011 年 7 月 20 日)和李鋭先生都認爲《王居》簡 3 和簡 4 仍應屬於此篇,仔細考慮應該是正確的。簡 3 的"徒",單育辰先生已指出即本篇的"彭徒"(《王居》簡 2 亦稱"徒")。要將此簡以及殘斷位置相同的簡 4 都委之於未知的某篇,確實很難説得過去。我現在認爲,簡 3 和簡 4 應插入上所編方案中篇末的《王居》簡 2 與簡 7 之間。亦即跟單育辰先生的方案"王居 6+……+王居 3+……+王居 4+……+王居 7"相比,簡 3、簡 4 和簡 7 的相對位置相同。有關部分釋文如下:

(上略)其明日,令尹子春居。王邊(就)之,曰:"夫彭徒一勞,爲【王居5】吾詋(蔽?)之。"令尹答,命須其傆(儘—盡?)。王謂:"吾欲速。"乃許諾,命須後詋(蔽?)。王邊(就)【王居6】令尹:"少進於此。吾一恥於告大夫。述日,徒自關致命,昌爲之告。吾未【王居2】【之答,而觀無畏】毀惡之。是言既聞於衆已,邦人其沮志解體,悁(悁?)【王居3】

【□□□□□□】□塵,能進後〈退?〉人。願大夫之毋留徒,以員(損)不穀之【王居4】□【不穀之】言之潰。"令尹許諾,乃命彭徒爲洛卜尹。【王居7】

王居3之末字 ，在"胃"形下明顯還有筆畫，很可能應釋爲"悁"，從楚簡用字習慣看恐怕難以讀爲"謂"。

簡4"願大夫之毋留徒"之"留"字从單育辰先生釋讀（其上所從可參《上博（一）·緇衣》簡21用作"留"之 形）。但他解釋爲"不留彭徒於楚王身邊"，則恐不可信。我的理解如下。此段的中心，係楚王想要令尹盡快"訕（蔽？）"彭徒。"訕（蔽？）"字之義當與官員考績、升遷有關，令尹初答"命須其盡"，疑爲"命令等到彭徒在諹關之戍守之期結束再'訕（蔽？）'之"之意；楚王表示想要快一點，令尹答應，"命令等到後面的、即下一次之'訕（蔽？）'時就'訕（蔽？）'彭徒"——此時間應在彭徒戍守任期結束之前。楚王還不滿意，於是進一步告知令尹他如此着急的原委（參下文），先以"吾一恥於告大夫"引出（李鋭先生指出："此處用兩個'大夫'，當指代令尹。"）——此語之意係解釋前頭爲何不詳言的原因（因不好意思）；隨即略述前事，點出觀無畏毀惡彭徒之事已造成很不好的影響（單育辰先生謂"楚王覺得觀無畏雖然説是的讒言，但讒言已經在楚邦中傳開了"）；楚王希望令尹不要對"訕（蔽？）彭徒"之事再加以留止、拖延了，以此來減輕自己的過失。

簡7"遷"字我原來的讀法，以及由此而來的對"少進於此"的理解，都是錯誤的。從前文王居5"令尹子春猷（？厭？）。王遷（就）之"也可看出，此"王遷令尹"當然還是應該讀爲"王就令尹"。"少進於此"應解釋爲楚王說"我稍微進一步説吧"一類意思，"此"指代前文所説"夫彭徒一勞，爲【王居5】吾訕（蔽？）之"之語。這樣解釋，前頭已有"王就之（指令尹）"，此處又出現"王就令尹"，也就非常好理解了：前頭是一般的就令尹而命令他，此處楚王要説到本覺"吾一恥於告大夫"之事了，故再湊近令尹而語——這種有意的舉動或下意識的習慣，是我們從生活經驗很容易理解的（前我因未悟及此而誤説）。如此想來，簡文敘事可説頗爲生動細緻。

王居2與王居3從文意看必定相連，而且缺文也能根據前後文和位置很好地補足，故現逕接（原整理者雖編號相次但並未連讀，謂簡2"本簡下缺簡"）。王居3與王居4很可能也本是相連的，但難以據缺文斷定，故

《上博(八)·王居》復原 445

現暫提行釋寫。

　　王居4"不穀之"下所接之簡首應爲"罪"、"過"或"失"一類意義的字或詞組。王居7"瀆"的對象是"言"(其上可補"不穀之"應可肯定),"瀆"字可斷定當用其"輕慢"一類義,其前還有否定詞已殘去。據王居4的"願大夫之……",從文意看尚可斷定下與王居7當緊接。簡7殘去約8字,最多9字。如擬補爲"過(或在此加一"也"字)。願大夫(合文算一字)之毋不穀之",完全可以相合。"願大夫之毋留徒,以損不穀之過。願大夫之毋不穀之言之瀆",叮嚀囑咐之情可見。

　　急就章問題太多,朝定而暮改,慚惶無地。

　　此外,"王居1+乃言1"相連處的"觀無畏【王居1】持書乃言",讀來感覺不順,故或不爲人所信。按"書"字下應標逗號,跟"乃言"斷開。"乃言"的"乃"字,是承"王未答之"而言的,而非承所謂"持書"(原寫作"寺箸")而言。簡文在敘彭徒致命、邵昌告、王未答後,說"觀無畏寺箸",係交代觀無畏出場的由來。下"(觀無畏)乃言……",係事件在"王未答之"之後的進展。這樣,"王居1+乃言1"的連讀就更感覺沒有問題了。

　　"寺箸"讀書會讀爲"持書",謂"漢代有'持書'之職,即持書侍御史,又有持書御史、持書給事等,不知與簡文'持書'是否有關"。頗疑此應讀爲"侍書","觀無畏侍書",跟古書記各種故事在開頭提到出場人物時常交代說"某某侍"、"某某侍坐"相類。"觀無畏侍書"是說觀無畏此時在楚王身邊侍候、其職責是幫助處理文書之事。"侍書"跟古書"侍王命"、"侍言"、"侍食"、"侍飲酒"、"侍射"等等說法相類。

　　還有,"乃言5+乃言4"之編聯,連讀爲"吾父兄甥舅之有所善,【乃言5】蟲(掄)材以爲獻,又不能節處,所以罪人,然以讒言相謗","又不能"與上乃言5之"縱不"相呼應,編聯應無問題。但按現在的斷句,"所以罪人"不能獨立成句,"又不能節處"也難以講落實。故或因此而亦不爲人所信。

　　按陳偉、李鋭先生皆將"又不能節處所以罪人"連作一句讀,應是(陳偉先生釋爲"或(又)不能節晁(奢)所以鼻〈親〉人",李鋭先生疑爲"又不能節諸所以罪人")。"所以罪人"直譯出來就是"用來認爲他人有罪的理由"之類,對此"不能節處",是説不能有節地處置對待,亦即合理地適度地處理對待。楚王的意思是,認爲其他臣子有罪、向君王陳述,這是正常的,但要有理有據;如果不能做到,"不能適當地處理對待認爲他人有罪的理由"而向君王陳述,其結果可能有兩種方向:或是以無罪爲有罪,或是以有罪爲無罪。楚王此處強調前者,其結果即"然('乃也')以讒言相謗"。

原載復旦大學出土文獻與古文字研究中心網站,http://www.gwz.fudan.edu.cn/SrcShow.asp?Src_ID=1604,2011 年 7 月 20 日。

關於《昭王與龔之脾》的"定冬"

《上博(四)·昭王毀室、昭王與龔之脾》簡7的"定冬",我舊曾括注讀爲"正冬"(《上博竹書〈昭王與龔之脾〉和〈柬大王泊旱〉讀後記》,簡帛研究網,http://www.jianbo.org/admin3/2005/chenjian002.htm,2005年2月15日),其他研究者似乎一般也這麼看。按此説是有問題的。

《銀雀山漢墓竹簡〔貳〕》(文物出版社,2010年)"陰陽時令、占候之類"之《禁》篇簡1704—1708:

> 定夏大暑鎣治,毋以聚衆鼓盧(爐)樂(爍)金。……定秋下霜,毋以聚衆鑿山出金石。……定冬水冰,血氣堇凝(凝),毋以聚衆夬(決)口(漏)、□澤通水。……定夏大暑鎣治,毋以聚衆鑿土。……定冬水冰,血氣堇凝(凝),毋以聚衆鑿土。……

《銀雀山漢墓竹簡〔貳〕》第210頁注〔一三〕説:

> 定,疑當訓爲"當"。"定"與"丁"音近。《爾雅·釋詁》:"丁,當也。"定夏、定冬(見下一七〇六號簡)猶言"當夏""當冬"。《管子·問》"工尹伐材用,毋於三時,羣材乃殖,而造器定冬完良,備用必足……"

《管子·問》的"定冬"一語,舊尚未得其確解。注家多將"定冬"兩字斷開分屬上下句爲讀;或作連讀者,似又誤解"定"字爲"必定"義〔如《管子校注》(黎翔鳳撰、梁運華整理,中華書局,2004年)第493頁謂"其伐材必以冬也"〕。得簡文其義始明。

但體會文意，"定冬"、"定夏"似應更近於"隆冬"、"盛夏"之類義，"定"字訓爲"當"，仍感不切。

按一日中之時段名有"定昏"或"定昏時"。《淮南子·天文》："(日)至于虞淵，是謂黃昏；至于蒙谷，是謂定昏。"周家臺秦簡《二十八宿占》式圖所記二十八時之"定昏"，亦排在"黃昏"之後；懸泉木牘所記三十二時之"定昏"，排在"昏時"之後(郝樹聲、張德芳《懸泉漢簡研究》，甘肅文化出版社，2009年，第69、71頁)；懸泉漢簡中又稱"定昏時"(《懸泉漢簡研究》第86~87頁)。"定昏(時)"相對於"黃昏/昏時"而言，其義顯亦與"正昏"相近，與"定冬"等當統一作解。其字亦皆不作"正"或"丁"。

此類用法之"定"字，皆應即後世"亭/停午"之"亭/停"字的前身。"亭/停"、"定"音義皆近，自不待贅言(訓"水止"之"渟"與"定"之關係亦可參)。晉孫綽《遊天台山賦》："爾乃羲和亭午，遊氣高褰。"《水經注·江水二》："自三峽七百里中，兩岸連山，略無闕處。重巖疊嶂，隱天蔽日，自非停午夜分，不見曦月。""亭/停午"皆即"正午"。《漢語大詞典》解釋此類"亭/停"字爲"正"("亭"字下)、"正值"("停"字下)，勝於《漢語大字典》解釋作"均勻；平均"("停"字下)。

但此類"定"、"亭/停"字，似亦不必得義於"正"或"丁"，而應就是"定止"、"停定"之意。季節、時段皆爲連續發展的過程；至某一季節、某一時段的頂點並持續，即"停定"於此最高點；也可以説，發展至此，該季節或時段始得"定"。"定冬"等語，當時人們是不妨可以"正冬"、"當冬"義來理解它的；但就推究語源而言，仍應以最早的書寫形式"定"字爲正，以"定止"、"停定"義來理解。

2011年11月18日急就

原載復旦大學出土文獻與古文字研究中心網站，http://www.gwz.fudan.edu.cn/SrcShow.asp?Src_ID=1712，2011年11月18日。

據楚簡文字説"離騷"

屈賦《離騷》篇題兩字的含義,是一個長期聚訟、迄今仍未徹底解決的問題。如果没有新的材料,繼續討論這個問題恐怕很難得出令人信服的結論。最近我從戰國楚簡的有關文字中得到啓發,對這個問題形成了一個新的認識。本文就擬以正面立論爲主談談我們的看法,對已有諸多成説不作詳細徵引和評論。

現存最早對"離騷"的解釋,見於西漢司馬遷《史記·屈原賈生列傳》:

屈平疾王聽之不聰也,讒諂之蔽明也,邪曲之害公也,方正之不容也,故憂愁幽思而作《離騷》。離騷者,猶離憂也。……信而見疑,忠而被謗,能無怨乎? 屈平之作《離騷》,蓋自怨生也。

從上下文看,太史公大概是將"離"字理解爲"遭受"一類意思的。至於"騷"字,從"離騷者,猶離憂也"的"猶"字看,他還不一定就是直接認爲有"憂"的意義的。到後來班固《離騷贊序》(《楚辭》王逸注本收録),就把這兩層意思明確地肯定下來了:

屈原以忠信見疑,憂愁幽思而作《離騷》。離,猶遭也。騷,憂也。明己遭憂作辭也。

單從訓詁的角度講,他們對"離"字的理解挑不出什麽毛病。相同用法的"離"字《楚辭》裏多見。就拿王逸認爲係屈原作品的來説,有"離尤"(《離騷》"進不入以離尤兮"、《九章·惜誦》"恐重患而離尤")、"離憂"(《九歌·山鬼》"思公子兮徒離憂")、"離蠥"(《天問》"啓代益作后,卒然離蠻")、"離謗"(《九章·惜誦》"紛逢尤以離謗兮"、《九章·惜往日》"被離謗而見尤",此句"被"、"離"同義連用)、"離愍(或'憨')"(《九章·懷沙》"離愍而長鞠"、"離愍而不遷兮"、《九章·思美人》"獨歷年而離愍兮")等。這種用法的"離"古書或作"罹","遭"乃其常訓。

王逸《離騷經章句·序》亦云"騷,愁也"。但訓"騷"爲"憂"或"愁"實於古無徵。從詞義演變的角度講,騷動之"騷"基本意義爲"動",也很難引申出"憂"、"愁"一類意思。前人或引《國語·楚語上》"則邇者騷離而遠者距違"韋昭注"騷,愁也"爲説,錢鍾書先生駁之云:"'騷離'與'距違'對文,則'騷'如《詩·大雅·常武》'緝騷'之'騷',謂擾動耳……韋昭解'騷'爲'愁',不甚貼切《國語》之文,蓋意中有馬遷、王逸輩以《楚辭》'騷'爲'憂'、'愁'之舊解,遂沿承之。韋解本采《楚辭》註……"①這是很正確的。除去《國語·楚語上》此例,在較早的古書中就找不到"騷"訓爲"憂"或"愁"的例子了。

我們認爲,問題正出在這個"騷"字上。它其實是個被漢代人認錯了的字。

下面先從戰國楚簡裏一個寫作上從"又"下從"虫"的字説起。出土於20世紀60年代的湖北江陵望山一號墓楚簡中,第9簡記錄由貞人"登遣"在墓主生前爲其疾病占卜,貞問之辭末尾一句爲:

尚毋爲大𧈧。

朱德熙、裘錫圭、李家浩三位先生所作的《釋文與考釋》將末一字釋爲"蚤",注釋説:"此字簡文作'蚤',漢隸'蚤'字亦多从'又'。疑'蚤'當讀爲'慅',憂也。"並解釋簡文大意爲墓主有病,不能進食,"希望不至於成爲大問題吧"。② 就簡文文意而言,這個理解是可信的。

限於注釋體例,朱先生等對"蚤"釋爲"蚤"的理由沒有詳細舉例闡述。裘錫圭先生另有一篇《殷墟甲骨文字考釋(七篇)》,③其中之三《釋蚤》對

---

① 見《管錐編》第二册,中華書局,1986年,第582頁。
② 湖北省文物考古研究所、北京大學中文系編:《望山楚簡》,中華書局,1995年,第21頁圖版、第69頁釋文、第90頁注[二一]。
③ 見《湖北大學學報(哲學社會科學版)》1990年第1期。

據楚簡文字説"離騷"　451

此論述較詳。有關部分篇幅不長,具引如下(引文中括注爲原文所有):

　　漢代人多把"蚤"字寫作上從"又"下從"虫"。顧藹吉《隸辨》收了兩個"蚤"字(見樊安碑、逢盛碑),都是這樣寫的,顧氏按語認爲這是"省叉爲又"。但是在時代可以早到秦漢之際的馬王堆帛書裏,"蚤"字屢見,都寫作從"又"或從"父",没有一例是寫作從"叉"的(《秦漢魏晉篆隸字形表》954—955頁。《漢印文字徵》13·8下所收的"蚤"字也應釋"蚤")。馬王堆帛書《戰國縱橫家書》中的"蚤"字作 ▩ (同上955頁)……

據此他進而將殷墟甲骨文中舊釋爲"扔"的" ▩ "字(見《甲骨文編》468頁)也改釋爲"蚤",解釋其造字本意及演變情況説:

　　"蚤"字本來大概是從"又"從"虫"的一個會意字,可能就是"搔"的初文,字形象徵用手搔抓身上有蟲或爲蟲所咬之處。① 從"父"的是它的訛體。② 從"叉"的"蚤"字當是改會意爲形聲的後起字。不過此字已見《説文》,出現的時代也不會很晚。

1998年5月文物出版社出版的《郭店楚墓竹簡》裏,有一篇整理者定名爲《尊德義》的。其中第28簡也出現了"蚤"字:

　　惪之流,速唇檣 ▩ (蚤)而連命。

注釋(175頁)引裘錫圭先生的按語云:"此句讀爲'惪(德)之流,速唇(乎)檣(置)蚤(郵)而連(傳)命'。《孟子·公孫丑上》:'孔子曰:德之流行,速於置郵而傳命。'……'檣'從'之'聲,'蚤'從'又'聲,故兩字可讀爲'置

---

① 按照《説文》的解釋和古文字的一般情況,似乎虫(虺)蛇之"虫(虺)"跟"蟲"讀音、意義完全不同,或有人會據此懷疑將甲骨文"蚤"所從之"虫"解釋爲小蟲之"蟲"的正確性。按殷墟甲骨文有" ▩ "字(《甲骨文編86頁》),聞一多釋爲齺齒之"齺",研究者多信從其説。此字以小蟲蛀齒會意,可見"虫"確實很早就可以用來表示小蟲之"蟲"。聞説見《古典新義·釋齺》,《聞一多全集》第二册,三聯書店,1982年。

② 在時代比馬王堆帛書略早一些的睡虎地秦墓竹簡裏,"蚤"字也都是寫作從"虫"從"父"的。見《睡虎地秦墓竹簡》圖版七五:八二、九九:一二九正、一三〇:一三五等。文物出版社,1990年。

郵'。"由於有傳世古書中基本相同的文句爲證，裘按的意見顯然是正確的，研究者對此也均無異議。這樣看來，這例以"又"爲聲符的"蚤"字，跟殷墟甲骨文一直到秦漢文字裏从"又"从"虫"會意的"蚤(蚤)"字，顯然是不同的。

再回過頭去看前引望山楚簡的"蚤"字，它無疑也應該改釋爲以"又"爲聲符的"蚤"，讀爲"尤"。同類用法的"尤"古書常見，舊注多訓爲"過"。占卜而説"尚毋爲大尤"，跟卜筮之書《周易》裏也數見"無尤"相合。"爲大尤"的説法見於《左傳・襄公二十二年》："敝邑欲從執事，而懼爲大尤。""又"、"尤"古音相近。《尊德義》中以"蚤"爲郵驛之"郵"，"郵"字在古書裏也常用爲"過郵"之意，在這個意義上它跟"尤"表示的是同一個詞，兩字通用的例子極多，請參看高亨、董治安《古字通假會典》第 372 頁"尤與郵"條。

通過以上討論我們可以得到這樣的認識：在戰國楚文字裏，"蚤"是一個以"又"爲聲符、可表示"郵"或"尤"的字；① 而在秦漢人筆下，"蚤"卻是後來的"蚤"字。將這一點跟戰國楚辭作品的流傳情況結合起來考慮，問題的答案就已經呼之欲出了。

據學者們研究，屈原、宋玉等人的楚辭作品在當時就已經在楚地流傳。這時它們應當就是用跟我們現在所看到的戰國楚簡文字差不多的楚文字記錄的。後因秦國滅楚，這些戰國楚辭作品一度中斷流傳。直到西漢初年，才又通過各種途徑經歷一番蒐集發掘重見於世。② 漢初人整理戰國楚辭作品，一定經歷了一道將戰國楚文字轉寫爲當時通行的隸書的手續。可以想見，在這個過程中，假如《離騷》的"騷"字原本是寫作"蚤"的，漢人就很容易根據自己的用字習慣而將其誤認爲"蚤"了。至於"蚤"

---

① 楚文字裏這類"蚤"字結構的分析有兩種可能：第一，它就是一個从"虫"、"又"聲的字，跟"蚤(蚤)"字本無關係，二者只是偶然形成的同形字。關於同形字問題，參看裘錫圭：《文字學概要》，商務印書館，1988 年，第 208～219 頁。另一種可能是，因爲"蚤(蚤)"字中包含有"又"這個偏旁，所以就可以也念作"又"。戰國文字中這類現象也有不少例子，參看李家浩《從戰國"忠信"印談古文字中的異讀現象》，《北京大學學報(哲學社會科學版)》1987 年第 2 期。

② 參看金開誠、董洪利、高路明《屈原集校注・前言》，中華書局，1996 年，第 5～9 頁。

又變作"騷",當係因"離蚤"無義,因而或在轉寫時就已逕改,或在其後傳鈔過程中作了改動。

如果"離騷"的"騷"在屈原和戰國楚人的筆下本寫作"蚤","離蚤"二字就很好理解了。前面說到,望山楚簡的"蚤"字用爲"尤","離蚤"之"蚤"用法與之相同。"離尤"即"遭到責怪"一類意思,前文已經舉出見於《九章·惜誦》之例。而且就在《離騷》篇中,也正有"進不入以離尤兮"一句。不過或許有人要問:同是《離騷》一篇裏的"尤",爲什麼在正文裏不誤,偏偏在篇題裏被誤認爲了"蚤(騷)"呢?這確實是一個難以準確回答的問題。最有可能的情形是,當時據以整理的底本,正文裏的"尤"字本來就寫作"尤"或者以"尤"作聲符的字,跟篇題寫作"蚤"不同。一方面,在戰國楚文字裏已經使用以"尤"爲聲符的字;①另一方面,從郭店楚墓竹簡看,當時人鈔寫書籍,同一個詞往往可以用不同的字來表示。就是在同一個書手筆下,有時甚至就在同一書手所鈔寫的同一支簡上,同一個詞也可以寫作不同的字。所以這種設想也不是沒有根據的。

總結以上的論述,我們認爲所謂"離騷"本即"離蚤(尤)",並無任何難解之處。漢代人在整理、轉寫時,"蚤"字被誤認爲了"蚤(騷)"。從司馬遷的理解還算基本合於原意來看,大概最初雖然字認錯了,但《離騷》全篇的命題之意,漢初人還是基本瞭解的。但因"騷"字終究無法講得落實,遂引出後代種種爭論。至於後來"騷"又成爲一種文體的名稱,或又衍生出"詩騷"、"風騷"、"騷人"等常用詞,已經成爲傳統文化的有機組成部分,就不是本文所要討論的內容了。

本文倉促成稿,一定存在不少問題,懇請諸位師友多加批評指正。

2002 年 3 月 18 日草畢

原載謝維揚、朱淵清主編《新出土文獻與古代文明研究》,上海大學出版社,2004 年。

---

① 參看何琳儀《戰國古文字典》上册,中華書局,1998 年,第 14 頁。

據戰國竹簡文字校讀古書兩則

一　惟尹躬先見於西邑夏

《禮記·緇衣》引《尹告(誥)》：①

惟尹躬天見於西邑夏，自周有終，相亦維終。

鄭玄注云："'天'當爲'先'，字之誤。忠信爲周。相，助也，謂臣也。伊尹言尹之先祖，見夏先君臣，皆忠信以自終。"僞古文《尚書·太甲上》云："惟尹躬先見於西邑夏，自周有終，相亦惟終；其後嗣王，罔克有終，相亦罔終。"即襲取鄭義而成。②

"惟尹躬天〈先〉見於西邑夏"一句中，我們今天根據郭店楚墓竹簡提供的新知，可以肯定"見"當是"視"的誤字。由於前人都没有察覺這一點，對原文文意自然也就未能準確理解。

在郭店楚墓竹簡中，大多數情況下"視"字寫作上從"目"下從"立人"

---

① 《禮記·緇衣》此章不見於郭店楚墓竹簡和上海博物館藏戰國楚竹書《緇衣》。"告"字原作"吉"，鄭玄注云："尹吉，亦'尹誥'也。"《禮記·緇衣》上文云："尹吉曰：'惟尹躬及湯，咸有壹德。'"鄭玄注云："吉，當爲'告'；告，古文'誥'。字之誤也。尹告，伊尹之誥也。"郭店簡與上博簡《緇衣》此章"尹吉"作"尹䛑"，"䛑"即古文"誥"字，可證鄭注之確。此據改。

② 參看呂思勉《惟尹躬天見於西邑夏解》，載《呂思勉讀史札記》上册，上海古籍出版社，1982年，第130頁。

形,"見"字寫作上從"目"下從"跪坐人形",二者的區別僅在於下半人形的姿態不同。如《老子》王弼本第三十五章的"視之不足見",郭店簡《老子》丙本簡5作"⿱目人之不足⿱目人",就是一個明顯的例子。① 這種情況,在郭店簡出土之前是很難想到的。裘錫圭先生據此進一步指出,上從"目"下從"立人"形之字已經見於殷墟甲骨文,與甲骨文中上從"目"下從"跪坐人形"的"見"字有別,就是"从見示聲"的形聲字"視"的表意初文。郭店簡等戰國文字中這種原始寫法的"視"字是有古老來源的。②

這類寫法的"視"與"見"形體極爲相近,不難想見,在古書傳鈔的過程中,它們發生互相訛誤的幾率肯定是相當大的。現在看到的出土與傳世古書中,也確有不少"見"與"視"互誤的例子。以下所舉只是一時所見的幾例。

臨沂銀雀山漢簡《孫子兵法·形(甲)》:"視日月不爲明目,聞雷霆不爲蔥(聰)耳。"③從文意看"視"顯然當作"見",十一家本《孫子兵法》正作"見"。

王弼本《老子》第十九章:"見素抱樸,少私寡欲。"郭店簡《老子》甲本簡2作"⿱目人(視)索(素)保僕(樸),少厶(私)須〈寡〉欲"。裘錫圭先生認爲,簡文"視"字"在此當讀爲'示'","視(示)素保樸""從文義上看似乎比今本好(原注:"示素"的説法比"見素"合理。"保""抱"音近可通,但"保樸"比"抱樸"好理解),很可能是《老子》的原貌"。④ 其説可從。今本和馬王堆帛書本均作"見",當是"視"之誤字。

王弼本《老子》第三章:"不尚賢,使民不爭;不貴難得之貨,使民不爲

---

① 荆門市博物館:《郭店楚墓竹簡》,文物出版社,1998年,第9、121頁。又參看同書第114頁注[六]、第132頁注[七]。
② 裘錫圭:《甲骨文中的見與視》,載《甲骨文發現一百周年學術研討會論文集》,(臺北)文史哲出版社,1999年,第1~6頁。
③ 銀雀山漢墓竹簡整理小組:《銀雀山漢墓竹簡[壹]》,文物出版社,1985年,圖版第5頁、摹本第7頁、釋文注釋第8頁。
④ 裘錫圭:《以郭店〈老子〉爲例談談古文字》,載《郭店簡與儒學研究(《中國哲學》第二十一輯)》,遼寧教育出版社,2000年,第185頁。

盜;不見可欲,使民心不亂。""不見可欲"馬王堆帛書《老子》甲本殘去,乙本相同。跟上舉"見〈視—示〉素抱樸"的"見"一樣,"不見可欲"的"見"也以作"示"於義爲長,它也應該係讀爲"示"的"視"字之誤。《詩經·小雅·鹿鳴》"視民不恌",鄭箋:"視,古示字也。"《禮記·緇衣》云"故君民者,章好以示民俗(欲)",又"有國者章善癉惡,以示民厚",郭店簡本《緇衣》"示"均作下爲"立人形"的"視"。這幾個"視(示)"字的用法,正與《老子》此文"視"字用法相同。

《大戴禮記·文王官人》:"見其所不足,曰日益者也。"王聘珍云:"見,人見之也。不自飾其所不足,故人皆見之。"①此語又見《逸周書·官人》,潘振云:"所不足,己之短也,著見己之短而不掩,此謙受益者也。"②皆不確。郭店簡《語叢三》簡13—14云:"自視(示)亓(其)所能,員(損);自視(示)亓(其)所不族(足),益。"兩"視"字亦均作下爲"立人形"。劉釗先生引《大戴禮記·文王官人》此語以證簡文,指出"族"當讀爲"足","見""疑本視字之訛,亦讀爲'示'",③顯然是正確的。

現在回過頭來看《緇衣》此句。"惟尹躬天〈先〉見於西邑夏"的"尹",應該就是說伊尹自己而非如鄭注所云乃"伊尹言尹之先祖"。《呂氏春秋·慎大》云:

　　桀爲無道,暴戾頑貪……湯乃惕懼,憂天下之不寧,欲令伊尹往<u>視</u>曠夏。恐其不信,湯由親自射伊尹,伊尹奔夏。三年,反報于亳…湯與伊尹盟,以示必滅夏。伊尹又復往<u>視</u>曠夏,聽於末嬉……

正用"視"字。"視"意爲"伺察"、"窺探",如《呂氏春秋·似順》:"荊莊王欲伐陳,使人視之。"《說苑·奉使》:"趙簡子將襲衛,使史黯往視之,期以一月。六月而後反……"都是講欲對某方發動戰爭之前派人伺察、窺探對方的情況,兩"視"字用法與《呂氏春秋·慎大》"往視曠夏"的"視"相類。《禮

---

① 王聘珍:《大戴禮記解詁》,中華書局,1983年,第189頁。
② 轉引自黃懷信等《逸周書彙校集注》下冊,上海古籍出版社,1995年,第819頁。
③ 劉釗:《讀郭店楚簡字詞札記》,載《郭店楚簡國際學術研討會論文集》,湖北人民出版社,2000年,第82頁。

記·檀弓下》："晉人之觇宋者,反報於晉侯曰……"《孔子家語·曲禮子貢問》記載同事云"晉將伐宋,使人觇之……","觇"與"視"亦意近。殷墟卜辭有"視戎"、"視方"、"視舌方"之辭,"視"字用法亦同,"有為了準備戰鬥而觀察敵軍情況之意"。①

《呂氏春秋·慎大》這段話和《緇衣》"惟尹躬天〈先〉見〈視〉於西邑夏",記載的是伊尹去夏朝伺察敵人的情況——實際也就是為商湯準備伐滅夏桀作間諜和内應之事。此事在戰國時代流傳極廣,見於下引諸書:②

　　《國語·晉語一》:昔夏桀伐有施,有施人以妹喜(即前引《呂氏春秋·慎大》之"末嬉")女焉。妹喜有寵,於是乎與伊尹比而亡夏。

　　古本《竹書紀年》:末喜氏以與伊尹交,遂以間夏。(《太平御覽》卷一百三十五引)

　　《孫子兵法·用間》:昔殷之興也,伊摯(即伊尹)在夏;周之興也,呂牙在殷。故惟明君賢將能以上智為間者,必成大功。

又《孟子·告子下》說"五就湯、五就桀者,伊尹也",今本《竹書紀年》夏桀十七年"商使伊尹來朝",又二十年"伊尹歸於商,及汝鳩、汝方會於北門",所記的也應該就是伊尹在夏與商之間往返、向商湯報告夏朝的情況之事。

綜上所述,可以論定《禮記·緇衣》的"惟尹躬天〈先〉見於西邑夏,自周有終,相亦維終"句中,"見"當為"視"之誤字。全句大意是說,伊尹親自先去位於商之西面的夏朝伺察敵情,他自己能始終忠信,所以也就能始終輔佐商王。

二　色斯舉矣

《論語·鄉黨》末章:

---

① 裘錫圭:《甲骨文中的見與視》,《甲骨文發現一百周年學術研討會論文集》,第3頁。

② 參看徐喜辰《論伊尹的出身及其在湯伐桀中的作用》,載《殷墟博物苑苑刊(創刊號)》,中國社會科學出版社,1989年,第40～44頁。蔡哲茂:《伊尹傳說的研究》,載《中國神話與傳說學術研討會論文集》,臺北漢學研究中心,1996年,第243～275頁。

色斯舉矣，翔而後集。曰："山梁雌雉，時哉！時哉！"子路共之，三嗅而作。

此章素來號稱難解。其中"嗅"字當是"狊"字之誤，前人論之已詳。① 又對"共"字的解釋也有分歧，我們傾向於解釋爲"拱手"之"拱"的説法。

此外最成問題的是"色斯"兩字，歷來異説極多。我所見最近一篇討論此問題的是胡文輝先生《〈論語·鄉黨〉"色斯舉矣"解》（以下簡稱"胡文"），②文中列舉了四种主要的解説：

一、"色"用作動詞，指人的臉色變異。
二、"色"是"戲"字之假借。戲，恐懼也。
三、"色"是"危"字之形訛。
四、"色斯"連讀，"斯"是助詞，猶"然"也。

胡文又提出新説，認爲《論語》中的"色斯"是《山海經·北山經》中的"竦斯"，"是一種鳥名，而到後來才演變成形容詞"。

胡文羅列諸説頗爲詳盡，此處我們就擬在其基礎上進一步談談自己的看法，對舊有諸説不再一一詳細徵引討論。

先説"斯"字。何晏《論語集解》引馬融曰："見顏色不善則去之。"朱熹《論語集注》從之而發揮云："言鳥見人之顏色不善則飛去，回翔審視而後下止。人之見幾而作，審擇所處，亦當如此。""色"如字解不確（詳下），而"斯"字解作"則"，乃其常訓，我認爲是正確的。

王引之主張"斯猶'然'也"，"色斯猶色然，驚飛貌也"，我們不同意此説，但他接下來説《呂氏春秋·審應》篇曰：'蓋聞君子猶鳥也，駭則舉。'"③卻很重要。今將此句的上文引全如下：

孔思請行。魯君曰："天下主亦猶寡人也，將焉之？"孔思對曰："蓋聞君子猶鳥也，駭則舉。"

---

① 參看程樹德《論語集釋》第二册，中華書局，1990年，第731～733頁。又下文要引到的胡文輝文第17頁所引陳舜政《論語異文集釋》的有關内容。
② 胡文輝：《中國早期方術與文獻叢考》，中山大學出版社，2000年，第13～23頁。
③ 王引之：《經傳釋詞》卷八（李維琦校點本），岳麓書社，1985年，第170頁。

王叔岷先生《論語斠理》謂："(《論語·鄉黨》)此文之'色斯舉'猶《呂氏春秋》之'駭則舉'(原注："斯"猶"則"也)。"① 承王引之引《呂氏春秋·審應》文以解《論語·鄉黨》,但不從王説解"斯"爲"然"而解爲"則",已經非常接近事實的真相了。

楊樹達先生《論語疏證》亦引此文解説《論語·鄉黨》,但其出處作"《意林》一引《子思子》",並謂"又見《呂氏春秋·審應覽》、《孔叢子·抗志篇》"。② 按今所見《意林》各本所引《子思子》均無此條,且其文與上舉《呂氏春秋·審應》文全同,故此恐是楊樹達先生一時偶誤。但他指出的又見於《孔叢子·抗志篇》,則其中有重要異文:

> 穆公欲相子思,子思不願,將去魯。魯君曰："天下之王,亦猶寡人也。去將安之？"子思答曰："蓋聞君子猶鳥也,<u>疑</u>之則舉。今君既<u>疑矣</u>,又以己限天下之君,臣竊爲言之過也。"

以上引文據《漢魏叢書》本和《百子全書》本,今所見《孔叢子》各本此段文字略有出入,③但其中"疑之則舉"和"今君既疑矣"則各本皆同,無異文。④

很顯然,《孔叢子·抗志》與《呂氏春秋·審應》記敘的是同一件事,而"疑之則舉"則爲我們正確解釋"色斯舉矣"提供了重要綫索。同時,《孔叢子·抗志》此章之首多出子思欲去魯的起因"穆公欲相子思,子思不願",從而引發子思"君子猶鳥也,疑之則舉"的議論,顯然是説穆公欲相子思使子思驚疑,就好比鳥受到驚疑。胡文第 21 頁注[10]已經指出,《韓詩外傳》卷二記載如下一則故事:楚狂接輿躬耕以食,楚王使使者齎金百鎰造門,請楚狂"治河南",其妻聞之後謂"不如去之",接輿乃與其妻逃走,"變

---

① 胡文輝:《中國早期方術與文獻叢考》,第 13 頁。
② 《楊樹達文集》之十六,上海古籍出版社,1986 年,第 246 頁。
③ 如《四部叢刊·子部》影印杭州葉氏藏明翻宋本(上海古籍出版社 1990 年影印《孔叢子·曾子全書·子思子全書》所據底本同)"王"作"主","鳥"作"鳳","臣竊爲言之過也"作"臣竊謂君之言過矣"。
④ 又金代孔元措所編《孔氏祖庭廣記》卷一《世次》云："三代伋,字子思……(魯穆公)欲以伋爲國相……乃嘆曰:'若作國相,不得行吾大道,則乃爲相之恥。'故不受。謂穆公曰:'臣聞君子猶鳥也,疑之則舉矣。'自此乃適衛。"(據《四部叢刊續編·史部》)當亦是本於《孔叢子·抗志》。

姓易字,莫知其所之"。《韓詩外傳》敍此事之後謂:"《論語》曰:'色斯舉矣,翔而後集。'接輿之妻是也。"①兩相比較,楚狂及其妻因楚王請其爲官而遠走以遁世全身,跟上引《孔叢子·抗志》子思之事極爲相類,而《韓詩外傳》引《論語》"色斯舉矣"喻之,這也可以證明"色斯舉矣"跟"疑之則舉"當統一解釋,意思應該差不多。

談到這裏要補充説明一點。《孔叢子》自宋代以來長期被目爲僞書,廣泛流行的觀點是認爲此書全係魏晉間人王肅所一手僞造。受此説影響,《孔叢子》一書長期不被重視。這種局面近年已經有了很大的改變。不少研究者對僞作説的論據提出駁斥,②李學勤先生指出它屬於傳承有序的孔氏家學,出現時間並不太晚。③ 雖然其具體最後成書時間和作者尚無定論,但隨着大家對古書形成過程認識的深化,越來越多的學者相信,即使這類比較晚出的著述,其中也可能保存有較古老較原始的資料,其價值不容忽視。即以上引《抗志》篇來説,它在今傳《孔叢子》中爲第十篇,黄懷信先生推測,《孔叢子》中記述子思事跡的第五至十篇,"主要出自《子思》書,是採輯《子思》而成",④其説很有根據。所以,《孔叢子·抗志》的"疑之則舉"句應係來源有自,是可以放心地引爲我們立論的根據的。

"色斯舉矣"的"斯"顯然對應於"疑之則舉"的"則","色"字的解釋也應該跟"疑"字聯繫起來考慮。而從郭店楚墓竹簡文字和傳抄古文提供的證據來看,"色"跟"疑"正有密切關係。

《説文·色部》"色"字古文作如下之形:

《集韻》卷十職韻"色"小韻"色"字古文將其隸定作"影"。又《汗簡》卷四"彡"部"色"字下引《義雲章》、卷六《補遺》"色"字兩形,和《古文四聲韻》入

---

① 此事亦多見於他書,參看屈守元《韓詩外傳箋疏》,巴蜀書社,1996年,第183頁。
② 黄懷信:《〈孔叢子〉的時代與作者》,《西北大學學報(哲學社會科學版)》1987年第1期,第31～37頁;傅亞庶:《〈孔叢子〉僞書辨》,《東北師大學報(哲學社會科學版)》1994年第5期,第80～81頁。
③ 李學勤:《竹簡〈家語〉與漢魏孔氏家學》,載《簡帛佚籍與學術史》,江西教育出版社,2001年,第380～387頁。
④ 黄懷信:《〈孔叢子〉的時代與作者》,第33頁。

聲職韻"色"字下引《古老子》、《義雲章》,並即此形。因其訛變已甚,此不具引。《古文四聲韻》入聲物韻"艴"字下引《汗簡》作 ▨ (今本《汗簡》無此形),當亦是上引古文"色"字之誤認。

這類字形,舊多不得其解,甚至其可靠性也每每遭到懷疑。朱駿聲《說文通訓定聲》曾將其分析爲"从首从彡、疑省聲",其說基本正確,但長期不爲人所信。

郭店簡中有如下一字:

▨　《語叢二》簡 50

原誤釋爲"矣"。李家浩先生指出,此字乃是疑惑之"疑"的表意初文"㠯"字的省寫,省去了"㠯"字下半由"大"訛變來的"矢"形的左右兩筆。①

又有如下兩字:

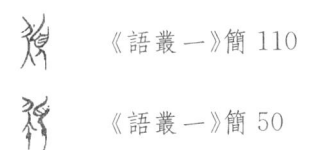

▨　《語叢一》簡 110

▨　《語叢一》簡 50

第一形左半與上舉《語叢二》簡 50"㠯"字相同,第二形左半亦其變體。原整理者誤將此兩形左半隸定爲"矣",後來不少研究者如徐在國、陳斯鵬、李守奎、李家浩等都已正確指出其左半實从"㠯",字當分別隸定爲"頴"和"䫆";前引《說文》"色"字古文 ▨ 形,即本於"頴"形;"䫆"字則應係在"色"字基礎上加注聲符"㠯"而成。② 它們在簡文中毫無疑問都是作爲

---

① 李家浩:《郭店楚簡文字考釋三篇》之第一篇《郭店楚墓竹簡中的"㠯"字及从"㠯"之字》,未刊稿。按《郭店楚簡文字考釋三篇》之第二篇《楚墓竹簡中的"昆"字及从"昆"之字》已刊於《中國文字》新 25 期,藝文印書館,1999 年。

② 徐在國:《隸定古文疏證》,安徽大學出版社,2002 年,第 193 頁;陳斯鵬:《郭店楚簡解讀四則》,《古文字研究》第二十四輯,中華書局,2002 年,第 411～412 頁;李守奎:《〈說文〉古文與楚文字互證三則》,《古文字研究》第二十四輯,中華書局,2002 年,第 468～472 頁。李家浩說見上注。

"色"字來用的，①"頵"字从"頁"，跟《語叢一》簡47"又(有)容又(有)頤(色)"的"頤(色)"字从"頁"一樣，都應該是爲"容色"、"顔色(即臉色)"的"色"所造的專字。

從讀音上看，"疑"跟"色"古音相近，可以相通。它們在中古都是開口三等字，韻母是之職陰入對轉的關係。就其聲母來說，"色"中古是正齒音山母(或稱生母)字，山母字跟發音方法相同的齒頭音心母字，②都有一部分在上古的讀音跟疑母字有密切關係。③ 例如："朔"(山母)从"屰"(疑母)得聲；"產"(山母)、"彦"(疑母)皆从"产"得聲；④"穌"(心母)从"魚"(疑母)得聲；"孼(孽)"、"櫱(蘖)"(疑母)等字从"辥"(心母)得聲；"襄"、"熱"(心母)从"執"(疑母)得聲，等等。以上是諧聲的例子。西周金文"馭(疑母)方"即"朔(山母)方"、⑤"辥"(心母)常用爲古書中訓"治"的"艾"、"乂"(皆疑母)；⑥《爾雅·釋山》"小山別大山，鮮"之"鮮"(心母)，即《詩經·大雅·公劉》"陟則在巘"之"巘"(疑母)；⑦《周易·漸·九三》爻辭"利禦(疑母)寇"，馬王堆帛書《周易》作"利所(山母)寇"；⑧《詩經·鄭風·女曰雞鳴》"琴瑟在御(疑母)"，阜陽漢簡《詩經》作"琴瑟在蘇(心母)"；⑨以上是通假的例子。所以，郭店簡文字的"色"或以"疑"之表意初文"矣"爲聲符，實屬正常。

傳抄古文中的"色"字古文"𢒉"還應該多説幾句。前引朱駿聲將"𢒉"

---

① 參看《郭店楚墓竹簡》第195頁釋文、第200頁注釋[二二]所引裘錫圭先生按語。

② 不少古音學家主張，中古正齒二等聲母"莊初崇(或稱淋)山(或稱生)"上古應併入"精清從心"四母。如從此説，則"色"字及以下所舉山母諸字，也可以認爲上古就是心母字。

③ 參看鄭張尚方《上古漢語的S—頭》，原載《溫州師範學院學報》(哲學社會科學版)1990年第4期，收入趙秉璇、竺家寧編《古漢語複聲母論文集》，北京語言文化大學出版社，1998年，第335～351頁。

④ 《説文·彣部》分析"彦"爲"从彣厂聲"，《生部》分析"産"爲"从生彦省聲"。從古文字看，"産""彦"均應係从"产"得聲。"产"字《説文》失收。參看裘錫圭《戰國貨幣考(十二篇)·圓肩圓足三孔布彙考·鵰次》，載《古文字論集》，中華書局，1992年，第434～435頁。

⑤ 楊樹達：《積微居金文説》(增訂本)，中華書局，1997年，第39頁。

⑥ 王國維：《釋辥》，《觀堂集林》卷六，中華書局，1959年，第一册，第279～282頁。

⑦ 毛傳："巘，小山別於大山也。"《釋文》本"巘"作"甗"，"甗"亦疑母字。

⑧ 馬王堆漢墓帛書整理小組：《馬王堆帛書〈六十四卦〉釋文》，《文物》1984年第3期，第8頁。傅舉有、陳松長：《馬王堆漢墓文物》，湖南出版社，1992年，第117頁。

⑨ 胡平生、韓自強：《阜陽漢簡詩經研究》，上海古籍出版社，1988年，第11頁。

分析爲"疑省聲",即將"𦕁"形中左半的"厸"和中間下半的"止"結合起來認爲是"疑"字之省,這是由於《說文·子部》分析"疑"字爲"从子、止、匕,矢聲",並不認爲"疑"从"㠯"聲。朱駿聲根據《說文》這樣分析,應該說也是無可厚非的。現在我們根據古文字資料來看,研究者一般認爲,"疑"字本來也就應該是从"㠯"得聲的。"厸"與"㠯"本是一字的繁簡體,"㠯"字中的所謂"匕"形由人手所扶之杖形變來;同時,古文字中的"匕"形往往訛變爲"止"形,如"老"字、"真"字所从等。① 尤其是"老"字,其中所謂"匕"形跟"㠯"形中所謂"匕"形本來都象人所扶之杖形,它們的演變情況完全平行。② 在秦漢文字中,漢印"疑"字多作从"止"形,③秦漢金文"疑"字則多从"㠯"作,也有個別銅器如旬邑權、大騩權等"疑"字作从"止"形。④ 可見,"疑"字中的"止"形就是由"㠯"字中的"匕"形訛變而來的。⑤ 由此看來,傳抄古文中的"色"字古文"𦕁",正確的分析當爲:將其左半的"厸"和中間下半的"止"結合起來分析爲"㠯",是其基本聲符;⑥中間上半从"百","百"與"頁"本爲一字異體,故"㠯"加"百"的部分實即郭店簡"頱"字的異體,乃"容色"之"色"的專字。其右旁所从的"彡",李守奎先生謂是"累增形旁,與《說文》'㐱'及新附的'彩'用意一致",⑦可從。進一步推測,"𦕁"在"頱"字基礎上增添意符"彡",可能就是爲"色彩"之"色"所造的專字。

總之,"色"跟"疑"古音相近,在郭店簡文字中,它們有特殊的密切關係,因此"色斯舉矣"可以讀爲"疑斯舉矣"。"疑斯舉矣"跟《孔叢子·抗

---

① 參看吳振武《戰國貨幣銘文中的"刀"》,《古文字研究》第十輯,中華書局,1983年,第315~317頁。
② 參看于省吾《釋关和亞关》,《社會科學戰綫》1983年第1期,第107~108頁。
③ 參看羅福頤《漢印文字徵》,文物出版社,1978年,第十四、十七頁。
④ 參看孫慰祖、徐谷甫《秦漢金文字彙》,載《秦漢金文彙編》,上海書店出版社,1997年,第358~359頁。
⑤ 西周金文"厸"字或从"㐄"作,論者遂多謂"疑"字中之"止"形乃"㐄"之省,恐非。
⑥ 李守奎:《〈說文〉古文與楚文字互證三則》,《古文字研究》第二十四輯,第471頁注10說"𦕁"字中間之形"可能是'頁'的繁化。古文字中字形下部累增'止'旁構成繁體習見",恐不確。
⑦ 李守奎:《〈說文〉古文與楚文字互證三則》。

志》的"疑之則舉","疑"都是"驚疑"之意,兩句可以分別翻譯爲"[鳥]感到驚疑就飛起來了"和"使鳥感到驚疑它就會飛起來"。兩個"疑"的具體用法雖然略有區別,但無疑表示的是同一個詞。胡文第 22 頁據《吕氏春秋·審應》"蓋聞君子猶鳥也,駭則舉"說:"此處子思'君子猶鳥'之喻,是否即源自《鄉黨》'色斯舉矣'一節?孫子繼承爺爺的思想不是順理成章嗎?"比較"色(疑)斯舉矣"跟《孔叢子·抗志》子思說的"疑之則舉",其文更相近,這種繼承關係體現得更加明確。

同時,還有一點值得特別注意的是,《說文》古文是戰國齊魯系文字;①上引郭店簡用爲"色"的"頴"和"䫶"字見於《語叢一》,而在郭店簡中,《語叢》一、二、三是字體風格和用字習慣都較爲特殊的一組。周鳳五先生指出,"這一類字體保存了較多以齊、魯爲主的儒家經典文字的特色"、"應當就是戰國時代齊、魯儒家經典文字的原始面貌";②而據李家浩先生的研究,《語叢》一、二、三可能就是魯國抄本。③ 我們知道,今傳《論語》的來源不出齊論、魯論、古論(孔壁中書)三家,它們最初傳抄所使用的文字,正是齊魯系古文。由此看來,《論語》中這個很特别的用爲"疑"的"色"字,其來源可能正跟《論語》早期抄本所使用的齊魯系古文的特殊用字習慣有關。而到了漢代,大概由於用字習慣的改變,人們就已經對"色"所表示的詞本爲"疑"不能了解了。④

最後,參考各家意見,按照我們對"色斯舉矣"的新解,將楊伯峻先生所作的譯文略加改動,⑤《論語·鄉黨》此章全文可翻譯爲:

---

　　① 這個觀點先後有不少學者提到過,近年比較詳細的討論可參看楊澤生《關於孔壁竹書的文字國別》,載《戰國楚竹書研究》,中山大學博士學位論文,2002 年,第119～125 頁。
　　② 周鳳五:《郭店竹簡的形式特徵及其分類意義》,載《郭店楚簡國際學術研討會論文集》,湖北人民出版社,2000 年,第 59 頁;又參見周鳳五《楚簡文字的書法史意義》,載《古文字與商周文明(中研院第三屆國際漢學會議論文集文字學組)》,中研院歷史語言研究所,2002 年,第 207 頁。
　　③ 此據筆者於 1999 年所作《戰國竹簡研究》課程的聽課筆記。
　　④ 漢代人往往將"色斯"作爲固定的雙音節詞來用,例子很多,參看胡文輝《中國早期方術與文獻叢考》一文。但這並不能作爲"色斯"最初的意思就一定是一個詞的確切根據。
　　⑤ 楊伯峻:《論語譯注》,中華書局,1980 年,第 108 頁。

[孔子在山谷中行走,看見幾隻野雞。它們因爲有人走過而]感到驚疑,就飛向天空,盤旋一陣,又都停在一處。孔子道:"這些山梁上的雌雄[能夠見幾而作],真是知時啊!真是知時啊!"子路向它們拱拱手[表示敬意],它們又振一振翅膀飛去了。①

原載《第四屆國際中國古文字學研討會論文集》,香港中文大學中國語言及文學系發行,2003年。

---

①　江聲《論語竢質》云:"子路以夫子歎雉之得時,肅然改容,竦手上攷。雌雉注之,疑將篡己,遂三振翅而起。"轉引自程樹德《論語集釋》第二册,中華書局,1990年,第733頁。